O ESPLÊNDIDO E O VIL

UMA SAGA SOBRE CHURCHILL,
FAMÍLIA E RESISTÊNCIA

O
ESPLÊNDIDO
E O
VIL

ERIK LARSON

Tradução de Rogerio W. Galindo
e Rosiane Correia de Freitas

Copyright © 2020 by Erik Larson

TÍTULO ORIGINAL
The Splendid and the Vile

PREPARAÇÃO
Anna Beatriz Seilhe
Isabella Pacheco
João Sette Câmara

REVISÃO
Eduardo Carneiro
Wendell Setubal

REVISÃO TÉCNICA
Antenor Savoldi Jr.

DIAGRAMAÇÃO
Inês Coimbra

IMAGEM FRONTISPÍCIO
Central Press/Hulton Archive/Getty Images

MAPA
Jeffrey L. Ward

DESIGN DE CAPA
Christopher Brand

FOTOGRAFIA DE CAPA
Hulton Deutsch/Corbis Historical/Getty Images

CIP-BRASIL. CATALOGAÇÃO NA FONTE
SINDICATO NACIONAL DOS EDITORES DE LIVROS, RJ

L343e

Larson, Erik, 1954-
    O esplêndido e o vil : uma saga sobre Churchill, família e resistência durante a Blitz / Erik Larson ; [tradução Rogério Galindo]. - 1. ed. - Rio de Janeiro : Intrínseca, 2020.
    624 p.: 23 cm.

    Tradução de: The splendid and the vile : a saga of Churchill, family, and defiance during the Blitz
    ISBN 978-65-5560-090-2

    1. Churchill, Winston, 1874-1965. 2. Primeiros-ministros - Grã-Bretanha - Biografia. 3. Guerra Mundial, 1939-1945 - Grã-Bretanha. 4. Guerra Mundial, 1939-1945 - Campanhas - Grã-Bretanha. 5. Londres (Inglaterra) - História - Bombardeio, 1940-1941. I. Galindo, Rogério. II. Título.

20-66665   CDD: 940.542121
                            CDU: 94(410)"1939/1945"

Meri Gleice Rodrigues de Souza - Bibliotecária - CRB-7/6439

[2020]
Todos os direitos desta edição reservados à
EDITORA INTRÍNSECA LTDA.
Rua Marquês de São Vicente, 99/3º andar
22451-041 – Gávea
Rio de Janeiro – RJ
Tel./Fax: (21) 3206-7400
www.intrinseca.com.br

Para David Woodrum
— por motivos secretos

Aos seres humanos não é permitido – para sua felicidade,
pois de outra forma a vida seria intolerável – antever ou prever,
em qualquer medida, o desenrolar dos acontecimentos.

— Winston Churchill,
elogio póstumo para Neville Chamberlain,
12 de novembro de 1940

Uma nota para os leitores

Só quando me mudei para Manhattan há alguns anos entendi, com clareza, quanto a experiência pela qual os nova-iorquinos passaram no 11 de setembro de 2001 foi diferente do que sentimos vendo o pesadelo se desenrolar a distância. A cidade natal daquelas pessoas estava sendo atacada. Quase imediatamente comecei a pensar sobre Londres e os ataques aéreos alemães de 1940-41, e imaginei como alguém conseguiu suportar aquilo: 57 noites consecutivas de bombardeio, seguidas por uma série cada vez mais intensa de ataques noturnos durante os seis meses seguintes.

Pensei, particularmente, em Winston Churchill. Como ele suportou? E sua família e amigos? Como foi ter sua cidade bombardeada por noites a fio e saber muito bem que esses ataques aéreos, apesar de terríveis, eram provavelmente o preâmbulo de algo muito pior: uma invasão alemã pelo mar e pelos ares, com paraquedistas pousando em seu jardim, tanques Panzer desfilando pela Trafalgar Square e gás venenoso flutuando sobre a praia onde ele, em outro momento, havia pintado o mar?

Decidi investigar, e rapidamente percebi que uma coisa é *dizer* "Siga em frente com a sua vida", outra é fazer isso de fato. Eu me concentrei no primeiro ano de Churchill como primeiro-ministro, de 10 de maio de 1940 a 10 de maio de 1941, período que coincidiu com a campanha aérea alemã, que desdobra-se de ataques esporádicos e aparentemente sem alvos definidos para uma invasão total da cidade de Londres. O ano acabou em um fim de semana de violência vonnegutiana, quando o cotidiano e o fantástico convergiram para marcar o que se provou ser a primeira grande vitória da guerra.

O que se segue não é, de forma alguma, uma história definitiva da vida de Churchill. Outros autores conseguiram isso, especialmente seu incansável, porém não imortal, biógrafo Martin Gilbert, cujo estudo de oito volumes deve satisfazer qualquer desejo por cada detalhe. Este é um relato mais íntimo, que se dedica à maneira como Churchill e seu círculo sobreviveram diariamente: os piores momentos e a luz, os enredos românticos e as desilusões, as tristezas e as risadas, os pequenos episódios estranhos que revelam como era realmente a vida sob a tempestade de aço de Hitler. Este foi o ano em que Churchill se tornou *Churchill*, o buldogue fumante de charutos que pensamos conhecer, quando ele fez seus maiores discursos e mostrou ao mundo o que era coragem e liderança.

Embora às vezes possa não parecer, este é um trabalho de não ficção. Todo trecho entre aspas vem de algum tipo de documento histórico, como um diário, carta, memórias ou outro artefato; qualquer referência a um gesto, olhar, sorriso ou outra reação facial vem de um relato de alguém que o testemunhou. Se algo daqui em diante desafiar algumas crenças sobre Churchill e sua época, posso apenas dizer que a história é um lugar animado, cheio de surpresas.

Erik Larson
Manhattan, 2020

Sumário

Uma nota para os leitores • 9
Expectativas sombrias • 15

PARTE I:
A ameaça crescente • 21
PARTE II:
Uma certa eventualidade • 81
PARTE III:
Medo • 179
PARTE IV:
Sangue e poeira • 231
PARTE V:
Os americanos • 369
PARTE VI:
Amor em meio às chamas • 447
PARTE VII:
Exatamente um ano • 497

Fontes e Agradecimentos • 549
Notas • 555
Bibliografia • 589
Índice • 597

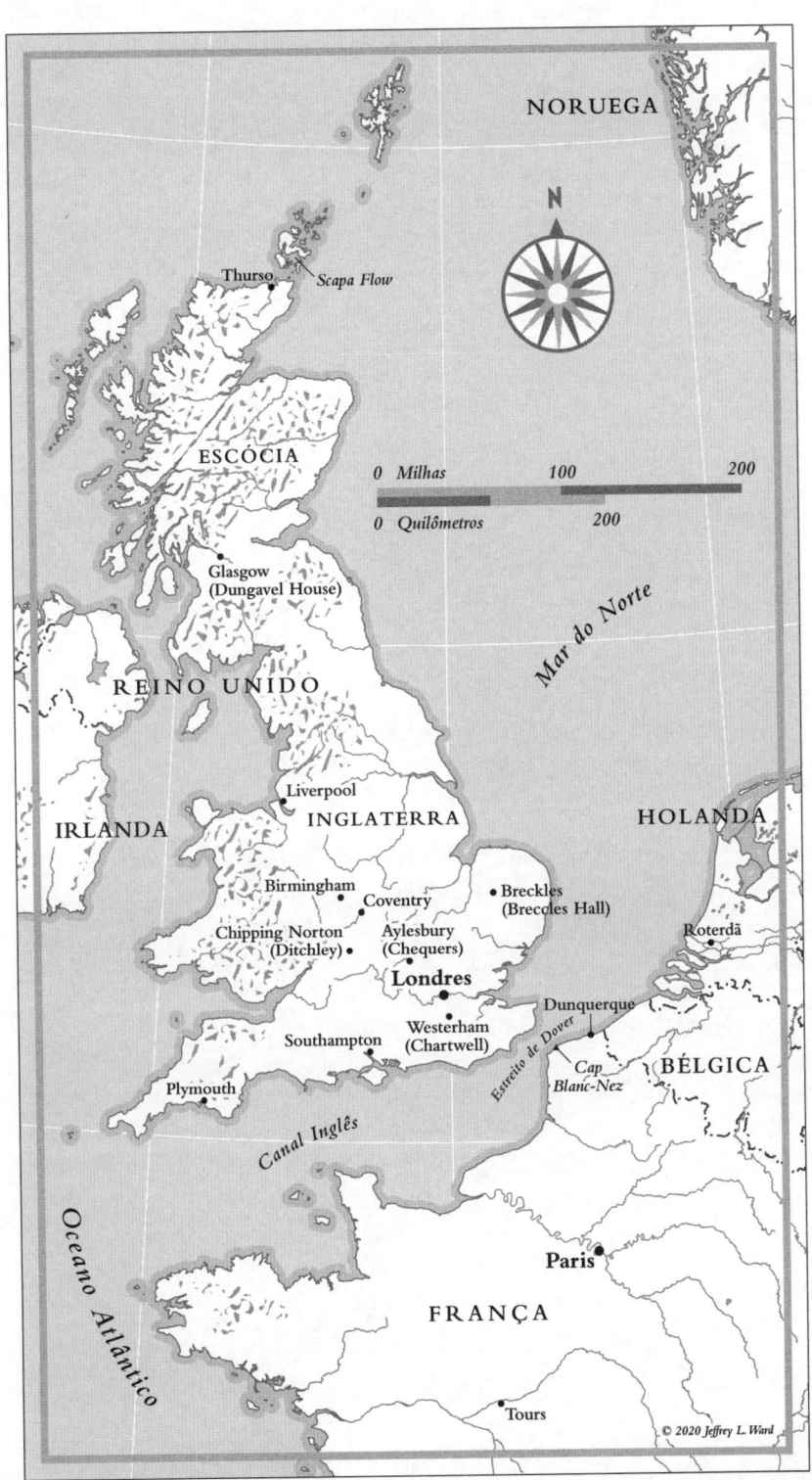

Expectativas sombrias

Ninguém tinha dúvida de que os bombardeiros viriam. O planejamento da defesa começou muito antes da guerra, embora os planejadores não tivessem nenhuma ameaça específica em mente. A Europa era a Europa. Se experiências passadas pudessem servir como algum tipo de guia, uma guerra poderia começar em qualquer lugar, a qualquer momento. Os líderes militares do Reino Unido viam o mundo pelas lentes da experiência do império na última guerra, a Grande Guerra, com seu massacre gigantesco de soldados e civis e os primeiros ataques aéreos sistemáticos da história, conduzidos sobre a Inglaterra e a Escócia usando bombas lançadas de zepelins alemães. O primeiro desses ataques aconteceu na noite de 19 de janeiro de 1915, e foi seguido por mais de cinquenta outros, durante os quais dirigíveis gigantes flutuando silenciosamente pelos céus da Inglaterra despejaram 162 toneladas de bombas que mataram 557 pessoas.[1]

Desde então, as bombas se tornaram maiores, mais mortais e com mais artimanhas, dispositivos de retardamento e modificações que as faziam guinchar enquanto caíam. Uma imensa bomba alemã, de quatro metros e 1,8 tonelada chamada Satã podia destruir uma quadra inteira.[2] A aeronave que carregava essas bombas também ficou maior, e mais rápida, e voava mais alto, e portanto obtinha mais sucesso em escapar do front das defesas. Em 10 de novembro de 1932, Stanley Baldwin, então vice-primeiro-ministro, apresentou na Câmara dos Comuns uma previsão do que estava por vir: "Penso que é bom que o homem comum perceba que não há poder na Terra que possa protegê-lo de ser bombardeado. Independentemente do que se diga a ele, o bombardeiro sempre conseguirá chegar."[3] A única defesa efetiva estava no ataque, ele disse, "o que significa que você tem de matar mais mulheres e crianças mais rápido que o inimigo, se quiser se salvar".

Os especialistas em defesa civil da Grã-Bretanha, temendo um "nocaute", previam que o primeiro ataque aéreo a Londres iria destruir grande parte da cidade, se não toda ela, e mataria duzentos mil civis.[4] "Acreditava-se veementemente que Londres seria reduzida a destroços minutos após a guerra ser declarada", escreveu um oficial de baixo escalão.[5] Os ataques causariam tamanho terror entre os sobreviventes que milhões enlouqueceriam. "Por muitos dias, Londres será uma confusão delirante", escreveu J. F. C. Fuller, um teórico militar, em 1923. "Os hospitais serão invadidos, o tráfego irá parar, os sem-teto vão gritar por ajuda, a cidade virará um pandemônio."[6]

O Ministério do Interior estimou que se os protocolos normais de sepultamento fossem seguidos, os fabricantes de caixões precisariam de dois milhões de metros quadrados de "madeira de caixão", uma quantidade impossível de ser obtida.[7] Seria preciso construir caixões de papelão pesado ou papel machê, ou simplesmente enterrar as pessoas em mortalhas.[8] "Para enterros coletivos", o Departamento Escocês de Saúde recomendava que "o tipo mais apropriado de sepultura é a vala, com profundidade suficiente para acomodar cinco camadas de corpos".[9] Os planejadores pediram que grandes valas fossem cavadas nos limites de Londres e em outras cidades, com a escavação feita da forma mais discreta possível. Os agentes funerários receberiam treinamento para descontaminar corpos e roupas de pessoas mortas por gases venenosos.[10]

Quando o Reino Unido declarou guerra contra a Alemanha, em 3 de setembro de 1939, em resposta à invasão da Polônia por Hitler, o governo se preparou para os bombardeios e invasões que certamente se seguiriam. O codinome para sinalizar que a invasão era iminente ou estava em andamento era "Cromwell".[11] O Ministério da Informação emitiu um comunicado especial, *Derrotando o Invasor*, que foi enviado para milhões de casas. A publicação não foi feita para acalmar a população. "Quando o inimigo chegar", alertava, "... haverá a mais violenta batalha". O texto instruía os leitores a seguir qualquer conselho do governo para evacuar a cidade. "Quando o ataque começar, será tarde demais para ir embora... FIQUEM FIRMES." Os campanários das igrejas silenciaram em toda a Grã-Bretanha. Seus sinos eram então o alarme designado para tocar apenas quando "Cromwell" fosse solicitado e os invasores estivessem a caminho. Se sinos soassem, significava que paraquedistas tinham sido vistos próximos. Sobre isso, o panfleto instruía: "desmonte e esconda sua bicicleta e destrua seus mapas". Se você tivesse um carro: "Remova a cabeça e os cabos do distribuidor e esvazie o tanque ou remova o carburador. Se você não sabe como fazer isso, pergunte na oficina mais próxima."

Cidades e vilas retiraram placas de trânsito e limitaram a venda de mapas a pessoas que tinham autorizações da polícia.[12] Fazendeiros deixaram carros velhos e tratores em seus campos como obstáculos contra planadores cheios de soldados. O governo entregou 35 milhões de máscaras contra gás para civis, que as carregavam para o trabalho e a igreja e as mantinham ao lado da cama.[13] As caixas de correio de Londres receberam uma pintura amarela especial que mudava de cor na presença de gás venenoso.[14] Regras rigorosas de blecaute escureceram tanto as ruas da cidade que se tornou quase impossível reconhecer um visitante numa estação de trem depois do anoitecer.[15] Nas noites sem lua, pedestres atravessavam a rua na frente de carros e ônibus, batiam contra postes de luz, caíam do meio-fio e tropeçavam em sacos de areia.

De repente, todo mundo passou a prestar atenção às fases da Lua. Bombardeiros podiam atacar durante o dia, claro, mas imaginava-se que à noite poderiam localizar seus alvos apenas sob a luz da lua. A lua cheia e os dias imediatamente anteriores e posteriores se tornaram conhecidos como "lua de bombardeiro".[16] Havia certo consolo no fato de que bombardeiros e, mais importante, suas escoltas de caças teriam de voar um longo caminho desde suas bases na Alemanha, uma distância tão grande que poderia limitar-lhes o alcance e a letalidade. Mas isso presumia que a França, com seu forte exército, a Linha Maginot e sua poderosa marinha, permaneceria firme e, assim, cercaria a Luftwaffe e bloquearia todos os caminhos alemães para a invasão. A resistência da França era o pilar da estratégia de defesa britânica. Era inimaginável que a França fosse cair.

"A atmosfera não é apenas de ansiedade", escreveu Harold Nicolson, que logo se tornaria secretário parlamentar no Ministério da Informação, em seu diário em 7 de maio de 1940. "É uma atmosfera de medo real."[17] Ele e sua esposa, a escritora Vita Sackville-West, concordaram em cometer suicídio, se fosse preciso, para evitar que fossem capturados pelos invasores alemães. "Deve haver algo rápido, indolor e portátil", escreveu ela para ele em 28 de maio. "Ah, meu caro, meu querido, e pensar que chegamos a ter de pensar nisso!"

A CONFLUÊNCIA DE FORÇAS E CIRCUNSTÂNCIAS imprevistas finalmente trouxe os bombardeiros para Londres, sendo que um evento particularmente importante aconteceu logo antes do crepúsculo de 10 de maio de 1940, uma das noites mais lindas de uma das melhores primaveras de que as pessoas conseguiam se lembrar.

1940

Parte I

A ameaça crescente

Maio — Junho

Capítulo 1
A partida do Legista

Os carros aceleravam ao longo do Mall, a ampla avenida que seguia de Whitehall, a sede dos ministérios do governo britânico, ao Palácio de Buckingham, a casa de 775 cômodos do rei George VI e da rainha Elizabeth, com sua fachada de pedra visível no fim da rua, encoberta pelas sombras. Era fim de tarde, sexta-feira, 10 de maio. Em todo lugar, jacintos e prímulas floresciam. Delicadas folhas de primavera cobriam as árvores. Os pelicanos do Parque St. James desfrutavam o calor e a adoração dos visitantes, enquanto seus primos menos exóticos, os cisnes, boiavam com a ausência de interesse habitual. A beleza do dia era um contraste chocante com tudo que acontecera desde o amanhecer, quando as forças alemãs invadiram a Holanda, a Bélgica e Luxemburgo com blindados, bombardeiros e tropas de paraquedistas, causando um efeito avassalador.

No banco traseiro do primeiro carro estava a maior autoridade naval britânica, o primeiro lorde do Almirantado, Winston S. Churchill, de 65 anos. Ele tinha ocupado o mesmo posto antes, durante a guerra anterior, e havia sido indicado novamente pelo primeiro-ministro, Neville Chamberlain, quando a guerra foi declarada. No segundo carro ia o policial que cuidava da segurança de Churchill, o inspetor Walter Henry Thompson, da Divisão Especial da Scotland Yard, responsável pela preservação da vida de Churchill. Alto e magro, com nariz anguloso, Thompson era onipresente, visto com frequência nas fotos da imprensa, mas raramente mencionado — um "esbirro", no vocabulário da época, como tantos que realizavam o trabalho governamental: a miríade de secretários particulares e parlamentares e assistentes e datilógrafos que constituíam a infantaria de Whitehall.

No entanto, diferente da maioria, Thompson sempre carregava uma pistola no bolso do sobretudo.

Churchill havia sido convocado pelo rei. Para Thompson, pelo menos, a razão parecia óbvia. "Dirigi atrás do Velho com um orgulho indescritível", escreveu.[1]

Churchill entrou no palácio. O rei George tinha 44 anos e estava no quarto ano de seu reinado. Cambaio, boca de peixe, com orelhas enormes e sofrendo de uma significativa gagueira, ele parecia frágil, especialmente em comparação com seu visitante, que, apesar de oito centímetros mais baixo, tinha um diâmetro muito maior. O rei desconfiava de Churchill. Sua simpatia por Edward VIII, irmão mais velho do rei, cujo romance com a divorciada americana Wallis Simpson deu início à crise da abdicação de 1936, permaneceu um ponto de atrito entre Churchill e a família real. O rei também se ofendeu com as críticas que Churchill havia feito ao primeiro-ministro, Chamberlain, em relação ao Acordo de Munique de 1938, que permitiu a Hitler anexar uma parte da Tchecoslováquia. O rei mantinha uma desconfiança geral em relação à independência de Churchill e a suas lealdades políticas mutantes.

Ele pediu a Churchill que se sentasse e o encarou firmemente por um tempo, de uma forma que Churchill descreveu depois como inquisitiva e debochada.

O rei disse:

— Imagino que não saiba por que o chamei aqui, certo?

— Senhor, eu simplesmente não consigo imaginar.[2]

Tinha havido uma rebelião na Câmara dos Comuns que deixara o governo de Chamberlain ameaçado. A história começou num debate sobre o fracasso britânico em uma tentativa de expulsar as forças alemãs da Noruega, invadida por Hitler um mês antes. Churchill, como primeiro lorde do Almirantado, foi o responsável pelo componente naval da tentativa. Agora eram os britânicos que enfrentavam uma expulsão, diante de um ataque alemão inesperadamente feroz. O fracasso gerou pedidos de uma mudança no governo. Na visão dos rebeldes, Chamberlain, de 71 anos, apelidado de "médico-legista" e "Guarda-Chuva Velho", não estava à altura da tarefa de gerenciar uma guerra em franca expansão. Em um discurso em 7 de maio, um membro do Parlamento, Leopold Amery, fez uma crítica direta a Chamberlain, citando palavras de Oliver Cromwell de 1653: "Você já esteve sentado aqui por tempo demais pelo bem que está fazendo! Vá, digo, e deixe-nos ficar sem você! Em nome de Deus, vá!"³

A Câmara votou uma moção de confiança, por meio de uma "divisão", na qual os membros se alinharam no saguão em duas filas, uma para o sim e outra para o não, e foram contados. À primeira vista, a votação parecia uma vitória para Chamberlain — 281 votos sim contra duzentos votos não —, mas, na realidade, comparando a outras votações, isso acabou ressaltando quanto apoio político ele havia perdido.

Mais tarde, Chamberlain se encontrou com Churchill e disse que planejava renunciar. Churchill, querendo parecer leal, convenceu-o a ficar. Isso animou o rei, mas levou um rebelde, chocado com a ideia de que Chamberlain fosse tentar permanecer, a compará-lo a "um velho pedaço de chiclete sujo grudado na perna de uma cadeira".⁴

Na quinta-feira, 9 de maio, as forças que se opunham a Chamberlain haviam aprofundado sua decisão. Ao longo do dia, a saída dele parecia cada vez mais certa, e dois homens rapidamente surgiram como candidatos mais prováveis para substituí-lo: seu secretário das Relações Exteriores, lorde Halifax, e o primeiro lorde do Almirantado, Churchill, que boa parte do público adorava.

Mas então veio a sexta-feira, dia 10 de maio, e com ela os ataques-relâmpago de Hitler aos Países Baixos. A notícia lançou uma nuvem negra sobre Whitehall, embora para Chamberlain também tenha trazido uma esperança renovada de que seria possível manter o cargo. Certamente a Câmara concordaria que diante de tais acontecimentos seria pouco recomendável trocar de governo. Os rebeldes, no entanto, deixaram claro que não trabalhariam sob o comando de Chamberlain e pressionaram pela indicação de Churchill.

Chamberlain percebeu que não tinha escolha a não ser renunciar. Ele insistiu que lorde Halifax aceitasse o cargo. Halifax parecia mais estável que Churchill, menos propenso a levar a Grã-Bretanha a uma nova catástrofe. No Whitehall, Churchill era reconhecido como um orador brilhante, muito embora fosse considerado por muitos desprovido de bom senso. O próprio Halifax se referia a ele como um "elefante maroto".⁵ Mas Halifax, que duvidava de sua própria habilidade para liderar em tempo de guerra, não queria o trabalho. E deixou isso claro quando um emissário enviado para tentar convencê-lo do contrário descobriu que ele havia saído para ir ao dentista.⁶

Restou ao rei decidir. Primeiro, convocou Chamberlain. "Aceitei sua renúncia", escreveu o rei em seu diário, "e disse que considerei injusta a forma como ele foi tratado, e que lamentava que toda essa controvérsia tivesse acontecido".[7]

Os dois homens conversaram sobre sucessores. "Eu, claro, sugeri Halifax", escreveu o rei. Ele considerava Halifax a "escolha óbvia".

Mas Chamberlain o surpreendeu: recomendou Churchill.

O rei escreveu: "Convoquei Churchill e pedi que formasse um governo. Ele aceitou e me disse não ter imaginado que esta era a razão da minha convocação"[8] — apesar de Churchill, de acordo com o relato do soberano, ter à mão alguns nomes de homens que estava considerando para seu gabinete.

OS CARROS QUE LEVAVAM CHURCHILL e o inspetor Thompson voltaram para a Casa do Almirantado, sede do comando naval em Londres e, na ocasião, casa de Churchill. Os dois homens saíram dos carros. Como sempre, Thompson mantinha uma das mãos no bolso do sobretudo para ter acesso rápido à pistola. Sentinelas segurando rifles com baionetas estavam de prontidão, assim como soldados armados com metralhadoras Lewis, protegidos por barricadas de sacos de areia. No gramado adjacente do St. James Park, a longa fila de canos da artilharia antiaérea apontava para o céu em ângulos estalagmíticos.

Churchill voltou-se para Thompson.

"Você sabe por que estive no Palácio de Buckingham", disse.[9]

Thompson sabia, e o parabenizou, mas acrescentou que queria que a indicação tivesse vindo antes, num momento melhor, pela imensidão da tarefa adiante.

"Só Deus sabe quão imensa ela é", respondeu Churchill.

Os dois homens apertaram-se as mãos, solenes como num funeral.

"Só espero que não seja tarde demais", Churchill afirmou. "Tenho medo que seja. Mas só o que podemos fazer é o nosso melhor, e dar o resto que temos — seja o que for que nos reste."

Eram palavras sóbrias, embora internamente Churchill estivesse exultante. Havia esperado a vida inteira por esse momento. O fato de ter chegado em uma circunstância tão sombria não importava. Pelo contrário, tornou a nomeação ainda mais extraordinária.

Sob a luz decrescente do crepúsculo, o inspetor Thompson viu lágrimas escorrerem pelo rosto de Churchill. Thompson também se viu quase chorando.

MAIS TARDE NAQUELA NOITE, Churchill estava na cama, animado com a sensação de desafio e oportunidade. "Em minha extensa experiência política", escreveu, "ocupei os principais cargos do Estado, mas admito sem dificuldades que este que agora me foi entregue é meu predileto".[10] Desejar o poder pelo poder era uma busca "vil", acrescentou ele, "mas o poder numa crise nacional, quando um homem sabe quais ordens devem ser dadas, é uma bênção".

Ele sentiu grande alívio. "Finalmente tenho a autoridade para dirigir toda a ação. Eu me senti levado pelo destino, como se toda minha vida até aqui não passasse de uma preparação para esta hora e este desafio... Embora impaciente para que a manhã chegasse, dormi profundamente e não precisei de sonhos animadores. Fatos são melhores que sonhos."[11]

Apesar das dúvidas que revelou ao inspetor Thompson, Churchill levou para o nº 10 da Downing Street uma confiança cega de que, sob sua liderança, a Grã-Bretanha ganharia a guerra, mesmo que qualquer avaliação objetiva concluísse que ele não tinha chances. Churchill sabia que o desafio agora era fazer com que todos acreditassem também — seus compatriotas, seus comandantes, seus ministros e, mais importante, o presidente americano Franklin Roosevelt. Desde o começo, Churchill entendeu uma verdade fundamental sobre a guerra: não iria ganhá-la sem a participação dos Estados Unidos. Sozinha, a Grã-Bretanha poderia enfrentar e manter a Alemanha sob controle, mas apenas a força industrial e o poder humano dos americanos poderiam garantir a erradicação final de Hitler e do Nacional-Socialismo.

O que tornava isso mais assustador era o fato de que Churchill precisava atingir esses objetivos rapidamente, antes que Hitler pusesse toda a sua atenção na Inglaterra e começasse a usar sua força aérea, a Luftwaffe, que a inteligência britânica acreditava ser muito superior à Real Força Aérea, a RAF, na sigla em inglês.

NESSE ÍNTERIM, CHURCHILL precisava lidar com todo tipo de desafio. Um imenso pagamento de uma dívida pessoal vencia no fim do mês, e ele não tinha como pagar. Seu único filho, Randolph, também estava mergulhado em dívidas, demonstrando persistentemente um talento não apenas para gastar dinheiro, mas também para perdê-lo em apostas, uma inaptidão lendária; ele também bebia demais e tinha propensão a fazer escândalos, e constituía, portanto, aquilo que sua mãe, Clementine (pronuncia-se Clemen*tin*), via como risco permanente de constrangimento para a família. Churchill também tinha de lidar com as regras de blecaute e racionamento e com a constante intromissão de autoridades que queriam mantê-lo em segurança contra tentativas de assassinato — além do eterno tormento do exército de trabalhadores designados para proteger o nº 10 da Downing Street e Whitehall contra ataques aéreos. Suas críticas sem fim, mais do que qualquer outro incômodo, tinham a capacidade de enfurecê-lo.

Talvez com a exceção de assobios.

Certa vez, Churchill disse que seu ódio por assobios era a única coisa que ele tinha em comum com Hitler. Era mais do que uma mera obsessão. "Isso gera um distúrbio quase psiquiátrico nele — imenso, imediato e irracional", escreveu o inspetor Thompson.[12] Certa ocasião, enquanto andavam juntos para o nº 10 da Downing Street, Thompson e o novo primeiro-ministro avistaram um jornaleiro de, talvez, uns 13 anos, andando na direção deles, "com a mão no bolso e o jornal debaixo do braço, assobiando alto e feliz", recordou Thompson.[13]

Enquanto o menino se aproximava, a raiva de Churchill aumentava. Ele encolheu os ombros e andou até o rapaz. "Pare de assobiar", resmungou.

O menino, absolutamente imperturbável, respondeu: "Por quê?"

"Porque eu não gosto e é um barulho horrível."

O garoto seguiu em frente, depois virou-se e gritou: "Você pode tapar os ouvidos, não é?"

O garoto continuou andando.

Churchill ficou chocado por um instante. A raiva tomou seu rosto.

Mas uma das grandes forças de Churchill era saber colocar as coisas em perspectiva, algo que dava a ele a capacidade de separar situações diferentes em caixas, para que o mau humor pudesse, num piscar de olhos, transformar-se em alegria. Enquanto Churchill e Thompson continuavam caminhando, Thompson viu Churchill começar a sorrir. Baixinho, Churchill repetia a tréplica do garoto: "Você pode tapar os ouvidos, não é?"

E riu alto.

CHURCHILL SE ENTREGOU IMEDIATAMENTE à sua nova responsabilidade, animando muitos, mas confirmando para algumas pessoas suas mais terríveis preocupações.

Capítulo 2
Uma noite no Savoy

Mary Churchill, aos 17 anos, acordou naquela manhã de 10 de maio com as notícias sombrias da Europa. Os detalhes eram, por si só, assustadores, mas era a justaposição entre o modo como Mary passou a noite e o que aconteceu do outro lado do canal da Mancha que tornava tudo mais chocante.

Mary era a mais nova dos quatro filhos de Churchill; um quinto filho, uma menina chamada Marigold, a amada "Duckadilly" da família, morreu de sepse em agosto de 1921, aos 2 anos e 9 meses. Ambos os pais estavam presentes quando ela morreu, um momento que levou Clementine, como Churchill contou a Mary mais tarde, "a uma sucessão de gritos selvagens, como um animal numa dor mortal".[1]

A irmã mais velha de Mary, Diana, de 30 anos, era casada com Duncan Sandys (pronuncia-se Sands), que trabalhava como "conselheiro especial" de Churchill na seção de Precauções contra Ataques Aéreos (ARP, na sigla em inglês), a divisão de defesa civil do Ministério do Interior. Eles tinham três filhos. A segunda irmã, Sarah, de 29 anos, tão teimosa quando criança a ponto de ganhar o apelido de "Mula", era uma atriz que, para desgosto de Churchill, casou-se com um artista austríaco chamado Vic Oliver, dezesseis anos mais velho e casado duas vezes antes de conhecê-la. Eles não tinham filhos. O quarto era Randolph, com quase 29 anos, que um ano antes havia se casado com Pamela Digby, agora com vinte anos e grávida do primeiro filho deles.

Mary era linda, alegre e espirituosa, descrita por um observador como "muito efervescente".[2] Ela enfrentava o mundo com o entusiasmo desavergonhado de um cordeiro na primavera, uma característica que uma jovem visitante americana, Kathy Harriman, achou enjoativa. "Ela é uma menina muito inteligente", escreveu Harriman, "mas é tão ingênua que dói. Diz as coisas com franqueza; então as pessoas riem dela, tiram sarro e, por ser supersensível, ela leva tudo para o lado pessoal".[3] Quando nasceu, sua mãe a apelidou de "Mary, o Rato".[4]

Enquanto Hitler impunha morte e trauma a milhões de pessoas nos Países Baixos, Mary estava fora com amigos se divertindo. A noite começou com um jantar para sua amiga íntima Judy — Judith Venetia Montagu —, uma prima, também com 17 anos, filha do falecido Edwin Samuel Montagu, ex--secretário para o Estado da Índia, e sua esposa, Venetia Stanley. O casamento deles foi rodeado de drama e especulação: Venetia casou com Montagu após um romance de três anos com o ex-primeiro-ministro H. H. Asquith, 35 anos mais velho. Se Venetia e Asquith tiveram, algum dia, uma relação física ainda permanece um mistério, embora, caso o número de palavras possa ser usado como medida de intensidade romântica, Asquith era um homem perdidamente apaixonado. Durante os três anos em que estiveram envolvidos, ele escreveu pelo menos 560 cartas para Venetia, algumas durante reuniões do gabinete, uma propensão que Churchill chamava de "o maior risco de segurança da Inglaterra".[5] Seu noivado surpresa com Montagu acabou com Asquith. "Nenhum inferno poderia ser pior", escreveu.[6]

Vários outros homens e mulheres jovens também estiveram no jantar de Judy Montagu, todos membros do grupo dos mais brilhantes de Londres, descendentes da nobreza britânica, que jantavam, dançavam e bebiam champanhe nas boates populares da cidade. A guerra não deu fim à folia, mas impôs um tom sombrio. Muitos dos homens haviam se alistado a algum braço dos serviços militares, sendo a RAF talvez a mais romântica, ou estavam alojados em escolas militares como Sandhurst e Pirbright. Alguns haviam lutado na Noruega e outros estavam agora no exterior com a Força Expedicionária Britânica. Muitas das meninas do grupo de Mary tinham entrado para o Serviço Voluntário das Mulheres, que ajudava a realocar pessoas desalojadas, operava centros de descanso e providenciava comida em emergências, além de realizar diversas tarefas como enrolar pelo de cachorro em novelos para usar na produção de roupas. Outras jovens estudavam para se tornar enfermeiras; algumas assumiam postos obscuros no Ministério das Relações Exteriores, onde, como Mary descrevia, realizavam "atividades que não deveriam ser descritas". Mas diversão era diversão, e apesar da escuridão cada vez maior,

Mary e seus amigos dançavam, Mary com a mesada de £5 (US$20) que Churchill pagava a ela no primeiro dia do mês. "A vida social de Londres era animada", escreveu Mary em suas memórias. "Apesar do blecaute, os teatros estavam cheios, havia muitos clubes noturnos para dançar depois que os restaurantes fechavam, e muitas pessoas ainda davam jantares, frequentemente organizados para algum filho que estava de licença."[7]

Um dos lugares favoritos de Mary e seu grupo de amigos era o Teatro Players, perto do Covent Garden, onde se sentavam às mesas e assistiam a diversos atores, incluindo Peter Ustinov, interpretando velhas músicas de salão. Eles ficavam até o teatro fechar, às duas da manhã, depois iam andando para casa pelas ruas escuras. Ela adorava a beleza e o mistério das noites de lua cheia: "Sair das ruas envoltas na escuridão como vales negros e entrar na amplidão da Trafalgar Square banhada pela luz do luar, a simetria clássica de St. Martin-in-the-Fields gravada ao fundo e a Coluna de Nelson subindo pela noite acima de seus leões guardiões tão formidáveis e negros — é uma visão que nunca esquecerei."[8]

Entre os homens no jantar de Judy Montagu estava um jovem major do exército chamado Mark Howard, que Mary achou bonito e afável e de quem "gostou".[9] Destinado a morrer numa ação militar dentro de quatro anos, Howard era major na Coldstream Guard, o mais antigo regimento em serviço no exército regular britânico. Apesar de ser uma unidade de combate ativa, seus deveres incluíam ajudar a proteger o Palácio de Buckingham.

Depois do jantar, Mary, Mark e seus amigos foram ao famoso Hotel Savoy para dançar, e então seguiram para um dos clubes noturnos preferidos pelos jovens ricos de Londres, o 400 Club, conhecido como "o quartel-general noturno da sociedade". Situado num porão em Leicester Square, o clube ficava aberto até o amanhecer, enquanto os convidados dançavam valsa e foxtrote ao som de uma orquestra de dezoito músicos. "Dancei quase exclusivamente com Mark", escreveu Mary em seu diário. "M. bom! Casa e cama às 4 da manhã."[10]

Naquela manhã, sexta-feira, 10 de maio, ela soube dos ataques-relâmpago de Hitler na Europa. Em seu diário, Mary escreveu "enquanto Mark e eu dançávamos alegres & despreocupados hoje de manhã, na manhã cinza e fria, a Alemanha atacou mais dois países inocentes — Holanda e Bélgica. A bestialidade do ataque é inconcebível".[11]

Ela foi à escola, o Queen's College, na Harley Street, onde estava matriculada em meio período e estudava francês, literatura inglesa e história. "Uma nuvem de incerteza e dúvida pairou sobre nós o dia todo", escreveu ela. "O que pode acontecer com o gov?"[12]

Logo ela recebeu uma resposta. À tarde, como normalmente fazia às sextas, Mary viajou para a propriedade da família Churchill, Chartwell, cerca de quarenta quilômetros a sudeste de Londres. Ela cresceu lá, criando uma variedade de animais, alguns dos quais tentou vender através de um negócio que chamou de "Zoológico Feliz".[13] A casa estava fechada devido à guerra, exceto pelo escritório de Churchill, mas um chalé na propriedade permaneceu aberto e era agora ocupado pela amada ex-babá de Mary, Maryott Whyte, prima em primeiro grau de Clementine, conhecida pela família como Moppet ou Nana.

Era uma noite quente de verão. Mary se sentou nos degraus do chalé sob o céu azul-escuro — o "ocaso", ela chamava — enquanto ouvia um rádio que estava ligado dentro da casa. Cerca das nove da noite, pouco antes da transmissão regular de notícias da BBC, Chamberlain fez um breve pronunciamento, no qual informou ter renunciado e que Churchill era agora primeiro-ministro.

Mary ficou empolgada. Nem todos sentiram a mesma coisa.

Para pelo menos um dos membros do grupo de Mary, também presente naquela noite no Savoy e no 400 Club, a indicação era incômoda, tanto pelo modo como afetaria a guerra e a nação quanto a sua vida.

Até a manhã de sábado, 11 de maio, John "Jock" Colville trabalhava como secretário-assistente particular de Neville Chamberlain, mas agora se via indicado para trabalhar com Churchill. Dadas as exigências do trabalho, ele estava diante da necessidade de praticamente viver com Churchill no nº 10 da Downing Street. A opinião de Mary sobre Jock era ambivalente, quase cautelosa: "Desconfiei — com razão, nos dois casos! — que ele fosse fã de Chamberlain e do Acordo de Munique."[14] Ele, por sua vez, ficou ainda menos encantado com ela: "Achei a menina Churchill um tanto arrogante."[15]

O trabalho de secretário particular tinha prestígio. Colville se juntou a quatro outros homens recém-indicados que, juntos, compunham o "escritório privado" de Churchill e serviam quase como seus representantes, enquanto um quadro de outros secretários e datilógrafos cuidava de seus ditados e tarefas administrativas de rotina. A posição da família de Colville parecia ter predeterminado sua colocação no governo. Seu pai, George Charles Colville, era advogado e sua mãe, lady Cynthia Crewe-Milnes, integrante da corte, era dama de companhia de Mary, a rainha-mãe. Ela também era assistente social, atendendo os pobres do leste de Londres, e volta e meia levava Colville junto para que ele pudesse ver o outro lado da vida inglesa. Aos 12 anos, Colville se tornou pajem de honra do rei George V, um cargo cerimonial que o obrigava a aparecer no Palácio de Buckingham três vezes ao ano, paramentado com calções nos joelhos, punhos de renda, uma capa azul real e um chapéu de três pontas com penas vermelhas.

Apesar de ter apenas 21 anos, Colville parecia mais velho, um efeito que poderia ser atribuído tanto à maneira fúnebre como era obrigado a se vestir quanto às sobrancelhas escuras e ao rosto impassível. O conjunto dava a ele um ar de alguém tremendamente crítico, embora, na verdade — como revelou-se em um diário mantido em segredo sobre seus dias na casa do primeiro-ministro —, ele fosse um observador preciso do comportamento humano. Escrevia com graça e tinha uma profunda apreciação pela beleza do mundo. Tinha dois irmãos mais velhos, o primogênito, David, na marinha, e o outro, Philip, major do exército, servindo na França com a Força Expedicionária Britânica (BEF, na sigla em inglês), algo que deixava Jock muito ansioso.

Colville havia estudado em todos os lugares certos; isso era importante nos escalões superiores da Grã-Bretanha, onde a escola servia como uma espécie de estandarte de regimento.[16] Ele fez o equivalente do ensino médio em Harrow e foi capitão do time de esgrima, depois seguiu para o Trinity College, em Cambridge. Harrow tinha uma influência desproporcional no destino de homens jovens das classes superiores da Grã-Bretanha, como é evidente na lista de ex-alunos, que incluía sete primeiros-ministros, entre os quais Churchill, um estudante sem brilho que, segundo um membro da equipe, demonstrou "fenomenal negligência". (A lista de alunos de Harrow mais tarde inclui os atores Benedict Cumberbatch e Cary Elwes, do famoso *The Princess Bride*, e um ornitólogo chamado James Bond.) Colville aprendeu alemão e aprimorou suas habilidades em duas temporadas na Alemanha, primeiro em 1933, logo depois que Hitler se tornou chanceler da Alemanha, e uma segunda vez em 1937, quando Hitler estava tomando o controle total. Num primeiro momento Colville achou o entusiasmo da população alemã contagiante, mas com o passar do tempo começou a se sentir incomodado. Ele testemunhou a queima de livros em Baden-Baden e depois assistiu a um dos discursos de Hitler. "Nunca antes, nem depois, vi uma exibição de histeria das massas tão universal em sua natureza", escreveu. Naquele mesmo ano, Colville entrou para o Ministério das Relações Exteriores, na divisão de serviço diplomático, que fornecia ao primeiro-ministro seus secretários particulares. Dois anos depois, ele estava trabalhando para Chamberlain, na época envolvido em uma controvérsia sobre seu fracassado Acordo de Munique. Churchill, um dos principais críticos de Chamberlain, chamava o acordo de "uma derrota total e consumada".

Colville gostava de Chamberlain e o respeitava, mas temia o que poderia acontecer com Churchill no poder. Ele via apenas caos à frente. Como muitos outros em Whitehall, considerava Churchill caprichoso e intrometido, disposto a agir de modo dinâmico em todas as direções ao mesmo tempo. Mas o público o adorava. Colville, em seu diário, culpava Hitler por esse aumento de popularidade, escrevendo: "Um dos atos mais inteligentes de Hitler foi tornar Winston o Inimigo Público Número Um, porque esse fato o ajudou a se tornar o Herói Público Número Um aqui e nos Estados Unidos."[17]

Para Colville, parecia que um clima de consternação se instalara sobre Whitehall quando as potenciais consequências da nomeação de Churchill começaram a aparecer. "Ele pode, claro, ser o homem com a força e energia que o país acredita ser e pode ser capaz de acelerar nossa maquinaria militar e industrial", escreveu Colville. "Mas é um risco terrível, envolve o perigo de explorações apressadas e espetaculares, e não posso evitar temer que este país possa ser colocado na mais perigosa posição em que já esteve."[18]

Colville alimentava um desejo oculto de que a permanência de Churchill fosse curta. "Parece haver esperança de que N. C." — Neville Chamberlain — "esteja de volta em breve", confidenciou em seu diário.[19]

Uma coisa parecia certa, no entanto: o trabalho de Colville com Churchill forneceria amplo material para seu diário, que ele começou a escrever oito meses antes, logo após o início da guerra. Só mais tarde ele percebeu que isso era, provavelmente, uma grave violação das leis de segurança nacional. Como um colega secretário particular disse depois: "Estou surpreso com os riscos que Jock correu em termos de segurança, pelos quais ele teria sido demitido de imediato se fosse pego."[20]

O CETICISMO QUE COLVILLE SENTIU no dia seguinte ao da nomeação ecoou por todo Whitehall. O rei George VI escreveu em seu diário: "Não consigo ainda pensar em Winston como P.M."[21] O rei se encontrou com lorde Halifax dentro da propriedade do Palácio de Buckingham, que Halifax tinha permissão para atravessar em seu caminho diário de casa, na Euston Square, para o Ministério das Relações Exteriores. "Encontrei com Halifax no jardim", escreveu o rei, "e disse a ele que lamentava não tê-lo como P.M.".

Halifax, apesar de recém-indicado novamente como secretário das Relações Exteriores, era cético quanto a Churchill e à energia selvagem que ele parecia levar para o governo. No sábado, 11 de maio, dia seguinte ao da indicação de Churchill, Halifax escreveu para seu filho: "Espero que Winston não nos leve a nenhuma posição precipitada."[22]

Halifax — cujo apelido para Churchill era "Pooh", uma referência ao personagem de A. A. Milne, o Ursinho Pooh — reclamou que os novos indicados para o gabinete de Churchill não tinham sofisticação intelectual. Halifax os comparou a "gângsteres", sendo Churchill o chefe da gangue. "Raramente conheci alguém com lacunas de conhecimento tão estranhas, ou cuja mente trabalhasse mais aos trancos", escreveu Halifax em seu diário naquele sábado. "Será possível fazer isso funcionar de forma organizada? Muita coisa depende disso."[23]

A indicação de Churchill enfureceu a esposa de um membro do Parlamento, que o comparava a Hermann Göring, o obeso e brutal chefe da Luftwaffe e o segundo homem mais poderoso do Terceiro Reich. "W. C. é realmente a versão inglesa de Göring", escreveu, "cheio de desejo por sangue, 'Blitzkrieg', e entupido de ego e comida, a mesma traição correndo nas veias, pontuada por heroísmo e ar quente".[24]

Mas uma civil chamada Nella Last tinha uma opinião diferente, a qual relatou para o Grupo de Observação de Massas, uma organização criada na Grã-Bretanha dois anos antes da guerra, que recrutou centenas de voluntários para manter diários pessoais com o objetivo de ajudar sociólogos a entender melhor a vida cotidiana britânica. Os autores de diários eram incentivados a melhorar suas habilidades de observação descrevendo tudo que havia sobre suas lareiras ou sobre a lareira de seus amigos. Muitos voluntários, como Last, mantiveram diários durante toda a guerra. "Se tivesse que passar toda a minha vida com um homem", escreveu, "escolheria Chamberlain, mas acho que iria preferir o sr. Churchill se houvesse uma tempestade e eu estivesse em um naufrágio".[25]

O público e os aliados de Churchill aplaudiram sua indicação. Uma enxurrada de cartas e telegramas de congratulações chegou à casa do Almirantado. Duas dessas certamente agradaram a Churchill, ambas de mulheres de quem ele era amigo havia muito tempo e que em diferentes momentos podem ter nutrido aspirações românticas. Clementine certamente desconfiava e era vista como reticente no tocante a ambas as mulheres.

"Meu desejo foi realizado", escreveu Violet Bonham Carter, filha de H. H. Asquith, o ex-primeiro-ministro morto em 1928. "Posso agora enfrentar tudo que virá com fé e confiança."[26] Ela conhecia bem Churchill e não tinha dúvida de que sua energia e belicosidade transformariam o gabinete. "Sei, como você também sabe, que o vento foi semeado e que todos vamos colher a tempestade", escreveu. "Mas você irá conduzi-la, em vez de ser conduzido por ela. Graças a Deus você está aqui no comando de nosso destino — e que o espírito da nação seja aceso pelo seu."

A segunda carta era de Venetia Stanley, a mulher que teve um romance epistolar com Asquith.[27] "Querido", Venetia escrevia agora para Churchill, "quero acrescentar minha voz ao grande sentimento de alegria que surgiu em todo o mundo civilizado quando você se tornou primeiro-ministro. Graças a Deus, finalmente". Ela se alegrava, segundo disse a ele, pelo fato de "você ter tido a chance de salvar todos nós".

E acrescentou um pós-escrito: "Aliás, como é bom ter o nº 10 mais uma vez ocupado por alguém amado."

Capítulo 3
Londres e Washington

Os Estados Unidos ocupavam boa parte dos pensamentos de Churchill sobre a guerra e seu resultado final. Hitler parecia disposto a esmagar a Europa. Acreditava-se que a Luftwaffe fosse muito maior e mais poderosa que a RAF e seus submarinos e cruzadores rápidos ameaçavam agora severamente o transporte de comida, armas e matéria-prima, vitais para a nação insular. A guerra anterior havia demonstrado como os Estados Unidos podiam ser uma força militar poderosa quando instigados a entrar em ação; agora, só esse país parecia ter os recursos para equilibrar a balança.

A importância dos Estados Unidos para o pensamento estratégico de Churchill ficou clara para seu filho numa manhã logo após a indicação para primeiro-ministro, quando Randolph entrou no quarto do pai na Casa do Almirantado e o encontrou em pé na frente do lavatório e do espelho, fazendo a barba. Randolph estava em casa, de licença do 4º Regimento de Hussardos da Rainha, o antigo regimento de Churchill, no qual Randolph agora servia como oficial.

"Sente-se, meu caro, e leia os jornais enquanto eu termino de me barbear", disse Churchill ao filho.[1]

Depois de alguns momentos, Churchill virou-se para o filho e disse: "Acho que vejo qual é o meu caminho." E se virou de novo para o espelho.

Randolph entendeu que seu pai estava falando da guerra. O comentário o assustou, mais tarde se lembraria, pois ele mesmo via poucas chances de o Reino Unido vencer. "Você quer dizer que nós temos como evitar a derrota?" perguntou Randolph. "Ou que podemos vencer os cretinos?"

Ao ouvir isso, Churchill jogou a navalha na pia e girou para encarar o filho. "Claro que quero dizer que podemos derrotá-los", disse ele.

"Eu torço muito", disse Randolph, "mas não consigo ver como você vai fazer isso".

Churchill secou o rosto. "Vou arrastar os Estados Unidos para a guerra."

Nos Estados Unidos, o público não tinha interesse em ser arrastado para lugar nenhum, muito menos para a guerra na Europa. Essa era uma mudança em relação ao começo do conflito, quando uma pesquisa Gallup registrou que 42% dos americanos disseram que, se nos meses seguintes a França e a Inglaterra pudessem ser derrotadas, os Estados Unidos deveriam declarar guerra contra a Alemanha e enviar tropas; 48% disseram que não. Mas a invasão dos Países Baixos por Hitler mudou drasticamente a opinião do público. Numa pesquisa de maio de 1940, o Gallup descobriu que 93% se opunham a uma declaração de guerra, uma posição conhecida como isolacionismo. O Congresso americano havia anteriormente codificado essa antipatia em 1935 com a aprovação de uma série de leis, as Leis de Neutralidade, que regulamentavam a exportação de armas e munições e impediam seu transporte em navios americanos para qualquer nação em guerra. Os americanos tinham empatia pela Inglaterra, mas agora questionavam quão estável o Império Britânico era, tendo deposto seu governo no mesmo dia em que Hitler invadiu a Holanda, a Bélgica e Luxemburgo.

Na manhã de sábado, 11 de maio, o presidente Roosevelt convocou uma reunião de gabinete na Casa Branca na qual o primeiro-ministro britânico se tornou tema de discussão. A questão central era se ele poderia, de alguma forma, prevalecer nessa nova guerra expandida. Roosevelt havia trocado comunicados com Churchill inúmeras vezes no passado, enquanto Churchill era primeiro lorde do Almirantado, mas havia mantido essa comunicação em sigilo por medo de inflamar a opinião pública americana. O tom geral da reunião foi de ceticismo.

Entre os presentes estava Harold L. Ickes, secretário do Interior, um conselheiro influente de Roosevelt conhecido por implantar o programa de trabalho social e de reformas financeiras, o New Deal. "Aparentemente", Ickes disse, "Churchill é pouco confiável sob a influência do álcool". Ickes ainda avaliou que Churchill era "velho demais".[2] De acordo com Frances Perkins, secretário do Trabalho, durante essa reunião, Roosevelt parecia "inseguro" a respeito de Churchill.

Dúvidas sobre o novo primeiro-ministro, principalmente sobre seu consumo de álcool, já haviam sido semeadas bem antes da reunião. Em fevereiro de 1940, Summer Welles, subsecretário do Departamento de Estado dos Estados Unidos, havia dado início a um roteiro internacional, a "Missão Welles", para se encontrar com líderes em Berlim, Londres, Roma e Paris e analisar as condições políticas na Europa. Entre aqueles que visitou estava Churchill, na época primeiro lorde do Almirantado. Welles escreveu sobre o encontro em seu relatório posterior: "Quando cheguei a seu escritório, o sr. Churchill estava sentado em frente à lareira, fumando um charuto de meio metro e bebendo uísque com soda. Era bastante óbvio que ele havia consumido bastante uísque antes de eu chegar."[3]

A principal fonte de ceticismo sobre Churchill, no entanto, era o embaixador americano para o Reino Unido, Joseph Kennedy, que não gostava do primeiro-ministro e repetidas vezes enviava relatórios pessimistas sobre sua personalidade e as perspectivas do reino. Em certa ocasião, Kennedy repetiu para Roosevelt a essência de uma observação feita por Chamberlain, de que Churchill "tornou-se um bebedor compulsivo e seu julgamento nunca foi bom".[4]

Kennedy, por sua vez, não era muito bem visto em Londres. A esposa do secretário das Relações Exteriores de Churchill, lorde Halifax, detestava o embaixador por seu pessimismo a respeito das chances de sucesso da Grã-Bretanha e por sua previsão de que a RAF seria rapidamente liquidada.

Ela escreveu: "Poderia, com prazer, tê-lo matado."[5]

Capítulo 4
Energizado

Em suas primeiras 24 horas no cargo, Churchill se revelou um tipo bem diferente de primeiro-ministro. Se Chamberlain — o Guarda-Chuva Velho, o legista — era sério e deliberado, o novo primeiro-ministro, fiel à sua reputação, era extravagante, elétrico e totalmente imprevisível. Um dos primeiros atos de Churchill foi nomear a si mesmo ministro da Defesa, o que levou um funcionário que deixava o gabinete a escrever em seu diário, "Deus nos ajude".[1] O cargo era novo, e por meio dele Churchill iria supervisionar os chefes de gabinete que controlavam o exército, a marinha e a força aérea. Agora ele tinha o controle total da guerra e total responsabilidade.

Ele foi rápido em estabelecer seu governo, fazendo sete das indicações-chave antes do meio-dia do dia seguinte. Churchill manteve lorde Halifax como secretário das Relações Exteriores e, num ato de generosidade e lealdade, também incluiu Chamberlain, nomeando-o lorde presidente do conselho, um cargo com pouco volume de trabalho que servia de ponte entre o governo e o rei. Em vez de desalojar Chamberlain imediatamente da residência do primeiro-ministro no nº 10 da Downing Street, Churchill resolveu continuar a viver por um tempo na Casa do Almirantado, sua residência na época, para dar a Chamberlain tempo para uma saída digna. Ele ofereceu a Chamberlain um sobrado adjacente, o nº 11 da Downing, que Chamberlain havia ocupado nos anos 1930 quando havia sido chanceler do Tesouro.

Uma nova onda de energia passou por Whitehall. Corredores adormecidos acordaram. "Foi como se a máquina tivesse, da noite para o dia, ganhado uma ou duas novas engrenagens, podendo atingir velocidades bem maiores do que antes se imaginava ser possível", escreveu Edward Bridges, secretário do Gabinete de Guerra. Essa nova energia, pouco familiar e desconcertante, passou por todo o estrato burocrático, do mais baixo secretário ao mais graduado dos ministros.² O efeito na sede do governo foi dramático. Sob o comando de Chamberlain, mesmo o advento da guerra não alterou o ritmo de trabalho, segundo John Colville; mas Churchill era um dínamo. Para espanto de Colville, "servidores civis respeitáveis eram vistos correndo pelos corredores".³ Para Colville e seus colegas membros do secretariado privado de Churchill, o volume de trabalho aumentou para quantidades antes inimagináveis. Churchill emitia diretrizes e ordens em memorandos breves conhecidos como "minutas", ditando-as para datilógrafas, as quais sempre estavam por perto, desde o momento em que acordava até a hora em que fosse dormir. Enfurecia-se com erros de ortografia e frases sem sentido que, segundo ele, deviam-se à desatenção, embora, na verdade, o desafio de anotar ditados dele fosse ainda maior por um pequeno problema de dicção que tornava seus esses pouco claros. Enquanto transcrevia um discurso de 27 páginas, uma datilógrafa, Elizabeth Layton, que chegou ao nº 10 da Downing Street em 1941, atraiu sua ira por cometer um único erro ao escrever "ministro do ar" em vez de "Ministério do Ar", criando uma frase com uma imagem não intencional, porém forte: "O ministro do ar estava num estado de caos de cima a baixo."⁴ Contudo, podia ser difícil ouvir Churchill, especialmente durante as manhãs, quando ele ditava da cama, de acordo com Layton. Outros fatores de distorção da clareza também interfeririam. "Havia sempre aquele charuto", destacou, "e normalmente ele anda de um lado a outro da sala enquanto dita, então algumas vezes ele está atrás da sua cadeira e outras do outro lado da sala".⁵

Nenhum detalhe era pequeno o suficiente para escapar da atenção dele, mesmo o fraseado e a gramática que os ministros usavam quando escreviam seus relatórios. Eles não deveriam usar a palavra "aeródromo", mas, em vez disso, "campo de pouso"; não "avião", mas "aeronave". Churchill era particularmente insistente que os ministros compusessem memorandos breves e limitassem sua extensão a uma página ou menos. "É preguiça não resumir seus pensamentos", dizia.⁶

Essa comunicação precisa e exigente em todos os níveis criou um novo sentido de responsabilidade pelos acontecimentos, e acabou com o bolor do trabalho ministerial de rotina. Os comunicados de Churchill eram despachados diariamente, aos montes, invariavelmente breves e sempre escritos em inglês preciso. Não era incomum que ele exigisse uma resposta sobre um assunto complexo antes do fim do dia. "Qualquer coisa que não fosse de importância imediata e não causasse preocupação naquele exato momento não tinha valor para ele", escreveu o general Alan Brooke, conhecido como "Brookie" pelos secretários de Churchill. "Quando ele queria que algo fosse feito, todo o resto tinha de ser deixado de lado."[7]

Como Brooke observou, o efeito era "como um facho de luz circulando incessantemente e penetrando os mais remotos cantos da administração — para que todo mundo, por mais humilde que fosse o cargo ou a função, sentisse que um dia o facho poderia parar sobre si e iluminar o que estava fazendo".[8]

ENQUANTO CHAMBERLAIN NÃO DEIXAVA O Nº 10 da Downing Street, Churchill estabeleceu um escritório no térreo da Casa do Almirantado, onde planejava trabalhar à noite. Uma datilógrafa e um secretário particular ocupavam a sala de jantar e diariamente atravessavam uma passarela repleta de móveis com golfinhos talhados, as costas e os braços de cadeiras com algas e criaturas marinhas sinuosas. O escritório de Churchill ocupava uma sala interna. Em sua mesa ele mantinha uma coleção de pílulas, pós e palitos de dentes, assim como punhos avulsos para proteger suas mangas e várias medalhas de ouro, que usava como peso de papel. Garrafas de uísque ficavam numa mesa adjacente. Durante o dia ele ocupava um escritório no nº 10 da Downing Street.

Mas a noção de Churchill do que constituía um escritório era ampla. Com frequência, generais, ministros e membros da equipe encontravam-se com Churchill enquanto ele estava em sua banheira, um dos seus lugares favoritos para trabalhar. Ele também gostava de trabalhar na cama, onde passava horas toda manhã estudando despachos e relatórios, com um datilógrafo sentado por perto. Sempre presente estava a Caixa, uma caixa preta de despachos que continha relatórios, correspondência e minutas de outros oficiais que precisassem da sua atenção, reabastecida diariamente por seus secretários particulares.

Quase toda manhã um visitante específico ia ao quarto de Churchill, o major-general Hastings Ismay, recém-nomeado chefe do Estado-Maior do Exército, conhecido carinhosa e universalmente como "Pug" por sua semelhança com essa raça de cachorro. Era trabalho de Ismay atuar como intermediário entre Churchill e os chefes das três forças armadas, ajudando-os a entendê-lo e ajudando Churchill a entendê-los. Ismay fazia isso com tato e graça diplomática. Imediatamente tornou-se um dos membros centrais daquilo que Churchill chamava de "Círculo Secreto". Ismay ia ao quarto de Churchill para discutir assuntos que iriam ser tratados mais tarde, na reunião matinal dos chefes de estado-maior. Em outros momentos, ele simplesmente sentava com Churchill, caso fosse solicitado — uma presença calorosa e calmante. Pug era um dos preferidos das datilógrafas e dos secretários particulares. "Os olhos, o pequeno nariz, a boca e o formato de sua cabeça produzia um efeito canino totalmente agradável", escreveu John Colville. "Quando ele sorria, seu rosto se iluminava e dava a impressão de estar abanando um rabo fácil de imaginar."[9]

Ismay estava impressionado com a necessidade que o público parecia sentir desse novo primeiro-ministro. Enquanto andava com ele do nº 10 da Downing Street até a Casa do Almirantado, Ismay se maravilhava com os cumprimentos entusiasmados de homens e mulheres que passavam por eles. Um grupo de pessoas esperando na entrada privada do nº 10 deu os parabéns e um incentivo, com gritos de "Boa sorte, Winnie. Deus te abençoe".

Ismay percebeu que Churchill ficou profundamente emocionado. Depois de entrar no prédio, Churchill, que nunca tinha receio de expressar suas emoções, começou a chorar.

"Pobres pessoas, pobres pessoas", disse. "Eles confiam em mim, e por um bom tempo tudo o que eu posso oferecer a elas é desastre."[10]

O que Churchill mais queria dar para as pessoas era ação, como deixou claro desde o início — ação em todas as esferas, do escritório ao campo de batalha. O que ele queria, em especial, era que a Grã-Bretanha assumisse a ofensiva na guerra, para fazer algo, qualquer coisa, para levar a guerra diretamente "àquele homem ruim", sua expressão preferida para Adolf Hitler. Como Churchill disse em ocasiões frequentes, ele queria que os alemães "sangrassem e queimassem".[11]

Dois dias depois de assumir o cargo, 37 bombardeiros da RAF atacaram a cidade alemã de München-Gladbach, no distrito alemão altamente industrializado do Ruhr. O ataque matou quatro pessoas, uma das quais, curiosamente, era uma inglesa.[12] Mas o objetivo não era criar caos. Essa missão e outros ataques que se seguiram deviam sinalizar para o público britânico, para Hitler e especialmente para os Estados Unidos que o Reino Unido tinha intenção de lutar — a mesma mensagem que Churchill procurou transmitir na segunda-feira, 13 de maio, quando fez seu primeiro discurso perante a Câmara dos Comuns. Ele falou com confiança, prometendo conquistar a vitória, mas também como um realista que entendia o território sombrio no qual o

Reino Unido se encontrava agora. Uma frase se destacou com clareza peculiar: "Não tenho nada a oferecer senão sangue, trabalho, lágrimas e suor."[13]

Embora mais tarde essas palavras assumissem seu lugar no panteão da oratória entre as melhores já proferidas — e anos depois fossem elogiadas até pelo chefe da propaganda de Hitler, Joseph Goebbels —, na época o discurso foi apenas um discurso qualquer, feito para uma plateia que o remorso do dia seguinte tornara novamente cética. John Colville, que apesar de sua nova função permanecia leal a Chamberlain, desdenhou dele como "um pequeno discurso brilhante".[14] Para a ocasião, Colville escolheu usar "um terno novo azul-claro da Fifty-Shilling Tailors" — uma grande rede de lojas que vendia roupa masculina a preços módicos "de aparência barata e chamativa, que achei apropriado para o novo governo".

A ESSA ALTURA, AS FORÇAS ALEMÃS impunham seu controle aos Países Baixos com autoridade impiedosa. Em 14 de maio, bombardeiros da Luftwaffe, voando a seiscentos metros de altura, atacaram Rotterdam no que pareceu ser um ataque indiscriminado, deixando mais de oitocentos civis mortos, sinalizando que um destino parecido podia estar no futuro da Inglaterra. O que mais assustou Churchill e seus comandantes, no entanto, foi a força surpreendente dos blindados alemães, acompanhados por aeronaves que agiam como artilharia aérea, atacando as Forças Aliadas na Bélgica e na França, intimidando a resistência francesa e deixando o Exército continental britânico, a BEF perigosamente exposta. Na terça-feira, 14 de maio, o primeiro-ministro francês, Paul Reynaud, telefonou para Churchill e implorou que ele mandasse dez esquadrões de caças da RAF além dos quatro já prometidos, "se possível hoje".[15]

A Alemanha já se considerava vitoriosa. Em Berlim, naquela terça, William Shirer, um correspondente americano, ouviu jornalistas alemães declararem vitória repetidas vezes, interrompendo a programação regular no rádio para comemorar o último sucesso. Primeiro vivia uma fanfarra e, depois disso, como Shirer registrou em seu diário, um coro cantava "o atual sucesso, 'Marcharemos sobre a Inglaterra'".[16]

Às sete e meia da manhã seguinte, quarta-feira, 15 de maio, Reynaud ligou para Churchill de novo, quando ele ainda estava na cama. Churchill atendeu ao telefone que ficava em sua mesa de cabeceira. Apesar da ligação ruim e distante, ouviu Reynaud dizer, em inglês: "Fomos derrotados."[17]

Churchill não disse nada.

"Estamos derrotados", disse Reynaud. "Perdemos a batalha."

"Não pode ter acontecido tão rápido, certo?", respondeu Churchill.

Reynaud disse a ele que os alemães romperam a linha francesa na comuna de Sedan, nas Ardenas, perto da fronteira com a Bélgica, e que tanques e veículos blindados estavam entrando pela abertura. Churchill tentou acalmar seu colega francês, indicando que a experiência militar ensinava que ofensivas invariavelmente perdiam força com o tempo.

"Fomos derrotados", insistiu Reynaud.

Isso parecia tão improvável que desafiava o senso comum. O exército francês era grande e competente, a Linha Maginot fortificada era tida como invencível. O planejamento estratégico britânico contava com a França como uma parceira, sem a qual a BEF não tinha chance de prevalecer.

Churchill percebeu que havia chegado a hora de fazer um apelo direto por ajuda americana. Num telegrama secreto para o presidente Roosevelt enviado naquele dia, disse ao presidente que esperava que a Inglaterra fosse atacada em breve, e que se preparava para um ataque devastador. "Se necessário, vamos continuar a guerra sozinhos, não temos medo", escreveu. "Mas confio que entenda, sr. presidente, que a voz e a força dos Estados Unidos podem não ter valor nenhum se contidas por tempo demais. Poderemos ter uma Europa Nazista completamente subjugada, estabelecida com rapidez impressionante, e o peso será maior do que podemos suportar."[18]

Ele queria ajuda material, e pediu a Roosevelt especificamente que considerasse o envio de até cinquenta contratorpedeiros antigos, que a Marinha Real poderia usar até que seu programa naval começasse a entregar novos navios. Também pediu aeronaves — "várias centenas dos últimos modelos" —, armas antiaéreas e munição, "das quais teremos novas e em quantidade suficiente ano que vem, se sobrevivermos para ver".

Ele chegou ao que sabia ser um assunto especialmente sensível ao lidar com os Estados Unidos, dada a aparente necessidade de sempre conduzir uma negociação difícil, ou pelo menos ser visto como alguém que o faz. "Continuaremos pagando em dólares pelo tempo que pudermos", escreveu ele, "mas gostaria de ter uma certeza razoável de que quando não pudermos mais pagar, você nos fornecerá da mesma forma".

Roosevelt respondeu dois dias depois, declarando que não poderia enviar os contratorpedeiros sem uma aprovação específica do Congresso, e acrescentou: "Não estou certo de que seja inteligente apresentar essa sugestão ao Congresso neste momento."[19] Ele ainda desconfiava de Churchill, mas desconfiava ainda mais de como o público americano iria reagir. Na época, estava analisando se iria concorrer a um terceiro mandato, embora ainda não tivesse mencionado seu interesse.

Depois de se desviar dos vários pedidos de Churchill, o presidente acrescentou: "Boa sorte para você."[20]

SEMPRE INCANSÁVEL, CHURCHILL decidiu que precisava se encontrar pessoalmente com os líderes franceses, tanto para entender melhor a batalha em andamento quanto para tentar reforçar sua determinação. Apesar da presença de caças alemães nos céus da França, na quinta-feira, 16 de maio, às três da tarde, Churchill decolou numa aeronave militar de passageiros, a Havilland Flamingo, da base aérea da RAF em Hendon, cerca de onze quilômetros ao norte do nº 10 da Downing Street. Era a aeronave preferida de Churchill: um avião de passageiros bimotor, todo de metal, equipado com grandes poltronas estofadas. O Flamingo rapidamente se juntou a uma formação de Spitfires enviados para escoltá-lo até a França. Pug Ismay e um pequeno grupo de autoridades foram junto.

Ao pousar, eles perceberam que as coisas estavam muito piores que o imaginado. Oficiais designados para encontrar com eles disseram a Ismay que esperavam que os alemães chegassem a Paris nos próximos dias. Ismay escreveu: "nenhum de nós podia acreditar."[21]

Reynaud e seus generais novamente imploraram por mais aeronaves. Depois de muito agonizar, e como sempre de olho na história, Churchill prometeu os dez esquadrões. Ele telegrafou para seu Gabinete de Guerra naquela noite: "Não seria bom historicamente se os pedidos deles fossem negados e resultassem em sua ruína."[22]

Ele e seus acompanhantes voltaram para Londres na manhã seguinte.

A perspectiva de enviar tantos aviões para a França preocupava o secretário particular Colville. Em seu diário, ele escreveu que "isso significa despojar este país de um quarto de sua primeira linha de defesa".[23]

ENQUANTO A SITUAÇÃO NA FRANÇA piorava, aumentava o medo de que Hitler logo voltasse atenção total para a Grã-Bretanha. A invasão parecia uma certeza. A profunda corrente de apaziguamento que persistentemente fluía dentro de Whitehall e da sociedade inglesa começou a ressurgir, com novos apelos por um acordo de paz com Hitler, o velho instinto eclodindo como fontes de água que surgem do chão.

Na casa de Churchill, essa conversa derrotista só inspirava raiva. Uma tarde, Churchill convidou David Margesson, seu líder no Parlamento, para almoçar junto com Clementine e sua filha Mary. Margesson era um dos chamados Homens de Munique, que haviam previamente aprovado o apaziguamento e apoiado o Acordo de Munique de 1938, de Chamberlain.

No decorrer do almoço, Clementine se viu cada vez mais incomodada.

Desde a indicação de Churchill como primeiro-ministro, ela havia se tornado sua aliada sempre presente, organizando almoços e jantares e respondendo a inúmeras cartas do público. Costumava usar um lenço na cabeça, envolto em estilo turbante, estampado com pequenas cópias de pôsteres de guerra e slogans exortando: "Emprestar para defender", "Vá em Frente" e frases do gênero. Ela estava com 55 anos e estava casada havia 32 com Churchill. Na época do noivado, a grande amiga de Churchill, Violet Bonham Carter, expressara sérias dúvidas em relação às qualidades de Clementine, prevendo que ela "seria apenas um aparador ornamental, como já disse muitas vezes, e não é inteligente o suficiente para se incomodar em não ser mais do que isso".[24]

No entanto, Clementine mostrou-se ser muito mais do que um "aparador". Alta, magra e com uma "beleza perfeita e sem falhas"[25], como Bonham Carter admitiu, ela tinha personalidade forte e era independente, a ponto de tirar férias sozinha com frequência, ausentando-se da família por longos períodos. Em 1935, Clementine viajou sozinha numa excursão para o Extremo Oriente que durou mais de quatro meses. Ela e Churchill mantinham quartos separados; o sexo acontecia apenas com convite explícito dela.[26] Foi para Bonham Carter que Clementine, logo após o casamento, revelou o gosto peculiar de Churchill para roupa íntima: seda rosa-clara.[27] Clementine não se intimidava com discussões, por mais imponente que fosse seu oponente, e era considerada a única pessoa que conseguia confrontar Churchill.

Durante o almoço, sua raiva aumentou. Margesson expôs um pacifismo que ela achou repulsivo. Rapidamente a conversa chegou a um ponto que ela não podia suportar, e ela o atacou por seu papel no passado como apaziguador, culpando-o implicitamente por ajudar a levar o Reino Unido à sua terrível situação atual. Como a filha Mary disse, ela "o esfolou verbalmente antes de sair".²⁸ Isso não era incomum. Os membros da família falavam das "vassouradas da mamãe". Churchill, descrevendo um incidente no qual a vítima foi repreendida de forma bastante vívida, brincou: "Clemmie pulou sobre ele como uma onça de uma árvore."²⁹

Nesse caso, ela não deu vassouradas sozinha. Arrastou Mary junto. Elas saíram e foram almoçar no Grill, no vizinho Hotel Carlton, famoso por seu interior brilhante em dourado e branco.

Mary ficou constrangida pelo comportamento da mãe. "Fiquei envergonhada e horrorizada", escreveu em seu diário. "Mamãe & eu tivemos que sair & almoçar no Carlton. Comida boa destruída pela tristeza."³⁰

Uma visita à igreja deu a Clementine outra oportunidade de expressar sua indignação. No domingo, 19 de maio, ela assistiu a um culto em St. Martin-in-the-Fields, a famosa igreja anglicana na Trafalgar Square, e lá ouviu um ministro proferir um sermão que lhe pareceu inapropriadamente derrotista. Ela se levantou e saiu da igreja. Ao chegar ao nº 10 da Downing Street, contou a história ao marido.

—Você deveria ter gritado "Vergonha"', profanando a Casa de Deus com mentiras! — disse Churchill.³¹

Churchill então viajou para Chartwell, a casa da família fora de Londres, para trabalhar em seu primeiro discurso no rádio como primeiro-ministro e passar alguns momentos em paz ao lado do lago, alimentando seus peixes dourados e um cisne negro.

Havia outros cisnes, mas tinham sido mortos pelas raposas.

AINDA NA FRANÇA, um telefonema levou Churchill de volta a Londres. A situação estava piorando dramaticamente, com o exército francês desmoronando. Apesar das notícias terríveis, Churchill parecia imperturbável, e fez Jock Colville começar a gostar de seu novo chefe. Em seu diário naquele domingo, Colville escreveu: "quaisquer que sejam os defeitos de Winston, ele parece ser o homem certo para a ocasião. Seu espírito é indomável, e mesmo se a França e a Inglaterra perdessem, sinto que ele seguiria na cruzada com um bando de soldados".³²

E acrescentou: "Talvez eu o tenha julgado duramente, mas a situação é muito diferente de algumas semanas atrás."

Na reunião das quatro e meia de seu Gabinete de Guerra, Churchill descobriu que o comandante das forças britânicas na França estava cogitando uma retirada para a costa do canal, para o porto da cidade de Dunquerque. Churchill se opunha a essa ideia. Ele temia que a força fosse encurralada e destruída.

Churchill tomou a decisão de que, na verdade, nenhum avião de guerra seria enviado para a França. Com o destino daquele país parecendo tão instável, aquilo não fazia sentido, e cada avião seria necessário para defender a Inglaterra contra a iminente invasão.

Ele trabalhou em seu pronunciamento no rádio até o último minuto, das seis até as nove naquela noite, antes de se colocar diante do microfone da BBC.

"Falo com vocês pela primeira vez como primeiro-ministro em uma hora solene para a vida de nosso país", começou.[33]

Ele explicou como os alemães haviam rompido a linha de defesa francesa usando uma "notável" combinação de aeronaves e tanques. No entanto, disse ele, os franceses já haviam demonstrado no passado ser adeptos de contraofensivas, e esse talento, aliado ao poder e à habilidade do Exército britânico, poderia inverter a situação.

O discurso determinou o padrão que ele seguiria no decorrer da guerra, oferecendo uma análise sóbria dos fatos, acrescida de razões para manter o otimismo.

— Seria tolice tentar disfarçar a gravidade do momento —, disse Churchill. — Seria ainda mais tolo perder o ânimo e a coragem.

Ele deixou de fora qualquer referência à possibilidade, discutida horas antes no Gabinete de Guerra, de que o Reino Unido pudesse retirar seus soldados da França.

Em seguida, Churchill abordou sua principal razão para fazer o pronunciamento: alertar seus compatriotas do que estava por vir. "Depois que essa batalha na França perder a força, virá a batalha por nossas ilhas, por tudo que o Reino Unido é e por tudo que o Reino Unido significa", disse. "Nessa emergência suprema, não hesitaremos em dar todos os passos — mesmo os mais drásticos — para convocar nosso povo até o último grama e centímetro de esforço que ele for capaz de fazer."

O discurso aterrorizou alguns ouvintes, mas a aparente sinceridade de Churchill — pelo menos sobre a ameaça de invasão, se não sobre o verdadeiro estado do Exército francês — encorajou outros, de acordo com a divisão de Inteligência Doméstica do Ministério da Informação. A divisão fez um esforço singular para monitorar a opinião pública e o moral, publicando relatórios semanais baseados em mais de cem fontes, incluindo censores dos correios e telefone, gerentes de cinemas e vendedores de quiosques de livros de propriedade de W. H. Smith. Depois da transmissão do discurso de Churchill, a Inteligência Doméstica realizou uma pesquisa com os ouvintes. "De 150 entrevistas feitas de casa em casa na região de Londres", o relatório registrava, "aproximadamente metade disse que estava assustada e preocupada com o discurso; o restante se disse 'animado', 'mais determinado', ' fortalecido'".[34]

Agora Churchill se voltava novamente para a decisão agonizante sobre o que fazer com as centenas de milhares de soldados britânicos na França. Sua tendência era insistir para que eles assumissem a ofensiva e lutassem, mas o momento para tal heroísmo parecia ter passado. A Força Expedicionária Britânica estava em retirada para a costa, perseguida pelas divisões armadas da Alemanha, que deram a Hitler uma vantagem letal em sua incursão pela Europa. A Força Expedicionária Britânica estava diante da possibilidade real de aniquilação.

O Churchill que no domingo parecia inabalável para Colville foi substituído por um primeiro-ministro que parecia profundamente preocupado com o destino do império sob sua responsabilidade. Colville escreveu na terça, 21 de maio: "Nunca havia visto Winston tão deprimido."

CHURCHILL DECIDIU, CONTRA A RECOMENDAÇÃO de seus chefes de gabinete e outros, viajar a Paris para uma segunda reunião, dessa vez com o tempo ruim.

A visita não teve qualquer resultado, exceto preocupar Clementine e a filha Mary. "Fazia um tempo horrível para voar", escreveu Mary em seu diário, "e fiquei muito ansiosa. As notícias eram inacreditavelmente ruins — só podíamos orar e pedir que tudo ficasse bem".[35]

A SITUAÇÃO ESTAVA TÃO TENSA, a pressão sobre todos era tão grande, que os membros do gabinete de Churchill decidiram que ele deveria ter um médico particular, embora o próprio paciente não concordasse. A tarefa recaiu sobre Sir Charles Wilson, reitor da Escola de Medicina do Hospital St. Mary em Londres. Médico militar na Primeira Guerra Mundial, ele havia recebido a Cruz Militar em 1916 por bravura na Batalha do Somme.

No fim da manhã de sexta-feira, 24 de maio, Wilson esteve na Casa do Almirantado e foi levado para o andar de cima até o quarto de Churchill. (Na Grã-Bretanha, um médico com o status de Wilson é chamado tipicamente não de "doutor", mas de "senhor".) "Eu me tornei seu médico", escreveu Wilson em seu diário, "não porque ele quisesse um, mas porque alguns membros do gabinete, que perceberam quão vital ele se tornou, decidiram que alguém precisava ficar de olho em sua saúde".[36]

Era quase meio-dia, mas Wilson entrou no quarto e encontrou Churchill ainda na cama, sentado com as costas apoiadas na cabeceira, lendo. Churchill não levantou a cabeça.

Wilson andou até o lado da cama. Churchill ainda assim não demonstrou perceber sua presença. E continuou a ler.

Depois de alguns minutos — o que para Wilson "pareceu um longo tempo" —, Churchill abaixou o documento com impaciência e disse: "Não sei por que estão tão preocupados. Não há nada de errado comigo."

E voltou a ler, com Wilson ainda em pé.

Depois de outro intervalo prolongado, Churchill empurrou abruptamente seu encosto, tirou as cobertas e rugiu: "Eu sofro de dispepsia", indigestão ou o que as gerações posteriores chamariam de azia, "e esse é o tratamento". Ele começou a fazer um exercício de respiração.

Wilson assistiu. "Sua grande barriga branca subia e descia", lembraria ele mais tarde, "quando ouvimos uma batida na porta. O PM agarrou o lençol e a sra. Hill entrou na sala. Era Kathleen Hill, 39 anos, sua amada secretária pessoal. Ela e sua máquina de escrever estavam sempre presentes, quer Churchill estivesse vestido, quer não.

"Logo depois", escreveu Wilson, "eu me despedi. Não gosto do trabalho e não acho que o acordo vá durar".

DA PERSPECTIVA DE COLVILLE, CHURCHILL não precisava de um médico. Ele parecia em forma e estava novamente de bom humor, após se livrar da depressão dos dias anteriores. Mais tarde naquela sexta, Colville chegou à Casa do Almirantado e encontrou Churchill "vestido com o mais brilhante dos roupões floridos e fumando um longo charuto enquanto subia da Sala de Guerra para o quarto".[37]

Ele estava pronto para tomar um de seus banhos diários, preparados com precisão — 36 graus Celsius e dois terços de água — por seu mordomo, Frank Sawyers, sempre presente[38] ("o inevitável, egrégio Sawyers", como Colville o descreveu).[39] Churchill tomava dois banhos todos os dias, um hábito de muito tempo, independentemente da urgência dos acontecimentos em outros lugares, fosse na embaixada em Paris durante uma de suas reuniões com os líderes franceses, fosse a bordo do trem do primeiro-ministro, equipado com uma banheira.

Naquela sexta-feira, uma série de telefonemas exigiu sua atenção durante a hora do banho. Com Colville de prontidão, Churchill atendeu a cada ligação, deixando a banheira nu e se enrolando em uma toalha.

Colville achava essa uma das características mais adoráveis de Churchill — "sua completa ausência de vaidade pessoal".

Colville presenciou cenas na Casa do Almirantado e no nº 10 da Downing Street muito diferentes de quando trabalhou para Chamberlain. Churchill andava pelos corredores vestido com um roupão vermelho, um capacete e chinelos com pompons. Também costumava usar seu "macacão de abrigo antiaéreo" azul-claro, uma roupa de peça única que ele mesmo desenhou para ser vestida rapidamente. Sua equipe o chamava de "macacãozinho". Às vezes, de acordo com seu oficial de segurança, o inspetor Thompson, a roupa fazia Churchill parecer "tão redondo que sugeria que ele poderia, a qualquer momento, elevar-se do chão e navegar sobre seus próprios acres".[40]

Colville estava começando a gostar do homem.

A SERENIDADE DE CHURCHILL era ainda mais notável dadas as notícias recentes naquela sexta-feira do outro lado do canal. Para constante surpresa de todos, o grande exército francês agora parecia à beira da derrota final. "A única pedra firme sobre a qual todos estavam dispostos a construir nos últimos dois anos era o exército francês", escreveu o secretário das Relações Exteriores, Halifax, em seu diário, "e os alemães a atravessaram, como fizeram com os poloneses".[41]

Naquele dia, também, Churchill recebeu um sóbrio documento que ousava analisar esse resultado, até então impensável, e que ainda seguia tão pouco concebível que os autores do relatório, os chefes de estado-maior, não conseguiram mencioná-lo no título, chamando o texto de "Estratégia britânica no caso de uma certa eventualidade".

Capítulo 5
Medo da lua

"O INTUITO DESTE TEXTO", dizia o início do relatório, "é investigar os meios pelos quais poderíamos continuar a lutar sozinhos caso a resistência francesa entre em colapso total, envolvendo a perda de parte substancial da Força Expedicionária Britânica, e o governo francês aceite uma rendição à Alemanha".[1]

Indicado como "ALTAMENTE SECRETO", o documento era uma leitura assustadora. Uma das suposições principais era que os Estados Unidos fornecessem "total apoio econômico e financeiro". Sem isso, o relatório indicava em itálico: *"não acreditamos que seja possível continuar a guerra com alguma chance de êxito"*. O texto previa que apenas parte da Força Expedicionária Britânica poderia ser evacuada da França.

O principal temor era que, caso a França se rendesse, Hitler voltaria seus exércitos e sua força aérea contra a Inglaterra. "A Alemanha", o relatório dizia, "tem forças suficientes para invadir e ocupar este país. Se o inimigo for bem-sucedido em desembarcar uma força por terra, o exército do Reino Unido, que tem poucos equipamentos, não tem poder ofensivo para expulsá-lo". Tudo dependia "de nossas defesas de combate serem capazes de reduzir a escala do ataque a limites razoáveis". A energia do Reino Unido deveria ser concentrada na produção de caças, no treinamento de equipes e na defesa de fábricas de aeronaves. "O ponto crucial do problema todo é a defesa aérea do país."

Caso a França caísse, o relatório dizia, a tarefa seria imensuravelmente mais difícil. Os planos anteriores para a defesa nacional eram baseados na suposição — na certeza — de que a Luftwaffe voaria a partir de bases na Alemanha e, portanto, teria capacidade limitada de penetrar o espaço aéreo da Inglaterra. Mas agora os estrategistas britânicos tinham de encarar a perspectiva de caças e bombardeiros alemães decolarem de campos de pouso ao longo da costa francesa, a minutos da costa inglesa, e de bases na Bélgica, Holanda, Dinamarca e Noruega. Essas bases, o relatório dizia, permitiriam à Alemanha "concentrar um número considerável de ataques de bombardeiros de longo e curto alcance em uma grande área deste país".

A questão principal era se o público britânico seria capaz de enfrentar aquele que certamente seria um ataque furioso desferido pela totalidade da força aérea da Alemanha. O moral do país, o relatório alertava, "estará sujeito a uma tensão nunca antes suportada". Os autores, no entanto, achavam razões para acreditar que o moral do povo suportaria isso, "caso perceba — como está percebendo — que a existência do império está em risco". Era o momento "de informar o público sobre os verdadeiros perigos diante de nós".

Londres parecia ser claramente o alvo principal de Hitler. Em um discurso de 1934 na Câmara dos Comuns, o próprio Churchill havia chamado a cidade de "maior alvo do mundo, uma espécie de vaca enorme, gorda e valiosa, amarrada para atrair o grande predador".[2] Depois de uma reunião de gabinete, Churchill levou seus ministros até a rua e com um triste meio-sorriso disse a eles: "Olhem bem em volta. Imagino que todos esses prédios estejam bem diferentes em duas ou três semanas."[3]

MESMO O RELATÓRIO DOS CHEFES DE ESTADO-MAIOR, por mais sombrio que fosse, não previa o colapso rápido e completo já em andamento do outro lado do canal. Com uma vitória alemã quase certa na França, a inteligência britânica agora previa que a Alemanha invadiria a Inglaterra imediatamente, sem esperar por uma rendição francesa formal. Os britânicos esperavam que uma invasão fosse começar com um ataque titânico e violento pela Força Aérea alemã, potencialmente um "nocaute" — ou, como Churchill chamava, um "banquete" aéreo — com até catorze mil aeronaves escurecendo os céus.

Os estrategistas britânicos acreditavam que a Luftwaffe tinha quatro vezes o número de aeronaves da RAF. Os três principais bombardeiros da Alemanha — o Junkers Ju 88, o Dornier Do 17 e o Heinkel He III — carregavam um total de bombas de novecentos a quatro mil quilos, mais do que se poderia imaginar na primeira guerra. Uma aeronave em especial era assustadora, o Stuka, cujo nome era uma contração da palavra alemã para bombardeiro de mergulho: *Sturzkampfflugzeug*. O avião parecia um inseto gigante de asas dobradas e era equipado com um aparato, a *Jericho-Trompete* ("Trombeta de Jericó"), que o fazia emitir um ruído aterrador quando mergulhava. Ele podia despejar bombas — até cinco de cada vez — com muito mais precisão do que uma aeronave padrão, e aterrorizara as tropas aliadas durante os ataques--relâmpago alemães.

Na visão dos planejadores britânicos, a Alemanha tinha capacidade de bombardear a Inglaterra a ponto de ela não ter outra opção a não ser se render, um resultado contemplado havia muito tempo pelos teóricos da guerra aérea que viam "bombardeios estratégicos", ou 'bombardeios aterrorizantes", como um meio de submeter o inimigo. O bombardeio da Alemanha contra Rotterdam parecia validar esse pensamento. No dia seguinte ao do ataque da Luftwaffe, os holandeses se renderam, por medo de que outras cidades fossem destruídas. A possibilidade da Inglaterra de se defender desse tipo de campanha dependia completamente da capacidade das indústrias nacionais de produzir aeronaves de guerra — Hurricanes e Spitfires — numa velocidade suficientemente alta, não apenas para compensar as perdas crescentes, mas também para aumentar o número total de aviões disponíveis para combate. Somente os caças não iriam vencer a guerra, embora Churchill acreditasse que, com aeronaves suficientes, a Inglaterra poderia ser capaz de manter Hitler sob controle e adiar a invasão por tempo suficiente, até os Estados Unidos entrarem na guerra.

Mas a produção de caças estava atrasada. As fábricas de aeronaves da Inglaterra operavam num cronograma pré-guerra que não levava em consideração a nova realidade de ter uma força hostil do outro lado do canal. A produção, embora crescente, era retardada por práticas antiquadas de burocracia de tempos de paz, só agora despertando para a realidade de uma guerra maior. A falta de peças e materiais parava a produção. Aeronaves danificadas se acumulavam, aguardando conserto. Muitos aviões quase completos estavam sem motor ou instrumentos. Partes vitais eram armazenadas em locais distantes, guardados com zelo por funcionários de feudos, que os reservavam para suas próprias necessidades futuras.

Com tudo isso em mente, em seu primeiro dia no cargo, Churchill criou um ministério totalmente novo inteiramente dedicado à produção de aviões de combate e bombardeiros, o Ministério de Produção de Aeronaves. Na visão de Churchill, esse novo ministério era a única coisa que poderia salvar o Reino Unido da derrota, e ele acreditava conhecer o homem perfeito para comandá-lo: seu amigo de longa data e ocasional antagonista Max Aitken — lorde Beaverbrook —, um homem que atraía controvérsias como ímãs.

Churchill ofereceu o trabalho para ele naquela noite, mas Beaverbrook recusou. Ele havia ganhado uma fortuna com jornais e não sabia nada sobre comandar fábricas que produziam itens tão complexos quanto caças e bombardeiros. Além disso, sua saúde estava debilitada. Sofria de problemas nos olhos e asma, o que o levara a reservar uma sala em sua mansão em Londres, a Stornoway House, para tratamentos de respiração, enchendo-a de chaleiras para produzir vapor. Duas semanas antes de completar 61 anos, ele havia deixado a administração direta de seu império de jornais e tinha intenção de passar mais tempo em sua vila em Cap-d'Ail, na costa sudoeste da França, embora Hitler tivesse acabado com esse plano naquele momento. A secretária de Beaverbrook ainda estava escrevendo a carta recusando a oferta quando, na noite de 12 de maio, aparentemente num impulso, ele aceitou o cargo. Beaverbrook se tornou ministro da Produção de Aeronaves dois dias depois.

Churchill entendia Beaverbrook, e sabia instintivamente que ele era o homem para injetar energia numa indústria de aeronaves ainda adormecida. Também entendia que Beaverbrook podia ser difícil — *seria* difícil — e antecipava que ele iria provocar conflitos. Mas isso não importava. Como um visitante americano resumiu: "O P.M., que tem os mais ternos sentimentos por Beaverbrook, o via como um pai indulgente vê um pequeno rapaz numa festa dizendo algo não muito apropriado, mas não comenta nada."[4]

A decisão de Churchill, no entanto, também tinha outro aspecto. Ele precisava da presença de Beaverbrook como amigo, para dar conselhos em assuntos muito além da produção de aeronaves. Apesar da biografia posterior, Churchill não conseguiu e, francamente, não poderia conseguir lidar com a pressão massacrante de dirigir a guerra sozinho. Ele dependia muito de outros, mesmo que algumas vezes esses outros servissem apenas como público com quem ele podia testar seus pensamentos e planos. Podia-se contar com a franqueza de Beaverbrook a qualquer hora e com conselhos apresentados sem receios políticos ou sentimentos pessoais. Se Pug Ismay era uma influência calma e apaziguadora, Beaverbrook era gasolina. Ele também era muito divertido, uma característica que Churchill adorava e precisava. Ismay se sentava em silêncio, pronto a oferecer conselhos e recomendações; Beaverbrook energizava cada sala em que entrava. Em certa ocasião, ele se autointitulou bobo da corte de Churchill.

Canadense, Beaverbrook havia se mudado para a Inglaterra antes da Primeira Guerra. Em 1916, ele comprou o moribundo *Daily Express*, e com o tempo aumentou sua circulação sete vezes, para 2,5 milhões, consolidando sua reputação de negociante engenhoso. "Beaverbrook gostava de ser provocativo", escreveu Virginia Cowles, uma destacada cronista da vida durante a guerra na Inglaterra, que trabalhou para Beaverbrook no *Evening Standard*.[5] A complacência era um alvo tentador para ele, "assim como um balão para um menino com um alfinete", lembraria Cowles. Beaverbrook e Churchill eram amigos havia três décadas, apesar de a intimidade dessa ligação tender a altos e baixos.

Para muitas pessoas que não gostavam de Beaverbrook, sua aparência física parecia uma metáfora de sua personalidade. Ele tinha 1,75 metro, oito centímetros mais alto que Churchill — com um peitoral amplo sobre um quadril estreito e pernas finas. Havia algo nessa combinação, junto com seu sorriso largo e perversamente alegre, suas orelhas e nariz grandes e uma coleção de verrugas faciais, que levava as pessoas a julgá-lo menor do que era, como um elfo maligno de um conto de fadas. O general americano Raymond Lee, que estava em Londres como observador, chamava-o de "um pequeno gnomo violento, passional, malicioso e perigoso".[6] Lorde Halifax o apelidou de "Sapo".[7] Outros, em segredo, referiam-se a ele como "Castor".[8] Clementine, em particular, alimentava grande desconfiança em relação a Beaverbrook. "Meu querido", escreveu ela a Churchill, "tente se livrar desse micróbio que algumas pessoas temem estar no seu sangue — exorcize essa criança levada e veja se o ar não fica mais claro e puro".[9]

Como regra, no entanto, as mulheres achavam Beaverbrook atraente. Sua esposa, Gladys, morreu em 1927, e tanto durante quanto depois de seu casamento ele se envolveu em inúmeros romances. Adorava fofocar, e graças a suas amigas mulheres e à sua rede de repórteres, sabia de muitos segredos da elite de Londres. "Max parece nunca se cansar do drama barato da vida de alguns homens, suas infidelidades e suas paixões", escreveu seu médico, Charles Wilson, agora também médico de Churchill.[10] Um dos inimigos mais apaixonados de Beaverbrook, o ministro do Trabalho, Ernest Bevin, fez uma analogia corajosa para descrever a relação entre Churchill e Beaverbrook:

"Ele é como um homem que se casa com uma prostituta: sabe que ela é prostituta, mas a ama da mesma maneira."[11]

Churchill via o relacionamento em termos sucintos. "Alguns usam drogas", disse ele. "Eu tomo Max."[12]

Ele reconhecia que, ao tirar a responsabilidade da produção de aeronaves do já estabelecido Ministério do Ar e dar a Beaverbrook, estava criando a base para uma disputa de interesses territoriais, mas não conseguiu prever tantas brigas diretas que Beaverbrook geraria imediatamente nem a fonte de exasperação que isso se tornaria. O escritor Evelyn Waugh, cujo romance cômico *Scoop* foi visto por alguns como inspirado por Beaverbrook (embora Waugh o negasse), disse certa vez que se viu compelido "a acreditar no diabo, apenas para explicar a existência de lorde Beaverbrook".[13]

Os riscos eram, de fato, altos. "Era a perspectiva mais terrível que a Grã-Bretanha já havia enfrentado", escreveu David Farrer, um dos muitos secretários de Beaverbrook.[14]

Beaverbrook abraçou sua nova tarefa com satisfação. Ele adorava a ideia de estar no centro do poder e amava, ainda mais, a perspectiva de atrapalhar a vida de burocratas tacanhos. Deu início a seu novo ministério de sua própria mansão e montou a equipe administrativa com funcionários de seus próprios jornais. Numa atitude pouco comum para a época, também contratou um de seus editores para ser o responsável pela propaganda e pelas relações públicas. Dedicado a transformar rapidamente a indústria aeronáutica, recrutou vários dos principais executivos de negócios para serem seus funcionários seniores, incluindo o gerente-geral de uma fábrica da Ford Motor Company. Beaverbrook não ligava que eles não tivessem conhecimento sobre aviões. "São todos líderes da indústria, e a indústria é como teologia", disse Beaverbrook. "Se você sabe os rudimentos de uma fé, pode entender o significado de outra. Da minha parte não hesitaria em indicar o Moderador da Assembleia Geral da Igreja Presbiteriana para assumir as responsabilidades do papa em Roma."[15]

Beaverbrook convocava reuniões em sua biblioteca no térreo ou, em dias bons, numa varanda do seu salão no primeiro andar (segundo andar no linguajar americano). Suas datilógrafas e seus secretários trabalhavam no andar de cima, onde quer que o espaço permitisse. No banheiro havia máquinas de escrever. Camas serviam de superfície para arrumar documentos. Ninguém deixava o local para almoçar; quando solicitada, a comida preparada pelo *chef* de Beaverbrook era entregue em bandejas. Seu almoço típico era frango, pão e uma pera.

Todos os empregados deveriam trabalhar as mesmas horas que ele, o que significava doze horas por dia, sete dias por semana. Ele podia ser exigente de uma maneira absurda. Um de seus mais antigos funcionários reclamou de Beaverbrook ter lhe dado uma tarefa às duas da manhã, depois ligar novamente às oito para saber o que já havia sido feito. Depois que um secretário particular, George Malcolm Thomson, tirou uma manhã de folga sem aviso prévio, Beaverbrook deixou um bilhete para ele: "Diga a Thomson que Hitler estará aqui se ele não tomar cuidado."[16] O criado de Beaverbrook, Albert Nockels, uma vez respondeu ao berro de "Pelo amor de Deus, se apresse" com "Meu lorde, eu não sou um Spitfire".[17]

Independentemente do seu valor, caças eram apenas armas de defesa. Churchill também queria um grande aumento na produção de bombardeiros. Ele via isso como a única maneira disponível de levar a guerra diretamente a Hitler. Por enquanto, Churchill dependia da frota de bombardeiros médios da RAF, embora dois bombardeiros pesados de quatro motores estivessem prestes a ser apresentados, o Stirling e o Halifax (batizado em homenagem à cidade em Yorkshire e não a lorde Halifax), cada um com a capacidade de transportar até seis toneladas de bombas até a Alemanha. Churchill reconhecia que Hitler estava livre para lançar suas forças em qualquer direção que quisesse, fosse para leste, fosse para a Ásia e a África. "Mas há algo que o trará de volta e o derrubará", escreveu Churchill numa minuta para Beaverbrook, "e é um ataque absolutamente devastador e exterminador efetuado por bombardeiros pesados deste país sobre a nação nazista. Precisamos ser capazes de superá-los dessa maneira, pois não vejo outra maneira de vencê-los".[18]

De próprio punho, Churchill acrescentou: "Não podemos aceitar qualquer objetivo pois menor do que o domínio do espaço aéreo. Quando isso será conquistado?"

O ministro da Produção de Aeronaves agiu com a exuberância de um empresário, chegando até mesmo a desenhar uma bandeira especial para o radiador de seu carro, com "M.A.P." em vermelho, em contraste com o fundo azul. As fábricas de aeronaves britânicas começaram a entregar caças a uma velocidade que ninguém, muito menos a inteligência alemã, poderia prever, e sob circunstâncias que administradores de fábricas jamais haviam imaginado.

A PERSPECTIVA DE INVASÃO FORÇOU CIDADÃOS de todos os níveis da sociedade britânica a contemplar exatamente o que tal ato significaria, não como uma abstração, mas como algo que poderia acontecer enquanto se estivesse sentado à mesa lendo o *Daily Express* ou ajoelhado no jardim podando suas roseiras. Churchill estava convencido de que um dos principais objetivos de Hitler seria matá-lo, com a expectativa de que qualquer governo que o substituísse estaria mais disposto a negociar. Ele insistiu em manter uma metralhadora leve Bren no porta-malas de seu carro, tendo prometido em diversas ocasiões que se os alemães viessem atrás dele, levaria o máximo possível deles junto para o túmulo. Ele carregava consigo um revólver — e frequentemente o esquecia, de acordo com o inspetor Thompson. De tempos em tempos, segundo Thompson, Churchill sacudia seu revólver e, "malandramente e com prazer", exclamava: "Veja, Thompson, eles nunca me levarão vivo! Vou pegar um ou dois antes que possam me derrubar."[19]

Mas ele também estava pronto para o pior. De acordo com uma de suas datilógrafas, a sra. Hill, ele escondia uma cápsula de cianeto na tampa de sua caneta-tinteiro.[20]

Harold Nicolson, secretário parlamentar no Ministério da Informação, e sua esposa, a escritora Vita Sackville-West, começaram a trabalhar nos detalhes minuciosos de como lidar com uma invasão, como se estivessem se preparando para uma tempestade de inverno. "Devemos ter o Buick em bom estado com o tanque cheio", escreveu Nicolson. "Era preciso levar alguma comida para 24 horas e guardar nossas joias e meus diários. Será preciso roupas e qualquer item muito precioso, mas o restante terá de ser deixado para trás."[21] Vita morava na casa de campo do casal, Sissinghurst, a apenas 32 quilômetros do estreito de Dover, o ponto mais próximo da França na Inglaterra e, portanto, um local possível para um ataque anfíbio. Nicolson recomendou que quando a invasão acontecesse, Vita deveria dirigir para Devonshire, cinco horas a oeste. "Isso tudo parece bastante assustador", acrescentou, "mas seria uma tolice fingir que o perigo é inconcebível".

O tempo agradável apenas aumentava a ansiedade. Parecia que a natureza estava conspirando com Hitler, entregando uma sequência quase ininterrupta de dias bons, quentes, com águas tranquilas no canal, ideal para as barcaças de casco raso de que Hitler iria precisar para descarregar tanques e artilharia. A escritora Rebecca West descreveu "o paraíso imaculado de um verão perfeito", quando ela e o marido andavam no Regent's Park em Londres enquanto balões de barragem — "elefantes prateados" — flutuavam acima.[22] Quinhentos e sessenta e dois desses balões gigantes compridos pairavam sobre Londres, presos por cabos de um quilômetro e meio para bloquear bombardeiros de mergulho e evitar que caças descessem baixo o suficiente para atacar as ruas da cidade. West lembrou como as pessoas se sentavam em cadeiras entre as rosas, olhando para a frente, com o rosto branco de tensão. "Alguns andavam entre os canteiros de rosas com uma seriedade especial, olhando as flores brilhantes e inalando o perfume, como se dissessem: 'É assim que as rosas são, é assim que elas cheiram. Devemos lembrar disso, no escuro'."

Mas nem mesmo o medo da invasão não conseguia acabar com a pura sedução daqueles dias de primavera tardia. Anthony Eden, o novo secretário da Guerra de Churchill — alto e bonito, como uma estrela de cinema — foi andar em St. James Park, sentou-se num banco e tirou uma soneca de uma hora.

COM A FRANÇA EM RÁPIDO COLAPSO, ataques aéreos sobre a Inglaterra pareciam certos, e a lua se tornou uma fonte de temor. A primeira lua cheia do mandato de Churchill aconteceu numa terça, 21 de maio, dando às ruas de Londres a palidez fresca da cera de vela. O ataque alemão a Rotterdam permanecia como um lembrete do que poderia muito em breve recair sobre a cidade. Essa perspectiva era tão provável que três dias depois, numa sexta, 24 de maio, com a lua ainda brilhante — já minguante —, Tom Harrisson, diretor da rede de observadores sociais do Grupo de Observação de Massas, enviou uma mensagem a seus muitos autores de diários: "No caso de ataque aéreo, observadores não deverão permanecer na superfície... é totalmente satisfatório que os observadores procurem abrigo, desde que consigam abrigo com outras pessoas. Preferencialmente *com muitas outras pessoas*."[23]

A oportunidade de observar o comportamento humano em seu momento mais vulnerável era perfeita demais.

Capítulo 6
Göring

Naquela sexta, 24 de maio, Hitler tomou duas decisões que iriam influir na duração e na natureza da guerra.

Ao meio dia, por sugestão de um general sênior de grande confiança, Hitler determinou que as divisões blindadas interrompessem o avanço contra a Força Expedicionária Britânica. Hitler concordou com a recomendação do general de que seus tanques e equipes tivessem uma chance de se reagrupar antes da investida planejada para o Sul. As forças alemãs já tinham tido grandes perdas na chamada campanha do Oeste: 27.074 soldados mortos, 111.034 feridos e outros 18.384 desaparecidos — um golpe para o povo alemão, que havia sido levado a acreditar numa guerra rápida e objetiva.[1] A ordem de parada, que deu aos britânicos uma pausa salvadora, deixou perplexos tanto comandantes britânicos quanto alemães. O marechal de campo geral da Luftwaffe, Albert Kesselring, chamou mais tarde essa decisão de "erro fatal".[2]

Kesselring ficou ainda mais surpreso quando, de repente, a tarefa de destruir a força britânica em fuga foi atribuída a ele e à sua frota aérea. Hermann Göring, chefe da Luftwaffe, havia prometido a Hitler que sua força aérea poderia destruir a Força Expedicionária Britânica sozinha — uma promessa que tinha pouco fundamento na realidade, Kesselring sabia, especialmente devido ao esgotamento de seus pilotos e aos ataques corajosos dos pilotos da RAF que voavam nos mais novos Spitfires.

Naquela mesma sexta, convencido pela crença de Göring no poder quase mágico de sua força aérea, Hitler emitiu a Diretriz nº 13, a primeira de uma série de ordens estratégicas amplas que iria emitir durante a guerra. "A tarefa da Força Aérea será romper toda resistência do inimigo por parte das forças cercadas, para evitar a fuga das forças inglesas pelo canal", determinava o documento.³ Ela autorizava a Luftwaffe "a atacar o território inglês da maneira mais completa, assim que recursos suficientes estivessem disponíveis".

Göring — GRANDE, ALEGRE, IMPLACÁVEL, CRUEL — havia usado sua relação próxima com Hitler para ganhar esse cargo, empregando a força de sua personalidade exuberante e alegremente corrupta para superar as dúvidas de Hitler, pelo menos por enquanto. Embora o oficial número dois de Hitler fosse o vice-Führer Rudolf Hess (não confundir com Rudolf Hoess, que administrava Auschwitz), Göring era seu favorito. Göring havia construído a Luftwaffe do nada e a transformado na força aérea mais poderosa do mundo. "Quando falo com Göring, é como um banho de aço", disse Hitler ao arquiteto nazista Albert Speer. "Eu me sinto revigorado. O marechal do Reich tem uma forma revigorante de apresentar as coisas."⁴ Hitler não se sentia da mesma forma em relação a seu vice. "Com Hess, cada conversa se torna um sofrimento insuportável. Ele sempre me traz problemas desagradáveis e não desiste." Quando a guerra começou, Hitler escolheu Göring para ser seu primeiro sucessor, com Hess em segundo lugar.

Além da força aérea, Göring tinha um enorme poder sobre outros domínios da Alemanha, como ficava evidente em seus muitos títulos oficiais: presidente do Conselho de Defesa, comissário para o Plano Quadrienal, presidente do Reichstag, primeiro-ministro da Prússia e ministro de Florestas e Caça, este último um reconhecimento de sua paixão por história medieval. Ele havia sido criado na propriedade de um castelo feudal que tinha torres e paredes com ameias projetadas para o disparo de pedras e óleo fervente em qualquer um que estivesse atacando de baixo. De acordo com um relatório da inteligência britânica, "em seus jogos de infância, ele sempre assumia o papel de um ladrão a cavalo ou liderava os meninos da vila em alguma imitação de manobra militar".⁵ Göring tinha total controle sobre a indústria pesada da Alemanha. Outra avaliação britânica concluiu que "este homem de crueldade e energia anormais controla quase todos os segmentos de poder na Alemanha".

Extraoficialmente, Göring comandava um império de negociantes de arte e ladrões que lhe fornecia um acervo digno de museu, roubado ou comprado a preços forçadamente baixos, boa parte considerada "arte judia sem dono" e confiscada dos lares judeus — no total, 1.400 quadros, esculturas e tapeçarias, incluindo *A ponte de Langlois em Arles*, de Van Gogh, e trabalhos de Renoir, Botticelli e Monet.[6] O termo "sem dono" era uma designação nazista para objetos de arte deixados para trás por judeus em fuga ou deportados. Durante a guerra, enquanto viajava supostamente em missões da Luftwaffe, Göring visitou Paris vinte vezes, frequentemente a bordo de um de seus "trens especiais", para inspecionar e selecionar trabalhos reunidos por seus agentes no Jeu de Paume, um museu no Jardim das Tulherias. No outono de 1942, ele havia adquirido 596 trabalhos somente dessa fonte. Expunha centenas de suas melhores peças em Carinhall, sua casa de campo e, cada vez mais, seu quartel-general, batizado em homenagem à sua primeira esposa, Carin, falecida em 1931. Pinturas expostas nas paredes, do chão ao teto, em muitas camadas que enfatizavam não apenas sua beleza e seu valor, mas principalmente o poder aquisitivo de seu dono.[7] Sua exigência por coisas finas, especialmente as cobertas de ouro, era alimentada também por um tipo de roubo institucionalizado. Todo ano, seus subordinados eram intimados a dar dinheiro para a compra de um presente caro para seu aniversário.[8]

Göring desenhou Carinhall para evocar uma cabana de caça medieval e o construiu numa antiga floresta setenta quilômetros ao norte de Berlim. Ele também ergueu um imenso mausoléu na propriedade para o corpo de sua falecida esposa, emoldurado com grandes pedras de arenito que evocavam os blocos de Stonehenge. Ele se casou novamente, com uma atriz chamada Emmy Sonnemann, em 10 de abril de 1935, numa cerimônia na Catedral de Berlim, com Hitler entre os convidados, enquanto uma formação de bombardeiros da Luftwaffe cruzava o céu.

Göring também tinha uma paixão pela exibição de roupas extravagantes. Ele desenhava os próprios uniformes — quanto mais chamativos, melhor, com medalhas e dragonas e filigranas de prata — e trocava de roupa várias vezes no decorrer de um dia. Era conhecido por usar roupas excêntricas também, incluindo túnicas, togas e sandálias, que acentuava pintando as unhas dos pés de vermelho e aplicando maquiagem nas bochechas. Na mão direita, ele usava um anel grande com seis diamantes; na esquerda, uma esmeralda que dizia ser de uma polegada quadrada. Göring caminhava por Carinhall como um enorme Robin Hood, com uma jaqueta com cinto de couro verde, uma grande faca de caça enfiada no cinto e um bastão. Um general alemão relatou ter sido convocado para uma reunião com Göring e o encontrou "sentado ali vestido da seguinte maneira: uma camisa de seda verde bordada em ouro, com fios também de ouro passando por ela e um grande monóculo. Tinha o cabelo tingido de amarelo, as sobrancelhas pintadas, as bochechas maquiadas — ele usava meias de seda violeta e sapatilhas pretas. Estava sentado, parecendo uma água-viva".[9]

Para observadores externos, Göring parecia estar no limite da sanidade, mas um investigador americano, o general Carl Spaatz, escreveria mais tarde que Göring, "apesar dos rumores, não é nem de longe louco. Na realidade, ele deve ser considerado um 'consumidor muito astuto', um grande ator e mentiroso profissional".[10] O público o adorava, perdoando seus excessos lendários e sua personalidade grosseira. O correspondente americano William Shirer, em seu diário, procurou explicar esse aparente paradoxo: "Se Hitler é distante, lendário, nebuloso, um enigma como ser humano, Göring é um homem malicioso, mundano, vigoroso, de carne e osso. Os alemães gostam dele porque o entendem. Ele tem os defeitos e as virtudes de um homem médio, e as pessoas o admiram por ambas as coisas. Ele tem uma paixão infantil por uniformes e medalhas. Assim como eles."[11]

Shirer não percebeu nenhum ressentimento do público direcionado à "vida pessoal fantástica, medieval — e muito cara — que ele leva. É o tipo de vida que eles levariam, talvez, se tivessem a chance".

Göring era reverenciado pelos oficiais que o serviam — num primeiro momento. "Jurávamos lealdade ao Führer e idolatrávamos Göring", escreveu um piloto de bombardeiro, que atribuía o status de Göring a seu desempenho na guerra anterior, quando havia sido um ás, lendário por sua coragem.[12] Mas alguns de seus oficiais e pilotos estavam agora se desencantando. Pelas costas, começaram a chamá-lo de "gordo". Um de seus principais pilotos, Adolf Galland, conheceu-o bem e repetidas vezes entrou em conflito com ele em função de táticas. Göring era facilmente influenciado por um "pequeno grupo de sicofantas", disse Galland. "Seus favoritos na corte mudavam frequentemente, uma vez que sua preferência podia ser ganha apenas por meio de bajulação constante, intriga e presentes caros."[13] Mais preocupante, na opinião de Galland, era que Göring parecia não entender que a guerra aérea havia avançado radicalmente desde a guerra anterior. "Göring era um homem com quase nenhum conhecimento técnico e nenhum apreço pelas condições sob as quais uma aeronave moderna combatia."[14]

Mas o pior erro de Göring, de acordo com Galland, foi contratar um amigo, Beppo Schmid, para liderar o braço de inteligência da Luftwaffe, responsável por determinar o poder, dia a dia, da Força Aérea britânica — uma indicação que logo teria graves consequências. "Beppo Schmid", disse Galland, "era um completo fiasco como oficial de inteligência, o mais importante trabalho de todos".[15]

Apesar disso, ele era o único homem que Göring ouvia. Confiava em Schmid como amigo, mas, mais importante, alegrava-se com as boas notícias que ele parecia sempre disposto a dar.

Quando Hitler se voltou para a intimidadora tarefa de conquistar a Grã-Bretanha, naturalmente procurou Göring, e este ficou encantado. Na campanha oriental, era o Exército, especialmente suas divisões armadas, que ganhava todas as honras, com a Força Aérea tendo papel secundário, fornecendo apenas apoio terrestre. Agora a Luftwaffe teria a chance de conquistar a glória, e Göring não tinha dúvidas de que iria vencer.

Capítulo 7
Alegria suficiente

ENQUANTO A FRANÇA DESMORONAVA E OS AVIÕES alemães atacavam forças britânicas e francesas reunidas em Dunquerque, o secretário particular John Colville lutava com um dilema de longa data e, para ele, doloroso. Ele estava apaixonado.[1]

O objeto de sua adoração era Gay Margesson, uma estudante de Oxford, filha de David Margesson, o ex-apaziguador que Clementine Churchill atacou durante o almoço. Dois anos antes, Colville pedira Gay em casamento, mas ela dissera não, e desde então ele se sentia tanto atraído por ela quanto repelido por sua falta de disposição em retribuir seus sentimentos. Sua decepção o fez procurar, e encontrar, defeitos na personalidade e no comportamento dela. Isso não o impedia, no entanto, de tentar vê-la o máximo possível.

Na quarta-feira, 22 de maio, ele ligou para ela para confirmar os planos para o fim de semana seguinte, quando deveria visitá-la em Oxford. Ela foi evasiva. Primeiro disse que não fazia sentido ele ir porque ela estaria trabalhando, mas depois mudou a história e disse que havia planejado algo para fazer naquela tarde na escola. Ele a convenceu a honrar os planos deles, uma vez que haviam programado a visita semanas antes. Ela cedeu. "Ela fez isso com tamanha deselegância, e me senti muito magoado por ela preferir um programa besta de estudantes, que havia combinado em Oxford, a me ver", escreveu ele. "É absurdo desconsiderar assim os sentimentos de outras pessoas quando se finge gostar delas."[2]

Contudo, o fim de semana começou bem. Ele foi de carro até Oxford na manhã de sábado, aproveitando um adorável clima de primavera impregnado de sol. Mas quando chegou, nuvens tomaram o céu. Depois do almoço em um pub, ele e Gay dirigiram até Clifton Hampden, uma vila ao sul de Oxford no Tâmisa, e passaram um tempo deitados na grama, conversando. Gay estava deprimida com a guerra e o horror que certamente viria. "Apesar disso nos divertimos", escreveu Colville, "e para mim era alegria suficiente estar com ela".

No dia seguinte, andaram juntos até o campus do Magdalen College e sentaram um pouco para conversar, mas a conversa foi tediosa. Eles foram para o quarto dela. Nada aconteceu. Ela estudou francês; ele dormiu. Mais tarde, discutiram política, uma vez que Gay havia recentemente se declarado socialista. Eles caminharam pela margem do Tâmisa (chamado de Ísis nos limites da cidade de Oxford), com suas muitas chatas e barcaças pintadas, até quase anoitecer, quando se viram no Trout Inn — "A Truta", abreviado —, um pub do século XVII ao lado do rio. O sol se punha e o tempo estava "glorioso", escreveu Colville, produzindo um "céu azul, um pôr do sol e nuvens suficientes para tornar o sol ainda mais evidente".[3]

Eles jantaram a uma mesa com vista para uma queda-d'água, uma velha ponte e uma floresta adjacente, depois caminharam ao longo de uma trilha enquanto crianças brincavam nas proximidades e tarambolas piavam. "Nunca houve um cenário mais bonito para ser feliz", escreveu Colville, "e nunca senti maior serenidade ou satisfação".

Gay sentiu o mesmo. Ela disse a Colville que "a felicidade só poderia ser alcançada se o momento fosse vivido".

Isso parecia promissor. Mas então, ao voltar para o quarto, Gay reiterou sua decisão de que ela e Colville nunca se casariam. Ele prometeu esperar, caso ela mudasse de ideia. "Ela pediu que eu não me apaixonasse por ela", escreveu ele, "mas eu disse que tê-la como minha esposa era minha maior ambição, e que não podia desistir de uivar para a Lua, quando a Lua significava tudo na vida para mim".

Ele passou a noite de domingo em um sofá numa cabana no terreno de uma propriedade próxima pertencente à família de Joan, sua cunhada.

EM LONDRES, NAQUELA NOITE, 26 DE MAIO, pouco antes das sete da noite, Churchill ordenou o início da Operação Dínamo, a evacuação da Força Expedicionária Britânica da costa francesa.

Em Berlim, Hitler determinou que suas colunas de blindados retomassem o avanço contra a Força Expedicionária Britânica, que agora tomava a cidade portuária de Dunquerque. Suas forças se moveram mais lentamente que o esperado, contentes em deixar os bombardeiros de Göring e os caças terminarem o trabalho.

Mas Göring tinha uma percepção distorcida do que estava acontecendo naquele momento na costa de Dunquerque, enquanto os soldados britânicos — apelidados de Tommies — se preparavam para evacuar.

"Apenas alguns barcos de pesca devem cruzar o canal", disse na segunda-feira, 27 de maio. "Espera-se que os Tommies saibam nadar."[4]

Capítulo 8
As primeiras bombas

A FUGA REVERBEROU PELO MUNDO. Em seu diário, o rei mantinha uma contagem diária de quantos homens conseguiam escapar. O Ministério das Relações Exteriores enviava a Roosevelt atualizações diárias detalhadas. Inicialmente, o Almirantado esperava que, no máximo, 45 mil homens poderiam escapar; o próprio Churchill estimava um máximo de cinquenta mil. A contabilidade do primeiro dia — apenas 7.700 homens — parecia sugerir que ambas as estimativas eram generosas. O segundo dia, terça, 28 de maio, foi melhor, com 17.800 homens evacuados, mas ainda muito distante do volume que a Grã-Bretanha iria precisar para reconstituir um exército viável. Durante a fuga, no entanto, Churchill nunca demonstrou descrença. Longe disso. Ele parecia quase entusiasmado. Mas entendia que os outros não compartilhavam seu otimismo; isso foi destacado naquela terça, quando um membro do Gabinete de Guerra disse que as perspectivas para a Força Expedicionária pareciam "mais negras do que nunca".

Por reconhecer que confiança e destemor eram atitudes que poderiam ser adotadas e ensinadas por meio do exemplo, Churchill emitiu uma diretriz para todos os ministros demonstrarem um semblante forte, positivo. "Nestes dias negros, o primeiro-ministro ficará grato se todos os seus colegas no governo, assim como os altos oficiais, puderem manter o moral alto em seus círculos; não minimizando a gravidade dos acontecimentos, mas demonstrando confiança na nossa capacidade e uma vontade inflexível de continuar a guerra, até que possamos acabar com a disposição do inimigo em colocar toda a Europa sob seu domínio."[1]

Também naquele dia ele procurou dar fim, de uma vez por todas, a qualquer suposição de que o Reino Unido pudesse cogitar um acordo de paz com Hitler. Discursando diante de 25 de seus ministros, Churchill disse que sabia da queda iminente da França e admitiu que até mesmo ele havia considerado, por um breve período, negociar um acordo de paz. Mas agora "estou convencido de que cada um de vocês irá se erguer e me arrancar daqui se por um momento eu contemplar a negociação ou a rendição. Se a história antiga desta nossa ilha deve acabar enfim, que só acabe quando cada um de nós estiver no chão, afogando-nos no sangue deles".[2]

Por um momento, houve um silêncio aturdido. Então, um a um, os ministros se levantaram e o cercaram, dando-lhe tapas nas costas e gritando sua aprovação. Churchill ficou assustado e aliviado.

"Ele foi magnífico", escreveu um dos ministros, Hugh Dalton. "O homem, o único homem que temos, para este momento."

Aqui, como em outros discursos, Churchill demonstrou um talento distinto: seu jeito de fazer as pessoas se sentirem altivas, fortes e, acima de tudo, mais corajosas. John Martin, um de seus secretários particulares, acreditava que ele "emanava uma confiança e invencibilidade que invocava tudo que havia de bravura e força". Sob sua liderança, escreveu Martin, os britânicos começaram a se ver como "protagonistas de uma cena mais ampla e defensores de uma causa maior e invencível, pela qual as estrelas lutavam ao descrever sua trajetória".[3]

Ele fazia isso de forma mais íntima também. O inspetor Thompson lembraria uma noite de verão em Chartwell, a casa de Churchill em Kent, quando Churchill estava ditando notas para uma secretária.[4] Em certo momento, ele abriu a janela para deixar a brisa fresca entrar e um morcego grande entrou voando, batendo asas desgovernado pela sala, e então foi em direção à secretária. Ela ficou apavorada; Churchill parecia indiferente. Por fim, ele notou a tentativa convulsiva dela de se esconder e perguntou se havia algo errado. Ela lembrou que o morcego — "um morcego grande e hostil", descreveu Thompson — estava na sala.

"Certamente você não está com medo de um morcego, não é?", perguntou Churchill.

Ela estava, de fato, com medo.

"Eu vou protegê-la", disse. "Continue com seu trabalho."

A EVACUAÇÃO DE DUNQUERQUE se mostrou mais bem-sucedida do que se imaginava, ajudada pela ordem de parada de Hitler e pelo mau tempo sobre o canal, que atrapalhou a Luftwaffe. Os Tommies, no fim das contas, não tiveram que nadar. No fim, 887 embarcações realizaram a evacuação de Dunquerque, das quais apenas um quarto pertencia à Marinha Real. Outras 91 eram navios de passageiros, e o restante era uma armada de barcos, iates e outras pequenas embarcações. No total, 338.226 homens fugiram, incluindo 125 mil soldados franceses. Outros 120 mil soldados britânicos permaneceram na França, incluindo o irmão mais velho de John Colville, Philip, mas estavam seguindo a caminho de outros pontos de evacuação na costa.

Por mais bem-sucedida que tenha sido, a evacuação da Força Expedicionária foi frustrante para Churchill. Ele estava desesperado para tomar a ofensiva. "Que maravilhoso seria se os alemães estivessem tentando adivinhar onde seriam atacados em vez de nos forçarem a tentar cercar e cobrir a ilha", escreveu Churchill para Pug Ismay, seu chefe de estado-maior. "Um esforço precisa ser feito para afastar a prostração mental e moral diante da vontade e iniciativa que iremos sofrer do inimigo."[5]

Não deve ter sido acidental que, no meio da evacuação, Churchill começou a acrescentar etiquetas vermelhas exortando "AGIR NESTE DIA" em cada minuta ou diretriz que exigisse resposta imediata. Tais etiquetas, escreveu o secretário Martin, "eram tratadas com respeito: sabia-se que essas demandas não podiam ser ignoradas".[6]

Em 4 de junho, último dia da evacuação, num discurso à Câmara dos Comuns, Churchill se valeu de novo da oratória, dessa vez para animar o império como um todo. Primeiro aplaudiu o sucesso em Dunquerque, apesar de acrescentar um adendo sóbrio: "Guerras não são ganhas com evacuações."[7]

Ao se aproximar da conclusão do discurso, Churchill aqueceu os ânimos. "Devemos ir até o fim", disse, numa crescente ferocidade e confiança. "Vamos lutar na França, vamos lutar nos mares e oceanos, vamos lutar com confiança crescente e força crescente no ar, vamos defender nossa ilha, custe o que custar. Vamos lutar nas praias, vamos lutar nas pistas de pouso, vamos lutar nos campos e nas ruas, vamos lutar nas colinas; jamais vamos nos render."

Enquanto a Câmara vibrava em apoio, Churchill sussurrou para um colega, "e (...) vamos lutar contra eles com garrafas quebradas, porque é isso que temos".[8]

Sua filha Mary, que estava na plateia naquele dia, ao lado de Clementine, achou o discurso empolgante. "Agora o meu amor e a minha admiração por meu pai foram realçados por um crescente elemento de adoração do herói", escreveu ela.⁹ Um jovem da marinha, Ludovic Kennedy, que mais tarde se tornaria famoso como jornalista e radialista, lembrou como "quando o ouvimos, sabíamos, em um instante, que tudo ficaria bem".¹⁰

Harold Nicolson escreveu para sua esposa, Vita Sackville-West: "Estou tão imerso no espírito do grande discurso de Winston que poderia enfrentar um mundo de inimigos."¹¹ No entanto, não o suficiente para abandonar o plano de suicídio. Ele e Vita planejavam adquirir algum tipo de veneno e — tomando emprestada uma frase de *Hamlet* — uma "lâmina nua" com a qual administrá-lo. Ele a instruiu a manter a lâmina à mão, "para que possa pegá-la silenciosamente quando necessário. Deverei ter uma também. Não estou com medo algum de uma morte repentina e honrada. O que temo é ser torturado e humilhado".¹²

Por mais emocionante que tenha sido, o discurso de Churchill não ganhou a aprovação sincera de todos. Clementine percebeu que "uma grande parte do Partido Tory" — o Partido Conservador — não reagiu com entusiasmo, e que alguns ouviram o discurso com "silêncio taciturno".¹³ David Lloyd George, ex-primeiro-ministro e então membro liberal do Parlamento, chamou a recepção de "muito tímida".¹⁴ No dia seguinte, a Inteligência Doméstica relatou que apenas dois jornais "deram ao discurso de Churchill as manchetes" e que o discurso tinha feito pouco para fortalecer o público. "A evacuação final da Força Expedicionária Britânica trouxe um certo sentimento de depressão", destacou a agência. "Há uma redução de tensão sem um aumento correspondente de determinação." O relatório apontou ainda que "alguma apreensão foi causada em todo o país por causa da referência do PM a 'lutar sozinho'.¹⁵ Isso levou a um pequeno aumento nas dúvidas sobre as intenções de nosso aliado" — ou seja, a França.

Uma autora de diário do Grupo de Observação de Massas, Evelyn Saunders, escreveu: "O discurso de Churchill ontem ainda não melhorou minha disposição, continuo me sentindo mal."¹⁶

Mas a audiência que Churchill tinha em mente quando compôs o discurso era, mais uma vez, os Estados Unidos, e lá ele foi visto como um sucesso inequívoco, como esperado, uma vez que as colinas e praias onde ocorreriam as lutas estavam a seis mil quilômetros de distância. Apesar de nunca mencionar os Estados Unidos diretamente, Churchill tinha a intenção de que esse discurso comunicasse a Roosevelt e ao Congresso que apesar do contratempo em Dunquerque, e independente do que a França fizesse a seguir, a Grã-Bretanha estava totalmente comprometida com a vitória.

O discurso também enviou um sinal para Hitler, reiterando a decisão de Churchill de continuar a lutar. Seja devido ao discurso ou não, no dia seguinte, quarta, 5 de junho, aeronaves alemãs começaram a bombardear alvos em território inglês pela primeira vez — com alguns bombardeiros acompanhados por nuvens de caças. Esse ataque, e outros que se seguiram, deixaram perplexos os comandantes da RAF. A Luftwaffe perdeu aeronaves e homens em vão. No decorrer do ataque noturno, as bombas caíram em pastos e florestas em torno de Devon, em Cornwall, em Gloucestershire e em outros lugares, causando poucos danos.

A RAF supôs que haviam sido ataques de treinamento para testar as defesas da Inglaterra e preparar-se para a invasão futura. Hitler, como temido, parecia ter voltado agora sua atenção às ilhas britânicas.

Capítulo 9
Imagem espelhada

Um detalhe que Churchill não mencionou em seu discurso era um elemento pouco discutido da evacuação de Dunquerque. Para aqueles que estivessem atentos, o fato de que mais de trezentos mil homens haviam conseguido atravessar o canal sob ataques aéreos e terrestres revelava uma lição sombria. Sugeria que parar uma invasão alemã com grande quantidade de tropas podia ser mais difícil do que os comandantes britânicos supunham, especialmente se aquela força, como a frota de evacuação em Dunquerque, fosse composta principalmente por muitas centenas de pequenos barcos, barcas e lanchas.

O general Edmund Ironside, comandante das Forças Internas Britânicas, escreveu que "ficou claro para mim o fato de que os chucrutes podem igualmente desembarcar seus homens na Inglaterra, apesar do bombardeio [da RAF]".[1]

Ele temia, na realidade, um ataque a Dunquerque invertido.

Capítulo 10
Aparição

Na segunda-feira, 10 de junho, Churchill estava de mau humor, num daqueles momentos raros em que a guerra conseguia acabar com sua visível vivacidade. A Itália havia declarado guerra ao Reino Unido e à França, tirando dele uma piada ameaçadora: "As pessoas que vão à Itália ver ruínas no futuro não precisarão mais ir até Nápoles e Pompeia."[1]

Isso, somado à situação da França, gerou um turbilhão no nº 10 da Downing Street. "Ele estava bem mal-humorado", escreveu Jock Colville, "brigou com quase todo mundo, escreveu minutas raivosas para o primeiro lorde do mar e se recusou a prestar atenção a mensagens entregues a ele oralmente".[2] Quando Churchill estava com esse humor, geralmente a pessoa mais próxima era quem sofria mais, e frequentemente seu leal e resignado detetive inspetor Thompson. "Ele se voltava contra qualquer pessoa próxima e soltava o verbo", lembraria Thompson. "Como estava *sempre* por perto, recebi muitas dessas broncas. Nada que fizesse parecia certo. Eu o cansava. A necessidade de meu trabalho o cansava. Minha presença constante o tirava do sério. Até eu me cansava." As brigas de Churchill, algumas vezes, desanimavam Thompson e o faziam se sentir um fracasso. "Eu desejava que alguém o atacasse só para que eu pudesse atirar em alguém", escreveu.[3]

No entanto, também era verdade que os humores hostis de Churchill passavam rápido. Ele nunca se desculpava, mas conseguia comunicar por outras formas que a tempestade havia passado. "Ele era acusado de ter um temperamento ruim", explicou lorde Beaverbrook, que, como ministro de Produção de Aeronaves, era ele mesmo alvo da ira de Churchill. "Não era verdade. Ele podia ser muito emotivo, mas depois de criticar alguém duramente, tinha o hábito de encostar, de colocar a mão sobre a mão da pessoa — desse jeito —, como quem diz que o verdadeiro afeto dele não mudou. Uma demonstração incrível de humanidade."[4]

O tempo não ajudava. Após um longo período de calor e sol, o dia estava escuro, assustador até. "Escuro como breu", escreveu Alexander Cadogan, subsecretário de Estado para Relações Exteriores, diplomata sênior do Reino Unido, um destacado autor de diário da época.[5] Outra autora de diário, Olivia Cockett, uma escriturária da Scotland Yard e participante prolífica do painel do Grupo de Observação de Massas, escreveu: "As nuvens escuras e pesadas permaneceram o dia todo, apesar de não ter chovido, e eram o principal tema das conversas. O mau humor estava em todo lugar." Ela ouviu alguém dizer: "O dia em que Cristo foi crucificado também foi escuro assim, algo terrível está para acontecer."[6]

A principal preocupação de Churchill era a França. O que o irritava é que, apesar das inúmeras viagens que fez a esse país, ainda assim ele não teve força para influenciar os acontecimentos e inflamar a resistência francesa. Esperava-se que Paris fosse destruída em 48 horas, e os franceses, ao que parecia, iriam capitular. No entanto, ele ainda não havia desistido. Acreditava que sua presença, seu encorajamento, talvez com alguma declaração enérgica ou uma promessa, poderia reviver o cadáver francês. Ele teve uma chance na terça-feira, 11 de junho, quando o primeiro-ministro, Reynaud, o convocou novamente, dessa vez em Briare, uma pequena cidade no Loire, a 160 quilômetros ao sul de Paris. A reunião não levou a nada; apenas sublinhou o quão ruins as coisas estavam. Na esperança de animar o primeiro-ministro, Churchill, numa mistura de mau francês e bom inglês, prometeu lutar a qualquer custo, sozinho se necessário: "E assim por diante, *toujours*, o tempo todo, em todos os lugares, *partout, pas de grâce*, sem piedade. *Puis la victoire!*"[7]

Os franceses não se comoveram.

A reunião foi bem-sucedida, no entanto, em gravar na mente de vários oficiais franceses uma imagem peculiar: a de Churchill, irritado com a incapacidade francesa em preparar seu banho vespertino, surgindo por uma porta dupla, vestido com um quimono vermelho e um cinto branco, gritando "*Uh, ay ma bain?*" — sua versão francesa da pergunta "Cadê meu banho?". Uma testemunha relatou que, em sua fúria, ele parecia "um gênio japonês furioso".[8]

Os franceses estavam tão inconsoláveis, claramente tão perto de desistir, que Churchill renovou sua determinação em não enviar caças da RAF para ajudar. Ele disse aos franceses que não estava sendo egoísta, só prudente; apenas uma força de caças poderia impedir o assalto esperado contra a Inglaterra. "Lamentamos não poder ajudar mais", disse, "mas não podemos".

Para Jock Colville, havia uma ansiedade pessoal também. Ele sabia que muitos dos soldados britânicos ainda na França estavam sendo evacuados de Cherbourg, e esperava que seu irmão Philip estivesse entre eles. Parte da bagagem de Philip havia chegado a Londres, um sinal encorajador, mas ainda havia muito perigo.

Com ambos os irmãos na guerra, e muitos de seus colegas, Colville havia decidido que ele também precisava se juntar à batalha. Acreditava que o melhor caminho era pela Marinha Real e disse isso a seu chefe imediato, Eric Seal, o secretário particular sênior de Churchill. Seal prometeu ajudar, mas descobriu que não poderia fazer nada. Muitos homens jovens em Whitehall tinham aspirações idênticas às de Colville, incluindo o serviço diplomático, e isso havia se tornado um problema. Por enquanto, pelo menos, o Ministério das Relações Exteriores estava se recusando a liberar qualquer de seus homens jovens para o serviço militar. Colville decidiu continuar tentando.

NA QUARTA, 12 DE JUNHO, enquanto Churchill e sua comitiva encerravam as reuniões na França, o embaixador americano Joseph Kennedy enviou um telegrama confidencial para seu chefe, o secretário de Estado Cordel Hull, oferecendo outra avaliação biliosa das perspectivas da Inglaterra. A preparação do império era, segundo ele relatou, "chocantemente fraca" em relação à grande força da Alemanha. "Lamentável", escreveu ele.[9] Tudo que a Inglaterra tinha era coragem. O que mantinha Churchill em movimento, Kennedy afirmou, era sua crença de que os Estados Unidos entrariam na guerra logo após a eleição presidencial, em 5 de novembro, a qual Roosevelt parecia cada vez mais disposto a disputar. Churchill acreditava "que quando o povo nos Estados Unidos visse as vilas e cidades da Inglaterra, das quais muitas cidades e vilas americanas receberam seus nomes, bombardeadas e destruídas, vão se apresentar e querer a guerra".

Kennedy citava o texto de um correspondente inglês nos Estados Unidos que havia escrito que tudo que era necessário era "um 'incidente' para levar os Estados Unidos à guerra". Kennedy achou isso alarmante. "Se isso for o necessário, pessoas desesperadas farão coisas desesperadas", alertou.

Havia notícias preocupantes de outra área. Naquela manhã de quarta-feira, 12 de junho, o recém-nomeado conselheiro científico pessoal de Churchill, Frederick Lindemann, conhecido universalmente como Professor, realizou uma reunião com um jovem cientista do braço de inteligência do Ministério do Ar, dr. Reginald V. Jones, um ex-aluno dele que agora, aos 28 anos, tinha o imponente título de vice-diretor de pesquisa de inteligência.

A reunião era supostamente sobre a possibilidade de a Alemanha ter conseguido desenvolver e implantar um sistema próprio de radares, algo que os britânicos haviam feito antes da guerra e agora usavam como grande — e secreta — vantagem, com as redes de torres na costa — as estações da "Cadeia Doméstica" —, que davam um alerta antecipado e preciso da aproximação de aeronaves alemãs. A reunião, no entanto, logo seguiu em outra direção ao revelar uma outra perspectiva assustadora: um avanço tecnológico que, se real, daria aos alemães uma imensa vantagem na guerra aérea.

Parte II

Uma certa eventualidade

Junho — Agosto

Capítulo II
O mistério do Castelo do Cisne

O Professor — Lindemann — ouviu com crescente ceticismo. O que o dr. Jones, o jovem homem da inteligência da Força Aérea, estava agora propondo ia contra o que todos os físicos entendiam a respeito da propagação das ondas de rádio em longas distâncias. As peças de inteligência que Jones apresentou eram atraentes, mas certamente significavam algo diferente do que ele havia imaginado.

Avaliar o mundo com objetividade científica era a tarefa do Professor. Aos 54 anos, um físico de Oxford, ele foi um dos primeiros homens que Churchill levou para o seu ministério, por conta da crença do primeiro-ministro de que, nessa nova guerra, os avanços tecnológicos iriam ter papel importante. Isso já havia sido demonstrado no caso do radar, um subproduto feliz de uma pesquisa muito menos bem-sucedida sobre a possibilidade de se criar um "raio da morte" capaz de destruir uma aeronave. Da mesma forma, os britânicos estavam se tornando eficazes em interceptar e decifrar comunicações da Luftwaffe, que eram processadas no Bletchley Park, a casa ultrassecreta da Escola de Criptografia e Código Governamental, na qual decifradores de códigos haviam descoberto os segredos da máquina de encriptação alemã "Enigma".

Lindemann havia antes liderado um escritório do Almirantado estabelecido para fornecer a Churchill, na condição de primeiro lorde, uma análise mais detalhada possível da prontidão cotidiana da Marinha Real. Imediatamente após se tornar primeiro-ministro, Churchill colocou Lindemann como responsável por uma agência com um alcance muito mais amplo, o Departamento Estatístico do primeiro-ministro, e fez dele seu conselheiro científico especial, com o título formal de assistente pessoal do primeiro-ministro.

Somados, os dois papéis davam a Lindemann licença para explorar qualquer assunto científico, técnico ou econômico que pudesse influenciar o progresso da guerra, um encargo atraente, mas certamente capaz de promover inveja entre os feudos de Whitehall.

O que complicava ainda mais a situação era o próprio Lindemann, cuja principal realização, de acordo com o subsecretário de assuntos externos, Cadogan, "era unir contra ele qualquer grupo de homens com quem ele tivesse contato".[1]

Ele era alto e pálido e tinha o hábito de usar camisas sociais muito engomadas, de colarinho rígido, e gravatas apertadíssimas no pescoço. Sua palidez combinava com o cinza de seus ternos. Ele sempre usava um imenso chapéu-coco preto e um sobretudo com gola de veludo, e carregava um guarda-chuva. Sua expressão era invariavelmente uma avaliação desdenhosa, transmitida por lábios perpetuamente caídos nas extremidades. Ele parecia sem idade — ou melhor, sempre velho —, lembraria lady Juliet Townsend, filha de lorde Birkenhead, amiga íntima de Lindemann e, mais tarde, sua biógrafa. "Acho que ele era provavelmente uma daquelas pessoas que pareciam bastante velhas desde sempre", disse ela, "e depois continuam iguais por vinte anos".[2] Foi Townsend quem, quando criança, atribuiu a Lindemann o apelido de "Professor". Chamá-lo de Professor ou o Professor era uma questão de preferência pessoal.

A contradição definia Lindemann. Ele odiava negros, contudo, por anos jogou tênis com um parceiro de duplas que era do Caribe. Não gostava de judeus, e uma vez descreveu um colega físico como um "p-pequeno judeu s-sujo"[3]; contudo, considerava Albert Einstein um amigo, e, durante a ascensão de Hitler, ajudou físicos judeus a fugirem da Alemanha. Era binário em suas afeições. Seus amigos não erravam, seus inimigos não acertavam. Uma vez contrariado, permanecia assim para o resto da vida. "Sua memória", escreveu John Colville, "não era apenas abrangente; para negligências passadas, era elefantina".[4]

Contudo, segundo se dizia, mulheres e crianças o adoravam. Ele era um favorito da família de Churchill, e nunca esquecia um aniversário. Era querido principalmente por Clementine, que tinha pouco afeto pela maioria dos ministros e generais com quem Churchill se associava. A austeridade externa de Lindemann encobria uma sensibilidade à percepção do público profunda o suficiente para que ele nunca usasse um relógio de pulso, por medo de parecer pouco masculino. Ele foi cuidadoso ao manter em segredo o apelido que seus pais lhe deram quando criança: "Pêssego".

Ele tinha de ser o melhor no que quer que se dedicasse e jogava tênis quase como profissional, e chegou certa vez a competir nas duplas em Wimbledon. Frequentemente jogava com Clementine, mas nunca demonstrava qualquer sensação de prazer, de acordo com sua irmã, Linda. Ele parecia sempre estar lutando alguma batalha interior: "Pêssego, no almoço, brilhando com um conhecimento geral bastante assustador, transformava toda a conversa num pesadelo de armadilhas. Pêssego era determinado jogando xadrez, jogando tênis, tocando piano. Pobre Pêssego, nunca se divertia."[5]

Por causa de um erro de cálculo que Lindemann atribuía ao egoísmo de sua mãe, ele não nascera na Inglaterra, mas na Alemanha, no balneário de Baden-Baden, em 5 de abril de 1886. "O fato de ela saber que estava perto do parto e mesmo assim escolher dar à luz em território alemão foi uma fonte de irritação que durou toda a vida de Lindemann", escreveu lorde Birkenhead.[6] Lindemann se via como qualquer coisa menos alemão, e, na verdade, odiava a Alemanha; contudo, por causa do seu local de nascimento se viu, na guerra anterior, e agora de novo durante a nova guerra, como alvo de suspeitas sobre sua lealdade nacional. Até mesmo Colville apontou, logo no início, que "suas conexões externas são suspeitas".[7]

A mãe de Lindemann teve outra influência permanente que determinou o modo como as pessoas o viam. Foi ela quem, na infância, o colocou e os irmãos numa dieta vegetariana estrita. Ela e os irmãos logo abandonaram o regime; só ele persistiu, e com uma obstinação vingativa. Dia após dia, Lindemann consumia quantidades enormes de claras de ovos (nunca gemas) e maionese feita com azeite. Também tinha um gosto de primeira magnitude por doces, com paixão especial por bombons recheados, em particular o creme de chocolate Fuller. Segundo seu próprio registro cuidadoso, consumia até 200 gramas de açúcar por dia, o equivalente a 48 colheres de chá.

Lindemann e Churchill se conheceram no verão de 1921, num jantar em Londres, e, com o tempo, se tornaram amigos. Em 1932, eles viajaram juntos pela Alemanha para visitar os campos de batalha nos quais o ancestral de Churchill, o duque de Marlborough, lutara e sobre quem Churchill estava escrevendo uma biografia. Enquanto circulavam pelos campos no Rolls-Royce do Professor (ele havia herdado grande fortuna depois da morte do pai), os dois se deram conta do nacionalismo belicoso do país. Alarmados, começaram a trabalhar juntos para reunir a maior quantidade de informação possível sobre a ascensão do militarismo na Alemanha de Hitler, e a despertar os britânicos para o perigo iminente. A casa de Churchill se tornou uma espécie de centro de inteligência para acumular informações privilegiadas sobre a Alemanha.

Lindemann sentia uma familiaridade profissional com Churchill. Ele o via como um homem que deveria ter sido um cientista, mas havia ignorado sua vocação. Churchill, por sua vez, admirava a habilidade de Lindemann de relembrar detalhes e reduzir assuntos complexos a seus elementos fundamentais. Ele frequentemente descrevia o Professor como alguém com um "lindo cérebro".[8]

A REUNIÃO DE LINDEMANN com o dr. Jones começou, como planejado, com o debate sobre se a Alemanha tinha ou não dominado a arte de detectar aeronaves usando ondas de rádio. Jones estava certo de que sim, e citava informações de inteligência para embasar essa opinião. Quando a reunião estava perto do fim, Jones mudou de assunto. Algo que acontecera mais cedo naquele dia o havia perturbado. Um colega, capitão de grupo L. F. Blandy, líder da unidade da RAF (Royal Air Force, a Real Força Aérea) responsável por ouvir as transmissões de rádio alemãs, havia dado a Jones uma cópia de uma mensagem da Luftwaffe decifrada em Bletchley Park.

"Isso significa alguma coisa para você?", perguntou Blandy. "Não parece significar muito para as pessoas aqui."[9]

A mensagem era breve, e incluía uma posição geográfica indicada por latitude e longitude, junto com o que pareciam ser dois nomes alemães, *Cleves* e *Knickebein*. Como Jones pôde entender melhor, a mensagem, traduzida, dizia: "Cleves Knickebein é confirmado [ou estabelecido] na posição 53°24' norte e 1° oeste."

Jones ficou assustado. A mensagem, disse a Blandy, significava *tudo* para ele.

Ela completava um mosaico que estava parcialmente montado em sua mente, que consistia de fragmentos de inteligência que haviam chamado sua atenção nos meses anteriores. Ele havia visto a palavra *Knickebein* uma vez antes, num pedaço de papel encontrado nos destroços de um bombardeiro alemão derrubado em março de 1940; ele continha a frase "farol de rádio *Knickebein*". Mais recentemente, depois que o braço da Inteligência Aérea da RAF tornou rotina espionar as conversas entre prisioneiros, ele havia ouvido uma gravação de dois pilotos alemães discutindo sobre o que parecia ser um sistema sem fio secreto de navegação.

E então surgiu essa última mensagem. Jones sabia que *Knickebein* em inglês significava "perna torta" ou "perna de cachorro", e acreditava que Cleves provavelmente se referia a uma cidade na Alemanha, conhecida também pela grafia Kleve. A cidade tinha um famoso castelo, Schwanenburg, ou Castelo do Cisne, onde supostamente Ana de Cleves morou antes de seguir para a Inglaterra para se tornar a quarta esposa de Henrique VIII.[10] O Castelo do Cisne e a lenda de Lohengrin supostamente haviam influenciado Wagner em sua criação da famosa ópera que leva o nome do cavaleiro.

De repente, as peças se encaixavam de uma forma que fazia sentido para Jones, apesar de a conclusão dele parecer improvável. Ele tinha 28 anos. Se estivesse errado, pareceria um tolo. Mas, se estivesse certo, sua descoberta poderia salvar um número incontável de vidas.

Ele sabia que as coordenadas geográficas citadas na recém-interceptada mensagem identificavam um ponto ao sul da cidade de Retford, no centro industrial da Inglaterra. Uma linha desenhada de Cleves até Retford iria delinear um vetor, possivelmente o curso de uma aeronave ou uma transmissão de rádio — um raio ou farol —, como evidenciado na frase "Farol de rádio *Knickebein*". O termo "perna torta" sugeria uma interseção de algum tipo, e, no cálculo de Jones, levantava a possibilidade de que um segundo raio poderia interceptar o primeiro. Isso teria o efeito de marcar uma localização geográfica precisa no solo, talvez uma cidade, ou até mesmo uma fábrica individual. Já havia uma tecnologia para guiar aeronaves comerciais e militares que usava raios de ondas de rádio, mas apenas em distâncias curtas, para ajudá-las a pousar em condições de pouca visibilidade. Chamada de sistema de pouso às cegas Lorenz, em homenagem a seu inventor, C. Lorenz AG, da Alemanha, a tecnologia era conhecida pelos dois lados e estava em uso em aeroportos e campos de pouso militares na Inglaterra e na Alemanha. Jones percebeu que a Luftwaffe poderia ter encontrado uma forma de projetar um raio como o Lorenz do outro lado do canal, até alvos dentro da Inglaterra.

A ideia era profundamente perturbadora. No momento, bombardeiros que voavam à noite precisavam de céu limpo e da luz da Lua se quisessem ter alguma precisão. Com um sistema do tipo que Jones imaginou, bombardeiros alemães poderiam circular por toda a Inglaterra em qualquer noite, sem ter que esperar por uma lua cheia ou pelas noites mais luminosas dos quartos crescente e minguante, mesmo num clima que mantivesse os caças da RAF no solo. A RAF estava confiante de que podia contra-atacar bombardeios aéreos feitos durante o dia, mas à noite os pilotos tinham pouca capacidade de encontrar e atacar aeronaves inimigas, apesar da rede de radares da Inglaterra. O combate exigia contato visual, e um radar em terra simplesmente não era preciso o suficiente para levar os pilotos da RAF perto o bastante para combater. Quando os pilotos recebessem os registros do radar dos controladores no Comando de Ataque, os bombardeiros alemães já estariam em uma outra localização, possivelmente em novas altitudes e com direção diferente.

Então, nessa reunião matutina com o Professor, Jones apresentou sua teoria. Ele estava animado, certo de que havia descoberto uma nova tecnologia alemã secreta. Mas Lindemann — pálido, ascético, lábios contorcidos, como sempre — disse que ele estava imaginando algo impossível. Raios convencionais de pouso às cegas viajavam apenas em linhas retas, o que significa que, por conta da curvatura da Terra, quando um raio vindo da Alemanha percorresse os trezentos ou mais quilômetros nos céus sobre um dado alvo na Inglaterra, estaria fora do alcance até mesmo do bombardeiro com maior altitude de voo. Isso era uma doutrina aceita. E Lindemann, uma vez convencido de algo, dificilmente mudaria de ideia. Como um colega próximo, Roy Harrod, explicou: "Nunca conheci alguém que, quando convencido de seus próprios raciocínios, tivesse uma convicção tão profunda e inabalável."[11]

Desanimado, mas ainda não derrotado, Jones voltou ao seu escritório para considerar o próximo passo. Ele organizou uma segunda reunião com Lindemann para o dia seguinte.

ÀS ONZE HORAS DA MANHÃ de quinta-feira, Churchill decolou de novo para a França para aquela que seria sua última reunião pessoal com os líderes franceses. Ele levou Pug Ismay, Halifax, Cadogan e o general de divisão Edward Spears, o contato britânico com o Exército francês, e, dessa vez, até mesmo lorde Beaverbrook, mais uma vez colocando em risco uma parte significativa do governo britânico. O campo de pouso para o qual seguiam, em Tours, havia sido bombardeado na noite anterior. Para Mary Churchill e sua mãe, o voo foi outro dia de ansiedade. "Odeio quando ele vai", escreveu Mary em seu diário. "Todos nós temos uma premonição horrível de que os franceses vão ceder. Oh, Deus! A França não consegue! Ela deve perseverar... deve perseverar."[12]

O campo estava deserto e desolado, esburacado pelo ataque da noite. Pilotos franceses vadiavam pelos hangares, pouco interessados nos recém-chegados. Churchill andou até um grupo de aviadores e se apresentou, num francês terrível, como primeiro-ministro do Reino Unido. Arranjaram para ele um pequeno carro de turismo — pequeno demais para Churchill entrar e mais apertado ainda para Halifax, que tinha um 1,90 metro de altura. Amontoados no carro, como personagens de uma comédia-pastelão, eles seguiram para a *préfecture* local, que abrigava os representantes locais do governo nacional. Ali eles encontraram apenas duas autoridades, o primeiro-ministro francês, Reynaud, e seu subsecretário das Relações Exteriores, Paul Baudouin. Reynaud se sentou atrás de uma escrivaninha; Churchill escolheu uma poltrona funda, e quase desapareceu de vista.

Diferentemente da reunião anterior em Briare, Churchill não se esforçou para parecer afável. Ele parecia "muito severo e concentrado", escreveu o general Spears.[13] Pug Ismay deixou de lado a amável personalidade canina, e também tinha uma expressão severa. Beaverbrook remexia as moedas no bolso, "como se procurasse uma para dar de gorjeta a alguém", observou Spears. O rosto corado, o cabelo — o pouco que tinha — despenteado. "Sua cabeça redonda parecia uma bola de canhão que poderia ser projetada a qualquer momento contra Reynaud pela poderosa força que seu pequeno e tenso corpo poderia produzir."

Os franceses estavam claramente inclinados a se render, e pareciam impacientes para acabar com a reunião. Naquele momento, Reynaud disse, tudo dependia do que os Estados Unidos iriam fazer. Ele planejava enviar um telegrama a Roosevelt imediatamente. "Por enquanto", indicou, "nossa única opção é apresentar a situação com clareza ao presidente americano".

Churchill prometeu fazer a mesma coisa; então, pediu um momento sozinho com seus colegas. "*Dans le jardin!*", ordenou. Eles se retiraram para um jardim retangular e sombrio por um caminho estreito e ficaram andando em círculos. "Acredito que todo mundo estava chocado demais para falar", escreveu Spears. "Eu certamente estava."

Abruptamente, Beaverbrook rompeu o silêncio. Tudo o que podiam fazer agora, disse, era esperar a resposta de Roosevelt. Temendo que Churchill pudesse precipitadamente prometer de novo despachar esquadrões de caças da RAF, Beaverbrook pediu que ele não fizesse promessas de última hora. "Não estamos fazendo nada de bom aqui", disse. "Na realidade, ouvir essas declarações de Reynaud só causa danos. Vamos voltar pra casa."

Eles retornaram para a Inglaterra ao entardecer.

PARA SUA SEGUNDA REUNIÃO com o Professor, o jovem dr. Jones se preparou melhor. Jones conhecia o principal especialista em ondas de rádio da Inglaterra, Thomas L. Eckersley, um engenheiro pesquisador veterano na Companhia Marconi, que certa vez escreveu um pequeno relatório calculando que um raio muito estreito poderia, de fato, seguir a curvatura da Terra, e, portanto, ser usado para guiar um bombardeiro da Alemanha até a Grã-Bretanha. Jones levou o relatório de Eckersley, assim como novas informações de inteligência.

Como preparação adicional, Jones contatou um amigo e colega, o capitão de grupo Samuel Denys Felkin, responsável por interrogar membros da Luftwaffe.[14] Jones sabia que bombardeiros derrubados recentemente haviam fornecido novos prisioneiros para interrogatório, e pediu a Felkin que incluísse questões específicas sobre a tecnologia de orientação por raio.

Felkin fez isso, mas as perguntas direcionadas não resultaram em nada. Felkin, no entanto, havia desenvolvido uma nova maneira eficaz de extrair informações dos prisioneiros. Depois do interrogatório, ele reunia o interrogado com seus colegas aviadores e ouvia a conversa por meio de microfones ocultos enquanto eles discutiam a entrevista e as perguntas. Felkin devolveu um dos novos prisioneiros à cela, e ouviu quando ele contava a um companheiro de cela que não importava quanto a RAF procurasse, ela jamais encontraria "o equipamento".

E isso, claro, aumentou a curiosidade de Jones. O comentário do prisioneiro fornecia uma confirmação indireta de que Jones estava no caminho certo. Também sugeria que o dispositivo poderia, na verdade, estar escondido em um lugar visível.

Jones imediatamente requisitou uma cópia do relatório técnico feito depois que os investigadores britânicos examinaram o bombardeiro derrubado no outono, o mesmo tipo que o prisioneiro havia pilotado. Jones se concentrou no equipamento de rádio. Um instrumento chamou sua atenção: um dispositivo identificado no relatório como um receptor para pouso às cegas. Isso por si só não era surpreendente, uma vez que todos os bombardeiros eram equipados com sistemas padrão Lorenz para pouso. O relatório mostrava que o equipamento havia sido examinado de perto por um engenheiro da Fábrica Real de Aeronaves, uma unidade de aviação experimental.

Jones ligou para ele.

"Me conte,", disse ele, "tinha alguma coisa diferente no receptor de pouso às cegas?".[15]

O engenheiro disse que não, e depois detalhou sua resposta. "Mas agora que você mencionou", comentou ele, "o equipamento era muito mais sensível do que o necessário para o pouso às cegas".

O dispositivo podia ser sintonizado em frequências específicas que, na avaliação de Jones, deviam ser as frequências nas quais o novo sistema de raios operava — isso, claro, se o palpite dele estivesse correto.

Embora não tivesse a tendência de mudar de opinião, Lindemann também era receptivo à lógica científica clara. Uma coisa era ouvir um cientista de 28 anos propor a existência de uma nova e secreta tecnologia alemã de orientação a partir de alguns poucos indícios circunstanciais, mas outra coisa bem diferente era ver cálculos claros de um dos principais especialistas da área, que pretendia provar que a radiofísica subjacente permitia a criação de tal sistema. E os novos indícios que Jones reuniu eram convincentes.

Lindemann agora reconhecia que, caso a Luftwaffe tivesse dominado essa nova tecnologia, aquilo era de fato um desenvolvimento assustador. Jones acreditava que o raio poderia colocar a aeronave a 360 metros de um alvo, um grau de precisão incrível.

Usando o poder de sua relação direta com Churchill, Lindemann escreveu naquele mesmo dia uma minuta urgente para entregar diretamente ao primeiro-ministro. Era essa ligação no estilo Rasputin que criava tantas suspeitas e inveja nos colegas de Lindemann. Com suas novas e elevadas responsabilidades, tudo agora estava sob sua vigilância. Ele podia fuçar nos cantos mais remotos do governo e questionar o que bem quisesse, até mesmo propor novas armas e influenciar estratégias militares, e, ao fazer isso, alterar a vida dos burocratas de alto e baixo escalão. "Ele era obstinado como uma mula, e incapaz de admitir que houvesse algum problema sob o sol que ele não estivesse qualificado para resolver", lembraria Pug Ismay. "Ele escrevia um memorando sobre uma alta estratégia num dia e uma tese sobre a produção de ovos no outro."[16] Notas e minutas voavam do escritório de Lindemann — mais de 250 até o fim do ano —, sobre assuntos tão diversos quanto nitroglicerina, o abastecimento de madeira e armas antiaéreas secretas. Isso frequentemente levava Churchill a exigir alguma ação nova de seus vários ministros, atrapalhando, dessa forma, a vida, já sob pressão, de cada um deles. Ninguém sabia quando, durante uma reunião, Churchill, armado por Lindemann, iria, de repente, apresentar uma estatística que iria eviscerar uma demanda ou um argumento — ou se o próprio Lindemann, com sua voz baixa e rouca, faria a evisceração. À medida que ficava mais confortável na função, Lindemann passou a anexar a suas notas um rascunho de minuta para Churchill rubricar, escrito num tom que emulava o de Churchill, ocultando cuidadosamente seu papel no processo.

Mas era isso que Churchill queria de Lindemann: desafiar a ortodoxia, o que já havia sido posto à prova, e, portanto, estimular maior eficiência. O Professor adorava ter novas ideias que desafiavam crenças convencionais. Uma vez, caminhando com um colega, Donald MacDougall, ele viu um cartaz com a reprimenda "Não deixe a torneira vazando", uma ordem que visava economizar água, e, portanto, também o carvão que alimentava o sistema de distribuição.[17] Enquanto andava, o Professor começou a calcular os custos em energia, polpa de celulose e transporte necessário para produzir o papel dos cartazes. "E, claro", relembrou MacDougall, "a primeira intuição do Professor estava certa, de que o custo era maior do que a economia eventualmente gerada pelo alerta".

Em sua minuta para Churchill sobre a aparente descoberta do dr. Jones, Lindemann manteve um tom frio. "Parece existir razão para supor que os alemães têm algum tipo de dispositivo de rádio com o qual conseguem encontrar seus alvos", escreveu.[18] A natureza exata da tecnologia não estava clara, mas poderia, segundo a hipótese dele, envolver algum tipo de raio, ou possivelmente sinalizadores de rádio instalados na Inglaterra por espiões. "Independente disso", escreveu Lindemann, "é vital investigar e especialmente descobrir qual comprimento de onda é usado. Se soubermos disso, podemos arranjar maneiras de enganá-los". Ele pediu a permissão de Churchill para "levar isso para o Ministério do Ar e tentar estimular uma ação".

Churchill levou a informação a sério logo de início, lembrando mais tarde que recebera a notícia como um "choque doloroso". Ele encaminhou a minuta do Professor para o chefe do Ministério do Ar, Archibald Sinclair, com uma nota escrita a mão: "Isso parece bastante intrigante, e espero que seja examinado com cuidado."[19]

Vindo de Churchill, isso era como ser incitado com um chicote. Sinclair agiu imediatamente, embora de má vontade, e indicou um oficial sênior do Ministério do Ar para investigar a teoria de Jones.

Chegou o dia da mudança para os Churchill. Numa sexta-feira, 14 de junho, com o primeiro-ministro deposto Chamberlain finalmente tendo deixado o nº 10 da Downing Street, os Churchill começaram a transferir seus pertences da Casa do Almirantado para a nova residência. Clementine coordenou a operação.

Mudar, em qualquer época, é um assunto estressante, mas a tensão certamente era amplificada pelo fato de a França estar prestes a cair e de a invasão estar se aproximando. Clementine, no entanto, parecia suportar bem, como sua amiga Violet Bonham Carter (em outros tempos vista como rival) achou quando passou pela Casa do Almirantado para um chá dias antes da mudança. A casa ainda estava totalmente decorada e mobiliada. "Parecia fresca e deliciosa — cheia de flores —, e todos os seus lindos quadros estavam iluminadas", escreveu ela em seu diário em 11 de junho. "Clemmie estava no seu humor usual — estridente — muito doce — e sempre um pouco mais divertida do que se esperava dela."[20]

A mudança demorou vários dias, durante os quais Mary e Clementine ficaram no Hotel Carlton, que também era a residência temporária do Professor. Para evitar o caos doméstico, Churchill ficou com lorde Beaverbrook em sua mansão em Londres, a Stornoway House, quartel-general do Ministério de Produção de Aeronaves.

Os Churchill levaram para o nº 10 da Downing Street um novo membro da família, o gato negro do Almirantado, Nelson, que ganhou o nome do vice-almirante Horatio Nelson, herói da vitória naval britânica em Trafalgar. Churchill adorava o gato, e frequentemente o carregava pela casa. A chegada de Nelson causou um certo grau de disputa felina, de acordo com Mary, pois Nelson assediava o gato que já residia no nº 10 da Downing, cujo apelido era "Caçador de Ratos de Munique".

Havia muito a organizar, claro, como em qualquer casa, mas um inventário do nº 10 da Downing indicava a complexidade que esperava Clementine:

taças de vinho e copos de vidro (o uísque tinha de ser servido em algum lugar), copos de suco, pratos para carne, peneiras, batedeiras, facas, jarros, xícaras e pires para o café da manhã, agulhas para atar aves, moringas e copos, 36 garrafas de lustra-móveis, doze quilos de sabão carbólico, 68 quilos de sabão de prímula (em barras) e 35 quilos de sabão Brown Windsor, um dos favoritos de Napoleão e da rainha Vitória. Havia escovas de corrimão, tanto de cerdas quanto de palha; uma varredeira de piso automática Ewbank; escovas de lareira; tapetes para ajoelhar; esfregões e cabos para esfregões e cabeças especiais de esfregões para limpeza geral; bem como flanelas, 4 quilos de panos de chão e 24 dúzias de fósforos para acender lareiras e charutos.[21]

"Os Chamberlain haviam deixado a casa muito suja", escreveu Mary em seu diário no dia seguinte. "Mamãe deixou a Casa do Almirantado como nova."[22]

Mary adorava a casa nova, particularmente o seu ar digno. A porta da frente era pintada com esmalte preto e tinha uma aldrava com cabeça de leão; era guardada por um porteiro uniformizado e um oficial de polícia. O escritório particular de Churchill e a famosa Sala do Gabinete ficavam no térreo, onde um silêncio imponente prevalecia, como se o clamor do cotidiano fosse abafado pelo peso da história britânica. Suas pinturas estavam exibidas nas paredes.

A área da família ficava no segundo andar (que os americanos chamam de terceiro), ligada por corredores azul pastel com carpete na cor de tomate. Janelas de guilhotina davam para o jardim, a entrada de trás da casa, e o Horse Guards Parade, uma ampla e gramada praça na qual importantes eventos cerimoniais aconteciam. Para Mary, esse andar evocava uma casa de campo. Aqui, como na Casa do Almirantado, Churchill e Clementine mantinham quartos separados.

Mary gostava especialmente dos quartos designados para ela. "Mamãe me deu um quarto adorável, uma sala de estar e um closet muito espaçoso para as roupas (este último muito hollywoodiano)", escreveu ela.[23]

Com seu pai como primeiro-ministro, ela agora estava no centro dos acontecimentos. Era tudo muito agitado e romântico. A ideia de que a Luftwaffe logo iria despejá-la de seus adoráveis aposentos — e de Londres — parecia, naquele momento, a julgar pelo tom de seu diário, jamais ter passado por sua cabeça.

CUMPRINDO A PROMESSA FEITA AOS FRANCESES, no fim da tarde de sábado, 15 de junho, Churchill ditou um telegrama para ser enviado ao presidente Roosevelt com seu mais forte apelo até o momento.

O processo de ditado invariavelmente acabava com a paciência dos presentes — tipicamente, seu principal secretário pessoal, sr. Hill, e um secretário particular, nesse caso, John Colville. Como Colville descreveu mais tarde, "assistir a ele compor algum telegrama ou minuta por ditado faz a pessoa se sentir como se estivesse assistindo a um parto, tão tensa é sua expressão, tão inquietas suas voltas de um lado para outro, tão curiosos os barulhos que ele emite baixinho".[24]

O ritual era especialmente doloroso para telegramas tão importantes quanto esse.

"Entendo todas as suas dificuldades com a opinião pública americana e o Congresso", ditou Churchill, "mas a situação piora num ritmo que irá fugir do controle da opinião pública americana quando ela finalmente amadurecer".[25] A França estava enfrentando uma crise existencial, e a única força capaz de influenciar seu futuro eram os Estados Unidos. "A declaração de que os Estados Unidos irão, se necessário, entrar na guerra, pode salvar a França", disse. "Sem isso, em alguns dias a resistência francesa pode ceder e ficaremos sozinhos."

Contudo, havia muito mais do que a França em risco, acrescentou Churchill. Ele abordou o fantasma de que o Reino Unido também sucumbisse à influência de Hitler, e alertou que um governo novo e pró-germânico poderia vir a substituí-lo. "Se cairmos, você talvez se depare com uns Estados Unidos da Europa sob o comando nazista muito mais numeroso, forte e mais bem armado do que o Novo Mundo."

Ele reiterou o pedido anterior para que os Estados Unidos enviassem contratorpedeiros para fortalecer a Marinha Real, e anexou um relatório que detalhava quão urgente era a necessidade dos contratorpedeiros em vista da esperada invasão. O relatório, que ecoava as preocupações iniciais do comandante das Forças Internas, general Ironside, sobre uma Dunquerque reversa, alertava que uma invasão alemã a partir do mar "será certamente na forma de desembarques dispersos de um grande número de pequenas embarcações, e a única defesa eficaz contra tal movimento é manter uma frota numerosa e efetiva de patrulhas contratorpedeiras". Mas a Marinha Real, alertava o relatório, tinha só 68 contratorpedeiros operacionais. A ampliação era crucial. "Este", escreveu Churchill, "é um passo definitivamente prático e possivelmente decisivo que pode ser dado logo, e espero sinceramente que pondere minhas palavras". Ele disse que a chegada dos contratorpedeiros era "uma questão de vida ou morte".

Depois de terminar esse telegrama, e outro, para o primeiro-ministro do Canadá e outros domínios britânicos, Churchill se voltou para John Colville e brincou: "Se palavras contassem, deveríamos ganhar esta guerra."[26]

Apesar de compreensivo, Roosevelt permaneceu preso pelas leis de neutralidade e pela tendência isolacionista do povo americano.

Logo depois, Colville se viu enviado ao campo para um fim de semana naquela que estava rapidamente se tornando uma espécie de arma secreta de Churchill: a propriedade oficial do primeiro-ministro, Chequers, em Buckinghamshire, sessenta quilômetros a noroeste de Londres.

Capítulo 12
Os fantasmas dos chatos

Três Daimlers pretos cruzaram rápido o campo ao entardecer. Churchill gostava de andar rápido. Com sorte e ousadia, seu motorista podia percorrer a distância entre Downing Street e Chequers em uma hora; se conseguisse em cinquenta minutos, um feito que exigia passar por sinais vermelhos e ignorar a sinalização, ganhava elogios generosos de Churchill. Em uma viagem de volta, ele dizia ter conseguido chegar a 110 quilômetros por hora — isso numa época em que os carros não tinham cinto de segurança. Churchill estava invariavelmente acompanhado no banco de trás por uma datilógrafa, para quem a viagem podia ser de arrepiar. A secretária Elizabeth Layton escreveu sobre uma experiência posterior: "Você se sentava com o caderno equilibrado em um dos joelhos, escrevendo rápido, segurando na mão esquerda lápis sobressalentes, o estojo dos óculos dele ou um charuto a mais, algumas vezes mantendo aberta sua preciosa Caixa com o pé, que de outra forma se fecharia toda vez que virávamos uma esquina."[1] A estenografia era permitida apenas nos carros; no resto do tempo, os ditados de Churchill deveriam ser datilografados.

O inspetor Thompson ia junto também, sua ansiedade aumentando com a proximidade da casa, que ele achava o ambiente ideal para um assassinato. Devido ao presente atencioso de seu proprietário anterior, Sir Arthur Lee, a casa, uma mansão Tudor enorme de tijolos aparentes, era a casa de campo oficial dos primeiros-ministros britânicos desde 1917, quando Lee a doou para o governo. "Um policial, mesmo saudável e com um revólver, podia se sentir muito sozinho ali", escreveu Thompson, "e muito inseguro".[2]

A comitiva entrou na propriedade por um grande portão de ferro forjado, ladeado por guaritas de tijolos. Soldados da Guarda Coldstream patrulhavam a região; oficiais de polícia ocupavam as guaritas, e pararam os carros para conferir as identidades. Até mesmo o motorista de Churchill foi interrogado. Os carros então seguiram por uma alameda longa e reta chamada Victory Way.

Uma série de janelas altas estaria, em tempos de paz, iluminada com luz âmbar, mas agora elas permaneciam escuras, de acordo com as regras restritas de blecaute em vigor por todo o país. Os carros entraram num acesso semicircular e pararam diante da entrada principal, do lado leste da casa, onde o grupo foi recepcionado pela srta. Grace Lamont, "Monty", uma escocesa que gerenciava a casa para seus hóspedes primeiros-ministros desde 1937. Seu título oficial era o de "lady governanta".

Os termos do presente de Lee especificavam que trabalho nenhum poderia ser realizado na casa — a qual deveria ser um lugar de descanso e renovação. Lee havia escrito: "Além dessas influências sutis, quanto melhor a saúde de nossos governantes, mais prudentemente governarão, e o incentivo de passar dois dias por semana no ar alto e puro das colinas e dos bosques de Chiltern, espera-se, resultará em uma vantagem real para a nação, bem como para os líderes que ela escolher."[3]

Era, de fato, um lugar idílico. "Felizes primeiros-ministros, aonde quer que vão, belezas revigorantes os esperam", escreveu Hubert Astley, descendente de um antigo proprietário.[4] A casa se erguia em um vale dos Chilterns, cercado em três lados por terrenos elevados, cheios de caminhos que conduziam por entre sebes, lagos e bosques de faia, larício e azevinho, rodeados delicadamente por borboletas de um azul acinzentado. Uma das florestas agradáveis da propriedade era a Long Walk Wood, alegre e densamente povoada por coelhos. Nas imediações, havia um campo de croqué, o que encantou Clementine, uma jogadora ávida e exigente. Churchill logo daria outro uso ao gramado de croqué: testar novas armas militares, algumas das criações intelectuais do Professor. No extremo sul da casa havia um antigo relógio de sol com uma inscrição sombria:

A hora já corre,
Você logo morre
De tudo que existe
A casa, a colina
É só o que resiste.[5]

A porta da frente abria para uma passagem que levava ao Grande Salão, cujas paredes se erguiam até o topo da casa, e tinham à mostra trinta grandes pinturas, incluindo O *matemático*, de Rembrandt.[6] (Mais tarde foi estabelecido que o quadro foi pintado por um dos alunos de Rembrandt.) Toda a casa incorporava uma retrospectiva da história britânica, mas era na Longa Galeria, no segundo andar, que a sensação de passado era mais palpável. Ali estava a mesa usada por Napoleão Bonaparte em seu exílio em Santa Helena. Sobre a grande lareira, havia duas espadas empunhadas no passado por Oliver Cromwell, uma das quais supostamente o acompanhou na Batalha de Marston Moor, em 1644. À esquerda da lareira estava exposta na parede uma carta feliz escrita por ele do campo de batalha, com a notável frase: "Deus os fez como restolhos para nossas espadas."[7]

A casa não agradava a todos. Lloyd George detestava o fato de estar num vale e, portanto, ter uma visão limitada do campo. A casa, disse ele, era "cheia de fantasmas de pessoas chatas", e isso, segundo ele brincou, podia explicar por que seu cachorro, Chong, tendia a uivar na Longa Galeria.[8] Churchill havia visitado a casa durante o mandato de Lloyd George, em fevereiro de 1921, uma visita que certamente deve ter alimentado seu desejo de um dia ser primeiro-ministro. "Aqui estou", escreveu ele para Clementine sobre sua visita. "Você [iria] gostar de conhecer este lugar. Talvez o conheça um dia! É bem o tipo de casa que você admira — um museu com painéis cheios de história, cheios de tesouros —, mas pouco aquecida; de qualquer forma, uma maravilhosa propriedade."[9]

Churchill rapidamente demonstrou que não tinha intenção de honrar a exigência de Arthur Lee de que seus primeiros-ministros deixassem o trabalho para trás.

O JANTAR NAQUELE SÁBADO, 15 de junho, devia começar às 21h30. O cozinheiro, alertado de que o Professor seria um dos convidados, preparou uma refeição especial para ele, adequada a seu paladar vegetariano. Ele preferia omeletes de aspargos, saladas de alface e tomates, primeiro despelados, depois, fatiados — qualquer coisa, basicamente, que combinasse com ovos e maionese de azeite. Clementine não se importava em alterar o aparato culinário da casa para atender o Professor. "Minha mãe se desdobrava", lembrou Mary. "Havia sempre um prato especial, diferente, preparado para o

Professor, infinitos pratos com ovos, e ele cuidadosamente retirava as gemas e comia as claras." Refeições à parte, ele era um convidado tranquilo. "O Professor nunca era uma preocupação", escreveu Mary. "Era fácil distraí-lo: ele ia sozinho jogar golfe, ou trabalhava, ou estava esclarecendo Papai sobre algo, ou ia jogar tênis. Era um convidado absolutamente maravilhoso."[10]

Por mais bem-vindo que ele fosse, Mary tinha suas reservas. "Sempre temia me sentar ao lado do Professor, pois ele não fazia muitas piadas, e, para alguém jovem, ele podia ser um pouco entediante. Nunca me senti à vontade com o Professor. Ele era absolutamente encantador", destacou, "mas era um tipo diferente de pessoa".[11]

Nem Clementine nem Mary estavam presentes naquela noite de sábado, presumivelmente tendo decidido ficar em casa para concluir o processo de mudança da família, e de Nelson, para o nº 10 da Downing Street. Entre os convidados que iriam pernoitar estavam a filha de Churchill, Diana, e seu marido, Duncan Sandys, e o sempre presente John Colville; o Professor, que temia encontrar outras pessoas a caminho do seu banho, nunca passava a noite, preferindo a privacidade e o conforto dos aposentos em Oxford, ou sua nova residência dos dias úteis no Hotel Carlton.

Logo depois de todos entrarem na sala de jantar, Colville recebeu uma ligação telefônica de um colega secretário particular que estava trabalhando em Londres, que relatava a mais sombria notícia da França até o momento. Os franceses agora exigiam abertamente poder fazer seu próprio acordo de paz com Hitler, violando um pacto anglo-francês prévio. Colville levou a notícia para Churchill, "que ficou imediatamente deprimido".[12] Logo a atmosfera em Chequers se tornou fúnebre, escreveu Colville. "O jantar começou triste, com W. comendo rápida e avidamente, o rosto quase dentro do prato, e de vez em quando fazendo alguma pergunta técnica para Lindemann, que silenciosamente consumia sua dieta vegetariana."

Churchill — perturbado e triste — deixou claro que, pelo menos por enquanto, tinha pouco interesse nas conversas de rotina de jantar, e que apenas Lindemann merecia sua atenção.

Passado algum tempo, os funcionários da casa serviram champanhe, conhaque e charutos, e isso fez maravilhas com o humor de Churchill. Essa revitalização com bebidas e comida era uma espécie de padrão, como a esposa de lorde Halifax, Dorothy, havia notado no passado: Churchill ficava "silencioso, mal-humorado e distante" no início da refeição, escreveu ela. "Mas, animado pelo champanhe e pela boa comida, ele se tornava um outro homem, uma companhia agradável e divertida."[13] Uma vez, depois que Clementine criticou seus hábitos com a bebida, ele disse: "Lembre-se sempre, Clemmie, que tiro mais do álcool do que o álcool tira de mim."[14]

A conversa ficou mais animada. Churchill começou a ler em voz alta telegramas de apoio que chegaram das terras mais distantes do império, de maneira a animar a si e também os outros do grupo. Ele fez uma observação sóbria: "A guerra está destinada a se tornar sangrenta para nós agora, mas espero que nosso povo aguente os bombardeios e que os hunos não gostem do que estamos dando a eles. Mas que tragédia que nossa vitória na última guerra nos tenha sido retirada por um bando de fracotes."[15] Por "fracotes", ele se referia aos apoiadores da política de conciliação de Chamberlain.

O grupo foi para fora passear pela propriedade, com Churchill, o genro Duncan e o inspetor Thompson indo para o jardim de rosas, enquanto Colville, o Professor e Diana seguiram na direção oposta da casa. O sol havia se posto às 21h30; a lua estava visível e brilhante, um quarto crescente, com a lua cheia prevista para dali a cinco dias. "Estava leve e deliciosamente quente", escreveu Colville, "mas as sentinelas, com seus capacetes de metal e baionetas, que estavam em todo o entorno da casa, nos mantinham completamente conscientes dos horrores da realidade".[16]

Colville foi chamado frequentemente ao telefone, e, a cada vez, ia procurar por Churchill — "procurar por Winston entre as rosas", como relata em seu diário. Os franceses, disse ele a Churchill, estavam cada vez mais próximos de se render.

Churchill disse: "Diga a eles [...] que, se nos cederem sua frota, nunca esqueceremos, mas se houver rendição sem nos consultarem, nunca perdoaremos. Iremos difamar seus nomes por mil anos!"[17]

Ele fez uma pausa, e então acrescentou: "Claro, não faça isso ainda."

APESAR DAS NOTÍCIAS, o humor de Churchill continuou a melhorar. Ele distribuiu charutos; fósforos brilhavam no escuro. Enquanto a ponta dos charutos brilhava, ele recitava poemas e discutia a guerra com uma animação que beirava o prazer.[18] De vez em quando, cantava o refrão de uma canção popular cantada pelo dueto masculino Flanagan e Allen:

Bangue, bangue, bangue, bangue, manda bala o capataz
Corre, coelho, corre, coelho, corre, corre mais.

A música se tornaria ainda mais popular, na guerra, quando Flanagan e Allen substituíram "coelho" por "Adolf".

Uma ligação telefônica chegou para Churchill, do embaixador dos Estados Unidos para o Reino Unido, Joseph Kennedy. Colville buscou Churchill no jardim. Imediatamente mais sério, Churchill despejou sobre Kennedy "uma torrente de eloquência sobre o papel que os Estados Unidos podiam e deveriam estar tendo para salvar a civilização", escreveu Colville em seu diário.[19] Churchill contou ao embaixador que as promessas dos Estados Unidos de apoio financeiro e industrial constituíam "uma piada no cenário da história".

À uma hora da madrugada, Churchill e seus convidados se reuniram no salão central; Churchill se deitou em um sofá, fumando um charuto. Contou algumas piadas de mau gosto e falou sobre a importância de aumentar a produção de caças para a RAF.

À 1h30, ele se levantou para ir dormir, se despedindo dos demais: "Boa noite, minhas crianças."

Naquela noite, Colville escreveu em seu diário: "Foi ao mesmo tempo a noite mais dramática e mais fantástica que já vivi."[20]

Capítulo 13
Escarificação

Às 7h30 da manhã de domingo, ao descobrir que Churchill estava acordado, Colville levou a ele o último relatório da situação francesa, que chegara tanto por telefone quanto na forma de um documento entregue por um mensageiro. Colville levou as mensagens para o quarto de Churchill. O primeiro-ministro estava na cama, "parecendo um porco bastante simpático, vestido com um colete de seda".[1]

Churchill havia decidido convocar uma reunião especial do gabinete às 10h15 daquela manhã, em Londres. Enquanto Churchill tomava o café na cama, seu mordomo, Sawyers, preparava seu banho, e a casa começava a despertar. A srta. Hill preparou sua máquina de escrever portátil. O inspetor Thompson procurou por assassinos. O motorista de Churchill preparou o carro. Colville correu para se vestir e arrumar as malas, e tomou rapidamente seu café da manhã.

Eles correram de volta para Londres atravessando uma chuva pesada, não respeitando semáforos e cruzando o Mall em alta velocidade, com Churchill ditando minutas para a srta. Hill durante todo o tempo e criando o equivalente a uma manhã de trabalho para Colville e seus colegas secretários.

Churchill chegou ao nº 10 da Downing Street enquanto seus ministros ainda estavam chegando. A reunião resultou num telegrama para os franceses, enviado às 12h35, o qual autorizava a França a perguntar sobre os termos para um armistício com os alemães, "mas se, e apenas se, a frota francesa fosse enviada para portos britânicos durante as negociações".[2] O telegrama deixava claro que o Reino Unido planejava continuar a lutar, e não iria participar de nenhuma negociação que a França fizesse com a Alemanha.

Churchill sabia que a França estava perdida. O que mais importava para ele agora era a frota francesa. Se ela caísse sob o controle de Hitler, como parecia provável, isso mudaria o equilíbrio de poder nos mares, onde o Reino Unido, pelo menos no momento, mantinha a superioridade.

EM LONDRES NAQUELE DOMINGO, o Professor e o jovem dr. Jones, da Inteligência Aérea, participaram de uma reunião do Comitê de Interceptação Noturna da RAF, convocada pelo brigadeiro do ar Philip Joubert, para aprofundar a análise da aparente descoberta de um sistema de navegação por raio alemão. Churchill, que estava ocupado, não participou, mas o poder galvanizante de seu interesse era evidente. O que até então fora objeto de estudos mais ou menos acadêmicos, havia se tornado naquele momento alvo de investigações concretas, com tarefas específicas atribuídas a vários oficiais.

"Que mudança", escreveu Jones, "em relação à minha inatividade de apenas uma semana atrás!".[3]

Mas as dúvidas sobre a teoria de Jones persistiam. Um participante-chave da reunião, o marechal do ar Hugh Dowding, chefe do Comando de Caças, descreveu a defesa de Jones como consistindo de "alguns indícios bastante nebulosos".[4] Outro participante, Henry Tizard, um renomado consultor científico do Ministério do Ar, escreveu: "Posso estar errado, mas parece existir uma agitação desnecessária sobre esse suposto método alemão de lidar com o país. Ninguém pode conseguir bombardear com precisão um alvo selecionado dessa forma."[5]

O Professor, no entanto, estava convencido de que o assunto era urgente. Lindemann escreveu de novo para Churchill, dessa vez para emitir uma diretriz "de que tal investigação ganhe preferência, não apenas em termos materiais, mas especialmente no uso de homens, em relação a qualquer pesquisa cujos resultados não devam afetar a produção nos próximos três meses".[6]

Churchill concordou. No bilhete de Lindemann, ele anotou: "Que isso seja feito sem demora."[7]

Logo, Jones ouviu um rumor de que Churchill considerava o assunto tão grave que planejava convocar uma reunião sobre isso no nº 10 da Downing Street.

Para Jones, isso parecia inverossímil, provavelmente a primeira parte de alguma pegadinha de seus colegas na Inteligência Aérea, que haviam elevado a arte de fazer brincadeiras ao mais alto nível; o próprio Jones era conhecido como um dos adeptos da prática.

NA SEGUNDA-FEIRA, 17 DE JUNHO, "uma certa eventualidade" aconteceu. A França se rendeu. O gabinete de Churchill se reuniu às onze horas da manhã, e logo depois recebeu a notícia de que o marechal Philippe Pétain, que naquele dia havia substituído Paul Reynaud como o líder da França, ordenara que o Exército francês parasse de lutar.

Depois da reunião, Churchill saiu para o jardim do nº 10 da Downing Street, sozinho, e começou a caminhar, de cabeça baixa, as mãos cruzadas nas costas — não deprimido nem intimidado, mas mergulhado em pensamentos. Colville o observou. "Com certeza estava considerando como a maior parte da frota francesa, da Força Aérea e das colônias poderia ser salva", escreveu Colville. "Ele, tenho certeza, permanecerá inabalável."[8]

A julgar pelo telegrama que Churchill enviou a Pétain e ao general Maxime Weygand mais tarde naquele dia, parecia ser o caso. Usando bajulação temperada com ironia, ele começou dizendo: "Desejo repetir a minha profunda convicção de que o ilustre marechal Pétain e o famoso general Weygand, nossos camaradas em duas grandes guerras contra os alemães, não ferirão seu aliado entregando ao inimigo a bela frota francesa. Tal ato escarificaria" (*escarificaria,* uma palavra de seiscentos anos que apenas Churchill usaria numa correspondência diplomática) "seus nomes por mil anos de história. No entanto, esse resultado pode facilmente chegar se desperdiçarmos essas poucas e preciosas horas em que a frota pode navegar com segurança até portos britânicos ou americanos, levando consigo a esperança do futuro e a honra da França."[9]

As notícias sobre a França foram dadas pela BBC à uma hora da tarde. A Inteligência Doméstica relatou que a reação do público "foi de confusão e choque, mas dificilmente de surpresa. De todas as partes chegam relatos de perplexidade e grande ansiedade". Havia um medo disseminado de que o governo britânico pudesse "ir para o exterior", ou simplesmente desistir. "Uns poucos acham que está tudo acabado." As duas principais dúvidas das pessoas era o que aconteceria aos soldados que ainda estavam na França — "Será possível uma segunda Dunquerque?" — e o que aconteceria com a Força Aérea e a Marinha de Guerra da França. Era crucial, o relatório dizia, que Churchill ou o rei se pronunciassem naquela noite.[10]

Olivia Cockett, a escrivã da Scotland Yard e autora de diário do Grupo de Observação de Massas estava trabalhando quando ouviu a transmissão da

BBC. "Pobre França!", escreveu ela às 15h40. "As notícias das 13h foram uma bomba para mim. Eu disse mais de uma vez que não acreditava que a França fosse algum dia ceder à Alemanha. Todos ficamos em silêncio profundo." O chá da tarde chegou. Cockett não compartilhava a obsessão nacional por chá, mas naquele dia disse: "excepcionalmente, fiquei grata por uma xícara". Ela passou a hora seguinte "tremendo e em lágrimas".[11]

Mas no nº 10 da Downing Street e no Palácio de Buckingham havia uma nova e bem-vinda sensação de clareza. "Pessoalmente", escreveu o rei numa carta para sua mãe, a rainha Mary, "sinto-me mais feliz de não ter aliados com quem temos que ser educados e agradar".[12] O marechal do ar Dowding estava entusiasmado, pois isso significava o fim, finalmente, da persistente ameaça de que Churchill, num gesto impulsivo e generoso, enviasse caças para a França, reduzindo a força necessária para repelir o ataque massivo que a Força Aérea alemã certamente faria agora que a França havia capitulado. Dowding mais tarde confessou a lorde Halifax: "Não me importo em dizer que quando ouvi que a França caiu me coloquei de joelhos e agradeci a Deus."[13]

Mas todo esse alívio estava misturado a uma avaliação de quanto o colapso francês alterava radicalmente o cenário estratégico. A Luftwaffe com certeza iria transferir sua frota aérea para bases ao longo da costa do canal. A invasão não parecia apenas viável, mas iminente. Os britânicos esperavam que ela começasse com um ataque massivo da Força Aérea alemã, o tão temido "nocaute".

MAIS NOTÍCIAS RUINS CHEGARAM naquela tarde. Churchill estava sentado no silêncio da Sala do Gabinete no nº 10 da Downing Street quando recebeu a informação de que um grande transatlântico, o *Lancastria*, usado no transporte de tropas, com mais de 6.700 soldados britânicos a bordo, tripulações aéreas e civis, fora atacado por uma aeronave alemã. Três bombas acertaram o navio e o incendiaram. Ele afundara em vinte minutos, com a perda de pelo menos quatro mil vidas, muito mais do que o total de vítimas somadas do *Titanic* e do *Lusitania*.

Essa notícia era tão terrível, ainda mais somada ao fiasco francês, que Churchill proibiu a imprensa de dá-la. "Os jornais têm desastres suficientes para um dia", disse ele.[14] Essa era, no entanto, uma tentativa equivocada de censura, dado que 2.500 sobreviventes logo chegariam à Grã-Bretanha. O *New York Times* noticiou a história cinco semanas depois, em 26 de julho, e a imprensa britânica seguiu o exemplo logo depois. O fato de o governo nunca ter reconhecido o naufrágio fez surgir uma desconfiança entre o público, de acordo com a Inteligência Doméstica. "A contenção das notícias sobre o *Lancastria* é tema de muitas críticas", declarou a agência em um de seus relatórios diários.[15] A falta de transparência provocou "temores de que outras notícias ruins estejam sendo ocultadas [...] e o fato de que a notícia só tenha sido veiculada depois de sua publicação num jornal americano apoia a conclusão de que ela poderia ser ocultada por mais tempo".

No fim das contas, o número de mortes foi muito maior do que o relatado inicialmente. O total real de pessoas a bordo do navio nunca foi determinado, mas poderia chegar a nove mil.

HAVIA BOAS NOTÍCIAS, no entanto, do Ministério da Produção de Aeronaves. Na terça-feira, 18 de junho, lorde Beaverbrook apresentou ao Gabinete de Guerra seu primeiro relatório de produção de aeronaves. Os resultados eram impressionantes: novas aeronaves estavam saindo de suas fábricas a uma velocidade de 363 por semana, quando antes o índice era de 245. A produção de motores aumentou também — 620 novos motores por semana, contra 411.

O que Beaverbrook não relatou, pelo menos não naquele momento, era que esses ganhos tiveram custo considerável para ele mesmo, em termos de estresse e saúde, e de harmonia com o governo de Churchill. Imediatamente depois de aceitar o novo cargo, Beaverbrook começou a entrar em conflito com o Ministério do Ar, que o via como antiquado e limitado em sua abordagem não apenas quanto à construção de aeronaves, como também quanto ao seu posicionamento e à escolha dos equipamentos. Ele tinha uma visão do lado de dentro da guerra aérea: seu filho, também chamado Max, e conhecido como "Pequeno Max", era um piloto de caça alto e muito bonito, que logo iria ganhar a Distinta Cruz de Voo. De tempos em tempos, Beaverbrook convidava o filho e seus colegas pilotos para uma rodada de drinques e conversa em sua casa. Beaverbrook vivia todos os dias em um estado de ansiedade até por volta das vinte horas, quando o Pequeno Max entrava em contato por telefone para informá-lo de que estava vivo e intacto.

Beaverbrook queria o controle — de tudo: produção, reparos, armazenamento. O Ministério do Ar, no entanto, sempre considerou isso responsabilidade exclusiva sua. O ministério queria todos os aviões que pudesse ter, claro, mas se ressentia das intrusões de Beaverbrook, especialmente quando ele queria ditar até mesmo os tipos de arma que deveriam ser instaladas nas novas aeronaves.

Beaverbrook irritava outros ministros também. Ele queria acesso preferencial a todos os recursos: madeira, aço, tecidos, furadeiras, equipamento de moagem, explosivos — o que quer que fosse necessário para fabricar bombardeiros e caças, independentemente das necessidades e exigências de outros ministérios. Ele tomaria posse, por exemplo, de prédios já destinados a outros usos. Sua ligação direta com Churchill tornava suas depredações ainda mais exasperantes. Na visão de Pug Ismay, Beaverbrook tinha mais em comum com um bandoleiro do que com um executivo. "Na busca pelo que queria — matéria-prima, ferramentas, trabalhadores —, ele nunca hesitava, segundo alegavam os departamentos rivais, em permitir o roubo descarado."[16]

Dois dias antes de apresentar seu relatório de progresso, Beaverbrook havia ditado uma carta de nove páginas para Churchill na qual detalhava seus problemas. "Hoje", começava, "estou frustrado e impedido de trabalhar, e peço sua ajuda imediata".[17]

Ele citava uma longa lista de aborrecimentos, incluindo a resistência do Ministério do Ar à sua campanha para recuperar e reparar aviões abatidos da RAF, uma providência que o ministério via como sua. Beaverbrook percebeu desde o começo que esses aviões destruídos eram uma mina de componentes, especialmente motores e instrumentos, que poderiam ser reunidos para completar uma aeronave. Muitos caças britânicos conseguiam fazer pousos forçados em aeródromos, fazendas, parques e outros locais amigáveis, dos quais poderiam ser fácil e rapidamente retirados. Ele reuniu os talentos de uma miríade de mecânicos e pequenas empresas para criar uma rede de consertos perita em recuperação, e era capaz de devolver para a batalha centenas de aeronaves por mês.

Beaverbrook exigia controle total dos depósitos de manutenção onde os aviões danificados e partes sobressalentes se acumulavam, e alegava que o Ministério do Ar, por apego territorial, tentava impedi-lo a todo instante. Em sua carta a Churchill, ele descreveu como um de seus esquadrões de resgate havia recuperado 1.600 metralhadoras Vickers inoperantes em um depósito e enviado a uma fábrica para reparo. Ele tinha ouvido que não havia mais armas desse tipo, mas não era verdade. "Ontem, após uma incursão matinal, realizada por meu incentivo, recuperamos outro lote de 1.120 armas", escreveu ele.

O uso da palavra "incursão" era emblemático de sua abordagem. Suas táticas não ganhavam elogios dos oficiais do Ministério do Ar, que viam suas equipes de recuperação de emergência — seus "Esquadrões de Ação" — como o equivalente a bandos de piratas, e, em certo momento, baniu os esquadrões dos campos de pouso na linha de frente.

Beaverbrook nunca enviou a carta de nove páginas. Essa mudança de opinião não era incomum. Ele frequentemente ditava suas reclamações e seus ataques, algumas vezes em múltiplos rascunhos, e depois decidia não os usar. Nos papéis pessoais que mais tarde ele entregou aos arquivos do Parlamento, um grande arquivo continha correspondências não enviadas, uma coleção que transborda de bile contida.

Sua insatisfação continuou a piorar e a se intensificar.

Capítulo 14
"Este jogo estranho e mortal"

Naquela tarde, terça-feira, 18 de junho, às 15h49, Churchill se colocou diante da Câmara dos Comuns para abordar a queda da França, fazendo um discurso que iria repetir naquela noite numa transmissão de rádio para o público. Esse discurso também entraria para a história como um dos maiores momentos da oratória, ou pelo menos o modo como Churchill o leu na Câmara dos Comuns.

Churchill falou de tropas de paraquedistas e desembarques aéreos e de ataques a bomba "que certamente cairão sobre nós em breve".[1] Embora a Alemanha tivesse mais bombardeiros, disse ele, o Reino Unido também os tinha, e irá usá-los "incessantemente" para atacar alvos militares na Alemanha. Ele lembrou aos que o ouviam que o Reino Unido contava com uma Marinha de Guerra. "Alguns parecem se esquecer disso", disse. Churchill não tentou, no entanto, disfarçar o real significado do colapso francês. A "Batalha da França" acabou, disse ele, acrescentando, "acredito que a Batalha da Grã-Bretanha irá começar em breve". Estava em risco não apenas o Império Britânico, mas toda a civilização cristã. "Toda a fúria e força do inimigo deverão muito em breve se voltar contra nós. Hitler sabe que terá de nos vencer nesta ilha ou perder a guerra."

Ele marchou em direção ao clímax: "Se conseguirmos enfrentá-lo, toda a Europa poderá ser livre, e a vida no mundo poderá avançar por amplos planaltos ensolarados; mas, se falharmos, o mundo inteiro, incluindo os Estados Unidos, e tudo o que conhecemos e de que cuidamos, afundará no abismo de uma nova era das trevas, tornada mais sinistra e talvez mais prolongada pelas luzes de uma ciência pervertida."

Ele fez um apelo por um maior espírito britânico em todo lugar. "Vamos, portanto, nos preparar para o nosso dever e nos comportarmos de modo que, se a Comunidade e o Império Britânicos durarem mil anos, os homens ainda dirão: 'Este foi o seu melhor momento.'"

Pode-se argumentar que esse também era Churchill em seus melhores momentos, e assim permaneceria se ele tivesse aceito a recomendação de seu ministro da Informação de transmitir o discurso ao vivo da Câmara dos Comuns. Como a Inteligência Doméstica havia descoberto, o público precisava ouvir Churchill falar sobre a queda da França e sobre o que ela significava para as perspectivas do Reino Unido na guerra. Mas o processo de organizar uma transmissão direto da Câmara, incluindo um necessário voto de aprovação dos membros, era desestimulante.

Churchill concordou, relutante, em fazer uma transmissão separada naquela noite. O ministério esperava que ele escrevesse algo novo, mas, com a teimosia de uma criança, ele decidiu simplesmente reler o discurso que fez na Câmara. Embora a avaliação sobre a reação do público tenha variado nos relatórios do Grupo de Observação de Massas e da Inteligência Doméstica, um tema recorrente foi a crítica ao modo como Churchill leu. "Alguns sugeriram que ele estava bêbado", relatou o grupo de Observação de Massas na quarta-feira, 19 de junho, "outros, que ele mesmo não parecia confiar no que dizia. Alguns pensaram que ele estava cansado. Parece que o modo de falar em alguma medida desmentiu o conteúdo do discurso".[2] Cecil King, diretor editorial do *Daily Mirror*, escreveu em seu diário: "Não sei se ele estava bêbado ou totalmente exausto, mas foi o pior esforço possível numa ocasião em que ele deveria ter realizado o melhor discurso de sua vida."[3]

Um ouvinte chegou até a enviar um telegrama para o nº 10 da Downing Street alertando que Churchill parecia sofrer de um problema de coração, e recomendou que ele trabalhasse deitado.

No fim das contas, o problema foi principalmente mecânico. Churchill insistiu em ler seu discurso com um charuto na boca.

NO DIA SEGUINTE, OS TRÊS PRINCIPAIS comandantes militares de Churchill — seus chefes de estado-maior — enviaram uma nota secreta ("Para ser mantida trancada a chave") para Churchill e seu Gabinete de Guerra, via Pug Ismay, na qual detalhavam o perigo iminente em termos mais assustadores do que

Churchill havia exposto em seu discurso. "A experiência na campanha em Flandres e na França indica que podemos esperar que não exista um período de respiro antes de os alemães começarem a próxima fase da guerra", dizia a nota. "Devemos, portanto, considerar que a ameaça de invasão é imediata." Mas primeiro viria um ataque pelo ar, explicaram os chefes, que "irá testar nossas defesas aéreas e o moral de nosso povo até o limite".[4]

Hitler não irá poupar nada, alertaram eles. "Os alemães enfrentaram grandes perdas na França e provavelmente estarão preparados para enfrentar perdas ainda maiores e assumir riscos maiores do que na Noruega para conseguir resultados decisivos contra este país."

Os próximos três meses, previram eles, iriam determinar o resultado da guerra.

NA QUINTA-FEIRA, HAVIA RUMORES de que Churchill iria realizar uma reunião só para discutir a navegação por raio. O encontro, segundo ouviu o dr. Jones, aconteceria na sexta-feira seguinte, 21 de junho. Ninguém o havia convidado, no entanto, e, portanto, naquela sexta de manhã ele manteve sua rotina: pegou um trem no distrito de Richmond, em Londres, às 9h35, e chegou ao trabalho cerca de 35 minutos depois. Quando chegou ao escritório, encontrou um aviso de uma secretária da Seção de Inteligência Aérea, o qual indicava que um colega, o líder de esquadrão Rowley Scott-Farnie, "telefonou e pediu que você fosse para a Sala do Gabinete no nº 10 da Downing Street".[5]

NO Nº 10 DA DOWNING STREET, a Sala do Gabinete começou a ficar cheia de autoridades. Ali estava a "mesa longa", com seis metros de madeira polida, coberta com uma toalha verde e cercada por 22 cadeiras de mogno. A cadeira do primeiro-ministro — a única poltrona — estava no centro de um dos lados da mesa, em frente a uma grande lareira de mármore. Janelas altas ofereciam uma vista do jardim dos fundos, e, mais além, da Horse Guards Parade e do St. James's Park. Em cada assento havia um bloco de anotações, um mata-borrão e papel de carta com "10 Downing Street" timbrado em preto na parte superior.

De tempos em tempos, Churchill usava essa sala como base para seus ditados de telegramas e minutas. Uma secretária se sentava de frente para ele, com uma máquina de escrever, algumas vezes por horas, datilografando item após item, com Churchill "estendendo a mão para pegar o papel quase antes de terminar de ditar", escreveu Elizabeth Layton.[6] De prontidão estavam seu "klop" — seu furador de papel — e duas canetas, uma com tinta azul-escura, para assinar correspondências, e uma com tinta vermelha, para rubricar minutas. Se precisasse de algo, ele estendia a mão e dizia: "Me dê", e Layton deveria saber o que ele queria. Ele usava a mesma ordem para convocar pessoas. "Me dê o Professor", ou "Me dê Pug", significava que ela deveria ligar para Lindemann ou para o general Ismay. Durante longos momentos de silêncio, ela ouvia os carrilhões do Big Ben e do relógio da Horse Guards, que soavam a cada quinze minutos, com uma agradável dissonância: o tinido da Horse Guards contra o estrondo imponente do Big Ben.

As autoridades ocuparam seus lugares. Churchill, Lindemann, lorde Beaverbrook e os principais oficiais da aviação do império, que incluía o ministro do Ar, Sir Archibald Sinclair, e o chefe do Comando de Ataque, Hugh Dowding, uma dezena de homens no total. Também estava presente Henry Tizard, que orientava o governo em assuntos aeronáuticos. Amigo de Lindemann em outros tempos, Tizard havia se afastado do Professor, em grande parte por causa do virtuosismo do amigo em alimentar mágoas. Nenhuma secretária estava presente, nem pessoal, nem particular, indicando que a reunião era tão secreta que nenhum registro por escrito seria feito.

Havia tensão na sala. Tizard e Lindemann, apegados a brigas passadas; a animosidade entre eles era evidente.

Churchill percebeu que o homem-chave, Jones, o jovem cientista cujo trabalho de detetive havia provocado a convocação, estava ausente. A discussão começou sem ele.

Com a queda da França, a urgência do assunto crescia diariamente. A Luftwaffe movia regularmente suas bases para perto da costa francesa; suas incursões sobre o território inglês aumentavam em tamanho, severidade e frequência. Duas noites antes, a Luftwaffe havia enviado 150 aviões aos céus da Inglaterra, danificando siderúrgicas e indústrias químicas, destruindo tubulações de gás e água, afundando um navio mercante e quase explodindo um armazém de munições em Southampton. Dez civis foram mortos. Era tudo parte do rufar crescente de tambores marcando o suspense de quando os alemães iriam invadir, como a lenta construção de um *thriller* (para usar uma palavra que surgiu em 1889). O suspense deixava as pessoas irritadas e ansiosas, e mais críticas em relação ao governo, de acordo com um relatório da Inteligência Doméstica.

Se as aeronaves alemãs estavam de fato sendo guiadas à noite por um sistema de navegação secreto, era crucial saber disso, e criar alguma forma de contra-atacar a tecnologia o mais breve possível. Churchill sentia imenso prazer em participar de discussões sobre segredos científicos. Ele adorava dispositivos e armas secretas, e promovia empolgado as novas invenções do Professor, mesmo aquelas que outros oficiais viam como maluquices. Depois do fracasso do protótipo de um explosivo capaz de aderir à parte externa de um tanque — e ocasionalmente ao soldado que o jogava —, Churchill assumiu a defesa do Professor. Em uma minuta endereçada a Pug Ismay, mas destinada a ser mais amplamente distribuída, Churchill escreveu: "Qualquer piada sobre o fato de essa bomba não ter funcionado feita por oficiais que se mostraram indolentes demais para construí-la será muito malvista por mim."[7]

A "bomba grudenta", como era conhecida, acabou chegando ao estágio em que podia ser usada nas frentes de batalha, apesar da oposição do Gabinete de Guerra. Churchill suplantou as objeções do departamento e deu à arma total apoio. Em 1º de junho de 1940, em uma minuta notável tanto por sua precisão quanto por sua brevidade, Churchill ordenou: "Fabriquem um milhão. WSC."[8]

Quando, mais tarde, diversos membros do Parlamento começaram a questionar a influência de Lindemann, Churchill perdeu a paciência. Durante um disputado "Momento de perguntas" na Câmara dos Comuns, um parlamentar não apenas fez perguntas sombrias que criticavam implicitamente Lindemann, como também fez alusões ocultas à sua ascendência alemã, o que enfureceu Churchill. Logo depois, o primeiro-ministro se encontrou com o crítico na Sala de Fumantes dos Comuns e — "bufando para ele como um touro enfurecido", de acordo com uma testemunha[9] — gritou: "Por que diabos você fez aquela pergunta? Você não sabe que ele é um dos meus amigos mais antigos e queridos?"

Churchill disse ao homem para "desaparecer" e nunca mais falar com ele de novo.

Num aparte para seu próprio secretário parlamentar, Churchill disse: "Se você me ama, ame o meu cachorro, e se você não ama o meu cachorro, não pode me amar."[10]

O DR. JONES AINDA ACHAVA QUE A REUNIÃO no nº 10 da Downing Street poderia ser uma pegadinha. Ele foi atrás da secretária que havia escrito o recado que estava em sua mesa naquela manhã. Ela garantiu a ele que o convite era real. Ainda não convencido, Jones fez uma ligação para o líder de esquadrão Scott-Farnie, o colega que havia originalmente telefonado com a mensagem para a secretária. Ele também garantiu que não era brincadeira.

Jones pegou um táxi. Quando chegou ao nº 10, a reunião já estava em andamento havia meia hora.

Para Jones, foi um momento tenso. Quando entrou na sala, Churchill e uma dezena de outros homens se viraram para ele. Jones estava um pouco impressionado de se ver, aos 28 anos, no centro da lendária mesa longa da Sala de Gabinete.

Churchill estava sentado no meio, do lado esquerdo da mesa, cercado por Lindemann e lorde Beaverbrook, os dois antípodas na aparência — Lindemann, pálido e de cara limpa; Beaverbrook, animado e bilioso, parecendo exatamente o elfo carrancudo que era mostrado nas fotos dos jornais. Do outro lado da mesa estavam Henry Tizard, o ministro do Ar, Sinclair, e o comandante de ataque Dowding.

Jones sentiu a tensão na sala.[11] Lindemann apontou a cadeira vazia à sua direita; os homens do lado de Tizard indicaram que ele deveria se sentar com eles. Por um instante Jones ficou confuso. Lindemann era seu ex-professor e, sem dúvida, a principal razão pela qual ele havia sido convidado para a reunião; mas os homens da Equipe do Ar eram seus colegas, e era justo que ele se sentasse com eles. O que complicava ainda mais o momento era que Jones sabia da briga entre Tizard e Lindemann.

Jones resolveu o dilema sentando-se numa cadeira no fim da mesa, no que chamou de "terra de ninguém" entre as duas delegações.

Ele ouviu enquanto os outros continuavam a conversar. E concluiu a partir dos comentários que o grupo tinha apenas uma compreensão parcial da situação do raio e de suas implicações para a guerra aérea.

A certa altura, Churchill fez uma pergunta diretamente para ele, com o intuito de esclarecer um detalhe.

Em vez de só responder, Jones disse: "Ajudaria, senhor, se eu contasse a história do começo?"[12] Em retrospecto, ele ficou surpreso por ter tido sangue-frio. Jones atribuiu sua calma, em parte, ao fato de a convocação para a reunião tê-lo pegado de surpresa, sem que ele tivesse tido tempo para ficar ansioso.

Jones contou a história como um suspense, descrevendo as pistas iniciais e a subsequente acumulação de indícios. Revelou, também, novas informações de inteligência, incluindo uma nota retirada apenas três dias antes de um bombardeiro derrubado que parecia confirmar seu palpite de que o sistema *Knickebein* usava dois raios, e não só um, com o segundo cruzando com o primeiro sobre o alvo desejado. A nota denominava a origem do segundo raio como Bredstedt, uma cidade em Schleswig-Holstein, na costa norte da Alemanha. Também fornecia o que parecia ser a frequência dos raios.

Churchill ouviu, arrebatado, deixando nítido seu fascínio por tecnologias secretas. Mas ele também percebeu a sombria implicação da descoberta de Jones. Já era ruim o bastante que a Luftwaffe estivesse estabelecendo bases no território capturado a apenas minutos da costa inglesa. Mas agora ele entendeu que as aeronaves nessas bases seriam capazes de bombardear com precisão mesmo em noites sem lua e com tempo ruim. Para Churchill, isso era uma péssima notícia, na verdade, "um dos piores momentos da guerra", afirmaria ele mais tarde.[13] Até aquele momento, ele confiava que a RAF poderia dar conta da defesa, apesar de ser, como a Inteligência Aérea acreditava, numericamente inferior à Luftwaffe. À luz do dia, os pilotos da RAF estavam se mostrando capacitados para derrubar os bombardeiros lentos da Alemanha e superar seus caças de escolta, que estavam em desvantagem por ter que proteger aeronaves mais lentas e pelas limitações de combustível, que davam aos caças apenas noventa minutos de tempo de voo. À noite, no entanto, a RAF era incapaz de interceptar aeronaves alemãs. Se podiam bombardear com precisão mesmo com tempo ruim e nas noites mais escuras, os aviões alemães não precisariam mais de seus enxames de caças de escolta nem estariam restringidos pelos limites de combustível. Eles iriam cruzar as Ilhas Britânicas sem restrição, uma vantagem tremenda ao preparar uma invasão.

Jones falou por vinte minutos. Quando terminou, Churchill lembraria que "havia um ar geral de incredulidade" na sala, apesar de alguns à mesa estarem claramente preocupados. Churchill perguntou: "O que deveria ser feito?"[14]

O primeiro passo, disse Jones, era usar uma aeronave para confirmar que os raios realmente existiam, e, então, voar por eles para entender suas características. Jones sabia que se os alemães de fato estavam usando o sistema Lorenz como o que havia nas companhias aéreas comerciais, ele teria certas características. Os transmissores em solo enviariam sinais por duas antenas separadas. Esses sinais iriam se espalhar e se tornar difusos em longas distâncias, mas, no ponto em que se sobrepusessem, formariam um raio forte e estreito, da mesma forma como duas sombras se tornam mais escuras no ponto em que se cruzam. Era esse raio que os pilotos comerciais seguiam até ver a pista de pouso abaixo. Os transmissores enviam um longo sinal em "traço" por uma antena e um sinal mais curto em "ponto" pela outra, ambos audíveis no receptor do piloto. Se o piloto ouvisse um longo sinal em traço, sabia que deveria se mover para a direita, até que o sinal em ponto ganhasse força. Quando ele estivesse centralizado no caminho certo, onde tanto os traços quanto os pontos tivessem a mesma força — na chamada zona de traços contínuos —, ele ouviria um tom único e contínuo.

Como a natureza do sistema de raios era conhecida, disse Jones aos homens na reunião, a RAF poderia pensar em contramedidas, incluindo interferir com os raios e transmitir sinais falsos para enganar os alemães e fazê-los derrubar bombas cedo demais ou voar seguindo um curso errado.

Com isso, o humor de Churchill melhorou — "o peso foi novamente aliviado", disse ele mais tarde para Jones.[15] Churchill ordenou que as buscas pelos raios começassem imediatamente.

Ele também propôs que tais raios tornavam ainda mais importante investir em uma das invenções de armas secretas do Professor, a "mina aérea", que Lindemann promovia desde bem antes da guerra e a qual havia se tornado uma obsessão para ele e para Churchill. Essas minas eram pequenos explosivos presos a paraquedas que podiam ser derrubados aos milhares no caminho das formações de bombardeiros alemães, para atingir as asas e os propulsores. Lindemann chegou a propor a instalação noturna de uma "cortina de minas" de cerca de trinta quilômetros de comprimento com a finalidade de proteger Londres, reabastecida por sucessivos voos de aeronaves para despejar 250 mil minas durante 6 horas por noite.

Churchill apoiava completamente as minas de Lindemann, embora quase todo mundo duvidasse de sua validade. Por insistência de Churchill, o Ministério do Ar e o Ministério de Produção de Aeronaves de Beaverbrook haviam desenvolvido e testado protótipos, mas sem entusiasmo, o que causou grande frustração em Churchill. O ataque inevitável da Luftwaffe exigia a análise cuidadosa de todas as possibilidades de defesa. Agora, na reunião, sua frustração voltou a aparecer. Parecia claro para ele que a existência de raios de navegação, caso provada, tornava mais urgente concretizar o sonho do Professor, porque, caso esses raios pudessem ser localizados, a colocação de minas aéreas no caminho dos bombardeiros se tornava subitamente muito mais precisa. Mas, até o momento, o programa parecia restrito a estudos e minutas.

Ele bateu na mesa. "Tudo o que consigo do Ministério do Ar", rosnou, "são arquivos, arquivos, arquivos!".[16]

Tizard, em parte levado por sua hostilidade em relação a Lindemann, zombou da história de Jones. Mas Churchill, convencido dos "princípios desse jogo estranho e mortal", declarou que a existência dos raios alemães deveria ser tratada como fato.[17] Ele entendeu que logo Hitler iria voltar toda a força da Luftwaffe contra a Inglaterra. Trabalhar em modos de contra-atacar os raios deveria ter prioridade sobre tudo o mais, disse ele, e "a menor relutância ou desvio em dar continuidade a essa política" deveria ser relatada a ele.

Tizard, com suas objeções ignoradas e seu desprezo por Lindemann inflamado, tomou isso como uma afronta pessoal. Logo depois da reunião, renunciou tanto à sua posição como presidente do Comitê de Assessoria Científica quanto ao cargo de conselheiro da Equipe Aérea.

Era em tais momentos que Churchill mais apreciava o Professor. "Há, sem dúvida, cientistas melhores", admitia Churchill. "Mas ele tinha duas qualificações vitais para mim." Primeiro que Lindemann "era meu amigo e confidente havia vinte anos", escreveu Churchill. A segunda qualificação do Professor era sua capacidade de reduzir a arcana ciência a conceitos simples, fáceis de compreender — de "decifrar os sinais dos especialistas de horizontes distantes e explicar para mim em termos lúcidos e modestos quais eram os problemas". Armado com isso, Churchill ligava seu "interruptor" — a autoridade do cargo — e transformava os conceitos em ação.

Um voo de busca para tentar localizar os raios foi agendado para aquela noite.

Jones dormiu pouco naquela noite. Ele havia colocado a carreira em risco diante do primeiro-ministro e de Lindemann e da maior parte dos mais graduados homens da Real Força Aérea. Sua mente revisitava toda a reunião, detalhe por detalhe. "Será que eu, no fim das contas", considerou, "fui um tolo e me comportei tão espetacularmente mal na frente do primeiro-ministro? Será que minhas conclusões foram precipitadas e equivocadas? Será que caí numa grande brincadeira dos alemães? Acima de tudo, será que arrogantemente fiz o primeiro-ministro perder uma hora num momento em que a Grã-Bretanha está prestes a ser invadida ou devastada pelo ar?"[18]

CHURCHILL TEVE MAIS UMA RAZÃO para sentir um alívio naquele dia, uma espécie de Dunquerque financeiro. Enquanto a guerra se aprofundava e as exigências sobre ele se intensificavam, ele lutava com um problema pessoal que o perseguiu a maior parte de sua carreira: a falta de dinheiro. Ele escrevia livros e artigos para complementar seu salário de servidor público. Até sua indicação como primeiro-ministro, ele escrevia colunas para o *Daily Mirror* e o *News of the World*, e fazia transmissões para rádios americanas, também por dinheiro. Mas nunca foi o suficiente, e agora ele estava à beira de uma crise financeira, incapaz de pagar seus impostos e contas rotineiras, incluindo as de seu alfaiate, de seu fornecedor de vinhos e da loja que consertava seu relógio. (Ele havia apelidado o relógio de "nabo".) Além disso, devia muito ao banco — o Lloyds. Seu extrato bancário de terça-feira, 18 de junho, mostrava um saldo negativo de mais de £ 5.000, o equivalente a mais de US$ 300.000 em dólares americanos do século XXI. Um pagamento de juros estava para vencer no fim do mês, e ele não tinha recursos sequer para pagar isso.

Mas, naquela sexta-feira da reunião sobre os raios, um cheque na quantia de £ 5.000 misteriosa e convenientemente apareceu em sua conta no Lloyds. O nome no cheque depositado era de Brendan Bracken, o secretário privado parlamentar de Churchill, mas a verdadeira origem do dinheiro era o rico coproprietário com Bracken na revista *Economist*, Sir Henry Strakosch. Três dias antes, ao receber um extrato do Loyds apontando o saldo negativo, Churchill havia chamado Bracken a seu escritório. Ele estava cansado da distração e da pressão causados por seus problemas financeiros, e tinha outros assuntos mais importantes para enfrentar. Ele disse a Bracken que resolvesse a situação, e Bracken resolveu. O pagamento ao Lloyds não acabou totalmente com as dívidas de Churchill, mas removeu o risco imediato do constrangimento de uma insolvência.[19]

No DIA SEGUINTE, SÁBADO, o dr. Jones participou de uma reunião convocada para a apresentação dos resultados do voo da noite anterior para procurar os raios alemães. O piloto, o tenente de voo H. E. Bufton, compareceu pessoalmente e apresentou um relatório conciso, com três itens numerados. Ele e um observador haviam decolado de um campo perto de Cambridge com instruções para voar apenas para o norte e procurar por transmissões como aquelas geradas por um sistema de pouso às cegas Lorenz.

Primeiro, Bufton relatou ter encontrado um raio estreito no ar um quilômetro e meio ao sul de Spalding, uma cidade perto da costa do mar do Norte na Inglaterra, onde o litoral se volta para dentro, criando a grande baía de Wash. O voo detectou transmissões de pontos logo ao sul do raio e traços ao norte, como se esperava de um sinal do tipo Lorenz.[20]

Segundo, Bufton relatou que a frequência do raio detectado era de 31,5 megaciclos por segundo, a frequência previamente identificada em um dos bilhetes recuperados pela Inteligência Aérea.

Então veio a melhor notícia de todas, pelo menos para Jones. O voo havia detectado um segundo raio, com características similares, que cruzava com o primeiro em um ponto próximo a Derby, sede de uma fábrica da Rolls-Royce que produzia todos os motores Merlin para os Spitfires e Hurricanes da RAF. Esse segundo raio, numa frequência diferente, necessariamente cruzaria o primeiro pouco antes do alvo, para dar à frota aérea alemã tempo de lançar suas bombas.

Apesar de o ponto de interseção parecer indicar a fábrica da Rolls como alvo, houve alegria. Para Jones, especialmente, era um grande alívio. O oficial responsável pela reunião, lembrou Jones, estava "literalmente pulando pela sala de alegria".

Agora começava o esforço urgente de encontrar uma forma eficaz de contra-atacar os raios. *Knickebein* recebeu o codinome de "dor de cabeça"; as contramedidas potenciais, "aspirina".

Primeiro, no entanto, Jones e um colega caminharam até a taverna St. Stephen, que ficava perto dali e era um pub popular no Whitehall localizado a noventa metros do Big Ben, e se embebedaram.

Capítulo 15
Londres e Berlim

Às 18h36, sábado, 22 de junho, os franceses assinaram um armistício com Hitler. O Reino Unido estava agora oficialmente sozinha. Em Chequers, no dia seguinte, as notícias da França azedaram o ambiente. "Um café da manhã irritado e sombrio no térreo", escreveu Mary em seu diário.¹

Churchill estava num humor terrível. O que consumia seus pensamentos e obscurecia seu espírito era a frota francesa. A Alemanha não divulgara imediatamente os termos exatos do armistício, e, portanto, o destino oficial da frota permanecia um mistério. Parecia certo que Hitler iria tomar posse dos navios. O efeito seria catastrófico, capaz de mudar o equilíbrio de poder no Mediterrâneo e de tornar a invasão da Grã-Bretanha ainda mais certa.

O comportamento de Churchill irritava Clementine. Ela se sentou para escrever uma carta para ele, reconhecendo, como sempre, que a melhor maneira de atrair a atenção do marido para qualquer coisa era por escrito. O começo da carta dizia "Espero que me perdoe por contar algo que sinto que você deve saber".

Ela concluiu a carta, mas depois a rasgou.

Em Berlim, a vitória parecia próxima. No domingo, 23 de junho, Joseph Goebbels, cujo título oficial era ministro para Educação Popular e Propaganda, convocou uma reunião habitual pela manhã com seus principais agentes de propaganda para abordar a nova direção da guerra, uma vez que a França oficializara sua capitulação.

Com a França dominada, disse Goebbels ao grupo, a Inglaterra devia então se tornar o principal foco de atenção.² Ele alertou que era preciso evitar levar o público a acreditar numa vitória rápida. "Ainda é impossível dizer de que forma a luta contra o Reino Unido continuará, e, portanto, não deve ser criada a impressão de que a ocupação da Grã-Bretanha está prestes a começar amanhã", falou Goebbels, de acordo com as atas da reunião. "Por outro lado, não há dúvida que o Reino Unido terá o mesmo fim da França se persistir em se fechar a considerações sensatas", ou seja, um acordo de paz.

Com o Reino Unido se colocando agora como o último guardião da liberdade europeia, disse Goebbels, a Alemanha deve reforçar em resposta que "somos agora os líderes da disputa entre a Europa continental e o povo da plutocrática ilha britânica". Os transmissores em língua estrangeira da Alemanha devem, portanto, "deliberada e sistematicamente operar com slogans na linha de 'Nações da Europa: o Reino Unido está planejando a sua fome!' etc.".

Numa observação não registrada nas atas, porém mais tarde citada por um membro do escritório de imprensa do Reich, Goebbels disse ao grupo: "Bem, esta semana causará uma grande mudança no Reino Unido", ou seja, com a capitulação da França, o público britânico iria, com certeza, clamar por paz. "Churchill, é claro, não poderá conter isso", afirmou ele. "Um governo disposto a negociar será formado. Estamos muito perto do fim da guerra."[3]

Capítulo 16
O alerta vermelho

Em Londres, na segunda-feira, 24 de junho, o Gabinete de Guerra de Churchill se encontrou três vezes, uma pela manhã e duas à noite, com a última reunião começando às 22h30. A maior parte do tempo foi gasta discutindo o que o subsecretário das Relações Exteriores, Cadogan, chamou de "aquele terrível problema da frota francesa".[1]

Mais cedo no mesmo dia, o *Times* de Londres revelou os termos do armistício francês, que a Alemanha não havia formalmente divulgado. As forças alemãs iriam ocupar as regiões norte e oeste da França; o restante do país seria administrado por um governo nominalmente livre baseado em Vichy, cerca de 300 quilômetros de Paris. Foi o artigo 8º que Churchill leu mais avidamente: "O governo alemão declara solenemente que não tem intenção de usar, para seus próprios propósitos durante a guerra, a frota francesa atracada em portos sob controle alemão, exceto se essas unidades forem necessárias para vigilância da costa e busca de minas."[2] Também solicitava que os navios franceses que operavam fora de águas francesas retornassem à França, a menos que fossem necessários para proteger colônias francesas.

A cláusula publicada mais tarde pela Alemanha incluía esta frase: "O governo alemão declara ainda solene e expressamente que não pretende reivindicar a frota francesa na conclusão da paz."[3]

Churchill não acreditou nem por um momento que a Alemanha iria honrar essa declaração. Além da persistente desonestidade de Hitler, a linguagem usada no artigo por si só parecia oferecer brechas sobre como ele poderia usar os navios franceses. O que exatamente a "vigilância da costa" implica? Ou "busca de minas"? Churchill zombou da promessa "solene" da Alemanha.

Como ele disse depois ao Parlamento: "Pergunte a uma dezena de países qual o valor de tal promessa solene."[4]

Apesar das três reuniões de gabinete, os ministros pouco evoluíram em determinar um plano de ação final.

Logo após a última reunião, à 1h15 de terça, sirenes de ataque aéreo começaram a tocar, o primeiro "alerta vermelho" da cidade desde setembro, quando a guerra havia começado. O alerta significava que um ataque era iminente, mas nenhum bombardeiro apareceu. O alerta foi disparado por uma aeronave civil.

Enquanto esperava pelo sinal de fim do alerta, Olivia Cockett, autora de diário do Grupo de Observação de Massas, escreveu: "a noite está bastante silenciosa. O tique do relógio soa alto. Quatro buquês de rosas e um de lírios brancos perfumam o ar deliciosamente". Enquanto sua família assistia, ela pegou os lírios e se deitou no tapete, colocando-os no peito como num funeral. "Todos riram", escreveu ela, "mas não muito alto".[5]

A Inteligência Doméstica relatou na terça-feira que de 10% a 20% da população de Londres não ouviu o alerta de ataque aéreo. "Muitas pessoas não deixaram seus quartos", dizia o relatório, "e os pais relutaram em acordar as crianças".[6] Uma garota de sete anos inventou um apelido para as sirenes: os "Treme-Tremes".

A AMEAÇA DE INVASÃO parecia aumentar a cada dia. Na sexta-feira, 28 de junho, Churchill recebeu um bilhete do dr. Jones, da Inteligência Aérea, que parecia ter um talento para dar notícias desconcertantes. Jones relatava que a mesma "fonte inquestionável" que fornecera informações decisivas sobre os raios alemães havia descoberto que uma unidade antiaérea da Força Aérea alemã conhecida como Flakkorp I estava solicitando 1.100 mapas da Inglaterra em várias escalas para envio imediato ao seu quartel-general. Jones apontou que isso poderia indicar "uma intenção de pousar unidades motorizadas antiaéreas tanto na Inglaterra quanto na Irlanda".[7] Tal força seria necessária para ajudar a proteger um exército invasor da RAF e consolidar as áreas capturadas.

Churchill sabia que a "fonte inquestionável" não era, na realidade, um espião humano, mas, na verdade, uma unidade de elite para decifrar códigos em Bletchley Park. Ele era um dos poucos oficiais graduados em Whitehall que sabia da existência da unidade; Jones, como vice-diretor da Inteligência

Aérea, também sabia. Os segredos de Bletchley eram entregues para Churchill numa caixa especial amarela, separada de sua caixa preta regular, que só ele estava autorizado a abrir. O pedido interceptado de mapas era problemático porque era o tipo de medida concreta de preparação que se espera antes de uma invasão. Churchill imediatamente enviou cópias da mensagem para o Professor e Pug Ismay.

Os próximos três meses, ponderava Churchill, seriam o período em que a ameaça de invasão seria maior, uma vez que depois disso as condições meteorológicas se tornariam progressivamente mais hostis — portanto, um obstáculo.

O tom de suas minutas se tornou mais urgente e mais preciso. Incitado pelo Professor, Churchill disse a Pug Ismay que trincheiras deveriam ser cavadas em qualquer campo aberto com mais de 360 metros de comprimento, para defesa contra tanques e pouso de aeronaves com tropas, especificando que isso "deveria ser feito simultaneamente por todo o país nas próximas 48 horas".[8] Numa nota separada, no domingo, 30 de junho, Churchill ordenou a Pug que fizesse um estudo de marés e fases da Lua no porto do Tâmisa e em outros lugares, para determinar "em que dias as condições serão mais favoráveis ao desembarque a partir do mar". Também no domingo, ele enviou a Pug uma minuta sobre um assunto particularmente sensível: o uso de gás venenoso contra forças invasoras. "Supondo que desembarques e instalação de tropas fossem efetuados em nossa costa, não poderia haver melhores pontos para a aplicação de gás mostarda do que essas praias e alojamentos", escreveu. "Na minha opinião, não haveria necessidade de esperar que o inimigo adotasse esses métodos. Ele certamente os adotará se achar eficiente." Ele pediu a Ismay que determinasse se "encharcar" as praias com gás seria eficaz.[9]

Outra ameaça causou especial preocupação a ele: paraquedistas alemães e quintas-colunas disfarçados. "Muita atenção", escreveu ele, "deve ser dada ao truque de usar o uniforme britânico".[10]

O ESTRESSE DE GERENCIAR uma guerra começou a cansar Churchill, e Clementine ficou preocupada. Durante um fim de semana anterior em Chequers, ele havia sido grosseiro. Depois de rasgar a primeira carta sobre o assunto, ela então escreveu de novo para ele.

Relatou que um membro do círculo privado de Churchill, que ela não identificou, "esteve comigo e me falou do risco de você se tornar malquisto pelos colegas e subordinados por causa de seu comportamento duramente sarcástico e dominador". Ela assegurou ao marido que a fonte dessa reclamação era "um amigo devotado", sem segundas intenções.[11]

Os secretários particulares de Churchill, escreveu ela, pareciam ter resolvido simplesmente dar de ombros. "Nos escalões mais altos, se uma ideia é sugerida (digamos, numa conferência), você tem sido tão desdenhoso que atualmente nenhuma ideia, boa ou má, é apresentada."

Ouvir isso deixou-a chocada e magoada, disse ela, "porque em todos esses anos me acostumei a ver todos os que trabalham com você e para você te amarem". Ao justificar a degradação do comportamento de Churchill, o amigo devotado havia dito: "sem dúvida é o estresse".

Mas não foi apenas a observação do amigo que levou Clementine a escrever sua carta. "Meu querido Winston", começou ela, "[...] devo confessar que notei uma piora em suas maneiras; e você não é mais tão amável quanto costumava ser".

Ela alertou que, ao ter o poder de dar ordens e "demitir qualquer um ou todo mundo", ele estava obrigado a manter um alto padrão de comportamento — a "combinar urbanidade, amabilidade e, se possível, calma olímpica". Ela o lembrou de que no passado ele gostava de citar a máxima francesa "*On ne règne sur les âmes que par le calme*", que significa, essencialmente, "Lidera-se pela calma".

Ela escreveu: "não suporto que aqueles que servem o país e você não o amem tanto quanto o admiram e o respeitam". Ela alertou: "não se consegue os melhores resultados pela irascibilidade e rudeza. Isso irá produzir ou desgosto ou uma mentalidade de escravo — (a rebelião em tempo de guerra é impensável!)".

Ela encerrou: "Por favor perdoe sua amada, devotada e atenta Clemmie."

No fim da página, ela desenhou a caricatura de um gato descansando, com o rabo enrolado, e acrescentou um pós-escrito: "Escrevi isto em Chequers no domingo passado, rasguei, mas agora aqui está."

O irascível Churchill que ela descreveu não foi, no entanto, o que John Colville encontrou naquela manhã quando, às dez horas, entrou no quarto de Churchill no nº 10 da Downing Street.

O primeiro-ministro parecia notavelmente tranquilo. Estava na cama, sentado com as costas na cabeceira. Vestia um roupão brilhante vermelho e fumava um charuto. Ao lado dele estava uma grande escarradeira cromada para seus charutos descartados (um balde de gelo do Hotel Savoy) e a Caixa, aberta e meio cheia de papéis. Ele estava ditando para a sra. Hill, que estava sentada ao pé da cama com sua máquina de escrever. A fumaça do charuto encobria o quarto. O gato preto de Churchill, Nelson, estava também ao pé da cama, completamente estirado, num retrato de paz e repouso.

De vez em quando, Churchill olhava com carinho para o gato e murmurava: "Gato querido."

Capítulo 17
"Tofrek!"

COMO REFÚGIO DAS PRESSÕES E DISTRAÇÕES dos dias da semana em Londres, Chequers estava se mostrando providencial para Churchill. O lugar se tornara seu posto de comando no campo, para o qual ele convocava legiões de convidados — generais, ministros, oficiais estrangeiros, família, equipe —, que eram chamados para jantar, dormir, ou para "jantar e dormir". Ele levava um secretário particular (deixando os demais trabalhando em Londres), duas datilógrafas, seu criado, seu chofer, dois operadores de telefone e, sempre, o inspetor Thompson. Arame farpado cercava a propriedade; soldados da Coldstream Guard patrulhavam suas colinas e vales e limites; sentinelas guardavam todos os pontos de acesso e exigiam senhas de todo mundo, incluindo o próprio Churchill. Todo dia, mensageiros entregavam relatórios e minutas e as últimas informações da Inteligência, tudo para ser colocado em sua caixa preta, ou em sua caixa ultrassecreta amarela. Ele recebia oito jornais diários e de domingo, e os lia. Apesar de reservar momentos para refeições, caminhadas, banhos e sua soneca, ele gastava a maior parte do dia ditando minutas e discutindo a guerra com seus convidados, assim como no nº 10 da Downing, mas com uma diferença crucial: a casa permitia uma troca de ideias e opiniões mais leve e franca, estimulada pelo simples fato de todos terem deixado seus escritórios para trás e pela riqueza de novas oportunidades de conversas — escalando as colinas Beacon e Coombe, caminhando pelo roseiral, jogando croqué e besigue, sem contar a livre circulação de champanhe, uísque e conhaque.

A conversa seguia até bem depois da meia-noite. Em Chequers, os visitantes sabiam que podiam falar mais livremente, e com absoluta confidencialidade. Depois de um fim de semana, o novo comandante-chefe das Forças Domésticas de Churchill, Alan Brooke, escreveu agradecendo por convidá-lo periodicamente a Chequers, e por "dar oportunidades de discutir os problemas de defesa deste país com você, e expressar algumas das minhas dificuldades. Essas conversas informais são de grande ajuda para mim, e espero que saiba quão grato estou por sua gentileza".[1]

Churchill também se sentia mais à vontade em Chequers, e entendia que lá podia se comportar como desejava, seguro de que o que acontecesse por lá ficaria em segredo (possivelmente uma confiança exagerada, dadas as memórias e os diários que surgiram depois da guerra, como flores no deserto depois da chuva). Aquilo era, segundo ele, um *"cercle sacré"*. Um círculo sagrado.

O general Brooke recordaria uma noite quando Churchill, às 2h15 da madrugada, sugeriu que todos os presentes fossem ao grande salão para comer sanduíches, o que Brooke, exausto, esperava que fosse um sinal de que a noite estava acabando e logo ele poderia ir dormir.

"Mas não!", escreveu ele.[2]

O que se seguiu foi um daqueles momentos que frequentemente ocorriam em Chequers, e que iriam permanecer na memória dos visitantes para sempre.

"Ele ligou o gramofone", escreveu Brooke, "e, num roupão multicolorido, com um sanduíche numa das mãos e agrião na outra, dançou pelo salão, dando ocasionais saltos no ritmo do gramofone". De tempos em tempos, parava "para fazer alguma citação ou dizer algo impagável". Numa dessas pausas, Churchill comparou a vida a uma caminhada por um corredor com janelas fechadas. "A cada janela que você passa, uma mão desconhecida a abre, e a luz que ela deixa entrar apenas aumenta, pelo contraste, a escuridão do fim do corredor."

Ele continuou dançando.

Naquele último fim de semana de junho, a casa estava cheia. Pelo menos dez convidados compareceram: alguns para jantar, outros para jantar e dormir. Lorde Beaverbrook chegou, repleto de exuberância e bile. Alexander Hardinge, secretário particular do rei, foi apenas tomar chá. O filho de Churchill, Randolph, e sua esposa de vinte anos, Pamela, também chegaram, para passar o fim de semana. Também chegaram o general Bernard Paget, chefe do Estado-Maior das Forças Internas, e Leopold Amery, o conservador cujo grito cromwelliano comovente "Em nome de Deus, vá!" ajudara a levar Churchill ao poder.

A conversa atravessou um território amplo: produção de aeronaves; a inovação de guerra de blindados alemã; a queda da França; como lidar com o duque de Windsor, cuja abdicação para se casar com Wallis Simpson, quatro anos antes, continuava a causar muita revolta; e onde e como as forças alemãs poderiam tentar a invasão. Um convidado, o general Augustus Francis Andrew Nicol Thorne, comandante das forças designadas para defender a costa inglesa onde o canal era mais estreito, declarou que sua área era o principal alvo e que a Alemanha tentaria desembarcar oitenta mil homens em suas praias.

Na manhã de sábado, 29 de junho, enquanto Churchill e Beaverbrook conversavam particular e animadamente, John Colville aproveitou o descanso e passou a tarde, ensolarada e quente, no jardim com Clementine e a filha, Mary, "que achei muito mais agradável agora que a conheço melhor", escreveu.

Em seguida veio o chá, depois do qual Randolph Churchill deu a Colville um vislumbre de um lado mais grosseiro da vida familiar de Churchill. "Achei Randolph uma das pessoas mais repreensíveis que já conheci: barulhento, arrogante, chorão e francamente desagradável", escreveu Colville. "Não me pareceu inteligente."[3] De fato, Randolph tinha a reputação de ser um convidado rude. Era conhecido por começar discussões até mesmo com a mais digna das companhias de jantar, e parecia interessado em antagonizar todas as pessoas a seu redor. Ele fazia o que Colville chamou de "guerra preventiva", denunciando convidados pelo que ele esperava que eles falassem, em vez de pelo que eles realmente haviam falado. Frequentemente começava brigas com o próprio Churchill, para grande constrangimento dele. Não ajudava muito que ele cutucasse o nariz em público e tossisse em rajadas implacáveis. "Sua tosse é como uma draga enorme que devolve o que o mar levou", escreveu lady Diana Cooper, esposa do ministro da Informação, Duff Cooper, que professava ser amigo de Randolph. "E ele cospe tudo isso na mão."[4]

As coisas pioraram no jantar, escreveu Colville. Randolph "foi desagradável com Winston, que o adora".[5] "Fez uma cena" na frente do chefe de Estado-Maior das Forças Internas, Paget, criticando generais, falta de equipamento e complacência do governo.

À medida que o consumo de álcool do dia foi aumentando, Randolph se tornou mais barulhento e ainda mais desagradável.

A ESPOSA DE RANDOLPH, PAMELA, era sua antítese: charmosa, tranquila e sedutora. Embora tivesse só vinte anos, exibia a sofisticação e a confiança de uma mulher mais velha, assim como um grau de conhecimento sexual pouco usual para seu círculo. Isso era aparente mesmo dois anos antes, quando Pamela fora "apresentada" como debutante. "Pam era terrivelmente *sexy* e muito óbvia", disse uma colega debutante. "Ela era tão roliça e tinha seios tão grandes que nós a chamávamos de 'ama de leite'. Usava salto e rebolava. Achamos que ela era escandalosa. Ela era considerada sensual, uma jovem muito *sexy*."[6] Uma visitante americana, Kathy Harriman, escreveu: "É uma garota maravilhosa, da minha idade, mas uma das mais sábias garotas que já conheci — sabe tudo de política e de tudo o mais."[7]

Por meio de seu casamento, Pamela se aproximara dos Churchill; ela também ficara amiga de lorde Beaverbrook, que valorizava sua habilidade de circular nos altos níveis da sociedade. "Ela contava tudo o que sabia sobre todo mundo para Beaverbrook", disse a locutora de rádio Reagan McCrary, mais conhecida como Tex, uma colunista do *New York Daily Mirror*, de William Randolph Hearst. "Beaverbrook era um fofoqueiro e Pamela, sua aprendiz."[8]

Pamela e Randolph se casaram em 4 de outubro de 1939, depois de um breve namoro cuja duração foi determinada parcialmente pelo desejo de Randolph de ter um filho — um menino para ser seu herdeiro — antes de ser enviado para a batalha e morrer, um resultado que julgava ser inevitável. Ele pediu Pamela em casamento no segundo encontro, e ela, tão impulsiva quanto ele, aceitou. Ele era quase uma década mais velho e incrivelmente bonito, mas o que mais a atraiu foi ele ser um Churchill, no centro do poder. Embora Clementine não aprovasse o casamento, Churchill, que chamou Pamela de uma "garota charmosa", recebeu-a de braços abertos, e não viu problema algum na velocidade com a qual a relação progrediu. "Acredito que ele estará em ação no início da primavera", escreveu Churchill para um amigo, logo antes do casamento, "e, portanto, estou muito feliz que esteja casado antes de ir".[9]

Churchill acreditava que o casamento deveria ser algo simples e procurou dissipar seus mistérios com uma série de aforismos. "Tudo o que é preciso para se casar é champanhe, uma caixa de charutos e uma cama de casal", disse ele.[10] Ou: "Um dos segredos de um casamento feliz é nunca falar ou ver a pessoa amada antes do meio-dia".[11] Churchill tinha uma fórmula para o tamanho da família também. Quatro filhos era o ideal: "Um para ser igual a sua esposa, outro para ser igual a você, um para aumentar a população e um para o caso de um acidente".[12]

A inquietação de Clementine com o casamento vinha mais de suas preocupações com o filho do que com Pamela. A relação de Clementine com Randolph sempre fora tensa. Quando criança, ele era difícil. "Combativo", de acordo com um diretor de escola.[13] Certa vez, ele empurrou uma babá para dentro de uma banheira cheia;[14] em outra ocasião, telefonou para o Escritório de Relações Exteriores e fingiu ser Churchill. Ele teria, segundo um relato, incentivado um primo a esvaziar um penico pela janela em cima de Lloyd George. Quando tinha 9 anos, Clementine, durante uma visita à escola, deu um tapa na cara dele, num ato que Randolph depois disse ter sido o momento em que descobriu que ela o odiava.[15] Ele era um estudante medíocre e frequentemente recebia críticas de Churchill por sua falta de rigor acadêmico. Churchill criticava até mesmo sua caligrafia e certa vez devolveu uma carta amável do menino com correções editoriais marcadas em vermelho. Randolph entrou em Oxford apenas pela gentil intercessão de Frederick Lindemann, o Professor, que o tratava como um sobrinho querido. Lá, ele também não se sobressaiu. "Sua vida ociosa e preguiçosa é [muito] ofensiva para mim", escreveu Churchill. "Você parece estar conduzindo uma vida perfeitamente inútil."[16] Churchill o amava, escreveu John Colville, mas passou a "gostar cada vez menos dele".[17] Clementine, por sua vez, era por qualquer padrão uma mãe distante, que expressava pouco carinho maternal. "Essa era uma das razões pela qual ele era tão horrível", disse um amigo a Christopher Ogden, biógrafo de Pamela. "Ele nunca recebeu amor materno. Clemmie odiou Randolph a vida toda."

Mary Churchill ofereceu uma análise mais detalhada do irmão, observando que "à medida que sua personalidade se desenvolvia, produzia traços de caráter e de perspectiva muito diferentes de toda a natureza de sua mãe e da atitude dela em relação à vida".[18] Na opinião de Mary, Randolph "obviamente precisava da mão de um pai; mas a tarefa de controlá-lo cabia principalmente a Clementine, e, assim, desde o início os dois bateram cabeça".

Ele era barulhento, não tinha tato, bebia demais, gastava mais do que ganhava — o salário no Exército e o salário que recebia como correspondente do *Evening Standard*, de Beaverbrook —, e jogava jogos de azar com uma falta de aptidão surpreendente. Mesmo enquanto Churchill tentava estabilizar sua própria situação financeira naquela primavera, Randolph pedia ajuda para pagar suas dívidas, o que Churchill concordou em fazer. "Foi, de fato, generoso da sua parte dizer que irá pagar £100 das minhas contas", escreveu Randolph para o pai em 2 de junho.[19] Somente esse valor era o equivalente a mais de US$6.000 em dólares do século XXI. "Espero que isso não seja muito inconveniente para você. Incluo aqui as duas contas mais urgentes."

Mais perturbador, em termos do futuro conjugal do casal, era a atitude de Randolph em relação a mulheres e sexo. Para ele, a fidelidade era algo flexível. Ele amava a conquista sexual, independente de seu alvo ser uma mulher casada ou não, e aproveitava ao máximo as centenárias e imorais tradições segundo as quais os anfitriões organizavam a acomodação dos convidados nas casas de campo de maneira a promover ligações sexuais. Randolph certa vez se gabou de entrar nos quartos das mulheres sem ser convidado, apenas para ver se sua presença seria bem-vinda. Ele contou isso para uma amiga, que respondeu sarcasticamente: "Você deve ser muito rejeitado".[20]

Ele disse, rindo: "Sim, mas consigo transar muito também".

Desde o início, Randolph demonstrou que não era um marido ideal. Embora apresentasse uma imagem de elegância e charme, ele também tinha um lado entediante. Durante a lua de mel, enquanto estavam na cama, de noite, ele lia para Pamela trechos de *Declínio e queda do Império Romano*, de Edward Gibbon. Ele lia passagens longas e tratava Pamela mais como uma pupila distraída do que como a companheira de cama conjugal, perguntando em intervalos: "Está prestando atenção?".

"Sim", respondia ela.

Mas ele queria provas: "Muito bem, qual foi a última frase?".[21]

No momento, tudo isso foi eclipsado pelo fato de que Pamela estava grávida de seis meses. Era muito tranquilizador: aqui, no meio de uma guerra mundial, vinha a prova de que os grandes ritmos da vida persistiam e de que havia um futuro pela frente, apesar das perspectivas incertas do momento. Se tudo acabasse bem — se Hitler não invadisse, se o gás venenoso não entrasse pelas janelas, se uma bomba alemã não destruísse a paisagem —, a criança chegaria em outubro. Pamela chamava o feto de seu "bebê bolinho".

Depois do jantar — e de mais vinho e champanhe —, Colville foi caminhar com Mary e outra convidada, a amiga de Mary, Judy Montagu, e teve um lembrete de que, por mais bucólica e adorável que fosse a propriedade, havia uma guerra em andamento e Chequers estava sob forte vigilância. Os três se viram "desafiados da forma mais alarmante por sentinelas ferozes", escreveu Colville.[22] Felizmente, eles sabiam a senha do dia, "Tofrek", aparentemente uma referência a uma batalha do século XIX no Sudão.

Mais tarde, após checar com o Ministério do Ar em Londres detalhes de ataques alemães naquela noite, Colville descobriu que uma frota de aviões inimigos havia sido vista muito perto de Chequers. Colville relatou isso a Churchill, que respondeu: "Aposto um macaco contra uma ratoeira que eles não acertam a casa".

Animado com a possibilidade de ação, Churchill saiu do prédio às pressas e passou pelos sentinelas gritando: "Amigo — Tofrek — primeiro-ministro", o que deixou os guardas de queixo caído de surpresa.

Colville e o general Paget, o chefe do Estado Maior das Forças Internas, seguiu a passos mais lentos. Paget, animado, disse: "Que tônico maravilhoso ele é".

Tudo isso era inebriante para Colville, sempre presente, mas sempre nos bastidores, e, na manhã seguinte, domingo, 30 de junho, enquanto estava sentado numa cadeira sob o sol, ele refletiu em seu diário sobre a estranheza de sua situação. "É um sentimento curioso estar numa casa de campo no fim de semana não como convidado e, contudo, por várias razões, com bastante intimidade com a família. Era muito parecido com uma festa de fim de semana, exceto pelas conversas, que, claro, eram brilhantes. Era um prazer ouvir falas realmente bem informadas, sem interrupções tolas e ignorantes (exceto ocasionalmente por Randolph), e é um alívio estar nos bastidores com tarefas ocasionais para realizar, mas poucas opiniões para expressar, em vez de precisar ser interessante porque você é o secretário particular do PM".[23]

NAQUELE DIA, COMO UM ARAUTO DA INVASÃO que parecia prestes a ocorrer, os alemães tomaram e ocuparam Guernsey, uma dependência britânica nas Ilhas do Canal, na costa da Normandia, a menos de 320 quilômetros de Chequers. Foi uma ação menor — os alemães tomaram a ilha com apenas 469 soldados —, mas, nem por isso, menos perturbadora.

Capítulo 18
Renúncia nº 1

COMO SE A GUERRA E A INVASÃO JÁ NÃO DESSEM A TODOS muito o que refletir, naquele mesmo dia, 30 de junho, lorde Beaverbrook, amigo, conselheiro e operador de milagres industriais de Churchill, apresentou seu pedido de demissão.

A carta começava com um lembrete feliz de que, nas sete semanas desde que Beaverbrook havia se tornado ministro de Produção de Aeronaves, a produção de aviões aumentara para um ritmo quase inconcebível: a RAF agora tinha a seu dispor 1.040 aeronaves prontas para entrar em ação, contra 45 quando ele assumiu — apesar de que o modo como ele chegou a esses números seria em breve tema de disputa. Ele havia feito o que se propusera fazer; era o momento de sair. Seu conflito com o Ministério do Ar era tão profundo que havia se tornado um obstáculo para seu trabalho.[1]

"É imperativo que o Ministério de Produção de Aeronaves seja colocado sob a responsabilidade de um homem que possa dialogar e ter a simpatia do Ministério do Ar e dos brigadeiros do ar", escreveu ele. Beaverbrook se culpava, declarando que não era capaz de trabalhar com os oficiais do Ministério do Ar. "Estou certo de que outro homem poderá assumir as responsabilidades com esperança e expectativa do apoio e da simpatia que me foram negados."

Ele pedia para ser liberado de suas obrigações tão logo seu sucessor tivesse sido instruído sobre as operações em andamento e os projetos do ministério.

"Estou convencido", escreveu, "de que meu trabalho foi concluído e de que minha tarefa acabou".

John Colville suspeitava que o verdadeiro motivo de Beaverbrook era o desejo de sair "no auge do sucesso, antes que novas dificuldades aparecessem". Colville não considerava essa uma razão justa. "É como tentar sair da mesa assim que se tem uma boa mão de cartas", escreveu ele em seu diário.²

Churchill, claramente irritado, enviou sua resposta no dia seguinte, segunda-feira, 1º de julho. Em vez de o chamar de Max, ou simplesmente Beaverbrook, começou sua carta com um gélido "Caro ministro de Produção de Aeronaves".

"Recebi sua carta de 30 de junho, e me apresso em dizer que em um momento como este, quando uma invasão é relatada como iminente, não há nenhuma hipótese de qualquer renúncia ministerial ser aceita. Exijo, portanto, que desconsidere esse assunto e continue o magnífico trabalho que está fazendo, do qual depende em grande parte a nossa segurança."³

Enquanto isso, Churchill disse a ele: "Estou estudando pacientemente como atender às suas necessidades em relação ao controle das áreas em que seu departamento e o Ministério do Ar se sobrepõem, e também para aparar infelizes arestas que tenham surgido."

Um Beaverbrook parcialmente moderado respondeu imediatamente: "Certamente não negligenciarei meus deveres diante da invasão. Mas é imperativo — e ainda mais por causa da ameaça de um ataque armado contra nossas costas — que o processo de transição deste ministério ocorra quanto antes."⁴

Ele novamente expressou suas frustrações: "Não consigo as informações de que preciso sobre suprimentos e equipamentos. Não consigo permissão para realizar operações essenciais para fortalecer nossas reservas com a mais pronta rapidez para o dia da invasão.

"Não é possível continuar, porque há um rompimento que surgiu nas últimas cinco semanas em função da pressão que fui obrigado a impor sobre oficiais relutantes."

Esse rompimento, escreveu ele, "não pode ser consertado".

Beaverbrook, porém, não mais ameaçou renunciar imediatamente.

Churchill estava aliviado. A saída de Beaverbrook naquele momento deixaria uma lacuna impossível de se preencher no círculo de conselhos e apoio que cercava o primeiro-ministro. Isso se tornaria óbvio mais tarde naquela noite, quando, com a ameaça de renúncia temporariamente adiada, Churchill se sentiu levado a convocar Beaverbrook para o nº 10 da Downing Street para abordar um assunto de máxima urgência.

Capítulo 19
Força H

A NOITE ESTAVA EXCEPCIONALMENTE ESCURA, QUASE SEM LUA; um vento fresco sacudia as janelas do nº 10 da Downing Street. Churchill precisava do conselho de um amigo — um amigo decidido, realista.

Passava um pouco da meia-noite quando Churchill chamou Beaverbrook para a Sala do Gabinete. Sem dúvida, Beaverbrook estaria acordado e alerta. Como ministro da Produção de Aeronaves, ele trabalhava no mesmo período que Churchill, incitando e persuadindo sua equipe a encontrar maneiras de fazer com que as fábricas de aeronaves da Grã-Bretanha acelerassem a produção. A breve insurreição de Beaverbrook fora uma petulância estudantil para conquistar o apoio de Churchill contra o Ministério do Ar, e não uma tentativa séria de abandonar o trabalho.

Já presentes para a reunião estavam os dois principais homens de Churchill no Almirantado, o primeiro lorde A. V. Alexander e seu chefe de operações, o primeiro lorde do mar sir Dudley Pound. Havia tensão na sala. O debate sobre o que fazer com a frota francesa havia se transformado em uma pergunta de sim ou não — se os ingleses iriam ou não tentar capturar a frota para mantê-la fora das mãos de Hitler. A Marinha Real estava a postos para executar um recém-elaborado plano para "a captura simultânea, controle ou efetiva desativação de toda a frota francesa acessível", o que significava qualquer navio em portos ingleses como Plymouth e Southampton, bem como os atracados nas bases francesas em Dakar, Alexandria e Mers el-Kébir, na Argélia.[1] Um elemento do plano, de codinome Operação Catapulta, se concentrava na base mais importante, Mers el-Kébir, e em um pequeno anexo a cinco quilômetros em Oran, onde algumas das mais poderosas naves da frota francesa estavam ancoradas, entre elas dois modernos cruzadores, dois encouraçados, e 21 outros navios e submarinos.

Havia pouco tempo. Esses navios poderiam deixar o porto a qualquer momento, e, se passassem para o controle da Alemanha, mudariam o equilíbrio de poder no mar, especialmente no Mediterrâneo. Ninguém tinha qualquer esperança de que Hitler cumpriria sua promessa de manter a frota francesa parada durante a guerra. Uma evolução sinistra parecia confirmar os temores do Almirantado: a inteligência britânica havia descoberto que os alemães haviam tomado posse e estavam usando os códigos navais franceses.

Uma vez que a Operação Catapulta começasse, Churchill sabia que seu comandante poderia ter que usar a força se os franceses não entregassem ou desativassem seus navios de bom grado. O homem responsável era o vice-almirante Sir J. F. Somerville, que mais cedo havia se reunido com seus superiores em Londres para discutir o plano. Para Somerville, a ideia de abrir fogo contra os franceses era profundamente perturbadora. O Reino Unido e a França haviam sido aliados; juntos, os dois países haviam declarado guerra à Alemanha e suas tropas haviam lutado lado a lado, suportando milhares de perdas em vão na tentativa de parar o massacre de Hitler. E havia o fato de que os oficiais e a tripulação nos navios franceses eram colegas do mar. Marinheiros de todas as nações, mesmo em guerra, sentiam um forte sentimento fraterno uns pelos outros, como irmãos para quem o mar, com todos seus rigores e perigos, era um oponente em comum. Eles reconheciam um dever de resgatar qualquer náufrago, seja por acidente, tempestade ou guerra. Na segunda-feira à tarde, Somerville havia telegrafado para o Almirantado, incitando-o "a evitar a qualquer preço que o uso da força seja necessário".

Ele estava preparado, no entanto, para cumprir suas ordens, e contava com os meios para isso. O Almirantado havia colocado sob seu comando uma persuasiva frota, de codinome Força H, composta por setenta navios, incluindo um cruzador de batalha, o HMS *Hood*, e um porta-aviões, o HMS *Ark Royal*. Na noite de segunda-feira, quando Churchill convocou Beaverbrook, a força estava reunida em Gibraltar, pronta para zarpar para Mers el-Kébir.

O almirante Somerville só precisava agora da ordem final.

No Nº 10 DA DOWNING STREET naquela noite tempestuosa, o primeiro lorde do mar Pound se declarou favorável a atacar os navios franceses. O primeiro lorde Alexander inicialmente pareceu incerto, mas logo se colocou ao lado de Pound. Churchill ainda estava aflito. Ele chamava o assunto de "uma decisão odiosa, a mais contrária à natureza e dolorosa de que já me ocupei".[2] Ele precisava da clareza de Beaverbrook.

E, fiel à sua natureza, Beaverbrook não mostrou qualquer hesitação. Ele defendeu o ataque. Não poderia haver dúvida, argumentou, de que Hitler iria se apropriar dos navios franceses, mesmo que seus capitães e a tripulação se rebelassem. "Os alemães vão forçar a frota francesa a se juntar aos italianos, o que vai dar a eles o controle do Mediterrâneo", disse ele. "Os alemães vão forçar isso ao ameaçar queimar Bordeaux no primeiro dia de recusa francesa, Marselha no dia seguinte, Paris no terceiro."[3]

Isso convenceu Churchill, mas logo depois de dar a ordem para que o ataque acontecesse, a magnitude do que poderia acontecer em breve o oprimiu. Ele pegou Beaverbrook pelo braço e o levou para o jardim atrás do nº 10 da Downing Street. Eram quase duas horas da manhã. O vento estava forte. Churchill caminhava rápido pelo jardim, com Beaverbrook atrás, se esforçando para acompanhar. A asma de Beaverbrook atacou. Enquanto ele estava parado com o peito chiando e buscando ar, Churchill afirmou que o único caminho era, de fato, atacar, e começou a chorar.

Somerville recebeu suas ordens finais às 4h26 da manhã, na terça-feira, 2 de julho. A operação iria começar com a entrega de um ultimato de Somerville para o almirante francês no comando de Mers el-Kébir, Marcel Gensoul, que estabelecia três alternativas: se juntar à Inglaterra na luta contra a Alemanha e a Itália; navegar para um porto inglês; ou navegar para um porto francês no Caribe, onde os navios seriam desarmados ou transferidos para os Estados Unidos para serem guardados.

"Caso essas ofertas sejam recusadas", determinava a mensagem de Somerville, "devo, com profundo pesar, exigir que seus navios sejam afundados dentro de seis horas. Finalmente, caso isso não seja feito, tenho ordens do governo de Vossa Majestade para usar a força necessária para impedir que seus navios caiam em mãos alemãs ou italianas".

A Força H deixou Gibraltar na madrugada. Naquela noite, às 22h15, o almirante Pound, a pedido de Churchill, telegrafou para Somerville: "Você está responsável por uma das mais desagradáveis e difíceis tarefas que um almirante britânico já teve que realizar, mas temos completa confiança em você, e confio que ela será realizada implacavelmente."

Em Berlim naquele dia, terça-feira, 2 de julho, Hitler pediu aos comandantes de seu Exército, sua Marinha e sua Força Aérea para avaliar a viabilidade de uma invasão completa da Inglaterra, a primeira indicação concreta de que ele havia começado a contemplar a sério o ataque.

Até agora ele havia demonstrado pouco interesse na invasão. Com a queda da França e a desorganização do Exército britânico depois de Dunquerque, Hitler havia presumido que a Inglaterra, de uma forma ou de outra, iria abandonar a guerra. Era crucial que isto acontecesse, e logo. A Inglaterra era o último obstáculo a oeste, um obstáculo que Hitler precisava eliminar para poder se concentrar no antigo sonho de invadir a Rússia soviética e evitar uma guerra em dois fronts, um fenômeno que o poder vocabular da língua alemã não falhou em batizar: *Zweifrontenkrieg*. Ele acreditava que até mesmo Churchill, em algum momento, admitiria a tolice de continuar se opondo a ele. A guerra no oeste estava, na visão de Hitler, praticamente no fim.[4] "A posição do Reino Unido é desesperadora", disse ele a seu chefe do Alto-comando do Exército, general Franz Halder. "A guerra está ganha. Uma reversão nas perspectivas de sucesso é impossível."[5] Hitler estava tão confiante de que a Inglaterra iria negociar que desmobilizou quarenta divisões da Wehrmacht — 25% de seu Exército.

Mas Churchill não estava se comportando como um homem são. Hitler enviou uma série de emissários de paz indiretos por várias fontes, incluindo o rei da Suécia e o Vaticano; todos foram rejeitados ou ignorados. Para não perder qualquer oportunidade para um acordo de paz, ele proibiu o chefe da Luftwaffe, Hermann Göring, de lançar ataques aéreos contra distritos civis de Londres. A invasão era uma perspectiva que ele contemplava com ansiedade e relutância, e com razão. Estudos iniciais conduzidos de forma independente pela Marinha alemã bem antes de o próprio Hitler começar a pensar na invasão destacavam graves obstáculos, centralizados principalmente no fato de a relativamente pequena Marinha da Alemanha ser mal equipada para uma aventura como essa. O Exército também via obstáculos perigosos.

A incerteza de Hitler ficava evidente no modo como ele formulou seu novo pedido para os comandantes. Ele enfatizou que "o plano de invadir a Inglaterra não tomou ainda nenhuma forma definitiva", e seu pedido meramente contemplava a possibilidade de tal invasão.[6] Ele estava decidido quanto a um ponto, no entanto: só havia chance de um plano de invasão ser bem-sucedido se a Alemanha antes conquistasse completa superioridade aérea sobre a RAF.

ÀS TRÊS HORAS DA MANHÃ DA QUARTA-FEIRA, 3 de julho, enquanto a Força H do almirante Somerville se aproximava de Oran, no Mediterrâneo, um contratorpedeiro do grupo foi enviado na frente com três oficiais para abrir um canal de comunicação com os franceses. Perto dali ficavam as ruínas de uma antiga cidade romana com o desconcertante nome de Vulturia. Logo depois, uma mensagem foi enviada ao almirante francês no comando, Gensoul, solicitando uma reunião. A mensagem começava com uma lisonja: "A Marinha Britânica espera que sua proposta permita que você e a valorosa e gloriosa Marinha Francesa estejam ao nosso lado." O texto garantia ao almirante francês que, caso escolhesse navegar com a Marinha Real, "seus navios permanecerão seus e ninguém precisará ter ansiedade quanto ao futuro".

A mensagem terminava dizendo: "Uma frota britânica está no mar perto de Oran esperando para recebê-los."

O almirante se recusou a se encontrar com os oficiais britânicos, que, então, enviaram a ele uma cópia impressa da íntegra do ultimato. Eram 9h35 da manhã, segundo o almirante britânico Somerville informou aos franceses: "Esperamos sinceramente que as propostas sejam aceitáveis e que tenhamos vocês ao nosso lado."

Aviões de reconhecimento do *Ark Royal*, o porta-aviões designado para a Força H, relataram sinais de que os navios franceses estavam se preparando para zarpar, "aumentando o vapor e recolhendo os toldos".

Às dez horas, o almirante francês enviou uma mensagem afirmando que jamais deixaria os navios franceses caírem sob controle alemão, mas também prometendo, à luz do ultimato, que seus navios iriam revidar caso os britânicos apelassem para a força. Ele repetiu a promessa uma hora depois, comprometendo-se a não poupar nada para defender sua frota.

A tensão aumentou. Às 11h40, os britânicos enviaram uma mensagem afirmando que não permitiriam que nenhum navio francês deixasse o porto a menos que os termos do ultimato fossem aceitos. O reconhecimento aéreo britânico relatou mais sinais de que a frota francesa estava quase pronta para zarpar. Os passadiços dos navios estavam completamente tripulados.

O almirante Somerville ordenou que as aeronaves do *Ark Royal* começassem a depositar minas na entrada do porto.

Somerville estava prestes a enviar uma mensagem dizendo que iria começar a bombardear os navios às 14h30 quando chegou uma mensagem do almirante francês concordando com um encontro. A essa altura, Somerville suspeitava que os franceses estavam apenas tentando ganhar tempo, mas enviou um oficial mesmo assim. A reunião, a bordo do *Dunquerque*, começou às 16h15, quando os navios franceses estavam prontos para zarpar, com rebocadores posicionados.

Somerville ordenou o posicionamento de mais minas, para serem depositadas próximo ao porto em Oran.

A BORDO DO *DUNQUERQUE*, a reunião correu mal. O almirante francês estava "extremamente indignado e irritado", de acordo com o emissário britânico. A conversa durou uma hora, sem resultado algum.

EM LONDRES, CHURCHILL e o Almirantado estavam impacientes. O almirante francês estava claramente tentando ganhar tempo, e, ao que tudo indicava, Somerville fazia o mesmo. A relutância em atacar era compreensível; mesmo assim, o momento da ação havia chegado. A noite se aproximava. "Só resta dar [a Somerville] uma ordem peremptória para executar a tarefa repugnante sem hesitar", escreveu Pug Ismay. "Mas quando a mensagem foi rascunhada, ninguém pôde evitar a tristeza e, de alguma forma, a culpa."[7] Pug inicialmente se opusera a atacar a frota francesa, tanto por escrúpulo moral quanto por medo de que a França declarasse guerra ao Reino Unido. "Chutar um homem caído nunca é atraente", escreveu ele. "Mas quando o homem é um amigo que já sofreu gravemente, isso beira a infâmia".

O Almirantado transmitiu a mensagem para Somerville: "Resolva o assunto rápido, ou terá de lidar com reforços franceses."

Às 16h15, enquanto a reunião a bordo do *Dunquerque* estava começando, Somerville alertou os franceses de que, se não aceitassem uma das opções do ultimato britânico original às 17h30, ele iria afundar seus navios.

A Força H se preparou para a batalha. Os franceses também. Enquanto o emissário britânico deixava o *Dunquerque*, ouviu alarmes atrás de si soarem "Ação". Ele chegou a seu navio às 17h25, cinco minutos antes do prazo final de Somerville.

O prazo passou — e nada.

EM PORTSMOUTH E PLYMOUTH, onde a operação para capturar os navios franceses também estava em andamento, as forças britânicas enfrentaram pouca resistência. "A ação foi súbita e necessariamente de surpresa", escreveu Churchill. "Uma força esmagadora foi empregada, e a transação mostrou com que facilidade os alemães poderiam ter se apossado de qualquer navio de guerra francês nos portos que eles controlavam."[8]

Churchill descreveu a ação nos portos britânicos como sendo, basicamente, "amigável", com alguns tripulantes franceses realmente felizes em deixar seus navios para trás. Uma embarcação resistiu — o *Surcouf*, um imenso submarino batizado em homenagem a um corsário francês do século XVIII. Enquanto uma equipe britânica subia a bordo, os franceses tentaram queimar manuais e afundar o submarino. Um tiroteio matou um marinheiro francês e três britânicos. O *Surcouf* se rendeu.

No Mediterrâneo, perto de Mers el-Kébir, o almirante Somerville finalmente deu a ordem para começar o ataque. Eram 17h54, quase meia hora depois do prazo. Seus navios estavam posicionados na "faixa de visibilidade máxima" de quase dezesseis quilômetros.

O primeiro tiro não alcançou o alvo. O segundo atingiu os quebra-mares, espalhando pedaços de concreto, alguns dos quais atingiram navios franceses. O terceiro acertou o alvo. Um grande navio de guerra francês, o *Bretagne*, com uma tripulação de doze homens, explodiu, lançando uma coluna de fogo e fumaça de dezenas de metros pelos ares. Um contratorpedeiro também explodiu. A fumaça encheu o porto, bloqueando a visão dos observadores britânicos a bordo de seus navios e no ar.

Um minuto depois de os britânicos começarem a atirar, os franceses revidaram, usando grandes canhões a bordo e outras armas pesadas na praia. Os projéteis caíam cada vez mais perto dos navios britânicos, enquanto os artilheiros ajustavam a mira.

Somerville enviou uma mensagem por rádio para Londres: "Estamos em batalha intensa."

No nº 10 da Downing Street, Churchill contou ao primeiro lorde Alexander que "os franceses estavam agora lutando com todo seu vigor pela primeira vez desde que a guerra começou". Churchill esperava que a França declarasse guerra.

Projéteis britânicos acertaram outro navio francês, causando uma quarta cascata de chamas laranja. Um grande contratorpedeiro foi atingido em cheio ao tentar deixar o porto.

No total, os navios da Força H atiraram 36 vezes, cada projétil com quarenta centímetros de diâmetro e cheio de explosivos, até que as armas francesas silenciaram. Somerville ordenou o cessar-fogo às 18h04, apenas dez minutos depois que o ataque havia começado.

Enquanto a fumaça se dispersava, Somerville viu que o encouraçado *Bretagne* desaparecera. O ataque e as ações secundárias mataram 1.297 marinheiros e oficiais franceses. Quase mil mortos estavam a bordo do *Bretagne*. A Força H de Somerville *não sofreu nenhuma* baixa.

No nº 10 da Downing Street, notícias da batalha começaram a chegar. Churchill andava pelo escritório, e repetia: "Terrível, terrível."[9]

A batalha o afetou profundamente, conforme a filha Mary observou em seu diário. "Foi terrível que tenhamos sido forçados a atirar em nossos antigos aliados", escreveu ela. "Papai está chocado e profundamente triste que isso tenha sido necessário."[10]

Estrategicamente, o ataque teve benefícios óbvios, destruindo parcialmente a Marinha Francesa, mas, para Churchill, importava tanto ou mais o que aquilo sinalizava. Até ali, muitos observadores supunham que o Reino Unido tentaria um armistício com Hitler, agora que a França, a Polônia, a Noruega e tantos outros países haviam caído sob seu domínio, mas o ataque era uma prova vívida, irrefutável, de que o Reino Unido não se renderia — uma prova para Roosevelt e, também, para Hitler.

No dia seguinte, quinta-feira, 4 de julho, Churchill revelou a história de Mers el-Kébir para a Câmara dos Comuns, num relato semelhante a um suspense marítimo, descrevendo a batalha como ela ocorreu em termos diretos, sem poupar detalhes. Ele a chamou de uma "ação melancólica", mas cuja necessidade era indiscutível. "Deixo o julgamento de nossa ação, confiante, para o Parlamento. Deixo para a nação e deixo para os Estados Unidos. Deixo para o mundo e para a história."[11]

A Câmara demonstrou seu apoio de modo ribombante, com Trabalhistas, liberais e conservadores num selvagem uníssono. A grande mágica de Churchill — que ele *já usara* antes e usaria novamente — era a sua habilidade de dar notícias ruins e ainda assim deixar sua plateia se sentindo encorajada e elevada. "Fortificada", foi o que Harold Nicolson escreveu.[12] Apesar das circunstâncias sombrias, e da perspectiva ainda pior de que a França declarasse guerra ao Reino Unido, Nicolson sentiu algo parecido com júbilo. "Se conseguirmos aguentar", escreveu ele, "teremos realmente vencido a guerra. Que luta! Que chance para nós! Nossa ação contra a frota francesa causou tremendo efeito em todo o mundo. Estou o mais firme possível."

O aplauso durou vários minutos. Churchill chorou. No meio do tumulto, John Colville o ouviu dizer: "Isso é devastador para mim."[13]

O público também aplaudiu. A pesquisa da Inteligência Doméstica de 4 de julho relatou que a notícia do ataque "foi recebida em todas as regiões com satisfação e alívio [...]. Considera-se que esta ação intensa dá bem-vindos indícios do vigor e da determinação do governo".[14] A pesquisa Gallup de julho de 1940 apontou que 88% dos britânicos aprovavam o primeiro-ministro.

No Almirantado, no entanto, houve condenação. Os oficiais graduados envolvidos no ataque o chamaram de "um ato de pura traição".[15] Os oficiais navais franceses enviaram a Somerville uma carta contundente, de acordo com Pug Ismay, acusando o almirante de "ter desonrado a profissão naval". Somerville parecia relevar a repressão, mas, escreveu Ismay: "Tenho certeza de que isso o afetou profundamente."[16]

O episódio causou um momento tenso durante o almoço no nº 10 da Downing Street logo depois. Clementine ouviu que um dos convidados esperados, o general Charles de Gaulle, então morando na Inglaterra, estava num humor ainda mais tempestuoso do que o normal, e que ela deveria garantir que todos se comportassem bem. Pamela Churchill estava entre os convidados.

Na cabeceira da mesa onde estava Clementine, a conversa começou a se aproximar de território perigoso. Ela disse a De Gaulle que esperava que a frota francesa agora se juntasse à Inglaterra na luta contra a Alemanha. Pamela lembraria que "o general respondeu bruscamente que, na opinião dele, o que realmente daria satisfação à frota francesa seria apontar suas armas 'contra *vocês*!'".[17] Ou seja, contra a frota britânica.

Clementine gostava do general De Gaulle, mas, ciente de quão profundamente seu marido lamentava ter afundado os navios franceses, ela então se voltou para o general e, em seu francês perfeito, cobrou-o por "proferir palavras e sentimentos que não convêm nem para um aliado nem para um convidado deste país", segundo descreveu Pamela.

Churchill, no outro canto da mesa, tentou dispersar a tensão. Ele se inclinou para a frente e, num tom de desculpas, em francês, disse: "Por favor, desculpe a minha esposa, meu general; ela fala francês bem demais".

Clementine olhou para Churchill.[18]

"Não, Winston", disparou ela.

Ela se voltou para De Gaulle e, de novo em francês, disse: "Não é por isso. Há certas coisas que uma mulher pode dizer para um homem que um homem não pode. E eu as estou dizendo para o senhor, general De Gaulle."

No dia seguinte, como forma de se desculpar, De Gaulle enviou a ela uma grande cesta de flores.

Capítulo 20
Berlim

Hitler falava sério sobre tentar um acordo com a Grã-Bretanha para encerrar a guerra, embora estivesse cada vez mais convencido de que isso não poderia ser feito com Churchill no poder. O ataque britânico à frota francesa em Mers el-Kébir não havia deixado dúvidas. Em julho, Hitler se encontrou com seu vice, Rudolf Hess, e falou sobre sua frustração, transmitindo seu "desejo" de que Hess encontrasse uma maneira de promover a remoção de Churchill como primeiro-ministro, a fim de abrir caminho para negociações com um sucessor presumivelmente mais flexível.[1] Para Hess, Hitler o estava colocando como responsável por assegurar a paz no Oeste.

Hess via isso como uma honra muito bem-vinda. Durante certo tempo ele havia sido mais próximo de Hitler do que qualquer outro membro do partido. Por oito anos, serviu como secretário particular de Hitler, e, após o abortado golpe nazista de 1923, esteve, juntamente com Hitler na prisão de Landsberg, onde Hitler começou a escrever *Mein Kampf*. Hess datilografou o manuscrito. Ele entendia que um princípio central da estratégia geopolítica de Hitler apresentado no livro era a importância da paz com o Reino Unido, e sabia quão forte era a crença de Hitler de que na guerra anterior a Alemanha havia cometido o erro fatal de provocar o Reino Unido a lutar. Hess se considerava tão afinado com Hitler que podia executar seus desejos sem receber ordens. Ele odiava judeus, e orquestrou muitas das restrições à vida deles. Hess se colocava como a encarnação do espírito nazista, e assumiu a responsabilidade por perpetuar a adoração nacional a Hitler e assegurar a pureza do partido.

Mas, com o advento da guerra, Hess perdeu espaço, e homens como Hermann Göring começaram a ascender. Ao receber uma tarefa tão importante

Hess deve certamente ter se sentido mais seguro. O tempo era curto, no entanto. Com a França derrotada, o Reino Unido devia ceder ou enfrentar sua aniquilação. De uma forma ou de outra, Churchill tinha de ser tirado do cargo.

Em sua conversa com Hess, Hitler expressou sua frustração com a intransigência da Inglaterra de uma maneira que, dados os acontecimentos que ocorreriam em breve, pareceria pelo menos superficialmente profética.

"O que mais eu posso fazer?", perguntou Hitler. "Não posso voar até lá e implorar de joelhos."[2]

O ATAQUE EM MERS EL-KÉBIR de fato surpreendeu os líderes nazistas, mas o ministro da Propaganda, Joseph Goebbels, agora via que o incidente abria um novo caminho para a guerra de propaganda da Alemanha contra o Reino Unido. Em sua reunião matutina de 4 de julho, ele instruiu seus subalternos a dizer que o incidente revelava outra vez que a França estava suportando o peso da guerra, mesmo que o Reino Unido tivesse alegado que o ataque era de interesse da França. "Dessa vez", disse ele ao grupo, "o Reino Unido finalmente deixou cair a máscara".[3]

Todos os esforços deveriam ser feitos para continuar a nutrir o ódio pelo Reino Unido, e por Churchill em particular, mas não a ponto de fazer a população clamar por um ataque total. Goebbels sabia que Hitler continuava ambivalente quanto à invasão, e ainda preferia uma solução negociada. "Portanto, é necessário ganhar tempo, pois não podemos antecipar a decisão do *Führer*", disse Goebbels. "O clima precisa ser mantido morno, enquanto for possível, até que o próprio *Führer* fale."

E Hitler realmente tinha planos de falar logo, como Goebbels sabia. Antecipando o discurso dele, Goebbels, na reunião dois dias depois, enfatizou que, por enquanto, o Ministério da Propaganda deveria promover a ideia de que os ingleses "deveriam ter uma última chance de pagar um preço relativamente baixo".[4]

Goebbels acreditava que o próximo discurso de Hitler poderia alterar o curso da guerra, possivelmente encerrá-la — e, se isso falhasse, pelo menos deveria apontar um novo filão para se alimentar o ódio do público contra Churchill.

No Nº 10 DA DOWNING STREET NAQUELA SEMANA, a ansiedade quanto ao risco de os franceses declararem guerra aos ingleses e quanto à possível invasão alemã aumentou. Em 3 de julho, um relatório dos chefes de estado-maior alertava que "grandes operações contra este país, seja por meio de invasão e/ou pesado ataque aéreo, podem começar a qualquer dia a partir de agora".[5] O relatório listava fatos ameaçadores detectados por fontes de reconhecimento e inteligência, entre elas certamente "fontes secretas", uma referência sem dúvida a Bletchley Park. Na Noruega, as forças alemãs estavam requisitando e armando embarcações; o país tinha oitocentos barcos de pesca. A Luftwaffe estava transferindo aeronaves de transporte de tropas para suas bases na linha de frente. A Marinha Alemã realizou um exercício de desembarque de anfíbios na costa do Báltico e dois regimentos de tropas de paraquedistas se transferiram para a Bélgica. Talvez o mais ameaçador: "Informação de nossa fonte mais confiável indica que os alemães irão realizar um desfile de suas forças armadas em PARIS em algum momento depois de 10 de julho."[6] Hitler, ao que tudo indicava, considerava a vitória certa.

"Tenho a impressão", escreveu John Colville, "de que a Alemanha está se preparando para um grande salto; e é uma impressão ruim".[7]

Uma ação alemã que acontecera alguns dias antes, no dia do discurso de Churchill sobre a batalha de Mers el-Kébir, aumentava ainda mais suas preocupações. Vinte bombardeiros de mergulho alemães haviam atacado alvos na ilha de Portland, que se projeta para o canal da costa sul da Inglaterra. Eles escaparam sem ser interceptados pela RAF — "um mau sinal para o futuro que isso possa acontecer impunemente em plena luz do dia", escreveu Colville.[8]

Capítulo 21
Champanhe e Garbo

NA QUARTA-FEIRA, 10 DE JULHO, Gay Margesson visitou Colville em Londres. Eles viram a opereta de Strauss *Die Fledermaus*, em inglês. A maior parte do público adorou o humor; Colville e Gay não, e saíram no meio do terceiro ato. "Nos intervalos", escreveu em seu diário, "Gay insistiu em falar sobre política, assunto em que ela é tão ignorante quanto preconceituosa, e se entrega a recriminações contra Chamberlain e seu governo. Pela primeira vez desde que a conheci, achei-a definitivamente tediosa e pueril".[1]

Como o próprio Colville admitia, ao procurar defeitos em Gay, ele esperava diminuir a dor da insistência dela em não retribuir sua afeição. Mas ele não conseguia evitar: ainda estava apaixonado.

Eles foram ao Café de Paris, um clube noturno popular, e lá, "seu charme e a verdadeira amabilidade se reafirmaram, e esqueci a impressão um tanto desagradável que estava formando". Eles conversaram, beberam champanhe e dançaram. Um ator fez imitações de Ingrid Bergman e Greta Garbo.

Colville estava de volta à sua cama — sozinho — às duas horas da manhã, feliz na crença de que Gay estaria finalmente começando a gostar dele.

Capítulo 22

Caímos tanto assim?

A INGLATERRA SE PREPARAVA PARA A INVASÃO. Tropas empilhavam sacos de areia e cavavam covas para encher de metralhadoras perto do Palácio de Westminster, sede do Parlamento e do Big Ben. Na praça do Parlamento, um pequeno reduto fortificado — um forte — estava disfarçado como um quiosque de livros da W. H. Smith. Sacos de areia e armas adornavam o terreno do Palácio de Buckingham, onde as grandes quantidades de tulipas dos jardins do palácio eram, de acordo com a escritora e colunista da *New Yorker*, Mollie Panter-Downes, "exatamente da cor de sangue".[1] A rainha começou a ter aulas para aprender a atirar com um revólver. "Sim", disse, "não vou cair como os outros".[2] No Hyde Park, soldados cavavam trincheiras antitanques e erguiam obstáculos para evitar que planadores alemães pousassem com tropas no coração de Londres. Um panfleto do governo sobre como se comportar durante uma invasão alertava os cidadãos a ficar em suas casas e não tentar correr, "porque, se você correr, será metralhado do ar, como os civis na Holanda e na Bélgica".[3]

A cada dia, uma parcela cada vez maior do público inglês testemunhava diretamente a guerra à medida que bombardeiros alemães, acompanhados por nuvens de caças, estendiam suas expedições cada vez mais para dentro do reino. Naquela semana, um único bombardeiro atacou Aberdeen, na Escócia, despejando dez bombas que mataram 35 pessoas, sem em momento algum disparar o alarme de ataque aéreo. Na mesma noite, outros bombardeiros acertaram Cardiff, Tyneside e as cercanias de Glasgow. Quarenta bombardeiros de mergulho com escolta de caças atacaram o porto em Dover; bombas explosivas e incendiárias caíram em Avonmouth, Colchester, Brighton, Hove e a ilha de Sheppey. Churchill se certificou de que Roosevelt soubesse de todos esses ataques. Agora, o Escritório das Relações Exteriores estava despachando telegramas diários para o presidente sobre a "situação da guerra", relatos cotidianos das ações em todos os lugares, entregues pelo embaixador do Reino Unido em Washington.[4] Esses relatórios tinham dois propósitos: manter o presidente informado e, mais importante, garantir que Roosevelt entendesse que a necessidade britânica da ajuda americana era real e urgente.

Os ataques alemães eram frequentemente interceptados por caças britânicos, o que dava aos civis em solo uma visão clara da guerra aérea. Os pilotos de caça da RAF rapidamente se tornaram os heróis da época, assim como seus colegas do comando de bombardeiros da RAF. Estabelecida em 1º de abril de 1918, nos últimos meses da guerra anterior, a RAF consolidou as unidades dispersas operadas pelo Exército e a Marinha de forma a melhor defender-se contra ataques aéreos. E era agora reconhecida como a primeira linha de defesa contra a Alemanha.

Para Mary Churchill e sua amiga Judy Montagu, os pilotos eram deuses. As duas garotas estavam passando o "auge do verão" juntas na casa de campo de Judy, Breccles Hall, em Norfolk, onde quase toda tarde flertavam com tripulações de bombardeiros das bases próximas. À noite, elas iam a bailes dos aviadores, que Mary descreveu como "festas muito animadas e barulhentas, e com muita bebida, algumas vezes com um fundo de tensão (especialmente se os aviões não tivessem retornado)".[5] Elas fizeram "amigos especiais", como Mary os chamava, e Judy os convidava para a casa "para jogar tênis, nadar, não fazer nada, desfrutar de sessões de amassos no celeiro, ou apenas sentar para fofocar no jardim". Os homens tinham, na maior parte, vinte anos e eram de classe média e solteiros. Mary os achava charmosos. Ela se deliciava quando os pilotos realizavam rasantes — voando sobre Breccles, quase encostando nas árvores. Uma vez, tripulações da base vizinha de Watton "fizeram a mais soberba demonstração de voos rasantes que se pode conceber", escreveu Mary em seu diário. "Um esquadrão de Blenheims apareceu, e, um após outro, os aviões mergulharam até sete ou dez metros do solo. Nós quase desmaiamos de empolgação."[6]

Todo dia, esses mesmos pilotos participavam de voos arriscados, que, para Churchill, determinariam o destino do Império Britânico. Civis assistiam às batalhas aéreas da segurança de seus jardins ou andando pelas ruas ou em prados bucólicos, enquanto trilhas circulares enchiam o céu acima. Ao anoitecer, essas trilhas recebiam o resto da luz solar e ficavam de um âmbar luminescente; ao amanhecer, tornavam-se espirais em madrepérola. Aeronaves caíam em pastos e florestas; pilotos eram arremessados das cabines e, de paraquedas, seguiam à deriva para terra.

Em 14 de julho, uma equipe móvel da rádio BBC estacionou nos penhascos de Dover na esperança de flagrar uma batalha aérea em andamento e fez um relato que alguns ouvintes acharam entusiasmado demais. O locutor da BBC, Charles Gardner, transformou a batalha numa narração lance a lance que tinha mais em comum com um jogo de futebol do que com uma reportagem a respeito de uma batalha mortal sobre o canal. A muitos ouvintes isso pareceu indecoroso. Uma mulher de Londres escreveu para o *News Chronicle*: "Já caímos tanto assim a ponto de uma situação como essa poder ser tratada como um evento esportivo? Com gritos de alegria, somos chamados a ouvir as metralhadoras, a visualizar o piloto, preso em seu paraquedas, se debatendo na água." Ela avisou, com certo grau de presciência: "Se esse tipo de situação seguir sem controle, logo teremos microfones instalados em qualquer frente de batalha disponível, com diagramas impressos no 'Radio Times' para nos ajudar a seguir a ação."[7] Olivia Cockett, autora de diário do Grupo de Observação de Massas, também achou repugnante. "Não deveria ser permitido", insistiu. "Transforma em jogo e esporte as agonias, não para ajudar as pessoas a tolerá-las, mas para despertar os sentimentos mais violentos, brutos e mais extremos de violência cruel."[8]

O que tornava isso ainda pior, disse uma mulher a um pesquisador da Inteligência Doméstica, era o "sotaque indiferente de Oxford" do locutor.[9]

Mas o relatório da Inteligência Doméstica divulgado no dia seguinte, 15 de julho, depois de uma rápida pesquisa com trezentos habitantes de Londres, afirmava que "uma maioria considerável falou com entusiasmo da transmissão".[10] A escritora e colunista da *New Yorker* Panter-Downes suspeitava de que uma maioria considerável se divertira com o drama. Ela escreveu em seu diário: "A maioria dos cidadãos decentes, possivelmente menos melindrosos, sentou-se ao lado de seus rádios, presa a seus assentos, e torceu."[11]

O que agradou especialmente ao público foi que a RAF parecia consistentemente ser melhor do que a Luftwaffe. Na batalha em Dover, como Churchill contou a Roosevelt em um dos telegramas diários de atualização do Escritório de Relações Exteriores, os alemães sofreram seis perdas (três caças, três bombardeiros); os britânicos só perderam um Hurricane. O relatório de 15 de julho da Inteligência Doméstica descobriu que, para o público que via do solo, "a derrubada dos invasores [...] tinha um efeito psicológico imensamente maior do que a vantagem militar ganha".[12]

O próprio Churchill achava tudo emocionante. "Afinal", disse ele a um entrevistador do *Chicago Daily News* no fim daquela semana, "o que de mais glorioso um espirituoso jovem pode experimentar do que encontrar um oponente a seiscentos quilômetros por hora, com doze ou quinze cavalos de potência nas mãos e poder ofensivo ilimitado? É a mais esplêndida forma de caça imaginável".[13]

Em julho, com sua abortada renúncia já perdoada e esquecida, lorde Beaverbrook voltou com força à produção de caças. Ele construía aviões num ritmo furioso, e fazia inimigos com a mesma rapidez, mas também se tornou um filho adorado da Inglaterra. Embora fosse um bandido na visão de seus antagonistas, lorde Beaverbrook tinha uma sutil compreensão da natureza humana e era perito em mobilizar trabalhadores e o público a favor de sua causa. É o caso do seu "Fundo Spitfire".

Sem que houvesse estímulo da parte dele nem do Ministério do Ar, cidadãos da Jamaica (uma colônia britânica até 1962) contribuíram com dinheiro para a construção de um bombardeiro e enviaram-no para Beaverbrook, por meio do maior jornal da ilha, o *Daily Gleaner*. Isso agradou a Beaverbrook, que garantiu que o presente e seu telegrama de agradecimento tivessem ampla divulgação.

Logo depois, outros presentes começaram a chegar, de locais tão distantes quanto a América e o Ceilão, e, mais uma vez, Beaverbrook enviou telegramas de agradecimento e garantiu que as mensagens tivessem cobertura nacional. Logo ocorreu a ele que essa generosidade cívica poderia ser usada não apenas para gerar uma receita muito necessária para construir aviões, mas também para aumentar o envolvimento com o esforço de guerra entre o público e, mais importante, entre os trabalhadores de suas fábricas de aviões, que ele acreditava sofrerem de uma persistente "falta de motivação".

Ele nunca fez um pedido público por contribuições; em vez disso, fazia um show deliberado para reconhecer as doações que chegavam. Quando as doações chegavam a um certo valor, os doadores podiam escolher dar nome a um caça específico; um total maior permitia que os doadores batizassem um bombardeiro. "Nomear uma frota aérea inteira se tornou um objetivo", relembrou David Farrer, um dos secretários de Beaverbrook.[14] Logo a BBC começou a anunciar os nomes dos doadores no ar durante sua transmissão noturna de notícias. Primeiro, Beaverbrook escrevia uma carta pessoal para cada doador, mas, quando isso se tornou uma obrigação grande demais, ele fez seus secretários escolherem os presentes mais dignos de atenção, fosse pelo valor, fosse pela história por trás do presente. Uma criança que abria mão de alguns centavos tinha a mesma chance que um rico industrial de receber uma carta.

Uma torrente de dinheiro começou a fluir para o Ministério de Produção de Aeronaves, a maior parte em pequenos valores, e a se acumular naquilo que os próprios doadores começaram a chamar de Fundo Spitfire, devido à preferência pelo caça que se tornara o ícone da guerra aérea (ainda que a RAF tivesse mais Hurricanes do que Spitfires). Embora os detratores de Beaverbrook desprezassem o fundo como apenas mais uma de suas "acrobacias", na verdade, ele logo começou a receber contribuições num ritmo de 1 milhão de libras por mês, cerca de US$ 64 milhões hoje. Em maio de 1941, o total arrecadado chegaria a 13 milhões de libras (US$ 832 milhões),[15] momento em que, segundo Farrer, "praticamente toda grande cidade britânica tinha seu nome em uma aeronave".

O fundo tinha apenas um efeito marginal na produção total de caças e bombardeiros, mas Beaverbrook via valor maior na sua influência espiritual. "Para inúmeros homens e mulheres", escreveu o secretário Farrer, "ele facilitou o caminho para ter um maior interesse na guerra e dar uma contribuição entusiasmada".

Beaverbrook também encontrou outras maneiras, igualmente ardilosas, de conseguir um engajamento maior. Assim como Churchill, ele reconhecia o poder dos símbolos. Ele enviava pilotos da RAF a fábricas, para estabelecer uma conexão direta entre o trabalho de construir aviões e os homens que os pilotavam. Ele insistia que fossem realmente pilotos na ativa, com asas em seus uniformes, não apenas oficiais da RAF tirados brevemente de suas escrivaninhas. Beaverbrook também ordenou que as fuselagens dos aviões alemães abatidos fossem expostas por todo o país, e de uma maneira que o público não suspeitasse do envolvimento do ministro da Produção de Aeronaves. Ele via grandes benefícios em ter caminhonetes carregando os aviões abatidos pelas cidades bombardeadas. Esse "circo", como ele o chamava, era sempre bem recebido, mas especialmente nos locais mais fortemente atacados. "As pessoas pareciam muito contentes em ver a aeronave", disse Beaverbrook a Churchill, "e o circo causava um grande efeito".[16]

Quando fazendeiros, anciãos de vilarejos e operadores de campos de golfe reclamavam sobre aeronaves alemãs em seus campos, praças e gramados, Beaverbrook resolveu que o melhor era demorar um tempo para remover os aviões — o oposto da pressa com a qual ele recuperava caças aproveitáveis da RAF. Depois da reclamação de um campo de golfe, ele determinou que o avião fosse deixado como estava. "Fará bem aos jogadores ver a máquina abatida", disse ele a seu publicitário. "Isso os deixará conscientes da batalha."[17]

INDIGNADO COM A RESISTÊNCIA e a retórica de Churchill, Hitler ordenou o que o Reino Unido temia: um ataque pleno vindo do mar. Até agora, não existia um plano concreto para uma invasão da Inglaterra, fosse científico ou não. Na terça-feira, 16 de julho, Hitler emitiu a Diretriz nº 16, intitulada "Sobre os preparativos para a operação de desembarque contra a Inglaterra", e deu ao plano o codinome de *Seelöwe*, ou "Leão do Mar".[18]

"Uma vez que a Inglaterra, apesar de sua situação militar lamentável, não mostra sinais de estar pronta para chegar a um acordo", começava a diretriz, "decidi preparar uma operação de desembarque contra a Inglaterra, e, se necessário, colocá-la em prática".

Ele antecipava um vasto ataque a partir do mar: "O desembarque será na forma de uma travessia surpresa de uma ampla frente aproximadamente desde Ramsgate até a área a oeste da ilha de Wight". Isso compreendia uma faixa da costa inglesa que incluía praias no estreito de Dover, a parte mais estreita do Canal da Mancha. (Seus comandantes previam até mesmo 1.600 embarcações desembarcando a primeira onda de cem mil homens). Todo o planejamento e a preparação para a Operação Leão do Mar deveriam estar concluídos até meados de agosto, escreveu Hitler. Ele identificava objetivos que tinham de ser atingidos antes que a invasão pudesse começar, entre eles principalmente: "A Força Aérea britânica precisa ter sido reduzida tanto moral quanto fisicamente, de forma que seja incapaz de realizar qualquer ataque significativo contra a travessia dos invasores alemães."

Capítulo 23
O que há em um nome?

UMA CRISE PEQUENA, MAS DE CARÁTER URGENTE, surgiu de repente na família Churchill.[1]

Em julho, Pamela Churchill estava convencida de que seu bebê seria um menino, e decidiu chamar a criança de Winston Spencer Churchill, em homenagem ao primeiro-ministro. Mas, naquele mesmo mês, a duquesa de Marlborough, cujo marido era primo de Churchill, deu à luz um menino e usou o nome para seu filho.

Pamela ficou arrasada e furiosa. Ela foi a Churchill chorando, e implorou para que ele fizesse algo. Churchill concordou que quem tinha o direito de conceder o nome era ele, e que era mais apropriado dá-lo a um neto do que a um sobrinho. Ele chamou a duquesa e disse a ela sem rodeios que o nome pertencia a ele, e que seria dado ao filho de Pamela.

A duquesa protestou que o filho de Pamela não havia nem nascido ainda; obviamente, não havia como ter certeza de que seria um menino.

"Claro que será", disparou Churchill. "E se não for dessa vez, será na próxima."

O duque e a duquesa renomearam o filho Charles.

Capítulo 24
O apelo do tirano

Na sexta-feira, 19 de julho, Hitler caminhou até a tribuna da Ópera Kroll, em Berlim, para falar ao Reichstag, o Legislativo da Alemanha, que se reunia naquele prédio desde o incêndio que inutilizara a sede oficial do Parlamento em 1933. No estrado, perto de Hitler, estava sentado o chefe da Luftwaffe, Göring, grande e alegre, "como uma criança feliz brincando com seus brinquedos na manhã de Natal", escreveu o correspondente William Shirer, que testemunhou o discurso.[1] Em um aparte, Shirer acrescentou: "Que fatalidade que alguns dos brinquedos dele, além do ferrorama no sótão de Carinhall, calhem de ser bombardeiros Stuka!" Göring e uma dezena de generais estavam para receber suas promoções naquela noite — os generais, à patente de marechal de campo, e Göring, já marechal de campo, à recém-criada patente de *Reichsmarschall*. Hitler o conhecia bem. Ele entendia a necessidade de Göring de atenção especial e medalhas reluzentes.

Antes disso, na sexta-feira, o ministro da Propaganda, Joseph Goebbels, havia feito sua reunião regular matutina sobre o discurso e seu efeito potencial, de acordo com as atas da sessão. Ele alertou que a reação internacional provavelmente não atingiria seu potencial total por dois ou três dias, mas que certamente iria dividir a opinião pública no Reino Unido, até mesmo a ponto de forçar a renúncia de Churchill. A ata da reunião declarava: "O ministro enfatizou que o destino do Reino Unido será decidido hoje à noite."[2]

Enquanto Hitler começava a falar, Shirer, sentado na plateia, foi novamente surpreendido por suas habilidades retóricas: "Um ator tão incrível", escreveu Shirer em seu diário, "um manipulador tão magnífico da mente alemã".[3]

Ele se maravilhava com o modo como Hitler conseguia se colocar tanto como conquistador quanto como alguém que humildemente suplica pela paz. Ele notou também que Hitler falou num tom mais baixo do que o normal, e sem seu histrionismo habitual. Ele usava o corpo para destacar e amplificar os pensamentos que tentava transmitir, inclinando a cabeça para comunicar ironia, movendo-se com a graça de uma cobra. O que atraiu especialmente a atenção de Shirer foi a maneira como Hitler movia as mãos. "Esta noite ele usou aquelas mãos lindamente, parecendo se expressar tanto com as mãos — e com o movimento do corpo — quanto com as palavras e o uso da voz."

Primeiro Hitler recapitulou a história da guerra até o momento, culpando os judeus, maçons e os belicistas anglo-franceses, principalmente Churchill.[4] "Sinto profundo desgosto por esse tipo de político inescrupuloso que destrói nações e Estados inteiros", disse Hitler. Ele falou da guerra como uma busca pela restauração da honra da Alemanha, e como o resgate da nação da opressão do Tratado de Versalhes. Ele parabenizou seu Exército e seus generais, citando muitos pelo nome, destacando também Rudolf Hess, seu vice; Heinrich Himmler, chefe da força de proteção de Hitler, a SS; Joseph Goebbels; e Göring, claramente seu favorito entre os quatro, a quem ele dedicou vários minutos de vigoroso elogio.

"Durante o discurso de Hitler", observou Shirer, "Göring se debruçou sobre sua mesa mascando seu lápis e anotando em grandes garranchos a fala que faria após Hitler terminar. Ele mordia o lápis e franzia a testa e rabiscava como um garotinho na escola escrevendo uma redação que precisa ser terminada antes do fim da aula".[5] De tempos em tempos, Göring sorria e aplaudia, batendo as mãos grandes com força exagerada. Hitler anunciou a promoção de Göring e entregou a ele a nova insígnia necessária para seu uniforme. Göring abriu a caixa, espiou dentro dela e voltou a mascar seu lápis. "Orgulho pueril e satisfação eram quase comoventes num assassino velho como ele é", escreveu Shirer.

Hitler se voltou para o futuro. Proclamou seu Exército o mais poderoso e prometeu responder aos ataques aéreos britânicos contra a Alemanha de uma maneira que iria causar "sofrimento e miséria sem fim" à Inglaterra — embora não para o próprio Churchill, disse, "pois ele sem dúvida já estará no Canadá, onde o dinheiro e as crianças dos principais interessados na guerra já estão. Para milhões de outras pessoas, um grande sofrimento irá começar".

Agora vinha o trecho do discurso que Goebbels acreditava ser o destino do Reino Unido. "Sr. Churchill", disse Hitler, "[...] pelo menos desta vez acredite quando digo que um grande império será destruído, um império que nunca tive a intenção de destruir ou mesmo de ferir".

O único resultado possível da guerra, alertou, era a aniquilação ou da Alemanha ou do Reino Unido. "Churchill pode acreditar que será a Alemanha", disse. "Eu sei que será o Reino Unido." Com as mãos e o corpo, ele transmitia que isso não era apenas uma ameaça. "Nesta hora, sinto que é meu dever diante da minha própria consciência apelar mais uma vez à razão e ao senso comum da Grã-Bretanha tanto quanto em outros lugares. Vejo que estou em posição de fazer este apelo, uma vez que não sou o derrotado implorando por favores, mas o vitorioso falando em nome da razão."

Abruptamente, o conquistador deu lugar ao *Führer* humilde. "Não vejo por que esta guerra deva continuar", disse ele. "Lamento pensar nos sacrifícios que ela irá exigir. Gostaria de evitá-los."

ACIMA, O ÁS ALEMÃO ADOLF GALLAND e seu grupo de aeronaves voavam formando um escudo sobre a Ópera de Berlim para protegê-la contra bombardeiros da RAF, uma missão pensada para honrar seu desempenho na campanha francesa.

Apesar de ter apenas 28 anos, Galland era agora um piloto de combate veterano, comandante de seu próprio grupo de caças. Com orelhas grandes, moreno, bigode preto e um sorriso largo, ele não tinha nada da frigidez de que o Partido Nazista gostava; nem era um devoto ardente da ideologia do partido. Ele tinha uma aparência elegante, e muitas vezes usava seu quepe de oficial inclinado. No dia anterior ao discurso, foi promovido a major e premiado com sua terceira Cruz do Cavaleiro por ter abatido dezessete aeronaves e fornecido apoio efetivo às forças terrestres da Alemanha. Quando seu comandante, Albert Kesselring, entregou-lhe o prêmio, no entanto, o total de mortes verificadas de Galland havia subido para trinta. Seu papel como guardião aéreo durante o discurso de Hitler não foi meramente uma honraria, escreveu ele mais tarde: "Uma bomba na Ópera Kroll teria eliminado todo o Alto-Comando Alemão de uma só vez; então, a precaução parecia bem justificada."[6]

A jornada de Galland até aquele momento era uma representação da história da criação e do florescimento da Luftwaffe como um todo.[7] Galland ficara obcecado por aviação na juventude, com sua imaginação estimulada pelos relatos pós-guerra das façanhas aéreas do barão Von Richthofen. Aos dezessete anos, começou a voar com planadores. Seu pai o pressionou para se alistar no Exército, mas Galland só queria voar, e procurou uma maneira de ganhar a vida no ar. O que ele mais queria era pilotar uma aeronave motorizada. E viu apenas um caminho: se tornar um piloto na recém-fundada companhia aérea da Alemanha, Deutsche Luft Hansa, que logo seria conhecida simplesmente como Lufthansa. Mas muitos outros jovens entusiastas do voo pareciam compartilhar a mesma ambição. A inscrição de Galland para a Escola de Pilotos da Linha Aérea Alemã era uma entre vinte mil, das quais a escola escolheu cem candidatos. Apenas vinte foram aprovados no final, Galland entre eles. No fim de 1932, ele havia conseguido um certificado preliminar de pilotagem.

Nesse ponto, a situação tomou um rumo inesperado. Galland e outros quatro estudantes receberam ordens para se apresentar à escola de aviação em Berlim, na qual foram convidados a entrar em um curso secreto de pilotagem de aeronaves militares — secreto porque Hitler, naquele momento, estava começando sua campanha para rearmar a Alemanha, desafiando o Tratado de Versalhes, que havia encerrado a Grande Guerra. Os cinco aceitaram a oferta; eles viajaram à paisana para um campo de pouso perto de Munique, onde participaram de palestras sobre táticas e passaram 25 horas voando em velhos biplanos, aprendendo técnicas como voar em formação e bombardear alvos em terra. O ponto alto, lembraria Galland, foi uma visita de Hermann Göring, que havia iniciado secretamente a construção de uma nova Força Aérea.

Depois de um breve período como copiloto numa companhia aérea, Galland foi convocado, em dezembro de 1933, de volta a Berlim e convidado a se juntar à ainda secreta força de Göring, a Luftwaffe; no outono seguinte, ele foi indicado para sua primeira unidade de caças. Quando a Força Aérea começou a voar em missões de combate na Guerra Civil Espanhola, em apoio às forças nacionalistas do general Francisco Franco, e os pilotos voltaram com histórias que retratavam uma vida de romance e ousadia, Galland se voluntariou. Logo se viu a bordo de um navio cargueiro a vapor com destino à Espanha, junto com outros 370 membros da Luftwaffe, de novo à paisana e com documentos civis. Na Espanha, Galland ficou decepcionado ao se ver colocado como responsável por um grupo de pilotos equipados com biplanos, enquanto seus colegas pilotos voavam no caça mais moderno, o Messerschmitt Me 109.[8]

A experiência espanhola da Luftwaffe ensinou muitas lições valiosas sobre a guerra aérea, mas também convenceu Göring e outros oficiais graduados de um erro. Os bombardeiros que a Alemanha usou na Espanha eram mais rápidos do que os aviões antiquados do inimigo que encontraram, e isso, logo de cara, criou uma convicção, mais baseada em desejos do que em fatos, de que os bombardeiros não precisavam de escolta de caças.

Galland seguiu participando de cada uma das invasões-relâmpago de Hitler, e foi finalmente designado para um grupo de caças com os aviões mais novos. Logo ele teve seus primeiros encontros com os pilotos britânicos da RAF voando com os novíssimos Hurricanes e Spitfires. Ele imediatamente entendeu que, daquele ponto em diante, iria enfrentar oponentes muito diferentes dos que havia encontrado até então — o tipo de embate que ele dizia desejar, "quando cada combate aéreo implacável era uma questão de 'ou você ou eu'".

Os caças de primeira linha dos dois lados eram mais ou menos equivalentes, embora cada um tivesse atributos que resultavam em vantagens sob condições particulares. Os Spitfires e Hurricanes eram mais bem armados e mais manobráveis, mas os Messerschmitt Me 109 tinham melhor desempenho em altitudes elevadas e eram menos vulneráveis. O Spitfire tinha oito metralhadoras, o Me 109, apenas duas, mas também tinha dois canhões que atiravam projéteis explosivos. Os três caças eram aviões monoplanos, monomotores capazes de voar a velocidades inéditas — muito acima de quinhentos quilômetros por hora —, mas todos tinham a mesma limitação: sua capacidade de combustível permitia apenas noventa minutos de voo, só o suficiente para ir até Londres e voltar. No geral, os Messerschmitt eram considerados aeronaves superiores, mas uma vantagem mais importante era o fato de os pilotos alemães, como Galland, terem muito mais experiência em combate aéreo. A média de idade de um piloto de caça da Luftwaffe era 26 anos; seus colegas da RAF tinham vinte.

A cada vitória rápida do Exército alemão, o grupo de caças de Galland se mudava para um novo campo de pouso para se manter junto ao front que avançava e, portanto, estar mais perto da costa francesa, próximo da Inglaterra. Cada avanço significava um aumento no tempo que um caça podia ter de combate sobre território inglês. Exceto se um acordo de paz fosse selado entre Churchill e Hitler, a próxima fase da guerra iria começar. Na visão de Galland, o resultado era certo: a Inglaterra seria destruída.

A PRIMEIRA RESPOSTA DO REINO UNIDO ao discurso de Hitler chegou uma hora após sua conclusão, na forma de um comentário transmitido pela BBC, sem autorização prévia nem de Churchill nem do secretário das Relações Exteriores, Halifax. O comentarista, Sefton Delmer, não mediu palavras. "Vou dizer o que pensamos aqui na Grã-Bretanha sobre este apelo àquilo que você gosta de chamar de razão e bom senso", disse ele. "*Herr Führer* e chanceler do Reich, nós o atiramos de volta aos seus dentes fétidos!"[9]

William Shirer estava presente no centro de rádio alemão em Berlim, se preparando para transmitir seu relato sobre o discurso de Hitler, quando ouviu a resposta da BBC. Os vários oficiais presentes no estúdio "não acreditaram no que ouviram", escreveu Shirer.[10] Um deles gritou: "Vocês conseguem entender? Conseguem entender esses tolos britânicos? Recusar a paz agora?... São loucos".

A resposta oficial do Reino Unido chegou três dias depois, mas não por meio de Churchill. "Não me proponho a responder ao discurso de *Herr* Hitler, uma vez que não dialogo com ele", gracejou ele.[11] O secretário das Relações Exteriores, Halifax, respondeu na segunda-feira, 22 de julho, às 21h15. A mensagem foi clara. "Não vamos parar de lutar", disse ele, "até que a liberdade para nós e para os outros esteja assegurada".[12]

O ministro da Propaganda, Goebbels, instruiu a imprensa alemã a descrever a rejeição oficial de Halifax como um "crime de guerra". Em sua reunião matutina na quarta-feira, 24 de julho, Goebbels delineou como o aparato de propaganda da Alemanha iria proceder a partir de então: "A desconfiança deve ser semeada na casta plutocrática dominante, e deve ser instigado o medo com relação ao que está para acontecer. Tudo isso deve ser estabelecido da forma mais firme possível."[13]

A coleção de "transmissores secretos" do ministério, disfarçados de estações de rádio inglesas, mas baseadas na Alemanha, deveria agora ser colocada em uso, "para criar alarme e medo entre os britânicos". Eles deveriam se esforçar para disfarçar suas origens alemãs, a ponto de começar suas transmissões com críticas ao Partido Nazista e encher suas reportagens de detalhes terríveis dos mortos e feridos dos ataques aéreos, de forma que, quando os primeiros raides contra a Inglaterra acontecessem, os populares ficassem em pânico. Goebbels também determinou transmissões que pareciam ser aulas sobre como se preparar para ataques aéreos, mas cujos detalhes precisos eram, na realidade, destinados a aterrorizar ainda mais os ouvintes britânicos.

Procurando aproveitar a ansiedade britânica com a possível invasão, Goebbels determinou que seus transmissores relatassem, falsamente, que o Exército alemão havia encontrado cem mil uniformes britânicos deixados em Dunquerque. "No momento certo, os transmissores secretos iriam então noticiar que paraquedistas foram deixados em diversos locais da Grã-Bretanha usando esses uniformes."[14]

AGORA QUASE TODOS OS CAÇAS da Alemanha estavam reunidos em campos de pouso na França ao longo da costa do canal, incluindo os aviões do grupo de Adolf Galland, estacionados num campo perto de Calais, a apenas 160 quilômetros do Centro de Londres.

Capítulo 25
A surpresa do Prof.

Em Whitehall, o Professor — Frederick Lindemann — ganhava rapidamente a reputação de pessoa difícil. Brilhante, sim, mas sempre com a tendência irritante de interromper o trabalho dos outros.

Na noite de sábado, 27 de julho, Lindemann se reuniu com os Churchill para jantar em Chequers. Como de costume, a casa estava cheia de convidados: Beaverbrook, Ismay, uma das filhas de Churchill, Diana, e seu marido, Duncan Sandys, assim como vários oficiais militares graduados, incluindo o marechal de campo Sir John Dill, o chefe do Estado-Maior Imperial, e Sir James Marshall-Cornwall, comandante da 3ª Divisão do Exército Britânico, a maioria convidada para jantar e passar a noite. Mary Churchill estava ausente, ainda passando o verão na propriedade de Norfolk de sua prima e amiga Judy Montagu. Como sempre, os convidados estavam vestidos para o jantar — as mulheres, em vestidos de noite, os homens, trajando smoking; Lindemann vestia o paletó de sempre e calças listradas.

Churchill estava de bom humor — "borbulhando de entusiasmo e alegria contagiante", escreveria o general Marshall-Cornwall mais tarde.[1] O general sentou-se entre Churchill e o Professor, com o marechal de campo Dill em frente. Churchill gostava de chamar Dill pelas quatro letras da abreviação de seu título, CIGS (Chief of the Imperial General Staff, na sigla em inglês).

O champanhe chegou, e imediatamente Churchill começou a interrogar Marshall-Cornwall sobre a situação de duas divisões sob seu comando, que haviam escapado de Dunquerque com pouco ou nenhum equipamento. O general começou bem ao contar a Churchill que sua primeira tarefa havia sido enfatizar a ofensiva. Até aquele momento, explicou, seus comandados haviam estado "obcecados com táticas de defesa; o objetivo principal de todos era ficar atrás de um obstáculo antitanque". O novo slogan das divisões, disse Marshall-Cornwall, era "acertar, não se sentar".

Churchill ficou encantado. "Esplêndido", disse ao general. "Este é o espírito que quero ver." A aparente confiança de Marshall-Cornwall levou Churchill a fazer uma nova pergunta: "Imagino, então, que suas divisões estejam prontas para ir a campo."

"Não exatamente, senhor", disse Marshall-Cornwall. "Nossos reequipamentos não passam nem perto de estar prontos, e, quando estiverem, precisaremos de mais um mês ou dois de treinamento intensivo."

O humor de Churchill esfriou. Com um olhar furioso e descrente, ele pegou um maço de papéis no bolso de seu paletó, o último relatório de "Situação de prontidão" do Professor. Tratava-se de uma compilação estatística que o escritório de Lindemann passara a produzir no início do mês, a pedido de Churchill, com o propósito de mostrar o estado de preparação de cada divisão do Exército semana a semana, com informações que chegavam a detalhar fuzis, metralhadoras e morteiros. Essas compilações se tornaram fonte de irritação em Whitehall. "Estamos cientes", disse um oficial sênior do Escritório de Guerra, "que os dados já foram usados no passado pelo departamento do professor Lindemann de maneira a passar uma impressão errada para o primeiro-ministro".

Churchill abriu o maço de estatísticas que tinha acabado de retirar do bolso e perguntou ao general Marshall-Cornwall: "Quais são as suas duas divisões?"

"A 53ª (galesa) e a 2ª Londres", respondeu o general.

Com um dedo gorducho, Churchill percorreu os itens nas tabelas do Professor até encontrar as duas divisões.

"Aqui está", disse Churchill. "Cem por cento completo em termos de pessoal, fuzis e morteiros; 50% completo em artilharia de campo, fuzis antitanque e metralhadoras."

Isso assustou o general. Suas divisões não estavam prontas. "Perdão, senhor", disse. "Esses dados podem se referir às armas que os depósitos de munição estão preparando para enviar às minhas unidades, mas elas não chegaram ainda para as tropas nas quantidades indicadas."

Churchill olhou fixamente para ele, e, "quase mudo de raiva", como descreveu Marshall-Cornwall, jogou os papéis por cima da mesa para o general Dill, chefe do Estado-Maior Imperial.

"CIGS", disse. "Confira esses papéis e devolva-os para mim amanhã."

Por um momento, todas as conversas pararam. "Uma distração parecia necessária", escreveu Marshall-Cornwall. E Churchill a forneceu. Ele se inclinou para o Professor, que estava sentado em frente a Marshall-Cornwall.

"Professor!", berrou ele. "O que *você* tem para me contar hoje?"

Apesar de toda a aparente discrição de Lindemann — sua aparência pálida, voz baixa e personalidade pouco exuberante —, ele, na realidade, gostava de ser o centro das atenções, e entendia que podia usar sua aparente falta de presença para ampliar o impacto das coisas que dizia e fazia.

Então, diante da mesa, Lindemann, como se fosse um mágico, retirou do bolso do paletó uma granada de mão do tipo conhecido coloquialmente como bomba Mills, com as ranhuras clássicas de um "abacaxi" e uma alavanca e uma trava de metal circular.

Isso atraiu a atenção de todos. Um olhar de preocupação se espalhou pela mesa. Churchill gritou: "O que é isso, Professor, o que é!?"

"Esta", disse Lindemann, "é a ineficiente granada Mills, enviada para a infantaria britânica". Ela era construída a partir de dezenas de partes diferentes, explicou, cada uma produzida por um processo industrial. "Agora desenhei uma granada melhorada, que tem menos partes e tem carga explosiva 50% maior."

Churchill, sempre disposto a aderir a novos dispositivos e armas, exclamou: "Esplêndido, Professor, esplêndido! É isso o que queremos ouvir." Para o general Dill, ele disse: "CIGS! Cancele a produção de bombas Mills e comece a produção da granada de Lindemann."

Dill, de acordo com Marshall-Cornwall, "foi completamente surpreendido". O exército já tinha contratado fabricantes na Inglaterra e nos Estados Unidos para construir milhões de unidades da antiga granada. "Mas o primeiro-ministro se recusava a dar ouvidos", disse Marshall-Cornwall.

Uma avaliação mais equilibrada parece ter ocorrido em algum momento após o jantar, no entanto, pois a bomba Mills continuaria a ser usada em combate, com várias modificações, por mais três décadas. Se a granada que Lindemann mostrou no jantar era real ou não, isso é um detalhe perdido na história.

Churchill se virou para Beaverbrook, do outro lado da mesa. "Max!", disse. "O que *você* tem feito?"

Numa troça gentil do Professor e seus números, Beaverbrook respondeu: "Primeiro-ministro! Em cinco minutos posso conseguir os últimos números."

Ele deixou a mesa e andou até o telefone no fim da sala. Voltou alguns momentos depois com o sorriso de quem acabara de fazer uma travessura.

Disse ele: "Primeiro-ministro, nas últimas 48 horas tivemos um aumento de 50% na produção dos Hurricanes."

Capítulo 26
Luvas brancas ao amanhecer

EM SUA COMUNICAÇÃO COM O PRESIDENTE ROOSEVELT, Churchill se viu forçado a andar numa linha muito tênue.

Por um lado, ele precisava fazer o presidente entender quão urgente a situação havia se tornado. Por outro, a situação do Reino Unido não podia parecer terrível a ponto de Roosevelt recear fornecer qualquer ajuda significativa temendo que, caso a Inglaterra caísse, os suprimentos americanos fossem abandonados ou destruídos — ou, pior, capturados e posteriormente usados contra as forças americanas. Os milhares de caminhões, armas e suprimentos abandonados em Dunquerque eram um testemunho vívido dos altos custos materiais da derrota. Churchill sabia que era crucial incentivar a confiança do próprio Reino Unido na vitória, e, acima de tudo, acabar com qualquer manifestação oficial de pessimismo. Isso era especialmente importante em relação à disposição final da frota britânica. Com as preocupações sobre a Marinha Francesa em grande parte reduzidas pela ação em Mers el-Kébir, os Estados Unidos queriam garantias de que o Reino Unido jamais entregaria sua própria frota à Alemanha, e cogitava condicionar a doação de contratorpedeiros a um acordo de que, caso a derrota se tornasse inevitável, a frota britânica seria colocada sob controle americano.

Churchill odiava a ideia de usar a frota como garantia para conseguir os contratorpedeiros. Em um telegrama de 7 de agosto, instou seu embaixador nos Estados Unidos, lorde Lothian, a resistir a qualquer discussão que aventasse a possibilidade de um acordo do gênero, temendo que isso passasse uma mensagem derrotista, "o que teria um efeito desastroso".[1] Uma semana depois, Churchill voltou ao mesmo tema numa reunião de seu Gabinete de Guerra, cujas atas o registram dizendo: "Não se deve dizer nada agora que possa perturbar o moral ou levar as pessoas a pensar que não deveríamos lutar."[2]

Em seu telegrama para Lothian, no entanto, ele admitiu que, caso os Estados Unidos entrassem na guerra e se tornassem um aliado pleno, a frota estaria aberta a qualquer disposição estratégica que ambos os lados considerassem necessária "para a derrota final do inimigo". Ele via um lado positivo no interesse americano na frota, pois isso indicava que Roosevelt levava a sério seus alertas anteriores de que uma Grã-Bretanha derrotada e sob controle nazista representaria grande risco para os Estados Unidos. Como Churchill indicou, um pouco de apreensão da parte dos americanos era bem-vinda. Ele disse a Lothian: "Não temos intenção de reduzir as bem enraizadas ansiedades dos Estados Unidos neste momento."

Churchill também entendia que a opinião pública americana estava bem dividida entre os isolacionistas, os quais não queriam participar da guerra, e os que acreditavam que a guerra mais cedo ou mais tarde iria chegar até eles, e quanto mais os Estados Unidos esperassem, mais cara seria a intervenção. Mas também irritava Churchill que Roosevelt fosse incapaz de olhar para o futuro com a mesma incômoda clareza. Churchill havia primeiro pedido o empréstimo de cinquenta contratorpedeiros obsoletos em maio, e repetira o pedido em 11 de junho, declarando que "os próximos seis meses serão vitais".[3] Mas os Estados Unidos ainda não haviam entregado os navios. Churchill sabia que Roosevelt era um aliado em espírito, mas, como muitos de seus conterrâneos, imaginava que o presidente tinha mais poder do que ele de fato tinha. Por que Roosevelt não podia fazer mais para traduzir a lealdade espiritual em ajuda material, e até mesmo em intervenção direta?

Roosevelt, no entanto, enfrentava um horizonte político de complexidade intimidadora. O Congresso já estava cheio de paixões compensatórias, alimentadas pela apresentação de um projeto de lei que determinava um recrutamento militar nacional, a primeira convocação em tempos de paz da história. Roosevelt via isso como uma necessidade. Quando a guerra na Europa começou, o Exército americano tinha apenas 174 mil homens equipados com armas obsoletas, incluindo fuzis Springfield de 1903. Em maio, uma manobra militar envolvendo setenta mil soldados conduzida no Sul revelou a situação lamentável do Exército para lutar em uma guerra — especialmente uma guerra contra o monstruoso e altamente armado Exército de Hitler.[4] Conforme a revista *Time* descreveu: "Contra a guerra total da Europa, o Exército americano parece ser um grupo de rapazes simpáticos com armas de brinquedo."[5]

Roosevelt acreditava que, para enviar cinquenta contratorpedeiros para a Grã-Bretanha, seria necessária a aprovação do Congresso, devido a uma cláusula no Programa de Munições federal de 1940 que indicava que antes de os Estados Unidos enviarem suprimentos para o exterior, o Congresso precisava confirmar que os suprimentos não eram necessários para as Forças Armadas do país. Dadas as paixões já acesas pelo debate sobre o recrutamento, Roosevelt acreditava que tal aprovação seria pouco provável, mesmo que os navios fossem, de fato, obsoletos — tanto que no início do ano o Congresso havia cogitado desmontá-los. Mas a Marinha interveio, argumentando que esses mesmos contratorpedeiros eram, na realidade, recursos vitais.

O que complicava ainda mais a situação era o fato de 1940 ser um ano de eleição presidencial, e Roosevelt havia decidido disputar um inédito terceiro mandato. Ele havia aceitado a indicação em 18 de julho na convenção do partido em Chicago. Roosevelt era simpático ao pedido do Reino Unido, e estava inclinado a fazer tudo o que pudesse para enviar ajuda, mas também entendia que muitos nos Estados Unidos eram profundamente contrários a participar da guerra. No momento, pelo menos, tanto ele quanto seu oponente republicano, Wendell Wilkie, tratavam do assunto com cuidado.

Para Churchill, no entanto, a guerra estava se tornando cada vez mais ameaçadora. A Marinha de Guerra alemã estava prestes a lançar dois novos navios, o *Bismarck* e o *Tirpitz*, ambos considerados por Churchill "alvos de grande importância". Ataques aéreos e de submarinos contra comboios de navios comerciais e contratorpedeiros britânicos se tornavam cada vez mais eficazes, sendo os contratorpedeiros, como Churchill telegrafou a Roosevelt, "assustadoramente vulneráveis a bombardeios aéreos". Os contratorpedeiros americanos seriam vitais não apenas para ajudar a proteger os comboios, mas também para proteger as águas inglesas e talvez ganhar tempo enquanto a Inglaterra se esforçava para se organizar e reequipar suas forças retiradas de Dunquerque. Mas Roosevelt permanecia irritantemente distante.

Churchill jamais iria implorar, embora no fim de julho tenha chegado perto disso. Num telegrama a Roosevelt na quarta-feira, 31 de julho, ele escreveu que os contratorpedeiros, assim como outros suprimentos, eram necessários "com a máxima urgência". Este era um momento crucial, alertou ele. A mera presença ou ausência dos navios americanos — "esse fator menor e facilmente remediável" — poderia decidir "todo o destino da guerra".[6] No rascunho do telegrama, ele insistia nesse ponto num tom que não tinha usado com o presidente antes — "Não consigo entender por que, sendo a situação a que é, você não nos envia pelo menos cinquenta ou sessenta dos seus contratorpedeiros mais velhos" —, mas Churchill omitiu essa frase do telegrama final. Churchill prometeu reformar os navios imediatamente com sonares e colocá-los para combater submarinos numa área a oeste da Irlanda, a rota de navegação convertida em entrada ocidental no canal. Os contratorpedeiros também seriam essenciais para ajudar a evitar a esperada invasão anfíbia. "Sr. presidente, com grande respeito devo dizer que, na longa história do mundo, isto é algo a ser feito agora."

Em suas memórias, Churchill colocou o *"agora"* em itálico.

ROOSEVELT DE FATO ENTENDIA a urgência do pedido de Churchill por contratorpedeiros, e na sexta-feira, 2 de agosto, convocou uma reunião de gabinete para encontrar uma forma de dar à Inglaterra os navios sem desrespeitar as leis de neutralidade americanas.

No decorrer da reunião, seu secretário da Marinha, Frank Knox, propôs uma ideia: por que não estruturar a transferência como um negócio, no qual os Estados Unidos dariam ao Reino Unido os contratorpedeiros em troca pelo acesso às bases navais britânicas em várias ilhas do Atlântico, incluindo Terra Nova e as Bermudas? A lei permitia a transferência de materiais de guerra se o resultado fosse uma melhora na segurança dos Estados Unidos. O ganho de bases estratégicas em troca de contratorpedeiros obsoletos parecia atender aos requisitos.

Roosevelt e o gabinete aprovaram, mas, dado o clima político, concordaram que a troca ainda precisaria da aprovação do Congresso.

Roosevelt pediu a um senador amigável, Claude Pepper, para apresentar a proposta que autorizaria o negócio. Para ter alguma chance de vingar, ela precisaria do apoio do Partido Republicano, mas, com tantos americanos tão firmemente se opondo à entrada na guerra, e com uma eleição no horizonte, isso se mostrou impossível.

Pepper disse a Roosevelt que a proposta "não tinha a menor chance de ser aprovada".[7]

Naquela sexta-feira, Churchill tornou Beaverbrook membro permanente de seu Gabinete de Guerra, e, logo depois, de seu comitê de defesa. Beaverbrook aceitou com relutância. Ele odiava comitês — de qualquer tipo, em qualquer instância. Uma placa em seu escritório dizia: "Comitês tiram o ímpeto da guerra".

Reuniões eram a última coisa de que ele precisava. "Eu passava o dia todo no Ministério de Aeronaves dedicado à necessidade de maior produção", escreveu ele tempos depois em uma reminiscência privada. "Eu estava tomado pelo medo de que nossa Força Aérea ficasse sem suprimentos. Eu era obrigado a participar de incontáveis reuniões de gabinete, e, se me ausentasse, o primeiro-ministro mandava me buscar."[8] Churchill o convocava para reuniões do comitê de defesa que duravam até tarde da noite, depois das quais o mantinha lá e continuava a discussão em sua sala de estar.

"O fardo era pesado demais", escreveu Beaverbrook. E Churchill, observou ele, tinha uma vantagem injusta: suas sonecas.

No domingo, 4 de agosto, o filho de Churchill, Randolph, voltou para casa no nº 10 da Downing Street, de licença de sua unidade no exército, o 4º Regimento de Hussardos da Rainha, parecendo magro e em forma em seu uniforme.

A primeira noite começou feliz, com um jantar alegre com Pamela, Clementine e Churchill, todos de bom humor. Depois do jantar, Churchill voltou ao trabalho e Clementine se retirou para o quarto, onde passava muitas noites sozinha. Ela não gostava de muitos dos colegas e amigos de seu marido, e preferia jantar no quarto, um cômodo austero com uma cama de solteiro e uma pia; Churchill, por sua vez, oferecia jantares ou aceitava convites por até cinco dias na semana.[9]

Apesar de esta ser sua primeira noite em casa depois de muito tempo, Randolph saiu depois do jantar para o Hotel Savoy, sozinho. Ele planejava encontrar um amigo, H. R. Knickerbocker, um jornalista americano, e garantiu a Pamela que não ia demorar. Os dois beberam juntos até o bar fechar e depois foram para o quarto de Knickerbocker, onde beberam ao menos uma garrafa de conhaque. Randolph voltou ao nº 10 da Downing Street às 6h10 da manhã seguinte, o que foi testemunhado pelo homem da segurança de Churchill, o inspetor Thompson. Randolph tropeçou para fora do carro e seguiu para o quarto de Pamela, bêbado demais até para trocar de roupa.

Thompson inspecionou o carro.

PARA PAMELA, A EMBRIAGUEZ E A APARÊNCIA desgrenhada de Randolph já eram constrangedoras o suficiente, mas, cerca de uma hora mais tarde, por volta das 7h30 da manhã, uma empregada bateu na porta de Pamela e entregou um bilhete de Clementine, exigindo vê-la imediatamente.

Clementine estava furiosa. Quando brava, tinha o hábito de colocar luvas brancas. Ela as estava vestindo agora.

"Onde estava Randolph ontem à noite?", perguntou. "Você tem ideia do que aconteceu?"

Pamela sabia, claro, que seu marido havia chegado bêbado, mas, a julgar pela expressão de Clementine, não era só isso. Nesse momento, Pamela começou a chorar.

Clementine disse que o inspetor Thompson, ao revistar o carro de Randolph, descobriu uma coleção de mapas militares secretos, acessíveis a qualquer um, uma violação séria de protocolos de segurança.

"O que está acontecendo?", perguntou Clementine.

Pamela confrontou Randolph, que ofereceu pedidos de desculpa fervorosos. Envergonhado, ele contou tudo o que havia acontecido, e depois contou a seu pai. Randolph se desculpou e prometeu parar de beber. A fúria de Clementine não diminuiu: ela baniu Randolph do nº 10 da Downing, forçando-o a morar temporariamente em seu clube para homens, o White's, um refúgio do século XVII para muitos maridos em desgraça, especialmente aqueles, como Randolph, inclinados a apostar.

Sua promessa de parar de beber foi mais uma das muitas que ele não conseguiu cumprir.

Capítulo 27
Diretriz nº 17

À MEDIDA QUE O PLANEJAMENTO DA INVASÃO da Inglaterra progredia, Hitler emitiu uma nova diretriz, de número 17, em que pedia um ataque total à RAF. "A Força Aérea alemã deve se sobrepor à Força Aérea britânica com todo o poder sob seu comando, no tempo mais curto possível", escreveu Hitler. "Os ataques devem ser direcionados primariamente contra unidades de voo, suas instalações em terra e suas unidades de armazenamento, mas também contra a indústria aeronáutica, incluindo a produção de equipamento antiaéreo."[1]

Hitler reservou para si mesmo "o direito de decidir sobre ataques que causassem terror na população como medidas de represália". Sua relutância contínua em autorizar ataques contra o Centro de Londres e os distritos civis de outras grandes cidades nada tinha a ver com incômodo moral, tendo origem, na verdade, em sua permanente esperança em fechar um acordo de paz com Churchill e no desejo de evitar ataques de retaliação contra Berlim. A nova campanha contra a RAF era um marco na história das guerras, de acordo com a última avaliação da própria Luftwaffe. "Pela primeira vez [...] uma Força Aérea vai conduzir, independentemente de operações das outras forças, uma ofensiva destinada a aniquilar a Força Aérea do inimigo."[2] A questão era: o poderio aéreo sozinho teria capacidade para "minar o poder de combate geral do inimigo por meio de ataques aéreos massivos até que ele estivesse pronto para aceitar a paz"?

A tarefa de planejar e executar essa nova ofensiva estratégica de bombardeio ficou com Hermann Göring, que batizou de *Adlertag*, ou Dia da Águia, a data de lançamento. Primeiro, ele decidiu que isso ocorreria em 5 de agosto; depois, adiou para 10 de agosto, um sábado. Ele tinha confiança absoluta de que sua Força Aérea daria conta dos desejos de Hitler. Na terça-feira, 6 de agosto, ele se reuniu com seus comandantes graduados em sua casa de campo, Carinhall, para definir um plano para a nova campanha.

Até aquele momento, a Luftwaffe havia se envolvido apenas em operações limitadas contra a Inglaterra, destinadas a analisar suas defesas aéreas e atrair caças da RAF. Os bombardeiros alemães haviam realizado ataques curtos e isolados contra comunidades na Cornualha, em Devon, em South Wales, e em outros lugares. Mas agora Göring, sempre dado a gestos extravagantes, imaginava um ataque maciço diferente de qualquer outro já registrado na história, destinado a dar um golpe aniquilador na defesa aérea da Grã-Bretanha. Ele não esperava muita resistência.[3] De acordo com relatórios de seu chefe da Inteligência, Beppo Schmid, a RAF havia perdido muitos recursos, e não teria como produzir aeronaves suficientes para compensar as perdas. Isso significava que a força da RAF diminuía diariamente. Na avaliação de Schmid, logo a RAF não teria mais aeronaves em condições de uso.

Instigado por Göring e fortalecido pelos relatórios de Schmid, os comandantes da Força Aérea reunidos em Carinhall decidiram que só precisavam de quatro dias para destruir o que restava das operações de caças e bombardeiros da RAF. Depois disso, a Luftwaffe iria avançar passo a passo, com ataques dia e noite, para destruir os campos de pouso e centros de produção de aeronaves por toda a Inglaterra — um plano ousado, com uma variável bastante indeterminada e crucial: o clima.

Göring transferiu centenas de bombardeiros para bases ao longo da costa do canal na França e na Noruega. Ele planejava um ataque inicial com 1.500 aeronaves, uma frota aérea militar moderna destinada a surpreender e esmagar os britânicos. Uma vez no ar, os bombardeiros de Göring precisariam de apenas seis minutos para cruzar o canal.

O que os relatórios de Beppo Schmid descreviam, no entanto, era bastante diferente do que os pilotos da Luftwaffe estavam experimentando no ar. "Göring se recusava a ouvir os protestos de seus comandantes de caça de que os planos dele não eram realistas", disse tempos depois o ás da Luftwaffe Galland a um interrogador americano.[4] Nos encontros com a RAF, pilotos germânicos não viam nenhuma redução de força ou determinação.

O grande ataque deveria começar no sábado seguinte. Se tudo desse certo, a invasão viria em seguida.

Capítulo 28
"Oh, Lua, linda Lua"

Um dos aspectos mais peculiares do modo como Churchill exercia a liderança era sua habilidade de mudar de assunto num instante e se concentrar seriamente em coisas que qualquer outro primeiro-ministro consideraria triviais. Dependendo da perspectiva, essa era uma característica encantadora ou um problema. Para Churchill, tudo importava. Na sexta-feira, 9 de agosto, por exemplo, em meio a uma onda crescente de assuntos urgentes de guerra, ele encontrou tempo para abordar por um minuto com seu Gabinete de Guerra um assunto ao qual dava muita importância: a extensão e o estilo dos relatórios que chegavam à sua caixa preta todos os dias.

Com o apropriado e sucinto título "Brevidade", a minuta começava: "Para realizar nosso trabalho, todos temos de ler uma grande quantidade de papel. Quase todos são longos demais. Isso desperdiça tempo, quando a energia deve ser gasta procurando pelos pontos principais."[1]

Ele definiu quatro formas de seus ministros e suas equipes melhorarem seus relatórios. Primeiro, escreveu, relatórios deveriam "estabelecer os pontos principais numa série de parágrafos curtos e claros". Se o relatório contém discussões sobre assuntos complexos ou análise estatística, isso deverá estar anexado.

Frequentemente, observou, um relatório inteiro poderia ser trocado por um resumo estruturado em pontos, "que pode ser expandido oralmente caso necessário".

Por fim, Churchill atacava a prosa empolada tão frequentemente usada em relatórios oficiais. "Vamos dizer adeus a frases como estas", escreveu ele, e citou dois exemplos:

"Também é importante ter em mente as seguintes considerações..."

"É necessário considerar a possibilidade de pôr em ação..."

Ele escreveu: "A maioria dessas frases vagas são mero enchimento, que pode ser deixado de lado ou substituído por uma única palavra. Não nos abstenhamos de usar a frase expressiva curta, ainda que informal."

A prosa resultante, escreveu, "pode, à primeira vista, parecer bruta comparada com a superfície suave do jargão oficialesco. Mas a economia de tempo será enorme, ao passo que a disciplina de estabelecer os objetivos reais concisamente se mostrou um auxílio para o pensamento claro".

Naquela noite, como havia feito em quase todos os fins de semana até aquele momento, ele seguiu para o campo. O secretário particular de plantão em Chequers naquele fim de semana era John Colville, que seguiu num carro separado com Clementine e Mary. Outros convidados já estavam reunidos na casa, ou chegariam em breve, incluindo Anthony Eden, Pug e dois dos principais generais, que se dirigiram para lá para jantar e dormir. Churchill também convidou o primeiro lorde do mar Dudley Pound, mas se esqueceu de alertar os demais, o que, segundo registrou Colville, "causou um confuso rearranjo da mesa de jantar".

Depois da refeição, Mary e Clementine deixaram a sala de jantar, como era de costume e Clementine preferia.

Entre os homens, a conversa se voltou para a ameaça de invasão e para as medidas tomadas para defender a Inglaterra. Minas antitanque haviam sido instaladas ao longo de muitas praias do país, e elas, escreveu Colville, "se mostraram devastadoras".[2] Na verdade, registrou ele, elas haviam matado inúmeros cidadãos ingleses. Churchill contou a história, possivelmente apócrifa, de um jogador de golfe azarado que conseguiu mandar a bola para uma praia próxima. Colville resumiu o desfecho em seu diário: "Ele foi com seu taco até a praia, fez a tacada, e tudo o que sobrou foi a bola, que voltou em segurança para o *green*."

Depois do jantar, Churchill, os generais e o primeiro lorde do mar Pound seguiram para o salão Hawtrey, onde vigas compridas de madeira haviam sido instaladas para proteger a estrutura contra explosões. No salão havia inúmeros tesouros, entre eles um livro de 1476. Enquanto isso, Colville lia memorandos e organizava os papéis na caixa preta de Churchill.

A certa altura, uma aeronave alemã passou acima deles. Com Churchill à frente, o grupo correu até o jardim para tentar ver o avião.

Para diversão de todos, o primeiro lorde do mar Pound tropeçou enquanto descia os degraus. Escreveu Colville: "O primeiro lorde do mar caiu um lanço de escada, e, então, tendo se levantado desconsolado, despencou outro lanço, caindo no chão, onde uma sentinela o ameaçou com uma baioneta."[3]

Pound se ajeitou, resmungando: "Este não é o lugar de um primeiro lorde do mar."

Divertindo-se, Churchill disse: "Não se esqueça de que você é um almirante da frota e não um guarda-marinha!"

A MANHÃ DE SÁBADO TROUXE MAIS TRABALHO para Colville, na forma de telegramas para enviar e minutas para transmitir.[4] Ele almoçou *"en famille"*, com Churchill, Clementine e Mary, "e não poderia ter sido mais agradável". Churchill estava "no melhor dos humores", escreveu Colville. "Ele falou brilhantemente sobre diversos assuntos, de Ruskin a lorde Baldwin, do futuro da Europa à força do Partido Conservador." Reclamou da falta terrível de munições e armas para o Exército que estava tentando construir. "Venceremos", declarou ele, "mas não merecemos; pelo menos, merecemos por nossas virtudes, mas não por nossa inteligência".

A conversa ficou divertida. Colville começou a recitar rimas. Uma quadra divertiu particularmente Churchill:

Oh, Lua tão linda, de belo semblante,
Ao ver-te correr pelo espaço distante
Pondero se um dia serei o primeiro
A ter o prazer de fitar teu traseiro.[5]

Depois do almoço, Colville, Clementine e Mary subiram uma das colinas adjacentes. Colville e Mary fizeram da caminhada uma corrida, para ver quem chegaria ao topo antes. Colville ganhou, mas acabou se sentindo "muito mal, e fiquei quase sem conseguir ver ou pensar".

A opinião de Mary sobre Colville melhorava constantemente, embora ela ainda tivesse reservas. Em suas anotações no diário no sábado, 10 de agosto, ela escreveu: "Gosto do Jock, mas acho ele muito frouxo." Por sua vez, Colville também gostava cada vez mais de Mary. Em suas anotações no dia seguinte no diário, ele escreveu, "apesar de se levar um pouco a sério demais — como ela mesma diz —, é uma garota charmosa e de aparência muito agradável".

Para Hermann Göring, aquele sábado trouxe uma decepção: este era o dia designado como Dia da Águia, o início da campanha de ataque total contra a RAF, mas o mau tempo no sul da Inglaterra forçou o cancelamento do ataque. Göring marcou o início para a manhã seguinte, domingo, 11 de agosto, mas depois adiou de novo para terça, 13 de agosto.

Um consolo: como a Lua estava na fase crescente e caminhando para a fase cheia no fim de semana seguinte, as ofensivas previstas para acontecer à noite seriam mais fáceis e mais bem-sucedidas. A tecnologia alemã de navegação havia reduzido a dependência da Luftwaffe da luz da Lua, mas seus pilotos continuavam cautelosos com o novo sistema e preferiam atacar com tempo limpo e sobre um local banhado pelo luar.

Em Berlim, trabalhadores continuavam a construir arquibancadas na Pariser Platz, no Centro da cidade, para a parada da vitória que marcaria o fim da guerra. "Hoje pintaram e instalaram duas grandes águias douradas", escreveu William Shirer em suas anotações no diário naquele domingo. "De cada um dos lados também estão construindo grandes réplicas da Cruz de Ferro.[6] O hotel dele ficava na mesma praça, no fim da qual estava o Brandenburger Tor — o Portão de Brandenburgo —, pelo qual o Exército vitorioso deveria passar.

Nos círculos nazistas, Shirer descobriu, corria o boato de que Hitler queria as arquibancadas prontas antes do fim do mês.

Parte Três

MEDO

Agosto — Setembro

Capítulo 29
Dia da Águia

Na terça-feira, 13 de agosto, ao amanhecer, dois grupos de bombardeiros alemães, cerca de sessenta aeronaves, decolaram rumo aos céus de Amiens, França, subindo em amplos círculos até a altitude de voo, onde se reuniram em formação de batalha.[1] Isso levou cerca de meia hora. Colocar tantas aeronaves em posição era difícil mesmo em dias claros, mas naquela manhã o desafio aumentou por uma mudança inesperada no clima. Uma zona de alta pressão sobre os Açores, que deveria garantir bom tempo na Europa, havia se dissipado abruptamente. As nuvens pesadas cobriam o canal e as zonas costeiras da França e da Inglaterra, e a neblina tomou muitos dos campos de pouso alemães. Sobre a costa sudeste da Inglaterra, só havia visibilidade abaixo de 1.200 metros.

Um terceiro grupo de aeronaves, com cem bombardeiros, decolou em Dieppe; um quarto, com quarenta aviões, se reuniu ao norte de Cherbourg; um quinto, sobre as ilhas do canal. Uma vez em formação, somando mais de duzentos bombardeiros, os aviões seguiram para a Inglaterra.

Era o grande dia de Hermann Göring, *Adlertag*, o Dia da Águia, o início de seu ataque avassalador contra a RAF para ganhar o controle do espaço aéreo sobre a Inglaterra, para que Hitler pudesse declarar sua invasão. Durante a semana anterior, a Luftwaffe havia feito ataques menores, incluindo incursões contra a rede de estações de radares na costa da Inglaterra, mas agora era a hora do evento principal. Göring planejava escurecer o céu com aeronaves numa demonstração de poder aéreo que surpreenderia o mundo. Por isso, e pelo efeito teatral, ele havia reunido uma força total de 2.300 aeronaves, incluindo 949 bombardeiros, 336 bombardeiros de mergulho e 1.002

caças. Finalmente ele iria mostrar a Hitler, e ao mundo, o que sua Força Aérea era realmente capaz de fazer.

Assim que o ataque começou, no entanto, o clima forçou Göring a cancelá-lo. Apesar de o sistema secreto de navegação aérea da Luftwaffe permitir que bombardeiros voassem com tempo nublado, um ataque desse tamanho e importância exigia boa visibilidade. Caças e bombardeiros não conseguiriam se ver entre as nuvens; nem poderiam se comunicar diretamente uns com os outros, e os caças não tinham o equipamento necessário para seguir os sinais de navegação. A ordem de cancelamento não chegou a muitas unidades de Göring. Em um caso, uma formação de oitenta bombardeiros continuou a caminho da Inglaterra enquanto suas escoltas, que receberam a ordem, voltaram para a base, deixando os bombardeiros perigosamente expostos. Seu comandante foi em frente, aparentemente acreditando que o céu nublado limitaria a capacidade da RAF de encontrá-los.

Quando um grupo se aproximava do alvo, um enxame de Hurricanes da RAF apareceu, chegando de modo tão inesperado e atacando tão furiosamente que os bombardeiros largaram suas bombas e fugiram para as nuvens.

Göring ordenou que a ofensiva fosse retomada às duas da tarde.

ENTRE OS PILOTOS QUE PARTICIPARAM da ação estava Adolf Galland, que passara a ter uma reputação quase mítica não só na Luftwaffe, mas também entre os pilotos da RAF. Sua marca registrada era a mesma de Churchill, o charuto. Ele fumava Havanas, vinte por dia, que acendia usando um acendedor de cigarro retirado de um carro, e era o único piloto autorizado por Göring a fumar na cabine. Hitler, no entanto, proibiu-o de ser fotografado fumando, por temer a influência que isso teria sobre a moral da juventude alemã. Galland e seu grupo estavam estacionados num campo de pouso em Pas-de-Calais, na costa francesa. Para a Luftwaffe, acostumada às vitórias fáceis do início da guerra, esse período foi, nas palavras de Galland, "um choque de realidade".

O limite de noventa minutos de tempo de voo dos Me 109 do seu grupo de caças estava se mostrando um risco ainda maior, levando em conta a meia hora necessária para reunir as formações de bombardeiros e escoltas sobre a costa da França antes de seguir para a Inglaterra. Os caças de Galland tinham autonomia de apenas duzentos quilômetros, ou praticamente a distância até Londres. "Quase tudo além disso estava fora do alcance", escreveu ele.[2] Galland comparou os caças alemães a cães contidos por uma corrente, "querendo atacar o inimigo, mas sem poder machucá-lo, por estarem acorrentados".

A Luftwaffe também estava descobrindo rapidamente as limitações de seus bombardeiros de mergulho Stuka, uma de suas mais potentes armas na campanha ocidental de maio a junho. Os aviões conseguiam bombardear com muito mais precisão do que uma aeronave padrão, mas devido, em parte, à carga externa das bombas, voava a quase metade da velocidade de um Spitfire. O Stuka ficava ainda mais vulnerável ao mergulhar, característica que os pilotos britânicos rapidamente passaram a explorar. "Esses Stukas atraem Spitfires e Hurricanes como abelhas no mel", escreveu Galland.

Os bombardeiros maiores da Alemanha também voavam a velocidades relativamente baixas. Na Espanha e na Polônia, essas velocidades eram o suficiente para evitar uma interceptação efetiva, mas não agora, contra os mais modernos caças britânicos. Os bombardeiros precisavam de uma grande escolta protetora. O modo como isso poderia ser feito era uma fonte de conflito crescente entre os pilotos de caça e Göring, que insistia que os caças voassem como "escolta próxima" e permanecessem no mesmo nível e perto dos bombardeiros por todo o caminho até seus alvos e no retorno. Isso significava que os pilotos tinham de voar acompanhando as velocidades menores dos bombardeiros, o que não apenas os deixava mais vulneráveis a ataques, como também limitava suas oportunidades de acumular abates, que era o que qualquer piloto de caça realmente queria. Um piloto lembrou a frustração de olhar para cima e ver as "barrigas brilhantes azuis" dos caças britânicos e não ter permissão para ir atrás. "Ficávamos presos à formação de bombardeiros em pares — uma sensação maldita e estranha", escreveu. Galland era a favor de padrões mais fluidos, que permitissem que os pilotos explorassem as possibilidades de seus caças, com alguns voando devagar e perto, outros circulando entre os bombardeiros em alta velocidade, e ainda outros voando acima da formação, dando "cobertura". Mas Göring se recusava a ouvir. Galland e seus colegas pilotos o viam cada vez mais como alguém sem contato com as novas realidades do combate aéreo.

Apesar de a percepção popular — influenciada pela autopromoção de Göring — retratar a Luftwaffe como uma força quase invencível, mais poderosa que a RAF, na verdade Galland reconhecia que os britânicos contavam com várias grandes vantagens que ele e seus colegas não tinham como neutralizar. A RAF não só voava e lutava sobre território amigável, o que garantia que pilotos sobreviventes poderiam lutar de novo; seus pilotos também lutavam com o brio de homens que acreditavam batalhar contra uma força aérea muito maior, defendendo nada menos que a sobrevivência da Grã-Bretanha. Os pilotos da RAF reconheciam a "seriedade desesperadora da situação", como Galland resumiu, enquanto a Luftwaffe operava com certa complacência, derivada dos sucessos fáceis do passado e de uma inteligência falha que retratava a RAF como uma força completamente enfraquecida. Os analistas alemães aceitavam sem questionar os relatórios dos pilotos da Luftwaffe sobre aeronaves britânicas derrubadas e campos de pouso destruídos. Na verdade, as bases frequentemente voltavam a operar horas depois. "No quartel-general da Luftwaffe, no entanto, alguém pegava os relatórios de bombardeiros ou formações de Stukas em uma das mãos e, com um lápis azul grosso na outra, riscava a formação ou base do mapa tático", escreveu Galland. "Não existia mais — pelo menos, não no papel."[3]

A maior vantagem da RAF, Galland acreditava, era seu uso habilidoso do radar. A Alemanha tinha uma tecnologia similar, mas até aquele momento não a usara de forma sistemática, na crença de que os bombardeiros britânicos nunca seriam capazes de chegar às cidades alemãs. "A possibilidade de um ataque aliado aéreo ao Reich era impensável na época", escreveu Galland. Os pilotos alemães viam altas torres de radar ao longo da costa da Inglaterra quando cruzavam o canal e ocasionalmente as atacavam, mas as estações sempre voltavam a operar logo depois, e Göring perdia o interesse. Contudo, dia após dia, Galland se surpreendia com a capacidade misteriosa dos caças britânicos de localizar as formações alemãs. "Para nós e o nosso comando, isso era uma surpresa muito amarga", escreveu Galland.

O próprio Göring se mostrava um problema. Ele se distraía facilmente, era incapaz de se comprometer com um único objetivo bem definido. Ele se convenceu de que, ao atacar diferentes alvos em um amplo front, podia destruir não apenas o Comando de Voo da RAF, como também causar um caos tão disseminado que poderia levar Churchill a se render.

O ATAQUE RECOMEÇOU. À medida que o Dia da Águia progredia, quase quinhentos bombardeiros e mil caças entraram no espaço aéreo inglês. No vocabulário aéreo da época, isso era chamado de "desembarque".

Capítulo 30
Perplexidade

Mais uma vez, a rede de radares da Inglaterra detectou a aproximação de aeronaves alemãs, mas o número de bombardeiros e caças era muito maior do que os operadores haviam visto até então. Cerca das três e meia da tarde, eles detectaram três formações de aeronaves alemãs com aproximadamente trinta bombardeiros, todos cruzando o canal a partir de bases na Normandia. Depois chegaram mais duas formações, totalizando quase sessenta aeronaves. Os comandantes de setor da RAF colocaram suas formações no ar. Por volta das quatro horas, mais de cem caças RAF estavam voando em direção aos invasores, guiados por controladores de voo que usavam dados de localização fornecidos pelas estações de radar e por observadores em solo, que começaram a relatar os tipos de aeronave que se aproximavam e sua altitude, velocidade e localização. Uma formação gigantesca de caças alemães voava à frente dos bombardeiros. As duas forças se encontraram num tumulto de roncos de motor e disparos de metralhadoras, manobrando loucamente em meio a uma saraivada de balas de alto calibre e tiros de canhão. Os bombardeiros seguiram em frente. Bombas caíram em Southampton e vários outros locais, em Dorset, Hampshire, Wiltshire, Canterbury e Castle Bromwich.

Observadores britânicos ficaram confusos. Bombas caíam em todos os lugares, em campos de pouso, portos e navios, mas sem padrão claro ou objetivo compreensível. E estranhamente os bombardeiros preservaram Londres, uma surpresa, já que os alemães não tinham mostrado tal reticência em seu ataque a Rotterdam.

No fim da tarde, a batalha nos céus da Grã-Bretanha havia chegado a uma intensidade nunca vista. Onda após onda de bombardeiros e caças alemães enfrentavam Hurricanes e Spitfires da RAF voando em setecentas ofensivas distintas, guiadas por radar. O Ministério do Ar relatou que a RAF destruiu 78 bombardeiros alemães, perdendo três de seus pilotos.

No Nº 10 da Downing Street houve júbilo. Mas houve também inquietação: a intensidade da abordagem parecia apontar para um aumento no tamanho e na violência dos ataques aéreos da Alemanha. O que a RAF ainda não entendia era que isso era o começo de uma grande ofensiva alemã, o início do que mais tarde se tornaria conhecido como "Batalha da Grã-Bretanha", embora essa frase só tenha caído em uso comum no início do ano seguinte, com a publicação pelo Ministério do Ar de um panfleto de 32 páginas assim intitulado, que buscava capturar o drama da campanha e vendeu mais de um milhão de cópias. Mas na terça-feira, 13 de agosto, nada disso estava claro. Por enquanto, os ataques do dia pareciam apenas o último episódio de um padrão intenso e desconcertante de ataques aéreos.

"A pergunta que todos se fazem hoje é: qual o motivo desse ataque gigante em pleno dia, que custou tanto e conseguiu tão pouco?", escreveu John Colville em seu diário. "Será o uso da força para reconhecimento, ou uma distração, ou apenas a cavalaria antes da ofensiva principal? Presume-se que os próximos dias nos dirão."[1]

Mais tarde, descobriu-se que o placar do dia tinha sido exagerado, um problema comum logo após qualquer batalha, mas a proporção ainda parecia favorável: a Luftwaffe perdeu 45 aviões no total e a RAF, treze, uma proporção de mais de três para um.

Em Washington naquele dia, Roosevelt se encontrou com membros importantes de seu gabinete e contou que havia chegado a uma decisão sobre como iria transferir os cinquenta contratorpedeiros antigos para a Inglaterra. Ele iria usar seus poderes executivos para autorizar um acordo de troca de navios por bases sem pedir a aprovação do Congresso. Além disso, não iria informar o Congresso sobre o acordo até que fosse finalizado. Roosevelt informou a Churchill sobre seu plano num telegrama que chegou a Londres naquela noite.

Churchill ficou extasiado, mas tinha de achar uma maneira de tornar o acordo palatável para seu governo e para a Câmara dos Comuns, onde a ideia de arrendar as ilhas — território soberano — provocava "sentimentos fortes". Churchill entendia que "se o assunto fosse apresentado aos britânicos como uma simples troca de possessões britânicas por cinquenta contratorpedeiros, certamente haveria oposição veemente".

Ele pediu a Roosevelt que não anunciasse o acordo para o público como uma simples troca, mas que tratasse a transferência dos contratorpedeiros e a cessão das ilhas como acordos separados. "Nossa visão é que somos dois amigos em perigo dando a ajuda possível um ao outro", telegrafou a Roosevelt.[2] O presente dos contratorpedeiros seria, escreveu, "um ato espontâneo e isolado".

Churchill temia que apresentar o acordo como uma transação comercial pudesse lhe causar graves danos políticos, pois claramente a troca favorecia os americanos, uma vez que concedia o arrendamento de territórios britânicos por 99 anos, ao passo que a Marinha de Guerra dos Estados Unidos doava uma frota obsoleta de navios da qual o Congresso queria se desfazer. Tornar isso público como um contrato, com os contratorpedeiros como pagamento pelo território, inevitavelmente levantaria dúvidas sobre qual parte teve vantagem, e ficaria claro que tinham sido os Estados Unidos.

Mas Roosevelt tinha suas preocupações. Sua decisão tinha o potencial de tirar dos trilhos sua campanha pelo terceiro mandato como presidente, especialmente num momento em que a Lei do Recrutamento no Congresso já inflamava paixões nos dois lados. Dar um presente de cinquenta contratorpedeiros *espontaneamente* constituiria uma clara violação das leis de neutralidade e forçaria os limites da autoridade executiva. Era crucial que o público americano reconhecesse não apenas que o acordo era resultado de uma negociação difícil e hábil, mas também que aumentava a segurança dos Estados Unidos.

Sobre a segurança havia poucas dúvidas — uma vez que o acordo em si não colocava os Estados Unidos na guerra. "A transferência para a Grã-Bretanha de cinquenta navios de guerra americanos era decididamente um ato não neutro dos Estados Unidos", escreveu Churchill depois. "Isso justificaria, por padrões históricos, que o governo alemão declarasse guerra contra os americanos."[3]

O DIA SEGUINTE, QUARTA-FEIRA, 14 de agosto, seria supostamente o segundo da investida de quatro dias, com a qual Göring prometia destruir a RAF, porém mais uma vez o clima, ainda pior que no dia anterior, manteve a maioria de seus aviões no solo. Mesmo assim, alguns grupos de bombardeiros conseguiram realizar ofensivas contra alvos espalhados pelo oeste da Inglaterra.

Adolf Galland estava entusiasmado por receber ordens para voar "como escolta independente" de uma formação de oitenta bombardeiros de mergulho Stuka. O avião dele era um dos oitenta caças designados para proteger os bombardeiros, dos quais metade voaria bem à frente, como Galland, enquanto o restante ficaria perto da formação. Enquanto Galland e o piloto que voaria a seu lado caminhavam para seus Me 109, Galland disse ter certeza de que seria um bom dia — o que ele chamava de "dia do caçador". Os bombardeiros entrariam na Inglaterra pelo estreito de Dover, o ponto mais estreito do canal da Mancha. Para Galland, isso significava que ele e seu grupo de aeronaves teriam bastante tempo de combate antes que o limite de combustível os obrigasse a cruzar o canal de volta. Para ele, parecia inquestionável que a RAF iria aparecer. E, de fato, o radar em Dover detectou Galland e seu grupo enquanto eles sobrevoavam a França. Quatro formações de caças da RAF decolaram para seguir na direção deles. Galland os viu a distância bem antes de seu avião passar sobre os famosos penhascos brancos em Dover.

Galland mergulhou de cabeça na linha de batalha dos caças e escolheu um Hurricane da RAF, sozinho, mas o piloto foi mais rápido. Ele girou o avião, depois mergulhou rapidamente em direção ao mar, arremetendo só no último momento. Galland decidiu não segui-lo. Em vez disso, acelerou seu motor e subiu trezentos metros, para ter uma visão melhor da batalha. Ele rolou o avião 360 graus para ter uma visão total, sua marca registrada.[4]

Galland viu um caça Hurricane que claramente se preparava para atacar um dos bombardeiros Stuka, que, por estar lento, era um alvo fácil. Galland disparou a distância. O Hurricane se virou em direção a uma nuvem. Instintivamente, Galland se colocou perto de onde imaginou que o avião britânico ressurgiria, e um instante depois o Hurricane saiu da nuvem logo à frente dele. Galland atirou, disparando direto por quase três segundos, uma pequena eternidade numa batalha. O Hurricane caiu em espiral em direção ao solo. Galland voltou em segurança para a França.

No decorrer do segundo dia de batalhas aéreas, a Luftwaffe perdeu dezenove aeronaves e a RAF, oito.

Göring estava muito infeliz.

Capítulo 31
Göring

O clima continuou a atrapalhar o grande plano de Göring de aniquilação da RAF, mantendo em solo a maior parte de suas aeronaves. Na quinta-feira, 15 de agosto, dia em que seus bombardeiros e caças deveriam estar quase terminando a campanha, ele usou a calmaria para convocar seus principais oficiais à sua casa de campo, Carinhall, e recriminá-los pelo desempenho medíocre até então apresentado.

No fim daquela manhã, no entanto, enquanto sua inquisição progredia, o clima melhorou de repente, deixando os céus claros e levando seus comandantes de campo a iniciar um ataque colossal envolvendo mais de 2.100 aeronaves. Desde então, na Luftwaffe, esse dia seria lembrado eternamente como "Quinta-Feira Negra".

Um incidente parecia emblemático. A Luftwaffe acreditava que, com tantas aeronaves alemãs chegando pelo sul, a RAF enviaria a maior quantidade possível de aviões para a costa sudeste da Inglaterra a fim de se defender, incluindo caças que geralmente ficavam no norte do país, o que deixaria essa região desprotegida.

Essa suposição, somada aos relatórios de inteligência que descreviam a RAF como uma força bastante debilitada, levou um comandante da Luftwaffe a ordenar um ataque contra bases da RAF no norte da Inglaterra, usando bombardeiros estacionados na Noruega. Geralmente, um ataque como esse, durante o dia, seria imprudente, uma vez que os melhores caças da Alemanha, os Me 109, não tinham condições de escoltar os bombardeiros na travessia do mar do Norte.

A missão era uma aposta, mas, dadas as suposições, parecia taticamente certa. Foi assim que, às duas e meia daquela tarde, 63 bombardeiros alemães se aproximaram da costa norte da Inglaterra escoltados apenas por uma pequena força de caças bimotores tripulados por dois homens — o único tipo capaz de voar uma distância tão longa —, mas muito menos ágil do que os monomotores Me 109, e portanto mais vulnerável a ataques.

A RAF, no entanto, não se comportou conforme o esperado. Embora realmente tenha concentrado suas forças no Sul, o Comando de Caças manteve alguns esquadrões do Norte em prontidão para se defender precisamente contra esse tipo de ataque.

Os bombardeiros alemães estavam a cerca de quarenta quilômetros da costa quando os primeiros Spitfires chegaram, voando novecentos metros acima da formação. Quando um piloto da RAF olhou para baixo, viu a silhueta dos bombardeiros sobre as nuvens brancas e exclamou pelo rádio: "Tem mais de cem deles!"[1]

Os Spitfires mergulharam em meio à formação, atirando com efeito aterrador. Os bombardeiros se espalharam, procurando refúgio nas nuvens duzentos metros abaixo. Eles despejaram suas cargas, distribuindo bombas pela região costeira, e fugiram sem ter atingido os alvos. Nesse episódio, a Luftwaffe perdeu quinze aeronaves a RAF, nenhum.

E essa foi apenas uma das batalhas aéreas daquela quinta, com a Luftwaffe fazendo 1.800 voos e a RAF, mil. Esse acabou sendo o último dia de vida de um jovem tenente da Luftwaffe que pilotava um dos bimotores Me 110. O segundo assento era ocupado por um operador de telégrafo, que também operava uma metralhadora. A inteligência da RAF recuperou o diário do piloto, que contava muito sobre a vida angustiante das tripulações aéreas alemãs. Em seu primeiro "voo de guerra", que acontecera no mês anterior, em 18 de julho, ele havia disparado duas mil balas de metralhadora e seu avião foi alvejado por disparos do inimigo três vezes. Quatro dias depois, ele soube que seu melhor amigo, um colega da Aeronáutica, tinha sido morto. "Eu o conhecia desde os onze anos, e a morte dele me abalou imensamente."[2] Na semana seguinte, seu caça foi atingido trinta vezes e seu operador de rádio quase foi morto. "O ferimento dele é tão grande quanto meu punho, porque partes do aparelho se alojaram junto com a bala", escreveu o piloto. Nas duas semanas que se seguiram, mais amigos dele morreram, um deles quando o controle de coluna de seu Me 109 quebrou no momento em que ele tentava sair de um mergulho.

A inteligência da RAF fez a última anotação no diário desse jovem piloto na quinta-feira, 15 de agosto, para ele, de fato, a mais negra das quintas-feiras, apenas 28 dias depois de seu primeiro voo de combate. A anotação diz: "O autor deste diário foi morto em S9 + TH." O código era o identificador da Luftwaffe para a aeronave do piloto.

Capítulo 32

O bombardeiro no pasto

Do começo ao fim da quinta-feira, John Colville foi solicitado várias vezes para entregar a última estimativa de aeronaves abatidas.

A contabilidade de sucessos parecia inacreditável. A RAF alegava que seus caças haviam derrubado 182 aviões alemães com certeza, e possivelmente outros 53. Churchill, tomado pela empolgação, ordenou que Pug Ismay organizasse uma visita à sala de operações da RAF em Uxbridge, que coordenava os caças ligados ao grupo Número II, responsáveis por defender Londres e o sudeste da Inglaterra. No carro, logo depois, ele alertou Pug: "Não fale comigo; nunca estive tão emocionado."[1]

Depois de alguns minutos, Churchill rompeu o silêncio dizendo "Nunca no campo do conflito humano tantos deveram tanto a tão poucos".

O comentário foi tão poderoso que Ismay o citou para sua esposa ao voltar para casa. Ele não tinha ideia de que Churchill em breve usaria a frase em um de seus mais famosos discursos.

Na realidade, mais uma vez, o placar do dia não fora tão brilhante como havia sido relatado a Churchill. A Luftwaffe perdera 75 aeronaves e a RAF, 34. Os números originais, no entanto, haviam sido relatados e comemorados tão amplamente que ficaram gravados na imaginação popular. "As façanhas da RAF continuam a causar intensa satisfação", proclamou a Inteligência Doméstica.[2] Alexander Cadogan, subsecretário das Relações Exteriores, escreveu em seu diário: "Este deveria ser o dia que Hitler chegaria a Londres. Não consigo encontrá-lo."[3]

Contudo, o foco nos números escondia uma realidade mais grave, conforme o Professor, sempre pronto a interromper qualquer inclinação ao êxtase, deixou claro em sua produção incansável e regular de histogramas, gráficos e diagramas de Venn, alguns bastante belos com as proporções representadas em carmesim e lindos tons de verde e azul. O Professor lembrava a todos os envolvidos que o tão divulgado placar de perdas no ar não incluía o número de aeronaves britânicas destruídas em solo. Na sexta-feira, 16 de agosto, a Luftwaffe atacou uma base importante da RAF em Tangmere, a oito quilômetros da costa do canal da Mancha, e destruiu ou inutilizou catorze aviões, incluindo seis bombardeiros e sete caças de primeira linha. Mais tarde no mesmo dia, um ataque alemão a uma base da RAF a oeste de Oxford destruiu 46 aviões usados para treinamento de voo. O placar também omitia bombardeiros britânicos derrubados ou danificados durante ataques contra a Alemanha. Na noite de sexta, 16 de agosto, o Comando de Bombardeiros despachou 150 aeronaves e perdeu sete.

Em Chequers, no dia seguinte, na presença do Professor, Churchill escreveu uma minuta para o chefe do Estado-Maior da Aeronáutica, Sir Cyril Newall. "Embora nossos olhos estejam concentrados nos resultados da batalha aérea sobre nosso país", escreveu, "não devemos perder de vista as graves baixas ocorridas no comando de bombardeiros".[4] Essas perdas, somadas ao número de aeronaves destruídas em solo e ao total de caças perdidos em combate, resultavam numa proporção bastante diferente de perdas britânicas e alemãs. "Na verdade, naquele dia, perdemos na proporção de dois para três", escreveu Churchill.

Só agora os oficiais da Aeronáutica britânica começavam a perceber que algo novo estava acontecendo, e que a própria RAF era o alvo. Na semana anterior, a inteligência aérea havia notado apenas um aumento geral nas atividades da Força Aérea Alemã. O mau tempo e a seleção aparentemente aleatória de alvos haviam ocultado a natureza da campanha, mas agora crescia a percepção de que o objetivo dos ataques alemães era, de fato, diferente, e que os bombardeiros poderiam ser um preâmbulo para a esperada invasão da Inglaterra. Um relatório da Inteligência britânica da semana encerrada em 22 de agosto destacava que cinquenta campos de pouso da RAF haviam sido atacados em incursões envolvendo, em média, setecentas aeronaves por dia. O relatório alertava que caso a Alemanha fosse bem-sucedida em danificar as defesas, uma campanha intensa de bombardeios provavelmente se seguiria, conduzida pela força da Alemanha de bombardeiros de longo alcance, "que estariam livres para atuar durante o dia sem oposição".[5]

Para o público, essa percepção de ferocidade crescente também se cristalizava lentamente. Memórias da guerra anterior, com suas grotescas batalhas de campo, ainda estavam frescas na psique britânica, e essa nova guerra aérea era muito diferente. Se as batalhas aconteciam a uma altitude menor, as pessoas no solo ouviam as metralhadoras e os motores; se ocorriam em altitudes maiores, elas não ouviam nem viam quase nada. As nuvens frequentemente escondiam a ação; em dias claros, rastros desenhavam espirais e *loops* no céu.

Em um dia ensolarado de agosto, a jornalista Virginia Cowles assistiu a uma grande batalha enquanto estava deitada na grama, no topo do Shakespeare Cliff, perto de Dover. "O cenário era majestoso", escreveu ela. "À frente, a água azul do canal, e ao longe, o contorno indefinido da costa da França."[6] Havia casas abaixo. Botes e barcos de pesca flutuavam no porto, iluminados pelo sol. A água brilhava. Acima, havia vinte ou mais balões de barragem, como peixes-boi no ar. Enquanto isso, muito acima, pilotos lutavam até a morte. "Você deitava na grama alta com o vento te acariciando e assistia a centenas de aviões prateados que pululavam no céu como nuvens de mosquitos", escreveu. "Por todo lado, armas antiaéreas tremiam e cuspiam, acertando o céu com pequenas rajadas brancas." Aviões giravam em direção ao chão, "deixando como seu último testemunho uma grande marca negra no céu". Ela ouvia motores e metralhadoras. "Sabíamos que o destino da civilização estava sendo decidido três mil metros acima da nossa cabeça num mundo de sol, vento e céu", escreveu ela. "Sabíamos, mas era difícil compreender."

Vez ou outra um observador conseguia flagrar um piloto britânico ainda em traje de voo chamando um táxi para levá-lo de volta ao campo de pouso. Para os paraquedistas que sobreviviam à descida havia outro perigo: membros da Guarda Doméstica rápidos demais no gatilho. O risco era particularmente grave para os aviadores alemães. Um piloto de bombardeiro da Luftwaffe, Rudolf Lamberty, teve um encontro particularmente vívido com os defensores britânicos, tanto no ar quanto em solo.[7] Primeiro seu bombardeiro colidiu com um cabo atirado para o céu por um foguete e suspenso por um pequeno paraquedas. Segundo, ao subir para evitar ficar preso, ele foi atingido por fogo antiaéreo, depois metralhado por caças britânicos, antes de, por fim, pousar em meio a uma saraivada de balas da Guarda Doméstica. Feito prisioneiro, ele se viu fugindo de bombas dos próprios conterrâneos. Sobreviveu. Sete dos nove bombardeiros de sua formação não voltaram para a base.

Milhares de batalhas entre a RAF e a Luftwaffe enchiam os céus de pedaços de metal — balas de metralhadora, estilhaços antiaéreos, fragmentos de aeronaves — e tudo tinha que ir parar em algum lugar. Incrivelmente, a maioria acabava caindo sem causar danos em campos, florestas ou no mar, mas nem sempre era assim, como ficou claro para a esposa de Harold Nicolson, Vita Sackville-West. Em uma carta para o marido, enviada de sua casa de campo, Sissinghurst, ela contou que encontrou uma bala de alto calibre que havia atravessado o telhado do barracão do jardim. "Então, veja", disse ela em tom de censura, "tenho razão quando digo para ficar dentro de casa enquanto batalham acima de nós. São coisas pontiagudas terríveis".[8]

Entre os moradores de Londres, havia um crescente sentimento de que os ataques aéreos ficavam cada vez mais próximos da cidade — de que algo grande estava prestes a acontecer. Na sexta-feira, 16 de agosto, bombas caíram em Croydon, um bairro periférico, matando ou ferindo gravemente oitenta pessoas e danificando duas fábricas de lorde Beaverbrook. Naquele mesmo dia, bombardeiros atacaram Wimbledon, matando catorze civis e ferindo 59. Os londrinos estavam nervosos. Na cidade, alarmes de alerta se tornaram comuns. O Ministério da Informação declarou em seu relatório de sexta que os moradores começavam a questionar a convicção de que a Alemanha jamais bombardearia a cidade. Um aspecto desagradável da tensão, escreveu Olivia Cockett, autora de diário do Grupo de Observação de Massas, era que "todo mundo pensa que qualquer barulho pode ser uma sirene ou um avião". Ao menor som, todo mundo adotava aquele "olhar de quem está ouvindo com atenção".[9]

A luz da lua era uma grande fonte de medo. Naquela sexta, 16 de agosto, Cockett escreveu em seu diário, "com esta lua maravilhosa, todos esperamos que haja mais bombardeios hoje à noite".[10]

Isso não impediu John Colville de partir naquela noite para um fim de semana no campo e para uma pausa necessária das exigências exaustivas de Churchill. Um alerta vermelho ainda estava em vigor quando ele deixou o nº 10 da Downing Street e começou a viagem de duas horas rumo a Stansted Park, no West Sussex, perto de Portsmouth; ele estava indo para a propriedade de Vere Ponsonby, nono conde de Bessborough, cujos filhos, Moyra e Eric, eram seus amigos.

Lá ficava a Stansted House, um bonito prédio eduardiano de três andares de tijolo vermelho-ocre, com um pórtico de seis colunas jônicas na fachada. A propriedade tinha relevância histórica pelo fato de que em 1651 o rei Carlos II passara por lá em sua fuga, depois que seu exército fora derrotado por Cromwell na última grande batalha da Guerra Civil Inglesa. A cidade próxima de Portsmouth, uma importante base naval, havia se tornado um dos alvos favoritos da Luftwaffe. Situada em Solent, o estreito em forma de bumerangue que separa a costa sul da Inglaterra da ilha de Wight, a base era o porto que abrigava as frotas de contratorpedeiros responsáveis por proteger os navios mercantes e defender a Inglaterra contra a invasão. Um campo de pouso da RAF ocupava a ilha vizinha de Thorney, separada do continente por um estreito canal estranhamente chamado de Grande Abismo.

Quando chegou, Colville encontrou apenas a esposa de lorde Bessborough, Roberte, e a filha, Moyra, em casa.[11] Eric estava fora com seu regimento e Bessborough se atrasara porque uma bomba havia caído sobre a ferrovia por onde seu trem iria passar. Colville, Moyra e lady Bessborough jantaram sozinhos, atendidos por criados. Colville brincou que a principal razão para a visita era "ver uma dessas grandes batalhas aéreas".

Ele acordou na manhã seguinte, sábado, 17 de agosto, um dia quente e ensolarado, "sem qualquer atividade aérea". Ele e Moyra caminharam por um dos jardins da propriedade para colher pêssegos, depois continuaram até chegar aos destroços de um bombardeiro alemão, um bimotor Junkers Ju 88, um dos pilares da Luftwaffe, facilmente reconhecido no ar pela cabine em forma de bolha à frente das asas, o que lhe dava o aspecto de uma grande libélula. Uma parte retorcida e quebrada da aeronave fora parar no pasto de cabeça para baixo, expondo a parte de baixo da asa e uma roda do trem de pouso.

Para Colville, foi um momento estranho. Uma coisa era a experiência da guerra distante do trabalho ministerial, outra era ver pessoalmente sua violência e seu custo. Lá estava um bombardeiro alemão numa propriedade clássica inglesa, do tipo que um viajante poderia imaginar, uma topografia ondulante de prados, florestas e terras agrícolas que se inclinavam suavemente em direção ao sul, com vestígios de floresta medieval usadas para caçar e extrair madeira. Colville não saberia dizer como exatamente o bombardeiro chegara ali. Mas ali estava ele, uma estranha presença mecânica, seu corpo verde-escuro, a parte inferior cinza pontuada por insígnias amarelas e azuis, como flores aleatórias. Uma estrela-do-mar branca brilhava no centro de um escudo azul. Antes um símbolo aterrorizante da guerra moderna, o bombardeiro estava ali destruído num campo, mera relíquia para ser vista antes de voltar para casa e tomar chá.

Na realidade, o avião tinha sido derrubado seis dias antes, às 14h15, 45 minutos depois de deixar o campo de pouso perto de Paris.[12] Um caça da RAF o interceptou a 2.700 metros de altura, matando o operador de rádio e acertando um motor, o que fez a aeronave entrar em parafuso. Enquanto o piloto do bombardeiro lutava para retomar o controle, o avião foi se partindo, com a cauda e a arma traseira caindo na ilha Thorney; parte da cauda caiu perto da sala de operações do campo de pouso. A maior parte do bombardeiro, a porção vista por Colville e Moyra, acabou no pasto da Fazenda Horse Pasture, no limite dos parques de Stansted. No total, três membros da tripulação, com idade entre 21 e 28 anos, foram mortos, o mais novo a duas semanas de seu aniversário. Um quarto membro da tripulação, apesar de ferido, conseguiu pular de paraquedas, pousou em segurança e foi preso. No decorrer da guerra, Stansted se tornou um ímã para bombas e aeronaves abatidas, com um total de 85 bombas e quatro aviões caindo em seu território.[13]

O resto do sábado foi tranquilo. Mas no dia seguinte, nas palavras de Colville, "realizei meu desejo".

COLVILLE ACORDOU EM OUTRO DIA PERFEITO DE VERÃO, tão quente e ensolarado quanto o anterior. Durante toda a manhã, sirenes de ataques aéreos tocaram, mas nada aconteceu, e nenhuma aeronave apareceu no céu. Depois do almoço, no entanto, isso mudou.

Colville e Moyra estavam sentados no terraço da casa com vista para o sul, que oferecia uma vista distante de Solent e da ilha Thorney. À direita, bosques ocupavam o primeiro plano, além do qual eles podiam ver os balões de barragem destinados a proteger Portsmouth de ataques de baixa altitude por bombardeiros de mergulho.

"De repente ouvimos o som da artilharia antiaérea e vimos fumaça branca enquanto os projéteis explodiam sobre Portsmouth", escreveu Colville. As explosões antiaéreas tomavam o céu. Da esquerda vinha um rugido crescente de motores de aeronaves e metralhadoras disparando.

"Aí estão eles", disse Moyra.

Protegendo os olhos contra o sol, os dois viram vinte aeronaves em intenso combate, assustadoramente perto, oferecendo o que Colville chamou de "visão privilegiada". Um bombardeiro alemão traçou um arco no céu deixando uma trilha de fumaça, e depois desapareceu atrás das árvores. "Um paraquedas se abriu", escreveu Colville, "e desceu graciosamente em meio aos caças e bombardeiros".

Um bombardeiro de mergulho, provavelmente um Stuka, escapou, "planou como uma ave de rapina" e mergulhou em direção à ilha Thorney. Outros bombardeiros de mergulho o seguiram.

Eles ouviam o distante estrondo de explosivos; fumaça subia da ilha, onde os hangares pareciam ter sido incendiados; quatro dos balões de barragem de Portsmouth explodiram e desapareceram de vista — Colville e Moyra assistiram a tudo isso de longe, em meio à bela névoa de agosto.

Eles permaneceram no terraço, "animados, exaltados pelo que tínhamos visto", escreveu Colville. Na sua estimativa, a batalha havia durado uns dois minutos.

Depois, eles jogaram tênis.

Capítulo 33
Berlim

EM BERLIM, NO SÁBADO DE MANHÃ, Joseph Goebbels dedicou sua reunião regular de propaganda a pensar em modos de tirar vantagem do pânico crescente que ele imaginava estar tomando conta da população civil da Inglaterra.

"O importante agora", disse ele, "é intensificar ao máximo o clima de pânico que, sem dúvida, está ganhando terreno na Grã-Bretanha".[1] Os transmissores secretos da Alemanha e o serviço em língua estrangeira deveriam continuar a descrever os "efeitos terríveis" dos ataques aéreos. "Os transmissores secretos, em particular, deverão convocar testemunhas que farão descrições terríveis da destruição que viram com os próprios olhos." Esse esforço, ele orientou, deverá incluir também transmissões alertando os ouvintes de que a neblina e o nevoeiro não irão protegê-los contra ataques aéreos; o mau tempo apenas confunde a pontaria dos bombardeiros alemães e torna mais provável que as bombas caiam em alvos não intencionais.

Goebbels alertou os chefes de seus departamentos de imprensa estrangeira e doméstica para que se preparassem para uma ofensiva dos britânicos usando histórias de atrocidades de mortes de idosos e mulheres grávidas causadas pelas bombas, para enfurecer a consciência do mundo. Seus chefes de imprensa deveriam estar prontos para rebater essas alegações imediatamente, usando fotos de crianças mortas em 10 de maio de 1940, num ataque aéreo a Friburgo, na Alemanha. O que Goebbels não contou na reunião foi que esse ataque, que matou vinte crianças num parque, foi realizado por erro dos bombardeiros alemães, cujas tripulações acreditavam estar atacando a cidade francesa de Dijon.

Hitler ainda não havia dado permissão para que os bombardeiros atacassem Londres. Segundo Goebbels, o principal objetivo era deixar os ingleses nervosos. "Devemos continuar a enfatizar que os ataques atuais são só uma amostra do que está por vir."

Capítulo 34

"Ol' Man River"

Para Churchill, o desafio de convencer a Câmara dos Comuns a aceitar o acordo de receber contratorpedeiros em troca da cessão de bases para os americanos voltou a ser um problema. Roosevelt havia recusado sua proposta de tratar o acordo como resultado espontâneo do desejo de ajuda mútua entre os países. Na análise do Departamento de Estado, as leis de neutralidade americanas tornavam "completamente impossível" um ato espontâneo de doação dos contratorpedeiros, ou de qualquer outra coisa. Era necessário algum tipo de pagamento.

Deixar o acordo de lado estava fora de questão. As perdas marítimas do Reino Unido só aumentavam. Nas seis semanas anteriores, 81 navios mercantes haviam sido afundados por submarinos, minas e aeronaves. E esse era apenas um front de uma guerra mundial que só aumentava. Era evidente, àquela altura, que a Luftwaffe estava em guerra total contra a RAF — e era igualmente evidente que, apesar dos sucessos da RAF no ar, a intensidade dos ataques alemães e a precisão permitida pela navegação por raios começavam a causar danos reais às bases aéreas britânicas e à rede de fábricas de aviões de lorde Beaverbrook. A invasão parecia não só iminente, mas uma perspectiva tão possível que ninguém se surpreenderia se levantasse o rosto e visse paraquedistas alemães passando pela Coluna de Nelson na Trafalgar Square. Os cidadãos levavam máscaras contra gases para a igreja e começaram a usar pequenas placas de identificação de metal em braceletes, para serem identificados caso explodissem em mil pedaços. Os panfletos da Defesa Civil chegavam às caixas de correio descrevendo o que fazer caso um *Panzer* aparecesse na vizinhança. Uma dica: enfie um pé de cabra no ponto em que a esteira de aço do tanque passa sobre uma roda.

Ao se ver sem outra opção, Churchill aceitou a posição de Roosevelt, mas resolveu usar uma abordagem própria ao descrever o acordo para o Parlamento e para o público. Ele planejou um longo discurso sobre a "situação de guerra" no qual incluiria seus primeiros comentários formais sobre o acordo. Trabalhou no discurso durante a tarde de segunda-feira, 19 de agosto.

Quando leu o primeiro rascunho, John Colville percebeu que já havia ouvido trechos antes, enquanto Churchill testava ideias e frases no decorrer de conversas corriqueiras. O primeiro-ministro também mantinha trechos de poemas e passagens bíblicas num arquivo especial chamado "Manter à mão". "É curioso", escreveu Colville, "ver como ele fertiliza uma frase ou um trecho de poema por semanas e então o traz à vida num discurso".[1]

Na manhã seguinte, terça-feira, Churchill trabalhou mais um pouco no discurso, mas não conseguiu se concentrar devido ao barulho de construção na Horse Guards Parade, onde os trabalhadores escoravam as Salas de Guerra do Gabinete (mais tarde chamadas de Salas de Guerra Churchill), situadas no porão de um grande prédio governamental perto do nº 10 da Downing Street. Às nove horas, ele ordenou que Colville descobrisse a fonte do barulho e mandasse parar. "Essa é uma reclamação quase diária", escreveu Colville, "e deve causar atrasos consideráveis nas medidas tomadas para defender Whitehall".

A CADA DIA UM NOVO OBSTÁCULO surgia no caminho dos objetivos de produção de lorde Beaverbrook. Submarinos afundavam navios que transportavam partes, ferramentas e matérias-primas vitais. Bombas caíam em fábricas. Trabalhadores assustados abandonavam o emprego. Alarmes falsos fechavam fábricas por horas. A Luftwaffe, consciente disso, rotineiramente enviava bombardeiros sozinhos sobre distritos fabris só para disparar as sirenes de ataque aéreo, exasperando Beaverbrook até o limite. E agora até Deus ameaçava atrapalhar seus planos.

Na terça-feira, 20 de agosto, a Igreja Anglicana propôs que todas as fábricas de munições fechassem para o Dia Nacional de Oração, que seria comemorado dentro de três semanas, no domingo, 8 de setembro de 1940, marcando a passagem de um ano da guerra. (O Dia de Oração anterior havia sido realizado em 26 de maio, quando as tropas britânicas pareciam prestes a ser exterminadas em Dunquerque.) A Igreja queria dar a todos os trabalhadores de fábrica uma chance de ir à missa. "Acreditamos que a perda material será pequena enquanto o ganho espiritual será incalculável", escreveu Herbert Upward, editor do jornal da Igreja numa carta para o primeiro-ministro.²

Churchill rejeitou um fechamento total, mas concordou que as fábricas poderiam mudar o horário de expediente naquele domingo para que os trabalhadores tivessem tempo de pela manhã ou à noite ir à igreja. Isso causou muita irritação em Beaverbrook. "Já temos de lidar com interrupções demais", reclamou ele a Churchill, citando seus inimigos de sempre: ataques aéreos, sirenes de ataques aéreos e o ministro do Trabalho, Ernest Bevin, um ex-sindicalista. "Espero realmente que esses problemas não sejam intensificados pela Divina Providência."³

Mas, escreveu, "uma vez que os trabalhadores nas fábricas de munições devem ter a mesma oportunidade de rezar contra o inimigo, talvez o clero possa ser levado para as fábricas em vez de os trabalhadores às igrejas".

"Essa decisão garantiria um número maior de apelos. E não devem ser menos eficazes."

Em Londres, na terça-feira, 20 de agosto, Churchill começou seu discurso de "situação da guerra" às 15h52, diante de uma Câmara dos Comuns sonolenta devido ao calor de agosto. Ele não mencionou os contratorpedeiros — apenas a cessão das bases, tratando isso como um ato de boa vontade da parte do seu governo para aliviar a ansiedade de Roosevelt a respeito da segurança americana no Atlântico Norte e nas Índias Ocidentais. Na versão de Churchill, as cessões pareciam ser simplesmente um ato magnânimo para ajudar um amigo e provável aliado. "Não há, é claro, nenhuma transferência de soberania", garantiu Churchill à Câmara.

Ele retratou a cessão das bases como algo muito mais valioso para o Reino Unido do que os detalhes reais do acordo poderiam indicar. Churchill defendeu a ideia como uma espécie de aliança de noivado marítimo, que unia os interesses do Reino Unido e dos Estados Unidos. "Sem dúvida", disse, "esse processo significa que essas duas organizações democráticas do mundo anglófono, o Império Britânico e os Estados Unidos, terão em certa medida de ser uma só coisa em certos assuntos para vantagem mútua e geral".⁴

Ele disse à Câmara não ter "dúvidas" sobre isso — um comentário redundante, visto que seu maior desejo era ver os Estados Unidos total e completamente envolvidos na guerra, de preferência como combatentes plenos.

E ainda que houvesse dúvidas, Churchill disse, o processo de envolvimento continuaria independentemente disso. "Não posso parar mesmo que quisesse; ninguém pode parar. Como o Mississippi, ele apenas continua seu curso. Que siga", falou, preparando seu discurso para o fim. "Que siga com força total, inexorável, irresistível, benigno, rumo a terras mais amplas e dias melhores."

Churchill ficou satisfeito com o discurso. No caminho de volta para o nº 10 da Downing Street, o primeiro-ministro cantou uma interpretação exuberante, mas desafinada, de "Ol' Man River".

Para Colville, no entanto, o discurso não tinha a verve usual de Churchill. "No geral, à exceção de trechos brilhantes [...] o discurso parecia se arrastar, e a Câmara, que não está acostumada a se reunir em agosto, estava lânguida."[5] O que mais atraiu o interesse dos membros, Colville percebeu, foi a parte final sobre as bases nas ilhas.

Contudo, esse também foi o discurso no qual Churchill, ao elogiar as conquistas da RAF, ofereceu aquele que a história mais tarde elogiaria como um dos mais poderosos momentos da oratória — a mesma frase que Churchill havia testado no carro com Pug Ismay durante as ferozes batalhas aéreas na semana anterior: "Nunca no campo do conflito humano tantos deveram tanto a tão poucos." Como muitos outros autores de diário da época, Colville não fez qualquer referência à frase em seu diário; ele escreveu depois que "não me pareceu tão forte na época".

Mais importante para Colville, pelo menos em termos de material digno para o diário, foi um encontro naquela noite num restaurante chamado Mirabelle, onde ele jantou com Audrey Paget. À medida que seu sonho de se casar com Gay Margesson diminuía, a jovem havia começado a atrair sua atenção, ainda que tivesse só dezoito anos. O que tornava o flerte ainda mais problemático era o fato de Audrey ser filha de lorde Queenborough (não confundir com Bessborough), um membro conservador do Parlamento com inclinações fascistas. Ele era tido como uma figura triste: havia desejado um filho, mas seu primeiro casamento, com uma americana, resultou em duas filhas; o segundo casamento, novamente com uma americana, deu a ele mais três filhas, incluindo Audrey, todas, nas palavras de Colville, "excepcionalmente lindas". A mãe delas, Edith Starr Miller, parecia compatível com Queenborough.[6] Antissemita, ela se descrevia como uma "investigadora política internacional" e escreveu um livro de setecentas páginas chamado *Teocracia oculta*, no qual procurava expor uma conspiração internacional de judeus, maçons, Illuminati e outros "para penetrar, dominar e destruir não apenas as chamadas classes altas, mas também a maior parte de todas as classes".

Para Colville, encantado pela beleza de uma jovem mulher, nada disso parecia importar. Em seu diário, ele descreveu Audrey como "muito atraente e revigorante em seu entusiasmo pela vida e sua paixão pela diversão. Ela conversava sobre muitos assuntos e, embora notadamente 'ingênua', é evidente que não é estúpida".[7] Ele também anotou em outro momento que Audrey era "de uma beleza sedutora ".

Agora, naquela noite estranhamente quente de terça-feira, 20 de agosto, Colville se deliciava no jantar a dois com Audrey, interrompido quando lorde Kemsley, dono do *Sunday Times*, parou em frente à mesa deles e, sem nenhum preâmbulo, entregou a Colville um grande charuto.

Depois do jantar, Colville levou Audrey ao teatro Wyndham, na Charing Cross Road, para assistir a uma peça, *Cottage to Let*, um mistério de espionagem cômico. Eles encerraram a noite numa boate, a Slippin', uma escolha ruim. Colville achou o lugar "vazio, chato e sórdido".

Mas estava encantado com Audrey. "Flertamos mais descaradamente do que nunca, e em certo momento pareceu que iria se tornar mais que um flerte; mas me senti tomado por uma pequena consciência de estar prestes a cometer o crime pelo qual Sócrates foi condenado", uma referência à juventude de Audrey.

Colville tinha 25 anos.

Capítulo 35
Berlim

Naquela terça-feira, 20 de agosto, em Berlim, Hitler expressou seu descontentamento com a Luftwaffe, por ainda não ter cumprido a promessa de Hermann Göring de ganhar superioridade aérea sobre a Inglaterra. Ele disse à sua equipe no quartel-general: "A queda da Inglaterra no ano de 1940 não pode ser considerada nas presentes circunstâncias."[1] Mas não fez nada para cancelar a Operação Leão-Marinho, a invasão da Inglaterra, agora prevista para 15 de setembro.

Göring ainda acreditava que sua Força Aérea colocaria a Inglaterra de joelhos e culpava seus grupos de aeronaves de caça por falta de coragem ou habilidade para proteger os bombardeiros. Na terça-feira, ele ordenou a seus oficiais que acabassem com a RAF de uma vez por todas, com "ataques sem descanso". Londres, por ordem explícita de Hitler, ainda não deveria ser atacada.

Nas noites seguintes, os bombardeiros de Göring e caças voaram milhares de vezes sobre a Inglaterra — um número tão grande de aeronaves vindas de tantas direções que por vezes ameaçavam sobrecarregar a rede de radares na costa e a capacidade da RAF de despachar com precisão os esquadrões para enfrentá-las.

E então, na noite de sábado, 24 de agosto, aconteceu um erro de navegação destinado a mudar a natureza de toda a guerra — "um descuido"[2] que Basil Collier, um dos principais historiadores da Batalha da Grã-Bretanha, considera o momento que colocou o mundo inexoravelmente em marcha rumo a Hiroshima.

Capítulo 36
Hora do chá

MAS PRIMEIRO VEIO O CHÁ, ao qual o Professor voltou sua atenção.

Seus inimigos achavam que ele era um íncubo estatístico que levava uma vida sem emoção ou compaixão. Na verdade, ele frequentemente fazia gentilezas para empregados e estranhos, preferindo manter essas ações caridosas em segredo. Em um caso, Lindemann pagou as contas médicas de uma jovem funcionária do seu laboratório que sofreu uma fratura no crânio durante um blecaute, quando a bicicleta que ela pedalava a caminho do trabalho caiu num buraco. Ao ouvir que uma ex-enfermeira idosa "estava na miséria", conforme descreveu uma organização caridosa, ele concedeu uma pensão para a mulher. O Professor era particularmente generoso com seu criado, Harvey. Certa vez, Lindemann deu a ele uma moto, mas depois, preocupado que Harvey se machucasse num acidente, providenciou um carro para que ele usasse em vez da moto.[1]

Ele também expressava preocupações maiores. Apesar de sua afetação e de seu amor por coisas belas — seus carros grandes, chocolates, casacos Merton —, o Professor frequentemente demonstrava interesse pela experiência do homem comum na guerra. Foi o que aconteceu naquele verão, quando ele escreveu a Churchill para se opor a uma proposta do Ministério da Alimentação de reduzir a distribuição de chá a meros 56 gramas por semana.

O único bálsamo universal para o trauma da guerra era o chá.[2] Era o que ajudava as pessoas a lidar com a situação. As pessoas preparavam o chá durante ataques aéreos e depois de ataques aéreos, e enquanto descansavam da tarefa de retirar corpos de prédios destruídos. O chá dava forças a uma rede de trinta mil observadores que vigiavam o céu da Inglaterra à procura de aeronaves alemãs, operando a partir de mil postos de observação, todos abastecidos com chá e chaleiras. Cantinas móveis distribuíam galões dele, quente, em torneiras. Nos comerciais de propaganda, preparar o chá se tornou uma metáfora visual para seguir em frente. "O chá adquiriu uma importância quase mágica na vida de Londres", constatou um estudo feito durante a guerra. "E a reconfortante xícara de chá realmente parecia ajudar a animar as pessoas numa crise." O chá fluía pelos diários do Grupo de Observação de Massas como um rio. "Esse é um dos problemas dos ataques", reclamou uma autora de diários. "A única coisa que as pessoas preparam é o chá, e esperam que você o tome." O chá marcava o dia — muito embora, na hora do chá, o próprio Churchill, que havia dito que o chá era mais importante que munição, não o bebesse. Ele preferia uísque e água. Chá era conforto e história; acima de tudo, era inglês. Enquanto houvesse chá, haveria a Inglaterra. Mas a guerra e o racionamento estrito ameaçavam abalar até seu pilar mais prosaico.

O Professor via o perigo.

"A sabedoria do racionamento de chá a 56 gramas está aberta a sérios questionamentos", escreveu Lindemann em um memorando a Churchill. "Grande parte da população, composta de trabalhadoras que fazem também as tarefas da casa e de faxineiras, depende exclusivamente do chá como estimulante. Está longe de exagero chamar o chá de seu principal luxo; na verdade, esse é o único luxo que ela tem."[3]

Era comum que tais pessoas mantivessem uma chaleira à mão o dia todo, escreveu ele, e que preparassem uma xícara de chá a cada duas horas. "Alarmes de ataques aéreos frequentes", escreveu, "provavelmente aumentam o apetite". Limitar esse luxo pode ter consequências de longo alcance, alertou Lindemann. "Esta é a classe que mais sofre com a guerra. Enfrenta o impacto direto dos altos preços e da escassez. O blecaute e, em certos casos, as retiradas impõem ainda mais dificuldades. E eles não têm a compensação dos novos interesses e aventuras."

Essa classe de tomadores de chá também é "a menos instruída e a menos responsável do país", escreveu Lindemann. "Eles pouco têm a ganhar com a comunidade democrática livre. Podem dizer sem hesitar, como frequentemente o fazem, que não faria diferença alguma para eles se Hitler estivesse no comando."

O chá mantinha o moral. "Se toda essa classe perdesse completamente a fé, poderia infectar a comunidade e diminuir o moral, especialmente se um intenso bombardeio se somasse a seus problemas atuais."

Nesse caso, a intervenção de Lindemann não foi bem-sucedida, apesar de sua ligação direta com Churchill. O racionamento de chá, embora mais tarde reajustado para 85 gramas, continuaria até 1952.

Enquanto isso, as pessoas secavam as folhas usadas de chá para poder fervê--las novamente.

Capítulo 37
Os bombardeiros perdidos

NA NOITE DE SÁBADO, 24 DE AGOSTO, uma formação de bombardeiros alemães se perdeu. Seus alvos eram fábricas de aeronaves e um depósito de petróleo a leste de Londres, sobre os quais acreditavam estar. Na verdade, eles estavam sobre Londres.[1]

A RAF rastreou os aviões desde o momento em que deixaram a França, mas não podia fazer nada para detê-los. Os britânicos ainda não contavam com meios eficazes para interceptar intrusos depois do anoitecer. Apesar de poder direcionar um caça para a localização geral de um bombardeiro, o controle aéreo oferecia detalhes imprecisos sobre a altitude do avião e não sabia dizer se era apenas um bombardeiro ou um grupo de vinte. Cerca de quatro minutos se passavam do momento em que o avião era detectado pela primeira vez até a determinação de suas coordenadas pelos controladores do Comando de Caças, e durante esse período, a aeronave inimiga teria percorrido boa parte do canal e passado para uma altitude diferente. Os pilotos precisavam ver seus alvos para atacar. A RAF estava tendo dificuldades para modificar suas aeronaves para batalhas noturnas e equipá-las com um radar de aeronave experimental; até aquele momento, esses esforços haviam sido infrutíferos.

Pesquisadores também corriam para encontrar formas de embaralhar e desviar os raios de navegação alemães. Os primeiros interceptadores eram modificações grosseiras de equipamentos médicos usados para a prática de diatermia, a aplicação de energia eletromagnética no tratamento de várias doenças. Em agosto, esses aparelhos haviam sido amplamente suplantados por interceptadores mais eficientes e por um sistema para mascarar os raios alemães e retransmiti-los com o intuito de confundir ou desviar os bombardeiros que os seguiam. Mas essas medidas apenas começavam a se mostrar promissoras. Fora isso, a RAF dependia de balões de barragem e de artilharia antiaérea guiada por holofotes. A imprecisão das armas chegava a ser quase uma piada. Um estudo do Ministério do Ar logo descobriria que apenas uma aeronave inimiga era abatida para cada seis mil disparos.

Quando os bombardeiros se aproximaram, sirenes começaram a disparar por toda a cidade de Londres. Nos degraus de St. Martin-in-the-Fields, um repórter de rádio da CBS News, Edward R. Murrow, começou uma transmissão ao vivo. "Esta", disse ele com sua voz grave e em tom calmo, "é a Trafalgar Square".[2] De onde estava, Murrow contou a seu público, dava para ver a Coluna Nelson e a estátua no topo. "Este barulho que vocês ouvem no momento é o som das sirenes do alarme de ataque aéreo", disse ele. Um holofote apareceu ao longe, depois outro mais próximo, atrás da estátua de Nelson. Murrow parou de falar para deixar o público ouvir o gemido polifônico arrepiante de várias sirenes enchendo a noite de sons. "Da esquina vem um daqueles grandes ônibus vermelhos", disse. "Ônibus de dois andares. Apenas algumas luzes no andar superior. Neste escuro lembra muito um navio navegando noite adentro, do qual só vemos as vigias."

Outro ônibus passou. Mais holofotes surgiram. "Vemos as luzes indo em direção ao céu, e de repente elas encontram uma nuvem e parecem se espalhar por todo o entorno." Um semáforo fica vermelho, a luz quase imperceptível em meio às placas em forma de cruz instaladas sobre as lâmpadas. Inacreditavelmente, sob tais circunstâncias, o trânsito para, obediente. "Vou apenas descer os degraus na escuridão e ver se consigo captar o som das pessoas andando", disse Murrow. "Um dos sons mais estranhos que podemos ouvir em Londres nestes dias, ou nestas noites escuras, é simplesmente o som de passos pela rua, como fantasmas com pés de metal."

Ao fundo, as sirenes ecoavam continuamente, subindo e descendo a escala, antes de finalmente parar, deixando Londres em estado de alerta, à espera do sinal de que o ataque havia acabado. Durante a transmissão, Murrow não viu nem ouviu nenhuma explosão, mas logo a leste de onde estava as bombas começaram a cair na região central de Londres. Uma danificou a Igreja St. Giles, em Cripplegate; outras caíram em Stepney, Finsbury, Tottenham, Bethnal Green e bairros adjacentes.

O dano foi mínimo, poucas mortes, mas o ataque causou um arrepio de terror pela cidade. Ninguém na Inglaterra sabia que as bombas eram fruto de um desvio, que haviam sido despejadas por engano, contra as ordens explícitas de Hitler, nem que nas primeiras horas da manhã de domingo Göring enviara uma mensagem enfurecida para o grupo de bombardeiros envolvido dizendo: "Deve-se informar imediatamente quais equipes lançaram bombas na zona proibida de Londres.[3] O comandante supremo", Göring, "se reserva o direito de determinar a punição pessoal dos comandantes envolvidos rebaixando-os para a infantaria".

Para os londrinos, o ataque parecia marcar uma nova fase da guerra. Para Olivia Cockett, autora de diários do Grupo de Observação de Massas, o acontecimento trazia visões novas do horror por vir. "Reprimi uma fantasia horrível de temores sobre redes de esgoto e água destruídas; sem gás; não haver água potável (tifoide); depois gás sendo jogado pelos aviões no céu; e nenhum lugar para onde fugir. Possibilidades infinitas de horror, difíceis de reprimir durante as horas insones da noite."[4]

Ela sentia uma ansiedade crescente. "Meu coração para sempre que um carro muda de marcha, ou quando alguém corre, ou anda muito rápido, ou, de repente, para, ou inclina a cabeça para um lado, ou olha para o céu, ou diz 'Shhh!', ou apita, ou uma porta bate com o vento ou um mosquito voa num cômodo. Tudo parece fazer meu coração parar mais do que bater!"

O ataque da noite de sábado em Londres enfureceu Churchill, mas também reduziu sua frustração crescente em não poder tomar a ofensiva e levar a guerra até a Alemanha. A RAF já havia bombardeado alvos industriais e militares ao longo do rio Ruhr e em outros lugares, mas isso teve impacto mínimo tanto em termos de danos físicos quanto de efeito psicológico. O ataque a Londres deu a Churchill o pretexto que ele estava esperando: a justificativa moral para um ataque contra Berlim.

Capítulo 38
Berlim

NA NOITE SEGUINTE, ÀS 00H20, os berlinenses ficaram chocados ao ouvir as sirenes de alerta de ataque aéreo dispararem pela cidade enquanto os bombardeiros britânicos voavam acima deles, um cenário que seus líderes haviam garantido ser impossível. A artilharia antiaérea rasgava o horizonte. "Os berlinenses estão atordoados", escreveu o correspondente Shirer no dia seguinte. "Eles não achavam que isso fosse possível. Quando a guerra começou, Göring garantiu que isso era inviável. Ele se vangloriou que os aviões do inimigo jamais atravessariam os anéis externos e internos de defesa aérea da capital. Os berlinenses são pessoas simples e ingênuas. Eles acreditaram."[1]

O ataque causou apenas pequenos danos e não matou ninguém, mas se mostrou um novo desafio para o ministro da Propaganda, Joseph Goebbels. Os "rumores mais bárbaros" haviam começado a circular, disse ele aos integrantes de sua reunião matinal. Um boato afirmava que a tinta nos bombardeiros britânicos os tornava, de alguma forma, invisíveis aos holofotes; de que outra forma eles teriam conseguido chegar a Berlim sem ser derrubados?[2]

Goebbels instruiu que os rumores fossem combatidos com "uma declaração precisa", detalhando o pouquíssimo dano que havia sido causado.

Ele também defendeu uma ação mais forte: "Medidas extraoficiais deverão ser tomadas, de forma que o Partido garanta que os responsáveis por espalhar rumores entre as pessoas decentes sejam punidos com rigor e rapidamente, se necessário até mesmo com violência."[3]

Capítulo 39
"Ah, a juventude!"

Parecia certo que Hitler iria retaliar, e dado o pendor da Alemanha por ataques gigantescos, a ofensiva seria grande. Portanto, quando as sirenes de ataque aéreo soaram em Londres na manhã da segunda-feira seguinte, 26 de agosto, Churchill ordenou a John Colville e a todos os outros no nº 10 da Downing Street que fossem para o abrigo antiaéreo do prédio.

Era alarme falso.

Churchill sabia que a RAF planejava um ataque sobre Leipzig naquela noite, mas achava a cidade um alvo fraco. Ele telefonou para Sir Cyril Newall, chefe do Estado-Maior da Aeronáutica, para expressar seu desgosto. "Agora que começaram a incomodar a capital", disse Churchill a ele, "quero que os acerte com força — e Berlim é o lugar para isso ser feito ".[1]

As sirenes soaram em Londres de novo naquela noite, enquanto Colville terminava de jantar com um amigo, membro da Guarda Real, no salão de jantar da guarda, no Palácio St. James. Os homens foram fumar charutos; um rapaz com uma gaita de foles marchava ao redor da mesa tocando "Speed Bonnie Boat". Ao som do alerta, os homens calmamente abaixaram seus charutos e seguiram para o abrigo do palácio, onde trocaram seus uniformes formais azuis de jantar pelos uniformes de batalha e capacetes.

Nenhuma bomba caiu, mas o alerta continuou. Depois de um longo tempo, Colville saiu e fez o caminho de volta para o nº 10 da Downing Street. À meia-noite e meia, o sinal de fim do alerta ainda não havia tocado. Vez ou outra Colville ouvia o motor dos aviões e o som cortante da artilharia antiaérea. Churchill, acordado e ativo, novamente ordenou que sua equipe fosse para o abrigo, mas continuou trabalhando, com Colville, o Professor e muitas outras autoridades e secretários.

A certa altura, ao se ver num raro momento sem nada para fazer, Colville andou até o jardim interno na parte de trás da casa. A noite estava agradável, impregnada pela névoa que subia da cidade quente ao redor. Holofotes desenhavam pilares de luz pálida no céu. Só algumas aeronaves apareceram e nenhuma bomba havia sido lançada, mas a mera presença dos aviões tinha parado a cidade. Isso criou um momento estranho e sereno. "Fiquei no jardim, ouvi o Big Ben marcar meia-noite, assisti às luzes de busca e refleti sobre essa estranha quietude de Londres. Nenhum som, raramente uma lufada de vento. E aí, de repente, o som de um motor e o brilho de uma arma distante."[2]

Churchill colocou seu pijama e, carregando um capacete, desceu as escadas naquilo que Colville descreveu como um "roupão particularmente magnífico, dourado, com estampa de dragão". Ele também foi para o jardim, onde caminhou de um lado para outro por um tempo, uma figura atarracada em dourado incandescente, até que, por fim, foi para o abrigo passar a noite.

Churchill dormiu bem, não acordando nem mesmo quando o sinal de fim do alerta soou às 3h45. Ele sempre dormia bem. Sua capacidade de dormir em qualquer lugar, a qualquer momento, era um dom particular. Pug Ismay escreveu: "Só vendo para acreditar como ele caía num sono profundo assim que a cabeça tocava o travesseiro".

Não funcionava assim para Colville, que, como muitos outros em Londres, havia finalmente conseguido dormir quando foi acordado pelo som constante em nota única do fim do alerta. Esse, Colville escreveu, "é o golpe duplo dos ataques noturnos".

Entre o público em geral, por enquanto, o moral continuava alto, pelo menos de acordo com um estudo da correspondência postal feito pelo Departamento de Censura e Telégrafos, que interceptou cartas enviadas para os Estados Unidos e a Irlanda. O relatório, divulgado na sexta-feira, 30 de agosto, citou um correspondente de North Wembley que escreveu: "Eu não sairia daqui para ir a nenhum outro lugar do mundo, nem por uma fortuna."[3] O censo alegou ter chegado à conclusão paradoxal de que "o moral é mais alto nos locais que foram mais bombardeados". Ao notar isso, no entanto, o relatório do censo assumia um tom de visível censura: "Há uma queixa generalizada de falta de sono, mas aqueles que falam de problemas nervosos parecem ser pessoas que, em geral, demonstram pouca coragem, e nos casos em que se mencionam crianças aterrorizadas, parece que, na maioria das vezes, a culpa é da mãe."

Dito isso, os distritos civis de Londres e de outras grandes cidades estavam, até o momento, ilesos.

Durante a noite, a RAF lançou um segundo ataque contra Berlim e matou seus primeiros berlinenses, dez, e feriu 21.

Enquanto Londres se preparava para a retaliação de Hitler, Mary Churchill e sua mãe aproveitavam a paz de uma noite quente de verão em Breccles Hall, a casa de campo de Judy Montagu, onde Mary supostamente passaria mais algumas semanas. Clementine planejava voltar em breve para Londres.

Nessas terras agrícolas nos limites da Floresta Thetford, em Norfolk, em meio aos 102 acres de campos, pântanos e bosques de pinheiros, a guerra aérea, com suas bombas e batalhas nos céus, parecia especialmente remota, conforme Mary registrou em seu diário. A casa era de meados do século XVI, e dizia-se que, de vez em quando, era visitada por um fantasma lindo numa carruagem e quatro outros fantasmas cujo olhar causava a morte instantânea de quem os visse. As garotas andavam de bicicleta e a cavalo, jogavam tênis, nadavam, iam ao cinema e dançavam com os homens da Aeronáutica das bases da RAF próximas, ocasionalmente levando-os para sessões de "amasso" no celeiro, uma situação que levou Mary a exclamar em seu diário: "Ah, *'la jeunesse — la jeunesse'*!"[4]

A mãe de Judy, Venetia, assumiu a missão de equilibrar a preguiça desses dias de verão com o envolvimento das garotas em várias atividades intelectuais. Lia para elas as obras de Jane Austen, comparando Mary e Judy àquelas "meninas inquietas" de *Orgulho e preconceito*, Kitty e Lydia Bennett, "que estavam sempre a caminho de Maryton para ver quais regimentos haviam aparecido no local", como escreveu Mary depois.[5]

As garotas também resolveram aprender os sonetos de William Shakespeare e decorar um por dia — tarefa na qual falharam, embora Mary seguisse capaz de recitar vários deles, mesmo depois de anos.

De vez em quando, a guerra se intrometia, como na vez em que o pai dela telefonou com notícias sobre um grande ataque alemão a Ramsgate, no estreito de Dover, que destruiu setecentas casas. O ataque foi particularmente intenso, com quinhentas bombas de alta carga explosiva caindo em apenas cinco minutos. A notícia foi chocante para Mary, que escreveu, "aqui, apesar da atividade aérea & especialmente durante esse dia lindo, quase se pode esquecer a guerra".

A notícia intensificou a dissonância que Mary sentia entre a vida que levava em Breccles Hall e a realidade maior da guerra, e isso a levou, na segunda-feira, 2 de setembro, a escrever à mãe pedindo permissão para voltar a Londres. "Estou me entregando ao escapismo aqui", escreveu ela. "Por um longo tempo, esqueci-me completamente da guerra. Mesmo quando estamos com os homens da Aeronáutica, é possível esquecer — porque eles são tão animados." Com milhões de pessoas pela Europa "passando fome e enlutadas e infelizes", escreveu ela, "de alguma forma é muito errado. Posso, por favor, voltar para você e papai assim que possível? Realmente não vou deixar que os ataques aéreos me afetem — me importo tanto com a guerra e com tudo, e queria sentir que estou arriscando algo".[6]

Os pais dela tinham uma opinião diferente, típica de quem se preocupa com os filhos. "Fico feliz que você esteja tendo um período sem preocupações e feliz no campo", escreveu Clementine como resposta. "Você não deve se sentir culpada. Ficar triste e desanimada não ajuda ninguém."[7]

Ela contou a Mary sobre a vida no nº 10 da Downing Street desde o ataque de sábado à noite. "Estamos bastante acostumados com os alertas de ataque aéreo, & quando você voltar, vai encontrar um pequeno beliche confortável no Abrigo. Há quatro, um para papai, um para mim, um para você e um para Pamela" — uma referência a Pamela Churchill, então grávida de oito meses. "A cama de cima é bastante difícil de alcançar. Duas vezes passamos a noite inteira lá porque estávamos dormindo quando o sinal de 'fim do alarme aéreo' tocou. Lá embaixo não se consegue ouvir nada."

Não ajudou em nada aliviar a culpa de Mary o fato de Clementine a chamar na carta de "minha querida ratinha do campo".

Mas uma visita a uma base vizinha da RAF fez as angústias de Mary crescerem ainda mais. Houve as frivolidades normais — almoço, tênis, chá —, e então chegou o "ponto alto da tarde", o tour de um bombardeiro Blenheim.

"Foi emocionante", escreveu Mary, embora, acrescentou, "tenha feito eu me sentir muito inútil. Não haverá nunca uma verdadeira medida do meu amor pela Inglaterra — porque sou uma mulher & sinto apaixonadamente que gostaria de pilotar um avião — ou arriscar tudo por algo em que acredito tanto & amo tão profundamente".[8]

Em vez disso, escreveu ela, "devo lamber envelopes & trabalhar num escritório & viver uma vida confortável — e feliz".

COM A PERSPECTIVA DE ATAQUES sobre Londres, o embaixador dos Estados Unidos, Joseph Kennedy, fugiu. Para grande desprezo de muitos em Londres, ele começou a conduzir seus afazeres de embaixador de sua casa no campo. No Escritório de Relações Exteriores, uma piada começou a circular: "Sempre achei que meus narcisos eram amarelos até conhecer Joe Kennedy."[9]

Halifax, o secretário das Relações Exteriores, considerou a piada "cruel, mas merecida".[10] Ele sentiu uma certa satisfação no fato de um ataque alemão chegar perigosamente perto de destruir a casa de campo de Kennedy. Halifax, em seu diário na quinta-feira, 29 de agosto, chamou isso de "um julgamento de Joe".

LORDE BEAVERBROOK ESTAVA CANSADO. Sua asma o maltratava e, como sempre, ele se sentia incomodado — porque as sirenes de ataque aéreo roubavam de suas fábricas inúmeras horas de trabalho, porque os bombardeiros alemães pareciam capazes de entrar e sair do país sem resistência, porque uma única bomba podia parar a produção por dias. Mesmo assim, apesar de todos esses obstáculos, e apesar de suas fábricas estarem sob ataque da Luftwaffe toda noite, seu império de produção e recuperação conseguiu produzir 476 caças em agosto, quase duzentos a mais que o total estipulado anteriormente pelos chefes de Estado-Maior.

Caso Churchill tivesse, de alguma forma, ignorado essa façanha, Beaverbrook escreveu para ele na segunda-feira, 2 de setembro, para lembrá-lo de seus próprios sucessos. Ele também aproveitou a oportunidade para expressar um grau de autopiedade falando sobre quanto essas conquistas tinham sido difíceis, encerrando suas anotações com um verso de uma canção gospel popular americana: "Ninguém sabe as dificuldades que vivi".[11]

Como resposta, no dia seguinte, Churchill devolveu o bilhete de Beaverbrook com uma réplica de duas palavras anotadas no pé da página:

"Eu sei."

Capítulo 40
Berlim e Washington

Os ataques a Berlim, de fato, irritaram Hitler. No sábado, 31 de agosto, ele deixou a relutância de lado e ordenou ao chefe da sua Aeronáutica, Göring, que iniciasse os preparativos para um ataque a Londres. O ataque, Hitler instruiu, deveria derrubar o moral do inimigo ainda mantendo o foco nos alvos estratégicos. Ele não queria, contudo, causar "pânico em massa". Mas Hitler entendia muito bem que, dada a pouca precisão dos bombardeios, atacar Londres equivalia a ter como alvo os distritos civis.

Dois dias depois, Göring emitiu uma diretriz para a Luftwaffe. Mais uma vez ele previu um ataque de proporção cataclísmica e tão extraordinária que faria Churchill se render ou ser demitido do cargo. Göring desejava se vingar dos ingleses por humilharem sua Força Aérea e estava satisfeito com a ideia de liberar o poder total do seu grupo de aeronaves contra a capital inglesa. Dessa vez, ele deixaria o Reino Unido de joelhos.

À medida que Göring se preparava para seu massacre e os preparativos da invasão da Inglaterra continuavam, o vice de Hitler, Rudolf Hess, ficava cada vez mais preocupado com a intensificação do conflito. Até então ele não havia conseguido progredir na tarefa designada por Hitler de levar, de alguma forma, o governo de Churchill ao colapso. Hess considerava um erro que os dois impérios fossem se enfrentar.

Em 31 de agosto, ele se encontrou com um amigo e mentor, o professor Karl Haushofer, importante cientista político cujas teorias estavam na base da visão de mundo de Hitler, mas cuja vida pessoal o colocava em um terreno precário: sua esposa tinha antecedentes judeus. Para proteger os dois filhos de

Haushofer, Hess, apesar de seu ódio a judeus, havia declarado ambos "arianos honorários".

Hess e Haushofer conversaram por nove horas, durante as quais Hess alertou seu amigo sobre a chance cada vez maior de uma invasão à Inglaterra.[1] Os dois discutiram a ideia de entregar uma proposta de paz a Londres através de um intermediário britânico, alguém com ligações próximas a membros do governo de Churchill que fossem favoráveis à paz, com o objetivo de iniciar uma rebelião parlamentar contra o primeiro-ministro.

Três dias depois dessa reunião, o professor Haushofer escreveu uma carta delicadamente composta para um de seus filhos, Albrecht, um importante conselheiro tanto de Hitler quanto de Hess, e um anglófilo que falava inglês perfeitamente. O pai expressou suas preocupações sobre a invasão iminente e pediu ao filho que organizasse um encontro num local neutro com um intermediário influente para discutir maneiras de evitar mais conflitos com a Inglaterra. Ele sabia que seu filho havia se tornado amigo de um escocês importante, o duque de Hamilton, e sugeria que ele o abordasse.

Era importante agir com rapidez. "Como você sabe", escreveu o professor Haushofer, "tudo está preparado para um ataque duro e severo sobre a ilha, e basta que a pessoa no topo da hierarquia aperte o botão para que ele tenha início".[2]

Nos Estados Unidos, o último obstáculo para o acordo da troca de contratorpedeiros por bases foi resolvido quando um advogado do Departamento de Estado encontrou uma saída que permitia tanto a Churchill quanto a Roosevelt retratarem o acordo de modo mais palatável para seus compatriotas.

As bases de Terra Nova e das Bermudas seriam classificadas como um presente em reconhecimento pelo "interesse amigável e compreensível do Reino Unido com a segurança nacional dos Estados Unidos". A cessão das demais bases seria um pagamento pelos contratorpedeiros, mas não havia estimativa de valor para nenhum dos recursos, o que limitava a capacidade de cada lado de comparar valores. Era bastante claro que os Estados Unidos levavam vantagem no acordo, ainda que os críticos não tivessem facilidade para demonstrar a disparidade em números. E, de fato, a imprensa americana saudou o acordo como uma vitória do presidente, o tipo de negociação dura que apelava para o sentimento dos americanos, que se viam como uma nação que tratava as coisas como negócio. Como declarou o *Courier-Journal* de Louisville, "não fechávamos um acordo tão bom desde que os índios venderam a ilha de Manhattan por $24 em Wampum e um galão de bebida alcoólica".³

O embaixador britânico, lorde Lothian, e o secretário de Estado americano, Cordell Hull, assinaram o acordo na segunda-feira, 2 de setembro. Dois dias depois, os primeiros oito contratorpedeiros atracaram no porto de Halifax, quando as novas tripulações britânicas começaram a perceber quanto trabalho seria necessário para deixá-los adequados à navegação, sem falar em prepará-los para uma batalha. Nas palavras de um oficial americano, os cascos quase não eram grossos o suficiente "para impedir que a água e pequenos peixes entrassem".⁴

Para Churchill, no entanto, a qualidade dos contratorpedeiros era, em grande parte, irrelevante. Como homem da Marinha, ele certamente sabia que os navios eram antigos demais para serem de grande utilidade. O que importava era que ele tinha conseguido a atenção de Roosevelt, e talvez o empurrado um pouco mais para perto de um envolvimento total na guerra. Ainda havia dúvida sobre quanto tempo Roosevelt permaneceria como presidente. A eleição presidencial americana aconteceria em dois meses, em 5 de novembro, e Churchill esperava ardorosamente que Roosevelt vencesse, mas esse resultado não estava, de forma alguma, garantido. Uma pesquisa Gallup divulgada em 3 de setembro mostrava que 51% dos americanos preferiam Roosevelt, mas 49% optavam por Wendell Wilkie. Dada a margem de erro na pesquisa, os dois candidatos estavam praticamente empatados.

Mas, nos Estados Unidos, a inclinação pelo isolacionismo ganhava força e intensidade. Em 4 de setembro, um grupo de estudantes de direito em Yale fundou o Primeiro Comitê Americano para se opor ao envolvimento na guerra. A organização cresceu rápido, ganhando o apoio enérgico de ninguém menos que uma celebridade, Charles Lindbergh, herói nacional desde seu voo de 1927 que cruzou o Atlântico. E Wilkie, incentivado pelos líderes republicanos a fazer o que pudesse para se colocar à frente na eleição presidencial, estava prestes a mudar de estratégia e fazer da guerra — e do medo — o tema central de sua campanha.

Capítulo 41
Ele está vindo

Na quarta-feira, 4 de setembro, Hitler subiu à tribuna do Berlin Sportpalast, onde alguns anos antes tinha feito seu primeiro discurso como chanceler alemão. Agora ele se preparava para falar a um grande público de trabalhadoras sociais e enfermeiras, supostamente para homenagear a abertura da campanha de Assistência para a Guerra no Inverno do ano — Kriegswinterhilfswerk —, que iria arrecadar dinheiro para comida, aquecimento e roupas para alemães pobres. Ele aproveitou a oportunidade, no entanto, para fazer um discurso contra o Reino Unido por seus recentes ataques aéreos contra a Alemanha. "O sr. Churchill", disse, "está apresentando sua nova invenção, o ataque aéreo noturno".[1]

Hitler retratou tais ataques como covardes, diferentes das investidas diurnas da Luftwaffe. Ele disse ao público que até o momento estava contendo sua reação aos ataques britânicos, na esperança de que Churchill reavaliasse a situação e parasse com os bombardeios. "*Herr* Churchill, porém, viu nisso um sinal de fraqueza", disse Hitler. "Vocês vão entender que estamos respondendo, noite após noite. E quando a Força Aérea Britânica jogar dois, três ou quatro mil quilos de bombas, em uma noite jogaremos 150-230-300 ou 400.000 quilos de volta".

A isso, o correspondente americano William Shirer escreveu, a multidão respondeu com um grito feroz e forçou Hitler a uma pausa.

Ele esperou que o clamor diminuísse e disse: "Quando eles declararem que vão aumentar os ataques a nossas cidades, nós vamos reduzir as cidades *deles* a cinzas."[2] Ele prometeu "impedir o trabalho desses piratas do ar, que Deus nos ajude".

As mulheres se levantaram, Shirer escreveu em seu diário, "e, de peito estufado, gritaram em aprovação".

Hitler continuou: "Chegará a hora em que um de nós será derrotado, e não será a Alemanha Nacional-Socialista".

A multidão irrompeu num tumulto ensurdecedor, gritando "NUNCA! NUNCA!"

"Na Inglaterra, eles estão cheios de curiosidade e continuam perguntando: 'Por que ele não vem?'", disse Hitler, impregnando de ironia cada gesto. "Calma. Calma. Ele está vindo! Ele está vindo!"

A risada da plateia beirava a loucura.

Churchill deu uma resposta sangrenta: Naquela noite as bombas da RAF caíram no lindo parque principal de Berlim, o Tiergarten, matando um policial.

EM CARINHALL, NO PACÍFICO CAMPO ALEMÃO, Hermann Göring e seus comandantes da Luftwaffe mapearam um conciso e lacônico plano de ataque para "a destruição de Londres".[3]

O ataque inicial estava programado para começar às seis horas da tarde, seguido pelo "ataque principal", às 18h40. O propósito do primeiro ataque era atrair os caças da RAF para o ar, para que, no momento em que a primeira onda de bombardeiros chegasse, os defensores britânicos estivessem ficando sem combustível e munição.

Três formações de bombardeiros, protegidas por uma grande quantidade de caças, partiriam de três locais na costa francesa do canal da Mancha e seguiriam em linha reta para Londres. Os caças acompanhariam os bombardeiros pelo caminho todo, na ida e na volta. "Diante do fato de que os caças estarão operando no limite de sua capacidade", dizia o plano, "é essencial que rotas diretas sejam escolhidas e o ataque seja concluído no menor tempo possível." O plano exigia força máxima, com aeronaves voando em altitudes escalonadas. "A intenção é completar a operação em um só ataque."

Com tantas aeronaves no ar, era imperativo que os pilotos também soubessem orquestrar o retorno. Depois de despejar suas bombas, as formações deveriam virar à esquerda e voltar por um trajeto diferente do usado para chegar à Inglaterra, para evitar a colisão com bombardeiros ainda fazendo a aproximação.

"Para conseguir o efeito máximo necessário, é essencial que as unidades voem como forças altamente concentradas durante a aproximação, o ataque e, principalmente, o retorno", dizia o plano. "O principal objetivo da operação é provar que a Luftwaffe pode fazer isso."

A data estava marcada para 7 de setembro de 1940, um sábado. Göring disse a Goebbels que a guerra estaria terminada em três semanas.[4]

Entre os grupos de bombardeiros convocados para participar estava uma unidade especial chamada KGr 100, um dos três grupos conhecidos como "desbravadores". Sua tripulação era especializada em voar ao longo dos raios de navegação da Alemanha, tirando vantagem de uma tecnologia mais avançada que o sistema *Knickebein*, que estava se mostrando problemático. A genialidade do *Knickebein* era sua simplicidade e o uso de tecnologia familiar. Todo piloto de bombardeiro alemão sabia usar um equipamento comum de pouso às cegas Lorenz quando se aproximava de um campo de pouso, e todo bombardeiro tinha o sistema a bordo. Para usar o *Knickbein*, bastava que os pilotos voassem mais alto e seguissem o raio central por longas distâncias. Mas algo parecia ter dado errado. Os pilotos relatavam misteriosas distorções no raio e perda de sinal, e começavam a perder a confiança no sistema. Um grande ataque contra Liverpool na noite de 29 de agosto foi severa e misteriosamente interrompido, com apenas 40% dos bombardeiros enviados conseguindo chegar a seus alvos. Parecia provável que a Inteligência britânica tivesse descoberto o segredo do *Knickebein*.

Felizmente, para os alemães, outra tecnologia, ainda mais avançada, permanecia em segredo, até onde se podia saber. Os cientistas alemães haviam desenvolvido um outro método de navegação por raios chamado X-*Verfahren*, ou "Sistema X", muito mais preciso, mas também muito mais complicado.[5] Ele também dependia da transmissão de sinais de traço e ponto como o Lorenz, mas em vez de um raio interceptor, incorporava três, muito mais estreitos e supostamente muito mais difíceis de detecção pela RAF. O primeiro raio a cruzar o curso do bombardeiro era apenas um sinal de alerta, destinado a avisar o operador de rádio que um segundo sinal ainda mais importante logo surgiria. Ao ouvir esse segundo sinal, um dos tripulantes ligava um mecanismo que calibrava o avião para uma velocidade exata. Logo depois, o bombardeiro cruzava um terceiro e último raio, quando a tripulação acionava um *timer* que controlava o mecanismo de liberação de bomba para que o avião soltasse suas bombas no exato momento necessário para acertar o alvo.

O sistema era eficiente, mas como exigia equipes altamente habilidosas e treinadas, a Luftwaffe formou um grupo especial de bombardeiros, o KGr 100, para usá-lo. Para o sistema funcionar, a aeronave precisava voar exatamente no curso, numa velocidade constante e numa altitude calibrada, até que chegasse ao alvo, o que a deixava vulnerável a ataques. Isso era responsável por alguns momentos assustadores, mas os bombardeiros que usavam o sistema voavam a altitudes muito elevadas para captar o raio, muito além do alcance de holofotes e balões de barragem, e corriam pouco risco de ser interceptados pelos caças da RAF, pelo menos à noite. As aeronaves do grupo eram pintadas inteiramente de preto fosco para tornar sua localização ainda mais difícil no escuro; isso também implicava uma aura de ameaça. Testes realizados para analisar a precisão em um lago próximo a Frankfurt mostraram que as equipes conseguiam jogar bombas a noventa metros do alvo. Já em dezembro de 1939, o grupo havia realizado três voos de teste para Londres sem bombas a bordo.

Com o tempo, a Luftwaffe desenvolveu uma nova tática para tirar vantagem das habilidades especiais do KGr 100. O grupo de bombardeiros iria liderar os ataques, chegando antes para marcar os alvos e derrubando uma mistura de bombas incendiárias e altamente explosivas, que iniciavam chamas imensas para guiar os pilotos que seguiam atrás. O brilho era visível mesmo através das nuvens. A zona de operações do grupo foi expandida para incluir Londres.[6]

Capítulo 42
Ações sinistras

NA NOITE DE SEXTA-FEIRA, 6 DE SETEMBRO, Churchill deixou o nº 10 da Downing Street rumo a Chequers, onde, depois de sua soneca tradicional, jantou com Pug Ismay e seus dois principais generais, John Dill, chefe do Estado-Maior Imperial, e Alan Brooke, comandante em chefe das Forças Internas.

O jantar começou às nove. A conversa se concentrou no potencial para invasão, e havia muito o que se discutir. Sinais interceptados e fotos de reconhecimento sugeriam que preparativos concretos para uma invasão haviam começado e progrediam rapidamente. Naquele fim de semana, a Inteligência Britânica havia contado 270 barcaças na cidade portuária belga de Ostend, onde apenas uma semana antes havia apenas dezoito. Uma centena de barcaças chegou a Flushing (Vlissingen), na costa norte da Holanda. Aeronaves de reconhecimento viram muito mais embarcações convergindo para portos do canal. O Comitê de Inteligência conjunta do Reino Unido avaliava que nos dias seguintes — em particular, entre 8 e 10 de setembro — haveria uma combinação de lua e maré especialmente propícia para um desembarque anfíbio. Além disso, havia relatórios de aumento na atividade de bombardeiros. Precisamente naquele dia, trezentos bombardeiros de longo alcance acompanhados por quatrocentos caças atacaram alvos em Kent e no estuário do Tâmisa.

A conversa ficou animada. "O PM se empolgou e o restante da noite foi bastante divertida", escreveu Brooke em seu diário. "Primeiro ele se colocou no lugar de Hitler e atacou essas ilhas enquanto eu as defendia. Depois revisou todo o sistema de Alerta de Ataque Aéreo e nos apresentou suas propostas para que criticássemos. Finalmente, à 1h45, fomos para a cama!"[1]

Em seu diário, no dia seguinte, Brooke escreveu: "Todos os relatórios indicam que a invasão se aproxima." Para ele, como general responsável pela defesa da Grã-Bretanha contra ataques, a tensão era grande. "Não sei se consigo lembrar algum momento na minha carreira em que minhas responsabilidades pesaram tanto quanto nestes dias de invasão iminente", escreveria ele tempos depois. A sobrevivência do Reino Unido dependia de sua preparação e de sua capacidade de comandar suas forças, cujas deficiências em treinamento e armamento ele conhecia muito bem. Tudo isso, escreveu ele, "às vezes tornava a perspectiva do conflito iminente um peso quase insuportável". Somado a isso havia o fato de que ele sentia que não podia revelar a ninguém suas preocupações. Assim como Churchill, Brooke entendia o poder e a importância da aparência externa. "Não há ninguém a quem eu possa revelar minhas ansiedades íntimas sem arriscar os efeitos calamitosos da falta de confiança, da desmoralização, das dúvidas e de todos aqueles mecanismos insidiosos que minam o poder da resistência", escreveu.

No sábado, 7 de setembro, a dúvida diante de Brooke e dos chefes de gabinete era se eles deveriam emitir um alerta oficial, de codinome "Cromwell", de que a invasão era iminente e levasse o comandante em chefe das Forças Internas a mobilizar suas tropas.

Capítulo 43
Cap Blanc-Nez

NA MANHÃ DE SÁBADO, GÖRING E DOIS OFICIAIS graduados da Luftwaffe viajaram pela costa francesa numa comitiva de três grandes Mercedes-Benz, liderada por soldados em motocicletas. Seu "trem especial" o trouxera de seu quartel-general temporário em Haia para Calais, a fim de que ele pudesse viajar confortavelmente e examinar novos tesouros de arte pelo caminho, acompanhado sempre por um destacamento de vinte membros à paisana do *Sicherheitsdienst* de Heinrich Himmler, o serviço de segurança do Estado, ou SD; se visse algo de que gostasse, Göring mandava colocar a bordo imediatamente. Göring exibia um "desejo abrangente de aquisição", de acordo com um relatório posterior dos investigadores americanos. "Não havia limites para seus desejos em relação à Coleção."[1] Seu sobretudo longo o fazia parecer imenso; por baixo, ele usava suas condecorações e seu uniforme branco favorito.

Os carros subiram até o topo de Cap Blanc-Nez, um dos pontos mais altos da costa francesa e, em tempos mais pacíficos, um local popular para piqueniques. Ali os oficiais armaram mesas e cadeiras e serviram uma refeição de sanduíches e champanhe. As cadeiras eram dobráveis, e houve cuidado para que a de Göring fosse forte o suficiente. Os oficiais estavam lá para assistir ao início do ataque da Luftwaffe contra Londres, previsto para começar naquela tarde.

Às duas horas, horário da Europa Central, Göring e os demais ouviram os primeiros sons dos bombardeiros, um zumbido baixo subindo ao norte e ao sul. Os oficiais ficaram na ponta dos pés para analisar o horizonte. Göring levantou os binóculos. Um oficial chamou a atenção para a costa. Logo o céu estava cheio de bombardeiros com suas escoltas de caças, e logo acima deles, pouco visíveis, ondas adicionais de monomotores Messerschmitt 109s, posicionados para enfrentar os caças britânicos que, sem dúvida, iriam aparecer para encontrar a ofensiva. O ás alemão Galland e sua formação tinham a tarefa de varrer a costa inglesa à procura de interceptadores da RAF.

Göring estava tão confiante de que o dia seria um sucesso impressionante para a Luftwaffe que anunciou a um grupo de repórteres de rádio no topo do penhasco que estava comandando pessoalmente o ataque. Era o tipo de momento que Göring adorava: o grande golpe, com ele no centro das atenções. "Este é um momento histórico", disse aos correspondentes. "Como resultado de ataques provocativos dos britânicos a Berlim em noites recentes, o *Führer* decidiu ordenar um golpe poderoso contra a capital do Império Britânico como vingança. Assumi pessoalmente a liderança deste ataque, e hoje ouvi o som dos vitoriosos grupamentos aéreos alemães."[2]

O clima no topo do penhasco era de júbilo. Quase incapaz de conter sua alegria, Göring agarrou o ombro de um oficial próximo a ele e, radiante, sacudiu-o com força, como se estivesse atuando em um filme para o Ministério do Esclarecimento Popular e Propaganda de Goebbels.

Parte Quatro

Sangue e poeira

Setembro — Dezembro

Capítulo 44
Em um tranquilo dia de céu azul

O DIA ESTAVA QUENTE E TRANQUILO, o céu azul sobre a neblina que se dispersava. A temperatura à tarde estava acima dos trinta graus, algo incomum em Londres. As pessoas se aglomeravam no Hyde Park e descansavam em cadeiras dispostas ao lado do lago Serpentine. As lojas na Oxford Street e em Piccadilly estavam lotadas. Os gigantes balões de barragem faziam sombra nas ruas abaixo. Depois do ataque aéreo de agosto, quando as bombas caíram pela primeira vez nos arredores de Londres, a cidade voltou a um sonho de invulnerabilidade pontuado, de tempos em tempos, por falsos alertas, a princípio aterrorizantes, mas que deixaram de ser temidos porque os bombardeiros não apareciam. O calor de fim de verão criava uma atmosfera de lânguida complacência. No West End, no centro da cidade, os teatros apresentavam 24 produções, entre elas a peça *Rebecca*, adaptada para o palco por Daphne du Maurier a partir de seu romance de mesmo nome. A versão para cinema de Alfred Hitchcock, estrelada por Laurence Olivier e Joan Fontaine, também estava em cartaz, assim como os filmes *A ceia dos acusados* e *À meia-luz*.

Era um dia perfeito para aproveitar o verde frescor do campo.

Churchill estava em Chequers. Lorde Beaverbrook foi para sua casa de campo, Cherkley Court, logo depois do almoço, embora depois tentasse negar isso. John Colville saiu de Londres na quinta-feira anterior, para passar um período de dez dias de férias na propriedade de sua tia em Yorkshire com a mãe e o irmão, caçando perdizes, jogando tênis e provando antigas garrafas de vinho do Porto da adega de seu tio, de safras de 1863. Mary Churchill ainda estava em Breccles Hall com sua amiga e sua querida prima Judy, em seu relutante papel de rata do campo e honrando seu compromisso de memorizar um soneto de Shakespeare todos os dias. Naquele sábado, ela escolheu o Soneto 116 — no qual o amor é o "marco eterno" — e o anotou em seu diário. Depois foi nadar. "Foi adorável — a alegria de viver superou a vaidade."[1]

Deixando a cautela de lado, ela entrou na água sem touca.

Na manhã daquele mesmo sábado em Berlim, Joseph Goebbels preparou seus subalternos para o que deveria acontecer no fim do dia. A iminente destruição de Londres, disse ele, "provavelmente irá representar a maior catástrofe humana da história". Ele esperava atenuar o inevitável clamor mundial ao classificar tal ataque como uma merecida resposta ao bombardeio britânico contra civis alemães, mas até aquele momento os ataques ingleses sobre a Alemanha, incluindo os da noite anterior, não produziram mortes nem destruição que pudessem justificar tal represália.

No entanto, ele entendia que o iminente ataque da Luftwaffe a Londres era necessário e poderia acelerar o fim da guerra. Era uma infelicidade os ataques ingleses terem sido tão fracos, mas ele daria um jeito. E esperava que Churchill produzisse um ataque respeitável "quanto antes".

Cada dia trazia um novo desafio, mesclado de vez em quando com distrações mais prazerosas. Em uma reunião naquela semana, Goebbels ouviu um relatório de Hans Hinkel, chefe do Departamento de Ações Especiais de Cultura, de seu ministério, que atualizou a situação dos judeus na Alemanha e na Áustria. De acordo com as atas da reunião, Hinkel relatou que "em Viena, dos 180 mil judeus restaram 47 mil, dois terços deles mulheres e cerca de trezentos homens com idades entre vinte e 35 anos". "Apesar da guerra", continuava, "foi possível transportar um total de dezessete mil judeus para o sudeste. Berlim ainda tinha 71.800 judeus; no futuro, cerca de quinhentos judeus devem ser enviados para o sudeste todo mês". Hinkel anunciou que havia planos de remover sessenta mil judeus de Berlim nos primeiros quatro meses depois do fim da guerra, quando o transporte estaria novamente disponível. "Os 12 mil restantes provavelmente terão desaparecido nas próximas quatro semanas."

Goebbels ficou satisfeito com essas informações, embora reconhecesse que o antissemitismo declarado da Alemanha, já evidente para o mundo havia tempos, era por si só um significativo problema de propaganda. Quanto a isso, ele era filosófico. "Já que estamos sendo combatidos e caluniados por todo o mundo como inimigos dos judeus, por que deveríamos obter apenas as desvantagens e não as vantagens? Ou seja, a eliminação dos judeus do teatro, do cinema, da vida pública e da administração? Se ainda formos atacados como inimigos dos judeus, devemos pelo menos poder dizer com a consciência tranquila: valeu a pena, nós nos beneficiamos disso."

A Luftwaffe chegou na hora do chá

Os bombardeiros chegaram em três ondas, a primeira composta por quase mil aeronaves — 348 bombardeiros e 617 caças. Oito bombardeiros Heinkel especialmente equipados do grupo KGr 100 de "desbravadores" lideraram o ataque, carregando uma combinação de bombas de alto padrão explosivo, bombas incendiárias de combustível (*Flammenbomben*) e bombas projetadas para explodir algum tempo após o impacto, o que manteria as equipes de combate a incêndios afastadas. Apesar do céu claro e da luz do dia, os pilotos usaram o Sistema X de raios para navegação. Em Londres, a primeira sirene tocou às 16h43.

A escritora Virginia Cowles e uma amiga, Anne, estavam na casa de um barão britânico da imprensa, Esmond Harmsworth, na vila de Mereworth, cerca de cinquenta quilômetros a sudeste do centro de Londres. Os três estavam tomando chá no gramado, aproveitando o calor e a luz do sol, quando um ruído baixo veio do sudeste. Cowles escreveu que "a princípio não dava para ver nada, mas logo o barulho aumentou e se tornou um rugido forte e profundo, como o estrondo distante de uma queda-d'água gigante". Ela e a amiga contaram mais de 150 aviões, os bombardeiros voando em formação, com caças no entorno formando um escudo protetor. "Ficamos deitadas na grama, os olhos fixos no céu. Vimos um grupo de pequenas manchas brancas, como nuvens de insetos indo para noroeste, na direção da capital."[2]

Ela ficou espantada pelo fato de eles seguirem sem a interferência da RAF e concluiu que, de alguma forma, os aviões alemães haviam rompido as defesas da Inglaterra.

"Pobre Londres", disse sua amiga.

Cowles estava certa ao observar que os aviões alemães encontraram pouca resistência, mas não sobre a razão disso. Alertada pelo radar de que uma enorme força de bombardeiros estava atravessando o canal, a RAF havia dispersado seus esquadrões de caças para assumir posições de defesa sobre campos de pouso importantes, acreditando que eles seriam novamente o principal alvo. Da mesma forma, armas antiaéreas haviam sido retiradas de Londres para proteger campos de voo e outros alvos estratégicos. Apenas 92 peças de artilharia estavam posicionadas para proteger a parte central de Londres.

Assim que a RAF percebeu que a cidade era o alvo real, seus caças começaram a convergir em direção aos invasores alemães. Ao vislumbrar a ofensiva, um piloto da RAF ficou chocado. "Nunca vi tantas aeronaves juntas", escreveu. "Era um dia nublado, e estávamos a cinco mil metros. Enquanto passávamos entre as nuvens, não podíamos acreditar. Havia alemães até onde nossa vista podia alcançar, onda após onda."[3]

A perspectiva em solo era igualmente assombrosa. Colin Perry, um rapaz de dezoito anos, estava em sua bicicleta quando a primeira onda passou sobre ele. "Era uma visão incrível, impressionante e fascinante", escreveu depois. "Bem acima de mim havia literalmente centenas de aviões alemães! O céu estava cheio deles." Ele lembrava que os caças permaneciam perto, "como abelhas em torno de sua rainha".[4]

No distrito de Plumstead, sudeste de Londres, o estudante de arquitetura Jack Graham Wright e sua família haviam se acomodado na sala de estar para o chá. Em uma bandeja com borda de prata, sua mãe trazia xícaras, pires, uma pequena jarra de leite e um bule de chá com abafador para manter a bebida quente. As sirenes soaram. A princípio, a família permaneceu tranquila, mas, quando Wright e a mãe olharam pela porta, viram o céu cheio de aviões. A mãe viu "pequenas coisas brilhantes" caírem e percebeu que eram bombas. Os dois correram para se proteger debaixo da escada. "Todos ficamos atentos ao ruído crescente que encobria o barulho dos aviões, e depois a uma série de explosões surdas, cada vez mais próximas", relembrou Wright.[5]

A casa balançou, as tábuas do assoalho se levantaram. Ondas de choque subiam do chão pelos seus corpos. Wright se segurou contra um batente. Então, veio uma onda de barulho e energia mais poderosa do que tudo que havia acontecido antes. "O ar na sala de estar se condensou e se tornou opaco, como se tivesse se transformado instantaneamente em uma neblina vermelha e marrom", escreveu. A pesada parede de tijolos "divisória", que separava a casa deles da casa do vizinho, parecia dobrar, e o batente da porta estremeceu. Ardósias arrancadas do telhado colidiram com o vidro do jardim de inverno da família. "Eu ouvia portas e janelas batendo por todo o lugar", continuou.

O tremor parou, e a parede permaneceu de pé. "A neblina desapareceu, mas tudo estava coberto com uma poeira marrom grossa, que estendia-se sobre o chão a ponto de esconder o carpete." Um detalhe ficou marcado em sua memória: "A pequena jarra tombou e o leite derramado formou um riacho que pingava da borda da mesa, caindo em uma poça branca sobre a espessa camada de poeira abaixo."

Muitos londrinos se lembrariam dessa poeira como um dos fenômenos mais surpreendentes desse ataque e dos que se seguiram. Com os prédios explodindo, trovões de tijolos, pedras, reboco e argamassa pulverizados caíam de beirais e sótãos, telhados e chaminés, lareiras e fornalhas — poeira da era de Cromwell, Dickens e Victoria. As bombas explodiam apenas ao atingir o solo abaixo de uma casa, acrescentando terra e pedras às rajadas de poeira que percorriam as ruas e permeavam o ar com o rico perfume sepulcral de terra bruta. No início, a poeira se expandia rapidamente, como fumaça de um canhão, depois reduzia a velocidade e se dissipava, cobrindo calçadas, ruas, para-brisas, ônibus de dois andares, cabines telefônicas, corpos. Sobreviventes que saíam das ruínas estavam cobertos da cabeça aos pés com algo que parecia farinha cinza. Em seu diário, Harold Nicolson descreveu ter visto pessoas envoltas em uma "neblina densa que se acomodou em tudo, revestindo seus cabelos e sobrancelhas com um pó grosso".[6] Isso complicava o atendimento aos feridos, como uma médica, chamada dra. Morton, descobriu naquela noite de sábado. "O que impressionava era a enorme quantidade de sujeira e pó, a sujeira e o pó de séculos espalhados por cada incidente", escreveu ela. Seu treinamento para manter os feridos livres de infecção se mostrou inútil. "As cabeças estavam cheias de areia e pó; a pele, impregnadas de pó; e era impossível fazer qualquer tipo de antissepsia."[7]

Particularmente chocante era a visão de sangue contra esse fundo cinza, como o escritor Graham Greene observou uma noite após ver soldados surgirem de um prédio bombardeado: "A multidão purgatorial de homens e mulheres de pijamas rasgados e empoeirados com pequenos respingos de sangue em pé nas portas."[8]

Às 17H20 DO SÁBADO, Pug Ismay e os chefes de estado-maior se encontraram e discutiram o significado do ataque. Às 18h10, o sinal de fim do ataque soou, mas o radar britânico identificou às vinte horas uma segunda onda de aeronaves alemãs, composta por 318 bombardeiros, se reunindo sobre a França. Às 20h07, os chefes de estado-maior concordaram que havia chegado o momento de emitir o alerta Cromwell, notificando as Forças Internas que a invasão era iminente. Alguns comandantes locais determinaram até o toque dos sinos das igrejas, o sinal que indicava que paraquedistas foram vistos pousando, embora não tivessem visto pessoalmente nada desse tipo.

Às 20h30 daquela noite, os bombardeios estavam atingindo o distrito londrino de Battersea, mas as armas antiaéreas da cidade permaneceram estranhamente silenciosas, sem atirar até meia hora depois, e então apenas em intervalos esporádicos. Enquanto a noite avançava, caças da RAF voltavam para a base e ficavam lá, impotentes por causa da escuridão.

BOMBAS CAÍRAM DURANTE TODA A NOITE. Qualquer um que se arriscasse a sair via o céu com um brilho vermelho. Equipes de bombeiros lutavam contra grandes incêndios, mas não conseguiam apagá-los, permitindo assim que os pilotos alemães encontrassem facilmente a cidade. A rádio alemã se alegrava. "Grossas nuvens de fumaça se espalharam sobre os telhados da maior cidade do mundo", disse um locutor, destacando que os pilotos podiam sentir as ondas de choque de seus aviões.[9] (Quando derrubavam suas maiores bombas, as armas "Satã", as equipes eram orientadas a ficar a mais de dois mil metros — 6.500 pés — de distância, para que não fossem atingidas pela explosão.)[10] "O coração do Império Britânico está entregue ao ataque da Força Aérea alemã", continuou o locutor. Um aviador alemão, em uma reportagem com tom de propaganda, escreveu: "Um cinturão de fogo se estendeu em torno da cidade de milhões de habitantes! Em alguns minutos, chegamos ao ponto em que tínhamos de soltar nossas bombas. E onde estão os orgulhosos lutadores de Albion?"[11]

Para os londrinos foi uma noite de primeiras experiências e sensações. O cheiro de pólvora depois da explosão. O som de vidro explodindo. Phyllis Warner, moradora de Londres e professora de trinta anos que mantinha um diário detalhado da vida durante a guerra, ouviu o som de uma bomba caindo pela primeira vez, "um guincho assustador como um apito de trem cada vez mais perto, e depois um impacto terrível reverberando pela terra".[12] Como se adiantasse alguma coisa, ela colocou o travesseiro sobre a cabeça. A escritora Cowles relembrou "o rugido profundo da alvenaria em queda, como o trovão de martelos contra a costa".[13] O pior som, disse ela, era o ruído surdo do zumbido produzido pelas massas de aeronaves, que a fazia se lembrar da broca de um dentista. Outro escritor presente em Londres naquela noite, John Strachey, lembrou o impacto olfativo de uma explosão, que descreveu como "uma irritação aguda das passagens nasais pelos escombros em pó de casas dissolvidas",[14] seguida pelo "odor fétido" do vazamento de gás.

Foi também uma noite para colocar as coisas em perspectiva. Joan Wyndham, que mais tarde se tornaria escritora e memorialista, foi para um abrigo antiaéreo em Kensington, onde, por volta da meia-noite, decidiu que era hora de perder a virgindade e de envolver seu namorado, Rupert, nisso. "As bombas são adoráveis", escreveu. "Acho tudo emocionante. De qualquer forma, como o oposto da morte é a vida, acho que vou ser seduzida por Rupert amanhã."[15] Ela tinha uma camisinha (uma "coisinha" francesa), mas planejava ir com uma amiga a uma farmácia para comprar um popular espermicida chamado Volpar, no caso de a camisinha falhar. "O sinal de que tudo estava liberado soou às cinco da manhã", escreveu. "Tudo liberado para meu querido Rupert, pensei."

Na tarde seguinte, ela levou em frente a decisão, mas a experiência foi decepcionante. "Rupert tirou a roupa, e de repente percebi como ele é terrivelmente engraçado nu e comecei a rir sem controle."

"Qual é o problema? Não gosta do meu pau?", perguntou ele, de acordo com as lembranças dela.

"Tudo bem, ele só é um pouco torto!"

"A maioria é", retrucou Rupert. "Isso não importa, tire a roupa."

Mais tarde, ela pensou: "Bem, está feito, e estou feliz que seja assim! Se é só isso, prefiro fumar um bom cigarro ou ir ao cinema."

A MADRUGADA DE DOMINGO, 8 de setembro, trouxe a chocante combinação de um céu claro de verão com uma parede preta de fumaça no East End. Moradores de Mornington Crescent, em Camden Town, acordaram e encontraram um ônibus de dois andares saindo pela janela do segundo andar de uma casa. No alto, até onde se podia ver, centenas de balões de barragem, flutuando tranquilamente, pareciam ter um lindo tom cor-de-rosa à luz que surgia. No nº 10 da Downing Street, o secretário particular de plantão, John Martin, saiu após passar a noite no abrigo subterrâneo do prédio, surpreso "por encontrar Londres ainda lá".

O ataque noturno matou mais de quatrocentas pessoas e causou ferimentos graves em outras seiscentas. Para muitos residentes, a noite trouxe outra experiência nova: a visão de um cadáver. Quando o jovem Len Jones, de dezoito anos, se aventurou pelos escombros atrás da casa da família, viu duas cabeças surgindo dos destroços. "Reconheci uma delas, era de um chinês, sr. Say. Estava com um olho fechado, e percebi que ele estava morto." Ali, em um lugar que horas antes era uma região pacífica de Londres. "Quando vi o chinês morto, só tremi e não conseguia recuperar o fôlego. Eu tremia todo. Então, achei que eu mesmo devia estar morto, como eles. Por isso acendi um fósforo e tentei queimar o dedo. Continuei fazendo isso para ver se ainda estava vivo. Eu conseguia enxergar, mas pensei que não poderia estar vivo, [era] o fim do mundo."[16]

A Luftwaffe perdeu quarenta aeronaves, a RAF, 28, além de dezesseis caças bastante danificados. Para o ás alemão Adolf Galland, foi um sucesso. "O dia passou com uma quantidade ridiculamente baixa de perdas."[17] O comandante dele, o marechal de campo Albert Kesselring, julgou o ataque uma grande vitória, embora lembrasse com desgosto como Göring, no penhasco de Cap Blanc-Nez, "se empolgou em uma transmissão supérflua e bombástica para os alemães, uma exibição desagradável para mim tanto como homem quanto como soldado".[18]

Enquanto o sol nascia, Churchill e sua comitiva — seu inspetor, a datilógrafa, um secretário, soldados, talvez o gato Nelson — saíam com pressa de Chequers. O primeiro-ministro britânico estava determinado a visitar as partes atingidas da cidade, e o mais importante: fazer isso da forma mais visível possível.

Beaverbrook também voltou para a cidade. Ele convenceu seu secretário, David Farrer, de que estava trabalhando em um livro sobre o Ministério de Produção de Aeronaves, para fazer parecer que ele estava na cidade durante o ataque.

De início, Farrer resistiu. Ele tentou fazer Beaverbrook desistir ao lembrá-lo que muitos membros da sua equipe o ouviram dizer que iria para sua casa de campo logo após o almoço no sábado do ataque. Mas Beaverbrook insistiu. Em um livro de memórias escrito mais tarde, Farrer disse: "Acho que, vendo em retrospectiva, ele considerou inconcebível que ele, o ministro de Produção de Aeronaves, não tivesse testemunhado o momento cataclísmico da guerra aérea. Então ele estava lá — simples assim."[19]

Capítulo 45
Mágica imprevisível

Ainda havia incêndios e equipes retiravam corpos dos prédios destruídos quando Churchill chegou no East End, acompanhado, como sempre, pelo inspetor Thompson, alerta para os riscos que a visita apresentava. Pug Ismay foi também, o rosto canino e caridoso desgastado pela noite em claro e pela tristeza devido às almas perplexas que encontrou no caminho. "A destruição era muito mais devastadora do que eu tinha imaginado", escreveu Ismay. "Ainda havia incêndios fora de controle em toda parte. Alguns dos maiores prédios eram apenas esqueletos e muitas casas menores, meras pilhas de destroços." Ele ficou chocado ao ver bandeirinhas de papel do Reino Unido fincadas em montes de madeira e tijolos quebrados. As bandeirolas, escreveu ele, "me deixaram com um nó na garganta".[1]

Churchill entendia o poder dos atos simbólicos. Ele parou diante de um abrigo antiaéreo que reunia uma grande multidão — e onde uma bomba havia matado quarenta pessoas na noite anterior. Por um momento, Ismay temeu que os espectadores pudessem se ressentir pela chegada do primeiro-ministro, indignados porque o governo não tinha conseguido proteger a cidade, mas esses moradores do East End pareciam encantados. Ismay ouviu alguém gritar:

"Bom e velho Winnie! Sabíamos que você viria nos ver. A gente aguenta. Pra cima deles."

Colin Perry, que da sua bicicleta havia testemunhado o ataque, viu Churchill e escreveu em seu diário: "Ele parecia invencível, e é. Durão, semelhante a um buldogue, lancinante."

Durão, sim, mas às vezes chorando em público, chocado pela devastação e pela resiliência da multidão. Em uma das mãos ele segurava um grande lenço branco, com o qual secava os olhos; na outra, sua bengala.

"Viu só", falou alto uma senhora idosa, "ele se importa mesmo. Está chorando."

Quando Churchill se aproximou de um grupo de pessoas desanimadas olhando o que havia sobrado de suas casas, uma mulher gritou:

"Quando vamos bombardear Berlim, Winnie?"

Churchill se agitou, sacudindo o punho e a bengala.

"Deixe comigo!", rosnou ele.

Ao ouvir isso, a disposição da multidão mudou abruptamente, como testemunhou um funcionário do governo chamado Samuel Battersby. "O moral melhorou na mesma hora", escreveu. "Todos estavam satisfeitos e confiantes." Era a resposta perfeita para o momento, decidiu. "O que um primeiro-ministro naquele momento e diante de uma situação tão desesperadora poderia dizer que não fosse pateticamente inadequado — ou mesmo perigoso?" Para Battersby, aquele era um exemplo "da mágica única e imprevisível que era Churchill" — sua capacidade de transformar "o desamparo do desastre em um trampolim sombriamente certo para a vitória final".[2]

Churchill e Ismay continuaram a visitar o East End até a noite, deixando as autoridades portuárias, e o inspetor Thompson, cada vez mais nervosos. Depois que escureceu, os incêndios serviriam de guia para o que certamente seria outro ataque. As autoridades disseram a Churchill que ele deveria deixar a área imediatamente, mas, segundo Ismay, "ele estava em um de seus momentos mais obstinados e insistiu que queria ver tudo".[3]

A escuridão aumentou e os bombardeios voltaram a acontecer. Churchill e Ismay entraram no carro. Enquanto o motorista tentava desviar de ruas obstruídas e bloqueadas, um grupo de bombas incendiárias caiu logo à frente, brilhando e sibilando, como se alguém tivesse aberto uma cesta de cobras. Churchill — "fingindo inocência", acreditou Ismay — perguntou o que eram os objetos que estavam caindo. Ismay contou a ele e, sabendo que a Luftwaffe usava os incêndios para iluminar os alvos para os bombardeiros que viriam em seguida, acrescentou que isso significava que o carro deles estava "no olho do furacão".

Os incêndios não apagados também serviriam de guias. A Luftwaffe havia planejado o primeiro ataque na tarde de sábado a fim de dar a seus bombardeiros luz do sol suficiente para que encontrassem Londres sem a ajuda dos raios de navegação. Os incêndios queimaram a noite toda, servindo de guias visuais para cada onda sucessiva de bombardeiros. Mesmo assim, a maioria das bombas errou o alvo e caiu em padrões aleatórios por toda a cidade, levando o observador da Força Aérea norte-americana a escrever no seu diário de bordo: "Aparentemente o bombardeio indiscriminado de Londres começou."[4]

Churchill e Ismay conseguiram voltar para o nº 10 da Downing Street naquela noite e encontraram o salão central lotado de membros da equipe e ministros ansiosos porque Churchill não tinha voltado antes do anoitecer.

Churchill passou por eles em absoluto silêncio.

O grupo então censurou Ismay por expor o primeiro-ministro ao perigo. Ismay respondeu que "qualquer um que imaginasse que pode controlar o primeiro-ministro em situações como esta estava convidado a tentar na próxima vez". Ao recontar a história mais tarde, Ismay disse que a linguagem usada na época foi muito mais dura.[5]

PREOCUPADO COM QUE A HISTERIA CAUSADA pelo medo da invasão confundisse as coisas, o general Brooke, comandante das Forças Internas, emitiu na manhã de domingo uma instrução para seus comandantes informando que eles só poderiam ordenar que os sinos das igrejas dobrassem se eles próprios tivessem *visto* 25 ou mais paraquedistas saltando, e não porque ouviram sinos tocando em outro lugar ou por relatos de segunda mão.

O alerta Cromwell continuava valendo. As preocupações a respeito da invasão se intensificaram.

BEAVERBROOK VIU UM GRAVE ALERTA no ataque de 7 de setembro. No retorno a Londres, ele convocou uma reunião de emergência com seus principais homens — seu conselho — e ordenou uma alteração arquitetônica na estrutura da indústria aeronáutica nacional. Dali em diante, grandes centros de produção centralizados seriam divididos e dispersados em nós espalhados pela Inglaterra. Uma fábrica de Spitfires em Birmingham foi dividida em 23 prédios em oito cidades; uma grande fábrica da Vickers que empregava dez mil trabalhadores foi dispersada em 42 locais, nenhum com mais de quinhentos empregados. Em uma ação que despertaria um novo conflito burocrático, Beaverbrook decidiu que ele mesmo teria a autoridade de requisitar espaço para fábricas, não importando sua localização, desde que o local não estivesse ocupado ou designado para alguma função crucial relacionada com a guerra.

Beaverbrook também ficou preocupado com lugares para armazenar as aeronaves recém-construídas antes de elas serem transferidas para os esquadrões de combate. Até ali, as novas aeronaves eram guardadas em grandes galpões, localizados em sua maioria em campos de pouso da RAF, mas naquele momento Beaverbrook ordenou que elas fossem espalhadas por todo o país, colocadas em garagens e celeiros, para evitar as perdas catastróficas que um único piloto sortudo poderia causar. Isso o preocupava desde julho, quando visitou um depósito em Brize Norton, a oeste de Oxford, e encontrou um grande número de aviões guardados perto uns dos outros, "perigosamente expostos ao ataque inimigo", como descreveu em um bilhete para Churchill.[6] Seis semanas depois, suas preocupações se mostraram justificadas, quando um ataque contra a base realizado por apenas duas aeronaves alemãs destruiu dezenas de aviões. Os novos abrigos ficaram conhecidos como "ninhos de pássaro".

O programa de dispersão de Beaverbrook causou uma onda de revolta burocrática. Ele tomou conta de prédios que outros ministérios haviam requisitado. "Foi despótico, foi [...] o auge da pirataria", escreveu seu secretário, David Farrer. Mas para Beaverbrook a lógica da dispersão era irresistível, não importando o volume de oposição que ela causasse. "Isso garantiu que ele tivesse instalações para toda a guerra", relatou Farrer, "e inimigos para toda a vida".[7]

Isso também reduziu a velocidade de produção de novas aeronaves, embora isso parecesse um custo pequeno em troca da segurança de que nenhum ataque poderia causar danos permanentes à produção futura.

No DOMINGO, o vice de Hitler, Rudolf Hess, convocou Albrecht Haushofer para uma reunião na cidade de Bad Godesberg, no Reno. Diferentemente do encontro de nove horas com o pai de Albrecht, a reunião durou só duas horas. "Tive a oportunidade de falar com toda a franqueza", escreveu Albrecht mais tarde, em um memorando sobre a conversa.[8] Os dois discutiram como comunicar a oficiais influentes na Inglaterra que Hitler estava realmente interessado em um acordo de paz. De acordo com Hess, Hitler não queria destruir o Império Britânico. Hess perguntou: "Não existe alguém na Inglaterra pronto para a paz?"

Confiante em sua amizade com o vice, Albrecht se sentiu à vontade para falar com uma franqueza que poderia levar outro homem a um campo de concentração. Os ingleses, disse ele, teriam que receber garantias de que Hitler honraria um acordo de paz, porque "praticamente todos os ingleses que importam achavam que um tratado assinado pelo *Führer* era inútil, um mero pedaço de papel".

Isso deixou Hess perplexo. Albrecht deu a ele exemplos, e então perguntou ao vice: "Que garantia a Inglaterra tem de que um novo tratado não será desrespeitado mais uma vez quando for de nosso interesse? É necessário reconhecer que, mesmo no mundo anglo-saxão, o *Führer* é visto como o representante de Satã na Terra e deve ser combatido."

Por fim, a conversa se voltou para o uso potencial de um intermediário e um encontro em um país neutro. Albrecht sugeriu seu amigo, o duque de Hamilton, "que tem acesso a todo momento a pessoas importantes em Londres, inclusive a Churchill e ao rei". Não está claro se Albrecht sabia ou não, mas o duque era também apenas um comandante de setor da RAF.

Quatro dias depois, uma carta estava a caminho dele, passando por um itinerário tortuoso estabelecido por Hess e Albrecht. A carta sugeria, em prosa velada, que o duque e Albrecht se encontrassem em um território neutro: Lisboa. Albrecht assinava a carta com a inicial "A", na expectativa de que o duque entendesse quem a havia enviado.

O duque não respondeu. Como o silêncio da Inglaterra se alongava, Hess percebeu que uma abordagem mais direta seria necessária. Ele acreditava, também, que uma mão misteriosa o guiava. Como ele escreveu mais tarde a seu filho, Wolf, cujo apelido era Buz: "Buz! Perceba, há poderes mais altos e fatídicos que devo mostrar a você — vamos chamá-los de poderes divinos —, os quais intervêm, pelo menos quando chega a hora de grandes eventos."[9]

EM UMA MANOBRA INOPORTUNA, Mary Churchill, no meio de seu idílico verão em Breccles Hall, escolheu aquele domingo, 8 de setembro, o dia seguinte ao imenso ataque a Londres, para renovar seus pedidos aos pais para voltar à cidade.

"Penso em todos vocês com frequência", escreveu ela em uma carta a Clementine, "e odeio estar separada de você e de papai nestes dias sombrios. Por favor — ah! —, por favor, querida mamãe, deixe-me voltar".[10]

Ela ansiava por começar a trabalhar no Serviço Voluntário das Mulheres, WVS na sigla em inglês, e até já tinha um posto destinado a ela em Londres, arranjado pela mãe no início do verão. Contudo, ela só devia começar o trabalho depois das férias em Breccles. "Gostaria muito de estar com vocês e assumir minha parte, e também quero começar meu trabalho", escreveu Mary. Ela pediu a Clementine que, por favor, não "transforme a gatinha na 'gatinha refugiada!'".

Os BOMBARDEIROS VOLTARAM A LONDRES naquela noite e, de novo, no dia seguinte, segunda-feira, 9 de setembro. Uma bomba acertou a casa da escritora Virginia Woolf em Bloomsbury, que servia de sede para sua editora, a Hogarth Press. Uma segunda bomba também acertou a casa, mas não explodiu de imediato. Ela foi detonada uma semana depois, completando a destruição da casa. Bombas caíram no West End pela primeira vez. Uma acertou o terreno do Palácio de Buckingham, mas só explodiu à 1h25 da manhã seguinte, espalhando vidro quebrado pelos aposentos reais. Mas o rei e a rainha não estavam lá — eles passavam as noites no Castelo de Windsor, trinta quilômetros a oeste do palácio, e viajavam toda manhã para Londres.

Com Londres agora sob ataque, os pais de Mary, indiferentes aos seus pedidos, decidiram que ela devia passar o inverno em Chequers, onde poderia trabalhar em tempo integral para o Serviço Voluntário das Mulheres na cidade vizinha de Aylesbury, em vez de Londres. Clementine providenciou a mudança de local sem consultar Mary. "A 'combinação' sobre minha vida deve ter acontecido por telefone", escreveu Mary.[11]

Na quarta-feira, 11 de setembro, véspera da viagem de Mary para Chequers, sua prima Judy e a mãe dela, Venetia, fizeram uma festa de aniversário e de despedida para Mary e convidaram vários aviadores da RAF. A festa continuou até bem depois da meia-noite. Em seu diário, Mary anotou que foi "a melhor festa em que estive em muito tempo" e descreveu um encontro com um jovem piloto chamado Ian Prosser. "Ele me deu um beijo tão doce, romântico, na hora de ir embora — luz das estrelas & luar — ai — ai — CLIMA MUITO ROMÂNTICO."[12]

Naquela noite o pai dela, do Gabinete de Guerra subterrâneo, fez um pronunciamento via rádio, usando a ligação especial da BBC com a câmara fortificada. O complexo ficava a cinco minutos a pé do nº 10 da Downing Street passando pelo coração de Whitehall.

O assunto da transmissão era a invasão, que parecia cada vez mais iminente. Como sempre, Churchill misturou otimismo ao mais puro realismo.

"Não temos como saber quando eles virão. Não temos como ter certeza, na verdade, de que vão tentar, mas ninguém pode ignorar o fato de que uma invasão em grande escala desta ilha está sendo preparada com o rigor e o método típicos dos alemães, e que ela pode ser iniciada agora — na Inglaterra, na Escócia ou na Irlanda, ou em todos três."[13]

Se Hitler realmente planejava invadir, alertou Churchill, teria de fazer isso logo, antes que o clima piorasse e antes que os ataques da RAF às frotas alemãs reunidas para a invasão causassem muitas perdas. "Portanto, devemos considerar as próximas semanas um período muito importante na nossa história. Ele se iguala aos dias quando a Armada espanhola se aproximava do Canal [...] ou quando Nelson ficou entre nós e o Grande Exército de Napoleão em Bolonha-do-Mar." Mas naquele momento, ele alertava, o resultado teria "consequências muito maiores para a vida e o futuro do mundo e sua civilização do que acontecia nesses bravos velhos tempos passados".

Para que suas palavras não levassem as pessoas a correr em massa para os abrigos, Churchill apresentou razões para esperança e heroísmo. A RAF, argumentou, estava mais potente do que nunca e as Forças Internas contavam com 1,5 milhão de homens.

Ele classificou o bombardeio de Londres por Hitler como uma tentativa "de tentar quebrar a famosa determinação de nossa ilha por meio de um processo de massacre indiscriminado e destruição". Mas a tentativa, feita por "este homem terrível", saiu pela culatra, segundo Churchill. "O que ele fez foi acender um fogo no coração dos britânicos, aqui e no mundo todo, que irá brilhar por muito tempo depois que todos os traços da conflagração que causou em Londres tiverem sido removidos."

Foi um discurso sombrio, mas que aconteceu em uma noite em que os londrinos se sentiram subitamente animados, apesar de os bombardeiros alemães terem chegado com força. Esse novo aumento no moral não tinha nada a ver com o discurso de Churchill, mas com seu talento em entender como gestos simples podiam gerar grandes efeitos. O que havia enraivecido os londrinos era o fato de a Luftwaffe parecer livre para ir e vir durante os ataques noturnos, sem interferência da RAF, tornada cega pela noite, e das estranhamente silenciosas armas antiaéreas da cidade. As equipes de artilharia tinham ordens de economizar munição e atirar só quando as aeronaves estivessem acima delas — como consequência, atiravam muito pouco. Por ordens de Churchill, mais armas foram trazidas para a cidade, elevando o total de 92 para quase 200. Mais importante: Churchill determinou que as equipes atirassem livremente, embora soubesse que as armas raramente derrubavam aeronaves. As ordens entraram em vigor naquela noite de quarta-feira, 11 de setembro. O impacto no moral civil foi impressionante e imediato.

As equipes atiraram muito — um oficial descreveu como "um tiroteio selvagem e incontrolável".[14] Holofotes varriam o céu. Projéteis explodiam acima da Trafalgar Square e de Westminster como fogos de artifício, lançando uma chuva regular de estilhaços nas ruas ao redor, para a felicidade dos moradores de Londres. As armas causavam "um som imponente que enviou uma vibração esmagadora e emocionante pelo coração de Londres", escreveu o romancista William Sansom.[15] O próprio Churchill amava o som das armas — em vez de ir para o abrigo, ele corria para a bateria mais próxima e assistia. A nova cacofonia tinha "um efeito imenso no moral das pessoas", escreveu o secretário particular John Martin. "As pessoas estão otimistas e, depois da noite de quinta-feira em claro, todo mundo parece um pouco diferente nesta manhã — alegre e confiante. Era uma curiosidade da psicologia de massa — o alívio de revidar o golpe."[16] No dia seguinte, os relatórios da Inteligência Interna confirmavam o efeito. "O assunto principal das conversas hoje é a barragem antiaérea da noite passada. Isso estimulou muito o moral: em abrigos públicos as pessoas comemoravam e as conversas mostram que o barulho trouxe um choque de prazer positivo."[17]

Ainda melhor, na quarta-feira, quando Churchill discursou e as armas dispararam, chegaram notícias de que a RAF havia atingido Berlim com força na noite anterior — "o mais severo bombardeio até agora", escreveu William Shirer em seu diário.[18] Pela primeira vez, a RAF jogou uma grande quantidade de bombas incendiárias sobre a cidade alemã, destacou Shirer. Meia dúzia delas pousou no jardim do dr. Joseph Goebbels.

Capítulo 46
Sono

Em Londres, enquanto os ataques continuavam, os desafios mundanos do cotidiano se tornavam exaustivos, como o vazamento incessante da água da chuva pelos telhados perfurados por estilhaços. A escassez de vidro significava que as janelas tinham de ser cobertas com madeira, papelão ou lona. Churchill acreditava que, com o inverno chegando, parte do plano do chefe da Luftwaffe, Göring, era "quebrar a maior quantidade de vidro possível".[1] Era comum que faltasse luz e gás. Ir ao trabalho se tornou um processo longo e tedioso, e deslocamentos feitos antes em uma hora podiam durar quatro horas ou mais.

Um dos piores efeitos era a privação de sono. Sirenes, bombas e ansiedade acabavam com a noite, assim como as novas e exuberantes armas antiaéreas. De acordo com a Inteligência Interna, "quem mora perto das baterias antiaéreas sofria de séria privação de sono: entrevistas feitas perto de uma bateria antiaérea no oeste de Londres mostrou que as pessoas dormiam muito menos do que quem estava a poucas centenas de metros". Mas ninguém queria que os tiros parassem. "Há poucas reclamações sobre a falta de sono, principalmente por causa da satisfação criada pela barragem. No entanto, essa séria privação de sono deve ser observada."[2]

Os londrinos que iam para abrigos públicos os achavam mal equipados para uma noite de sono, porque os planejadores da defesa civil antes da guerra não previram que ataques aéreos ocorressem à noite. "Não são as bombas que me assustam mais, é o cansaço", escreveu uma funcionária pública em seu diário do Grupo de Observação de Massas. "Tentar trabalhar e se concentrar com os olhos saindo da cabeça, como broches em um chapéu, depois de ficar acordada a noite toda. Eu morreria dormindo, feliz, se *pudesse* dormir."³

Uma pesquisa descobriu que 31% dos entrevistados diziam não terem dormido na noite de 11 de setembro. Outros 32% dormiram menos de quatro horas. Só 15% disseram ter dormido mais de seis horas.⁴ "As conversas tinham um único tema: onde e como dormir", escreveu Virginia Cowles. O "onde" era um desafio. "Todo mundo tinha teorias sobre o assunto: alguns preferiam o porão, outros diziam que a parte de cima da casa era mais segura do que ficar preso sob os escombros. Alguns recomendavam uma trincheira estreita no quintal, e ainda outros insistiam que era melhor esquecer e morrer confortavelmente na cama."⁵

Uma pequena porcentagem de londrinos usava o metrô como abrigo, apesar de o mito popular mais tarde transmitir a impressão de que todos os londrinos seguiam para as profundas estações do sistema. Na noite de 27 de setembro, quando a polícia contou o maior número de pessoas se abrigando nas estações de metrô, o total foi de 177 mil pessoas, ou cerca de 5% da população que permaneceu em Londres.⁶ E Churchill, de início, queria que fosse assim. Ter muita gente concentrada nas estações invocava o pesadelo de centenas de vidas, talvez milhares, perdidas em um único bombardeio, caso uma bomba penetrasse as plataformas de trem bem abaixo da superfície. E, de fato, em 17 de setembro, uma bomba atingiria a estação de metrô Marble Arch, matando vinte pessoas. Em outubro, quatro ataques diretos a estações matariam ou causariam ferimentos em seiscentas pessoas. Foi o Professor, no entanto, quem convenceu Churchill sobre a necessidade de abrigos subterrâneos que pudessem receber grande quantidade de pessoas. "Um descontentamento formidável está crescendo", disse o Professor a ele. As pessoas queriam "uma noite segura e silenciosa".⁷

No entanto, uma pesquisa em novembro descobriu que 27% dos moradores de Londres usavam abrigos domésticos próprios, os chamados abrigos Anderson, batizados em homenagem a John Anderson, ministro de Segurança Interna. Esses abrigos eram invólucros metálicos projetados para ser enterrados em quintais e jardins, supostamente capazes de proteger os ocupantes de qualquer coisa, exceto se as bombas caíssem onde eles estavam, oferecendo proteção contra enchentes, mofo e um frio de arrepiar que estava se mostrando um desafio frustrante. Uma quantidade muito maior de londrinos — segundo uma estimativa, quase 71% — apenas ficava em casa, algumas vezes no porão, quase sempre na cama.[8]

Churchill dormia no nº 10 da Downing Street. Quando os bombardeiros vinham, para consternação de Clementine, ele subia no telhado para assistir.

NA QUINTA-FEIRA, 12 DE SETEMBRO, uma bomba de dois mil quilos, aparentemente do tipo "Satã", caiu em frente à Catedral St. Paul e penetrou dez metros no solo, mas não explodiu. Homens cavaram para alcançá-la e retirá-la com cuidado três dias depois. Os escavadores estiveram entre os primeiros a ganhar um novo prêmio por coragem civil criado a pedido do rei: a Cruz George.

No dia seguinte, bombas voltaram a atingir o Palácio de Buckingham, e dessa vez o casal real escapou por pouco. Eles tinham vindo do castelo de Windsor, em um clima que sugeria que os ataques provavelmente não aconteceriam, com a chuva caindo de um céu densamente nublado. O casal estava conversando com o secretário particular do rei, Alec Hardinge, em um cômodo no andar superior cujas janelas davam para uma área quadrada aberta no centro do palácio, quando ouviram o ronco de uma aeronave e viram duas bombas passar perto. Duas explosões sacudiram o palácio. "Olhamos um para o outro, e então seguimos para a passagem o mais rápido que pudemos", escreveu o rei em seu diário. "Tudo aconteceu em questão de segundos. Todos nos perguntamos por que não estávamos mortos." Ele estava convencido de que o palácio era um alvo desejado. "A aeronave foi vista vindo pelo Mall abaixo das nuvens, tendo mergulhado através delas e jogado duas bombas no pátio, duas no quadrilátero, uma na capela e a outra no jardim."[9] Um policial que sempre guardava o palácio disse à rainha que fora "um bombardeio magnífico".

Embora o público rapidamente tenha tomado conhecimento desse ataque, houve segredo sobre o risco que o casal real correu, e o próprio Churchill só descobriu bem mais tarde, enquanto escrevia sua história pessoal da guerra. O episódio deixou o rei abalado. "Foi uma experiência pavorosa e não desejo repeti-la", confidenciou ele em seu diário. "Certamente isso nos ensina a 'procurar abrigo' em todas as ocasiões futuras, mas é preciso cuidar para não ficar obcecado por esconderijos." Durante um tempo, no entanto, o rei ficou inquieto. "Eu não gostava de ficar sentado em meu quarto na segunda e na terça", escreveu na semana seguinte. "Não conseguia ler, estava sempre com pressa, e olhando pela janela."[10]

O bombardeio teve um lado positivo. O rei observou que ele e sua esposa passaram a sentir uma ligação mais próxima com as massas. A rainha resumiu sucintamente: "Estou feliz que nos bombardearam. Faz com que eu possa olhar [os moradores de] East End nos olhos."[11]

À medida que o fim de semana se aproximava, o temor da invasão se tornava mais forte. Com a lua quase cheia e marés favoráveis no futuro, os londrinos começaram a chamá-lo de "fim de semana da invasão". Na sexta-feira, 13 de setembro, o comandante das Forças Internas, general Brooke, escreveu em seu diário: "Tudo parece indicar uma invasão começando amanhã a partir do Tâmisa a Plymouth! Imagino se estaremos bem nesse processo no mesmo horário amanhã."[12]

Essas preocupações eram graves o bastante para que no sábado Churchill enviasse uma diretriz para Pug Ismay, o secretário do Gabinete de Guerra, Edward Bridges, e outros oficiais do alto escalão, pedindo a eles que visitassem um complexo especial fortificado estabelecido a nordeste de Londres chamado "Paddock", onde, caso o pior acontecesse, o governo poderia se esconder para continuar a funcionar. A ideia de o governo evacuar Whitehall era anátema para Churchill, que temia o sinal derrotista que isso passaria para o público, para Hitler e, especialmente, para os Estados Unidos. Mas agora havia uma nova urgência. Em sua minuta, ele orientou seus ministros a examinar as instalações designadas para eles, e também a "estarem prontos para se mudar para lá em pouco tempo". Insistiu que evitassem qualquer publicidade enquanto fizessem esses preparativos.

"Devemos esperar", escreveu ele, "que a área de Whitehall-Westminster seja alvo de intenso ataque aéreo a qualquer momento a partir de agora. O método alemão é fazer da perturbação do governo central um prelúdio vital para qualquer grande ataque ao país. Eles fizeram isso em todos os lugares. Certamente farão aqui, onde a região pode ser reconhecida com facilidade e o rio e seus grandes edifícios permitem um guia certo tanto durante o dia quanto à noite".[13]

APESAR DE A ANSIEDADE DA INVASÃO aumentar e os rumores correrem a toda a velocidade, dezenas de pais em Londres e em outros lugares da Inglaterra sentiam uma nova sensação de paz naquele fim de semana. Com grande alívio, esses pais colocaram os filhos a bordo de um navio chamado *City of Benares*, em Liverpool, a fim de enviá-los para o Canadá, na esperança de mantê-los a salvo das bombas e da iminente invasão alemã. O navio carregava noventa crianças, muitas acompanhadas das mães, outras viajando sozinhas. A lista de passageiros incluía um menino cujos pais temiam que, por ter sido circuncidado no nascimento, fosse classificado como judeu pelas forças invasoras.

Quatro dias depois da partida, a novecentos quilômetros da costa, em uma tempestade furiosa, o navio foi torpedeado por um submarino, matando 265 pessoas, incluindo setenta das noventa crianças a bordo.

Capítulo 47
Reclusão

Em Chequers, Mary Churchill se instalou em um quarto no terceiro andar, que podia ser acessado por uma escada secreta em espiral a partir da Sala Hawtrey, que ficava embaixo. Um caminho mais convencional, passando por um corredor comum, também dava acesso ao quarto, mas ela preferia a escada. O quarto era isolado, em um andar desocupado, e tendia a ser frio e cheio de correntes de ar, exposto a ventos que "uivavam" — expressão dela — do lado de fora das paredes. O teto era inclinado e havia uma grande lareira que mal dissipava o frio. Ela o adorou.[1]

O quarto estava impregnado de mistério e, como tudo em Chequers, evocava um passado distante. Por séculos, o lugar foi conhecido como "quarto da prisão", nome derivado de um episódio ocorrido em 1565, uma era em que o descontentamento real podia gerar resultados profundamente desagradáveis. A prisioneira, outra Mary — lady Mary Grey, irmã mais nova da mais conhecida e muito mais maltratada lady Jane Grey, vítima de uma célebre execução em 1554 —, decidiu se casar, em segredo, com um plebeu chamado Thomas Keyes, responsável pela segurança da rainha Elizabeth I. O casamento ofendeu a rainha por várias razões, principalmente porque exporia a casa real ao ridículo, já que a noiva era pequena — talvez anã — e o noivo, enorme, um dos maiores homens da corte. O secretário da rainha, Sir William Cecil, descreveu o casal como "monstruoso".[2] A rainha colocou Keyes na prisão Fleet e ordenou ao então dono de Chequers, William Hawtrey, que prendesse lady Mary na casa e a mantivesse lá até segunda ordem, com a exceção de saídas para tomar ar. Ela foi solta dois anos depois e seu marido, um ano depois dela, mas eles nunca mais se viram.

Duas pequenas janelas forneciam uma vista de Beacon Hill. À noite, embora Chequers estivesse a sessenta quilômetros de Londres, a Mary atual via o brilho distante da artilharia antiaérea e ouvia seu ronco e seu rumor distintos. Aeronaves passavam sobre a casa com frequência, levando Mary por vezes a esconder a cabeça debaixo das cobertas.

A casa, na opinião de Mary, ameaçava ser muito silenciosa durante a semana, embora ela estivesse contente por seus pais terem levado "Nana" Whyte, sua babá na infância, de Chartwell para aquele primeiro fim de semana. Também ajudava o fato de sua cunhada, Pamela Churchill, também estar na casa, "esperando impacientemente pelo pequeno Winston", observou Mary em seu diário.

A CASA SE ANIMOU VISIVELMENTE naquela sexta-feira, 13 de setembro, com a chegada de Churchill, Clementine e do secretário particular de plantão, John Martin, além da feliz perspectiva de Mary de celebrar seu aniversário de dezoito anos no domingo.

O fim de semana também iria apresentar aquilo que Mary chamou de "distrações emocionantes".

CHURCHILL E CLEMENTINE FICARAM em Chequers para almoçar no sábado, mas voltaram a Londres de tarde. Churchill planejava voltar no dia seguinte para a festa. Clementine voltou naquela noite, com uma surpresa. "Mamãe encomendou um bolo adorável para mim apesar dos ataques!", escreveu Mary em seu diário. "Que gentil!"[3]

Naquela noite, Mary refletiu longamente sobre sua mudança de idade em seu diário, descrevendo sábado como "o último dia em que terei dezessete anos!". Havia a guerra, sim, mas ela não conseguia evitar: exultava com sua vida. "Que ano maravilhoso tem sido!", escreveu ela. "Imagino que sempre irá se destacar na minha memória. Foi muito feliz para mim também — apesar da miséria e infelicidade no mundo. Espero que não signifique que sou indiferente — não acho que seja, mas de alguma forma não consigo deixar de ser feliz."[4]

Ela reconheceu uma sensibilidade aumentada em relação ao mundo a seu redor. "Acho que sinto medo e ansiedade e dor em pequenas doses pela primeira vez na vida. Amo ser tão jovem e não desejo muito ter dezoito. Apesar de me comportar de maneira idiota e 'enlouquecida'... Sinto que amadureci bastante no último ano. Estou feliz com isso."

Ela foi dormir enquanto o tiroteio acendia o céu sobre a distante Londres.

CHURCHILL VOLTOU A CHEQUERS NO DOMINGO a tempo para o almoço. Depois, observando que "o clima desse dia parece adequado ao inimigo",[5] saiu com Clementine, Pamela e o secretário Martin para realizar outra visita ao centro de operações do Comando de Caças, em Uxbridge. Quando chegaram, eles foram levados quinze metros abaixo para a Sala de Operações, que para Churchill parecia um pequeno teatro, com pé-direito de dois andares e vinte metros de largura. O local estava silencioso no início. No começo do dia, havia ocorrido uma grande batalha aérea depois que mais de duzentos bombardeiros e sua escolta de caças cruzaram a costa, mas já tinha acabado. Enquanto Churchill e os outros desciam, o comandante do Grupo nº II, vice-marechal do ar Keith Park, falou: "Não sei se vai acontecer alguma coisa hoje. No momento tudo está quieto."

A família tomou seus assentos no que Churchill chamou de "camarote".[6] Abaixo havia um vasto mapa em uma mesa, observado por vinte ou mais homens e mulheres e vários assistentes que atendiam aos telefones. A parede oposta estava tomada por um quadro de luzes com grupos de lâmpadas coloridas que denotavam a situação de cada esquadrão. Luzes vermelhas indicavam caças em ação. Outro grupo mostrava os que estavam voltando para seus campos de voo. Oficiais dentro de salas de controle de vidro — Churchill chamou de "mesas de som" — analisavam informações repassadas por telefone pelos operadores de radares e pela rede de trinta mil observadores do Ministério do Ar.

A tranquilidade não durou muito. Radares detectaram aeronaves se concentrando sobre Dieppe, na costa francesa, e avançando em direção à Inglaterra. Relatórios iniciais indicavam o total de aeronaves no ataque em "mais de quarenta". Luzes começaram a brilhar no quadro na parede mais distante, mostrando que os esquadrões de caças da RAF estavam agora "de prontidão" — o que significava prontos para decolar em dois minutos. Novos relatórios informavam sobre aeronaves alemãs se aproximando, e os números eram anunciados com a calma de quem anuncia os trens chegando à estação:

"Mais de vinte."

"Mais de quarenta."

"Mais de sessenta."

"Mais de oitenta."

A equipe responsável pela mesa do mapa começou a deslizar discos pela superfície, em direção à Inglaterra. Esses discos representavam as forças alemãs se aproximando. Na parede mais distante, luzes vermelhas começaram a piscar enquanto centenas de Hurricanes e Spitfires decolavam de bases por todo o sudeste da Inglaterra.

Os discos alemães andavam em frente constantemente. No quadro de luzes, as lâmpadas que indicavam as aeronaves na reserva se apagaram, o que revelava que todos os caças do Grupo II foram acionados. Mensagens de observadores em solo fluíam pelo telefone, relatando terem visto aeronaves alemãs, o tipo, o número, a direção e a altitude aproximada. Durante um ataque típico, milhares dessas mensagens chegavam. Um único jovem oficial direcionava os caças do grupo rumo aos invasores, com voz, como recordou Churchill, "calma, monótona e baixa". O vice-marechal Park estava ansioso e andava de um lado para outro atrás do oficial, de vez em quando se antecipando a ele com ordens próprias.

"Que outras reservas nós temos?", perguntou Churchill, à medida que a batalha progredia.

"Nenhuma", respondeu Park.

Como antigo estudioso da arte da guerra, Churchill sabia que isso significava quão grave era a situação. Os caças da RAF tinham combustível suficiente para uma hora e meia de voo, então precisavam pousar para reabastecer e recarregar as armas. Em solo, eles estariam perigosamente vulneráveis.

Logo o quadro de luzes mostrou esquadrões da RAF retornando à base. A ansiedade de Churchill aumentou. "Que perdas não sofreríamos se os aviões fossem pegos em solo por outros ataques de 'mais de quarenta' ou 'mais de cinquenta!'", escreveu.[7]

Mas os caças alemães também estavam chegando a seu limite operacional. Os bombardeiros que eles guardavam podiam permanecer no ar por mais tempo, mas, como no caso da RAF, os caças da Luftwaffe tinham apenas noventa minutos de voo, o que incluía o tempo necessário para cruzar o canal da Mancha até suas bases na costa. Os bombardeiros não podiam arriscar voar sem proteção — então, também tinham de voltar. Essas limitações, de acordo com o ás alemão Adolf Galland, "se tornaram cada vez mais uma desvantagem". Durante um ataque, o grupo dele perdeu dezenas de caças — cinco deles tiveram de pousar "de barriga" nas praias francesas e outros sete foram forçados a pousar no próprio canal. Um Me 109 podia boiar até um minuto, o que Galland considerava "apenas suficiente para o piloto tirar o cinto e pular fora", inflar seu colete salva-vidas "Mae West" ou um pequeno bote de borracha e disparar um sinalizador, na esperança de ser resgatado pelo Serviço de Resgate de Ar e Mar da Luftwaffe.

Enquanto Churchill assistia, as luzes no quadro indicavam um número cada vez maior de esquadrões da RAF retornando para seus campos. Mas a equipe diante da mesa do mapa começou a mover os discos que representavam bombardeiros alemães de volta em direção ao canal e à costa francesa. A batalha tinha acabado.

Os Churchill subiram para a superfície assim que o sinal de fim do alerta tocou. Admirado com a ideia de tantos jovens pilotos correndo para a batalha, Churchill, no carro, disse em voz alta para si mesmo: "Há momentos em que é igualmente bom viver ou morrer."

Eles voltaram para Chequers às quatro e meia da tarde. Churchill estava exausto. Ficaram sabendo que um ataque aliado planejado contra a cidade de Dacar, na África Ocidental, que seria comandado pelo general De Gaulle usando tropas da França Livre e do Reino Unido, estava ameaçado pelo aparecimento inesperado de navios de guerra que escaparam do confisco britânico e estavam sob controle do governo pró-alemão de Vichy. Depois de uma ligação rápida para Londres às 17h15, na qual Churchill recomendou que a operação, de codinome "Ameaça", fosse cancelada, ele foi para a cama tirar a soneca da tarde.

Normalmente, as sonecas dele duravam uma hora ou mais. Nesse dia, esgotado pelo drama da batalha aérea da tarde, Churchill dormiu até as oito da noite. Ao acordar, ele convocou seu secretário de plantão, Martin, que trouxe as últimas notícias de todos os lugares. "Foi repugnante", relembraria Churchill. "Isso deu errado aqui, aquilo foi adiado lá. Uma resposta insatisfatória foi recebida deste e daquele. Houve afundamentos no Atlântico."[8]

Martin reservou as boas notícias para o fim.

"No entanto", retomou Martin, que havia guardado as boas notícias para o fim, "tudo foi compensado pelo ar. Derrubamos 183 aeronaves e perdemos menos de quarenta."

Os números eram tão extraordinários que, em todo o império, o dia 15 de setembro passou a ser conhecido como Dia da Batalha da Grã-Bretanha, apesar de essa contagem ter se mostrado incorreta, bastante inflacionada pelo exagero usual do calor da batalha.

HOUVE MAIS ALEGRIA NAQUELA NOITE de domingo em Chequers, quando a celebração do aniversário de Mary começou. Sua irmã Sarah lhe presenteou com um caderno com capa de couro. Um amigo enviou chocolates e meias de seda. A prima Judy mandou um telegrama de parabéns. Mary estava contente com a atenção. "Como todos são queridos por lembrar que completei dezoito anos neste momento terrível!", escreveu ela em seu diário. "Gostei muito disso."⁹

Ela encerrou a anotação do dia assim: "Fui dormir com dezoito — muito feliz." Ela também estava contente pela perspectiva de começar a trabalhar no dia seguinte no Serviço Voluntário de Mulheres em Aylesbury.

Capítulo 48
Berlim

Para Hermann Göring, as perdas da batalha aérea de domingo foram chocantes e humilhantes. Logo após ela ocorrer, os comandantes já sabiam a verdadeira extensão de suas perdas, com base no número de aeronaves que não voltaram. Embora tenha ficado bem abaixo da quantidade reivindicada pela RAF — 183 —, era um número difícil de entender: sessenta aeronaves. Dentre elas, 34 eram bombardeiros. No entanto, a perda era ainda mais grave porque isso não incluía os danos graves em mais vinte bombardeiros e porque muitos membros das equipes que retornaram foram retirados mortos, mutilados ou feridos dos aviões. A RAF, na contagem final, perdeu só 26 caças.

Até então, Göring afirmava que as equipes de seus bombardeiros eram mais corajosas do que as britânicas porque atacavam tanto à luz do dia quanto à noite, diferentemente dos covardes britânicos, que conduziam suas investidas contra a Alemanha somente quando protegidos pela escuridão. Mas, a partir daquele momento, ele interrompeu todos os grandes ataques diurnos (embora naquela semana ainda tenha ocorrido outro bombardeio à luz do dia sobre Londres, que saiu muito caro para a Luftwaffe).

"Perdemos a coragem", disse o marechal de campo Erhard Milch em um interrogatório mais tarde.[1] Milch, descrito pela Inteligência britânica em agosto de 1940 como "um sujeitinho vulgar"[2] que reverenciava deuses e cerimônias medievais, teve papel importante na construção da Luftwaffe. As perdas eram desnecessárias, segundo ele, que citou duas causas principais: "a) os bombardeiros voavam em uma péssima formação; e b) a escolha de caças nunca estava onde deveria estar. Não era um voo disciplinado." Os caças, explicou ele, "não se mantinham no trabalho de escolta. Eles se dedicavam mais ao combate porque queriam derrubar aeronaves".

Estava claro para todos que a Luftwaffe tinha falhado, especialmente para o chefe e mestre de Göring, Adolf Hitler.

Enquanto isso, Goebbels lutava com outro desafio de propaganda: como reduzir os protestos causados pelo bombardeio do Palácio de Buckingham na sexta-feira anterior, que estava se mostrando um desastre de relações públicas.

Na guerra, coisas desumanas aconteciam todos os dias, mas o mundo considerou o ataque mesquinho e gratuito. Goebbels sabia que o ultraje seria atenuado caso viesse a público a informação de que o palácio se tornara um depósito de munições, ou de que havia nas imediações um arsenal significativo, ou uma estação de energia, ou outro alvo que estivesse perto o suficiente para tornar crível que o ataque tinha sido um acidente — ainda que a sua natureza, com um bombardeiro mergulhando em meio à chuva e às nuvens e voando ao longo de Whitehall rumo ao maior e mais reconhecível ponto de referência em Londres, tornasse essa defesa ridícula.

Em sua reunião de propaganda de domingo, Goebbels se voltou para o major Rudolf Wodarg, o contato da Luftwaffe com seu ministério, e ordenou que ele "verificasse se havia algum alvo militar nas proximidades do Palácio de Buckingham".[3]

Caso contrário, disse Goebbels, a propaganda alemã deveria inventá-los, afirmando especificamente "que instalações militares secretas estão ocultas na vizinhança próxima ao palácio".

Capítulo 49
Medo

A PRIMEIRA SEMANA NO SERVIÇO VOLUNTÁRIO DE MULHERES (WVS) aproximou Mary do real impacto da guerra. A rata do campo foi designada para encontrar lares para famílias que haviam perdido suas casas nos bombardeios ou que fugiam da cidade por medo de que isso acontecesse. Elas chegavam em grupos, com histórias terríveis das experiências em Londres. O número de refugiados superava em muito os alojamentos disponíveis, o que levava o órgão a apelar, educadamente mas com firmeza, para que os cidadãos locais abrissem suas casas aos recém-chegados. Leis especiais de emergência aprovadas no início da guerra davam ao governo o poder de requisitar casas, mas o WVS relutava em invocá-las, por medo de gerar ressentimento e exacerbar uma hostilidade de classe já crescente — o trabalhador das docas encontra o cavalheiro do campo — em um momento em que já existia tensão suficiente em todos os lugares.

Para Mary, o contraste entre o que ela encontrava agora e o que havia passado no verão em Breccles Hall beirava o incompreensível. Duas semanas antes, ela e Judy Montagu pedalavam felizes pelo campo, tomavam banho no lago da propriedade, dançavam e flertavam com jovens oficiais da RAF, com a guerra distante e fora de cena. Mesmo os tiros à noite eram fonte mais de conforto do que terror.

Entretanto, ela escreveu em seu diário naquele fim de semana: "Este é o século vinte... [...] Veja Londres... Veja as multidões de pessoas desamparadas sem teto e as pessoas exaustas só em Aylesbury..."[1]

E continuou:

"Vi mais sofrimento e pobreza nesta semana do que em toda a minha vida."

"Não tenho palavras para descrever meus sentimentos sobre isso. Só sei que sou movida por uma percepção maior e mais ampla do sofrimento que a guerra causa. Só sei que aprendi mais sobre sofrimento humano e ansiedade do que tinha aprendido até então."

"Ah, Deus, olhe pelos sem teto e pelos ansiosos."

"Vi tantas expressões preocupadas e tristes e perdidas... E muita coragem e otimismo e bom senso."

Dois dias depois, na segunda-feira, 23 de setembro, Mary leu a notícia sobre o afundamento do *City of Benares* e a morte de muitas crianças a bordo. "Que Deus acolha suas almas", registrou ela em seu diário naquela mesma noite, "e nos ajude a varrer a maldição de Hitler e o fardo mais vil que a humanidade foi capaz de produzir". O pai dela determinou que, diante do afundamento, "retiradas de crianças para o exterior estavam suspensas".[2]

Ao longe, armas disparavam e projéteis explodiam, mas, no "quarto da prisão" em Chequers, havia paz, história e a presença benigna do fantasma de lady Mary. Não importava quão duras fossem as histórias que Mary ouvia todos os dias, ela podia se retirar à noite para sua adorável casa, receber os cuidados de Monty — Grace Lamont, a governanta de Chequers — e ter a companhia de Pamela, enquanto esta esperava a chegada do bebê. Inesperadamente, o médico de Pamela, Carnac Rivett, também se tornou quase um morador em tempo integral, para desagrado de Clementine. Ela achava sua presença opressiva e constrangedora, especialmente porque Chequers não era uma propriedade privada de Churchill — pertencia ao governo.

"Querida, você precisa perceber que esta é uma casa oficial e é estranho ter um médico toda noite à mesa do jantar", disse ela a Pamela.[3]

Rivett passava a noite, argumentando ser necessário porque o bebê podia chegar a qualquer momento.

Pamela suspeitava que Rivett tinha um motivo diferente: medo. Ela achava que ele estava apavorado com o bombardeio de Londres e ia a Chequers para ficar seguro.

O bebê devia nascer dentro de três semanas.

JOHN COLVILLE DEIXOU CHEQUERS no domingo à tarde, depois do chá, e foi a Londres para jantar na casa de sua família em Eccleston Square, perto da estação Victoria. Assim que eles se sentaram para comer, as sirenes tocaram, e logo surgiu o som dos bombardeiros alemães. Colville subiu para um dos quartos. Com as luzes apagadas, ajoelhou-se em frente a uma janela para assistir ao ataque. Tudo era muito surreal — bombas caindo no coração da capital, do seu lar —, mas também tinha certa beleza, que ele tentou descrever em seu diário antes de dormir.

"A noite estava clara e estrelada, e a lua se erguia sobre Westminster. Nada podia ser mais lindo e as luzes dos holofotes se entrelaçavam em alguns pontos do horizonte, os flashes estelares no céu eram cartuchos estourando, a luz dos tiros distantes, tudo se somava à cena. Era magnífico e terrível: o zumbido espasmódico das aeronaves inimigas em cima; o estrondo da troca de tiros, às vezes perto, às vezes distante; a iluminação, como de trens elétricos em tempos de paz, quando as armas são disparadas; e uma miríade de estrelas, naturais e artificiais, no firmamento. Nunca houve tal contraste entre o esplendor da natureza e a vilania humana."[4]

Capítulo 50
Hess

Era uma carta curiosa. A rede de censores da Inglaterra vigiava de perto toda correspondência que entrava e saía do país, e essa carta, enviada da Alemanha em 23 de setembro, imediatamente chamou a atenção. O envelope externo era endereçado a uma senhora inglesa idosa, uma tal "sra. V. Roberts", mas havia um segundo envelope e instruções para enviá-lo a um conhecido escocês, o duque de Hamilton.[1]

Dentro do segundo envelope, os censores encontraram uma carta que parecia desconcertantemente enigmática, propondo uma reunião em uma cidade neutra, talvez Lisboa. A carta era assinada apenas com a inicial "A".

Os censores deram as cartas para a agência de contrainteligência interna do Reino Unido, o MI5, e lá elas permaneceram. O duque só saberia de sua existência na primavera seguinte, seis meses depois de sua postagem.

Capítulo 51
Refúgio

A INTENSIDADE DOS ATAQUES ALEMÃES a Londres aumentou, pois Göring tentava dissipar a névoa que o fracasso criara a seu redor, embaçando o brilho de seu uniforme branco e de suas medalhas cintilantes. Toda noite, dezenas de bombardeiros seguiam na direção de Londres em ondas, jogando bombas em toda parte, embora oficialmente a Alemanha ainda alegasse que a Luftwaffe estava atacando apenas alvos militares significativos.

Na prática, os alemães estavam atacando a população civil da cidade mais abertamente do que em qualquer outro momento. A Luftwaffe estava utilizando mais bombas conhecidas como "minas de paraquedas", que seguiam para onde o vento as levasse. Carregadas com sete quilos de explosivos, elas podiam destruir tudo e todos em um raio de quinhentos metros. Originalmente criadas para destruir navios, elas foram usadas pela primeira vez em terra em 16 de setembro, quando 25 delas foram jogadas sobre Londres, descendo em direção à cidade em um silêncio estranho. O terror que causavam foi amplificado quando dezessete minas não explodiram, forçando a evacuação de vizinhanças inteiras até que os explosivos fossem desarmados por técnicos especialmente treinados da Marinha Real.

As minas começaram a cair em números cada vez maiores. Em um bilhete a Pug Ismay em 19 de setembro, um dia em que a Luftwaffe lançou 36 dessas bombas, Churchill escreveu que despejar minas de paraquedas "deixa claro que o inimigo abandonou qualquer tentativa de fingir atacar alvos militares".[1] Ele propôs retaliar jogando sobre cidades alemãs a mesma quantidade de minas jogadas sobre a Inglaterra. Com alegria implacável, também sugeriu publicar com antecedência uma lista de cidades que podiam ser alvo, para provocar arrepios. "Acho que eles não iam gostar", escreveu, "e não há razão para que não tenham um período de suspense".

Com os alemães passando a atacar à noite, a vida em Londres se comprimiu nas horas de luz natural que, com o passar do outono, diminuíam terrível e inexoravelmente mais rápido ainda pela cidade ficar tão ao norte. Os ataques criavam um paradoxo: o risco de uma pessoa morrer em determinada noite era pequeno, mas o risco de alguém, em algum lugar de Londres, morrer era de 100%. A segurança era fruto unicamente da sorte. Quando perguntaram a um garoto o que queria ser quando crescesse, se pensava em ser bombeiro ou piloto, ele respondeu:

"Quero estar vivo."[2]

Dezenas de moradores da cidade realmente morriam, e a chegada da noite se tornou fonte de medo, mas durante o dia a vida tinha uma estranha normalidade. As lojas de Piccadilly e da Oxford Street ainda vibravam com clientes e o Hyde Park ficava lotado de pessoas tomando banho de sol, mais ou menos confiantes de que os bombardeiros alemães não surgiriam no céu até o anoitecer. Uma pianista, Myra Hess, realizava concertos diários na National Gallery, localizada na Trafalgar Square, durante o horário de almoço para evitar as investidas noturnas. A sala lotava, com muita gente sentada no chão, máscaras de gás à mão. O público ficava à beira das lágrimas, os aplausos eram "formidáveis e comoventes", observou Mollie Panter-Downes, colunista da *New Yorker*. De tempos em tempos, a pianista demonstrava sua destreza tocando música com uma laranja debaixo de cada mão. Depois, todos saíam rapidamente, escreveu Panter-Downes, "carregando suas máscaras de gás e parecendo melhores por terem sido levados durante uma hora a um plano onde o tédio e o medo parecem irrelevantes".[3]

Mesmo o anoitecer passou a parecer menos intimidador, apesar do aumento da violência e da destruição crescente. Por exemplo, Olivia Cockett, autora de diário do Grupo de Observação de Massas, e uma amiga, Peg, foram caminhar *durante* um ataque aéreo. "Saí para andar sob a luz da lua cheia", escreveu Cockett. "Estávamos tão impressionadas com sua beleza que andamos até Brixton, em meio aos tiros e tudo o mais, admirando os efeitos de luz e sombra e gostando do silêncio vazio das ruas. Como Peg diz, a guerra e as armas parecem triviais, essencialmente frívolas, comparadas a este esplendor solene."[4] Outra autora, também uma jovem mulher, descreveu sua surpresa pelo modo como se sentiu deitada na cama depois de quase ser atingida por uma bomba: "Continuei deitada me sentindo indescritivelmente feliz e triunfante. [...] 'Fui *bombardeada*!' Fiquei repetindo para mim mesma, várias vezes — testando a frase, como um novo vestido, para ver como ficava. 'Fui *bombardeada*!... *Fui* bombardeada — *eu*!'" Era provável que muitas pessoas tivessem sido mortas ou feridas no ataque, ela reconheceu, "mas nunca em toda a minha vida experimentei uma *felicidade tão pura e perfeita*".[5]

Phyllis Warner, outra autora de diário, descobriu que ela e seus colegas londrinos estavam surpresos com sua própria resiliência. "Descobrir que podemos suportar é um grande alívio para a maioria de nós", escreveu ela em 22 de setembro. "Imagino que cada um de nós receava secretamente que não seríamos capazes, que iríamos correr tremendo para o abrigo, que teríamos uma crise nervosa, que iríamos de alguma forma entrar em colapso, então isso tem sido uma surpresa agradável."[6]

Mas a persistência dos ataques e o aumento da destruição também teve um efeito sombrio. A romancista Rose Macaulay escreveu na segunda-feira, 23 de setembro: "Estou começando a ter uma fobia de ser enterrada, resultado de ter visto tantas casas e blocos de apartamentos reduzidos a pilhas de escombros das quais as pessoas não podem ser retiradas a tempo para sobreviver, e prefiro dormir na rua, mas sei que não posso fazer isso."[7] Harold Nicolson tinha um medo parecido, algo que ele confessou em seu diário no dia seguinte: "O que eu temo é ser enterrado sob grandes pilhas de alvenaria e ouvir a água pingando devagar, sentindo o gás me envolvendo e ouvindo os gritos fracos de colegas condenados a uma morte lenta e lamentável."

Muitos londrinos começaram a reclamar de desconforto gastrointestinal, uma condição chamada de "estômago de sirene".[8]

O RACIONAMENTO CONTINUOU SENDO IRRITANTE. Não havia ovo algum nas lojas, mas era algo possível de se adaptar. As famílias passaram a criar galinhas no quintal, uma tática adotada pelo Professor, que mantinha galinhas em seu laboratório e na Christ Church Meadow, em Oxford. Uma pesquisa Gallup descobriu que 33% da população passou a cultivar a própria comida ou criar animais.

Os Churchill estavam sujeitos ao racionamento, mas conseguiam viver bem mesmo assim, graças, em parte, à generosidade alheia. (Churchill parecia atrair ofertas caridosas dos amigos. Em 1932, ao voltar para Londres depois de uma turnê de palestras durante a qual foi atropelado por um carro em Nova York e hospitalizado, ele ganhou um automóvel Daimler novo, pago com contribuições de 140 pessoas, incluindo lorde Beaverbrook.) O Professor, sendo vegetariano, não consumia suas rações de carne e bacon, e as cedia aos Churchill. Em Chequers, comida era sempre um presente de boas-vindas para o anfitrião. O rei enviava veado, faisões, perdizes e lebres dos campos de caça reais em Balmoral Castle, na Escócia, e Sandringham, em Norfolk. O governo provincial do Quebec enviava chocolate. O duque de Westminster enviava salmão, pelo trem rápido, marcado para "entrega imediata".

Churchill era, claro, o primeiro-ministro, e isso trazia privilégios negados ao homem comum — como no caso da mais preciosa das mercadorias, a gasolina. O Ford mantido em Chequers, placa DXN 609, consumia mais gasolina do que os trezentos litros a que Churchill teria direito de 1º de junho até o fim de julho. No fim de junho, tornou-se óbvio que seria necessário muito mais combustível. Um londrino comum estaria com problemas, mas, no caso de Churchill, bastava pedir mais. "Se você também tiver o cuidado de marcar sua carta com uma estrela, ela receberá minha atenção pessoal imediata", escreveu Harry B. Hermon Hodge, uma autoridade da divisão de petróleo do Departamento de Minas, que supervisionava o racionamento de gasolina.[9] Os cupons necessários para os outros 220 litros foram emitidos no nome da governanta Grace Lamont — a Monty.

Quando Churchill percebeu, logo no início, que suas rações de comida não seriam suficientes para alimentar os muitos convidados que ele vinha recebendo, requisitou mais cupons. Em 30 de junho, o secretário particular John Martin escreveu para o Ministério da Alimentação: "Tanto em Chequers quanto no nº 10 da Downing Street, as restrições do racionamento tornam muito difícil fazer recepções oficiais na quantidade que o primeiro-ministro considera necessário." O ministério concordou em ajudar. "Consideramos que a maneira mais simples de resolver isso seria seguir o procedimento adotado no caso de embaixadores estrangeiros, para quem emitimos blocos de cupons de ração especiais que podem ser usados para aquisição de carne, manteiga, açúcar, bacon e presunto servidos para convidados oficiais recebidos pelos embaixadores. Segue anexo um conjunto de blocos." Churchill também queria cupons diplomáticos extras para chá e "gorduras culinárias".

Esses cupons também foram providenciados. Para garantir que os itens estariam disponíveis já no próximo fim de semana em Chequers, o ministério instruiu a "autoridade responsável pelos alimentos" na região a notificar as lojas próximas sobre esses cupons pouco familiares que lhes seriam apresentados. "Espero que as providências tomadas sejam satisfatórias", escreveu o ministro da Alimentação, R. J. P. Harvey, "porém se houver qualquer dificuldade adicional, por favor, nos informe".

Felizmente para Churchill, as regras de racionamento não se aplicavam a certas mercadorias cruciais. Ele não viu faltar conhaque Hine, champanhe Pol Roger ou charutos Romeo y Julieta, embora o dinheiro para pagar por isso, como sempre, nunca fosse suficiente, especialmente para cobrir o custo de receber tantos visitantes em Chequers a cada fim de semana. O Fundo Chequers, que pagava os salários da equipe dessa propriedade e os custos de rotina para mantê-la, doava 15 libras, ou pouco menos de mil dólares em valores atualizados, para cada fim de semana, cerca de metade do que Churchill realmente gastava — ou, como ele disse certa vez, apenas o suficiente para cobrir o custo de alimentar os motoristas de seus convidados. No período de junho a dezembro de 1940, os custos de Chequers excederam as contribuições do fundo em um valor equivalente a 20.288 dólares.[10]

Vinhos eram uma despesa significativa, assim como na época em que Churchill foi primeiro lorde do Almirantado. Em Chequers, ele gastava o dobro. O Fundo de Hospitalidade do Governo concordou em contribuir com vinhos e bebidas, com a condição de que só fossem servidos apenas quando houvesse visitantes estrangeiros. Churchill se aproveitou com entusiasmo do programa. Uma compra de Chequers consistia de:

    36 garrafas de Amontillado — Duff Gordon's VO.;
    36 garrafas de vinho branco — Valmur, 1934 [Chablis];
    36 garrafas de vinho do Porto — Fonseca, 1912;
    36 garrafas de vinho tinto — Château Léoville Poyferré, 1929;
    24 garrafas de uísque — Fine Highland Malt;
    12 garrafas de conhaque — Grande Fine Champagne, 1874
        [66 anos, a mesma idade de Churchill];
    36 garrafas de champanhe — Pommery et Greno, 1926
        [Pol Roger, no entanto, era o seu favorito].[11]

Os vinhos eram imediatamente armazenados em Chequers pelo "mordomo do Fundo de Hospitalidade do Governo", um certo sr. Watson, que anotava suas posições exatas na adega. Ele também reclamava que as prateleiras eram marcadas aleatoriamente — cartões especiais para corrigir essa deficiência foram enviados imediatamente. O administrador do fundo, sir Eric Crankshaw, estabeleceu regras específicas para uso das garrafas em uma carta para Grace Lamont. Os vinhos só podiam ser servidos quando convidados "estrangeiros, dos domínios, indianos e coloniais" fossem recebidos. Antes de cada evento, os Churchill deveriam consultar Crankshaw, "e informarei se os vinhos da hospitalidade governamental poderão ser servidos durante a visita". Crankshaw instruiu a srta. Lamont a manter registros precisos em um "livro da adega", providenciado pelo fundo, incluindo os nomes dos visitantes e os vinhos consumidos. Esse livro seria auditado cada seis meses. Os registros, porém, não se limitavam a isso. "Após almoços e jantares", escreveu Crankshaw, "você poderia, por favor, preencher um formulário, seguindo o exemplo anexo, para mostrar a natureza da recepção, o número de convidados e a quantidade dos vinhos consumidos, e devolvê-lo para mim para fins de registro e contabilidade".

Muitos outros produtos, embora não racionados, estavam em falta. Um visitante norte-americano descobriu que podia comprar bolo de chocolate e torta de merengue de limão na Selfridges, mas era impossível achar chocolate quente. A escassez tornou algumas áreas da higiene mais problemáticas. As mulheres tinham dificuldade cada vez maior para comprar absorventes. Pelo menos uma marca de papel higiênico estava em falta, como o próprio rei descobriu. Ele conseguiu driblar essa escassez ao organizar envios diretos da embaixada britânica em Washington, D.C. Com discrição real, escreveu a seu embaixador: "Estamos com escassez de um certo tipo de papel fabricado nos Estados Unidos e que não se consegue encontrar aqui. Um pacote ou dois de quinhentas folhas a intervalos regulares seria perfeitamente aceitável. Você entenderá: seu nome começa com B!!!" O papel em questão foi identificado pelo historiador Andrew Roberts como papel higiênico Bromo macio.[12]

Com ataques tão prováveis e previsíveis, os londrinos que usavam abrigos públicos se viram seguindo uma nova e original rotina, deixando o abrigo de sua escolha para trabalhar de manhã e retornando ao entardecer. Alguns abrigos começaram a publicar os próprios jornais e boletins, com nomes como *Subway Companion, Station Searchlight* e o *Swiss Cottager* — este último batizado em homenagem a uma estação subterrânea recém-construída, a Swiss Cottage, que passou a servir de abrigo. O nome da estação, por sua vez, veio de um pub ali perto, cujo exterior evocava um chalé suíço. "Saudações, companheiros noturnos", dizia o boletim inaugural do *Cottager*, "nossos habitantes temporários de cavernas, nossos companheiros de sono, sonâmbulos, roncadores, tagarelas e todos que habitam a estação Swiss Cottage de Bakerloo, todas as noites, do crepúsculo ao amanhecer". O editor, Dore Silverman, morador do abrigo, prometia publicar apenas intermitentemente — em um ritmo "espasmódico como as alucinações de Hitler" — e esperava que a publicação tivesse vida muito curta.[13]

Cheio de alertas e recomendações, o *Cottager* pedia que os abrigados não levassem camas de campanha ou cadeiras de praia, por tomarem espaço demais. Além de implorar para que todos os habitantes fossem menos "generosos" com seu lixo e prometer que, em breve, o abrigo passaria a servir chá quente, embora não se soubesse quando — "enquanto você fica sentado, lê ou dorme no silêncio e conforto, outras coisas além de chá estarão fervendo nas ruas". Em uma matéria intitulada você está nervoso?, a segunda edição do *Cottager* tentava abordar a ansiedade causada pelo uso de armamento antiaéreo pesado na vizinhança acima, indicando que os túneis do metrô tendiam a amplificar o barulho. Aqui o boletim oferecia um pouco do que chamou de conselho de especialista: "Você vai sentir menos a vibração causada pelo tiroteio pesado e por outras causas se não ficar com a cabeça encostada na parede."

Nos abrigos, o perigo que o gás venenoso representava era uma preocupação em especial. As pessoas eram incentivadas a usar máscaras de gás trinta minutos por dia, para se acostumarem com elas. As crianças faziam parte das simulações de ataques com a substância. "Todas as crianças de cinco anos tinham máscaras do Mickey Mouse", escreveu Diana Cooper em seu diário. "Elas adoram colocá-las para as simulações e imediatamente tentam se beijar, depois marcham para o abrigo cantando 'Haverá sempre uma Inglaterra'."

Os ataques criavam uma situação difícil para os hotéis da cidade, especialmente os grandes — Ritz, Claridge's, Savoy e Dorchester —, que abrigavam todo tipo de dignitário visitante, incluindo diplomatas, monarcas exilados e ministros de Estado, muitos se hospedando em tempo integral, como se fossem suas residências. Esses hotéis se orgulhavam de atender aos desejos de seus hóspedes, mas providenciar abrigo seguro contra bombas e estilhaços se mostrou um desafio para o qual eles estavam, de início, despreparados — embora o Dorchester, situado na Park Lane, em Mayfair, no lado oposto do Hyde Park, tivesse uma vantagem significativa.

Com nove andares e construído em concreto reforçado, o Dorchester era uma anomalia em Londres — sua inauguração, em 1931, causou temores de que a Park Lane em breve lembraria a Quinta Avenida de Nova York. O hotel também era considerado indestrutível e, como consequência, era popular entre autoridades mais graduadas, que fechavam suas casas e se tornavam moradores em tempo integral, entre eles lorde Halifax e o ministro da Informação, Duff Cooper. (Um antigo residente em tempo integral era Somerset Maugham. Durante a década de 1930, o cabaré noturno do hotel apresentava um jovem artista norte-americano chamado David Kaminsky, que depois ficaria conhecido como Danny Kaye, seu nome artístico.) Cooper e sua esposa, Diana, viviam em uma suíte na cobertura, embora este fosse considerado o único andar do hotel vulnerável a bombas. O quarto tinha uma bela vista, como Diana relembrou em seu diário: "Das janelas altas, via-se toda Londres além do grande mar verde do Hyde Park, debruçada à espera do massacre, densa com monumentos, pontos turísticos, linhas ferroviárias e pontes. Quão vermelhas serão as chamas, imaginei, quando nossa hora chegar?" Ela também via o prédio que abrigava o ministério do marido. "O prédio alto e branco se tornou simbólico para mim, como os penhascos de Dover."[14]

O primeiro andar desse hotel (equivalente ao segundo andar nos hotéis norte-americanos) era considerado resistente a danos causados por bombas devido a uma enorme laje de concreto que suportava o prédio acima. Para absorver a força da explosão e evitar a invasão de estilhaços, o Dorchester empilhou tantos sacos de areia na entrada que ficou parecendo uma colmeia gigante. O hotel transformou seu grande banho turco em um abrigo de luxo com cubículos reservados para hóspedes dos quartos comuns, incluindo lorde Halifax e a esposa. Em um golpe de marketing impulsivo, publicou um folheto que apresentava o novo abrigo como a principal razão para fazer uma reserva. "Especialistas concordam", proclamava o folheto, "que o abrigo é seguro até mesmo contra impacto direto".[15] Pelo menos uma mulher — Phyllis de Janzé, amiga de Evelyn Waugh — confiava tanto no hotel que vivia na própria casa durante o dia e se transferia para lá à noite. Hóspedes chamavam o abrigo de "dormitório" e era frequente o uso de pijamas. Para Cecil Beaton, famoso por suas misteriosas fotografias noturnas da Londres devastada por bombas, o lugar "lembrava uma travessia transatlântica em um navio de luxo, com todos os horrores do gracejo forçado e da sordidez dispendiosa".[16]

Mesmo no abrigo, Halifax dormia rapidamente, segundo lady Alexandra Metcalfe, uma hóspede por quem o lorde tinha um interesse romântico. "Edward só leva três minutos para dormir, mas mesmo assim boceja alto e sem parar como prelúdio para cair nesse sono infinito e infantil, do qual nada o desperta."[17] Os Cooper ocupavam um cubículo adjacente e ouviam os vários barulhos que os Halifax faziam ao acordar e se vestir. "Entre as 6h e as 6h30, começávamos a acordar um a um", escreveu Diana Cooper em seu diário. "Esperamos até todos terem ido. Cada um tem uma lanterna para encontrar seus chinelos, e vejo suas sombras monstruosas projetadas caricaturalmente no teto como em uma lanterna mágica. Lorde Halifax é inconfundível. Nunca o conheci."[18]

No Claridge's e no Ritz, quando as sirenes tocavam, hóspedes levavam seus colchões e travesseiros para o saguão. Isso causava momentos de comédia igualitária, como a jornalista Virginia Cowles presenciou ao se ver presa no saguão do Ritz durante um ataque. "Eles andavam por ali", observou, "com todo tipo de trajes estranhos: roupas de praia, calças, smoking, ou só um roupão ordinário com pijamas arrastando no chão".[19] Enquanto atravessava o saguão, Cowles encontrou um membro da família real da Albânia: "Esbarrei na irmã do rei Zog, que dormia pacificamente na frente da porta do restaurante do hotel."

Na noite de quarta-feira, 18 de setembro, durante um ataque que destruiria a famosa loja de departamentos John Lewis, Cowles de novo se viu ilhada em um saguão de hotel, dessa vez no Claridge's, que rapidamente se enchia de hóspedes, muitos dos quais vestidos para dormir. "Todos conversavam com todos, uma rodada de drinques foi pedida, e pela alegria geral era possível imaginar que uma agradável (mas de certa forma estranha) festa à fantasia estava em andamento."[20]

A certa altura, uma senhora idosa usando chapéu preto, um longo casaco preto e óculos escuros desceu a escada, junto com três mulheres que Cowles descreveu como damas de companhia.

O saguão ficou em silêncio.

A mulher de preto era Wilhelmina, rainha exilada da Holanda. Depois que ela e seu séquito passaram, o tumulto recomeçou.

Para um grupo de cidadãos da classe operária do East End, atingido com força, esse glamour nos refúgios dos hotéis se tornou excessivo. No sábado, 14 de setembro, cerca de setenta pessoas de Stepney, um distrito pobre entre Whitechapel e Limehouse, marchou até o Hotel Savoy, na Strand, uma caminhada breve a partir da Trafalgar Square. Churchill almoçava ali, à sua mesa favorita, de número quatro, e participava de encontros de seu "outro clube", uma sociedade de jantares que ele fundou em 1911. O clube se encontrava no Salão Pinafore do hotel, onde uma escultura de madeira de um gato preto, chamado Kaspar, estava sempre presente, com um guardanapo de tecido em volta do pescoço. O abrigo do Savoy àquela altura era reconhecido por sua opulência, com seções pintadas de rosa, verde e azul, roupa de cama e toalhas combinando, e mobiliado com poltronas confortáveis e espreguiçadeiras proibidas em outros lugares.

Os manifestantes entraram no hotel, ocuparam as cadeiras e prometeram não sair, apesar da tentativa da Scotland Yard de convencê-los a ir embora. Phil Piratin, político comunista e organizador da marcha, escreveu: "Decidimos que o que era bom o suficiente para os parasitas do Savoy era quase bom o suficiente para os trabalhadores de Stepney e suas famílias."[21] Com o início do ataque daquela noite, os administradores do hotel perceberam que não poderiam expulsar a multidão. Em vez disso, fizeram os funcionários servir pão, manteiga e, claro, chá para eles.

A CONTINUIDADE DOS ATAQUES NOTURNOS fazia com que efeitos estranhos e momentos esquisitos se acumulassem. Uma bomba podia destruir uma casa e deixar a casa ao lado intocada. Do mesmo modo, quarteirões permaneciam intactos, como se a guerra estivesse acontecendo em outro país, enquanto outros, especialmente os atingidos por minas de paraquedas, eram reduzidos a montes de tijolos e madeira. Depois que um ataque incendiou o Museu de História Natural, a água usada pelos bombeiros fez as sementes de sua coleção germinarem, entre elas a de uma antiga árvore-da-seda persa, ou mimosa — *Albizia julibrissin*. As sementes tinham 147 anos.[22] Um ataque em 27 de setembro danificou o zoológico da cidade e libertou uma zebra. Moradores viram um espectro preto e branco cruzando as ruas até o animal ser capturado em Camden Town. No início da guerra, o zoológico tinha matado suas cobras e aranhas venenosas, antecipando que caso um dos criadouros fosse destruído, esses animais se tornariam uma ameaça significativamente maior do que, digamos, um coala fugitivo.[23]

Um guarda de ataque aéreo teve uma experiência profundamente inquietante quando, ao rastejar em uma profunda cratera em busca de corpos, encontrou as ruínas daquilo que havia sido o estúdio de um escultor. O prédio abrigara inúmeras estátuas de mármore, cujos fragmentos agora estavam salientes na cratera. O luar banhava o ambiente com uma luz azul que causava trechos de luminescência. "Em meio ao monte de tijolos era possível ver uma mão branca apontando para a Lua, ou um pedaço do tronco, ou uma face", anotou o guarda em seu diário do Grupo de Observação de Massas. "O efeito era perturbador."[24]

O QUE AQUELES ATAQUES PARECIAM trazer à tona era uma nova sexualidade, como Rupert, o amante de Joan Wyndham, já havia descoberto. À medida que as bombas caíam, a libido aumentava. "Ninguém queria estar sozinho", escreveu Virginia Cowles. "Você ouvia jovens senhoras respeitáveis dizendo para seus acompanhantes: 'Só vou para casa se você prometer passar a noite comigo.'"[25] Uma jovem norte-americana recém-chegada a Londres se maravilhou com sua vibrante vida social, apesar de bombas e incêndios. "Todas as noites da semana que vem já estão comprometidas e o fim de semana nem começou", contou ela em uma carta para casa. "A única coisa que parece assustar as pessoas é a solidão, por isso elas marcam encontros antecipadamente para garantir que não passarão a noite sozinhas."[26]

Era fácil conseguir camisinhas, e o mesmo valia para diafragmas, embora a adaptação fosse problemática. Um popular guia de sexo era o livro de memórias de Frank Harris, *My Life and Loves*, cheio de aventuras explícitas, inovadoras e eróticas. O livro estava oficialmente banido da Grã-Bretanha e dos Estados Unidos — o que, claro, aumentava sua popularidade e tornava fácil sua aquisição. "Todo mundo estava apaixonado pela vida", escreveu a atriz Theodora Rosling, que mais tarde, sob seu nome de casada, FitzGibbon, ficaria famosa como autora de livros de receitas. "Para os jovens era inegavelmente excitante e estimulante. Era um presente de Deus para as garotas despudoradas, pois a partir do momento em que as sirenes tocavam não se esperava que elas voltassem para casa até a manhã seguinte, quando soaria o sinal de 'fim de alerta'. Na verdade, elas eram incentivadas a ficar onde estavam [...] Os jovens relutavam em contemplar a morte sem ter compartilhado seus corpos com alguém. Era sexo na sua forma mais doce: não por dinheiro ou depois do casamento, mas pelo amor de estar vivo e disposto a se entregar."[27]

Casos entre mulheres e homens casados se tornaram comuns. "As barreiras normais contra casos extraconjugais haviam desaparecido", escreveu William S. Paley, fundador da Columbia Broadcasting System, que passou a maior parte da guerra em Londres. "Se parecia bom, se você se sentia bem, não importava."[28] O sexo se tornou um refúgio, mas isso não garantia que seria satisfatório. Olivia Cockett, autora de diário do Grupo de Observação de Massas, em meio a um caso com um homem casado, comentou rapidamente que durante um fim de semana inteiro fazendo amor, ela e o amante fizeram sexo seis vezes, mas "apenas uma vez foi completa para mim".[29]

Podia ter muito sexo, mas lingeries não vendiam. Talvez parecesse luxo para um tempo de guerra, ou talvez, naquele ambiente sexual sobrecarregado, a sensualidade adicional de uma lingerie sexy fosse vista como desnecessária. Independentemente da causa, a demanda minguou. "Nunca em toda a minha vida experimentei ou pensei em experimentar um período tão terrível", disse um dono de loja de lingerie. "Não tivemos um comprador o dia inteiro. É desolador."[30]

Um homem que parecia imune a essa conflagração sexual era o Professor, que, mantendo sua propensão de tomar decisões binárias e permanentes, havia decidido anos antes que não procuraria romances. Ele chegou perto, tendo se apaixonado por lady Elizabeth Lindsay. Na época, ele tinha 49 anos e ela, 27. Ele fora rejeitado duas vezes antes, mas essa amizade parecia avançar de maneira satisfatória — até um dia cruel em fevereiro de 1937, quando ele soube pelo pai de lady Elizabeth que, enquanto ela viajava pela Itália, pegou pneumonia e morreu. Ela foi enterrada em Roma.[31]

Aparentemente isso foi demais para Lindemann, que colocou o amor e o casamento na mesma caixa em que abrigava seus muitos outros rancores e queixas.

Em uma festa no Palácio de Blenheim, durante uma discussão sobre sexo, uma mulher conhecida por seu apetite sexual a ponto de ter o apelido de "Percevejo" se virou para ele e disse: "Então, Professor, conte quando foi que você dormiu pela última vez com uma mulher."[32]

Fez-se silêncio.

Capítulo 52
Berlim

O PILOTO DE CAÇA E ÁS ADOLF GALLAND, ainda vivo e acumulando rapidamente vitórias aéreas, tornou-se um problema para Hermann Göring, chefe da Luftwaffe.

Sem dúvida, os números de Galland eram motivo de celebração e recompensa, mas Göring tinha firme convicção de que o piloto, e também seus companheiros, o deixaram na mão. Ele culpava os pilotos — a falta de habilidade e de disposição para escoltar seus bombardeiros — pelas graves perdas que a Luftwaffe sofria e pela consequente mudança para bombardeios noturnos, que tinham seus custos em termos de alvos perdidos e registros de acidentes e colisões, que deviam se tornar ainda mais comuns com a chegada do inverno. (Nos primeiros três meses do ano seguinte, os acidentes iriam danificar ou destruir 282 bombardeiros da Luftwaffe, quase 70% do total perdido por todas as causas.)[1] Göring prometera a Hitler que colocaria a Inglaterra de joelhos em quatro dias, mas, após quatro semanas de ataques noturnos contra Londres e vários outros alvos, não havia sinal de que Churchill fosse ceder.

Göring convocou Galland até Reichsjägerhof, sua casa na Prússia Oriental, para despejar nele suas reclamações contra os caças. Galland foi primeiro a Berlim para aceitar sua última condecoração — as Folhas de Carvalho, que se somaram à sua Cruz do Cavaleiro —, depois voou para a Prússia a fim de se reunir com Göring. No portão pesado de madeira do complexo, Galland encontrou um amigo, o ás e arquirrival Werner Mölders, indo embora. Mölders havia recebido a mesma medalha que Galland três dias antes em Berlim, e agora corria para voltar até sua base, incomodado por ter perdido três dias que poderiam ter sido gastos no ar derrubando aviões e aumentando seu número de vitórias.

Pouco antes de sair, Mölders chamou o amigo.

"O Gordo prometeu que vai segurar você aqui pelo menos o mesmo tempo que me segurou", contou Mölders.

Galland seguiu para a entrada do alojamento, uma estrutura grande e escura construída a partir de imensos troncos, coberta de palha e situada entre árvores altas e estreitas. Göring saiu para cumprimentá-lo, parecendo um personagem de uma fábula dos irmãos Grimm. Ele vestia uma blusa de seda com mangas borboleta, uma jaqueta de caça de camurça verde e botas de cano alto. Uma grande faca de caça que parecia uma espada medieval estava enfiada no cinto. Göring parecia de bom humor. Depois de parabenizar Galland por sua nova condecoração, disse que lhe daria outra honra: a chance de caçar um dos veados mais cobiçados da propriedade. Göring conhecia esses animais da mesma forma como outros homens conheciam seus cachorros, e dera nomes para todos. O chefe da Luftwaffe disse a Galland que haveria tempo suficiente para caçar, porque ele havia prometido a Mölders mantê-lo na casa por pelo menos três dias. Galland matou um veado na manhã seguinte, "realmente um animal formidável, a caça de uma vida". A cabeça, com a grande galhada, foi removida para Galland usar como troféu.

O piloto não via razão para ficar mais tempo, mas Göring insistiu em honrar a promessa feita a Mölders.

Naquela tarde, chegaram relatórios sobre um grande ataque a Londres, um dos últimos a acontecer durante o dia, no qual a Luftwaffe sofreu grandes perdas. "Göring ficou destruído", escreveu Galland. "Ele não conseguia explicar como as crescentes e dolorosas perdas de bombardeiros aconteciam."

Para Galland, a resposta era óbvia. O que ele e seus colegas pilotos haviam tentado explicar a seus superiores era que a RAF seguia forte, lutando com um espírito inquebrantável e um estoque de aeronaves que parecia ilimitado. Uma semana antes, Göring havia anunciado que a RAF tinha apenas 177 caças, mas isso não batia com o que Galland via no ar. De alguma forma, os ingleses estavam conseguindo produzir caças em um ritmo que superava as perdas.

Com Göring tão distraído pelo azar do dia, Galland voltou a pedir permissão para voltar a sua unidade. Dessa vez, Göring não se opôs.

Galland partiu, levando junto a imensa cabeça de veado. Durante parte do trajeto, ele e a cabeça viajaram a bordo de um trem, no qual, segundo Galland, "o veado chamou mais atenção que a medalha Folhas de Carvalho e a Cruz do Cavaleiro".

Havia boas notícias em outros lugares: durante a estada de Galland no alojamento, o Japão assinou um Pacto Tripartite para se tornar formalmente aliado da Alemanha e da Itália.

EM BERLIM, MAIS OU MENOS NA MESMA HORA, um membro de uma equipe de bombardeiros da Luftwaffe parou no apartamento de William Shirer para uma conversa discreta. O aviador era uma fonte confidencial que, correndo grande risco, mantinha Shirer informado sobre a vida na Força Aérea alemã. Shirer ficou sabendo que ele e seus colegas de equipe sentiam muita admiração pelos pilotos da RAF, especialmente um alegre piloto que sempre estava com um cigarro no canto da boca, e haviam prometido escondê-lo e protegê-lo caso algum dia ele fosse derrubado sobre território controlado pela Alemanha.

O ataque noturno, segundo o aviador, estava causando profundo estresse nas equipes. Os bombardeiros tinham de voar em um cronograma rígido e por rotas coreografadas com cuidado para não colidir com as aeronaves que chegavam e as que voltavam. As equipes voavam quatro a cada sete noites e começavam a ficar cansadas, contou a fonte. Eles estavam surpresos que os ataques contra Londres tivessem produzido tão poucos resultados visíveis até aquele momento. O aviador "estava impressionado com o tamanho da cidade", escreveu Shirer em seu diário. "Disse que estavam massacrando o lugar há três semanas e estava impressionado por ainda haver tanta coisa intacta! Contou que muitas vezes antes de decolar os pilotos são informados de que vão encontrar seu alvo ao se depararem com três quilômetros quadrados de chamas. Ao chegar lá, eles não encontram nenhum quilômetro quadrado em chamas, só um incêndio aqui e outro ali."[2]

Em outra anotação, Shirer registra que uma piada começou a circular entre os mais cínicos em Berlim:

"Um avião com Hitler, Göring e Goebbels a bordo cai. Os três morrem. Quem se salvou?"

A resposta?

"O povo alemão."[3]

À MEDIDA QUE OS DIAS PASSAVAM, o ministro da Propaganda, Joseph Goebbels, ficava mais perplexo. Nada fazia sentido. Ele não conseguia imaginar por que Churchill ainda não havia admitido a derrota, dados os ataques diários contra Londres. Relatórios da inteligência da Luftwaffe continuavam a indicar que a RAF estava destruída, reduzida a apenas cem caças. Por que Londres ainda estava de pé, por que Churchill ainda estava no poder? A Inglaterra não mostrava sinal externo de estresse ou fraqueza. Muito pelo contrário. Em uma reunião de propaganda feita dia 2 de outubro, Goebbels disse a seus subalternos que "uma evidente onda de otimismo e faz de conta está, no momento, se espalhando por Londres, por todo o Reino Unido e possivelmente pelo mundo todo".[4]

A aparente resiliência da Inglaterra tinha repercussões inesperadas — e preocupantes — em casa, entre o povo alemão. Com a Inglaterra ainda lutando, os alemães perceberam que um segundo inverno em guerra era inevitável. O descontentamento crescia. Notícias de que o governo alemão havia ordenado uma evacuação obrigatória de crianças de Berlim provocou um aumento na ansiedade popular, pois contradizia a própria propaganda de Goebbels, que visava assegurar a capacidade da Luftwaffe de defender a Alemanha contra ataques aéreos. As evacuações eram voluntárias, frisou Goebbels em uma reunião seguinte, na quinta-feira, 3 de outubro, e prometeu que qualquer um que estivesse espalhando boatos contrários "devia esperar ser enviado para um campo de concentração".[5]

Capítulo 53
Churchill na mira

O BOMBARDEIO DE LONDRES AUMENTAVA o temor pela segurança de Churchill, uma preocupação da qual ele mesmo parecia não compartilhar. Nenhum ataque era forte o suficiente para impedi-lo de subir no telhado mais próximo para assistir. Em uma noite fria, enquanto observava um ataque do telhado do prédio sobre a Sala do Gabinete de Guerra, sentou-se em uma chaminé para se manter aquecido, até que um oficial pediu educadamente que ele saísse dali — a fumaça estava se acumulando nos cômodos abaixo. Churchill, enfeitiçado com os tiros, continuou a visitar baterias antiaéreas mesmo com bombardeiros alemães passando por cima. Quando os ataques aconteciam, ele liberava sua equipe para o abrigo no subsolo, mas não a acompanhava. Em vez disso, voltava para sua mesa e continuava trabalhando. À noite e na hora das sonecas, ele dormia na própria cama. Quando uma grande bomba ainda não detonada foi descoberta em St. James Park, perigosamente perto do nº 10 da Downing Street, Churchill não arredou pé, demonstrando preocupação apenas com "aquelas pobres aves" — pelicanos e cisnes — no lago. Ele não se abalava nem quando se safava por pouco. John Colville lembraria que em uma noite, enquanto passeavam por Whitehall, duas bombas passaram assobiando pelas proximidades. Colville se jogou no chão para se proteger e Churchill continuou, "caminhando pelo meio da King Charles Street, com a cabeça erguida e usando sua bengala com cabeça de ouro para impulsionar seu corpo rapidamente para a frente".[1]

A falta de preocupação de Churchill com a própria segurança provocou um pedido exasperado do ministro do Ar, Sinclair.

"Uma coisa que me preocupa é o fato de você permanecer em Downing Street sem um abrigo apropriado."

Ele incitou Churchill a se mudar para as Salas do Gabinete de Guerra, ou algum outro lugar bem protegido.

"Você estará nos ridicularizando se insistir em nos ver vivendo em porões e se recusar a fazer o mesmo!", continuou Sinclair.[2]

A grande amiga de Churchill, Violet Bonham Carter, lhe disse que incentivara Clementine a impedi-lo de se aventurar em zonas perigosas.

"Pode ser divertido para você, mas é aterrorizante para nós. Por favor, perceba que para muitos de nós esta guerra é um show de um homem só (diferente da última). Cuide da sua vida como de uma chama frágil. Ela não pertence só a você, mas a todos nós."[3]

Outros tomaram a iniciativa de criar medidas para protegê-lo. Persianas de proteção foram instaladas nas janelas para bloquear estilhaços e evitar que os vidros se desintegrassem em fragmentos perigosos. O Ministério de Obras deu início à construção de um escudo de aço e concreto para reforçar o telhado das salas do Gabinete de Guerra. O aumento do perigo também levou o governo a começar a construção de um novo apartamento à prova de explosões acima das Salas do Gabinete de Guerra. Destinado aos Churchill, o apartamento se tornou conhecido como "Anexo do nº 10", ou apenas "Anexo". Como sempre, o barulho de construção enlouquecia o primeiro-ministro. Ele rotineiramente mandava seus secretários particulares procurar a origem do barulho e fazê-lo parar, causando, dessa forma, o que Colville acreditava ser um atraso significativo na conclusão do projeto.

O nº 10 da Downing Street, que Churchill certa vez descreveu como "raquítico", pelo menos tinha a vantagem de estar entre prédios maiores e em uma zona protegida pela concentração de baterias antiaéreas e balões de barragem. Sua casa de campo governamental, Chequers, era outra história. A única coisa que havia sido feita até o momento para protegê-la contra ataques aéreos foi a instalação de uma estrutura de madeiras na Sala Hawtrey. Quando o dono anterior de Chequers, Arthur Lee, viu pela primeira vez esse arranjo, ficou chocado. "Quando fui a Chequers", escreveu, "devo confessar que fiquei um pouco perplexo com a concepção que o Ministério de Obras teve de câmaras a prova de bombas dentro da casa, fortificadas por pilhas de sacos de areia em decomposição encostadas na alvenaria do lado de fora". Os sacos de areia depois foram removidos, mas as madeiras permaneceram.[4]

O próprio Churchill estava preparado para combater em meio aos artefatos cromwellianos, caso os invasores alemães entrassem na casa, e esperava que sua família fizesse o mesmo.

"Se os alemães vierem, cada um de vocês pode levar um alemão morto junto", argumentou ele, durante uma reunião familiar.

"Eu não sei atirar" protestou a nora, Pamela.

"Você pode ir até a cozinha e pegar uma faca de trinchar."[5]

Ela não tinha dúvida de que ele estava falando sério. "Ele estava muito sério", lembraria-se ela depois, "e eu estava apavorada". Quatro capacetes, conhecidos universalmente como "chapéus de lata", foram designados para Chequers, a fim de serem usados pela governanta Grace Lamont, o motorista de Churchill, Clementine e Pamela. Mary tinha o próprio capacete, e um uniforme completo, do Serviço Voluntário de Mulheres.

Foi o secretário particular Eric Seal quem primeiro reconheceu a vulnerabilidade de Chequers. Em um bilhete discreto a Pug Ismay, ele expôs seus temores, e Ismay, por sua vez, ficou preocupado. Não havia dúvida de que os alemães sabiam da localização da casa. Três anos antes, o ministro das Relações Exteriores de Hitler, Joachim von Ribbentrop, então embaixador no Reino Unido, visitou a propriedade quando Stanley Baldwin era primeiro-ministro. Com os ataques em território britânico, Ismay percebeu que Chequers seria um alvo, tanto para a Luftwaffe quanto para as tropas de paraquedistas a serem deixadas nos campos adjacentes, embora ele só viesse a perceber quão vulnerável a casa era quando a RAF fez uma série de fotos de reconhecimento da propriedade para ver o que os pilotos alemães veriam.[6]

Tiradas de uma altitude de três mil metros, essas fotos (e outras feitas depois a 1.500 metros e a cinco mil metros) revelavam um aspecto da casa surpreendente. A grande estrada de acesso, Victory Way, encontrava uma rua de acesso em formato de U que levava às entradas da frente e de trás da casa. As pistas eram cobertas por um cascalho claro que contrastava fortemente com a vegetação adjacente. Do ar, o efeito foi estranho: a longa e branca Victory Way parecia uma flecha apontando para a casa. À noite, quando a lua fazia o cascalho pálido brilhar, o efeito era ainda mais pronunciado, a ponto de parecer incrível que a Luftwaffe ainda não tivesse atacado a casa.

Ismay ficava ainda mais preocupado porque uma foto aérea de Chequers de uma fonte particular já fora publicada na imprensa, e, portanto, como o próprio Ismay contou ao Ministério de Segurança Interna em uma carta datada de 29 de agosto, "provavelmente está de posse dos alemães". Ele anexou uma cópia da foto, na qual a casa, de fato, parecia ser um alvo destacado, e escreveu: "Tendo em vista que o primeiro-ministro vai para lá na maioria dos fins de semana, é muito importante que sejam tomadas ações antecipadas para tornar a casa menos identificável."

A divisão de camuflagem do ministério propôs várias soluções, incluindo a pavimentação das pistas com o mesmo material usado nas quadras de tênis e o erguimento de redes cobertas por lã de aço, mas decidiram que a melhor maneira, e menos cara, de esconder a rua era cobri-la com grama. Clementine queria isso feito rapidamente. Sua filha mais nova e sua nora grávida estavam na casa, e cada vez mais o próprio Churchill parecia um alvo da Luftwaffe, conforme sugeria o aparente crescimento de ataques aéreos a Whitehall.

Ismay também estava preocupado com outros riscos. Uma avaliação de segurança alertou que Chequers precisava de proteção contra todo tipo de ameaça, de assassinos solitários disfarçados a esquadrões de paraquedistas. A casa e o terreno eram, no momento, vigiados por um pelotão da Coldstream Guards composto por quatro sargentos e trinta soldados, mas Ismay queria que fosse uma companhia de 150 homens. Os guardas estavam alojados em tendas na propriedade; Ismay recomendava uma solução mais permanente, com cabanas e um refeitório escondido nas árvores nos fundos do terreno. O esgoto podia ser um problema, admitiu ele. "Seria preciso usar o encanamento de Chequers, que pode chegar ao limite."[7]

Em meados de setembro, com o medo de uma invasão cada vez maior, as Forças Armadas colocaram um carro blindado Lanchester em Chequers, para uso de Churchill, além de dois oficiais para operá-lo. O Estado-Maior das Forças Armadas recomendou que os policiais recebessem submetralhadoras Thompson. "Isso daria maior poder de ataque do que as pistolas, no caso de oposição por agentes inimigos ou tropas de paraquedistas." Nos dias de semana, o carro ficaria em Londres — o motorista pessoal de Churchill deveria receber instruções sobre como conduzi-lo.[8]

O Professor, por sua vez, estava preocupado com o perigo que representavam os muitos charutos que Churchill recebia de presente de cidadãos e emissários estrangeiros, não porque fumar já fosse visto como algo prejudicial, mas por medo de que o remetente ou um infiltrado contaminassem o charuto com veneno. Bastaria colocar uma pequena quantidade em apenas um dos cinquenta charutos. Só seria possível dizer que um charuto era seguro depois de testado, mas o processo de testagem inevitavelmente destruía a amostra. Uma avaliação detalhada descobriu um charuto cubano que continha "uma pequena massa preta e achatada de detritos vegetais que continha muito amido e dois pelos", que vieram das fezes de um rato.[9] A própria nicotina, salientou lorde Rothschild, testador-chefe do MI5, era um veneno perigoso, embora ele tenha observado que, depois de testar um grupo de charutos dados como presente, "diria ser mais seguro fumar o resto do que atravessar uma rua de Londres".

A certa altura, Churchill desistiu de ser cauteloso. Ele recebeu um baú inteiro cheio de charutos de Havana como presente do presidente de Cuba. Churchill mostrou o presente aos ministros uma noite após o jantar, antes de retomar uma reunião de gabinete particularmente difícil.

"Senhores, agora vou tentar um experimento. Talvez resulte em alegria. Talvez acabe em sofrimento. Estou prestes a dar a cada um de vocês um desses charutos magníficos." Ele pausou. "Pode ser que cada um contenha algum tipo de veneno fatal."

Outra pausa dramática.

"Pode muito bem ser que, dentro de alguns dias, eu tenha que seguir, triste, uma longa fila de caixões pelo corredor da abadia de Westminster."

Pausou novamente.

"Insultado pela população como o homem que foi mais Bórgia do que os Bórgia."

Ele entregou os charutos. Os homens os acenderam, e todos sobreviveram.[10]

Uma semana depois, John Colville informou Churchill de que estava enviando um charuto de cada caixa doada para ser testado pelo MI5. O Professor, explicou ele a Churchill, "espera que você não fume mais nenhum charuto até que o resultado da análise seja conhecido. Ele diz que acabou de acontecer uma reunião de elementos indesejáveis em Cuba, que mostrou haver um número surpreendentemente alto de agentes nazistas e simpatizantes naquele país".[11]

Lindemann teria preferido que Churchill não fumasse charuto nenhum doado do exterior, conforme Colville relatou em um bilhete: "O Professor, no entanto, acha que o senhor pode querer estocá-los em local seguro e seco até depois do fim da guerra, quando poderá ter razão caso deseje correr o risco de fumá-los se vier a insistir nisso."[12]

Essa era a maneira fria e científica do Professor de dizer que àquela altura, se um charuto o matasse, já não importaria.

Beaverbrook estava cada vez mais frustrado com a quantidade de trabalho perdido para ataques aéreos, alarmes falsos e visitas de bombardeiros solitários cuja única missão era claramente disparar sirenes e levar os trabalhadores para os abrigos. Em um único dia, alertas foram disparados por causa de voos separados de duas aeronaves solo sobre Londres, causando um atraso de seis horas na produção das fábricas da cidade. Na semana que terminou no sábado, 28 de setembro, ataques e alertas reduziram pela metade as horas de trabalho em sete das maiores fábricas de aeronaves. O custo dessas horas perdidas se somava ao fato de que trabalhadores que passavam a noite em abrigos eram menos eficientes no dia seguinte. Quando as bombas acertavam os alvos, os efeitos secundários eram ainda mais profundos. Trabalhadores ficavam em casa. Ficava difícil arranjar quem trabalhasse no turno da noite. Os riscos eram reais. Em julho, uma empresa, a Parnall Aircraft Ltd., fabricante de torres de artilharia, perdeu 73 mil horas de trabalho por causa de alarmes falsos. Sete meses depois, mais de cinquenta trabalhadores da fábrica foram mortos em um único ataque diurno.

Beaverbrook começou a odiar o som das sirenes de alerta. "As sirenes, é preciso admitir, se tornaram quase uma obsessão para ele", escreveu David Farrer, seu secretário particular.[13] Beaverbrook inundou Churchill com reclamações e o exortou a banir aquele sistema de uma vez por todas. "A decisão poderá custar ao país algumas vidas", escreveu, "porém, se persistirmos com os alarmes, podemos provavelmente pagar um preço maior em vidas com o prejuízo que gera para nossa produção de aeronaves".[14]

Beaverbrook jogou parte da culpa pela reduzida produção em seu antagonista preferido, o ministro do Ar, Archie Sinclair, acusando-o de não fornecer proteção adequada para as fábricas e de não defendê-las mesmo depois de receber alerta antecipado de que um ataque poderia ocorrer. Ele queria mais balões de barragem sobre as fábricas e mais armamento antiaéreo, e chegou a ponto de exigir que o Ministério do Ar designasse um Spitfire para proteger cada complexo.

Ele não acreditava, na verdade, que essas medidas fossem de fato proteger as fábricas. "Era a aparência, não a realidade da segurança que ele procurava", reconheceu o secretário Farrer. Seu interesse não era salvar os trabalhadores, mas, sim, mantê-los em seus postos, escreveu Farrer, acrescentando: "Ele estava disposto a arriscar vidas para produzir mais aeronaves."[15]

Beaverbrook também reclamava de outras ameaças à produção e as enxergava em todo lugar. Quando Herbert Morrison, ministro da Segurança Interna e secretário do Interior, propôs permitir que lojistas trabalhassem apenas cinco dias por semana e fechassem suas lojas às três da tarde, para lhes dar tempo de chegar em casa ou a um abrigo antes que os ataques noturnos começassem, Beaverbrook se opôs com a desculpa de que os trabalhadores das fábricas iriam exigir tratamento semelhante. "E isso seria desastroso", escreveu ele.

Beaverbrook alertou também que, caso os trabalhadores de fábricas não usassem seu maquinário 24 horas por dia, os Estados Unidos iriam perceber, e não teriam interesse em enviar novas máquinas. É difícil saber se Beaverbrook realmente se importava com a percepção dos norte-americanos. Ele queria produção, a qualquer custo. Para isso precisava da atenção de Churchill, e levantar a possibilidade de desiludir Roosevelt era uma maneira de consegui-la. "A alegação norte-americana de que temos mais máquinas do que precisamos será justificada", escreveu.

Como maneira de incentivar os outros a ignorar os alertas de ataque, Beaverbrook resolvera permanecer à mesa quando as sirenes tocavam. No entanto, ele estava apavorado. "Beaverbrook é um homem nervoso por temperamento", escreveu o secretário Farrer. "Ele ficava apavorado com o barulho de uma bomba caindo. Mas seu senso de urgência prevalecia sobre seus medos."[16]

ENQUANTO ISSO, O PROFESSOR ENCHIA CHURCHILL de bilhetes e minutas sobre os mais variados tópicos e novas armas. A tendência dele de ver tudo pelas lentes frias da ciência levava algumas de suas propostas à beira da crueldade. Em um memorando, recomendava envenenar os poços de água usados pelas tropas italianas no Oriente Médio. Ele sugeriu usar cloreto de cálcio, "extremamente conveniente, uma vez que apenas meio quilo de material é necessário para cada vinte mil litros". Mas ele não era indiferente à importância da percepção pública e, portanto, evitou recomendar venenos de natureza mais letal, como arsênico, uma vez que eles causavam "associações indesejáveis na mente do público".[17]

Ele não expressou a mesma contenção com relação a incinerar colunas de soldados inimigos. "Do meu ponto de vista, incendiar petróleo é algo com grande potencial na guerra, desde que seja usado em larga escala", disse a Churchill uma semana depois. O combustível em chamas poderia ser usado para impedir o avanço de uma força ou "melhor ainda, queimar uma coluna inteira de tropas ou veículos", escreveu. "Basta colocar alguns canos ao lado da estrada, escondidos pela vegetação, com buracos apontados para a estrada. O cano é ligado a uma fonte de combustível a algumas centenas de metros. No momento crucial, quando uma coluna de veículos blindados estiver na estrada, o combustível é ligado e incendiado, produzindo uma queimada sobre todo o trecho preparado da estrada."[18]

MARY CHURCHILL AINDA SE RESSENTIA por estar escondida em segurança no campo por pais "excessivamente protetores" e por não ser capaz de compartilhar a experiência de guerra. Na noite de quarta-feira, 25 de setembro, ela teve uma oportunidade. Uma das minas de paraquedas gigantes da Luftwaffe flutuou até Aylesbury e explodiu tão perto do escritório do Serviço de Mulheres Voluntárias que o deixou inutilizado. Dezenove pessoas da equipe ficaram feridas.

A agitação foi ofuscada pela tristeza quando uma onda de críticas atingiu o pai dela e seu governo. Cedendo a garantias dadas por seus principais conselheiros militares, Churchill retomou a Operação Ameaça, a captura de Dacar, na África Ocidental, por uma força mista de britânicos e soldados da França Livre liderados pelo general De Gaulle. O ataque, que começou no início da semana, parecia uma vitória certa, mas uma combinação de fatores, incluindo uma forte e inesperada defesa das forças de Vichy que controlavam o porto, levou a um fracasso espetacular — uma operação tão confusa e inepta que se tornou uma paródia da ofensiva esperada por Churchill. Mais uma vez, as forças britânicas eram forçadas a recuar, levando os críticos a retratar o incidente como o mais recente em uma sequência de fracassos que incluíam a Noruega, Dunquerque e — para os que queriam voltar mais no tempo — Galípoli, durante a primeira passagem de Churchill como primeiro lorde do Almirantado, quando sua tentativa de desembarcar um exército na península turca também acabou em retirada. Aquele fiasco, muito mais sangrento que Dacar, custou a ele o posto. Um relatório da Inteligência Interna resumia a reação popular ao fracasso em Dacar: "Outra vitória para a retirada."[19]

Mary sabia quanto seu pai estava desesperado para lançar uma operação ofensiva contra a Alemanha que não se resumisse a bombardear o país. O instinto inicial de Churchill de cancelar a operação, depois de sua visita ao Centro de Operações da RAF em Uxbridge uma semana antes, estava certo, mas ele se deixou convencer pela confiança de seus comandantes. Em seu diário, Mary defendeu o pai: "Não vejo como alguém pode evitar erros tomando tantas decisões."[20]

Na família, o fracasso da Operação Ameaça foi visto como grave a ponto de colocar em risco o governo de Churchill.

"Oh, Deus — de alguma forma esse pequeno revés estragou tudo", escreveu Mary. "Espero que o governo consiga sair dessa — meus sentimentos são confusos. Claro que quero que papai seja vitorioso, mas não só por razões pessoais — mas também porque se ele sair QUEM ASSUMIRÁ?"

O dia seguinte, sexta-feira, 27 de setembro, não foi melhor. "O dia todo pareceu encoberto pela sombra de Dacar", observou Mary. "Sem dúvida, parece que houve falha de julgamento em algum lugar. Ah, estou tão ansiosa por papai. Ele ama tanto os franceses, e sei que deseja que eles façam algo grandioso e espetacular — mas temo que ele acabe prejudicado por isso." Ela estava chocada com as críticas da imprensa. O *Daily Mirror*, em particular, parecia enlouquecido a respeito do episódio. "O método Galípoli?", escreveu Mary, citando o jornal. "Oh — tão cruel."

Além disso tudo, aumentando o suspense que já invadia a casa, sua cunhada grávida, Pamela, se sentia doente — mal na quinta-feira, pior na sexta-feira. E as recomendações do médico, Carnac Rivett, incluindo sua aparente obsessão por mantê-la em pé e andando, se tornavam sufocantes, levando Mary a exclamar em seu diário: "Por que o sr. Rivett não pode deixar a pobre em paz?!"

Apesar de o bebê poder nascer a qualquer momento, na quinta-feira, 8 de outubro, Pamela e Clementine partiram de Chequers para Londres a fim de participar da posse do marido de Pamela, Randolph, que seria o novo membro da Câmara dos Comuns — um posto que ele ocuparia ao mesmo tempo que mantinha o cargo no 4º Regimento de Hussardos e continuava como correspondente para o *Evening Standard*, de Beaverbrook.

Elas foram para Londres sabendo que a Luftwaffe atacaria a cidade novamente naquela noite, como vinha fazendo toda noite desde 7 de setembro, e apesar de os temores de invasão continuarem grandes. Como Churchill disse a Roosevelt na sexta-feira, 4 de outubro: "Não sinto que o risco de invasão passou." Referindo-se a Hitler, escreveu ele: "O homem tirou a roupa e pôs o traje de banho, mas a água está ficando fria e há um quê de outono no ar." Se Hitler planejava agir, Churchill sabia, teria de ser logo, antes que o clima piorasse. "Estamos mantendo vigilância máxima."[21]

Pamela e Clementine levavam um tanque de gás hilariante no carro, para Pamela usar caso entrasse em trabalho de parto. Mas o maior drama do dia caberia a Mary, que permaneceu em Chequers.

NAQUELA NOITE, MARY SE VIU como convidada dos oficiais da unidade da Coldstream Guard, designada para defender Chequers. Ela adorou a festa e a atenção — até que a Luftwaffe interveio.

O jantar estava a todo o vapor quando ela e os outros ouviram o barulho inconfundível de uma bomba caindo. Todos se esconderam, por instinto, e esperaram a detonação por um tempo que pareceu muito longo. Quando a explosão veio, foi estranhamente silenciosa, deixando os convidados "sem fôlego, mas intactos e com o moral alto por todos os lados", escreveu Mary.[22]

Os anfitriões correram para levá-la até uma profunda trincheira de proteção contra ataque aéreo, cujo fundo estava todo enlameado, destruindo seus amados sapatos de camurça. Quando o ataque foi considerado encerrado, os homens a escoltaram até a casa. "Foram todos muito gentis comigo", relatou ela em seu diário, "e eu estava me sentindo <u>terrivelmente</u> agitada e bastante sem ar — mas, graças a Deus, não tão branca e mole como sempre temi e imaginei que ficaria".

E acrescentou: "Malditos sejam esses hunos por acabar com uma festa agradável."

No dia seguinte, quarta-feira, 9 de outubro, ela descobriu que a bomba abrira uma grande cratera a apenas noventa metros do refeitório dos guardas, em um campo de terra. A lama, ela imaginou, provavelmente explicava a explosão abafada.

Ela escreveu em seu diário: "Não estou me sentindo ignorada pela guerra."

NO INÍCIO DA MANHÃ DE QUINTA-FEIRA, em Chequers, Pamela, acompanhada pelo medroso e sempre presente dr. Rivett, deu à luz um menino. Uma jovem enfermeira também estava presente. Pamela estava saindo da anestesia quando ouviu a enfermeira dizer:

"Eu já disse cinco vezes que é um menino. Você não acredita em mim?"

Pamela, atordoada, precisava de confirmação.

"Não dá para mudar agora. Não. Não dá para mudar agora."

Garantiram a ela que o sexo do bebê não mudaria.[23]

Clementine registrou a notícia no livro de visitantes de Chequers. "10 de outubro, 4h40 da manhã — Winston." Foi o primeiro nascimento na casa em mais de um século.

"Winston Churchill Junior chegou", escreveu Mary em seu diário. "<u>Viva</u>."

Ela acrescentou:

"Pam fraca, mas feliz."

"Bebê nem um pouco fraco e só parcialmente feliz!"[24]

O marido de Pamela, Randolph, recém-admitido como membro do Parlamento, não estava presente no parto. Ele estava em Londres, na cama com a esposa de um tenor austríaco cuja imagem monocular aparecia em cromos de cigarro.[25]

NA MANHÃ SEGUINTE, EM LONDRES, Churchill, trabalhando de sua cama no nº 10 da Downing Street, soube que duas bombas haviam caído na Horse Guard Parade adjacente à casa, mas não explodiram.

"Elas vão causar danos quando explodirem?", perguntou ele a Colville.

"Acho que não, senhor", respondeu Colville.

"Isso é só sua opinião? Porque, se for, não vale nada. Você nunca viu uma bomba explodir. Vá e peça um relatório oficial."[26]

Isso reforçou para Colville a tolice que era dar opiniões na presença do primeiro-ministro, "se você não tem com que embasá-las".

CHURCHILL CONHECEU O NOVO NETO naquele fim de semana quando voltou para Chequers, levando junto, como sempre, vários convidados, incluindo Pug Ismay e o general Brooke. Churchill estava "encantado, e ia ver o bebê, dava comida, e estava vibrando com ele", disse Pamela.

Embora o bebê Winston fosse a principal atração, a cratera deixada pela bomba que interrompeu o jantar de Mary também chamou a atenção de Churchill. Depois do almoço, ele e Ismay, junto com Colville e outros convidados, foram inspecioná-la de perto e discutiram se a proximidade da bomba com a casa foi mero acidente. Colville julgava ser uma casualidade. Churchill e Pug discordavam e acreditavam que podia ser uma tentativa deliberada de acertar a casa.

"Certamente há um risco", ponderou Colville em seu diário naquela noite. "Na Noruega, na Polônia e na Holanda, os alemães mostraram que era sua política ir atrás do governo, e Winston vale mais para eles do que o governo desses três países juntos."[27] Seu colega Eric Seal, secretário-chefe, reiterou as próprias preocupações em uma carta particular ao novo chefe da Aeronáutica, Charles Portal, que substituiu Cyril Newall. "Estabelecemos uma guarda militar que deve ser adequada para todo tipo de emergência, como uma invasão por terra. Mas não tenho certeza se ele realmente estará em segurança no caso de um bombardeio." Enfatizando que ainda não tinha conversado sobre aquilo com Churchill, Seal acrescentou: "Eu ficaria muito mais feliz se ele tivesse outros retiros para usar de forma irregular, para o inimigo jamais saber onde ele está."

Chequers era um recurso valioso demais para que Churchill o abandonasse, mas ele concordava que passar todos os fins de semana na casa podia ser um risco de segurança muito grande, pelo menos quando o céu estivesse limpo e houvesse lua cheia. Ele mesmo expressou preocupação com a segurança de Chequers. "Provavelmente acham que não sou tolo a ponto de vir aqui. Mas tenho muito a perder, três gerações em um único golpe."[28]

Ficar na cidade, porém, não era uma opção. Churchill precisava dos fins de semana no campo e achava que conhecia uma casa adequada para substituir Chequers durante as luas cheias.

Ele convidou o proprietário da casa, Ronald Tree, a seu gabinete. Tree era um amigo de longa data que antes da guerra compartilhara as preocupações de Churchill com a ascensão de Hitler. No momento, ele era um membro conservador do Parlamento e secretário parlamentar do ministro da Informação, Duff Cooper. Do ponto de vista financeiro, Tree não precisava de nenhum dos cargos: ele herdara uma fortuna como descendente do império Marshall Field em Chicago. Sua esposa, Nancy, era norte-americana, sobrinha de lady Astor. Eles eram donos de Ditchley, uma casa do século XVIII em Oxfordshire, cerca de 95 quilômetros do nº 10 da Downing Street.

Churchill foi direto. Disse a Tree que queria passar o fim de semana seguinte em Ditchley, e que iria com vários convidados e uma equipe completa de funcionários e guarda de proteção.

Tree ficou encantado e sua esposa, entusiasmada. É difícil saber se eles tinham noção do que estavam aceitando. O desembarque de Churchill na casa lembrava mais uma *Blitzkrieg* de Hitler do que uma chegada tranquila para um fim de semana no campo.

"É uma coisa impressionante", escreveu Harold Nicolson em seu diário, depois de participar de uma das invasões de Ditchley. "Primeiro, chegam dois detetives que vasculham a casa do sótão ao porão. Depois, chegam o criado e a empregada com muita bagagem; 35 soldados e as autoridades aparecem para proteger o grande homem durante a noite; e mais dois estenógrafos com resmas de papel." Então, os convidados chegam: "A grande casa está escura e não tem janelas, e então uma fenda na porta se abre e entramos repentinamente no calor do aquecimento central, no brilho das luzes e na incrível beleza do salão."[29]

A decoração da casa já era lendária, e estava se tornando um modelo de estilo para decoração de casas de campo que enfatizava cor, conforto e ausência de formalidade. Sua popularidade levou a sra. Tree a criar uma empresa de design de casas em torno do conceito. Seu futuro sócio no negócio descreveria mais tarde sua estética como "decadente agradável".

Os Tree não se importavam com a tomada repentina da casa. Longe disso. "Sempre fui um dos seus maiores e mais humildes admiradores", escreveu o sr. Tree a Churchill depois da visita inicial, "e queria lhe dizer como todos ficamos encantados e honrados por você ter vindo a Ditchley. Se for conveniente para você usá-la a qualquer momento, mesmo que o aviso não seja feito com grande antecedência, a casa está à sua disposição".[30]

Era, de fato, conveniente. Churchill voltou no outro fim de semana, e no ano que se seguiu ocupou a casa por pelo menos mais uns dez fins de semana — incluindo um dos mais importantes da guerra.

Uma vantagem se tornou aparente para Churchill: Ditchley tinha um cinema privado, algo de que o primeiro-ministro gostou tanto que mais adiante, para consternação dos bombeiros, que o considerariam "um grande risco de incêndio", ordenou que fosse instalado um em Chequers. Beaverbrook providenciou tudo, e garantiu para que o primeiro-ministro recebesse os últimos filmes e noticiários. "Max sabe fazer essas coisas", comentou Churchill. "Eu não."[31]

Dois projecionistas se juntaram à comitiva semanal de Chequers.

Capítulo 54
Pródigo

Como se a guerra não fosse desafiadora o suficiente, o casamento de Pamela com Randolph ficava cada vez mais tenso: as contas atrasadas se acumulavam e os hábitos dele de apostar e beber continuaram inabaláveis. Ele jantava em seu clube, o White's, e em vários restaurantes frequentados pelos jovens ricos de Londres, e era sempre rápido em pagar a conta da mesa, mesmo quando suas companhias eram muito mais ricas. Comprava camisas e ternos sob medida. Pamela implorou a Churchill por ajuda. Ele concordou em quitar as dívidas do casal, mas sob a condição de que as contas não voltassem a se acumular.

"Sim, isso acabou", garantiu-lhe Pamela.[1]

No entanto, muitos comércios e lojas de departamentos permitiam que os clientes comprassem a crédito e cobravam a cada três meses ou mais, causando um intervalo entre o momento da compra e a chegada da conta. "Então, meu Deus!", contou Pamela. "Chegavam cada vez mais contas."

As despesas do casal ultrapassavam a receita de Randolph, mesmo ele ganhando bem para o padrão da época. Somando o salário no Exército, os pagamentos por palestras, o salário do Parlamento e do *Evening Standard*, de Beaverbrook, entre outras fontes de receita, ele recebia robustas 30 mil libras esterlinas por ano, ou 120 mil dólares (em valores de hoje, considerando a inflação, seriam inacreditáveis 1,92 milhão de dólares). Só Beaverbrook pagava a ele 1.560 libras por ano, ou 6.240 dólares (quase 99.840 dólares). Não era o suficiente, e seus credores estavam perdendo a paciência. Um dia depois de fazer compras na Harrods, a luxuosa loja de departamentos no distrito de Knightsbridge, em Londres, Pamela foi informada, de maneira humilhante, que seu crédito havia sido cancelado. Isso, ela disse, "foi horrível para mim".[2]

Ela saiu da loja chorando. De volta ao nº 10 da Downing Street, ela contou a história a Clementine, que não tinha ilusões a respeito do próprio filho. Os gastos dele eram um problema havia muito tempo. Quando Randolph tinha vinte anos, Churchill lhe escreveu para fazê-lo pagar suas dívidas e resolver seus problemas com o banco. "Em vez disso", disse Churchill para o filho, "você parece estar gastando cada centavo da maneira mais imprudente, recaindo em uma preocupação sem fim e possivelmente em algum incidente e humilhação lamentável".[3]

A tendência de Randolph de insultar os outros e de provocar brigas também era uma fonte persistente de conflito. Depois de ser alvo de um comentário incisivo, Churchill escreveu ao filho para cancelar um almoço que tinham marcado, "porque não posso me arriscar a ouvir tais insultos e não me sinto disposto a vê-lo no momento". Churchill tendia a perdoar o filho, sempre encerrando suas cartas — mesmo esta — com "Seu pai amoroso".[4]

Clementine não era tão caridosa. Sua relação com Randolph foi marcada por uma hostilidade declarada desde a infância dele, uma distância que só aumentou com o tempo. No início do casamento com Pamela, durante um período difícil, Clementine deu a ela um conselho estratégico: "Vá embora e desapareça por três ou quatro dias, não diga para onde está indo. Simplesmente vá. Deixe um bilhete avisando que você foi embora." Clementine disse que fez o mesmo com Churchill e acrescentou: "Foi muito eficiente." Ao ouvir sobre a humilhação de Pamela na Harrods, Clementine foi compreensiva. "Ela foi maravilhosamente reconfortante e incrivelmente gentil e atenciosa, mas também ficou muito nervosa", relembrou Pamela.[5]

Clementine alimentava uma ansiedade persistente de que um dia Randolph faria algo que causaria grave constrangimento ao pai, e esse temor, Pamela sabia, era mais do que justificado. Especialmente quando Randolph bebia. "Eu vim de uma família abstêmia", começou a explicar Pamela. "Meu pai era abstêmio. Minha mãe talvez bebesse uma dose de xerez e só." A vida com alguém que bebia se mostrou assustadora. Com o álcool, os aspectos já desagradáveis da personalidade de Randolph eram amplificados. Ele provocava discussões com qualquer um que estivesse por perto, fosse Pamela, fossem amigos, fossem anfitriões. Em algumas noites, deixava a mesa furioso e ia embora. "Eu ficava sem saber se ficava ou se ia embora com ele e achava tudo isso perturbador e triste", concluiu Pamela.

Ela sabia que logo teria de enfrentar a enxurrada de contas sozinha. Em outubro, Randolph se transferiu do 4º Regimento de Hussardos para uma nova unidade de comando formada por um membro de seu clube. Ele esperava resistência dos hussardos, mas, para sua decepção, não houve nenhuma — seus colegas oficiais estavam felizes por vê-lo partir. Como um primo lembrou depois: "Foi um choque saber que os outros oficiais não gostavam dele, que estavam fartos de seus ataques e mal podiam esperar que ele conseguisse uma função em outro lugar."[6]

Randolph partiu para a Escócia em meados de outubro a fim de começar o treinamento de seu comando. Pamela não queria ficar em Chequers sozinha, dependendo da caridade dos Churchill, e esperava achar uma casa barata em algum lugar, onde ela, Randolph e Winston Junior pudessem ser uma família. Brendan Bracken, o faz-tudo de Churchill, encontrou para ela uma antiga casa paroquial em Hitchin, Hertfordshire, cerca de cinquenta quilômetros ao norte de Londres, que ela podia alugar por apenas 52 libras por ano. Para reduzir os custos ainda mais, ela convidou a irmã mais velha de Randolph, Diana, e os filhos dela para viver lá também, e recrutou sua governanta de infância, Nanny Hall, para ajudar com o bebê. Ela escreveu para o marido logo após sua partida: "Oh, Randy, tudo seria tão agradável se você pudesse estar conosco o tempo todo." Ela estava muito feliz por ter uma casa só dela, e mal podia esperar para se mudar. "Oh, meu querido, não é emocionante — nossa própria vida em família — sem viver na casa dos outros."[7]

A casa precisava de reformas, que a guerra frequentemente interrompia. O instalador de cortinas desapareceu antes de concluir o trabalho. O telefone dele estava mudo, e Pamela supunha que a casa dele em Londres tinha sido bombardeada. Um carpinteiro contratado para fazer armários foi chamado para fazer um trabalho para o governo. Ele prometeu encontrar outra pessoa para terminar o trabalho, mas duvidava que seu sucessor conseguisse a madeira necessária, um recurso que se tornou escasso por causa da guerra.

A casa tinha nove quartos, que logo ficaram cheios. Havia Nanny; Diana e sua família; uma empregada doméstica; vários outros empregados; e, claro, Pamela e o bebê, que ela apelidou de "Bebê Bolinho" e "Bebê Primeiro-Ministro". Além disso, a secretária de Randolph, srta. Buck, convidara os vizinhos para ficar lá depois que a casa deles foi bombardeada. A srta. Buck se desculpou, mas Pamela disse estar encantada. "É muito bom do nosso ponto de vista", escreveu ela para Randolph, "já que as autoridades locais tentaram ontem alojar vinte crianças conosco e a srta. Buck pôde dizer que estávamos lotados".[8]

Mesmo assim, estar longe da casa a deixava preocupada. "Queria poder ir até lá e ver o que está acontecendo", confidenciou ao marido. "Estou contente por ter recebido gente que precisou deixar suas casas, já que na minha situação atual posso fazer tão pouco para ajudar alguém, mas gostaria de cuidar eu mesma da casa, e secretamente espero que não a estejam sujando."

Por mais barato que fosse o aluguel, a manutenção da casa era cara. Só as cortinas deveriam custar 162 libras, ou quase 10 mil dólares nos dias de hoje. Felizmente, Clementine concordou em contribuir com o valor total. A pressão financeira aumentava. "Por favor, querido, pague a conta de telefone", escreveu Pamela para Randolph.[9]

Os gastos dele na Escócia também se tornaram uma preocupação. Ele vivia e treinava com os membros muito ricos de seu clube, o White's, que haviam formado a unidade de comando juntos, e aí morava o perigo. Pamela lhe escreveu: "Querido, sei que é difícil agora que você está vivendo com tantas pessoas ricas, mas tente economizar um pouco nos seus gastos de alimentação etc. Lembre que o bebê Winston e eu estamos dispostos a passar fome por você, mas preferimos não precisar."[10]

NA NOITE DA SEGUNDA-FEIRA, 14 de outubro de 1940, enquanto Churchill jantava com convidados no recém-fortificado Garden Rooms no nº 10 da Downing Street, uma bomba caiu tão perto do prédio que explodiu janelas e destruiu a cozinha e a sala de estar. Logo após o bombardeio, Clementine escreveu uma carta a Violet Bonham Carter, dizendo: "Não temos gás ou água quente e estamos cozinhando em um fogão a óleo. Mas como um homem gritou para Winston na escuridão uma noite dessas: 'É uma vida sublime se não fraquejarmos!'"[11]

Na mesma noite em que Downing foi atingida, bombas também causaram grandes danos ao prédio do Tesouro, ali perto, e uma atingiu em cheio e destruiu o Carlton Club, um lugar popular entre os membros mais graduados do governo de Churchill, alguns dos quais estavam presentes quando a explosão aconteceu. Harold Nicolson ouviu um relato completo de um dos convidados, o futuro primeiro-ministro Harold Macmillan. "Eles ouviram a bomba caindo e se protegeram por instinto", relembrou Nicolson em seu diário em 15 de outubro. "Houve um baque forte, as luzes principais se apagaram e todo o lugar se encheu de cheiro de pólvora e poeira de detritos. As luzes laterais das mesas ficaram acesas, brilhando de forma sombria na densa fumaça que assentava sobre tudo, cobrindo os cabelos e as sobrancelhas das pessoas com um pó grosso." Havia cerca de 120 pessoas no clube quando a bomba explodiu, mas nenhuma se feriu gravemente. "Escapamos de maneira espantosa", escreveu Nicolson.[12]

Com a sede do governo do Reino Unido sob ataque, a prudência recomendava uma retirada para Chequers. Carros e secretários foram convocados. A comitiva usual partiu, movendo-se lentamente pelas ruas cobertas de destroços. Cerca de quinze quilômetros à frente, Churchill perguntou abruptamente: "Cadê Nelson?" Ele estava falando do gato, é claro.[13]

Nelson não estava no carro nem em nenhum outro veículo.

Churchill mandou o motorista dar meia-volta e retornar a Downing Street. Lá, um secretário cercou o gato, que estava apavorado, e o prendeu embaixo de uma cesta.

Com Nelson em segurança dentro do carro, os veículos retomaram a viagem.

EM LONDRES NO SÁBADO SEGUINTE, 19 de outubro, John Colville experimentou em primeira mão o aparente novo alvo de bombardeio da Luftwaffe, o Whitehall.[14] Depois de jantar em casa, ele se pôs a caminho para voltar ao trabalho em um carro que o Exército deixara recentemente à disposição da equipe de Churchill. Logo à frente, o céu estava impregnado de um brilho laranja. Ele orientou o motorista a virar rumo ao Embankment, ao longo do Tâmisa, e viu que um galpão na margem oposta estava em chamas, logo depois de County Hall, a imensa construção eduardiana que abrigava o governo local de Londres.

Colville entendeu que o fogo serviria de guia para os bombardeiros acima. Seu motorista seguiu para Downing Street em alta velocidade. O carro entrou no Whitehall assim que uma bomba explodiu no prédio do Almirantado, que ficava em frente ao Horse Guards Parade.

O motorista estacionou perto de uma passagem que levava ao prédio do Tesouro. Colville saltou do carro e seguiu até o nº 10 a pé. Momentos depois, bombas incendiárias começaram a cair em volta dele. Ele se jogou no chão e ficou deitado.

O teto do prédio do Ministério das Relações Exteriores pegou fogo. Duas bombas incendiárias caíram no já bastante destruído prédio do Tesouro, e outras foram despejadas em áreas abertas.

Colville, com o coração batendo rápido, correu e entrou pela saída de emergência do nº 10. Ele passou a noite na sala de jantar reforçada de Churchill, no porão. O restante da noite foi pacífico, embora um ventilador elétrico soasse, para Colville, exatamente como um avião alemão.

Enquanto Colville fugia de bombas incendiárias em Whitehall, Churchill estava em Chequers, de mau humor. Ele e Pug Ismay se sentaram sozinhos e em silêncio na Sala Hawtrey. Volta e meia, Ismay se via nesse papel, servindo de presença silenciosa, pronto para dar conselhos e opiniões quando solicitado, ou para ouvir o primeiro-ministro testar ideias e frases para os próximos discursos, ou apenas para fazer uma silenciosa companhia.

Churchill parecia cansado e estava imerso em pensamentos. O episódio de Dacar o oprimia. Quando os franceses iriam se levantar e lutar? Em outros lugares, submarinos estavam causando enormes perdas de navios e vidas, com, só no dia anterior, oito embarcações afundadas e mais dez naquele dia. E o ciclo permanente de alarmes de ataques aéreos e bombas, bem como a perturbação que causavam, parecia finalmente estar derrubando seu ânimo.

Era difícil para Ismay ver Churchill tão cansado, mas, como ele se lembrou depois, um resultado positivo também lhe ocorreu: talvez, finalmente, pelo menos naquela noite, Churchill fosse dormir cedo, liberando-o para fazer o mesmo.

Em vez disso, Churchill de repente se levantou. "Acho que consigo!", disse. Em um instante, seu cansaço parecia ter desaparecido. As luzes se acenderam. Os sinos dobraram. Secretários foram chamados.[15]

Capítulo 55
Washington e Berlim

Nos Estados Unidos, a eleição presidencial ficou mais agressiva. Os estrategistas republicanos convenceram Willkie de que ele estava sendo cavalheiro demais, de que o único jeito de melhorar nas pesquisas era transformando a guerra no assunto central da campanha. Ele precisava mostrar que Roosevelt era o homem que conduzia o país à guerra e que era, ele próprio, um isolacionista. Willkie concordou e, embora relutante, mergulhou nesse papel com entusiasmo, promovendo uma campanha criada para aumentar o medo em todo o país. Se Roosevelt fosse eleito, jovens norte-americanos seriam enviados para a Europa em cinco meses. Seus resultados nas pesquisas melhoraram imediatamente.

Em meio a isso, em 29 de outubro, faltando apenas uma semana para o dia da eleição, Roosevelt presidiu uma cerimônia na qual o primeiro número da loteria do novo recrutamento foi selecionado. Dada a tendência norte-americana ao isolacionismo, essa era uma medida arriscada, ainda que Willkie tivesse apoiado a convocação seletiva como um importante passo para melhorar a capacidade de defesa do país. Em uma transmissão naquela noite, Roosevelt escolheu cuidadosamente suas palavras, evitando "recrutamento" e "alistamento", substituindo-as por um termo mais neutro, "convocação", que tinha conotações históricas.

Por outro lado, porém, Willkie abandonou todos os pudores. Uma transmissão republicana direcionada às mães norte-americanas dizia: "Quando seu menino estiver morrendo em algum campo de batalha na Europa — ou talvez na *Martinica* (um domínio da França de Vichy) — e gritando 'Mãe! Mãe!', não culpe Franklin D. Roosevelt por mandá-lo para a guerra. Culpe

VOCÊ MESMA, porque VOCÊ mandou Franklin D. Roosevelt de volta para a Casa Branca!"

O crescimento repentino de Willkie nas pesquisas levou Roosevelt a contra-atacar com declarações firmes sobre seu desejo de evitar a guerra. "Já disse isso antes", discursou para um público em Boston, "mas vou dizer novamente e quantas vezes for preciso: seus filhos não serão enviados a nenhuma guerra estrangeira". A plataforma oficial democrata acrescentou o trecho "exceto em caso de ataque", mas Roosevelt não o disse, uma omissão destinada a conquistar os eleitores isolacionistas. Desafiado por um dos redatores de seus discursos, o presidente respondeu irritado: "Claro que vamos lutar se formos atacados. Se alguém nos atacar, então não será mais uma guerra estrangeira, não é? Ou eles querem que eu garanta que nossas tropas só serão enviadas para uma batalha no caso de outra Guerra Civil?"[2]

Os resultados da última pesquisa de "intenção de voto presidencial" de 1940 realizada pelo Gallup entre 26 e 31 de outubro e publicada no dia anterior à eleição mostravam Roosevelt à frente de Willkie por apenas quatro pontos percentuais, contra doze pontos no início do mês.

EM BERLIM, A LUFTWAFFE se preparava para realizar uma nova mudança na estratégia determinada por seu mestre, Hermann Göring, que colocaria uma faixa ainda maior da população civil da Inglaterra como alvo dos bombardeiros.

Um mês antes, depois de ver que a Luftwaffe não havia conseguido fazer com que Churchill cedesse, Hitler adiou a Operação Leão-Marinho, sem definir uma nova data, embora cogitasse voltar à ideia na primavera. O ataque sempre deixara o *Führer* e seus comandantes apreensivos. Caso a amada Luftwaffe de Göring tivesse conquistado superioridade aérea sobre as lhas Britânicas, conforme havia prometido, a invasão talvez parecesse mais provável, mas, com a RAF ainda no controle do espaço aéreo, isso seria imprudente.

A resiliência britânica trazia uma perspectiva ameaçadora para Hitler. Com Churchill demonstrando firmeza, a intervenção dos Estados Unidos em favor da Inglaterra parecia cada vez mais provável. Hitler via o acordo dos contratorpedeiros de Churchill como prova concreta da crescente ligação entre os dois países. Mas seu maior medo era outro: ele temia que, caso os Estados Unidos entrassem na guerra, Roosevelt e Churchill tentassem uma aliança com Stalin, que havia demonstrado um óbvio desejo por expansão e amplia suas Forças Armadas. Apesar de a Alemanha e a Rússia terem assinado um pacto de não agressão em 1939, Hitler não cultivava ilusões de que Stalin fosse honrá-lo. Uma aliança entre a Inglaterra, os Estados Unidos e a Rússia criaria, segundo Hitler, "uma situação muito difícil para a Alemanha".[3]

Na opinião dele, a solução era eliminar a Rússia da equação, protegendo dessa forma seu flanco leste. Uma guerra também prometia cumprir seu imperativo de longa data, adotado desde a década de 1920, de acabar com o bolchevismo e adquirir "espaço vital" seu amado *Lebensraum*.

Seus generais continuavam preocupados com os perigos de uma guerra em duas frentes, a qual Hitler sempre considerou fundamental evitar. Mas agora ele parecia deixar de lado os próprios receios. Comparada com a invasão da Inglaterra cruzando o canal, a guerra contra a Rússia parecia fácil, o tipo de campanha em que suas forças até agora haviam demonstrado grande competência. Hitler previa que a pior fase da luta acabaria em seis semanas, mas ressaltou que o ataque à Rússia deveria começar logo. Quanto mais fosse adiado, mais tempo Stalin teria para se fortalecer.

No meio-tempo, para impedir a interferência de Churchill, ele ordenou que Göring intensificasse sua campanha aérea. Segundo ele, o "ponto decisivo é continuar de forma ininterrupta com os ataques aéreos". Ele ainda tinha esperança de que a Luftwaffe finalmente cumprisse sua promessa de, sozinha, fazer com que Churchill pedisse pela paz.[4]

Göring desenvolveu um novo plano. Ele continuaria a atacar Londres, mas também alvejaria outros centros urbanos com a intenção de destruí-los e, com isso, acabar com a resistência britânica. Ele mesmo selecionou os alvos e emitiu um codinome para o primeiro ataque, "Sonata ao Luar", reproduzindo o nome popular de uma pungente obra de Beethoven para o piano.

Ele se preparava para um ataque que a RAF, em um posterior relatório, descreveria como um marco na história da guerra aérea. Tal relatório dizia que "pela primeira vez, o poderio aéreo foi massivamente usado contra uma cidade [de proporção] pequena, para garantir sua aniquilação".[5]

Capítulo 56
O discurso do sapo

Em Chequers, embora tarde da noite, Churchill começou a ditar. Seu plano: falar diretamente ao público francês, tanto em inglês quanto em francês, por meio de uma transmissão feita a partir do novo estúdio de rádio da BBC nas Salas do Gabinete de Guerra em Londres. Apreensivo com a possibilidade de que o governo da parte não ocupada da França, em Vichy, pudesse aliar formalmente suas Forças Armadas às da Alemanha, Churchill esperava garantir ao povo francês de todas as regiões, incluindo as colônias francesas, que a Inglaterra estava completamente do lado dele, e assim incitá-lo a organizar atos de resistência. Por enquanto, para sua grande frustração, ele não tinha mais nada a oferecer. Propôs-se a escrever sozinho a versão francesa.

Ele ditava lentamente, sem comentários e notas. Pug Ismay ficou a seu lado, já sem esperança de ir dormir cedo. Churchill falou por duas horas, até a manhã de domingo. Ele notificou o Ministério da Informação que planejava fazer sua transmissão na noite seguinte, segunda-feira, 21 de outubro, e iria falar por vinte minutos — dez em francês, dez em inglês. "Faça os preparativos necessários", determinou ele.

Na segunda, antes de sair de Chequers, ele continuou trabalhando no discurso, ainda com a intenção de escrever sozinho a versão francesa, mas achando essa tarefa mais difícil do que seu ego o levara a imaginar. O Ministério da Informação despachou para Chequers um jovem membro da equipe com formação acadêmica em francês para traduzir o texto, mas o homem não fez progressos. Ele estava "apavorado", de acordo com John Peck, secretário particular de plantão em Chequers naquele dia. O pretenso tradutor se viu confrontando o primeiro-ministro, que mudara de ideia de novo e tentava, mais uma vez, trabalhar na sua versão em francês, e estava inflexível. O jovem foi enviado de volta a Londres.

O ministério enviou um novo tradutor, Michael Saint-Denis, "um tipo charmoso, avuncular, francês verdadeiramente bilíngue... desenterrado da BBC", de acordo com Peck. Churchill reconheceu a óbvia perícia do sujeito, e cedeu.[1]

A essa altura, Churchill passou a se referir ao texto como seu "discurso do sapo", sendo "sapo" um apelido infeliz para os franceses. O discurso era tão importante que Churchill realmente chegou a ensaiá-lo.[2] Normalmente isso inspiraria nele uma teimosia infantil, mas o tradutor Saint-Denis, para seu alívio, encontrou um primeiro-ministro tolerante, quase sempre obediente. Churchill tinha dificuldade com certas manobras linguísticas francesas, principalmente com o som dos erres, mas Saint-Denis o considerou um estudante disposto, lembrando mais tarde: "Ele apreciava o sabor de algumas palavras como se estivesse provando frutas."[3]

Churchill e Saint-Denis viajaram para Londres. O discurso estava programado para as nove horas daquela noite. Sendo essa a hora regular do noticiário da BBC, Churchill tinha garantida uma vasta audiência na Inglaterra e na França e, via rádios clandestinas, na Alemanha.

UM ATAQUE AÉREO ESTAVA EM ANDAMENTO quando Churchill, vestindo seu macacão azul-claro, deixou o nº 10 da Downing Street para ir às Salas do Gabinete de Guerra, seguido por vários membros da equipe e de Saint-Denis. Geralmente a caminhada era agradável, mas a Luftwaffe mais uma vez parecia ter como alvo os prédios do governo. Holofotes cruzavam os céus, iluminando os rastros de condensação dos bombardeiros acima. A artilharia antiaérea disparava sem freio, algumas vezes em rajadas únicas, outras em sequências rápidas, com dois disparos por segundo. Os projéteis explodiam alto no ar, cobrindo as ruas de farpas de aço que tilintavam ao cair. Churchill andava rápido; seu tradutor corria para acompanhá-lo.

Dentro da sala de transmissão da BBC, Churchill se acomodou para começar o discurso. A sala estava lotada, com apenas uma poltrona, uma mesa e um microfone. O tradutor, Saint-Denis, deveria apresentá-lo aos ouvintes, mas percebeu que não tinha onde se sentar.

"Sente-se nos meus joelhos", disse Churchill.[4]

Ele se afastou e deu um tapinha na coxa. Saint-Denis escreveu "Coloquei uma perna entre as dele e em seguida me sentei em parte no braço da poltrona e em parte no joelho dele."

"Povo francês!", começou Churchill. "Por mais de trinta anos, na paz e na guerra marchei com vocês, e ainda marcho pela mesma estrada." A Grã-Bretanha também estava sob ataque, disse ele, se referindo aos ataques noturnos. Garantiu à sua audiência que "nosso povo está agindo de maneira inabalável. Nossa Força Aérea aguentou firme. Estamos aguardando a invasão há muito prometida. Assim como os peixes".[5]

O que se seguiu foi um pedido para que os franceses tivessem coragem e não piorassem a situação impedindo a luta dos britânicos — uma clara referência a Dacar. Hitler era o verdadeiro inimigo, reafirmou Churchill: "Este homem vil, este monstruoso aborto de ódio e derrota, está decidido a realizar a completa destruição da nação francesa e a desintegração de toda sua vida e seu futuro."

Churchill incitou a resistência, incluindo "a chamada França não ocupada", outra referência ao território administrado por Vichy.

"Povo francês!", declamou ele. "Rearme seu espírito antes que seja tarde demais."

Churchill prometeu que ele e o Império Britânico jamais desistiriam até Hitler ser derrotado. "Boa noite, então", disse ele. "Durmam para ter forças pela manhã. Porque a manhã virá."

Em Chequers, Mary ouviu muito orgulhosa. "Esta noite papai falou com a França", escreveu ela em seu diário. "Tão francamente — tão encorajador —, tão nobre & terno.[6]

"Espero que sua voz alcance muitos deles, e que seu poder & força tenham levado a eles nova esperança & fé." Ela se sentiu inspirada a escrever em seu diário o refrão de "La Marseillaise", em francês, que começa com, "*Aux armes, citoyens* [...]". Às armas, cidadãos.

"Querida França", terminou, "— tão grande e gloriosa, seja digna de sua música mais nobre da justa causa pela qual duas vezes sangrou — a liberdade".

Nas Salas do Gabinete de Guerra, quando a transmissão terminou, houve silêncio. "Ninguém se mexeu", lembrou o tradutor Saint-Denis. "Estávamos profundamente emocionados. Então, Churchill se levantou, com os olhos cheios de lágrimas."

Churchill disse: "Fizemos história esta noite."

EM BERLIM, uma semana depois, Goebbels começou sua reunião matinal lamentando o fato de que o público alemão parecia estar ouvindo a BBC "em proporções cada vez maiores".

Ele ordenou "punições pesadas para infratores de rádio" e disse a seus auxiliares de propaganda que "todo alemão deve ter a consciência de que ouvir essas transmissões representa um ato grave de sabotagem".[7]

Na realidade, de acordo com um relatório da RAF que continha informações da Inteligência colhidas de aviadores da Luftwaffe capturados, essa ordem "no longo prazo causou o efeito contrário do esperado; gerou um desejo irresistível de ouvi-las".[8]

Capítulo 57
O ovipositor

A NOITE DAS ELEIÇÕES, 5 de novembro, foi tensa dos dois lados do Atlântico. Os primeiros resultados, entregues a Roosevelt em sua casa em Hyde Park, Nova York, mostravam Willkie se saindo melhor do que o esperado. Mas por volta das 23 horas ficou claro que Roosevelt ganharia. "Parece que está tranquilo", disse ele a uma multidão reunida em seu gramado.[1] A apuração final mostrou que ele venceu no voto popular por menos de dez pontos percentuais. No colégio eleitoral, porém, ganhou de lavada: 449 a 82.

A notícia causou alegria em Whitehall. "É a melhor coisa que nos aconteceu desde o começo da guerra", escreveu Harold Nicolson. "Agradeço a Deus." Ao ouvir os resultados, disse ele, "meu coração dá pulos como um jovem salmão".[2] O serviço de Inteligência Doméstica relatou que, em toda a Inglaterra e no País de Gales, o resultado "foi saudado com imensa satisfação".

Mary Churchill, em Chequers, escreveu: "Glória, aleluia!!"[3]

Com a reeleição de Roosevelt, a esperada recompensa — os Estados Unidos entrarem na guerra como aliado pleno — parecia menos distante.

Churchill precisava da ajuda mais do que nunca. O chanceler da Fazenda informava então que o Reino Unido em breve não teria mais dinheiro para comprar armas, comida e outros itens necessários para a sobrevivência.

CHURCHILL MANDOU SUAS CONGRATULAÇÕES para Roosevelt em um telegrama cheio de ornamentos e dissimulação, em que confessava ter rezado por sua vitória e se dizia grato pelo resultado. "Isso não quer dizer", escreveu ele, "que eu esteja pedindo ou deseje algo além de suas opiniões plenas, justas e livres sobre as questões mundiais que estão em jogo no momento e nas quais nossas duas nações precisam cumprir com os respectivos deveres". Ele dizia só estar interessado em poder trocar ideias sobre a guerra. "Há coisas em curso que serão lembradas enquanto a língua inglesa for falada em alguma parte do globo, e ao expressar o conforto que sinto por o povo americano ter depositado esse grande fardo sobre seus ombros mais uma vez, devo deixar clara minha certeza de que as luzes que nos guiam irão nos levar a um porto seguro."[4]

Roosevelt nem acusou o recebimento do telegrama nem respondeu.

Isso deixou Churchill irritado e preocupado, embora ele relutasse em fazer algo quanto a isso. Por fim, depois de quase três semanas, enviou um telegrama para seu embaixador em Washington, lorde Lothian, e, com a cautela de um namorado esnobado, tocou discretamente no assunto. "Será que você poderia, com toda a discrição, descobrir se o presidente recebeu meu telegrama pessoal parabenizando-o pela reeleição?", escreveu ele. "Pode ser que tenha se perdido no meio de todas as congratulações. Caso contrário, fico me perguntando se teria algo ali que possa tê-lo ofendido ou constrangido."[5]

E acrescentou: "Seus conselhos serão bem-vindos."

O PROFESSOR, PELO MENOS, deu alguma notícia boa. Em uma minuta de 1º de novembro de 1940, ele informou que suas minas aéreas tinham finalmente causado uma vítima, o que teria ocorrido no primeiro teste operacional das minas presas a paraquedas, despejadas de uma aeronave da RAF em frente a bombardeiros da Luftwaffe.

O radar rastreou o bombardeiro alemão até chegar à cortina de paraquedas à deriva, momento em que o eco do avião no radar sumiu "sem voltar a aparecer". Lindemann via nisso uma prova do sucesso.

Ele observou, porém, que havia ocorrido um defeito no aparato por meio do qual as minas eram expelidas, que Lindemann apelidou de "ovipositor", pegando emprestado um termo biológico que designa o órgão de insetos e peixes usado para depositar ovos. A falha levou uma das minas a explodir contra a fuselagem do avião da RAF que a lançou, um fato que certamente causou certa consternação entre os tripulantes, mas que "não causou problemas sérios".

Mesmo assim, o Professor estava preocupado que isso pudesse afetar a avaliação já ruim que o Ministério do Ar tinha da arma, e queria garantir o apoio contínuo de Churchill. Ele escreveu: "Confio que não deixaremos esse improvável acidente prejudicar a continuidade imediata desses testes, que parecem ter tido um início tão auspicioso depois de tantos anos."[6]

A confiança de Churchill na arma e no Professor não se abalou.

O Professor, enquanto isso, parecia propenso a continuar aborrecendo o ministro do Ar. No fim de outubro, ele tinha escrito para Churchill sobre outra de suas obsessões: os raios de navegação dos alemães. O Professor via o desenvolvimento de contramedidas eletrônicas para embaralhar e distorcer os raios como algo vital para a defesa da Inglaterra, e acreditava que o Ministério do Ar estava sendo lento em desenvolver e utilizar as tecnologias necessárias. E queixou-se a Churchill.

Invocando mais uma vez seu "interruptor de poder", Churchill cuidou disso imediatamente e enviou a minuta do Professor para Charles Portal, chefe da Força Aérea, que respondeu com um relatório de tudo que tinha sido feito, incluindo o desenvolvimento do mecanismo de embaralhamento de sinais e iscas de fogo para serem colocadas ao longo da trajetória dos raios, com o intuito de enganar os pilotos alemães quanto aos lugares em que deveriam jogar suas bombas. Essas iscas eram chamadas de "estrela-do-mar", em função de sua aparência no ar à noite, e estavam se mostrando eficazes, segundo indicavam os números de bombas que caíam em campos vazios adjacentes às iscas. Em um caso notável, uma isca perto de Portsmouth atraiu 170 bombas de alta carga explosiva e 32 minas jogadas de paraquedas.

Com evidente irritação, mas sempre tendo em mente a ligação especial que o Professor tinha com o primeiro-ministro, Portal escreveu: "O Professor Lindemann sugere em sua minuta que não estamos sendo tão rápidos quanto podíamos com nossas contramedidas de rádio ao sistema de navegação por raios dos alemães. Posso garantir que não é o caso." O esforço, disse Portal, "está recebendo a máxima prioridade possível".[7]

O Professor também aumentou a carga de trabalho de Pug Ismay, que, como chefe de estado-maior de Churchill, estava sempre ocupado e parecia sentir o esforço excessivo. Essa nova investida também tinha a ver com os raios navegacionais.

Na noite de 6 de novembro, um bombardeiro da unidade sigilosa KGr 100 da Luftwaffe, que se imaginava ser especializado em voar acompanhando raios de navegação, caiu no mar perto de Bridport, na costa do canal da Mancha, quase intacto e bem perto da praia. Um esquadrão de salvamento da

Marinha queria recuperar o bombardeiro enquanto ele ainda estava facilmente acessível, porém oficiais do Exército afirmavam que aquela era a jurisdição deles, "o que resultou na ausência de iniciativas para resgatar o avião, permitindo que o mar logo destruísse a aeronave", de acordo com o relatório da inteligência da RAF sobre o incidente enviado para Lindemann.[8] O Professor tomou iniciativas para garantir que Churchill ficasse sabendo do fiasco. Em um bilhete que havia anexado ao relatório da RAF, ele lamentou: "É uma grande lástima que picuinhas entre as Forças Armadas tenham resultado na perda dessa máquina, que é a primeira desse tipo a ficar ao nosso alcance."[9]

Churchill imediatamente enviou uma minuta pessoal para Pug Ismay sobre o assunto, na qual dizia: "Por favor, faça propostas para garantir que, no futuro, sejam tomadas atitudes imediatas a fim de assegurar todas as possíveis informações e equipamentos relativos a aeronaves alemãs que caiam em nosso país ou perto de nossa costa, e que essas raras oportunidades não sejam desperdiçadas por divergências entre departamentos."[10]

O que, claro, era exatamente do que Ismay precisava para completar seu dia. Ismay repassou isso para os chefes de estado-maior, que revisaram os protocolos existentes para lidar com aeronaves derrubadas. O avião tinha sido perdido, disse Ismay a Churchill, "em função de uma interpretação estupidamente rigorosa dessas ordens".[11] Ele garantiu a Churchill que novas instruções estavam sendo emitidas e proteger aeronaves abatidas era de máxima importância. Observou, ao encerrar, que o equipamento de rádio que a RAF mais tinha esperanças de recuperar do bombardeiro acabou sendo trazido pelas ondas, e fora recuperado.

O que não se menciona nessa azeda comunicação foi o motivo pelo qual a aeronave havia sido abatida. Graças às contínuas exortações do Professor e ao trabalho inventivo do dr. R. V. Jones e da unidade de contramedidas da RAF, o Grupamento nº 80, assim como ao interrogatório habilidoso feito com pilotos alemães capturados, a RAF passara a estar ciente da existência do "Sistema X" de navegação da Luftwaffe, e tinha informação suficiente para montar transmissores, de codinome "Brometos", capazes de redirecionar — tornar "sinuoso" — o sistema de raios. O primeiro transmissor desse tipo havia sido instalado cinco dias antes do voo do bombardeiro alemão.[12]

A tripulação do bombardeiro, voando à noite em meio a um céu com alta nebulosidade, esperava encontrar o raio de orientação que lhe havia sido designado ao sobrevoar o canal de Bristol, entre a Inglaterra e o País de Gales, e depois segui-lo até seu alvo, uma fábrica em Birmingham, mas foi impossível encontrar o sinal. Ir em frente sem o raio, com uma visibilidade tão ruim, seria imprudente, por isso o piloto decidiu mudar de planos e bombardear o cais em Bristol. Ele tinha esperanças de que, ao passar para um nível abaixo das nuvens, seria possível encontrar um marco visual que ajudasse a estabelecer seu curso. Mas as nuvens estavam muito baixas, e a visibilidade abaixo delas era extremamente ruim em função da escuridão e do tempo. O piloto, Hans Lehmann, percebeu que estava perdido.

Em breve, no entanto, seu operador de rádio começou a captar fortes sinais do transmissor padrão de rádio da Luftwaffe em St.-Malo, na costa da Bretanha. Lehmann decidiu dar meia-volta e usar esse raio para encontrar o caminho de volta para a base. Ao chegar em St.-Malo, ele informou sua posição e o curso que seguiria. Ao contrário da prática padrão, ele não recebeu nenhuma confirmação de que sua mensagem havia sido recebida nem as usuais instruções de pouso.

Lehmann foi em frente e começou a descer, esperando logo ser capaz de ver um terreno conhecido embaixo, mas só viu água. Presumindo que havia passado por cima da pista de pouso, ele deu meia-volta e tentou outra aproximação. A essa altura, estava com pouco combustível. Seu bombardeiro estava voando, perdido, havia quase oito horas. Lehmann decidiu que sua única opção era pousar no litoral francês. A visibilidade estava tão ruim que ele acabou pousando no mar, perto da praia. Ele e dois outros membros da tripulação conseguiram chegar a terra firme, porém o quarto tripulante sumiu.

Lehmann achava que tinha pousado na França, talvez no golfo da Biscaia. Na verdade, ele tinha descido perto da costa de Dorset, na Inglaterra. Aquilo que acreditou ser o ponto de orientação de St.-Malo era, na verdade, um sinal disfarçado da RAF, transmitido por uma estação no vilarejo de Templecombe, em Somerset, na Inglaterra, sessenta quilômetros ao sul de Bristol.

Lehmann e seus homens foram imediatamente capturados e enviados para um centro de interrogatórios da RAF perto de Londres, onde a inteligência da Força Aérea se deleitou ao saber que eles eram membros da misteriosa KGr 100.

Capítulo 58
Nossa Fonte Especial

O CLIMA NA INGLATERRA PIOROU. Vendavais varriam a paisagem e agitavam os mares ao redor, o que tornava um desembarque anfíbio de forças alemãs cada vez menos provável. Fragmentos de informações coletados pelo serviço de inteligência de Bletchley Park — ao qual as autoridades do Ministério do Ar se referiam apenas como "nossa fonte especial" — sugeriam que Hitler podia ter adiado a planejada Operação Leão-Marinho. No entanto, a Luftwaffe continuava a devastar Londres com ataques todas as noites, e agora parecia expandir o escopo de seus alvos para outras partes da Inglaterra. Claramente havia algo novo em andamento, e as consequências eram perturbadoras. Londres havia se mostrado capaz de suportar os ataques noturnos, mas como o restante do país iria se sair, com um número cada vez maior de civis sendo mortos ou feridos e expulsos de suas casas por bombas?

Os detalhes das novas campanhas da Luftwaffe estavam começando a ficar claros. Na terça-feira, 12 de novembro, oficiais de inteligência ouviram a conversa de um piloto alemão recém-capturado com outro prisioneiro em uma sala com um microfone escondido. "Ele acredita", relataram os oficiais, "que houve motins em Londres e o Palácio de Buckingham foi invadido, e que 'Hermann'", chefe da Luftwaffe, Hermann Göring, "acredita ter chegado o momento psicológico para que se faça um ataque colossal entre os dias 15 e 20 deste mês, na lua cheia, e que Coventry e Birmingham serão as cidades atacadas".

O cenário descrito pelo prisioneiro era assustador. Para esse ataque, a Luftwaffe planejava usar todos os bombardeiros disponíveis e todos os raios navegacionais. Os aviões carregariam bombas "guincho" de cinquenta quilos. O prisioneiro, de acordo com o relatório, disse que os bombardeiros se concentrariam na destruição de bairros operários, onde se acreditava que o povo estava à beira de uma revolta.

O relatório alertava que o novo prisioneiro poderia não ser confiável e recomendava que seus comentários fossem tratados com parcimônia. O que levou a inteligência da Aeronáutica a repassar essas informações, segundo o relatório, foi o fato de ter chegado naquela tarde uma informação da fonte especial indicando que os alemães planejavam "um ataque gigantesco", com o codinome Sonata ao Luar. A fonte especial acreditava que o alvo não seria Coventry nem Birmingham, e sim Londres. O ataque provavelmente ocorreria dentro de três dias, na sexta-feira, 15 de novembro, quando a lua estaria cheia, e envolveria até oitocentas aeronaves alemãs, incluindo bombardeiros da KGr 100, a unidade de elite de ignição de incêndios, cujas bombas incendiárias iriam iluminar ainda mais o alvo. Um indicativo da importância única do ataque era o fato de que o próprio Göring planejava dirigir a operação.

Se tudo isso fosse verdade, voltava a surgir o espectro do ataque gigante fatal — o "banquete" aéreo de Churchill — que as autoridades da defesa civil esperavam e temiam desde o início da guerra.

O Ministro do Ar fez circular uma "minuta" em que as autoridades expunham o que pensavam sobre os fragmentos de informação conhecidos até então. Em uma entrada marcada como ALTAMENTE SIGILOSO, um tenente-coronel da RAF escreveu que a data exata do ataque provavelmente seria assinalada por um voo vespertino de bombardeiros da KGr 100; o objetivo deles seria checar as condições do tempo sobre o alvo selecionado e assegurar que os raios navegacionais estavam posicionados de maneira adequada. Ele sugeriu que a palavra "sonata" podia em si ser significativa. Em música, as sonatas eram tradicionalmente estruturadas em três movimentos. Isso sugeria que o ataque poderia ocorrer em três fases. O alvo exato ainda não estava claro, mas instruções interceptadas mostravam que a Luftwaffe tinha escolhido quatro possíveis áreas, entre elas Londres.

A informação disponível era considerada suficientemente confiável para levar os oficiais do Ministério do Ar a planejar uma resposta. Uma contraoperação que pretendia jogar "um balde de água fria" no ataque alemão começou a ser planejada; adequadamente, o codinome escolhido para a operação foi "Água Fria". Um oficial sugeriu que a melhor resposta, do ponto de vista do público britânico, seria lançar um ataque gigante da RAF sobre um alvo alemão. Ele sugeriu uma "grande explosão" em alvos ao longo do rio Ruhr, ou até mesmo em Berlim, e recomendou ainda que as bombas usadas estivessem equipadas com a versão desenvolvida pela RAF para a "trombeta de Jericó" dos alemães, para fazer com que as bombas gemessem enquanto caíam. "Os assobios de nossas bombas", observou ele, "já saíram para os Almoxarifados e não deve ser um problema colocá-los nas nossas bombas de 125 e 250 quilos para uma ocasião como essa. Para que a grande explosão atinja o melhor efeito moral, sugerimos fazer isso".

A Operação Água Fria também precisava que o novo esquadrão de contramedidas da RAF, o Grupamento nº 80 Wing, criado em julho, fizesse todo o possível para embaralhar a trama de raios navegacionais transmitida pelos alemães. Dois bombardeiros especialmente equipados deveriam seguir um raio principal transmitido a partir de Cherbourg e explodir o transmissor. Eles saberiam que estavam sobrevoando o alvo porque um reconhecimento eletrônico prévio havia demonstrado que os raios desapareciam exatamente acima das estações transmissoras. A RAF se referia a essa zona morta como "zona do silêncio", "o vazio" e "o cone do silêncio".

Até então, nenhuma palavra sobre o possível ataque alemão havia sido repassada para Churchill.

ÀS DEZENOVE HORAS DA QUARTA-FEIRA, a inteligência da Aeronáutica repassou aos comandantes da RAF novas atualizações sobre a Sonata ao Luar obtidas pela fonte especial, que confirmavam que o ataque de fato ocorreria em três partes, embora não estivesse claro se as três fases ocorreriam numa mesma noite ou em três noites diferentes. A fonte forneceu os codinomes de duas das três partes, sendo a primeira *Regenschirm*, ou "Guarda-Chuva", e a segunda, *Mondschein Serenade*, ou "Sonata ao Luar". O nome da terceira fase ainda era desconhecido. Um dos homens mais graduados do Ministério do Ar, William Sholto Douglas, vice-diretor da Força Aérea, duvidava que os alemães planejassem um ataque ao longo de três noites: "Como pode mesmo o Chucrute mais otimista esperar ter três noites consecutivas de tempo bom?"

Em geral, as informações sobre as atividades diárias das forças alemãs não eram enviadas a Churchill, porém, como a escala do ataque esperado era tão grande, na quinta-feira, 14 de novembro, o Ministério do Ar preparou um memorando ALTAMENTE SIGILOSO especialmente para o primeiro-ministro. O memorando, por sua vez, foi colocado na caixa amarela especial dele, reservada para as mensagens mais secretas.

Até onde se sabia, o ataque não ocorreria antes da noite seguinte, 15 de novembro, que prometia ser praticamente ideal para voos, com tempo frio, céu bastante claro e uma lua cheia que iria iluminar a paisagem abaixo a ponto de quase parecer que era dia.

Mas essa suposição estava incorreta, como logo ficou aparente.

AO MEIO-DIA DA QUINTA-FEIRA, Colville foi até a Abadia de Westminster, onde acompanharia o funeral do ex-primeiro-ministro Neville Chamberlain, que havia morrido uma semana antes. Churchill carregaria o caixão, assim como Halifax. Uma bomba havia explodido as janelas da capela; não havia sistema de aquecimento. Ministros do governo ocuparam os assentos do coro. Todos estavam com sobretudos e luvas, mas mesmo assim estavam congelando. A capela estava apenas parcialmente lotada, devido ao fato de que o momento e o local do funeral haviam sido mantidos em segredo — uma medida prudente, observou Colville, "pois uma bomba colocada no lugar certo teria causado resultados espetaculares".

O olhar de Colville recaiu sobre Duff Cooper, ministro da Informação, cujo rosto expressava "indiferença, quase desdém". Poucos ministros cantaram hinos. Nenhuma sirene tocou; nenhum avião alemão apareceu no céu.

Naquela mesma tarde, no nº 10 da Downing Street, Churchill, seu inspetor, seu datilógrafo e o restante de seu pelotão usual de fim de semana andaram pelo quintal e entraram nos carros de costume; ajeitaram-se para a viagem rumo ao campo, dessa vez para Ditchley, a casa em que Churchill passava as noites de lua cheia.

Pouco antes da partida, o secretário particular designado para trabalhar no fim de semana, John Martin, entregou a Churchill a caixa amarela contendo as comunicações mais secretas e entrou com ele no banco de trás. Os carros partiram em alta velocidade e foram para oeste passando pelo Mall, pelo Palácio de Buckingham e pelo limite sul do Hyde Park. Poucos minutos depois, Churchill abriu a caixa e ali encontrou um memorando sigiloso datado daquele dia que descrevia, em três páginas densas, uma possível operação iminente da Luftwaffe intitulada Sonata ao Luar.

O relatório detalhava o que a inteligência da Aeronáutica havia descoberto e o modo como a RAF planejava responder; eram citadas quatro possíveis áreas como alvo, com a região central de Londres e a área conturbada dessa cidade sendo mencionadas nos primeiros lugares. O relatório afirmava que Londres parecia a escolha provável.

E então vinha a frase mais perturbadora do memorando: "Todos os bombardeiros de longo alcance alemães serão empregados." O ataque, além disso, seria dirigido — "nós achamos" — pessoalmente por Hermann Göring. A informação "vem de fato de uma fonte muito boa". Churchill, é claro, sabia que essa fonte tinha de ser Bletchley Park.

Bem mais satisfatórias eram as duas páginas seguintes do relatório, que detalhavam a resposta planejada pela RAF, a Operação Água Fria, afirmando que o Comando de Bombardeiros da RAF seguiria uma "política de resposta na mesma moeda", com bombardeiros se concentrando em uma única cidade na Alemanha, talvez Berlim, mas possivelmente Munique ou Essen, sendo a escolha determinada pelo clima.

Àquela altura, Churchill e sua comitiva, a caminho de Ditchley mas ainda dentro da cidade, estavam passando pelos jardins de Kensington. Churchill mandou o motorista voltar. O secretário Martin escreveu: "Ele não ia dormir tranquilo no campo enquanto Londres estava sob um ataque pesado, como se imaginava que estaria".

Os carros voltaram às pressas para o nº 10 da Downing Street. A ameaça aparente era tão grave que Churchill determinou que as mulheres da equipe fossem embora antes do pôr do sol, para casa ou para o "Paddock", o quartel-general fortificado em Dollis Hill. Ele disse a John Colville e a outro secretário particular, John Peck, que passassem a noite na estação de Down Street, um abrigo luxuoso construído pelo Conselho de Transporte de Passageiros de Londres que Churchill ocasionalmente ocupava. Ele chamava o lugar de sua "toca". Colville não objetou. Ele e Peck comeram "jocundamente", nas palavras de Colville, usando um termo metido a besta que significa "com grande prazer".[1] O estoque de produtos de luxo do abrigo incluía caviar, charutos Havana, conhaque datado de 1865 e, claro, champanhe: Perrier-Jouët 1928.

Churchill foi para os aposentos do Gabinete de Guerra a fim de esperar o ataque. Ele era bom em muitas coisas, mas esperar não era uma delas. Impaciente, ele subiu no telhado do edifício do Ministério do Ar, que ficava ali perto, para tentar ver o ataque, levando Pug Ismay com ele.²

A INTELIGÊNCIA DA FORÇA AÉREA finalmente identificou o alvo. À tarde, membros da unidade de contramedidas de rádio da RAF detectaram novas transmissões de sinais de transmissores alemães na França. Operadores de rádio que ouviam as comunicações alemãs interceptaram os esperados relatórios de reconhecimento prévio da Luftwaffe, assim como mensagens de um centro de controle em Versalhes a partir do qual o ataque seria dirigido. Somadas, essas informações ofereciam fortes indícios de que a Sonata ao Luar ocorreria naquela noite, 14 de novembro, um dia antes do que a inteligência havia imaginado inicialmente.

Às 18h17, aproximadamente uma hora depois de o sol se pôr, os primeiros bombardeiros alemães — treze — cruzaram o litoral sul da Inglaterra, em Lyme Bay. Eram os bombardeiros da KGr 100, peritos em encontrar e seguir raios emitidos por rádio. Eles carregavam mais de dez mil bombas incendiárias individuais, para iluminar o alvo para os bombardeiros que viriam em seguida.

Algumas aeronaves passaram sobre Londres às 19h15, e mais uma vez dez minutos depois, fazendo disparar as sirenes e levando as pessoas para os abrigos. Mas esses aviões seguiram adiante sem intercorrências, deixando para trás uma cidade que o luar tornava fantasmagórica. Na verdade, isso era uma dissimulação, para convencer a RAF de que o grande ataque tinha a capital como alvo.

Capítulo 59
Um adeus em Coventry

Às três da tarde daquela quinta-feira, o grupo de contramedidas de rádio da RAF sabia que os raios de navegação das aeronaves alemãs se cruzavam não sobre Londres, mas sobre Coventry, um centro de produção de armas na região das Midlands, distante mais ou menos 150 quilômetros. Além da indústria, Coventry era mais conhecida por sua catedral medieval e por ter sido palco, de acordo com a lenda, da cavalgada ao léu de lady Godiva (dando origem à expressão "Peeping Tom" [algo como Tom Bisbilhoteiro], em referência a um sujeito chamado Thomas que teria desafiado um decreto o qual determinava que os cidadãos não olhassem para a condessa quando ela passasse). Por razões obscuras, a notícia de que Coventry era o alvo não foi transmitida a Churchill, que esperava impaciente no telhado do Ministério do Ar.

O grupo de contramedidas de rádio da RAF estava com problemas para determinar as frequências exatas necessárias para embaralhar ou distorcer os raios de navegação que apontavam para a cidade. Poucos transmissores usados para misturar os sinais estavam disponíveis, e, àquela altura, o céu estava tomado por raios invisíveis. Um dos raios passava exatamente por cima do Castelo de Windsor, a oeste de Londres, o que trouxe a preocupação de que a Luftwaffe pudesse ter como alvo a própria família real. Um alerta foi transmitido para o castelo. Oficiais da Seção de Precauções contra Ataques Aéreos (ARP, na sigla em inglês) que haviam recebido a atribuição de fazer a defesa do castelo se posicionaram nas ameias, como se estivessem à espera de um cerco medieval, e pouco tempo depois viram bombardeiros sobre suas cabeças, negros contra a lua quase cheia, numa procissão que parecia infinita.

Nenhuma bomba caiu.

Às 17h46, Coventry entrou em seu período de blecaute; a lua já estava alta e visível, tendo nascido às 17h18. Os cidadãos fecharam as cortinas; as luzes nas estações de trem foram desligadas. Essa era a rotina. Mas mesmo com o blecaute, as ruas continuavam iluminadas. A lua brilhava, o céu estava excepcionalmente claro. Leonard Dascombe, ferramenteiro em uma fábrica de armamentos, estava a caminho do trabalho quando percebeu como a lua reluzia, com a luz "refletindo nos telhados das casas". Outro homem observou que a lua tornava desnecessários os faróis de seu carro. "Quase daria para ler um jornal, era uma noite maravilhosa", disse ele.[1] Lucy Moseley, filha do prefeito recém-eleito da cidade, John "Jack" Moseley, lembraria: "Realmente a luz lá fora era sobrenatural; poucas vezes vi uma noite de novembro tão brilhante." Enquanto os Moseley se preparavam para dormir, um dos membros da família chamou aquela de "uma imensa e horrível 'lua de bombardeiro'".

Às 19h05, uma mensagem da Seção de Precauções contra Ataques Aéreos chegou à sala de controle da defesa civil local, com o texto "Mensagem de Ataque Aéreo Amarela". Isso significava que alguma aeronave havia sido identificada indo em direção a Coventry. Depois veio "Mensagem de Ataque Aéreo Vermelha", a senha para que as sirenes fossem ligadas.

Coventry já tinha passado por ataques aéreos. A cidade tinha conseguido manter a calma. Mas aquela noite de quinta-feira parecia diferente, como muitos moradores lembrariam mais tarde. De repente, surgiram pontos brilhantes no céu, deslizando sob paraquedas, iluminando ainda mais as ruas que já resplandeciam com a luz da lua. Às 19h20, bombas incendiárias começaram a cair, fazendo um barulho que uma testemunha descreveu como "um som sibilante como de chuva forte". Algumas das bombas incendiárias pareciam ser de um tipo diferente. Em vez de simplesmente se inflamarem dando início a um incêndio, elas explodiam, jogando material incendiário para todo lado. Algumas bombas com alta carga de explosivos também caíram, incluindo cinco bombas de duas toneladas chamadas "Satã", com a aparente intenção de destruir redes de água e impedir o trabalho dos bombeiros.

E então veio a chuva de bombas com alta carga de explosivos, à medida que os pilotos lá no alto "bombardeavam incêndios". Eles também jogaram minas de paraquedas, num total de 127, das quais vinte não explodiram, fosse em função de defeito, fosse em função de um fusível que retardava a explosão, algo que a Luftwaffe parecia sentir certo prazer em usar. "O ar estava repleto com o estampido das armas, o zunido das bombas e a terrível luz e o barulho quando explodiam", lembrou um policial. "O céu parecia tomado por aviões."[2] O ataque chegou tão subitamente e com tanta força que um grupo de mulheres num albergue cristão não teve tempo de fugir para um abrigo próximo. "Pela primeira vez na vida", escreveu uma delas, "eu soube o que era tremer de medo".

As bombas atingiram vários abrigos. Equipes de soldados e homens do Grupo de Prevenção a Ataques Aéreos vasculharam os destroços manualmente, com medo de machucar sobreviventes. Um dos refúgios havia nitidamente sido acertado em cheio por uma bomba. "Depois de um tempo, chegamos aos ocupantes do abrigo", escreveu um homem que trabalhava no resgate. "Alguns estavam já bem frios, outros ainda quentes, mas estavam todos mortos."[3]

Uma bomba caiu perto do abrigo em que a dra. Eveleen Ashworth e seus dois filhos estavam. Primeiro veio "um barulho de estilhaço", escreveu ela, depois a explosão, "e uma onda de terra que abalou o abrigo". A explosão rompeu a porta do local.

O filho dela de sete anos disse: "Isso quase arrancou meu cabelo."

O filho de três anos completou: "Isso quase arrancou minha cabeça!"[4]

Em um hospital da cidade, o dr. Harry Winter subiu até a cobertura para ajudar a apagar bombas incendiárias antes que elas queimassem o prédio. "Eu mal conseguia acreditar no que via", disse ele. "Em volta do hospital, por todos os lados, brilhavam literalmente centenas de bombas incendiárias, como luzes piscando numa árvore de Natal gigante."

Dentro do prédio, mulheres na ala da maternidade estavam sendo colocadas debaixo de suas camas, com colchões sobre o corpo. Um dos pacientes era um piloto alemão ferido que convalescia em uma cama no último andar. "Bombas demais — tempo demais!", gemeu ele. "Bombas demais!"

As vítimas começaram a chegar ao hospital. O dr. Winter e seus colegas cirurgiões começaram a trabalhar em três centros cirúrgicos. A maior parte das vítimas tinha ferimentos nas pernas e nos braços e cortes profundos. "A complicação no caso dos ferimentos causados por bomba, no entanto, é que você vê um corte pequeno na superfície, porém os danos nas regiões mais profundas são grandes", escreveria mais tarde o dr. Winter. "Tudo vira uma massa só. Não adianta consertar a superfície sem fazer uma incisão grande interna."[5]

Em outro hospital, uma enfermeira em treinamento deparou-se com um antigo medo. "Durante o meu treinamento, sempre tive medo de ser deixada com o membro de um paciente nas mãos depois da amputação, e até então tinha conseguido estar de folga quando as amputações ocorriam", escreveu ela. O ataque "mudou tudo para mim. Não tive tempo para frescuras".[6]

Agora a cidade exibia aquele que era considerado seu ferimento mais traumático. Bombas incendiárias salpicaram os telhados e o terreno da famosa Catedral de St. Michael, a primeira delas caindo por volta das vinte horas. Uma caiu sobre o telhado, feito de chumbo. O fogo rompeu o material, fazendo com que chumbo derretido caísse na madeira do interior logo abaixo, que também pegou fogo. As testemunhas chamaram carros de bombeiros, mas todos os caminhões estavam ocupados apagando incêndios em outras partes da cidade. O primeiro caminhão chegou à catedral uma hora e meia depois, vindo da cidade de Solihull, a 25 quilômetros. Sua equipe não pôde fazer nada, apenas assistiu ao incêndio. Uma bomba havia estraçalhado uma parte fundamental da rede de água. Uma hora depois, a água finalmente começou a fluir, mas com pressão extremamente baixa, e pouco tempo depois desapareceu.

À medida que o fogo avançava e começava a consumir a nave central e as capelas, e com as vigas de madeira caindo do telhado, os funcionários da igreja correram para dentro a fim de resgatar tudo o que podiam — tapeçarias, cruzes, candelabros, um recipiente de hóstias, um crucifixo — e levar para a delegacia numa procissão solene. O reverendo R. T. Howard, preposto da catedral, viu-a queimar da varanda da delegacia, enquanto um pano laranja envolvia o gigantesco órgão de tubos, que em outros tempos fora tocado por Händel. "Todo o interior se transformou numa massa fervente de chamas e vigas e pedaços de madeira empilhados, queimando, mesclados e dominados por uma densa fumaça cor de bronze", escreveu Howard.[7]

O restante de Coventry parecia também estar em chamas. O brilho era visível a cinquenta quilômetros de distância e foi visto pelo ministro da Segurança Nacional, Herbert Morrison, que estava hospedado em uma casa de campo ao longe. Um piloto alemão abatido logo após o ataque contou aos interrogadores da RAF que conseguia ver o brilho a 150 quilômetros de distância enquanto voava para Londres no caminho de volta. Em Balsall Common, treze quilômetros a oeste de Coventry, Clara Milburn anotou em seu diário: "Quando saímos, as luzes dos holofotes estavam vasculhando o céu claro, as estrelas pareciam muito próximas, o ar estava límpido e a lua brilhava. Nunca vi uma noite tão gloriosa. Ondas de aviões vieram, uma após outra, e seguiu-se uma artilharia pesada."[8]

A noite toda, durante onze horas, os bombardeiros chegaram e bombas incendiárias caíram. Testemunhas disseram que as chamas exalavam aromas familiares que seriam reconfortantes, não fosse a sua causa. Um incêndio que consumia uma tabacaria encheu a área ao redor com o odor de fumaça de charutos e de tabaco para cachimbo. Um açougue em chamas fez surgir o cheiro de carne assada e trouxe à mente o conforto do assado de domingo à noite.

As bombas caíram até as 6h15; o blecaute terminou às 7h54. A lua continuava brilhando no céu claro da manhã, mas os bombardeiros haviam partido. A catedral estava em ruínas, com chumbo derretido ainda pingando do telhado e fragmentos de madeira chamuscada se soltando de tempos em tempos e caindo sobre o solo. Em toda a cidade, o som mais comum era de vidro quebrado esmigalhado sob os sapatos das pessoas. Um repórter observou uma camada de vidro "tão espessa que, olhando a rua, era como se ela estivesse coberta de gelo".

E surgiam cenas de horror. O dr. Ashworth disse ter visto um cachorro correndo pela rua "com o braço de uma criança na boca". Um sujeito chamado E. A. Cox viu o corpo de um homem sem cabeça ao lado de uma cratera aberta por uma bomba. Em outro lugar, uma mina que explodiu deixou para trás uma coleção de torsos chamuscados. Os corpos chegavam a um necrotério improvisado, cerca de sessenta por hora, e ali os agentes funerários precisavam lidar com um problema que poucas vezes, ou talvez nunca, tinha se apresentado a eles: corpos tão mutilados que não eram reconhecíveis como corpos. Entre 40% e 50% foram classificados como "impossíveis de identificar em função da mutilação".[9]

Os corpos que estavam praticamente intactos recebiam identificadores de bagagem, informando onde o corpo havia sido encontrado e, quando possível, a provável identificação, e eram empilhados em camadas múltiplas. Os sobreviventes tinham permissão para andar em meio aos corpos e procurar amigos e parentes desaparecidos, até que uma bomba atingiu uma unidade de armazenamento de gás natural ao lado, o que causou uma explosão que destruiu o telhado do necrotério. Começou a chover, e as etiquetas de identificação foram todas danificadas. O processo de identificação era tão macabro, tão infrutífero, com às vezes três ou quatro pessoas identificando o mesmo corpo, que as visitas foram encerradas e as identificações feitas a partir de pertences pessoais coletados com os mortos.

Um cartaz foi colocado no lado de fora do necrotério, o qual anunciava: "Lamentamos imensamente que a pressão no necrotério seja grande a ponto de não ser possível que os parentes vejam os corpos."[10]

LORDE BEAVERBROOK FOI ÀS PRESSAS PARA A CIDADE, a fim de evitar rumores de que ele estivera ausente em mais um ataque cataclísmico. Sua visita não foi bem recebida. Ele se concentrou no restabelecimento da produção em fábricas danificadas pelo ataque. Durante uma reunião com autoridades, ele testou um pouco de retórica *à la* Churchill. "As raízes da Força Aérea estão fincadas em Coventry", disse. "Caso a produção de Coventry seja destruída, a árvore perecerá. Entretanto, se a cidade ressurgir das cinzas, a árvore continuará germinando, dando origem a novas folhas e novos ramos."[11] Dizem que ele chorou ao ver a destruição, mas teria sido interrompido "bruscamente", segundo Lucy Moseley, filha do prefeito. Lágrimas, escreveu ela, não tinham valor. Beaverbrook havia coagido as fábricas para que elas atingissem o nível máximo de produção, e agora grande parte da cidade estava em ruínas. "Ele havia pedido esforço total aos trabalhadores de Coventry", escreveu Moseley, "e o que eles tinham ganhado com isso?".[12]

O ministro da Segurança Nacional, Herbert Morrison, também compareceu, e sentiu-se recriminado por não ter protegido melhor a cidade e pelo fato de que os bombardeiros alemães haviam chegado praticamente sem confronto por parte da RAF. E, de fato, a RAF, embora tivesse feito 121 incursões durante a noite, usando dezenas de caças equipados com radar ar-ar, relatou apenas dois "combates" e não conseguiu destruir sequer um bombardeiro, o que mais uma vez ressaltou a persistente dificuldade de combater no escuro. A Operação Água Fria ocorreu, porém os efeitos foram mínimos. Os bombardeiros britânicos atacaram aeroportos na França e alvos militares em Berlim, perdendo dez bombardeiros no processo. O grupo de contramedidas da RAF, o Grupamento nº 80, usou embaralhadores e transmissores que desviavam os raios dos aviões alemães, mas acreditou-se que o efeito disso foi pequeno, segundo uma análise da força aérea, "uma vez que a noite estava tão clara que o sistema de apoio por raios de navegação não chegava a ser essencial".[13] A unidade conseguiu enviar dois bombardeiros para seguir dois raios alemães até os transmissores em Cherbourg, onde foram abatidos. O fato de nenhuma aeronave ter sido derrubada, porém, gerou um telegrama furioso do ministro do Ar para o Comando de Caças, perguntando por que houvera tão poucas interceptações, apesar "do bom tempo, da lua e do considerável esforço feito pelos caças".

A cidade recebeu de maneira muito mais calorosa o rei, que chegou na manhã de sábado para uma visita, sem ser anunciado. O prefeito Moseley ficou sabendo da honraria iminente só no fim da noite anterior. A mulher dele, que estava juntando os pertences da família a fim de se mudar para a casa de um parente fora da cidade, caiu no choro. Não eram lágrimas de alegria. "Meu Deus!", disse ela. "Será que ele não entende que a gente já tem uma confusão enorme e coisas demais para fazer sem a vinda dele?"[14]

O rei se encontrou primeiro com o prefeito no seu gabinete formal, então iluminado apenas por velas colocadas em gargalos de garrafas. Mais tarde, acompanhados por outras autoridades, os dois iniciaram uma visita à cidade devastada, e pouco tempo depois, sem avisar, o rei começou a aparecer nos lugares mais prosaicos. Em uma das paradas, um grupo atônito de idosos exaustos levantou às pressas e cantou "Deus Salve o Rei". Em outro lugar, um trabalhador que se sentara em um meio-fio para descansar brevemente, sujo e ainda de capacete, levantou os olhos para ver os homens que se aproximavam na rua. Enquanto o grupo passava, o aparente líder disse "Bom dia" e fez um aceno com a cabeça. Só depois que passaram o sujeito na sarjeta percebeu que se tratava do rei. "Fiquei tão surpreso, espantado, atônito, pasmado que não consegui responder."

Na catedral, o rei foi apresentado ao preposto Howard. "A chegada do rei me pegou totalmente de surpresa", escreveu Howard. Ele ouviu gritos e aplausos e viu o rei entrar por uma porta na parte sudoeste da igreja. Howard o cumprimentou. Eles apertaram-se as mãos. "Fiquei ali com ele, observando as ruínas", escreveu Howard. "A atitude dele era de intensa compaixão e luto."

Uma equipe de pesquisadores do grupo de Observação de Massas, experiente no relato dos efeitos de ataques aéreos, chegou na tarde de sexta. No relatório escrito posteriormente, eles disseram ter encontrado "mais sinais evidentes de histeria, terror e neurose" do que nos dois meses anteriores. "O efeito que, de longe, se destacava na sexta-feira era o de profundo *desamparo*." (Os itálicos são deles.) Os observadores perceberam uma sensação disseminada de deslocamento e depressão. "O deslocamento na cidade é tão absoluto que as pessoas têm a impressão de que *a própria cidade foi morta*."[15]

Para ajudar a estancar a onda de rumores surgida com o ataque aéreo, a BBC convidou Tom Harrisson, diretor da Observação de Massas, de 29 anos, para uma transmissão no sábado à noite, às 21 horas, no horário nobre do jornalismo, para falar sobre o que ele vira na cidade.

"A visão mais estranha de todas", Harrisson disse à vasta audiência, "foi a catedral. Em cada um dos lados, as grandes janelas nuas ainda mantêm uma espécie de beleza sem seus vidros; porém, entre elas, há um inacreditável caos de tijolos, pilares, vigas, placas memoriais". Ele falou sobre o absoluto silêncio na cidade na noite de sexta-feira, enquanto andava de carro, desviando das crateras de bombas e dos montes de vidro quebrado. Ele dormiu no carro naquela noite. "Acho que essa é uma das experiências mais esquisitas da minha vida", disse ele, "dirigir em meio a uma desolação solitária e silenciosa, debaixo de uma garoa, naquela grande cidade industrial".[16]

O programa se transformou no tema da reunião do Gabinete de Guerra de Churchill na segunda-feira, 18 de novembro. Anthony Eden, secretário de Estado para a Guerra (e que logo se tornaria secretário das Relações Exteriores), chamou a transmissão de "muito deprimente". Outros concordaram e ficaram imaginando se isso derrubaria o moral da população. Churchill, porém, argumentou que o programa não tinha causado grandes danos, e talvez até tivesse feito certo bem ao chamar a atenção de ouvintes dos Estados Unidos para o ataque. Isso se revelou ser verdade em Nova York, onde o *Herald Tribune* descreveu o bombardeio como uma barbárie "insana" e proclamou: "Nenhum meio de defesa que os Estados Unidos possam repassar às mãos britânicas deve ser negado."[17]

Na Alemanha, autoridades graduadas não estavam nem um pouco alarmadas com a publicidade dada ao ataque a Coventry. Goebbels chamou o ataque de "um sucesso extraordinário".[18] Na entrada de seu diário no domingo, 17 de novembro, ele escreveu: "Os relatos de Coventry são horrendos. Uma cidade inteira literalmente liquidada. Os ingleses não têm mais como manter a farsa; agora só lhes resta gemer. Mas eles mereceram." Ele não viu nada de negativo na atenção que o ataque ganhou no mundo inteiro, e na verdade achava que o ataque podia ser um ponto de virada. "O fato chamou a maior atenção no mundo todo. Nossa cotação está em alta novamente", escreveu em seu diário, na segunda-feira, 18 de novembro. "Os Estados Unidos estão sucumbindo à tristeza, e o tom arrogante de sempre desapareceu da imprensa londrina. Só precisamos de umas semanas de tempo bom. E aí poderemos lidar com a Inglaterra."[19]

Göring, chefe da Luftwaffe, saudou o ataque como uma "vitória histórica". O marechal de campo Kesselring, comandante de Adolf Galland, elogiou os "resultados excepcionalmente bons". Kesselring desdenhou do imenso número de mortes de civis, tratando como um mero preço da guerra. "As consequências imprevisíveis até mesmo de um bombardeio de precisão são muito lamentáveis", escreveria ele mais tarde, "contudo, são inseparáveis de qualquer ataque com uso de força".[20]

Para alguns pilotos da Luftwaffe, no entanto, o ataque pareceu ter ultrapassado um limite. "As comemorações que, em geral, saudavam um ataque que acertou o alvo em cheio ficaram presas em nossas gargantas", escreveu um piloto de bombardeiro. "A tripulação só ficou olhando o mar de chamas abaixo de nós em silêncio. Será que aquele era de fato um alvo militar?"[21x]

No TOTAL, O ATAQUE A COVENTRY matou 568 civis e causou ferimentos sérios a outros 865. Dos 509 bombardeiros despachados por Göring para atacar a cidade, alguns foram detidos por baterias antiaéreas, outros voltaram por razões diversas; 449 chegaram à cidade. Por mais de onze horas, tripulações da Luftwaffe jogaram quinhentas toneladas de bombas com altas cargas de explosivos e 29 mil bombas incendiárias. O ataque destruiu 2.294 edificações e danificou outras 45.704, uma devastação tão completa que deu origem a uma nova palavra, "coventrificação", para descrever o efeito de ataques em massa de grandes proporções. A RAF tornou Coventry o padrão pelo qual estimar o total de mortes que provavelmente ocorreriam durante seus ataques às cidades alemãs, com resultados classificados como "1 Coventry", "2 Coventries", e assim por diante.

O volume de corpos por si só, muitos ainda não identificados, levou as autoridades da cidade a proibir enterros individuais. O primeiro funeral e enterro em massa, para 172 vítimas, aconteceu na quarta-feira, 20 de novembro; o segundo, para mais 250, ocorreu três dias depois.

Não houve clamor público para retaliações à Alemanha. No primeiro funeral, o bispo de Coventry disse: "Façamos votos diante de Deus para que, no futuro, sejamos melhores amigos e vizinhos, pois passamos por isso juntos e estivemos juntos hoje aqui."

Capítulo 60
Distração

JOHN COLVILLE ESTAVA HIPNOTIZADO. Bombas caíam e cidades eram incendiadas, mas ele tinha sua vida amorosa para cuidar. Enquanto suportava a indiferença da desejada Gay Margesson, ele se via cada vez mais atraído por Audrey Paget, de dezoito anos. No domingo, 17 de novembro, um brilhante dia de outono, os dois saíram para cavalgar pelo vasto terreno da propriedade dos Paget, Hatfield Park, mais ou menos a uma hora de distância da parte central de Londres.

Ele descreveu a tarde em seu diário: "Montados em dois cavalos animados e bonitos, Audrey e eu cavalgamos por duas horas sob a luz do sol brilhante, galopando por Hatfield Park, andando em meio à floresta e às samambaias, passando rapidamente sobre campos e fossos; e durante todo esse tempo tive dificuldade em desviar os olhos de Audrey, cuja silhueta delgada, com cabelos docemente desordenados e rosto corado, dava-lhe a aparência de uma ninfa das matas, bonita demais para o mundo real."[1]

Ele estava dividido. "Na verdade", escreveu no dia seguinte, "se eu não estivesse apaixonado por Gay, e se achasse que Audrey fosse se casar comigo (o que certamente ela não faria agora), eu não me importaria de ter uma esposa tão bela, tão vivaz e de quem verdadeiramente gosto, além de admirar".

"Mas mesmo com todas as suas falhas, Gay ainda é Gay, e seria tolo me casar — ainda que pudesse — neste momento da História da Europa."

PARA PAMELA CHURCHILL, a ansiedade causada pela falta de dinheiro era cada vez maior. Na terça-feira, 19 de novembro, ela escreveu para o marido, Randolph, para pedir que ele repassasse a ela um adicional de 10 libras esterlinas por semana (aproximadamente 640 dólares em dinheiro de hoje). "Mando junto um esboço das despesas, que espero que você olhe com atenção", escreveu ela. "Não quero ser má & desagradável, meu querido. Estou fazendo tudo que posso para administrar tua casa & cuidar do teu filho economicamente, mas não tenho como fazer o impossível." Ela listava todas as despesas da família, chegando a incluir o custo de cigarros e bebidas. Somadas, essas despesas consumiam praticamente toda a renda que ela recebia de Randolph e de outras fontes, no caso o aluguel que a cunhada Diana pagava e uma mesada dada pela própria família.²

No entanto, essas eram apenas as despesas que ela podia antecipar com alguma precisão. O medo profundo dela era com os gastos de Randolph e a fraqueza que ele tinha para a bebida e o jogo. "Portanto tente limitar tuas despesas a 5 libras esterlinas por semana na Escócia", escreveu ela. "E, querido, claro que você não vai ficar envergonhado de dizer que é pobre demais para jogar. Sei que você ama o bebê Winston & que me ama, & que não vai se importar de fazer esse sacrifício por nós."

Ela alertou que era vital que controlassem as despesas. "Eu simplesmente não tenho como ficar feliz quando estou preocupada o tempo todo", escreveu ela. A essa altura ela estava profundamente decepcionada com o casamento, mas ainda não de maneira irrevogável. Aliviou o tom. "Ah, meu querido Randy", escreveu ela. "Eu não ia me preocupar se não te amasse de maneira tão profunda & desesperada. Obrigada por me tornar tua esposa & por me permitir ter teu filho. É a coisa mais maravilhosa que já aconteceu na minha vida."

OS FINS DE SEMANA QUE CHURCHILL passava em Chequers davam a ele oportunidades inestimáveis de distração. Esses momentos o afastavam da paisagem urbana cada vez mais triste de Londres, onde a cada dia um novo fragmento do Whitehall era incinerado ou explodido.

Durante um fim de semana em Ditchley, seu refúgio para as noites de lua cheia, ele e seus convidados assistiram a um filme no cinema da mansão, *O grande ditador*, de Charles Chaplin. No fim da noite seguinte, Churchill calculou mal a distância quando foi se sentar em uma cadeira e despencou entre ela e uma otomana, caindo de bunda no chão, com as pernas para o ar. Colville testemunhou o momento. "Sem qualquer falsa dignidade", escreveu Colville, "ele tratou o caso como uma piada e repetiu diversas vezes, 'Puro Charles Chaplin!'".³

O FIM DE SEMANA DE 30 DE NOVEMBRO trouxe duas distrações particularmente bem-vindas. Naquele dia, um sábado, a família se reuniu em Chequers para celebrar o aniversário de 66 anos de Churchill; no dia seguinte, o batizado do filho de Pamela e Randolph, Winston. A criança era roliça e robusta e, desde cedo, parecia ao secretário privado John Martin "absurdamente parecido com o avô", o que levou uma das filhas de Churchill a brincar: "Todos os bebês são."[4]

Primeiro foi realizada uma cerimônia numa pequena igreja paroquial ali perto, em Ellesborough, que Clementine frequentava. Era a primeira vez que Churchill ia ao lugar. As três filhas do casal compareceram — Mary apesar de uma dor de garganta —, assim como os quatro padrinhos do bebê, entre os quais lorde Beaverbrook e a repórter Virginia Cowles, amiga íntima de Randolph.

Churchill chorou durante a cerimônia toda, dizendo de vez em quando, baixinho: "Pobre bebê, nascer num mundo destes."

Depois veio o almoço em casa, do qual participaram a família, os padrinhos e o reitor da igreja.

Beaverbrook levantou-se para propor um brinde ao bebê.

Mas Churchill levantou-se imediatamente e disse: "Como foi *meu* aniversário ontem, vou pedir que vocês todos bebam primeiro à *minha* saúde."[5]

Uma onda de protestos bem-humorados partiu dos convidados, assim como gritos de "Senta, pai!". Churchill resistiu, depois se sentou. Após os brindes para o bebê, Beaverbrook ergueu uma taça em homenagem a Churchill, chamando-o de "o maior homem do mundo".

Churchill chorou de novo. Houve pedidos para que ele respondesse. Ele se levantou. Enquanto falava, a voz tremeu e lágrimas escorreram. "Por esses dias", disse ele, "eu ando pensando muito em Nosso Senhor". Não conseguiu dizer mais nada. Churchill se sentou sem olhar para ninguém — o peso do dia deixou o grande orador sem palavras.

Cowles ficou profundamente comovida. "Jamais esqueci aquelas palavras singelas. Se ele gostava de guerrear, não se pode esquecer que compreendia também a angústia que a guerra causava."[6]

No dia seguinte, aparentemente precisando ele próprio de um pouco de atenção, Beaverbrook renunciou outra vez.

BEAVERBROOK ESCREVEU A CARTA NA SEGUNDA-FEIRA, 2 de dezembro, de sua casa no campo, Cherkley, "onde estou sozinho e onde tive tempo para pensar sobre os caminhos que acredito que nossa política deveria tomar". Dispersar ainda mais as fábricas de aeronaves era vital, escreveu ele, e demanda um novo esforço mais eficaz, embora isso certamente fosse significar um declínio temporário na produção. "Essa política corajosa", alertou ele, "reflete em grande interferência dos outros ministros, em função da necessidade de encontrar locais adequados já designados para outros serviços".

Em seguida, porém, escreveu: "Não sou neste momento o homem certo para o serviço. Não vou conseguir o apoio necessário."[7]

Outra vez, tendeu para a autopiedade, dizendo como sua reputação tinha diminuído à medida que a crise dos caças começou a passar. "Na verdade, quando o reservatório estava vazio, eu era um gênio." Agora que há um pouco de água estocada, sou um bandido inspirado. Se um dia a água transbordar, vou ser uma droga de um anarquista."

Alguém novo precisava assumir, disse ele; e fez algumas recomendações. Sugeriu que Churchill explicasse aos outros que sua renúncia fora causada por problemas de saúde, "o que, infelizmente, é algo mais do que justificado".

Como sempre, ele encerrou com lisonjas, aplicando aquilo que frequentemente chamava de "lata de óleo". "Não tenho como concluir esta carta muito importante sem enfatizar que meu êxito nesta pasta veio de seu suporte. Sem esse apoio, sem essa inspiração, sem essa liderança, eu jamais poderia ter concluído as tarefas e missões que você designou a mim."

Churchill sabia que a asma de Beaverbrook tinha voltado a atacar. Ele sentia compaixão pelo amigo, mas estava perdendo a paciência. "Não há chance de eu aceitar sua renúncia", escreveu ele no dia seguinte, terça-feira, 3 de dezembro. "Como eu disse antes, você está nas galés e terá de remar até o fim."[8]

Ele sugeriu que Beaverbrook tirasse um mês de licença para se recuperar. "Enquanto isso, certamente lhe apoiarei para levar adiante a sua política de dispersão, que parece imperativa sob os pesados ataques a que estamos sendo sujeitados", escreveu Churchill. Ele disse a Beaverbrook que lamentava o retorno da asma, "porque isso sempre traz consigo uma grande depressão. Você sabe com que frequência me aconselhou a não deixar que ninharias me irritassem e me distraíssem. Agora deixe que eu pague na mesma moeda implorando que você se lembre apenas da grandeza do trabalho que realizou, a necessidade vital de sua continuidade e a benevolência de —

Teu velho e fiel amigo,

Winston Churchill".

Beaverbrook voltou para as galés e pegou mais uma vez seu remo.

EM MEIO A ISSO TUDO, TODOS FICARAM DOENTES. Um resfriado passou de um membro da família para outro. Mary teve os primeiros sintomas na noite de segunda-feira, 2 de dezembro. "Estou com febre", escreveu ela em seu diário. "Que inferno."

Churchill pegou o resfriado dela, ou de outra pessoa, em 9 de dezembro. Clementine, em 12 de dezembro.

Mesmo assim, as bombas continuaram caindo.

Capítulo 61
Entrega especial

As forças britânicas, enfim, conseguiram uma vitória, contra o exército italiano na Líbia, mas navios mercantes carregando suprimentos vitais continuavam naufragando em quantidades alarmantes e as cidades inglesas seguiam queimando. A crise financeira da nação piorava a cada dia, o que levou Churchill a escrever uma longa carta ao presidente Roosevelt sobre a gravidade da situação dos britânicos e sobre o que era necessário que os Estados Unidos fizessem para que o Reino Unido pudesse vencer. Ao escrever a carta, que no total tinha quinze páginas, Churchill mais uma vez precisou encontrar o equilíbrio adequado entre confiança e necessidade, como se percebe nas minutas de uma reunião de seu Gabinete de Guerra: "O primeiro-ministro disse que se a imagem fosse pintada com cores muito sombrias, haveria quem dissesse nos Estados Unidos que era inútil nos ajudar, pois a ajuda seria desperdiçada e jogada fora. Se o quadro fosse muito brilhante, poderia haver uma tendência a negar ajuda."[1]

Aquilo tudo, Churchill resmungou na sexta-feira, 6 de dezembro, era um "problema e tanto".

Mais tarde, e com razão, Churchill diria que essa carta para Roosevelt foi uma das mais importantes que escreveu na vida.

Naquele sábado, 7 de dezembro, em Chequers, Churchill convocou uma reunião secreta para tentar chegar a uma estimativa definitiva do tamanho da Força Aérea alemã e da capacidade dos alemães para produzir novos aviões no futuro. Considerando o assunto de máxima importância, ele convidou o Professor, o secretário do Gabinete de Guerra, Bridges, e mais cinco pessoas, além de membros do Ministério de Assuntos Econômicos da Guerra (MEW, na sigla em inglês) e da inteligência da Aeronáutica. Churchill, no entanto, não convidou Pug Ismay para lhe dar um descanso — da parte de Pug, uma rara ausência.

Por mais de quatro horas, o grupo debateu estatísticas disponíveis e informações obtidas pela inteligência, e conseguiu apenas confirmar que ninguém tinha uma noção precisa de quantos aviões a Luftwaffe possuía, sem falar em quantos estavam disponíveis para ação e quantos mais podiam ser fabricados no ano seguinte. Ainda mais frustrante: ninguém parecia saber de quantos aviões a própria RAF conseguiria dispor. Os dois órgãos — o MEW e a inteligência da Aeronáutica — apresentaram números distintos e abordagens diferentes sobre como calcular essas quantidades, uma confusão que só aumentou com as análises que o Professor fez dos dois conjuntos de estimativas. Churchill ficou irritado. "Não consegui chegar a uma conclusão sobre quem está certo", escreveu ele em uma minuta para o ministro do Ar, Sinclair, e para o chefe de Pessoal da Aeronáutica, Portal. "É provável que a verdade esteja a meio caminho entre um e outro. O assunto é de importância capital para o quadro futuro da guerra que desenhamos para nós mesmos."[2]

O mais irritante é que o próprio ministro do Ar parecia incapaz de explicar a situação de 3.500 das oito mil aeronaves que deveriam estar em serviço e das aeronaves reservas que se acreditava estarem prontas, ou quase prontas, para entrar em ação. "Sem dúvida existe no Ministério do Ar um inventário que mostra o que acontece com cada máquina", disse Churchill numa minuta posterior. "Trata-se de artigos bastante caros. Precisamos saber a data em que cada uma foi recebida pela RAF e quando acabou dando baixa e por qual motivo." Afinal de contas, observou ele, até a Rolls-Royce acompanhava o que acontecia com cada carro que vendia. "Uma discrepância de 3.500 num total de 8.500 é gritante."[3]

A cúpula convenceu Churchill de que a questão só poderia ser resolvida pela intercessão de alguém de fora, que não estivesse envolvido. Ele decidiu submeter o tema ao equivalente a um júri, com direito a juiz e tudo, para ouvir as provas de ambas as partes envolvidas. Escolheu Sir John Singleton, um juiz da corte de King's Bench, mais conhecido por ter presidido o julgamento de Buck Ruxton em 1936 no célebre caso dos "Corpos sob a Ponte", em que Ruxton foi condenado pelo assassinato de sua esposa e da empregada doméstica e por cortar seus corpos em mais de setenta pedaços, a maior parte dos quais acabou sendo encontrada mais tarde em uma trouxa debaixo de uma ponte. O caso também era conhecido como "Os Assassinatos do Quebra--Cabeça", numa referência ao heroico esforço forense para montar os corpos das vítimas.

Os dois lados concordaram que recrutar o juiz Singleton era uma boa escolha, e Singleton aceitou a tarefa, talvez permitindo-se imaginar que isso seria bem mais fácil do que remontar cadáveres mutilados.

Em Londres, a destruição de coisas belas continuava. Na noite de sábado, 8 de dezembro, uma bomba destruiu a clausura da Capela de Santo Estêvão, no Palácio de Westminster, um dos lugares prediletos de Churchill. No dia seguinte, o secretário parlamentar Chips Channon encontrou Churchill andando em meio às ruínas.

Churchill tinha passado o fim de semana em Chequers, mas voltou para a cidade, apesar do resfriado. Ele estava com um sobretudo com gola de pele; um charuto pendia de sua boca. Caminhava desviando de estilhaços de vidro e montes de detritos.

"Isso é horrível", disse ele, sentimental, movendo os lábios em torno do charuto.

"Eles querem acertar o que temos de melhor", disse Channon.

Churchill resmungou. "O lugar onde Cromwell assinou a sentença de morte do rei Carlos."[4]

Naquela segunda-feira, a longa carta de Churchill para Roosevelt, enviada para Washington por telegrama, chegou às mãos do presidente, que estava a bordo de um cruzador da Marinha americana. O *Tuscaloosa* estava em meio a uma viagem de dez dias pelo Caribe, supostamente para visitar as bases britânicas nas Índias Ocidentais a que a Marinha americana agora tinha acesso, mas principalmente para dar ao presidente uma chance de relaxar — de descansar ao sol, assistir a filmes e pescar. (Ernest Hemingway mandou a ele uma mensagem dizendo que era possível encontrar peixes grandes nas águas entre Porto Rico e República Dominicana e recomendou que ele usasse pele de porco como isca.) A carta de Churchill chegou em um hidroavião da Marinha, que pousou perto do navio para entregar as mais recentes correspondências da Casa Branca.

"À medida que nos aproximamos do fim deste ano", começava a carta, "sinto que você há de esperar que eu apresente as perspectivas para 1941". Churchill deixou claro que o ponto em que mais precisava de ajuda era na manutenção do fluxo de comida e de suprimentos militares para a Inglaterra, e enfatizou que a capacidade da Inglaterra de suportar ou não aquele momento determinaria também o destino dos Estados Unidos. Ele deixou o ponto crucial para o final: "Aproxima-se o momento em que não seremos mais capazes de pagar em dinheiro pelas remessas e por outros suprimentos."[5]

Ao encerrar, ele incitava Roosevelt a "ver esta carta não como um apelo por ajuda, mas como uma declaração da mínima ação necessária para atingir nosso propósito comum".

Churchill, é claro, de fato queria ajuda americana. Toneladas de ajuda: navios, aviões, munição, peças de maquinário, comida. Ele simplesmente não queria ter de pagar por isso, pois, na verdade, estava ficando sem recursos para isso.

Três dias depois, na quinta-feira, 12 de dezembro, o embaixador de Churchill nos Estados Unidos, lorde Lothian, morreu abruptamente de envenenamento urêmico. Ele tinha 58 anos de idade. Adepto da ciência cristã, ele estava passando mal havia dois dias, mas recusou ajuda médica, o que levou o secretário das Relações Exteriores, Halifax, a escrever: "Mais uma vítima da ciência cristã. Vai ser muito difícil encontrar um substituto para ele."[6] Diana Cooper escreveu: "O suco de laranja e a ciência cristã acabaram com ele. Uma morte precoce, sem dúvida."[7]

Churchill viajou para Chequers naquele dia. A morte de Lothian deixou a casa numa tristeza extrema. Só Mary e John Colville jantaram com ele. Clementine, que estava com enxaqueca e a garganta inflamada, não comeu e foi direto para a cama.

O ambiente ficou ainda pior devido a uma sopa que Churchill achou inadequada a ponto de ir até a cozinha, furioso, com seu traje de dormir em tons brilhantes balançando sobre seu macacão de ataque aéreo azul-claro. Mary escreveu em seu diário: "Papai está com um humor terrível por causa da comida, e claro que eu não consegui controlá-lo & ele foi muito malcriado & saiu correndo & reclamou com o cozinheiro da sopa, que ele disse (sinceramente) estar insossa. Acho que o clima na casa azedou. Minha nossa!"[8]

Depois de um bom tempo ouvindo o pai falar sobre a má qualidade da comida em Chequers, Mary saiu da mesa; Churchill e Colville permaneceram. Aos poucos, o humor de Churchill melhorou. Tomando conhaque, ele saboreou a recente vitória na Líbia e falou como se o fim da guerra estivesse próximo. Colville foi se deitar à 1h20 da manhã.

NAQUELA NOITE, MAIS CEDO, EM LONDRES, o Gabinete de Guerra de Churchill havia se reunido sob grande sigilo para estudar uma nova tática na estratégia da RAF para bombardear alvos na Alemanha, que Churchill havia avaliado como resposta aos ataques em massa da Luftwaffe sobre Coventry e os intensos ataques posteriores contra Birmingham e Bristol. O objetivo era fazer o mesmo tipo de ataque destruidor — um "choque concentrado" — contra uma cidade alemã.

O gabinete determinou que esse ataque se basearia principalmente em bombas incendiárias e deveria ter como alvo uma cidade com alta densidade de construções que não tivesse sido atingida anteriormente pela RAF, o que garantiria que os serviços de defesa civil não contariam com experiência alguma. Bombas de alta capacidade de explosão seriam usadas para produzir crateras que dificultariam a resposta dos bombeiros. "Como o objetivo era afetar o moral do inimigo, devíamos tentar destruir a maior parte de uma cidade específica", diziam as minutas do gabinete. "Portanto, a cidade escolhida não deveria ser muito grande." O gabinete aprovou o plano, que recebeu o codinome "Abigail".[9]

Como John Colville observou em seu diário no dia seguinte, sexta-feira, 13 de dezembro: "Os escrúpulos morais do Gabinete quanto a esse tema haviam sido superados."

ROOSEVELT HAVIA RECEBIDO A CARTA DE CHURCHILL a bordo do *Tuscaloosa*. Ele a leu, mas não fez comentários sobre a impressão causada. Nem mesmo Harry Hopkins, seu amigo e confidente, que viajava com ele, conseguiu saber a reação dele. (Hopkins, com problemas de saúde, pegou uma garoupa de dez quilos, mas estava fraco demais para tirá-la da água e colocá-la no barco, e precisou passar a vara de pescar para outra pessoa.) "Por um bom tempo, eu não sabia no que ele estava pensando, se é que estava pensando em algo", disse Hopkins. "Mas aí comecei a entender que ele estava reabastecendo, como faz tantas vezes quando parece estar descansando tranquilo. Por isso não fiz nenhuma pergunta para ele. Depois, numa noite, de repente, ele disse tudo — o programa inteiro."[10]

Capítulo 62
Diretrizes

O Grupo de Observação de Massas enviou suas "diretrizes de dezembro", pedindo a seus muitos autores de diários que expressassem seus sentimentos sobre o ano que começaria.

"O que eu sinto em relação a 1941?", escreveu Olivia Cockett, uma das autoras de diário. "Parei de datilografar por dois minutos para ouvir um avião inimigo bastante barulhento. Ele jogou uma bomba que fez minhas cortinas estufarem e minha casa tremer (estou em uma cama debaixo do forro), e agora a artilharia se move, desajeitada, para tentar acertá-lo pelas costas. Há crateras no fundo do meu jardim e uma pequena bomba que nunca explodiu. Quatro janelas estão quebradas. Em uma caminhada de cinco minutos, posso ver as ruínas de dezoito casas. Tenho dois grupos de amigos morando conosco depois de suas casas serem destruídas.

"Sobre 1941, minha impressão é que devo me dar por feliz se tiver a sorte de chegar lá — e de querer chegar lá." Basicamente ela se sentia "alegre", escreveu. "Mas o que eu PENSO é diferente, penso que vamos sentir mais fome (ainda não passei fome), penso que muitos dos nossos jovens vão morrer no estrangeiro."[1]

Capítulo 63
Aquela tola e velha etiqueta de preço

Roosevelt voltou a Washington na segunda-feira, 16 de dezembro, "bronzeado, exuberante e cheio de confiança", de acordo com o redator de seus discursos, Robert E. Sherwood, dramaturgo e roteirista de cinema. O presidente convocou uma entrevista coletiva para o dia seguinte, fumando um cigarro enquanto cumprimentava os repórteres. Maldoso como sempre com a imprensa, ele disse: "Acho que não há nenhuma notícia específica". E então começou a apresentar a ideia que tivera a bordo do *Tuscaloosa*, que os historiadores mais tarde julgariam ser um dos acontecimentos mais importantes da guerra.

Ele começou dizendo: "Um número enorme de americanos não tem dúvida de que a melhor defesa no momento para os Estados Unidos é o sucesso do Reino Unido.

"Muito bem, o que estou tentando fazer é acabar com a etiqueta de preço. Essa é uma ideia absolutamente nova para todo mundo nesta sala, acho eu — acabar com aquela tola, ridícula e velha etiqueta de preço.

"Bom, deixa eu dar um exemplo", disse ele, fazendo uma analogia que deixava clara a essência da ideia dele numa história que era tanto familiar quanto fácil de compreender, algo que tinha a ver com a experiência cotidiana de inúmeros americanos. "Imagine que a casa do meu vizinho pegue fogo, e eu tenho uma mangueira que fica a 150 ou duzentos metros de distância; mas, meu Deus, se ele puder pegar minha mangueira e ligar no hidrante dele, eu posso ajudar a apagar o incêndio. Muito bem, o que eu faço? Eu não vou dizer para ele antes da operação: 'Vizinho, minha mangueira me custou 15 dólares; você precisa me pagar 15 dólares por ela.' Qual é a transação que se faz? Eu não quero 15 dólares — eu quero a minha mangueira de volta depois que o incêndio acabar. Pois bem. Se a mangueira sobreviver intacta ao incêndio, sem nenhum dano, ele me devolve e me agradece. Mas imagine que a mangueira se estrague — fure — durante o incêndio; não precisamos ter grande formalidade quanto a isso, mas eu digo para ele: 'Que bom que pude emprestar aquela mangueira; vejo que não tem mais como usar, ela ficou toda furada.'

"Ele pergunta: 'Quantos metros tinha a mangueira?'

"Eu respondo: 'Eram cinquenta metros.'

"Ele diz: 'Tudo bem, vou comprar outra para você.'"

Isso se tornou o ponto central de uma lei apresentada ao Congresso pouco depois, com o número H.R. 1776, e intitulada "Projeto de Lei para Promover a Defesa dos Estados Unidos e para Outros Propósitos", que logo receberia seu apelido duradouro, a Lei de Empréstimo e Arrendamento [Land-Lease]. Um ponto central da proposta era a ideia de que seria de interesse dos Estados Unidos oferecer aos britânicos, ou a qualquer aliado, toda a ajuda necessária, pudessem eles pagar ou não.

O projeto logo encontrou bastante resistência de senadores e deputados, que acreditavam que isso levaria os Estados Unidos para a guerra, ou conforme a previsão vívida de um oponente — que também utilizou uma analogia que ressoaria no coração dos Estados Unidos —, isso resultaria em "sepultar um quarto dos garotos americanos". O comentário enfureceu Roosevelt, que considerou essa "a coisa mais inverídica, mais ignóbil e antipatriótica dita na vida pública na minha geração".

No Natal de 1940, não havia nenhuma dúvida de que a ideia de Roosevelt chegaria a ser algo além de uma ideia.

HARRY HOPKINS FICOU MAIS CURIOSO quanto a Churchill. De acordo com Sherwood, o poder de convencimento que a carta do primeiro-ministro teve sobre Roosevelt fez surgir em Hopkins "um desejo de conhecer Churchill e descobrir até onde ele se resumia a mera grandiloquência, e quanto dessa persona era para valer".

Logo Hopkins teria essa chance e, no processo, apesar de seus problemas de saúde e de seu corpo frágil, moldaria a trajetória da guerra — enquanto passava grande parte de seu tempo morrendo de frio na Londres assolada pelas bombas.

Capítulo 64
Um Sapo no portão

Com o trabalho de Churchill para seduzir Roosevelt numa fase tão sensível, a escolha de um embaixador para substituir lorde Lothian se tornou uma questão decisiva. A astúcia instintiva de Churchill dizia que a morte de Lothian poderia, na verdade, oferecer uma oportunidade para fortalecer o comando que ele exercia sobre seu próprio governo. Banir homens para postos distantes era uma tática eficaz que Churchill conhecia bem, para tirar a voz de divergências políticas. Dois homens se destacavam como possíveis fontes de oposição, o ex-primeiro-ministro Lloyd George e o secretário das Relações Exteriores de Churchill, lorde Halifax, que perdera para Churchill o cargo de primeiro-ministro.

O fato de ele ter inicialmente escolhido Lloyd George dentre os dois sugere que ele o via como uma ameaça mais imediata e mais séria. Churchill enviou lorde Beaverbrook como intermediário para oferecer o cargo. Era uma situação estranha para lorde Beaverbrook, pois ele próprio gostaria de ter sido escolhido como embaixador nos Estados Unidos, porém Churchill acreditava que ele era um ativo valioso demais, tanto como ministro da Produção de Aeronaves quanto como amigo, confidente e conselheiro. Lloyd George recusou a oferta, citando a preocupação de seu médico com sua saúde. Afinal, ele estava com 77 anos.

No dia seguinte, terça-feira, 17 de dezembro, Churchill mais uma vez convocou Beaverbrook, dessa vez para discutir a possibilidade de enviar Halifax para Washington, e ele novamente recorreu a Beaverbrook para fazer a oferta, ou pelo menos para propor a ideia. O que Churchill claramente sabia, em função da longa amizade entre eles, é que Beaverbrook tinha habilidade para conseguir que os outros fizessem o que ele queria, e sentia prazer nisso. O biógrafo de Halifax, Andrew Roberts, chamou Beaverbrook de "um conspirador nato". O biógrafo do próprio Beaverbrook, A. J. P. Taylor, escreveu: "Não havia nada de que Beaverbrook gostasse mais na política do que transferir pessoas de um cargo para outro ou de especular como fazer isso."[1]

Oferecer o cargo para Halifax exigia certa brutalidade. Sob qualquer aspecto, o posto era um rebaixamento, independente de quão importante fosse para o Reino Unido conseguir uma eventual participação dos Estados Unidos na guerra. Mas Churchill também sabia muito bem que, caso seu próprio governo fracassasse, o rei provavelmente pediria a Halifax que o substituísse, uma vez que já havia anteriormente demonstrado preferência por ele. E esse era exatamente o motivo pelo qual Churchill decidiu que Halifax precisava ir, e por isso mandara Beaverbrook propor que ele o fizesse.

NA TERÇA-FEIRA, 17 DE DEZEMBRO, depois de fazer uma transmissão na BBC, Beaverbrook foi até o Ministério das Relações Exteriores para se encontrar com Halifax, que imediatamente levantou a guarda. Ele sabia que Beaverbrook vivia para fazer intrigas e vinha travando uma guerra de bastidores contra ele. Beaverbrook ofereceu a ele o cargo, falando em nome de Churchill. Em seu diário na noite daquela terça, Halifax expressou incerteza se Churchill de fato acreditava que ele era a melhor escolha ou se meramente o queria fora do Ministério das Relações Exteriores, fora de Londres.

Halifax não queria ir e disse isso a Beaverbrook, mas Beaverbrook disse a Churchill que Halifax respondeu "sim", sem hesitar. O biógrafo Roberts escreveu: "Ele voltou a se encontrar com Churchill e apresentou uma história totalmente inventada sobre a reação de Halifax à oferta."[2]

Churchill e Halifax se encontraram às 11h40 da manhã seguinte para tratar de um assunto não relacionado, durante o qual Halifax explicou sua relutância. Ele o fez de novo no dia seguinte, quinta-feira, 19 de dezembro. A conversa foi tensa. Halifax tentou convencer Churchill que mandar o secretário das Relações Exteriores a Washington como embaixador poderia parecer um ato de desespero — ou que ele estava se esforçando demais para agradar a Roosevelt.

Halifax voltou para o Ministério das Relações Exteriores com a impressão de que tinha conseguido se livrar da nomeação. Mas ele estava errado.

COM A CHEGADA DO INVERNO, a ameaça imediata de invasão diminuía, embora ninguém duvidasse de que isso fosse apenas um alívio temporário. Um outro perigo, mais amorfo, tomava seu lugar. À medida que a Luftwaffe expandia seus ataques e tentava replicar o ataque a Coventry em outras cidades britânicas, o problema do moral da população vinha à tona. Londres até ali se mostrara resiliente, porém Londres era uma cidade imensa, imune à nova tática de aniquilação da Luftwaffe. Será que o resto do país se mostraria tão resistente caso mais cidades passassem por uma "coventrificação"?

O ataque a Coventry tinha abalado decisivamente a cidade, derrubando o moral. O Serviço de Inteligência Doméstica observou que "o efeito de choque foi maior em Coventry do que no East End [de Londres] ou em qualquer outra área de bombardeio previamente estudada".[3] Novos ataques subsequentes em Southampton, igualmente intensos, também acabaram com o equilíbrio psicológico da população. O bispo de Winchester, cuja diocese abrangia a cidade, observou que a população estava "com o ânimo abatido depois das noites terríveis de insônia. Todos os que podem estão deixando a cidade". Toda noite, centenas de moradores saíam da cidade e dormiam em seus carros ao ar livre, em área afastadas, antes de voltar para trabalhar no dia seguinte. "No momento", relatou o bispo, "o moral desabou". Depois de uma série de ataques a Birmingham, o cônsul americano na cidade escreveu a seus superiores em Londres dizendo que, embora não tivesse visto sinais de deslealdade ou de derrotismo entre os habitantes, "dizer que a saúde mental não está sendo abalada pelo bombardeio seria bobagem".[4]

Esses novos ataques ameaçavam causar o colapso total do moral no país, que os responsáveis pelo planejamento da defesa temiam havia tanto tempo, e assim acirrar os ânimos a ponto de ameaçar o governo de Churchill.

A chegada do inverno tornou o problema ainda mais grave, pois a estação multiplicava as provações diárias impostas pela campanha aérea alemã.

O inverno trouxe chuva, neve, frio e vento. O Grupo de Observação de Massas pediu às pessoas que anotassem os fatores que mais as deprimiam, e elas puseram o clima no topo da lista. A chuva pingava dos telhados perfurados por estilhaços; o vento cortante passava pelas janelas quebradas. Não havia vidro para fazer a reposição. As interrupções frequentes no fornecimento de eletricidade, combustível e água deixavam as casas sem aquecimento e seus moradores sem meios de se limparem todos os dias. As pessoas continuavam tendo de ir trabalhar; os filhos continuavam indo para a escola. As bombas derrubavam o serviço de telefonia por dias a fio.

O que mais perturbava a vida das pessoas, no entanto, era o blecaute. O blecaute tornava tudo mais difícil, especialmente agora, no inverno, quando a latitude da Inglaterra, ao norte, causava a usual expansão da noite. Sempre no mês de dezembro, o Grupo de Observação de Massas também pedia a seus autores de diários que enviassem um ranking dos inconvenientes causados pelos bombardeios que mais os incomodavam. O blecaute sempre ficava em primeiro lugar, com o transporte em segundo, embora esses fatores frequentemente estivessem ligados entre si.[5] Os danos causados pelas bombas transformavam simples deslocamentos em sofrimentos com horas de duração, e forçavam os trabalhadores a se levantar ainda mais cedo em meio à escuridão, andando aos tropeções em ambientes iluminados à vela a fim de se prepararem para o trabalho. Os trabalhadores seguiam às pressas para casa no fim do dia para fechar as janelas antes do período noturno designado para o blecaute, um tipo de tarefa completamente novo. Isso levava tempo: estimava-se que meia hora por noite — mais se a casa tivesse muitas janelas, e dependendo de como se fazia isso. O blecaute tornou a época do Natal ainda mais sombria. As luzes de Natal foram proibidas. As igrejas com luzes que não podiam ser facilmente apagadas cancelaram seus serviços noturnos.

O blecaute também impôs novos perigos. Passou a ser rotina as pessoas baterem seus carros em postes de luz ou trombarem suas bicicletas em obstáculos. As cidades usavam tinta branca para tentar reduzir os problemas mais óbvios, pintando meios-fios, degraus e, nos carros, os degraus ao lado das portas e os parachoques. Árvores e postes de luz receberam anéis de tinta branca. E a polícia fazia os motoristas obedecerem a limites de velocidade especialmente designados para o blecaute, aplicando 5.935 multas no ano. As pessoas, porém, continuavam batendo seus carros em paredes, tropeçando em obstáculos e esbarrando umas nas outras. Dr. Jones, o homem da Inteligência do Ministério do Ar que descobriu os raios de navegação secretos dos alemães, descobriu o valor da tinta branca — ou melhor, os perigos de sua ausência. Ao dirigir por Londres à noite após uma palestra em Bletchley Park, ele bateu em um caminhão parado na estrada. A traseira do caminhão tinha sido pintada de branco, mas a lama não deixou a tinta visível. Jones estava apenas a oitenta quilômetros por hora, mas foi jogado através do para-brisas e lacerou a testa. Autoridades de Liverpool consideraram o blecaute responsável pela morte de quinze trabalhadores das docas, que morreram afogados.

Mas o blecaute também era motivo de humor. Os materiais explicativos usados nas janelas dos trens se transformaram em "cadernos de rascunhos", segundo Olivia Cockett, autora de diário do Grupo de Observação de Massas. Ela observou que alguém havia alterado o aviso "Persianas devem permanecer abaixadas depois do pôr do sol" para "Loiras devem permanecer abaixadas depois do pôr do sol", o que foi corrigido depois para "Calcinhas devem permanecer abaixadas depois do pôr do sol".[6] Para aliviar um pouco o blecaute e outros novos fardos da vida, Cockett apelou para o tabaco. "Um novo hábito desde o começo da guerra — <u>gostar</u> de cigarros", escreveu ela. "Eu fumava de vez em quando, mas agora são três ou quatro por dia regularmente, e com prazer! Tragar faz toda a diferença, assim como o prazer da nicotina, que por um ou dois segundos separa a mente da pessoa de seu corpo a cada tragada."[7]

Imaginava-se que a maior ameaça ao moral em Londres viesse das dezenas de milhares de cidadãos expulsos de casa pelos bombardeios ou forçados a morar em abrigos públicos, cujas condições estavam sendo amplamente criticadas.

As reclamações crescentes levaram Clementine Churchill a ir aos abrigos ver com os próprios olhos, muitas vezes acompanhada por John Colville. Ela começou visitando aquilo que acreditava ser uma "amostra representativa justa" dos abrigos.

Na quinta-feira, 19 de dezembro, por exemplo, ela visitou abrigos em Bermondsey, um distrito industrial que, no século anterior, fora sede de um célebre cortiço, a Ilha de Jacó, onde Charles Dickens, em *Oliver Twist*, matou o malvado Bill Sikes. O que Clementine viu foi repulsivo. Os moradores dos abrigos passavam "talvez catorze das 24 horas em condições realmente terríveis de frio, umidade, sujeira, escuridão e fedor", escreveu ela em bilhetes para o marido. Os piores abrigos escapavam de reformas porque as autoridades achavam que eles eram horrorosos a ponto de não ter solução, mas consideravam que eram necessários demais para serem fechados imediatamente. Como consequência, Clementine descobriu, eles só pioravam.[8]

Um dos objetos da ira dela foi o modo como os abrigos, ao tentarem se adaptar aos bombardeios noturnos por meio da instalação de acomodações permanentes para dormir, esforçavam-se para entulhar o máximo de camas no espaço reservado para isso, fazendo uso de beliches de três andares. "Quanto mais você olha para esses beliches de três andares", escreveu Clementine, "piores eles parecem. Eles são, evidentemente, muito estreitos; mais quinze centímetros teriam feito toda a diferença entre um grande desconforto e um conforto relativo".

Os beliches também eram curtos demais. Pés encostavam em outros pés; pés encostavam em cabeças; cabeças encostavam em cabeças. "No caso de cabeças tocando umas nas outras, existe um grande risco de disseminação de piolhos", escreveu Clementine. E os piolhos eram um problema sério. Embora fosse de esperar que surgissem piolhos — "guerra resulta em piolhos", escreveu ela —, a presença deles aumentava o potencial para surtos de tifo e de febre das trincheiras. "Parece que, se essas doenças surgissem, se espalhariam como um incêndio pela população mais pobre de Londres", observou ela. "Se houvesse uma grande mortalidade entre os trabalhadores, a produção de guerra seria significativamente diminuída."

De longe, a pior característica dos beliches de três andares, na opinião de Clementine, era o espaço vertical limitado entre os andares. "Fico pensando como as pessoas não morrem de falta de ar", escreveu. "Nos casos em que mães dormiam com os filhos, a cama devia ser intolerável, uma vez que o bebê precisa dormir sobre a mãe, pois o colchão é estreito demais para ele dormir ao lado dela." Ela receava que muitos outros beliches de três andares tivessem sido encomendados e perguntou a Churchill se essas encomendas podiam ser suspensas até que as camas fossem redesenhadas. Quanto aos beliches já instalados, a solução, segundo ela, era simplesmente remover o andar do meio. Isso, disse ela, teria o "efeito satisfatório" de reduzir em um terço a quantidade de pessoas amontoadas nos piores abrigos.

A maior preocupação dela era com a questão sanitária. Ela ficou horrorizada ao saber que havia pouquíssimos banheiros nos abrigos e que, em geral, as condições sanitárias eram terríveis. Os relatórios de Clementine revelam não apenas uma disposição para ir a domínios a que ela não estava acostumada, como também um olho para detalhes dickensianos. As latrinas, escreveu ela, "frequentemente ficam entre os beliches e têm cortinas de lona curtas demais, que não cobrem a abertura. Essas cortinas muitas vezes ficam imundas na parte de baixo. As latrinas deveriam ficar longe dos beliches e as entradas deviam ficar viradas para uma parede, a fim de garantir um pouco de privacidade". As piores condições que ela encontrou ficavam na Philpot Street, na sinagoga de Whitechapel, "onde as pessoas dormiam exatamente de frente para as latrinas, com os pés quase dentro das cortinas de lona e com um fedor insuportável".

Ela recomendava que o número de latrinas fosse duplicado ou triplicado. "Isso é fácil", observou ela, "pois trata-se basicamente de baldes". Ela observou que essas latrinas eram, muitas vezes, colocadas sobre solo poroso, no qual os resíduos se infiltravam e se acumulavam. Uma solução, escreveu ela, seria colocar as latrinas "sobre grandes folhas de estanho com bordas dobradas para cima, como bandejas. Essas bandejas de lata poderiam ser lavadas". Deveriam ser instaladas latrinas separadas para crianças, com baldes mais baixos, escreveu ela. "Os baldes comuns são muito altos para elas." E ela achava que os baldes recebiam pouca atenção. "Os baldes deveriam, evidentemente, ser esvaziados antes de encher, mas em alguns lugares, segundo me disseram, isso só é feito a cada 24 horas, o que não é rápido o suficiente."

Ela ficou especialmente chocada ao descobrir que, com frequência, as latrinas não eram iluminadas. "A escuridão meramente esconde e, é claro, incentiva a sujeira."

As chuvas de inverno e o frio pioravam as condições. Em suas visitas aos abrigos, ela encontrou "água pingando do telhado e se infiltrando nas paredes e no piso". Ela disse ter ouvido exemplos de pisos de terra que viraram lama e de água se acumulando a ponto de precisar ser bombeada.

Ela tratou de um outro problema: a maior parte dos abrigos não tinha provisões para fazer chá. "Para isso", escreveu, "o mínimo seria uma tomada elétrica e um bule".

Ela disse a Churchill acreditar que o problema com os piores abrigos era o fato de a responsabilidade ser dividida entre muitos órgãos, havendo sobreposição de autoridade — como resultado, nada era feito. "O único jeito de arrumar as coisas é ter uma única autoridade para a segurança, a saúde e tudo o mais", escreveu ela em uma breve minuta na qual se dirigiu ao marido não como Winston, mas como "primeiro-ministro". "A divisão de autoridade é o que está impedindo as melhorias."

As investigações dela surtiram efeito. Churchill, sabendo que a opinião pública sobre os abrigos influenciaria a avaliação de seu governo, fez da reforma dos abrigos uma prioridade para o ano seguinte. Numa minuta para o ministro da Saúde e para o secretário do Interior, ele escreveu: "É hora de começar uma melhoria radical nos abrigos, para que no próximo inverno possa haver mais segurança, conforto, calor, luz e conveniências para todos que usam esses serviços."[9]

O fato de que os abrigos continuariam sendo necessários no fim de 1941 era, para Churchill, uma certeza.

NA MANHÃ DE SEXTA-FEIRA, 20 de dezembro, o subsecretário de Halifax, Alexander Cadogan, encontrou Halifax no escritório de Relações Exteriores, e juntos foram à Abadia de Westminster assistir ao memorial em homenagem a lorde Lothian. Cadogan anotou em seu diário que a esposa de Halifax já estava sentada e nitidamente contrariada. "Furiosa", escreveu ele. Ela queria falar pessoalmente com Churchill.[10]

Depois do memorial, ela e o marido partiram para a casa do primeiro-ministro em Downing Street. Mal contendo sua raiva, ela disse a Churchill que, caso mandasse o marido dela para os Estados Unidos, ele estaria perdendo um colega leal que poderia angariar fortes aliados para lhe dar apoio durante uma crise política. Ela suspeitava que Beaverbrook estivesse por trás disso.

Halifax, observando perplexo, escreveu que Churchill não poderia ter sido mais gentil, mas "ele e Dorothy, sem dúvida, estavam falando idiomas diferentes". Halifax mais tarde escreveu para o ex-primeiro-ministro Stanley Baldwin: "Você consegue imaginar como meus sentimentos estão confusos. Não acredito que seja exatamente meu tipo de país e nunca gostei dos americanos, exceto os excêntricos. No geral, eles sempre me pareceram pavorosos!"

Na segunda-feira, 23 de dezembro, o negócio estava fechado, a nomeação estava anunciada, o substituto de Halifax como secretário das Relações Exteriores estava escolhido. Anthony Eden seria seu sucessor. Em uma reunião de gabinete ao meio-dia, Churchill falou sobre sua gratidão a Halifax por aceitar uma missão tão vital. Cadogan também estava presente. "Levantei os olhos e vi que Beaverbrook estava na minha frente, feliz da vida, radiante e quase dando piscadelas."[11]

O rei tentou consolar Halifax quando ele o visitou no Castelo de Windsor na véspera do Natal. "Ele estava bastante infeliz com a ideia de partir daqui agora & perplexo com o que podia ocorrer caso algo acontecesse com Winston", anotou o rei em seu diário. "A equipe não era forte sem um líder

& havia alguns esquentadinhos no gabinete. Eu disse que sempre havia a possibilidade de ele ser chamado de volta. Para ajudá-lo, sugeri que o posto de embaixador nos Estados Unidos era mais importante neste momento do que o cargo de ministro das Relações Exteriores aqui."[12]

Isso não era um grande alívio para Halifax, que àquela altura compreendia não só que sua remoção do cargo de ministro das Relações Exteriores era uma recompensa por ele ser visto como provável sucessor de Churchill, mas também que o arquiteto por trás da execução do plano era de fato — para usar o apelido favorito dele para Beaverbrook — o "Sapo".

Capítulo 65
Weihnachten

A RESILIÊNCIA DE CHURCHILL seguia deixando perplexos os líderes alemães. "Quando essa criatura vai finalmente se render?", escreveu em seu diário o chefe da Propaganda, Joseph Goebbels, depois de fazer anotações sobre o mais recente ataque ao estilo de Coventry, contra Southampton, e o naufrágio de mais cinquenta mil toneladas de navios dos Aliados. "A Inglaterra não pode resistir eternamente!" Ele prometeu que os ataques aéreos continuariam "até a Inglaterra se ajoelhar e implorar pela paz".[1]

Mas a Inglaterra parecia longe de fazer isso. A RAF fez uma sucessão de ataques aéreos contra alvos na Itália e na Alemanha, entre eles um ataque contra Mannheim com mais de cem bombardeiros, que matou 34 pessoas e destruiu ou danificou cerca de quinhentas estruturas. (Esse foi o ataque da Operação Abigail em retaliação por Coventry.) Esse ataque em si não foi particularmente problemático para Goebbels, que o chamou de "facilmente suportável". O que ele achava desconcertante, no entanto, era a Inglaterra continuar se sentindo suficientemente confiante para fazer o ataque e que a RAF fosse capaz de reunir tantas aeronaves. Bombardeiros também atacaram Berlim, levando Goebbels a escrever: "Parece que os ingleses voltaram a ter um bom momento."[2]

Era mais vital do que nunca fazer com que Churchill, de algum modo, saísse da guerra. Em 18 de dezembro, Hitler emitiu a Diretriz nº 21, "Caso Barbarossa", sua ordem formal aos generais para começar a planejar a invasão da Rússia. A diretriz começava assim: "As Forças Armadas alemãs devem estar preparadas, mesmo antes da conclusão da guerra contra a Inglaterra, *para esmagar a Rússia em uma campanha rápida.*" Os itálicos eram de Hitler. A diretriz detalhava os papéis que deveriam ser desempenhados pelo Exército alemão, pela Força Aérea e pela Marinha — especialmente pelas unidades blindadas —, e traçava a ocupação de Leningrado e Kronstadt, assim como, mais adiante, de Moscou. "O grosso do exército russo estacionado na Rússia Ocidental deve ser destruído por operações ousadas, lideradas por pontas de lança blindadas que penetrem profundamente."[3]

Hitler orientou seus comandantes a produzir planos e cronogramas. Era crucial que a campanha começasse logo. Quanto mais a Alemanha adiasse, mais tempo a Rússia teria para ampliar seu Exército e sua Força Aérea e a Inglaterra para recuperar sua força. As forças alemãs deviam estar prontas em 15 de maio de 1941.

"É de importância fundamental", dizia a diretriz, "que nossa intenção de atacar não seja divulgada". Durante os preparativos, a Luftwaffe deveria continuar com os ataques à Inglaterra sem qualquer limitação.

GOEBBELS, ENQUANTO ISSO, temia a decadência moral. Além de liderar o programa de propaganda da Alemanha, ele era ministro da Cultura Popular, e via como sua missão eliminar forças que ameaçassem minar a moralidade pública. "Não deve haver dançarinas de strip-tease em áreas rurais, em cidades pequenas ou na frente de soldados", disse ele em uma das reuniões com a equipe de propaganda em dezembro.[4] Pediu que seu assistente, Leopold Gutterer, um sujeito de 39 anos com cara de bebê, escrevesse uma circular dirigida a todos os *compères*, mestres de cerimônias de cabarés e congêneres. "A circular deve ter a forma de um alerta final categórico, proibindo que os *compères* façam piadas políticas ou usem piadas eróticas lascivas em seus números."

Goebbels também pensava no Natal. Os alemães adoravam o Natal — *Weihnachten* — mais do que qualquer outro feriado. Eles vendiam árvores de Natal em todas as esquinas, cantavam em corais, dançavam e bebiam demais. Ele alertou seus subalternos contra a criação de "uma atmosfera sentimental de Natal" e condenou a choradeira e a melancolia que os feriados cristãos causavam. Aquilo era "pouco adequado à postura militar e contrário ao espírito alemão", disse ele, e não se deveria permitir que aquilo se estendesse por todo o período do Advento. "Isso deve ficar restrito exclusivamente à véspera de Natal e ao dia de Natal", disse ele ao grupo. E mesmo assim, completou, o Natal devia ser moldado pelo contexto da guerra. "Uma atmosfera marcada por uma árvore de Natal caindo aos pedaços durante várias semanas não é compatível com o espírito militante do povo alemão."[5]

Em sua casa, no entanto, Goebbels estava atolado, e nada infeliz por isso, nos preparativos para o feriado. Ele e a esposa, Magda, tinham seis filhos, todos com nomes iniciado com *H*: Helga, Hildegard, Helmut, Holdine, Hedwig e Heidrun, a última com apenas um mês e meio de idade. O casal também tinha um filho mais velho, Harald, do casamento anterior de Magda. As crianças estavam empolgadas, assim como Magda, "que só pensa no Natal", escreveu Goebbels.

Diário, 11 de dezembro: "Bastante trabalho com pacotes e presentes de Natal. Preciso distribuí-los para 120 mil soldados e artilheiros só em Berlim. Mas gosto disso. E depois, todos os compromissos pessoais. Esse tipo de compromisso só aumenta a cada ano."[6]

13 de dezembro: "Escolher presentes de Natal! Fazer arranjos de Natal com Magda. As crianças estão um doce. Infelizmente, sempre um ou outro deles está doente."

Em 22 de dezembro, dois ataques aéreos da RAF expulsaram a família para um abrigo até as sete da manhã. "Não é agradável para as crianças, algumas delas ainda estão doentes", escreveu Goebbels. "Só duas horas de sono. Estou muito cansado." Não cansado demais, porém, para pensar em seu passatempo predileto. "Uma lei relativa aos judeus foi aprovada pelo Sobranje [o Parlamento búlgaro]", escreveu ele. "Não é uma medida radical, mas não deixa de ser alguma coisa. Nossas ideias estão caminhando por toda a Europa, mesmo sem serem obrigatórias."

No dia seguinte, bombardeiros da RAF mataram 45 berlinenses.

"Perdas tão consideráveis, afinal", escreveu Goebbels na véspera do Natal.

Ele autorizou um bônus de Natal para seus colegas. "Eles devem ter algum tipo de compensação por todo o trabalho e dedicação incessante."

COM A RÚSSIA NO HORIZONTE DE HITLER, o vice de Hitler, Rudolf Hess, estava mais ansioso que nunca para arquitetar um acordo com a Inglaterra e satisfazer o "desejo" de seu *Führer*. Ele ainda não tinha recebido uma resposta do duque de Hamilton, na Escócia, mas continuava esperançoso.

Uma ideia ocorreu a Hess, e, em 21 de dezembro, seu avião estava pronto no aeródromo das Oficinas da Messerschmitt em Augsburgo, perto de Munique, ainda que houvesse mais de meio metro de neve no chão.[7]

A aeronave era um Messerschmitt Me 110, um caça-bombardeiro bimotor modificado para voos de longa distância. Normalmente, ele transportava dois homens, mas podia facilmente voar com apenas um. Hess era um piloto habilidoso; no entanto, precisou aprender as peculiaridades do Me 110 e teve aulas com um instrutor. Depois de se mostrar capaz, ele teve direito a usar com exclusividade um modelo novinho em folha, um privilégio concedido por ser, afinal de contas, o vice de Hitler e, dependendo do ponto de vista, o segundo ou o terceiro homem mais poderoso do Terceiro Reich. O poder, porém, tinha limites: a primeira escolha de Hess, um monomotor Me 109, foi negada. Ele manteve seu novo avião no aeródromo de Augsburgo e voava frequentemente com ele. Ninguém questionava — pelo menos não abertamente — por que uma autoridade tão graduada ia querer fazer isso, nem por que ele continuava pedindo modificações adicionais na aeronave que aumentavam sua autonomia, nem por que ele continuava pedindo à sua secretária as mais recentes informações sobre as condições climáticas para aviação sobre as Ilhas Britânicas.

Ele conseguiu um mapa da Escócia e o colocou na parede de seu quarto, para memorizar elementos destacados do terreno. Delineou uma zona montanhosa em vermelho.

Então, em 21 de dezembro, com a neve retirada da pista, Hess decolou.

Três horas depois, ele estava de volta. Em algum ponto durante o voo, a pistola do sinalizador de emergência ficou presa nos cabos que controlavam os estabilizadores verticais do avião, os dois lemes verticais na cauda, fazendo com que eles travassem. O fato de ele ter conseguido pousar, ainda mais naquelas condições de neve, provaram sua habilidade como piloto.

Capítulo 66
Rumores

À MEDIDA QUE O NATAL SE APROXIMAVA, os rumores aumentavam. Ataques aéreos e a ameaça de invasão deixavam terreno fértil para a propagação de histórias falsas. Para lutar contra elas, o Ministério da Informação operava um Gabinete de Combate às Mentiras, para responder à propaganda alemã, e um Gabinete de Combate aos Rumores, para lidar com boatos de origem local. Alguns eram detectados pelo Gabinete de Censura Postal, que lia as cartas das pessoas e escutava suas conversas ao telefone; gerentes de quiosques de livros de propriedade de W. H. Smith também relatavam boatos. Qualquer um que estivesse disseminando histórias falsas podia ser multado ou, em casos escandalosos, preso.[1] Os rumores eram os mais variados:

— Nas ilhas Orkney, nas Shetlands, em Dover e em outros lugares, foram interceptadas cartas relatando que milhares de corpos tinham sido levados pelo mar até a praia depois de uma tentativa de invasão. Esse boato foi particularmente persistente.

— Contava-se que paraquedistas alemães vestidos de mulher tinham aterrissado em Leicestershire, nas Midlands, e em Skegness, na costa do mar do Norte. Provou-se que isso não era verdade.

— Acreditava-se que aviões alemães estavam jogando teias de aranha venenosas. "Esse boato está morrendo rapidamente", relatou o Serviço de Inteligência Doméstica.

— Um boato que circulava por Wimbledon dizia que "o inimigo se prepara para usar uma bomba altamente explosiva de dimensões apavorantes, destinada a varrer do mapa os subúrbios". Um oficial escreveu: "Tenho informações confiáveis de que isso tomou a imaginação dos moradores de Wimbledon de maneira pouco saluta." A tal bomba não existia.

— Um rumor particularmente macabro, e comum, que circulou durante a semana anterior ao Natal, afirmava que "grandes quantidades de cadáveres em abrigos públicos bombardeados permaneceriam lá, e que os abrigos seriam fechados com tijolos para formar catacumbas coletivas". Esse boato também se mostrou persistente, reencarnando novamente após cada ataque aéreo.

Capítulo 67
Natal

O Natal estava na cabeça de todo mundo. O feriado era importante para o moral. Churchill decidiu que a RAF não devia realizar nenhum bombardeio contra a Alemanha na véspera nem no Natal, a não ser que a Luftwaffe atacasse a Inglaterra primeiro. Colville sentiu-se sobrecarregado para tratar da "questão problemática" levantada na Câmara dos Comuns, que debatia se o costume de fazer soar os sinos das igrejas no Natal deveria ser suspenso, uma vez que o toque dos sinos era o sinal combinado para caso houvesse uma invasão. De início, Churchill recomendou que os sinos tocassem. Ele mudou de ideia depois de falar com o comandante das Forças Armadas, general Brooke.

Àquela altura, Colville tinha preparado aquilo que considerava ser um forte argumento a favor do uso dos sinos, porém recuou, anotando em seu diário que "a ideia de que a responsabilidade seria minha caso algum desastre ocorresse no Dia de Natal me fez parar".

Colville e os demais secretários particulares, depois de terem trabalhado várias noites até as duas da manhã, esperavam ter uma semana de folga para o feriado. O secretário principal, Eric Seal, escreveu uma minuta pedindo delicadamente essa permissão. O pedido "enfureceu" Churchill, segundo Colville.

À maneira Scrooge, Churchill rabiscou um "Não" no próprio documento. Ele disse a Seal que o plano dele para o feriado, que caía numa quarta-feira, era passar o dia ou em Chequers ou em Londres, trabalhando "continuamente". Ele esperava, segundo escreveu, "que o recesso pudesse ser usado não só para resolver pendências, mas também lidar com os novos problemas de maneira mais detalhada".

Ele concedeu, porém, que cada membro de sua equipe tivesse uma semana de folga entre o Natal e 31 de março, desde que fossem "bem espaçadas".

Na véspera de Natal, à tarde, ele autografou exemplares de seus livros para dar de presente a Colville e aos outros secretários. Também enviou presentes de Natal para o rei e a rainha. Para o rei, ele deu um macacão de abrigo antiaéreo igual ao dele, e para a rainha, um exemplar do famoso guia da língua inglesa que Henry Watson Fowler publicou em 1926, *A Dictionary of Modern English Usage*.[1]

Enquanto isso, os secretários particulares se esforçavam à procura de um presente adequado para a esposa de Churchill. Apesar da guerra e da ameaça dos ataques aéreos, as ruas comerciais de Londres estavam lotadas, embora as lojas estivessem com o estoque baixo. O general Lee, um observador americano, escreveu em seu diário: "Pode não haver muitas mercadorias nas lojas e muita gente pode ter saído de Londres, mas tentar comprar alguma coisa hoje foi como nadar contra a correnteza do Niágara. As ruas estavam cheias de gente, tanto a pé quanto de carro."[2]

Os secretários inicialmente pensaram em dar flores para Clementine, mas descobriram que os floristas estavam com poucas opções, e nenhuma era apropriada. "Aparentemente", escreveu John Martin em seu diário, "aqueles vasos de jacintos que costumávamos ver no Natal vinham da Holanda" — e a Holanda estava então sob rigoroso controle alemão. Depois, pensaram em chocolate. Também nesse caso as lojas estavam praticamente vazias, "mas no final acabamos encontrando uma que conseguiu montar uma caixa grande". Sem dúvida, o fato de a pessoa que receberia o presente ser a esposa do primeiro-ministro ajudou.[3]

Churchill partiu para Chequers, desejando enquanto saía, "Um Natal ativo e um ano-novo frenético!"[4]

Claro que foi na véspera de Natal, com neve caindo e os céus noturnos tranquilos, que Colville ouviu pela primeira vez o boato de que sua amada Gay Margesson havia ficado noiva de Nicholas "Nicko" Henderson, que, décadas mais tarde, se tornaria embaixador britânico nos Estados Unidos. Colville fingiu não se importar. "Mas isso me angustiou e me deixou preocupado, embora eu esteja bastante confiante de que Gay não vai fazer nenhum movimento súbito — ela é indecisa demais."[5]

Ele não conseguia entender por que continuava apaixonado por Gay, sendo tão baixas as probabilidades de que um dia ela corresponderia a seus sentimentos. "É comum que eu a despreze por suas falhas de caráter, pela falta de formalidade, pelo egoísmo e pela tendência a um derrotismo moral e mental. Então, digo a mim mesmo que é tudo egoísmo da minha parte, que encontro defeitos nela como disfarce para a falta de interesse que ela demonstra por mim, que em vez de tentar ajudá-la — como eu deveria fazer, caso realmente a amasse —, fico buscando alívio para meus sentimentos no rancor ou no desprezo."

E acrescentou: "Quem dera eu compreendesse meus sentimentos."

Havia algo em Gay que a tornava diferente de qualquer outra mulher que ele conhecia. "Às vezes, acho que eu devia me casar; porém, como posso pensar nisso quando a possibilidade de me casar com Gay, embora remota, continua existindo? Só o tempo pode resolver esse problema, e a paciência!"

NAQUELA NOITE, BEM TARDE, lorde Beaverbrook descobriu que um dos homens de sua equipe que ele mais valorizava ainda estava em seu gabinete. O sujeito trabalhava seis ou sete dias por semana, chegando de manhã antes do nascer do sol, saindo depois de escurecer, e permanecendo em sua mesa mesmo depois de as sirenes alertarem sobre um ataque iminente. E ali estava ele na véspera de Natal.

Depois de bastante tempo, o sujeito se levantou e saiu da sala para ir ao banheiro antes de ir embora.

Quando voltou, havia um pequeno pacote em sua mesa. Ele o abriu e encontrou um colar.

Havia também um bilhete de Beaverbrook: "Sei o que a sua esposa deve estar sentindo. Por favor, dê a ela junto com um abraço de minha parte. Este colar pertenceu à *minha* esposa." E assinou com um "B".[6]

PARA MARY CHURCHILL, foi um Natal de alegria inesperada e ímpar. A família toda — incluindo Nelson, o gato — se reuniu em Chequers, a maior parte chegando na véspera do Natal. O marido de Sarah Churchill, Vic Oliver, de quem Churchill não gostava, também apareceu. Foi uma rara ocasião sem visitas oficiais. A decoração natalina animou a casa: "O grande salão escuro ficou cintilante com a árvore iluminada e decorada", escreveu Mary em seu diário.[7] A lareira estava acesa em todas as grades do sistema de calefação. Soldados patrulhavam o terreno com rifles e baionetas, exalando vapor no ar frio da noite, e vigias congelavam no telhado tentando localizar aeronaves. Contudo, exceto por isso, a guerra tinha silenciado, com a véspera e o dia de Natal livres de batalhas aéreas ou marítimas.

Na manhã de Natal, Churchill tomou café na cama, com Nelson debaixo das cobertas, enquanto examinava os documentos da sua caixa preta e da caixa amarela de segredos, ditando respostas e comentários para um datilógrafo. "O primeiro-ministro fez questão absoluta de trabalhar como sempre durante o feriado", escreveu John Martin, o secretário particular que estava de plantão em Chequers naquele fim de semana, "e a manhã de ontem foi quase como qualquer outra manhã aqui, com as cartas e os telefonemas de costume e, é claro, com muitas mensagens de felicitações pela passagem do Natal". Churchill deu para ele um exemplar autografado de seu *Grandes contemporâneos*, uma coletânea de ensaios sobre duas dúzias de homens célebres, incluindo Hitler, Leon Trotsky e Franklin Roosevelt, este último intitulado "Roosevelt de longe".

"Da hora do almoço em diante, houve menos trabalho e tivemos um Natal festivo em família", escreveu Martin, que era tratado como se fosse um membro dela. O almoço teve como prato principal um luxo para tempos de racionamento, um imenso peru — "o maior peru que eu já vi", escreveu Martin —, enviado da fazenda do falecido amigo de Churchill, Harold Harmsworth. O magnata dos jornais tinha morrido um mês antes e, entre seus últimos desejos, havia deixado orientações sobre o destino da ave. Lloyd George mandou maçãs colhidas dos pomares de sua propriedade, Bron-y-de, em Surrey, onde além de cultivar as variedades Bramley e Cox, cultivava um antigo caso com sua secretária particular, Frances Stevenson.

A família ouviu a "Mensagem Real de Natal" do rei, um costume anual, transmitida pelo rádio desde 1932. O rei falava devagar, nitidamente lutando contra um problema de fala que o atormentava havia muito tempo — por exemplo, um começo sufocante na pronúncia da palavra "irrestrito", para depois dizê-la perfeitamente —, mas isso aumentava a gravidade da mensagem. "Na última Grande Guerra, a flor de nossa juventude foi destruída", disse ele, "e o restante do povo pouco viu da batalha. Dessa vez, estamos todos juntos no front e enfrentando o perigo". Ele previu a vitória e convidou sua audiência a olhar adiante para um tempo em que "os dias de Natal serão novamente felizes".

E aí a diversão começou. Vic Oliver se sentou ao piano; Sarah cantou. Seguiu-se um jantar animado, e depois mais música. Champanhe e vinho deixaram Churchill de bom humor. "Pelo menos dessa vez o taquígrafo foi dispensado", escreveu John Martin, "e tivemos uma espécie de cantoria até depois da meia-noite. O primeiro-ministro cantou com gosto, embora nem sempre afinado, e quando Vic tocou valsas vienenses, dançou com um passo brincalhão, típico dele, no meio da sala".[8]

Durante todo esse tempo, Churchill não parou de falar, discursando sobre isso e aquilo até as duas da manhã.

"Foi um dos natais mais felizes de que eu me lembro", escreveu Mary em seu diário tarde da noite, no Quarto da Prisão. "Apesar de todos os acontecimentos terríveis à nossa volta. Não foi feliz de um modo <u>exuberante</u>. Mas nunca vi a família parecendo tão alegre — tão unida — tão doce. Estamos completos, Randolph e Vic chegaram hoje de manhã. Nunca tive um 'sentimento natalino' tão forte. Todos foram gentis — simpáticos — felizes. Fico me perguntando se vamos estar todos juntos no próximo Natal. Rezo para que sim. Rezo também para que o próximo ano seja mais feliz para mais pessoas."[9]

A trégua não oficial de Natal foi respeitada. "*Helige Nacht* na verdade *stille nacht*", escreveu John Martin — noite sagrada, noite silenciosa —, dizendo que isso foi "um alívio, e até mesmo comovente".

Na Alemanha e na Inglaterra, não caíram bombas, e as famílias de toda parte foram lembradas de como as coisas tinham sido, exceto pelo fato de que não houve sinos de igreja tocando e de que muitas mesas de Natal tinham cadeiras vazias.

EM LONDRES, HAROLD NICOLSON, do Ministério da Informação, passou o dia de Natal sozinho, com sua mulher em segurança na casa de campo. "O Natal mais triste que já passei", escreveu ele em seu diário. "Levanto cedo e tenho pouco trabalho a fazer." Ele leu vários memorandos e almoçou sozinho, lendo um livro, *Os discursos de guerra de William Pitt, o Moço*, publicado em 1915. Mais tarde, ele encontrou seu amigo e ex-amante, Raymond Mortimer, no Ritz Bar, e depois os dois jantaram no Prunier, o famoso restaurante francês. No fim do dia, Nicolson compareceu a uma festa do ministério, que incluiu a exibição de um filme. Voltou para o seu apartamento em Bloomsbury por uma paisagem desolada por bombardeios e incêndios prévios e pela neve que derretia, numa noite extraordinariamente escura em função do blecaute e da ausência de luar, já que a lua nova ocorreria dali a três dias.

"A pobre e velha Londres começa a parecer triste", escreveu ele. "Paris é tão jovem e alegre que poderia suportar um pouco de agressão. Mas Londres é a empregada doméstica das capitais, e quando seus dentes começam a cair, ela realmente parece mal."

E no entanto, em alguns lugares, a cidade conseguiu ter uma boa dose de alegria natalina. Como um autor de diário observou: "Os pubs ficaram cheios de gente feliz e bêbada cantando 'Tipperary' e a mais nova canção militar, que dizia 'Alegrem-se, camaradas, eles que se fodam'."[10]

Capítulo 68
Galinha Poedeira

Na sexta-feira, 27 de dezembro de 1940, o Almirantado realizou o primeiro teste em escala real das minas aéreas do Professor, uma nova versão que envolvia pequenas bombas transportadas por balões. Os preparativos dos balões — novecentos no total — foram encerrados quando os aviões alemães se aproximaram. Oficiais deram o sinal para que eles fossem soltos.

Nenhum balão subiu.[1]

A equipe que soltaria os balões só recebeu a mensagem meia hora depois.

O que aconteceu em seguida não foi muito encorajador. "Mais ou menos um terço dos cerca de novecentos balões se revelaram defeituosos quando inflados", escreveu Basil Collier, historiador da guerra aérea; "outros explodiram cedo demais quando começaram a voar ou desceram antes do tempo em lugares inesperados".

Nenhum bombardeiro apareceu; o teste foi suspenso duas horas depois.

Mesmo assim, Churchill e o Professor não se deixaram dissuadir. Eles insistiram que as minas não só eram viáveis, como também eram cruciais para a defesa aérea. Churchill determinou que mais minas fossem produzidas e mais testes fossem realizados. Àquela altura, presumivelmente sem qualquer intenção irônica, o programa de minas recebera o codinome oficial de "Galinha Poedeira".

Também teve continuidade o trabalho de melhorar a capacidade da RAF de localizar os raios da Luftwaffe e embaralhá-los ou disfarçá-los, mas os engenheiros alemães continuavam inventando variantes e padrões de transmissão, e construindo mais transmissores. Os pilotos alemães, enquanto isso, ficavam mais preocupados com a possibilidade de a RAF usar raios idênticos para localizar seus bombardeiros e montar uma emboscada aérea.

Eles davam crédito demais para a RAF. Apesar de melhorias no radar ar--ar e nas táticas, o Comando de Caça, na prática, continuava cego depois que escurecia.

Capítulo 69

"Auld Lang Syne"

NA NOITE DE DOMINGO, 29 DE DEZEMBRO, Roosevelt defendeu sua ajuda ao Reino Unido em uma das "Conversas ao pé da lareira" — como eram conhecidos seus pronunciamentos noturnos à rádio —, a décima sexta-feira de sua presidência. Após a reeleição, ele agora sentia que podia falar mais livremente sobre a guerra. Usou a palavra "nazista" pela primeira vez e descreveu os Estados Unidos como um "arsenal de democracia", frase sugerida por Harry Hopkins.

"Não se transforma um tigre em um gato fazendo carinho nele", disse Roosevelt. "Não pode haver conciliação com a crueldade." Se o Reino Unido for derrotado, a "aliança ímpia" entre a Alemanha, a Itália e o Japão — o Eixo — prevaleceria, e "todos nós, em todas as Américas, viveríamos sob a mira de uma arma" — "uma arma nazista", especificou no discurso.

Hopkins também o incitou a deixar sua fala mais leve com algo otimista. Roosevelt decidiu por isto: "Acredito que as potências do Eixo não vão vencer esta guerra. Baseio essa crença nas melhores e mais recentes informações."[1]

Na realidade, as "melhores e mais recentes informações" eram meramente seu próprio instinto de que o plano de empréstimo-arrendamento não só seria aprovado no Congresso, como também mudaria o equilíbrio de poder a favor do Reino Unido. Robert Sherwood, redator de discursos, chamou de "confiança pessoal de Roosevelt que o empréstimo-arrendamento será aprovado e sua certeza de que isso tornaria impossível a vitória do Eixo".

Milhões de americanos ouviram a transmissão, e também milhões de britânicos — às três e meia da manhã. Em Londres, no entanto, havia bastante distração. Naquela noite, possivelmente na esperança de reduzir o poder da planejada "Conversa ao pé da lareira" de Roosevelt, a Luftwaffe lançou um de seus maiores ataques até então. A investida tinha como alvo o distrito financeiro de Londres, conhecido como City. Não ficou claro se a intenção era realmente se opor à transmissão de Roosevelt, mas outros fatores na determinação do momento do bombardeio foram claramente deliberados. Os bombardeiros vieram na noite de domingo, durante a semana de Natal, quando todos os escritórios, lojas e pubs estariam fechados, garantindo que poucas pessoas estivessem por perto para ver e extinguir o fogo das bombas incendiárias. O Tâmisa estava com o nível baixo, o que limitava o suprimento de água para apagar incêndios. Também era uma noite sem lua — a lua nova astronômica havia ocorrido na noite anterior —, tudo garantindo pouca ou nenhuma resistência da RAF. O grupo incendiário da Luftwaffe, o KGr 100, guiado com precisão por sinal de rádio, jogou bombas incendiárias para iluminar os alvos e bombas altamente explosivas para destruir redes de abastecimento de água e expor mais combustível aos incêndios. Um vento forte intensificou o fogo, causando aquilo que ficou conhecido como "o Segundo Grande Incêndio de Londres", tendo o primeiro acontecido em 1666.

O ataque causou 1.500 incêndios e destruiu 90% da City. Duas dúzias de bombas incendiárias caíram na Catedral de St. Paul. Com sua cúpula inicialmente coberta pela fumaça dos incêndios ao redor, temia-se que a catedral tivesse sido destruída. Ela permanecera de pé com relativamente poucos danos. Fora isso, o ataque foi tão eficaz que os planejadores da RAF adotaram as mesmas táticas para futuros ataques incendiários a cidades alemãs.

EM BERLIM, JOSEPH GOEBBELS, escrevendo em seu diário, regozijou-se com o ataque, mas primeiro abordou o pronunciamento de Roosevelt. "Roosevelt", escreveu ele, "fez um discurso grosseiro contra nós, difamando o Reich e o Movimento de uma maneira grosseira e pedindo apoio mais amplo à Inglaterra, em cuja vitória acredita firmemente. Um modelo de distorção democrática. O *Führer* ainda precisa decidir o que fazer. Eu sou a favor de uma campanha realmente dura, de finalmente não poupar os Estados Unidos de golpes. No momento, não estamos chegando longe. Chega uma hora que é preciso se defender, afinal".[2]

Com evidente satisfação, voltou-se em seguida para a Luftwaffe e seu recente sucesso. "Londres treme sob nossos golpes", escreveu. A imprensa americana, argumentou, ficou atordoada e impressionada. "Se pudéssemos continuar a bombardear nesta escala por mais quatro semanas seguidas", escreveu ele, "a situação seria diferente. Além disso, há perdas consideráveis de navios, ataques bem-sucedidos a comboios, e assim por diante. Londres não tem razões para sorrir no momento, com certeza".

Quanto a isso, Churchill discordava. O momento do ataque do "Grande Incêndio", quanto a provocar a empatia americana, foi perfeito, conforme Alexander Cadogan observou em seu diário: "Isso pode nos ajudar muito nos Estados Unidos no momento mais crítico. Graças a Deus — apesar de toda a sua astúcia, inteligência e eficiência —, os alemães são tolos."[3]

Mortes e danos à parte, Churchill estava animado com a conversa ao pé da lareira de Roosevelt. Na véspera do ano-novo, ele se encontrou com Beaverbrook e seu novo secretário das Relações Exteriores, Anthony Eden, para elaborar uma resposta. O ministro das Finanças mais graduado de Churchill, Kingsley Wood, chanceler do Tesouro, também estava presente.

O telegrama começava com "Estamos profundamente gratos por tudo o que disse ontem".

Mas Churchill, assim como qualquer homem vivo, entendia que, no momento, o discurso de Roosevelt era apenas uma coleção de palavras bem escolhidas. Elas levantavam muitas dúvidas. "Lembre-se, Sr. Presidente", ditou, "não sabemos o que você tem em mente, ou exatamente o que os Estados Unidos vão fazer, e estamos lutando por nossa vida".[4]

Ele alertou para as pressões financeiras sobre a Inglaterra, com muitos suprimentos encomendados, contudo ainda não pagos. "Qual seria o efeito sobre a situação mundial se tivéssemos de deixar de pagar aos fornecedores, que têm trabalhadores a pagar? Isso não seria explorado pelo inimigo como um colapso completo da cooperação anglo-americana? No entanto, algumas semanas de atraso podem nos levar a isso."

No final de seu diário, em páginas em branco para anotações e adendos a registros anteriores, Mary citava livros, músicas e os discursos de seu pai, e escrevia trechos de rimas burlescas. Ela mantinha uma lista de dezenas de livros que tinha lido em 1940, entre os quais *Adeus às armas*, de Hemingway, *Rebecca*, de Daphne du Maurier, e *A loja de antiguidades*, de Dickens, que começou, mas não terminou. "Não conseguia aguentar aquele maldito Nell e seu velho avô", escreveu ela. Também leu *Admirável mundo novo*, de Aldous Huxley, destacando: "Achei que seria terrível."

Ela anotou a letra de uma canção, "A Nightingale Sang in Berkeley Square", o hino dos namorados da época, cuja gravação mais recente — feita em 20 de dezembro de 1940 — era do cantor americano Bing Crosby. Um trecho, como Mary lembrou, dizia:

> Brilhava no alto o luar,
> Com ar de quem anda intrigado!
> Teria a lua como adivinhar
> Que nosso amor punha o mundo mudado?

EM BERLIM, JOSEPH GOEBBELS trabalhou o dia inteiro, depois foi para sua casa de campo no Bogensee, um lago ao norte da cidade, atravessando de carro uma "nevasca terrível". A neve e o aconchego da casa — apesar de seus setenta cômodos — e o fato de ser véspera de ano-novo (na Alemanha, *Silvester*) o deixaram pensativo.

"Às vezes, eu odeio a cidade grande", escreveu ele em seu diário naquela noite. "Como é bonito e aconchegante aqui.

"Tem vezes que eu queria nunca mais precisar voltar.

"As crianças estão à nossa espera à porta com lampiões de querosene.

"A nevasca está forte lá fora.

"Melhor ainda para conversar perto da lareira.

"Fico com peso na consciência por termos coisas tão boas aqui."[5]

NAS SALAS DO GABINETE DE GUERRA, em Londres, John Colville entregou uma taça de champanhe a seu outro secretário particular, John Martin, depois de ambos terem tomado várias doses de conhaque servidas por Pug Ismay. Eles subiram no telhado, a noite negra e quase sem luar, e fizeram um brinde ao novo ano.[6]

ATÉ A MEIA-NOITE, OS ATAQUES AÉREOS ALEMÃES contra Londres em 1940 tinham matado 13.596 cidadãos e causado ferimentos graves a outros 18.378. E ainda havia mais por vir, incluindo o pior ataque de todos.

1941

Parte Cinco

Os americanos

Janeiro — Março

Capítulo 70
Segredos

Os primeiros seis dias de janeiro foram de um frio atípico nas Ilhas Britânicas. Em West Linton, perto de Edimburgo, na Escócia, as temperaturas ficaram abaixo de zero do dia 1º até o dia 6 de janeiro. As temperaturas caíram para -20ºC na vila inglesa de Houghall. A neve caiu intermitente durante o mês inteiro, com acumulado de quarenta centímetros em Birmingham e montes de neve de até três metros em Liverpool. Ventanias poderosas varriam o campo, soprando acima de 120 quilômetros por hora; uma rajada atravessou o porto de Holyhead, no País de Gales, a 132 quilômetros por hora.

Em Londres, o vento e o frio deixavam as ruas congeladas e resultavam em condições miseráveis para muitos londrinos cujas casas haviam sido perfuradas por estilhaços e não tinham nem aquecimento nem vidro nas janelas. Até mesmo o Claridge's estava desconfortável, com o sistema de aquecimento incapaz de dar conta de tanto frio. Um dos hóspedes, o general Lee, adido militar americano, relatou em 4 de janeiro que seu quarto "era uma geladeira", embora uma lareira a carvão às vezes conseguisse proporcionar algum calor.

A neve caiu na noite de 6 de janeiro, obscurecendo por um tempo os restos protuberantes das casas destruídas e deixando a cidade de Londres linda. "Que agradável manhã de inverno!", escreveu o general Lee em seu diário no dia seguinte. "Quando me levantei e olhei pela janela, bem alta, pude ver todas as ruas e os telhados cobertos por uma limpa neve branca." Ver Londres de cima evocava para ele um cartão de Natal retratando uma cidade coberta de gelo na Europa Central, "com suas chaminés e ângulos destacados em preto contra a colcha branca de neve e o céu cinzento acima".[1]

Beaverbrook se demitiu novamente, um dos inúmeros aborrecimentos que inauguraram o ano-novo para Churchill. A demissão veio depois de ele pedir a Beaverbrook que assumisse um trabalho extra considerado crucial para a sobrevivência do Reino Unido.

Uma das mais altas prioridades de Churchill era aumentar a importação de comida, aço e uma miríade de outros itens comuns e importantes para a sociedade, cuja entrega, em função dos crescentes ataques feitos pelos submarinos alemães, era mais arriscada do que nunca. Para melhor direcionar, coordenar e aumentar o fluxo de materiais, Churchill criou uma "Junta de Importação" e decidiu que o melhor homem para comandar o trabalho era Beaverbrook, que aumentara de forma tão radical a produção de caças para a RAF. Em 2 de janeiro, ele ofereceu a Beaverbrook a presidência da Junta, imaginando que este continuaria ministro da Produção de Aeronaves, mas expandiria sua atuação para coordenar os três ministérios de suprimentos do governo. A esperança dele era também que, nesse caso, Beaverbrook servisse como força catalisadora, para incitar um maior fluxo de bens e materiais. O posto daria a Beaverbrook maior poder, algo que ele alegava querer havia tempo, mas também faria dele, essencialmente, um presidente de comitê, e Beaverbrook odiava comitês, como Churchill bem sabia.

Percebendo que Beaverbrook poderia resistir à ideia, Churchill encheu sua proposta de elogios e de uma carência pouco característica nele, no estilo "ai de mim".

"Nada pode ter maior importância do que as tarefas que você está prestes a assumir", começou Churchill, na aparente presunção de que Beaverbrook certamente aceitaria o cargo. "Quero ressaltar que estou colocando toda a minha confiança e, em grande parte, a existência do Estado em seus ombros."[2]

Caso Beaverbrook escolhesse não aceitar o trabalho, escreveu Churchill, ele mesmo teria que assumi-lo. "Essa não seria a melhor solução, uma vez que tiraria minha atenção dos assuntos militares", escreveu ele. "Menciono isso porque sei como você sinceramente deseja me ajudar, e não há como me ajudar mais do que criando uma boa solução para nossos problemas de importação, envio e transporte."

Beaverbrook não se comoveu. Dizendo lamentar muito, rejeitou a presidência e deixou claro que o pedido de demissão também se aplicava ao Ministério da Produção de Aeronaves. "Não sou um homem de comitês", escreveu em 3 de janeiro. "Sou o gato que anda sozinho."[3]

Em sua despedida, ele também fez uma chantagem emocional: "Esta carta não precisa de resposta. Encontrarei sozinho a saída."

Churchill considerou a demissão de Beaverbrook uma desfeita tanto para ele quanto para a Inglaterra. A saída de Beaverbrook seria uma traição. Sua energia e engenhosidade voraz haviam levado a produção de aeronaves a patamares que pareciam quase milagrosos, e eram cruciais não só para ajudar o país a enfrentar a ofensiva aérea da Alemanha, mas também para que Churchill mantivesse a confiança na vitória. Mais ainda, Churchill precisava dele pessoalmente: seu conhecimento das correntes partidárias, seus conselhos e sua mera presença animavam o dia.

"Meu caro Max", Churchill ditou em 3 de janeiro. "Lamento receber sua carta. Sua demissão seria totalmente injustificada e vista como deserção. Isso destruiria em um dia toda a reputação que você conquistou e transformaria a gratidão e a boa vontade de milhões de pessoas em raiva. É um passo que você lamentará por toda a vida."[4]

Churchill insistiu na autopiedade: "Nenhum ministro jamais recebeu o apoio que dei a você, e você conhece bem o fardo que será acrescentado aos meus outros ministros por sua recusa em assumir a grande tarefa que procurei confiar-lhe."

Ele esperou a resposta de Beaverbrook.

CHURCHILL TINHA OUTRAS RAZÕES PARA SE IRRITAR. Ele havia descoberto duas quebras de sigilo, e isso o incomodara. Em um caso, uma correspondente americana telegrafou uma informação secreta sobre o governo de Vichy para o jornal em que trabalhava, o *Chicago Daily News*. O que tornou essa situação especialmente desagradável para Churchill foi o fato de a repórter, Helen Kirkpatrick, ter obtido a informação em uma conversa durante um dos jantares dele em Ditchley, seu retiro de lua cheia, onde havia um acordo subentendido contra a divulgação das confidências feitas na casa. O segredo — que o governo de Vichy não daria apoio militar direto à Alemanha — foi divulgado durante o jantar por uma pianista francesa, Ève Curie, filha da famosa física.

"Mademoiselle Curie, que é uma mulher distinta, deveria ter tido o bom senso de não fofocar sobre isso em uma festa numa casa de campo", escreveu Churchill a Anthony Eden, agora seu secretário das Relações Exteriores.[5] "A srta. Helen Kirkpatrick traiu a confiança em favor de seu jornalismo. Ambas devem ser interrogadas pelo MI5 quanto antes, para dar explicações." Ele disse a Eden que Kirkpatrick deveria ser expulsa do país imediatamente. "É bastante indesejável esse tipo de pessoa vigiando casas privadas em busca de histórias que não levam em consideração os interesses britânicos."

Isso, somado a um segundo incidente que envolvia a publicação de detalhes de uma aeronave em uma revista de aviação americana, levou Churchill a enviar uma diretriz para Pug Ismay e a outras pessoas sobre segredos em geral. "Com o início do ano-novo, um novo e intenso empenho deve ser feito para assegurar maior sigilo a todos os assuntos relacionados à condução da guerra", escreveu ele.[6] Churchill ordenou limites mais precisos na circulação de materiais secretos e sobre o tipo de informação que poderia ser fornecida para repórteres. "Estamos tendo problemas com a atividade de correspondentes estrangeiros de ambos os sexos", escreveu ele. "É preciso lembrar que tudo que é dito para os Estados Unidos é instantaneamente comunicado para a Alemanha e que não temos como evitar isso."

A ira de Churchill em relação ao sigilo levou John Colville a ficar ansioso sobre seu diário, que, cheio de segredos operacionais e insights sobre o comportamento de Churchill, seria um prêmio para qualquer agente alemão que cruzasse com ele. Colville sabia muito bem que manter um registro tão preciso era, muito provavelmente, ilegal. "O primeiro-ministro fez circular uma minuta sobre o sigilo de documentos que, de repente, fez-me dar conta desse diário", escreveu ele no primeiro dia do ano. "Não tive coragem de destruí-lo e vou me comprometer a mantê-lo aqui trancado, ainda mais estritamente do que até agora."[7]

Com o primeiro dia de 1941 chegando ao fim, Churchill convidou Colville para uma visita às obras das Salas do Gabinete de Guerra, que tornariam os tetos à prova de bombas. Churchill estava tão ansioso para ficar entre as vigas e escoras que decidiu ir segurando apenas uma lanterna no costão da bengala para guiá-los e, escreveu Colville, imediatamente "afundou até os tornozelos no denso cimento líquido".[8]

O MAIS IRRITANTE DE TUDO, deixando de lado as bombas e os navios afundados, era o relatório preliminar que Churchill recebeu do juiz Singleton sobre suas dúvidas em relação ao comparativo de forças entre a RAF e a Luftwaffe. Churchill esperava resolver o assunto e acabar com brigas e disputas entre as várias partes envolvidas.

Não foi assim.

Singleton escreveu que, no decorrer de sua investigação, passou cinco dias ouvindo depoimentos sobre inúmeros caças, bombardeiros, "desperdício" de aeronaves, reservas e aviões usados para treinamento. O documento que submeteu naquela sexta-feira, 3 de janeiro, era apenas um relatório parcial — parcial porque ele próprio também estava confuso. "A certa altura", escreveu ele em seu parágrafo inicial, "tive esperança de que algum tipo de concordância pudesse ser alcançada, mas agora parece improvável que haja acordo sobre os principais fatores".[9]

Ele aceitou a argumentação do Professor, exposta na primavera do ano anterior, de que a experiência alemã na guerra aérea — perdas, reservas, taxas de produção — não devia ser muito diferente da experiência britânica, portanto, era essencial primeiro compreender a fundo a experiência britânica. Mas números precisos eram difíceis de obter. Mesmo após sua análise detalhada, mais de três mil aviões da RAF permaneciam desaparecidos. Singleton não conseguiu fazer um retrato preciso da Força Aérea britânica, muito menos da alemã; nem conseguiu conciliar os números apresentados pelos vários ministérios. "Sinto que será extraordinariamente difícil chegar a qualquer ponderação sobre a força alemã", escreveu ele. "Neste momento, só posso dizer que não acho que a força alemã seja tão grande quanto afirma a Inteligência do Estado-Maior da Aeronáutica."

Churchill achou tudo profundamente insatisfatório e exasperante, especialmente o fato de o Ministério do Ar não conseguir manter registros precisos de suas aeronaves. Singleton continuou sua investigação, uma vez que números ainda mais discrepantes chegaram a suas mãos.

BEAVERBROOK BATEU PÉ. Com a petulância de um menino, disse a Churchill na segunda-feira, 6 de janeiro, que nunca quis ser ministro. "Eu não queria entrar para o governo", escreveu ele. "A posição no ministério não foi desejada e, na verdade, resisti a isso." Ele reiterou sua rejeição ao novo cargo e seu pedido de demissão como ministro da Produção de Aeronaves.[10] "Minha utilidade chegou ao fim. Já fiz meu trabalho." O ministério, escreveu ele, "está melhor sem mim". Beaverbrook agradeceu a Churchill por seu apoio e amizade e encerrou a carta com um metafórico lenço de paz na mão. "No campo pessoal", escreveu ele, "espero que você me permita vê-lo de vez em quando e conversar com você ocasionalmente, como no passado".

Isso foi demais para o primeiro-ministro. "Não tenho a menor intenção de deixá-lo partir", escreveu Churchill em resposta. "Seria um golpe cruel se você persistisse numa ideia tão mórbida e indigna."[11] Em certos trechos, a carta de Churchill parecia mais um bilhete de um amante abandonado do que um comunicado do primeiro-ministro. "Você não tem o direito, a esta altura da guerra, de colocar este peso sobre mim", escreveu ele. "[...] Ninguém melhor do que você sabe quanto dependo de seus conselhos e palavras de conforto. Não acredito que fará isso." Ele sugeriu que *caso* a saúde de Beaverbrook exigisse, ele poderia descansar por algumas semanas para se recuperar. "Mas abandonar o navio agora — nunca!"

À meia-noite, Churchill escreveu de novo para Beaverbrook, dessa vez a mão e invocando o julgamento do momento histórico: "Você não deve esquecer, em face de insatisfações insignificantes, a magnitude dos eventos e o palco brilhante da história sobre o qual estamos." Ele encerrou citando algo que Georges Danton, um líder da Revolução Francesa, disse a si mesmo antes de ser guilhotinado, em 1794: "'Danton, não seja fraco'."[12]

Essa briga com Beaverbrook era basicamente jogo de cena. Sendo amigos há tanto tempo, eles sabiam muito bem até onde podiam forçar a mão um com o outro, e quando chegava a hora de parar. Esse era um dos motivos pelos quais Churchill gostava de ter Beaverbrook em seu governo e que o levava a ver tanto valor em sua presença quase diária. Beaverbrook jamais era previsível. Exasperante, sim, mas sempre uma fonte de energia e clareza fria, com uma mente que parecia uma tempestade elétrica. Ambos gostavam de ditar cartas um para o outro. Para ambos aquilo era como atuar — Churchill andando em seu pijama de dragão dourado e golpeando o ar com um charuto apagado, saboreando o sabor e a forma das palavras; Beaverbrook como um atirador de facas no circo, arremessando qualquer talher que tivesse à mão. O caráter físico das cartas resultantes revelava o contraponto existente entre as duas naturezas. Os parágrafos de Churchill eram longos e compostos com precisão, cheios de estruturas gramaticais complexas e alusões históricas (em um bilhete a Beaverbrook ele usou a palavra "ictiossauro"); os de Beaverbrook eram uma facada única, rápida, com palavras curtas e cortantes, decididas, mais cuspidas do que saboreadas.

"A verdade é que ambos gostavam de escrever, ou geralmente ditar cartas, e nenhum deles achava isso trabalhoso", escreveu A. J. P. Taylor, o biógrafo de Beaverbrook. "Beaverbrook gostava de expor suas dificuldades e gostava de demonstrar um apego emocional que, naquele momento, enquanto ditava a carta, realmente sentia."[13]

AQUELA PRIMEIRA SEMANA DE 1941 TERMINOU MAIS POSITIVA, com Churchill, às duas da manhã de terça-feira, 7 de janeiro, indo para a cama de bom humor. Mais boas notícias tinham chegado da Líbia, onde as forças britânicas continuavam a combater o exército italiano. E Roosevelt, na noite de segunda-feira — início de terça na Inglaterra —, fez seu discurso do Estado da União, em que apresentou seu plano de empréstimo-arrendamento ao Congresso, declarando que "o futuro e a segurança de nosso país e de nossa democracia estão absolutamente envolvidos em eventos além de nossas fronteiras". Ele descreveu um mundo possível que teria como base "quatro liberdades humanas essenciais": a liberdade de expressão, a liberdade religiosa, a ausência de medo e a ausência de penúria.

Churchill reconheceu que havia uma longa luta até assegurar a aprovação da Lei de Empréstimo e Arrendamento, mas ficou animado pela declaração clara e pública de Roosevelt de empatia pelo Reino Unido. Para melhorar ainda mais, Roosevelt decidira mandar a Londres um emissário pessoal, que deveria chegar em alguns dias. No início, o nome do homem era desconhecido: Harry Hopkins. Ao ouvi-lo, Churchill perguntou, mordaz: "*Quem?*"[14]

Depois, porém, ele soube que Hopkins era um confidente tão próximo do presidente que morava na Casa Branca, numa suíte no segundo andar que servira de escritório para Abraham Lincoln, quase do lado dos aposentos do presidente. Brendan Bracken, auxiliar de Churchill, chamou Hopkins de "o visitante americano mais importante que este país já recebeu" e acreditava que ele, "mais do que qualquer homem vivo", fosse capaz de influenciar Roosevelt.[15]

Quando Churchill finalmente foi dormir naquela noite, estava bastante satisfeito e otimista. Estava sorrindo "ao se acomodar sob as cobertas", escreveu Colville em seu diário, e "teve a elegância de, pelo menos desta vez, se desculpar por me manter acordado até tão tarde".[16]

PARA PAMELA CHURCHILL, O ANO COMEÇOU AMARGO. Ela sentia falta de Randolph. "Ah! Queria que você estivesse aqui para me abraçar", disse ela ao marido numa carta no dia de ano-novo. "Eu ficaria tão feliz. Fico em pânico aqui sozinha e penso que, se você ficar longe por muito tempo, vai se esquecer de mim, e não consigo suportar essa ideia. Por favor, tente não me esquecer, Randy."[17]

Ela também disse a ele que uma máscara de gás especial chegara para o bebê Winston. "Ele cabe inteiro dentro dela", disse ela, acrescentando que planejava, em breve, ir a uma palestra sobre gás venenoso no hospital local.

BEAVERBROOK FICOU COMO MINISTRO da Produção de Aeronaves, mas não se tornou presidente da Junta de Importação. Churchill também não ocupou o posto, apesar da ameaça de se martirizar ao fazer isso.

Capítulo 71

O especial das onze e meia

O HOMEM QUE ENTROU NO Nº 10 da Downing Street na manhã de sexta-feira, 10 de janeiro, parecia estar mal de saúde. Ele estava pálido, o aspecto geral era de alguém frágil e desgastado, efeito acentuado por um sobretudo grande demais. Pamela Churchill notou que ele parecia nunca tirar o casaco. Ela ficou chocada com a aparência do sujeito no primeiro encontro, com uma sensação de doença reforçada pelo cigarro amassado e apagado que ele carregava na boca. No dia anterior, ao chegar de hidroavião ao porto de Poole, a uns 150 quilômetros de Londres, ele estava tão exausto que não conseguia tirar o cinto de segurança. "Ele não parecia nem um pouco com a imagem que temos de um enviado importante", escreveu Pug Ismay. "Ele estava desmazelado, deplorável; suas roupas davam a impressão de que ele costumava dormir vestido e tinha sentado no chapéu. A aparência de doença e fragilidade era tamanha que parecia que qualquer vento podia levá-lo embora."

E no entanto este era Harry Hopkins, o homem que Churchill diria mais tarde ter tido papel decisivo na guerra. Hopkins tinha cinquenta anos e servia então como conselheiro pessoal de Roosevelt. Antes disso, havia liderado três grandes programas do New Deal de Roosevelt na época da Depressão, incluindo o Works Progress Administration, ou WPA, que deu trabalho a milhões de desempregados americanos. Roosevelt o nomeou secretário de Comércio em 1938, posto que manteve até 1940, apesar da saúde em declínio. Uma cirurgia de câncer no estômago o deixara refém de uma série de incômodos misteriosos, que levaram seus médicos a prever, em setembro de 1939, que ele tinha apenas algumas semanas de vida. Ele recuperou as forças e, em 10 de maio de 1940, o dia em que Churchill se tornou primeiro-ministro,

Roosevelt o convidou para morar na Casa Branca. O convite tornou-se permanente. "A alma dele brilhava em um corpo frágil e decadente", escreveu Churchill. "Era um farol em ruínas emanando luz que guiava grandes frotas até o porto."

Contudo, o brilho e as luzes viriam mais tarde. Primeiro, antes de encontrar Churchill, Hopkins fez um tour pelo nº 10 da Downing Street, tendo Brendan Bracken como guia. A famosa residência do primeiro-ministro era muito menor e menos imponente que a Casa Branca, e parecia muito mais deteriorada. "O nº10 da Downing está um pouco decadente porque o Tesouro ao lado foi um bocado bombardeado", escreveu Hopkins em uma mensagem para Roosevelt mais tarde naquele dia. Havia danos causados por bombas em todos os andares. A maioria das janelas havia se quebrado, e trabalhadores estavam ocupados fazendo consertos. Bracken levou Hopkins para o andar de baixo, rumo à nova sala de jantar blindada no porão, e serviu-lhe uma taça de xerez.

Finalmente, Churchill chegou.

"Um cavalheiro roliço — sorridente — corado apareceu — estendeu a mão gorda, mas convincente, e me deu boas-vindas à Inglaterra", disse Hopkins a Roosevelt. "Um casaco curto preto — calças listradas — um olhar claro e uma voz melosa foi a impressão que tive do líder da Inglaterra, enquanto ele me mostrava, com orgulho evidente, as fotografias de sua linda nora e seu neto." Era uma referência a Pamela e ao jovem Winston. "O almoço foi simples, mas gostoso — servido por uma mulher muito singela que parecia ser uma antiga serviçal da família. Sopa — carne fria — (Não peguei molho suficiente, na opinião do primeiro-ministro, e ele me serviu mais) — salada verde — queijo e café — um vinho leve e um Porto. Ele pegou um pouco de rapé de uma pequena caixa de prata — ele gostava."

Logo de início, Hopkins abordou um assunto que havia atrapalhado as relações entre os Estados Unidos e o Reino Unido. "Eu disse a ele que, em alguns momentos, havia a sensação de que ele, Churchill, não gostava dos Estados Unidos, dos americanos, nem de Roosevelt", relembraria Hopkins. Churchill negou, enfaticamente, e culpou Joseph Kennedy por dar uma impressão incorreta. Ele pediu a um secretário que buscasse um telegrama enviado a Roosevelt no outono passado, parabenizando-o pela reeleição — aquele que Roosevelt nunca respondera nem indicara ter recebido.

Esse constrangimento inicial foi rapidamente superado quando Hopkins explicou que sua missão era entender tudo que fosse possível sobre a situação do Reino Unido e suas necessidades. A conversa variou muito de tema, passando por gás venenoso, Grécia, África do Norte. John Colville anotou em seu diário que Churchill e Hopkins "estavam tão impressionados um com o outro que o *tête-à-tête* acabou quase às quatro da manhã".

Estava começando a escurecer. Hopkins foi para o hotel em que estava hospedado, o Claridge's. Com a lua quase cheia, Churchill e sua comitiva habitual partiram para Ditchley, onde Hopkins deveria encontrá-los no dia seguinte, sábado, para jantar e passar a noite.

Colville e Bracken foram juntos de carro a Ditchley e conversaram sobre Hopkins. Foi Bracken quem logo percebeu quanto Hopkins era importante para Roosevelt.

Enquanto eles dirigiam e conversavam, a visibilidade diminuía. Mesmo em noites claras, dirigir era difícil por causa do blecaute, com os faróis reduzidos a pequenos fachos de luz, mas então "uma bruma gelada desceu", escreveu Colville, "e colidimos com um carrinho de peixe com batatas que pegou fogo. Ninguém se machucou e chegamos em segurança a Ditchley".

Foi um final adequado para um dia de desilusões para Colville. Enquanto Churchill almoçava com Hopkins, Colville almoçava com sua amada Gay Margesson, no Carlton Grill, em Londres. Por coincidência, fazia exatos dois anos do primeiro pedido de casamento que ele fizera a ela. "Tentei ser razoavelmente indiferente e não muito pessoal", escreveu ele, mas a conversa logo rumou para discussões filosóficas sobre a vida e, portanto, assuntos mais íntimos. Ela estava linda. Sofisticada. Usava uma gargantilha de prata e o cabelo caía na altura do ombro. No entanto, usava maquiagem demais, notou Colville com satisfação — sua forma costumeira de reduzir a dor da impossibilidade de tê-la identificando suas imperfeições. "Certamente não era a Gay de 10 de janeiro de 1939", escreveu ele, "e não acho que a influência de Oxford tenha feito bem a ela".

Depois do almoço, eles foram à National Gallery, onde encontraram Elizabeth Montagu, Betts e Nicholas "Nicko" Henderson, o homem que, segundo rumores, tinha conquistado o coração de Gay. Colville sentiu uma forte ligação entre Nicko e Gay, e isso despertou nele uma "alegre nostalgia", que atribuiu à inveja.

"Voltei para o nº 10 e tentei pensar no quanto aquilo tudo era bobo quando comparado com os grandes problemas que vejo diariamente lá, mas não adiantou: o amor morre lentamente em mim, se é que morre, e me senti de coração partido."

MARY CHURCHILL NÃO SE JUNTOU À FAMÍLIA em Ditchley; em vez disso, ela planejou passar o fim de semana com uma amiga, Elizabeth Wyndham, filha adotiva de lorde e lady Leconfield, em Petworth House, a casa de campo barroca deles na região de South Downs, em West Sussex, sudeste de Londres. A meros 22 quilômetros da costa do canal, aquela era uma região que podia ser atingida pela invasão. Mary planejava pegar o trem para Londres primeiro, fazer compras com sua antiga babá, Maryott Whyte, e depois pegar um segundo trem para o sudeste. "Estou ansiosa por isso", escreveu ela em seu diário.

Em Chequers, o Quarto da Prisão estava frio e o dia lá fora, coberto por gelo e breu. As manhãs de inverno sempre são escuras nessa latitude, mas uma mudança no modo como o Reino Unido contava o tempo durante a guerra tornava as manhãs ainda mais sombrias. No outono anterior, o governo havia determinado "horário de verão duplo britânico" para economizar combustível e dar às pessoas mais tempo para chegar em casa antes que o blecaute começasse. Os relógios *não foram* atrasados no outono, como seria de costume, e seriam adiantados de novo na primavera. Isso criava duas horas extras de luz do sol durante o verão, em vez de apenas uma, mas também garantia que as manhãs de inverno seriam longas, escuras e depressivas, o que gerava reclamações frequentes nos diários dos civis. Clara Milburn, de Balsall Common, perto de Coventry, escreveu em seu diário que "está tão escuro e terrível durante as manhãs que parece sem sentido acordar cedo e andar por aí incapaz de ver ou fazer qualquer coisa adequadamente".

Confortável no escuro e no frio, Mary dormiu demais. Ela esperava que alguém a acordasse, mas isso não aconteceu. Ela se sentiu mal. As ruas estavam brancas de gelo; danos causados por bombas ao longo do trajeto exigiam desvios demorados. Ela chegou à estação bem na hora de saída do trem.

Era sua primeira visita a Londres desde agosto, e ela chegou "sentindo-se estranha — bastante campesina & muito perturbada", escreveu.

Nos meses que se passaram, a magia negra das bombas e do fogo provocaram uma metamorfose na cidade, mas ainda assim seguia familiar para ela. "E enquanto passava por ruas que conheço bem — e via as cicatrizes & feridas —, senti que amo Londres profundamente. Despojada de sua elegância — em seus trajes de guerra —, de repente amei muito a cidade."

Isso trazia memórias proustianas de como a cidade a tocara no passado: um passeio de bicicleta pelo Hyde Park numa tarde quente de inverno, quando ela parava na ponte e via as pessoas nos barcos abaixo; uma visão dos telhados do Whitehall, "erguendo-se acima das árvores no pôr do sol, como cúpulas distantes de uma cidade mágica"; e um momento em que ela admirou "a beleza perfeita" de uma árvore ao lado do lago do St. James Park.

Ela fez uma breve parada no Anexo do nº 10 da Downing Street, o novo apartamento de Churchill acima das Salas do Gabinete de Guerra, onde se maravilhou com o que a "varinha mágica" de sua mãe fizera, transformando antigos escritórios em locais aconchegantes. Clementine mandou pintar as paredes em tons claros e encheu os quartos com pinturas cheias de luz e a mobília da própria família. O apartamento tinha uma passagem que levava a escritórios do governo, e ali Mary escreveu em uma autobiografia, "autoridades constrangidas frequentemente encontravam Winston, enrolado como um imperador romano em sua toalha de banho, pingando pelo corredor que separava seu banheiro de seu quarto".[7]

Mary chegou a Petworth no início da tarde e encontrou uma grande festa, com muitos jovens amigos e desconhecidos, tanto homens quanto mulheres. Ela julgava agora sua amiga Elizabeth como "tola & afetada", acrescentando: "Não gosto realmente dela." Mary estava encantada, no entanto, com a mãe de Elizabeth, Violet, reconhecida pelo pioneirismo em novos domínios da moda. "Violette [sic] estava em excelente forma, vestida com um casaco azul-claro de gola em V — cheia de joias & calças de veludo escarlate!!"

Muitos convidados saíram para ver um filme, mas Mary, ainda se sentindo mal, decidiu se isolar no quarto destinado a ela. Mais tarde, rejuvenescida pelo chá, ela se vestiu para o baile da noite. "Coloquei meu vestido novo cereja com um cinto bordado em prata & brincos de diamante (falsos!)."

Primeiro houve o jantar, depois o baile, que ela considerou adorável: "Cem por cento pré-guerra."

Ela dançou com um francês, Jean-Pierre Montaigne. "Eu me senti <u>incrivelmente</u> alegre — dancei valsa escancaradamente, descontroladamente, com Jean-Pierre, e muito rápido — muito divertido. Só perdi algumas danças."

Ela foi dormir às quatro e meia da manhã, "com os pés doloridos & cansada, mas muito feliz".

E bem doente.

No sábado, em Ditchley, os Churchill e os donos da propriedade, Ronald e Nancy Tree, prepararam uma noite especial para seu convidado de honra, o emissário americano Harry Hopkins. Vários outros convidados chegaram, entre eles Oliver Lyttelton, presidente da Junta Comercial.

"O jantar em Ditchley acontece num ambiente magnífico", escreveu John Colville em seu diário naquela noite de sábado. A única iluminação vinha das velas, colocadas nas paredes e num grande lustre. "A mesa não estava decorada demais: quatro candelabros dourados com círios amarelos e apenas um copo dourado no centro." O jantar em si foi suntuoso, a comida "adequada ao ambiente", julgou Colville, embora imaginasse que a refeição fora menos sofisticada em função de uma recente campanha contra o "excesso de alimentação" feita pelo Ministério da Alimentação.[8]

Depois do jantar, Nancy, Clementine e as convidadas deixaram a sala de jantar. Degustando charutos e conhaque, Hopkins revelou um charme que desmentia sua aparência de moribundo. Ele elogiou Churchill por seus discursos e disse que eles repercutiam muito bem nos Estados Unidos. Numa reunião de gabinete, ele disse que Roosevelt chegou a determinar que um rádio fosse levado à sala para que todos pudessem ouvir um exemplo de sua retórica. "O primeiro-ministro", escreveu Colville, "ficou emocionado e agradecido".

Inspirado por isso e aquecido pelo conhaque, Churchill respirou fundo e embarcou num monólogo em que recontou a saga de vida e morte da guerra até aquele momento, enquanto a luz das velas brilhava nos olhos úmidos de embriaguez de seus convidados. Depois de um longo tempo, ele passou para os objetivos de guerra do Reino Unido e sobre o mundo do futuro. Churchill apresentou sua visão dos Estados Unidos da Europa, tendo os britânicos como seus arquitetos. Era como se ele estivesse falando perante a Câmara dos Comuns, e não para um pequeno grupo de homens em meio à fumaça de charuto e ao álcool numa tranquila casa de campo. "Não estamos atrás de nenhum tesouro", disse Churchill, "não estamos atrás de novos territórios, buscamos apenas o direito do homem de ser livre; procuramos seu direito de adorar seu Deus, de viver a vida à sua maneira, livre de perseguição. Quando o humilde trabalhador volta para casa no fim do dia e vê a fumaça subindo de sua chaminé para o céu sereno da noite, queremos que ele saiba que a polícia secreta não vai bater na sua porta", aqui Churchill bateu forte na mesa, "para perturbar seu lazer ou interromper seu descanso". Ele disse que o Reino Unido queria somente o governo pelo consenso popular, liberdade para se dizer o que quiser e igualdade de todas as pessoas aos olhos da lei. "Mas objetivos bélicos além destes não temos."[9]

Churchill parou. Ele olhou para Hopkins. "O que o presidente dirá de tudo isso?"

Hopkins pensou antes de responder. Raios de luz de velas sinuosas reluziam no cristal e na prata. Seu silêncio durou tanto que se tornou desconfortável — quase um minuto, o que naquele contexto íntimo pareceu um longo período. Escutava-se o tique-taque dos relógios; o fogo assobiava e crepitava na lareira; as chamas das velas faziam sua silenciosa coreografia levantina.

Enfim, Hopkins falou.

"Senhor primeiro-ministro", começou ele, numa pronúncia americana exagerada. "Acho que o presidente não dá a mínima para nada disso."

O conselheiro particular Oliver Lyttelton sentiu uma pontada de ansiedade, conforme anotou em seu diário. Será que Churchill errou o cálculo? "Meu Deus do céu", pensou ele, "deu tudo errado...".[10]

Hopkins fez uma pausa prolongada.

"Veja bem", falou devagar, "a gente só quer ver aquele filho da puta do Hitler levar um couro".

Risadas altas amplificadas pelo alívio sacudiram a mesa.

A SRA. TREE ENTROU, RESOLUTA, e gentilmente encaminhou Churchill e o restante do grupo à sala de cinema de Ditchley — um filme lançado no ano anterior chamado *O Filho dos Deuses*, com Dean Jagger no papel do líder mórmon e Tyrone Power como um de seus seguidores. (O lançamento do filme em Salt Lake City foi uma sensação, atraindo 215 mil pessoas, numa época em que a população da cidade era de 150 mil habitantes.) Logo depois vieram noticiários alemães, incluindo um que apresentava a reunião de 18 de março de 1940 entre Hitler e Mussolini no passo de Brenner, nos Alpes, entre a Áustria e a Itália, "que com todas as saudações e aqueles absurdos", escreveu Colville, "era mais engraçado do que qualquer coisa que Charlie Chaplin fizera em *O Grande Ditador*".[11]

Churchill e seus convidados foram se deitar às duas da manhã.

Naquela noite em Londres, durante um intenso ataque aéreo alemão, uma bomba acertou a estação subterrânea de Bank, matando 56 pessoas que se abrigavam ali, atirando algumas em frente a um trem que se aproximava. Os mortos tinham entre catorze e 65 anos e incluíam um policial chamado Beagles, um homem russo de sessenta anos chamado Fanny Ziff e um rapaz de dezesseis anos chamado Harry Roast.

Ao sul do Tâmisa, o ar estava impregnado com o aroma de café incinerado, enquanto cem toneladas do grão queimavam num armazém em Bermondsey.

Essa era uma crueldade adicional dos ataques aéreos. Além de matar e mutilar, os bombardeios destruíam os produtos que mantinham a Inglaterra viva e que já estavam estritamente racionados. Na semana que terminou no domingo, 12 de janeiro, bombas e incêndios destruíram 25 mil toneladas de açúcar, 730 toneladas de queijo, 540 toneladas de chá, 288 toneladas de bacon e presunto e — talvez a maior barbárie — 970 toneladas de geleias e marmelada.

Na noite de domingo, em Ditchley, Churchill manteve Hopkins acordado por mais tempo ainda, até quatro e meia da manhã. Hopkins escreveu sobre a noite numa carta a Roosevelt, composta nos sóbrios papéis timbrados do Claridge's. O conteúdo da carta teria encantado o primeiro-ministro. "As pessoas aqui são incríveis, começando por Churchill", disse Hopkins a Roosevelt, "e se a coragem bastasse para vencer — o resultado seria inevitável. Mas eles precisam desesperadamente de nossa ajuda e tenho certeza que você não deixará que nada o impeça".[12] Churchill, escreveu ele, domina todo o governo britânico e entende todos os aspectos da guerra. "Não tenho como enfatizar o suficiente o fato de que ele é a única pessoa aqui com quem você precisa chegar a um acordo pleno."

Hopkins enfatizou a urgência do momento. "Esta ilha precisa de nossa ajuda agora, Sr. Presidente, com tudo que pudermos dar a eles."

Em um segundo recado, Hopkins enfatizou o sentimento de ameaça que impregnava o governo de Churchill. "A observação mais importante que fiz é que a maioria do Gabinete e todos os líderes militares aqui acreditam que a invasão é iminente." Eles a esperam antes de 1º de maio, escreveu, e "acreditam que será um ataque fulminante, incluindo o uso de gás venenoso e talvez outras armas novas que a Alemanha possa ter desenvolvido". Ele pressionou

Roosevelt a agir logo. "Preciso insistir que qualquer ação sua para atender às necessidades imediatas dos ingleses deve se basear na suposição de que a invasão acontecerá antes de 1º de maio."

O fato de que Churchill via o gás venenoso como uma ameaça grave e real ficava evidente em sua insistência para que Hopkins recebesse uma máscara de gás e um capacete, seu "chapéu de lata". Hopkins não usava nenhum dos dois. Do ponto de vista estético, isso era prudente: ele e seu sobretudo imenso já pareciam algo que um fazendeiro americano poderia colocar na lavoura para espantar pássaros.

Hopkins disse a Roosevelt: "O melhor que posso dizer sobre o chapéu é que é pior do que o meu e não me serve — não consegui colocar a máscara de gás —, então estou bem."

Ao terminar essa mensagem na manhã de terça-feira, Hopkins saiu no frio gélido para encontrar Churchill, Clementine, Pug Ismay, o observador americano Lee, além de lorde e lady Halifax, para uma viagem rumo ao norte, até a base naval britânica em Scapa Flow, no ponto mais ao norte da Escócia. Lá, os Halifax e o general Lee embarcariam num navio de guerra rumo à América.

A viagem a Scapa era parte do esforço de Churchill para conquistar Hopkins e fazê-lo embarcar na causa do Reino Unido. Desde sua chegada, Hopkins se tornou uma companhia quase constante de Churchill, uma sombra torta num casaco grande demais. Hopkins perceberia depois que, em suas primeiras duas semanas na Inglaterra, passou uma dezena de noites com o primeiro-ministro. Churchill "raramente o perdia de vista", escreveu Pug Ismay.

Ainda não completamente familiarizado com as idiossincrasias geográficas de Londres, Hopkins seguiu no que *pensou* ser o caminho para a estação King's Cross, onde o trem de Churchill estaria à espera. Ele foi alertado para se referir ao trem apenas como o "especial das onze e meia", para manter a presença de Churchill em segredo.

O trem de fato estava à espera em King's Cross. Mas Hopkins não. Em vez disso, ele foi parar em Charing Cross.

Capítulo 72
Para Scapa Flow

Quando acordou naquela manhã de terça-feira, 14 de janeiro, em seu quarto à prova de bombas no Anexo do nº 10 da Downing Street, Churchill parecia muito mal. Seu resfriado — aparentemente contraído em dezembro — havia se transformado numa bronquite que ele não conseguia combater. (Mary voltou para Chequers, onde, na segunda à noite, foi dormir exausta e tossindo, também resfriada.) Clementine estava preocupada, especialmente em vista dos planos do marido de partir naquela manhã para Scapa Flow a fim de se despedir de Halifax e sua esposa, Dorothy. Ela convocou Sir Charles Wilson, o médico de Churchill, que o visitara pela última vez em maio, logo após Churchill se tornar primeiro-ministro.

Na porta principal do Anexo, um membro da equipe de Churchill cumprimentou Wilson e disse que Clementine queria vê-lo imediatamente, antes que ele fosse até o primeiro-ministro.

Clementine disse ao médico que Churchill estava indo para Scapa Flow.

"Quando?", perguntou Wilson.

"Hoje, ao meio-dia", disse ela. "Há uma nevasca lá, e Winston está resfriado. Você precisa impedi-lo."

O médico encontrou Churchill ainda na cama e recomendou que ele não viajasse. "Ele ficou com o rosto muito vermelho", relembraria Wilson.

Churchill tirou o pijama. "Que absurdo!", disse ele. "É claro que eu vou."

Wilson relatou isso para Clementine, que não ficou contente. "Então", retrucou ela, "se você não consegue impedi-lo, o mínimo que pode fazer é ir com ele".

Wilson consentiu, e Churchill concordou em levá-lo junto.

Sem esperar que uma consulta domiciliar resultasse nisso, Wilson, claro, não havia preparado sua bagagem. Churchill emprestou a ele um casaco pesado com gola de pele de cordeiro. "Ele disse que aquilo me protegeria do vento", lembraria mais tarde Wilson.

Wilson entendia que o propósito oficial da viagem era acompanhar o embarque do novo embaixador, mas suspeitava de outro motivo: que Churchill, na verdade, queria ver os navios em Scapa Flow.

NA ESTAÇÃO, OS MEMBROS DA COMITIVA DE CHURCHILL encontraram uma longa fila de vagões Pullman, o que sugeria um grupo grande. Seu "trem especial" tipicamente consistia em um vagão exclusivo, contendo quarto, banheiro, sala e um escritório; um carro-restaurante com duas seções, uma para Churchill e seus convidados e outra para a equipe; e um carro-dormitório com uma dezena de compartimentos de primeira classe, cada um destinado a um convidado em particular. Os membros da equipe tinham acomodações menos luxuosas. O mordomo de Churchill, Sawyers, estava invariavelmente a bordo, assim como detetives, incluindo o inspetor Thompson. Churchill mantinha contato permanente com seu escritório em Londres por meio do secretário particular que estivesse de plantão no nº 10 da Downing Street — neste caso, John Colville. O trem tinha um telefone que podia ser conectado a linhas telefônicas nas estações ou postes. Tudo que o secretário no trem tinha que fazer era informar ao operador o número Rapid Falls 4466, e a ligação seria automaticamente direcionada para o escritório do primeiro-ministro.[2]

O sigilo concedido ao especial das onze e meia revelou-se pouco útil. À medida que os passageiros chegavam, muitos facilmente reconhecíveis a partir de fotos dos jornais e dos noticiários nos cinemas, uma multidão se aglomerava. Vários ministros, incluindo Beaverbrook e Eden, vieram também, para se despedir — a presença de Beaverbrook não era bem-vinda, pelo menos para lady Halifax, que acreditava que ele havia organizado a indicação do marido como embaixador. Nem ela nem Halifax queriam deixar Londres. "Nós dois sentíamos que Beaverbrook havia sugerido isso e não tínhamos qualquer confiança nele", escreveu lady Halifax depois. "No fim, tivemos de ir, e acho que nunca fiquei tão triste."[3]

O general Lee acompanhou a chegada das pessoas ilustres. "Lorde e lady Halifax, ele tão alto e ela tão pequena, se puseram na plataforma e toleraram as despedidas, e depois o primeiro-ministro, com seu rosto redondo e gordo, o nariz arrebitado e os olhos cintilantes, em trajes semináuticos de casacão azul e quepe, com a sra. Churchill, alta e bem-vestida."[4] Pug Ismay estava com eles. Churchill, embora obviamente resfriado, "estava de ótimo humor", escreveu Lee. A multidão do lado de fora comemorou.

Quando embarcou no trem, Ismay ficou surpreso ao ver o médico de Churchill, Sir Charles Wilson, já a bordo. "Ele parecia abatido", escreveu Ismay, "e perguntei por que estava lá".[5]

Wilson contou a respeito de seu encontro matutino com os Churchill.

"Então aqui estou", disse Wilson, "sem ter trazido uma escova de dentes sequer".

No último minuto, Hopkins apareceu correndo pela plataforma, com seu casaco enorme balançando. Mas não havia risco de o trem partir sem ele. Churchill teria adiado a saída para esperar seu talismã americano, não importa quanto tempo levasse.

No VAGÃO-RESTAURANTE, NAQUELA NOITE, o general Lee se viu sentado ao lado de lorde Halifax, em frente a Clementine e ao ministro canadense de Munições. "Realmente foi muito agradável", escreveu Lee. "A sra. Churchill é uma mulher alta e bonita, e vestia uma capa vermelha elegante que me deixou de bom humor já na saída."[6] Em determinado momento, Halifax perguntou, sério, por que a Casa Branca se chama Casa Branca, o que levou Clementine a brincar que isso era algo que Halifax deveria saber antes de chegar aos Estados Unidos.

O general Lee, então, entrou na conversa e descreveu como a mansão presidencial original havia sido queimada pelos britânicos na Guerra de 1812. "Lorde Halifax pareceu chocado e confuso", escreveu Lee mais tarde, "e tive a nítida impressão de que ele não sabia que a Guerra de 1812 havia sequer acontecido".

Churchill jantou com lady Halifax, Ismay e, claro, Hopkins. Churchill era o único do grupo em trajes formais, um contraste em relação a Hopkins, malvestido como sempre. Depois do jantar, Churchill e os outros foram para a sala de estar.

Apesar da bronquite, Churchill ficou acordado até as duas da manhã. "Ele estava se divertindo, e com seu vasto conhecimento de história, seu poder de retórica e sua enorme energia, dava um show para Hopkins", escreveu o general Lee. "Hopkins é o primeiro representante do presidente com quem ele teve uma boa conversa. Certamente ele nunca confidenciou nada a [Joseph] Kennedy, nem se importa com ele."

Quando Churchill e os demais se levantaram na manhã seguinte, descobriram que um descarrilamento em algum lugar adiante forçou o trem a parar algumas dezenas de quilômetros antes de sua parada final em Thurso, de onde eles seguiriam de navio para as águas de Scapa Flow. Do lado de fora do trem, a paisagem estava congelada — um "brejo deserto", escreveu John Martin, o secretário particular designado para a viagem, "o chão branco de neve e uma nevasca batendo contra as janelas". O Escritório Meteorológico da Grã-Bretanha relatou tempestades de neve de até cinco metros na área. O vento uivava entre os carros, espalhando a neve para todo canto. Para Hopkins, era um ambiente de desesperança, fechando uma semana na qual ele só sentira frio.

Churchill, no entanto — apesar de rouco e obviamente doente —, "entrou feliz no vagão-restaurante, onde consumiu um copo generoso de conhaque", escreveu em seu diário Charles Peake, assistente pessoal de Halifax. O primeiro-ministro estava ansioso para chegar ao mar, apesar de sua susceptibilidade a enjoos. A certa altura, disse ele, "vou pegar meus Mothersills", uma referência a um remédio popular usado por viajantes nauseados.[7]

Ele começou a discursar sobre as maravilhas de uma arma antiaérea experimental que lançava vários pequenos foguetes por vez. Uma versão inicial estava instalada em Chequers para defesa contra aeronaves voando baixo, mas a Marinha tentava adaptar a arma para proteger seus navios. Em Scapa Flow, Churchill planejava disparar um protótipo em teste, e a ideia o encantava — até que um oficial sênior do Almirantado que viajava com o grupo informou que cada disparo custava cerca de 100 libras (quase 6.400 dólares hoje).

Enquanto Peake falava, "o sorriso desapareceu dos lábios do primeiro-ministro e a boca fez um bico como o de um bebê".

"O que, não vamos disparar?" perguntou Churchill.

Clementine interrompeu: "Sim, querido, você pode disparar apenas uma vez".

"Sim, está certo", disse Churchill. "Vou disparar uma vez. Apenas uma. Não vai ter problema."

Peake escreveu: "Ninguém teve coragem de dizer que teria problema, e logo ele estava sorrindo de novo."[8]

Como todos descobririam no dia seguinte, de fato seria um problema.

Capítulo 73
"Aonde tu fores"

Com o trem parado antes de Thurso, o clima ruim e Churchill doente, debateu-se se era o caso de seguir em frente ou não. Clementine se preocupava com a bronquite do marido, assim como o médico dele. "Houve muita discussão sobre o que deveríamos fazer", escreveu o secretário Martin, "pois o mar estava tempestuoso e meu chefe estava bem resfriado".[1]

Churchill pôs fim ao impasse. Pôs o chapéu e um casaco, saiu do trem e marchou para um carro que havia parado perto dos trilhos. Ele se sentou decidido no banco traseiro e declarou que ia para Scapa Flow de qualquer maneira.

O restante do grupo o seguiu, embarcando nos outros carros, e o comboio saiu pelas estradas cheias de neve para um pequeno porto chamado Scrabster, onde embarcariam num pequeno navio que os levaria a navios maiores que aguardavam em alto-mar. "A terra é nua, desagradável", lembraria o general Lee. "Os únicos seres vivos eram um rebanho de animais que pareciam ovelhas, e concluí que aqueles animais teriam de produzir seus casacos de lã ou morreriam congelados."[2] Enquanto alguns no grupo embarcaram em dois caça-minas, Churchill, Clementine, Hopkins, Ismay e Halifax foram transferidos para um torpedeiro, o HMS *Napier*. O navio passou por um cenário marítimo de neve opaca misturada ao brilho do sol, o mar num incrível tom de cinza em contraste com o brilho da costa coberta de neve.

Para Churchill, apesar da bronquite, aquilo era puro deleite — ampliado, sem dúvida, pelo drama de entrar em Scapa Flow passando por uma sucessão de redes antissubmarinos, que precisavam ser abertas e fechadas rapidamente por navios que faziam sua guarda, para não permitir que um submarino se esgueirasse atrás da embarcação que passava. (No início da guerra, em 14 de outubro de 1939, um submarino torpedeou o navio de guerra HMS *Royal Oak* em Scapa Flow, matando 834 membros da sua tripulação de 1.234 pessoas, o que levou a Marinha a instalar uma série de barreiras chamadas "Barreiras Churchill".) Enquanto o *Napier* e os dois caça-minas entravam nas águas da região central de Scapa, o sol surgiu novamente, despejando uma luz de diamante nos navios ancorados e nas colinas nevadas.

Pug Ismay achou a paisagem de tirar o fôlego e saiu em busca de Hopkins. "Queria que Harry visse a força, a majestade, a extensão e o poder do Império Britânico naquele cenário e percebesse que, caso qualquer coisa acontecesse a esses navios, todo o futuro do mundo poderia mudar, não apenas para o Reino Unido, mas até mesmo para os Estados Unidos."[3] Ismay estava exagerando um pouco, porque naquele momento só alguns poucos navios importantes estavam no atracadouro, a maior parte da frota havia sido enviada para o Mediterrâneo ou despachada para proteger comboios e caçar navios.

Ismay encontrou Hopkins, "desolado e tremendo", em uma sala de descanso da tripulação. O americano parecia exausto. Ismay deu a ele um de seus próprios suéteres e um par de botas forradas de pele. Isso animou Hopkins um pouco, mas não o suficiente para aceitar a recomendação de Ismay de que ambos caminhassem pelo navio. "Ele estava com frio demais para se entusiasmar com a nossa frota", escreveu Ismay.

Ismay saiu sozinho, enquanto Hopkins procurava um abrigo para se proteger do frio e do vento. Ele encontrou um lugar que parecia ideal e sentou.

Um sargento se aproximou. "Com licença, senhor", disse ele, "mas acho que o senhor não deveria sentar aí. Isso é uma bomba".[4]

CHURCHILL E COMPANHIA EMBARCARAM NO NAVIO que levaria os Halifax e o general Lee para os Estados Unidos, um novo e impressionante navio de guerra batizado de *King George V*. A escolha do navio para a viagem de Halifax foi calculada por Churchill para ajudar no flerte com Roosevelt. Churchill sabia que o presidente amava navios e compartilhava seu ávido interesse por assuntos navais. De fato, àquela altura, Roosevelt colecionava mais de quatrocentas miniaturas em escala de navios, grandes e pequenos, muitos dos quais seriam expostos na Biblioteca Presidencial FDR no Hyde Park, em Nova York, em sua inauguração, em junho de 1941. "Nenhum amante jamais estudou cada capricho da amada como eu estudei os do presidente Roosevelt", disse Churchill. Ele escolheu o *King George V*, escreveu, "para preparar a chegada de nosso novo embaixador, lorde Halifax, aos Estados Unidos com toda sua devida importância".

Depois de almoçar a bordo do navio, todos se despediram. Hopkins entregou ao general Lee suas cartas para Roosevelt.

Churchill e os demais que ficaram para trás desembarcaram num bote que os levaria a seu destino naquela noite, um velho navio de guerra chamado *Nelson*. Churchill foi cuidadoso, como sempre, em seguir o protocolo naval, que exigia que o oficial de maior patente — nesse caso, ele mesmo — deixasse o navio por último. A maré subia; o vento varria o mar escuro. Do convés do *King George V*, Lee assistia à partida do bote, "numa chuva de respingos". Eram 16h15, segundo o relógio de Lee, e o pôr do sol do Norte se aproximava rapidamente.

O *King George V* partiu, com o general Lee e os Halifax a bordo. "Não houve barulho, música, disparos; a âncora foi levantada e saímos para o mar aberto", escreveu Lee.[5]

Ao entardecer, o bote com Churchill e Hopkins voltou para o *Nelson*, onde eles e os demais passaram a noite.

No dia seguinte, quinta-feira, 16 de janeiro, a bordo do *Nelson*, Churchill teve a chance de disparar a nova arma antiaérea. Algo deu errado. "Um dos projéteis ficou preso no cordame", lembraria o secretário Martin. "Houve uma forte explosão e um objeto parecido com um pote voou em direção à ponte, onde estávamos. Todos se protegeram e ouvimos um grande estrondo, mas não houve nenhum dano sério." Como Hopkins contaria depois para o rei, a bomba caiu a um metro e meio de onde ele estava. Ele não se machucou, e achou o incidente engraçado. Churchill, aparentemente, não.[6]

Mais tarde, Churchill e sua comitiva deixaram o *Nelson* e viajaram na barcaça do almirante para o contratorpedeiro *Napier*, que os levaria de volta para o trem. O clima estava pior do que no dia anterior, o mar ainda mais revolto, e isso tornou a escalada da barcaça para o convés do contratorpedeiro uma aventura precária. Aqui o protocolo pedia uma inversão na ordem de embarque, com Churchill sendo o primeiro a subir. Os barcos subiam e desciam com as ondas. O vento cruzava as amuradas do navio. Enquanto escalava, Churchill falava o tempo todo, bastante tranquilo. Pug

Ismay, na barcaça abaixo, ouviu um dos degraus da escada estalar "de forma ameaçadora" sob o peso de Churchill, mas o primeiro-ministro continuou e logo estava a bordo. "Fui cuidadoso em evitar aquele degrau quando chegou a minha vez, mas Harry Hopkins não teve a mesma sorte."[7]

Hopkins começou a escalar, seu casaco sacudindo ao vento. O degrau quebrou e ele começou a cair. O confidente de Roosevelt, o potencial salvador da Inglaterra, estava prestes a despencar barco abaixo ou, pior, no abismo de mar agitado entre a barcaça e o casco, que se moviam um contra o outro como as mandíbulas de um torno.

Dois marinheiros o pegaram e o seguraram pelos ombros, pendurado sobre a barcaça.

Churchill gritava coisas que não eram exatamente encorajadoras: "Eu não ficaria aí por muito tempo, Harry; quando dois barcos estão perto no mar bravio, você pode se machucar."

A CAMINHO DE LONDRES, O TREM DE CHURCHILL parou em Glasgow, onde ele inspecionou legiões de voluntários, incluindo brigadas de bombeiros, oficiais de polícia e membros da Cruz Vermelha, o serviço de Precauções contra Ataques Aéreos (ARP) e o Serviço de Mulheres Voluntárias, todos em formação para serem inspecionados por Churchill. Sempre que chegava a um novo grupo, ele parava e apresentava Hopkins, chamando-o de representante pessoal do presidente dos Estados Unidos, o que animou os membros de cada força, mas acabou com as últimas forças de Hopkins.

Ele se escondia, camuflado entre as multidões de espectadores que se reuniam para ver Churchill.

"Mas não havia escapatória", escreveu Pug Ismay.

Churchill, percebendo as ausências de Hopkins, chamava toda vez, "Harry, Harry, cadê você?" — forçando-o a voltar para o seu lado.[8]

Foi em Glasgow que se deu o momento mais importante da estada de Hopkins na Grã-Bretanha, embora isso tenha sido mantido em segredo na época.

O grupo se reuniu no Hotel Station, em Glasgow, para um pequeno jantar com Tom Johnston, um membro do Parlamento e jornalista de destaque, que logo seria nomeado secretário de Estado na Escócia. O médico de Churchill, Wilson, sentou-se ao lado de Hopkins e ficou impressionado, mais uma vez, com o desleixo do homem. Começaram os discursos. Chegou a vez de Hopkins.

Hopkins se levantou e, como Ismay lembraria, primeiro "fez um comentário ou dois sobre a Constituição britânica em geral e sobre o irrepreensível primeiro-ministro em particular". Depois, voltou-se para Churchill.

"Suponho que você deseje saber o que vou dizer ao presidente Roosevelt no meu retorno", disse ele.

Desejar era pouco. Churchill estava desesperado para saber quanto seu cortejo a Hopkins estava sendo bem-sucedido, e o que ele diria ao presidente.

"Bem", disse Hopkins, "vou citar um versículo do Livro dos Livros cuja verdade guiou a criação da mãe do sr. Johnston e de minha mãe escocesa".

Hopkins baixou a voz para quase um sussurro e recitou uma passagem do Livro de Rute, da Bíblia: "Porque irei para onde fores; onde passares a viver, aí eu também viverei; o teu povo é o meu e o teu Deus é o meu Deus."

Então, suavemente, acrescentou: "Até o fim."[9]

Isso era um acréscimo próprio, e uma onda de gratidão e alívio pareceu envolver a sala.

Churchill chorou.

"Ele sabia o que isso significava", escreveu seu médico. "Mesmo para nós, as palavras pareceram uma corda jogada para um homem que estava se afogando." Ismay escreveu: "Pode ter sido indiscrição de [Hopkins] mostrar sua parcialidade desta forma, mas isso nos comoveu profundamente."[10]

No sábado, 18 de janeiro, enquanto Churchill e Hopkins seguiam de volta para Londres, Colville foi de carro a Oxford almoçar com Gay Margesson, camuflando seu interesse romântico com a pequena desculpa de que eram negócios do primeiro-ministro que o levavam à cidade. Londres estava coberta de neve, e nevou ainda mais enquanto ele dirigia. Ele temia — ou talvez esperasse — que Oxford, àquela altura, já tivesse piorado Gay, seu novo cabelo longo sendo um símbolo desse efeito, mas quando os dois conversaram no quarto dela depois do almoço, ele viu que ela continuava tão cativante como sempre.

"Achei Gay encantadora e não tão mudada quanto temia," escreveu, "mas não consegui fazer grandes progressos. Sempre conversamos tão fluidamente, mas nunca consigo ser nada além do 'velho Jock de sempre', e até que me torne — ou pareça me tornar — diferente, não terei chance de causar uma nova impressão em Gay".[11]

Logo era hora de partir. A neve caía. Gay disse adeus e convidou Colville a visitá-la novamente, e ali na neve, como ele escreveu com evidente sofrimento: "Gay estava linda como sempre, seu cabelo longo parcialmente coberto por um lenço e o rosto vermelho do frio."

Ele dirigiu de volta para Londres, em meio à neve e ao gelo, concluindo que a jornada fora "um pesadelo".

Quando chegou a Londres, decidiu que bastava. Escreveu uma carta para Gay confirmando que "ainda estava apaixonado por ela e dizendo que a única solução, do meu ponto de vista, era romper o nó górdio e não vê-la mais. Não devo deixar nenhuma lacuna importante na vida dela, embora acredite que ela gostasse de mim, mas não posso me manter próximo como um pretendente rejeitado, assombrado pelas memórias do que foi e por sonhos do que poderia ter sido".

Ele sabia, no entanto, que isso era apenas uma estratégia, usada por amantes condenados de todas as eras, e que ele não pretendia realmente romper o nó para sempre. "Então talvez por fraqueza", escreveu ele em seu diário, depois de colocar a carta de lado, "adiei o projeto e decidi 'ficar por perto' mais um pouco. A história está cheia de lições sobre a redenção de Causas Perdidas".

NAQUELE SÁBADO, O VICE DE HITLER, Rudolf Hess, mais uma vez viajou para o campo de pouso das Oficinas da Messerschmitt, em Augsburgo, acompanhado por um motorista, um detetive da polícia e um de seus ajudantes, Karl-Heinz Pintsch. Hess deu a Pintsch duas cartas e o instruiu a abrir uma delas quatro horas depois de sua partida. Pintsch esperou por quatro horas e mais quinze minutos para garantir, e então abriu a carta. Ele ficou atordoado. Hess, ele leu, estava a caminho da Inglaterra para tentar conseguir um acordo de paz.

Pintsch contou ao detetive e ao motorista o que acabara de ler. Eles estavam discutindo, ansiosos pelas próprias vidas e pelo futuro, quando o caça de Hess retornou para o aeroporto. Ele não tinha conseguido um sinal de rádio para manter o avião no trajeto.

Hess e os demais voltaram de carro para Munique.

A VISITA DE HOPKINS À INGLATERRA deveria durar duas semanas; acabou durando mais de quatro, a maior parte do tempo com Churchill contra um cenário de suspense crescente sobre a Lei de Empréstimo e Arrendamento, cuja aprovação pelo Congresso não era certa. Naquele tempo, Hopkins conseguiu agradar a quase todo mundo que conheceu, incluindo os criados do Claridge's, que faziam um esforço extra para torná-lo apresentável. "Ah, sim", disse Hopkins a um valete, "preciso lembrar que estou em Londres agora — preciso parecer digno".[12] De tempos em tempos, os criados achavam documentos sigilosos nas roupas dele ou descobriam que ele havia deixado a carteira no bolso da calça. Um garçom do hotel disse que Hopkins era "muito cordial — atencioso — se assim posso dizer, amável — bem diferente de outros embaixadores que já tivemos aqui".

Churchill exibia Hopkins para o público sempre que podia, tanto para agradar sua audiência britânica quanto para criar uma oportunidade de reafirmar a Hopkins e aos Estados Unidos que não estava pedindo que os americanos entrassem na guerra — embora no íntimo desejasse muito que Roosevelt pudesse simplesmente tomar a decisão de fazer isso sem se importar em convencer o Congresso primeiro. Na sexta-feira, 31 de janeiro, Churchill levou Hopkins para visitar bairros em Portsmouth e Southampton que haviam sido duramente bombardeados, e depois os dois foram de carro para Chequers jantar com Clementine, Ismay, o secretário particular Eric Seal e outros. Churchill "estava em grande forma", escreveu Seal para sua esposa naquela noite. "Ele se sente como uma casa em chamas com Hopkins, que é encantador & de quem todos gostam."[13]

Hopkins trouxe uma caixa de discos de gramofone com músicas americanas e outras faixas com "significado anglo-americano", como Seal definiu, e logo a música tomou conta do Grande Salão, onde o gramofone estava instalado. "Ouvimos esses discos até bem depois da meia-noite, o primeiro-ministro andando pela sala, algumas vezes dançando à *pas seul*, no ritmo da música", escreveu Seal. No meio de suas danças e andanças, Churchill parava de vez em quando para comentar os crescentes laços entre o Reino Unido e os Estados Unidos e seu apreço por Roosevelt. "Todos ficamos um pouco sentimentais & anglo-americanos sob a influência de um bom jantar & da música", escreveu Seal. Algo inefável surgiu no Grande Salão. "Era ao mesmo tempo agradável & satisfatório — mas difícil de definir em palavras, especialmente com as limitações de uma carta", disse Seal à sua esposa. "Todos os presentes conheciam uns aos outros & gostavam uns dos outros — é bastante extraordinário como Hopkins encantou todo mundo que conheceu."

Capítulo 74
Diretriz nº 23

COM O PLANEJAMENTO DA INVASÃO DA RÚSSIA — Operação Barbarossa — em andamento, Hitler achava irritante a resistência persistente do Reino Unido. Ele precisaria de todo soldado, todo tanque e toda aeronave disponível para a campanha, e então estaria livre para concentrar sua atenção nas Ilhas Britânicas. Até lá, no entanto, ele precisava negociar a paz ou neutralizar, de alguma outra forma, o Reino Unido como inimigo viável, e era aqui, com a invasão da Inglaterra temporariamente fora de questão, que a Luftwaffe continuaria a exercer seu papel fundamental. Seu fracasso em conquistar a vitória prometida por Hermann Göring era, sem dúvida, uma fonte de frustração para Hitler, mas ele seguia esperançoso de que sua força aérea iria prevalecer.

Na quinta-feira, 6 de fevereiro, ele emitiu uma nova diretriz, a de nº 23, ordenando que a Força Aérea e a Marinha intensificassem ainda mais seus ataques à Inglaterra, para tentar fazer Churchill se render. Mas, se isso não fosse possível, que pelo menos servisse para enfraquecer os britânicos e impedi-los de interromper a campanha russa. Mas, com a Rússia acelerando a produção de aeronaves, tanques e munições, quanto mais ele esperasse, mais difícil seria conquistar aquilo que vislumbrava, a aniquilação total.[1]

O aumento da intensidade dos ataques, segundo a diretriz, traria o benefício secundário de criar a ilusão de que uma invasão alemã à Inglaterra era iminente, e forçaria Churchill a alocar forças para a defesa interna.

GÖRING ESTAVA CONSTERNADO

"A decisão de atacar o Leste me desesperou", contaria ele depois a um interrogador americano.[2]

Ele tentou dissuadir Hitler, conforme alegou mais tarde, citando o livro do próprio Hitler, *Mein Kampf*, que alertava para os perigos de uma guerra em dois fronts. Göring estava confiante que a Alemanha poderia rapidamente derrotar o Exército russo, mas acreditava que o momento era errado. Ele disse a Hitler que sua Força Aérea estava perto de levar a Inglaterra ao colapso e à rendição. "Colocamos a Inglaterra onde queríamos e agora temos que parar."[3]

Hitler respondeu: "Sim, vou precisar de seus bombardeiros por apenas três ou quatro semanas. Depois disso, você pode tê-los todos de volta."

Hitler prometeu que, assim que a campanha russa acabasse, todos os recursos seriam entregues à Luftwaffe. Como uma testemunha da conversa relatou, Hitler prometeu a Göring que sua Força Aérea iria "triplicar, quadruplicar, quintuplicar".

Reconhecendo que só podia questionar Hitler até certo ponto, e sempre ávido para se manter em suas graças, Göring se resignou ao fato de que a invasão da Rússia realmente ocorreria e ele precisava desempenhar um papel fundamental na sua execução. Convocou uma reunião de planejadores militares na Academia Aérea de Gatow, fora de Berlim, a fim de começar a detalhar os preparativos para a operação Barbarossa.

Era "estritamente sigiloso", escreveu Kesselring, marechal de campo da Luftwaffe. "Nada vazou. As equipes de funcionários estavam tão no escuro sobre o assunto quanto as tropas."[4]

Ou pelo menos era o que o Alto-comando Alemão imaginava.

OBEDECENDO À DIRETRIZ Nº 23, a Luftwaffe aumentou seus ataques à Inglaterra, tendo como único limite o clima ruim do inverno. Seus pilotos encontravam pouca resistência. A experiência diária deles mostrava que os britânicos ainda não haviam encontrado maneiras eficazes de interceptar aeronaves à noite.

Capítulo 75
A violência iminente

No sábado, 8 de fevereiro — dia em que Hopkins devia começar sua longa jornada de volta aos Estados Unidos —, chegou a notícia de que a Lei de Empréstimo e Arrendamento havia superado seu primeiro obstáculo importante, sendo aprovada na Câmara de Representantes por 260 a 165 votos. Hopkins foi a Chequers se despedir de Churchill e Clementine; mais tarde, ele pegaria um trem para Bournemouth e de lá embarcaria num voo para Lisboa. Encontrou Churchill sério, trabalhando num discurso para transmitir na noite seguinte, domingo, 9 de fevereiro.

Churchill andava para lá e para cá, e uma secretária datilografava. Hopkins assistiu, encantado. O discurso era supostamente para o público britânico, mas os dois homens entendiam que seria também uma ferramenta para aumentar o apoio americano à Lei de Empréstimo e Arrendamento, que seria então submetida ao Senado americano. Hopkins incitou Churchill a argumentar que, em vez de arrastar os Estados Unidos para a guerra, a lei era a melhor forma de ficar fora dela. Churchill concordou. Ele também planejava usar uma mensagem de Roosevelt, na qual o presidente escreveu cinco linhas de um poema de Longfellow.

Hopkins deixou para Churchill um cartão de agradecimento. "Meu caro primeiro-ministro", escreveu, "jamais esquecerei esses dias com você — sua confiança suprema e seu desejo de vitória — sempre gostei do Reino Unido — agora gosto ainda mais.[1]

"Ao partir para os Estados Unidos esta noite, desejo a você muita sorte — confusão para seus inimigos — vitória para o Reino Unido."

Naquela noite, Hopkins embarcou num trem para Bournemouth; chegou de hidroavião ao porto vizinho de Poole na manhã seguinte, domingo, e descobriu que o clima ruim forçara o adiamento de seu voo para Lisboa. Brendan Bracken havia ido junto para se despedir. Hopkins também estava acompanhado de um agente de segurança britânico designado para cuidar dele até Washington, devido ao seu hábito de deixar documentos confidenciais espalhados nos quartos de hotel. O agente deveria permanecer particularmente perto dele em Lisboa, àquela altura um notório centro de espionagem.

Na noite de domingo, Hopkins, Bracken e outros se reuniram no bar do Branksome Tower Hotel, em Poole, para ouvir a transmissão de Churchill.

Mais tarde, a Inteligência Doméstica iria relatar que trechos do discurso "causaram arrepios em algumas pessoas".[2]

CHURCHILL COMEÇOU ELOGIANDO os cidadãos de Londres e de outros lugares que haviam aguentado os ataques alemães, destacando que a Força Aérea alemã havia jogado "três ou quatro toneladas de bombas sobre nós para cada tonelada que enviamos em resposta à Alemanha". Ele fez um agradecimento especial à polícia, que "tem estado em todo lugar, o tempo todo, e como uma trabalhadora escreveu para mim: 'Que cavalheiros eles são!'" Elogiou ações bem-sucedidas contra a Itália no Oriente Médio; citou a visita de Hopkins como um marco da empatia e boa vontade dos Estados Unidos. "Na última guerra", disse Churchill, começando uma passagem claramente inspirada pelo conselho de Hopkins, "os Estados Unidos enviaram dois milhões de homens para o outro lado do Atlântico. Mas esta não é uma guerra de grandes exércitos disparando munição em massa uns contra os outros. Não precisamos dos bravos exércitos que estão sendo formados pela União Americana. Não precisamos deles neste ano, nem no próximo, nem em qualquer ano que possamos prever". Churchill disse que realmente necessários eram os suprimentos e navios. "Precisamos deles aqui e precisamos trazê-los para cá."[3]

Com o fim do inverno, continuou ele, a ameaça de invasão voltaria, de forma diferente, potencialmente mais perigosa. "Uma invasão nazista da Grã-Bretanha no último outono teria sido um ato mais ou menos improvisado", disse ele. "Hitler considerou que, quando a França cedeu, nós também iríamos ceder; mas nós não o fizemos. E ele teve de repensar seu plano." Agora, disse Churchill, a Alemanha teve tempo para planejar e construir os equipamentos e embarcações necessários. "Devemos todos estar preparados para ataques de gás, ataques de paraquedas e ataques de planador frequentes, premeditados e habilidosos." Pois um fato seguia sendo verdade: "Para vencer a guerra, Hitler precisa destruir a Grã-Bretanha."

Não importava, porém, o quanto a Alemanha avançasse ou quanto território ela conquistasse, Hitler não prevaleceria. O poderio do Império Britânico — "em certo sentido, de toda a potência de língua inglesa" — está no caminho dele, "todos empunhando as espadas da Justiça".

Por extensão, um dos soldados empunhando a espada eram os Estados Unidos, e então, chegando ao final, Churchill citou um bilhete escrito à mão enviado por Roosevelt.

"Navega pelo mar, Navio do Estado!", retumbou Churchill. "União, navega, és forte e avultado!"

A Humanidade com os seus receios,
E a fé de ver cumpridos seus anseios,
Aguarda apreensiva por teu fado!

Churchill perguntou a seus ouvintes como deveria responder. "Qual resposta devo dar, em nome de vocês, a este grande homem, aquele que por três vezes foi escolhido chefe de uma nação de 130 milhões de pessoas? Eis a resposta..."

A MAIOR PARTE DA GRÃ-BRETANHA estava ouvindo: 70% de potenciais ouvintes. No Branksome Tower Hotel, Hopkins ouviu. Colville, em um raro fim de semana de folga, ouviu também, depois de jantar com a mãe e o irmão em Madeley Manor, a casa de campo de seu avô em North Staffordshire, a 225 quilômetros de Londres. A noite estava fria e chuvosa, mas as muitas lareiras deixavam a casa aconchegante.

Isto era Churchill no auge de sua habilidade — franco, porém encorajador, sério, porém inspirador, procurando animar seu povo ao mesmo tempo em que tranquilizava, embora de maneira um tanto dissimulada, a grande massa de americanos, dizendo que a única coisa que queria dos Estados Unidos era ajuda material.

Goebbels, que ouviu também, chamou-o de "insolente".[4]

CHURCHILL ENCAMINHOU SUA RETÓRICA PARA O ENCERRAMENTO.

"Aqui está a resposta que darei ao presidente Roosevelt: Confie em nós", disse Churchill. "Dê-nos sua fé e sua bênção e, com a ajuda da Providência, tudo ficará bem.

"Não iremos falhar nem vacilar; não iremos fraquejar nem cansar. Nem o choque repentino da batalha nem as longas provações exigidas pela vigilância e pelo esforço irão nos derrubar.

"Dê-nos as ferramentas, e nós terminaremos o trabalho."

NAQUELE FIM DE SEMANA, O REI GEORGE chegou a uma nova conclusão. Em seu diário, ele escreveu: "Eu não poderia ter um primeiro-ministro melhor."[5]

NO CONGRESSO AMERICANO NADA ACONTECEU.

Em meados de fevereiro, a Lei de Empréstimo e Arrendamento ainda não havia sido aprovada pelo Senado. Churchill estava frustrado, assim como o povo britânico, que ficava impaciente com aquilo que a Inteligência Doméstica chamava de "discussões aparentemente intermináveis" sobre a lei.

Churchill também estava mais convencido do que nunca de que a Luftwaffe fazia um esforço deliberado para eliminá-lo, assim como aos membros de seu governo. As Salas do Gabinete de Guerra estavam sendo reforçadas, mas, como Churchill disse a Sir Edward Bridges, secretário do Gabinete de Guerra, em uma minuta no sábado, 15 de fevereiro (uma das dezoito que Churchill escreveu naquele dia), ele estava preocupado que a sede das Forças Armadas fosse especialmente vulnerável a um ataque. As bombas alemãs pareciam chegar cada vez mais perto e se concentrar no Whitehall. "Quantas bombas foram jogadas a até mil metros de distância delas [Salas do Gabinete de Guerra]?" perguntou Churchill a Bridges.[6]

De fato, neste período, pelo menos quarenta ataques atingiram o Whitehall, com 146 bombas caindo a menos de mil metros do Cenotáfio, o monumento nacional de guerra localizado a uma quadra e meia do nº10 da Downing Street, no coração do Whitehall.

Naquele mesmo dia, Churchill escreveu a Pug Ismay sobre a invasão. Apesar dos relatórios de inteligência sugerindo que Hitler havia adiado seu plano de invadir a Inglaterra, Churchill ainda acreditava que a ameaça tinha de ser levada a sério. (O público concordava: em janeiro, uma pesquisa Gallup descobriu que 62% dos entrevistados esperavam que a Alemanha invadisse no ano seguinte.) Estava claro que Hitler teria de se livrar da Inglaterra em algum momento, assim como a probabilidade de que ele o faria logo, antes que o país ficasse mais forte. O Reino Unido estava reforçando sua produção de armas e equipamentos e, caso o projeto de Empréstimo e Arrendamento se tornasse lei, receberia em breve uma grande quantidade de suprimentos da América. Os comandantes de alto escalão de Churchill acreditavam que Hitler não tinha escolha a não ser invadir, e viam a retomada do bombardeio de Londres e de outras cidades inglesas como um indício ameaçador de seu interesse restabelecido.

Churchill não estava tão convencido, mas concordava o suficiente para acreditar que era imperativo que as Forças Armadas e os cidadãos estivessem preparados para repelir um ataque alemão, e para Churchill isso significava que a costa da Inglaterra tinha de ser evacuada. "Temos que começar a convencer as pessoas a sair de lá", escreveu ele a Pug Ismay, "[...] e explicar a quem quiser ficar qual é o lugar mais seguro de suas casas, e que eles não poderão sair depois da invasão".[7]

Beaverbrook, por sua vez, intimidava seus administradores de fábricas com telefonemas determinando que eles aumentassem a produção. "A necessidade de esforços sustentáveis e crescentes da parte de todos os envolvidos na produção de aeronaves permanece vital para a segurança do país, diante da ameaça de invasão quando o clima melhorar", escreveu ele em um telegrama para as 144 empresas envolvidas na fabricação de estruturas de aeronaves. "Peço, portanto, sua garantia de que o trabalho em sua fábrica continuará ocorrendo aos domingos, para que o máximo resultado seja obtido." Ele enviou telegramas semelhantes para sessenta empresas que produziam equipamento de descontaminação de gás. "A necessidade de dispositivos de descontaminação é tão urgente que preciso solicitar que vocês trabalhem em turnos noturnos e diurnos, e especialmente que trabalhem aos domingos."[8]

Quis a sorte que a partida de Harry Hopkins coincidisse com a chegada do clima ameno de primavera, com a neve derretendo e flores de açafrão nascendo na grama do Hyde Park. Como escreveu Joan Wyndham, numa caminhada com seu "adorável Rupert", aquele do apêndice torto: "Dia ensolarado como se fosse primavera, céu azul, agradável sentimento de alegria... Aquela tarde foi uma das mais felizes que passamos juntos. Éramos duas mentes com um único pensamento, ou melhor, sem qualquer pensamento."[9]

Também naquela semana, Randolph Churchill e sua nova unidade, o Comando nº 8, partiram para o Egito a bordo de um navio chamado *Glenroy*.

A unidade já tinha mais de quinhentos soldados, além de oficiais e agentes de ligação, um dos quais era o escritor Evelyn Waugh, também membro do clube social de Randolph, o White's. Randolph e Pamela esperavam que esse hiato desse a eles a chance de estabilizarem suas finanças, uma tarefa muito mais vital agora, que ela acreditava estar grávida do segundo filho. "É um inferno estarmos separados", Randolph disse a ela, antes de partir, "[...] pelo menos vamos resolver nossas dívidas".[10]

Mas a viagem era longa e a fraqueza de Randolph pela jogatina, profunda.

Capítulo 76
Londres, Washington e Berlim

PARA CHURCHILL, A PRIMEIRA SEMANA DE MARÇO FOI TENSA. O projeto da Lei de Empréstimo e Arrendamento ainda não havia sido aprovado, e havia sinais de que o apoio para sua aprovação começava a diminuir. A última pesquisa Gallup mostrava que 55% dos americanos aprovavam o projeto, uma queda em relação aos 58% da pesquisa anterior. Isso pode ter contribuído para o mau humor de Churchill no início do almoço de quinta-feira, 6 de março, realizado na recém-blindada sala de jantar no porão do nº 10 da Downing Street, em honra a outro visitante americano, James Conant, presidente de Harvard.

Churchill ainda não estava presente quando Clementine, Conant e vários outros convidados se dirigiram à sala de jantar. O Professor chegou, alto e triste, assim como uma amiga de Clementine, Winnifreda Yuill. Lá estava também Charles Eade, famoso editor de jornal e compilador de coletâneas de discursos de Churchill.

Clementine serviu xerez e resolveu que a refeição deveria começar sem seu marido. Ela vestia seu lenço de cabeça com slogan de guerra enrolado como um turbante.

O primeiro prato ainda não havia sido servido quando Churchill finalmente chegou. Ao entrar, beijou a mão de Winnifreda, um começo cordial, mas um silêncio infeliz se seguiu. Churchill ainda sofria de bronquite e era evidente que estava de péssimo humor. Parecia cansado e sem disposição para conversar.

Na esperança de melhorar o clima, Conant decidiu deixar claro que era um ardoroso defensor do projeto de Empréstimo e Arrendamento. Também disse a Churchill que defendera no Senado Americano a intervenção direta dos Estados Unidos na guerra. A cada tópico, destacou Conant em seu diário, Churchill se tornava mais falante.

Primeiro, com alegria evidente, o primeiro-ministro descreveu um ataque britânico bem-sucedido às ilhas de Lofoten, na Noruega, realizado há dois dias por comandos britânicos e soldados noruegueses. Batizada de Claymore, a operação destruiu fábricas de óleo de fígado de bacalhau, essencial para que a Alemanha estocasse vitaminas A e D, fundamentais para sua população, e glicerina, um componente de explosivos. Os comandos capturaram mais de duzentos soldados alemães e alguns colaboradores noruegueses, chamados de "*quislings*", por causa de Vidkun Quisling, um político norueguês que tentara uma aliança da Noruega com a Alemanha.

Essa foi a história divulgada para o público. Churchill, no entanto, sabia de um segredo, que não revelou a seus convidados. No ataque, os comandos capturaram um componente-chave da máquina de criptografia alemã Enigma e um documento que continha as chaves decodificadoras que a Marinha alemã usaria nos meses seguintes. Com isso, os decodificadores em Bletchley Park poderiam ler não apenas as comunicações da Luftwaffe, mas também as da Marinha alemã, incluindo ordens transmitidas para os submarinos.

Em seguida, Churchill abordou o assunto que mais ocupava sua mente: o projeto de Empréstimo e Arrendamento. "Esse projeto tem de ser aprovado", disse ele a Conant. "Em que estado nós todos ficaríamos se isso não acontecesse? Em que estado ficaria o presidente?. Que fracasso será diante da história se essa lei não for aprovada!"[1]

JOHN COLVILLE, AINDA DECIDIDO A ABANDONAR SEU EMPREGO e ir para a guerra, elaborou um novo plano.

Na manhã de segunda-feira, 3 de março, ele tinha ido cavalgar em Richmond Park, perto do Royal Botanical Gardens, em Kew, usando um cavalo emprestado de um amigo, Louis Greig, assistente pessoal do ministro do Ar, Sinclair. Depois, Colville deu uma carona a Greig de volta a Londres, e no trajeto, sem pensar antes, disse a Greig que queria ser tripulante de um bombardeiro. Ele tinha a vaga ideia de que Churchill poderia estar mais inclinado a deixá-lo ir para a RAF do que para a Marinha ou o Exército.

Greig prometeu prepará-lo para a primeira etapa do processo de alistamento na RAF, uma "entrevista" médica. Colville ficou animado. Talvez ele não estivesse ciente, mas a expectativa de vida de um novo tripulante de bombardeiro era de mais ou menos duas semanas.

EM WASHINGTON, O DEPARTAMENTO DE GUERRA se debruçou sobre um relatório analisando as perspectivas da Grã-Bretanha, escrito por sua Divisão de Planos de Guerra. "É impossível prever", dizia o relatório, "se as Ilhas Britânicas vão cair ou não, e caso isso ocorra, não sabemos quando".[2]

O ano seguinte seria crucial: a produção britânica de materiais de guerra estava aumentando, assim como a ajuda americana, ao passo que os recursos alemães, sobrecarregados por dez meses de guerra e ocupação, cairiam ainda mais em comparação com seu auge pré-guerra. Em um ano, o relatório dizia, os dois lados atingiriam uma paridade — supondo que a Grã-Bretanha conseguisse sobreviver por tanto tempo. A ameaça mais grave "é uma atividade muito intensificada no ar, na superfície e abaixo da superfície, simultânea a uma tentativa de invasão ou seguida por ela".

Não se sabia se a Grã-Bretanha poderia fazer frente a esse ataque combinado, alertava o relatório. "Durante esse período crítico, os Estados Unidos não podem basear seu programa militar na suposição de que as Ilhas Britânicas não irão sucumbir como resultado de um bloqueio, ou que não serão invadidas com sucesso. Presume-se que o período crítico se estenderá do presente momento até 1º de novembro de 1941."

HITLER QUERIA USAR UMA FORÇA AINDA MAIOR contra a Grã-Bretanha. Os Estados Unidos pareciam cada vez mais propensos a entrar em guerra, mas o *Führer* avaliava que isso só ocorreria caso o Reino Unido continuasse a existir. Em 5 de março, ele emitiu uma nova diretriz, a de nº 24, assinada pelo marechal de campo Wilhelm Keitel, chefe do Alto-Comando das Forças Armadas, tratando principalmente de como Alemanha e Japão poderiam coordenar suas estratégias sob o Pacto Tripartite, assinado com a Itália no outono.[3]

O objetivo, dizia a diretriz, "deve ser *induzir o Japão a agir no Extremo Oriente* assim que possível. Isso irá manter ocupadas forças inglesas importantes e desviar o esforço principal dos Estados Unidos da América para o Pacífico". Além disso, a Alemanha não tinha interesse particular no Extremo Oriente. "O *objetivo comum* da estratégia", declarava a diretriz, "deve ser representado como a rápida conquista da Inglaterra, de forma a manter os Estados Unidos fora da guerra".

Capítulo 77
Sábado à noite

Aquele fim de semana foi importante para Mary Churchill — outra chance de escapar do Quarto da Prisão, dessa vez para dirigir até Londres com sua mãe para o evento que, mesmo agora, em tempos de guerra, iniciava a temporada social de Londres: o Baile e Jantar Anual de Aniversário da Rainha Charlotte, o baile anual de debutantes da cidade, marcado para a noite de sábado, 8 de março. Depois, Mary e seus amigos planejavam continuar a diversão até a manhã seguinte, dançando e bebendo em um dos clubes mais populares da cidade, o Café de Paris.

A temperatura prometia ser agradável: céu limpo, sob a lua que estava quase cheia. Um clima excelente para jovens mulheres em suas melhores sedas, para homens em smokings e cartolas. E para bombardeiros alemães.

A artilharia e os holofotes se preparavam para uma noite que certamente seria muito longa.

No Café de Paris, na Coventry Street, em Piccadilly, o proprietário Martin Poulsen preparava-se para uma noite agitada. Sábados sempre atraíam multidões ao clube, mas este sábado em particular prometia trazer uma multidão maior e mais barulhenta do que o normal, devido ao baile de debutantes no vizinho Grosvenor House Hotel. As debutantes e seus acompanhantes e amigos — os homens mais atraentes eram chamados de "delírio das debutantes" — sem dúvida iriam ao clube em seguida e lotariam o local. Era um dos clubes mais populares da cidade, juntamente com o Embassy Clube e o 400, e era conhecido por ter as melhores bandas de jazz e os líderes de banda mais carismáticos. Poulsen contratara um cantor bastante popular para a noite,

Kenrick "Snakehips" Johnson, dançarino e maestro negro e magrelo de 26 anos, da Guiana Inglesa — "o magro, cinza e lindo Snakehips", conforme uma mulher o descreveu. Ninguém o chamava de Kenrick. Era sempre Ken. Ou simplesmente Snakehips.[1]

Poulsen era conhecido por seu otimismo e sua personalidade sempre animada, o que, para alguns, parecia uma anomalia, considerando que ele era dinamarquês — "o dinamarquês menos melancólico da história", segundo o biógrafo do clube.[2] Poulsen foi *maître* de outro clube popular antes de fundar o Café de Paris no lugar de um restaurante deprimente e vazio no porão de um cinema, o Rialto. O interior reformado devia evocar o glamour e o luxo do *Titanic*. Com a guerra, a localização subterrânea deu a Poulsen uma vantagem de marketing sobre os concorrentes. Ele anunciava o clube como "o restaurante mais seguro e divertido da cidade — mesmo durante ataques aéreos. *Seis metros abaixo da terra*". Na realidade, no entanto, o lugar não era mais seguro do que nenhum outro prédio na vizinhança. O clube era de fato subterrâneo, mas tinha um teto comum e, acima disso, só o teto de vidro do Rialto.

Mas Poulsen era mesmo um otimista. Uma semana antes, ele disse a um colega de golfe que encomendara 25 mil garrafas de champanhe, a bebida preferida de seus clientes, tamanha era sua confiança de que a guerra acabaria logo. O tamanho preferido era o Magnum. "Não sei por que as pessoas estão fazendo tanto barulho por causa da Blitz", disse ele a uma amiga. "Tenho certeza de que isso acaba em um mês ou dois. Na verdade, tenho tanta certeza que vou encomendar neon para colocar na fachada do Café de Paris."[3]

O clube já estava cheio às 20h15 de sábado quando as sirenes de alerta de ataque aéreo começaram a tocar. Ninguém prestou atenção. A primeira banda já estava tocando. Snakehips chegaria em breve para subir no palco e fazer sua primeira apresentação, às nove e meia.

JOSEPH GOEBBELS PASSOU A NOITE DE SÁBADO em Berlim antes de seguir para sua casa de campo em Bogensee, no dia seguinte. Sua esposa, Magda, estava com uma bronquite difícil de curar.

No sábado, em seu diário, Goebbels reconheceu que o ataque britânico às ilhas Lofoten, da Noruega, "foi mais grave do que pensei a princípio". Além de destruir fábricas, óleo de peixe e glicerina, o ataque afundou quinze mil toneladas de cargas alemãs. "Há espiões noruegueses envolvidos", escreveu ele, destacando que Josef Terboven, comissário do Reich para a Noruega, alemão e membro fiel do partido, fora despachado rumo à Noruega para punir os habitantes da ilha por ajudar os inimigos. No sábado, Terboven telefonou para Goebbels a fim de relatar o que conseguira até o momento, como Goebbels resumiu em seu diário:

"Ele criou um tribunal punitivo dos mais severos na ilha de Lofoten, que ajudou os ingleses e traiu os alemães e o povo de Quisling. Determinou que as fazendas dos traidores fossem incendiadas, reféns fossem capturados etc."

Goebbels aprovou. Em seu diário, ele escreveu, "Esse Terboven é um bom camarada."

Havia progressos em outra frente. "Houve grande quantidade de penas de morte em Amsterdam", escreveu Goebbels. "Defendo a forca para os judeus. Esses camaradas precisam aprender a lição."

E encerrou o registro do dia: "É tão tarde. E estou tão cansado."[4]

EM WASHINGTON, AS PERSPECTIVAS DO PROJETO de Empréstimo e Arrendamento melhoraram. Um fator importante foi a decisão de Wendell Willkie, o antigo oponente de Roosevelt, de dar seu completo apoio ao projeto. (Willkie descartou sua antiga cruzada do medo como "oratória de campanha"). Parecia, portanto, que o projeto seria, de fato, aprovado pelo Senado, e logo — e sem ser alterado por nenhuma emenda destinada a reduzir sua eficácia. A aprovação poderia acontecer a qualquer momento.[5]

Isso parecia tão provável que Roosevelt se preparou para enviar outro emissário a Londres, um homem que era a antítese do frágil Harry Hopkins e que, em breve, influenciaria tanto a vida de Mary Churchill quanto a de sua cunhada, Pamela.

Capítulo 78
O homem alto e sorridente

ROOSEVELT E UM CONVIDADO SENTARAM PARA ALMOÇAR na mesa do presidente no Salão Oval da Casa Branca. Roosevelt se recuperava de um resfriado e parecia indisposto.

"Uma refeição extraordinária", escreveria seu convidado mais tarde. Com "extraordinária" ele queria dizer extraordinariamente ruim.

"Sopa de espinafre", falou ele.[1]

O convidado era William Averell Harriman, conhecido como Averell, ou Ave, ou Bill, dependendo de quem estava falando. Riquíssimo, ele era herdeiro do império ferroviário da Union Pacific, construído por seu pai. Entrou para o conselho de diretores quando estava no último ano em Yale e aos 59 anos era o presidente. Em meados da década de 1930, para encorajar viagens para o Oeste, ele supervisionou a construção de um grande resort de esqui em Idaho, chamado Sun Valley. Ele era bonito segundo qualquer critério, mas as duas coisas que mais contribuíam para isso eram seu sorriso, largo e branco, e a maneira ágil e graciosamente atlética com que se movia. Ele era um competente esquiador e jogador de polo.

Harriman deveria partir para Londres dias depois, na segunda-feira, 10 de março, para coordenar a entrega da ajuda americana depois que o projeto de Empréstimo e Arrendamento finalmente fosse aprovado. Assim como Hopkins, Harriman deveria ser os olhos de Roosevelt para que o presidente soubesse como o Reino Unido estava se saindo, mas também tinha a responsabilidade formal de garantir que Churchill conseguisse a ajuda de que mais precisava e que, ao recebê-la, fizesse seu melhor uso. Ao anunciar a indicação, Roosevelt deu a ele o título de "expedidor de defesa".

Harriman mergulhou sua colher num líquido aquoso verde.

"O gosto não era ruim, mas parecia água quente derramada sobre espinafre picado", escreveu ele em uma anotação em seus arquivos. "Torrada branca e pães quentes. Prato principal — suflê de queijo com espinafre!! Sobremesa — três panquecas grossas, bastante manteiga e xarope de bordo. Chá para o presidente e café para mim."

Harriman prestou bastante atenção a esse almoço devido ao resfriado de Roosevelt. Ele escreveu: "Para mim, pareceu a dieta menos saudável nessas circunstâncias, principalmente porque discutíamos a situação da alimentação britânica e sua necessidade crescente por vitaminas, proteínas e cálcio!!"

Roosevelt queria que Harriman tornasse o suprimento de alimentos da Inglaterra uma prioridade, e passou bastante tempo — tempo demais, na opinião de Harriman — falando sobre os alimentos de que os britânicos precisariam para sobreviver. Harriman achou isso irônico. "Como o presidente estava obviamente cansado e mentalmente lento, ocorreu-me que, para os britânicos, a principal prioridade deveria ser reforçar a dieta do presidente."

Harriman saiu da reunião preocupado que Roosevelt não estivesse entendendo a real gravidade da posição do Reino Unido e o que isso significava para o resto do mundo. O próprio Harriman havia falado publicamente em favor da intervenção americana na guerra. "Apesar de tudo, fui embora com a sensação de que o presidente não tinha enfrentado aquela que considero ser a realidade da situação — ou seja, que havia uma boa chance de a Alemanha, sem nossa ajuda, prejudicar o transporte britânico, afetando sua capacidade de resistir."

Mais tarde naquele dia, por volta das cinco e meia da tarde, Harriman se encontrou com o secretário de Estado, Cordell Hull, que também estava resfriado e parecia cansado. Os dois discutiram a situação naval, mais especificamente a ameaça a Cingapura diante do crescente poderio e da agressividade do Japão. A Marinha americana não tinha planos de interferir, disse a ele Hull, mas pessoalmente o secretário acreditava que a Marinha devia enviar alguns de seus mais poderosos navios para as águas das Índias Orientais Holandesas numa demonstração de força, na esperança — como Harriman parafraseou em suas anotações — "de que o blefe mantivesse os japas sob controle".[2]

Ao não fazer nada, disse Hull, os Estados Unidos arriscavam o "resultado infame" de o Japão conquistar pontos-chave estratégicos no Extremo Oriente, enquanto os americanos manteriam seus navios seguramente ancorados em sua grande base no Pacífico. Obviamente cansado e atordoado pelo resfriado, Hull não conseguiu se lembrar da localização exata.

"Qual é o nome daquele porto?" perguntou Hull.

"Pearl Harbor", disse Harriman.

"Sim", disse Hull.

Primeiro, Harriman tinha apenas uma pequena noção do objetivo exato de sua missão. "Ninguém me deu nenhuma instrução ou orientação de como seriam minhas atividades", escreveu ele em outro memorando em seus arquivos.[3]

Em conversas com oficiais da Marinha e do Exército dos Estados Unidos para sondar a situação, Harriman descobriu uma profunda relutância em enviar armas e equipamentos para os britânicos sem um claro entendimento do que se planejava fazer com eles. Harriman culpou Hopkins por isso. Hopkins parecia ter apenas uma mera impressão do que os britânicos precisavam e de como essas necessidades se encaixavam na estratégia de guerra de Churchill. Os líderes militares com quem Harriman conversou expressaram ceticismo e pareciam inseguros quanto à competência de Churchill. "Essas observações são feitas da seguinte maneira: 'Não podemos levar a sério pedidos que chegam tarde da noite sob a influência de uma garrafa de Porto', que, sem mencionar nomes, obviamente se referem a conversas noturnas entre Hopkins e Churchill."

O ceticismo que Harriman encontrou em Washington agora deixava sua tarefa clara, escreveu ele. "Tenho de convencer o primeiro-ministro de que é preciso informar para o nosso povo sobre sua estratégia de guerra ou ele não poderá esperar receber o máximo de ajuda possível."

Harriman comprou uma passagem no *Atlantic Clipper* da Pan American Airways, programado para partir às 9h15, em 10 de março, do terminal do Aeroporto Municipal de Nova York, conhecido informalmente como LaGuardia Field. (Só em 1953 o nome Aeroporto LaGuardia se tornaria oficial e permanente.) Nas melhores condições, a viagem duraria três dias, com diversas paradas. Primeiro nas Bermudas, a seis horas de voo, depois um trecho de quinze horas para Horta, nos Açores. De lá, o *Clipper* voaria para Lisboa, onde Harriman pegaria um voo da KLM para a cidade portuguesa do Porto, faria uma parada de uma hora, depois seguiria de avião para Bristol, na Inglaterra, e então pegaria um voo para Londres.

Harriman inicialmente havia reservado um quarto no Claridge's, depois cancelou e reservou no Dorchester. Notoriamente frugal (ele raramente carregava dinheiro e nunca pagava a conta do restaurante; sua esposa, Marie, o chamava de "velho bastardo avarento"),[4] ele telegrafou para o Claridge's no sábado, 8 de março: "Cancele minha reserva, mas reserve quarto mais barato meu secretário."

Dois dias antes, o Dorchester surgiu na conversa durante o almoço de Churchill com o presidente de Harvard, Conant, que estava hospedado no Claridge's. Clementine sugeriu que, por segurança, Conant devia se mudar para o Dorchester — em seguida, Clementine e sua amiga Winnifreda começaram a rir e, como outro convidado lembrou, "as duas explicaram para o dr. Conant que, embora sua vida corresse mais perigo no Claridge's, sua reputação poderia estar em maior risco no Dorchester".[5]

Conant respondeu que, como presidente de Harvard, "preferia arriscar a vida à reputação".

Capítulo 79

Snakehips

O BAILE DA RAINHA CHARLOTTE FOI REALIZADO no salão de bailes subterrâneo do Grosvenor House Hotel, em frente ao Hyde Park, do lado leste. O Dorchester ficava várias quadras ao sul; a embaixada dos Estados Unidos, a uma distância igual a leste. Carros de marcas como Daimler e Jaguar, com os faróis reduzidos a tênues luzes baixas, abriam caminho lentamente em direção ao hotel. Apesar da alta probabilidade de um ataque aéreo numa noite com céu claro e luz do luar, o hotel estava tomado pelas moças de branco — 150 debutantes — e por pais, rapazes e pós-debutantes que foram apresentá-las à sociedade numa noite de jantar e dança.

Mary Churchill, "apresentada" no ano anterior, passou o sábado com amigos. Fez compras com Judy Montagu: "Comprei lindos vestidos de festa & um belo vestido formal." Ela achou a cidade agitada e cheia de gente. "Acho as lojas de Londres tão alegres & bonitas agora", escreveu.[1] Ela, Judy e dois amigos foram almoçar, depois participaram do ensaio da tradicional cerimônia de cortar o bolo, em que as novas debutantes praticavam fazendo reverência em direção a um bolo branco gigante. Não se tratava de uma mera reverência, e sim de uma manobra cuidadosamente coreografada — joelho esquerdo atrás do direito, cabeça ereta, mãos para o lado, descida suave —, ensinada pela professora de dança Dame Marguerite Olivia Rankin, mais conhecida como Madame Vacani.

Mary e seus amigos assistiram, avaliando friamente. "Todos concordamos", escreveu Mary, "que as debutantes deste ano não são lá grande coisa".

Depois do ensaio, Mary e outra amiga tomaram chá no Dorchester ("Muito divertido"), depois foram à manicure e, por fim, vestiram-se para o baile. Mary colocou um vestido de chiffon azul.

Sua mãe e duas outras mulheres importantes da sociedade haviam garantido uma mesa para elas, suas famílias e amigos. Quando o jantar estava para começar, e bem na hora que Mary descia as escadas para o salão de baile, as sirenes de ataque aéreo começaram a tocar. Depois vieram "três estouros altos", provavelmente causados pela manobra para posicionar a artilharia antiaérea pesada do outro lado da rua no Hyde Park, numa clareira além das árvores.

Ninguém pareceu notar ou se importar, embora o clamor crescente vindo de fora certamente causasse um frisson inexistente nos anos anteriores. No salão de baile, Mary escreveu, "tudo estava animado & sem preocupações & feliz". Imaginando que o salão de baile subterrâneo era seguro como um abrigo antibomba, Mary e outros convidados tomaram seus assentos, e o jantar foi servido. A banda tocou; as mulheres e os delírios das debutantes começaram a cruzar a pista de dança. Sem jazz: isso viria mais tarde, no Café de Paris.

Mary ouvia apenas os sons abafados da artilharia antiaérea e das bombas explodindo, algo que descreveu como "solavancos e batidas estranhas por cima do barulho da conversa e da música".

Quando o alerta vermelho soou, Snakehips Johnson estava tomando um drinque com amigos no Embassy Club e planejava pegar um táxi até o Café de Paris para começar seu turno no palco. Lá fora, no entanto, ele descobriu que não havia táxis, pois os motoristas estavam procurando abrigo contra o ataque. Os amigos disseram para ele ficar e não se arriscar indo para o café no meio do que claramente era um grande ataque. Mas Snakehips insistiu em honrar seu compromisso com o dono do clube, Martin Poulsen, o animado dinamarquês, que lhe permitira fazer dez apresentações únicas em clubes fora de Londres para ganhar um dinheiro extra. Ele saiu correndo, brincando sobre sua pele negra: "Ninguém vai me notar no escuro."[2]

Snakehips chegou ao clube às 21h45, atravessando às pressas as cortinas pretas de proteção contra a *Blitz* no topo da escada, logo abaixo da entrada da rua, e desceu os degraus.

Mesas cercavam uma grande pista de dança em formato oval, disposta ao longo de um eixo norte-sul, com um tablado elevado na parte sul para a banda. Atrás disso havia uma grande cozinha, que servia refeições sem racionamento, incluindo caviar, ostras, bife, galo silvestre, melão gelado, linguado e sorvete de pêssego, tudo acompanhado por champanhe. Duas escadas abertas ladeavam o palco e levavam a um balcão que percorria as paredes do clube e continham mais mesas, muitas dessas preferidas pelos *habitués* pela vista que proporcionavam da pista de dança abaixo, as quais eram reservadas por meio de grandes gorjetas dadas a Charles, o chefe dos garçons. Não havia janelas.

O clube estava quase cheio, mas certamente lotaria até a meia-noite. Uma das convidadas, lady Betty Baldwin, era filha do ex-primeiro-ministro Stanley Baldwin. Ela e uma amiga haviam ido ao clube com dois oficiais holandeses. Inicialmente irritada por não conseguir sua mesa favorita, ela e seu acompanhante estavam agora indo para a pista de dança. "Os homens, quase todos de uniforme, pareciam extraordinariamente bonitos, as moças, lindas, toda a atmosfera de alegria e charme juvenil", diria ela depois.[3]

O casal estava passando pelo palco quando Snakehips chegou, ainda agitado da corrida.

Naquele momento, 21 cozinheiros e ajudantes trabalhavam na cozinha. Dez dançarinas se preparavam para se apresentar no salão. Um garçom no balcão havia puxado uma mesa para acomodar um grupo de seis pessoas que acabava de chegar. Harry MacElhone, o barman, ex-proprietário do Harry's New York Bar em Paris, agora no exílio, preparava drinques para um grupo de oito pessoas. Uma mulher chamada Vera Lumley-Kelly colocava moedas num telefone público para ligar para a mãe e alertá-la para ficar na sala de casa até que o ataque acabasse. A banda começou a tocar um jazz animado, "Oh, Johnny, oh, Johnny, oh!" Um convidado chamado Dan escreveu um pedido especial em um cardápio. "Ken", dizia ele para Snakehips. "É aniversário da minha irmã. Você acha que consegue encaixar 'Parabéns para você' em ritmo de foxtrote? Obrigado, Dan."[4]

Snakehips se aproximou do palco pelo lado direito. Como sempre, vestia um smoking brilhante com um cravo vermelho. Poulsen, o dono, e Charles, o garçom-chefe, estavam juntos ao balcão.

Uma mulher na pista de dança fez um passo rápido, deu um soco no ar e gritou: "Uau, Johnny!"

No Grosvenor House Hotel, o baile da rainha Charlotte continuava sem pausa.

Mary escreveu: "Parecia fácil esquecer — com a luz & o calor & a música — das ruas escuras desertas — o rugido das armas — as centenas de homens & mulheres prontos em seus postos — as bombas & a morte & o sangue."[5]

Do lado de fora, o ataque piorou. O céu da noite se encheu de aeronaves e pálidos raios de luz, como margaridas quentes brilhantes queimadas contra uma tela de veludo preto. Os bombardeiros jogaram 130 mil bombas incendiárias e 130 toneladas de explosivos. Catorze bombas altamente explosivas caíram em frente ao Palácio de Buckingham e ao Green Park, imediatamente ao norte. Vinte e três bombas caíram na estação de trem da Liverpool Street ou perto dali, incluindo uma que caiu entre as plataformas 4 e 5. Uma bomba que não explodiu forçou médicos do Guy's Hospital a evacuar a ala cirúrgica. Outra destruiu a delegacia de polícia na City — o distrito financeiro —, matando duas pessoas e ferindo doze. Brigadas de bombeiros relatavam encontrar um novo tipo de bomba incendiária: ao se chocarem contra o solo, lançavam foguetes em chamas a sessenta metros no ar.

Uma bomba de cinquenta quilos passou pelo telhado do Cinema Rialto, penetrou até a pista de dança no porão do Café de Paris e explodiu. Eram 21h50.

NINGUÉM NO CLUBE OUVIU A DETONAÇÃO, mas todos viram e sentiram: um clarão brilhante; um clarão extraordinário; um clarão azul. Depois, uma nuvem sufocante de poeira e pólvora, e um breu.

Um saxofonista chamado David Williams foi partido ao meio. Um dos oficiais holandeses do grupo de Betty Baldwin perdeu os dedos. Seis convidados em que estavam a uma mesa morreram sem sinal de ferimento externo, e permaneceram sentados. O chefe dos garçons, Charles, foi jogado do balcão para o chão, onde acabou morto junto a um pilar do outro lado do salão. Uma moça teve as meias arrancadas pela explosão, mas ficou bem. Vera Lumley--Kelly, prestes a ligar para a mãe no telefone público, calmamente apertou o botão "B", que devolveu seu dinheiro.

Primeiro houve silêncio. Depois começaram as vozes abafadas e o som dos destroços se movendo enquanto os sobreviventes tentavam se mexer. Gesso pulverizado enchia o ar e pintava de branco o cabelo de todos. Os rostos estavam negros de pólvora.

"Fui arremessado no ar", disse um convidado, "mas a sensação era de ser espremido por uma mão imensa". Um integrante da banda chamado Yorke de Souza disse: "Eu estava vendo a pista de dança com os olhos entreabertos quando houve um brilho ofuscante. Eu me vi coberto de destroços, gesso e vidro no tablado da banda, debaixo do piano. Eu estava sufocando com a pólvora. Estava escuro, parecia noite." Os olhos dele se ajustaram à escuridão. Uma luz veio da cozinha. De Souza e outro membro da banda, chamado Wilkins, começaram a procurar sobreviventes e encontraram um corpo virado com a cabeça para baixo. "Wilkins e eu tentamos levantá-lo, mas a parte de cima do corpo saiu nas nossas mãos", disse De Souza.[6] "Era Dave Williams", o saxofonista. "Fiquei completamente enjoado quando o soltei. Meus olhos ficaram desfocados. Eu estava andando no meio de uma névoa."

Lady Baldwin se viu sentada no chão, com um pé preso sob os destroços. "Eu me senti quente", disse. "Pensei que estava coberta de suor." Saía sangue de um ferimento aberto em seu rosto. "Uma luz apareceu no topo da escada e pude ver as pessoas subindo os degraus levando vítimas nas costas." Ela e seu oficial holandês encontraram um táxi e pediram ao motorista que os levasse para o consultório do médico dela.

O motorista disse: "Por favor, não deixe cair sangue no assento".

Os 21 trabalhadores da cozinha sobreviveram sem ferimentos, assim como as dez dançarinas esperando para se apresentar. Uma contagem inicial indicou 34 mortos; outros oitenta ficaram feridos, muitos mutilados e machucados.

Snakehips estava morto, com a cabeça separada do corpo.

Após um tempo, o baile no Grosvenor House Hotel foi se aproximando do fim e o sinal de encerramento do ataque soou; o salão de baile subterrâneo começou a esvaziar. Mary, com permissão da mãe, saiu com amigos e muitas mães (exceto Clementine) para continuar a diversão. Eles seguiram em direção ao Café de Paris.

Ao se aproximarem do clube, os carros que levavam o grupo de Mary se depararam com o caminho interrompido por destroços de bomba, ambulâncias e carros de bombeiros. Guardas de ataques aéreos desviavam o trânsito para ruas adjacentes.

No grupo de Mary, uma dúvida urgente surgiu. Se não dava para chegar ao Café de Paris, para onde eles deveriam ir? Seguiram de carro para outro clube e passaram a noite dançando. Em algum momento, eles ficaram sabendo do bombardeio. "Ah, nossa festa estava tão feliz... e, de repente, tudo pareceu errado & um deboche", escreveu Mary em seu diário.[7]

Até então, as armas, as equipes que as operavam e os sons distantes e clarões pareciam muito remotos, fora dos limites da vida cotidiana. "De alguma forma", escreveu ela, "essas coisas não pareciam reais — claro que é só um sonho terrível ou fruto da imaginação.

"Mas agora — é real — o Café de Paris foi atingido — muitas mortes & feridos gravemente. Eles estavam dançando & rindo como nós. E agora, em um instante, partiram de tudo o que conhecemos para o vasto e infinito desconhecido."

Um amigo no grupo dela, Tom Shaughnessy, procurou colocar a tragédia em perspectiva: "Se essas pessoas que foram mortas no Café de repente voltassem & nos vissem aqui — elas diriam 'Continuem — que a banda toque — Siga em frente, Londres'."

E assim eles fizeram, dançando, rindo e brincando até as seis e meia da manhã de domingo. "Relembrando agora", escreveu Mary anos depois, "estou um pouco chocada por termos ido procurar outro lugar para dançar o resto da noite".[8]

No relatório de incidentes da noite, as autoridades de defesa civil chamaram aquele de "o pior ataque desde o início de janeiro".

ÀS TRÊS DA MANHÃ, HARRY HOPKINS telefonou de Washington, D.C., para Chequers e disse a John Colville que o Senado americano havia aprovado o projeto de Empréstimo e Arrendamento. Foram sessenta votos contra 31.

Capítulo 80
Quadrilha de baioneta

PARA CHURCHILL, A LIGAÇÃO DE HARRY HOPKINS foi realmente bem-vinda, "um sopro de vida".¹ Na manhã seguinte, ele telegrafou para Roosevelt: "Nossas bênçãos de todo o Império Britânico a você e à nação americana por essa ajuda em tempos difíceis."²

O bom humor dele chegou ao auge naquela noite, apesar da bronquite. Embora claramente doente, Churchill trabalhou o dia todo em seu ritmo heroico normal, lendo documentos e as últimas informações interceptadas por Bletchley Park e enviando várias minutas e diretrizes. Chequers estava cheia de convidados, alguns que haviam passado a noite, outros que chegaram naquele dia. A maior parte do círculo íntimo de Churchill estava presente, incluindo o Professor, Pug Ismay e Colville. Também estavam lá Diana, filha de Churchill e o marido, Duncan Sandys, e Pamela Churchill. (Pamela normalmente deixava o bebê Winston na casa paroquial de Hitchin com a babá.) Um observador americano, coronel William Donovan, chegou no domingo; Charles de Gaulle partiu naquela manhã. O convidado que ficou mais tempo foi o primeiro-ministro australiano, Robert Menzies, que passou o fim de semana lá. Mary e Clementine voltaram de Londres, relatando os horrores e glórias da noite de sábado.

A festa estava acontecendo sem Churchill, quando um pouco antes do jantar ele finalmente desceu as escadas, vestindo seu traje azul-celeste de ataque aéreo.

Durante o jantar, a conversa variou muito, sendo descrita por Colville como uma "conversa irreverente sobre metafísica, solipsismos e matemática complexa". Clementine não jantou e passou a noite na cama; de acordo com Mary, ela estava com bronquite aguda. Mary também estava preocupada com a saúde de seu pai. "Papai não está nada bem", escreveu ela em seu diário. "Mt. preocupante."³

Mas Churchill seguiu em frente. Depois do jantar, energizado por champanhe e conhaque, ele ligou o gramofone de Chequers e começou a tocar marchas e canções militares. Churchill pegou um rifle de grande porte, provavelmente seu Mannlicher, e começou a marchar com a música, um de seus divertimentos noturnos preferidos. Depois executou uma série de exercícios de rifle e manobras de baioneta, parecendo, em seu macacão feroz, um ovo de Páscoa azul que foi para a guerra.

O general Brooke, comandante das Forças Armadas, achou surpreendente e hilariante. "A noite permanece vívida na minha mente", escreveu ele depois, em um adendo a seu diário publicado, "como uma das primeiras vezes em que vi Winston realmente animado. Tremi de rir vendo-o se exibir com exercícios de baioneta com seu rifle, vestido em seu macacão no salão ancestral de Chequers. Eu me lembro de ter imaginado o que Hitler pensaria daquela demonstração de habilidade com armas".⁴

Para Churchill, a noite acabou cedo, sua única concessão à bronquite. Seus convidados ficaram agradecidos. "Para a cama às 23h30, um recorde", escreveu Colville em seu diário.⁵ O general Brooke observou: "Felizmente o primeiro-ministro decidiu ir para a cama cedo, e à meia-noite eu estava confortavelmente enrolado nas cobertas em uma cama elisabetana de dossel de 1550. Não pude evitar, enquanto pegava no sono, pensar nas histórias maravilhosas que a cama poderia contar sobre seus vários ocupantes durante os últimos quatrocentos anos!"⁶

EM BERLIM, JOSEPH GOEBBELS REGISTROU em seu diário os novos "ataques punitivos" a Londres, acrescentando: "O pior ainda está por vir."⁷

Capítulo 81
O jogador

PARA EVITAR A AMEAÇA DE SUBMARINOS E ATAQUES AÉREOS no Mediterrâneo, o navio de Randolph Churchill, o *Glenroy*, usou a rota longa para o Egito, pela costa ocidental da África e depois subindo novamente para o golfo de Adem, no mar Vermelho, e o canal de Suez. A viagem foi longa e entediante — 36 dias para chegar até a entrada do canal, em 8 de março. Sem muita coisa para se distrair, Randolph se voltou para sua diversão favorita. "Havia apostas altas, pôquer, roleta, bacará. Todas as noites", escreveu Evelyn Waugh em um memorando sobre a unidade de comando.[1] "Randolph perdeu 850 libras em duas noites". Em uma carta para a própria esposa, Waugh comentou, "A pobre Pamela vai ter de trabalhar."[2]

À medida que a viagem progredia, as perdas de Randolph aumentavam, até que ele devia a seus colegas de viagem 3 mil libras ou 12 mil dólares, o equivalente a mais de 190 mil dólares hoje. Metade disso era devida a apenas um homem: Peter Fitzwilliam, membro de uma das famílias mais ricas da Inglaterra, que logo herdaria a Wentworth Woodhouse, uma grande mansão em Yorkshire vista por alguns como a inspiração para Pemberley em *Orgulho e preconceito*, de Jane Austen.

Randolph informou Pamela sobre isso em um telegrama, no qual a instruía a pagar o débito da forma que conseguisse. Ele sugeriu que ela enviasse a cada homem 5 libras ou 10 libras por mês. "De toda forma", concluiu, "deixo para você decidir, mas por favor não conte para minha mãe nem para meu pai".[3]

Pamela, ciente agora de que realmente estava grávida de novo, ficou chocada e assustada. Foi a "gota d'água", disse ela. Com 10 libras por mês, ele precisaria de dezenas de anos apenas para quitar a dívida com Fitzwilliam. A quantia era inimaginável, a ponto de colocar em perspectiva quão problemático seu casamento era. "Quer dizer, foi a primeira vez na vida que percebi que estava totalmente sozinha e que o futuro do meu filho dependia inteiramente de mim, meu futuro dependia de mim, e eu nunca mais poderia confiar de novo em Randolph", concluiu ela.⁴

Ela recordou-se de pensar: "O que eu posso fazer? Não posso pedir ajuda para Clemmie e Winston."

Quase imediatamente pensou em Beaverbrook. "Eu gostava muito dele e o admirava imensamente", disse ela. Ela o considerava um amigo próximo e, junto com o bebê Winston, passara vários fins de semana na casa de campo dele, em Cherkley. Ele sentia o mesmo, muito embora aqueles que conheciam Beaverbrook entendessem que ele via certo valor naquela relação que ia além de mera amizade. Ela era um canal de fofocas de dentro do círculo mais importante do país.

Pamela ligou para Beaverbrook e chorou ao telefone: "Max, posso ir visitá-lo?"

Ela entrou em seu Jaguar e foi para Londres. Era manhã, e portanto o risco de bombardeio era pequeno. Ela dirigiu por ruas tomadas pela destruição e pelo pó, mas coloridas aqui e ali por lampejos de papel de parede, tinta e tecido dos interiores expostos das casas. Encontrou Beaverbrook nos novos escritórios do Ministério da Produção de Aeronaves, então situado em um grande prédio de uma companhia de combustível às margens do Tâmisa.

Ela contou sobre a dívida de jogos de aposta e sobre seu casamento, pedindo que ele não dissesse nada a Clementine ou a Churchill, que ela sabia ser o amigo mais próximo de Beaverbrook. Claro que ele consentiu: segredos eram seus bens favoritos.

Ela perguntou logo no início se ele consideraria adiantar um ano do salário de Randolph. Para ela parecia um pedido simples, que Beaverbrook certamente atenderia. Afinal, o trabalho de Randolph com o *Evening Standard* era basicamente uma sinecura. Com a crise imediata resolvida, ela poderia lidar com a questão mais importante: o que fazer com seu casamento.

Beaverbrook olhou para ela. "Não vou adiantar um centavo do salário do Randolph", disse ele.⁵

Ela ficou chocada. "Lembro-me de ficar absolutamente atônita", disse depois. "Nunca me ocorreu que ele diria não. Parecia um pedido tão simples."

Mas agora Beaverbrook a surpreendeu novamente. "Se você quiser que eu faça um cheque de 3 mil libras," disse ele, "faço isso por você". Mas seria um presente, enfatizou ele, dele para ela.

Pamela ficou desconfiada. "Max tinha de controlar as pessoas em torno dele, fosse Brendan Bracken, fosse Winston Churchill", disse ela. "Digo, ele tinha de estar no comando e percebeu que eu estava correndo perigo." Em ocasiões passadas, Randolph havia alertado sobre Beaverbrook, dizendo a ela que nunca se permitisse cair sob o domínio dele. "Nunca", destacou Randolph. "Nunca se deixe controlar por Max Beaverbrook."

Naquele instante, no escritório de Beaverbrook, ela disse: "Max, não posso aceitar."

Mas ainda precisava da ajuda dele. Pamela sabia que tinha de conseguir um emprego em Londres, para começar a pagar as dívidas.

Beaverbrook ofereceu um acordo. Ela se mudaria com o filho e a babá para sua casa de campo, e ele seria responsável por cuidar de todos. Ela, então, ficaria livre e poderia se mudar para Londres.

Pamela aceitou o acordo. Ela alugou sua casa em Hitchin para uma escola infantil que havia sido evacuada de Londres (e lucrou, cobrando 2 libras a mais por semana do que pagava). Em Londres, ela alugou um quarto no último andar do Dorchester, dividindo-o com a sobrinha de Churchill, Clarissa. "Não é tão glamoroso ou caro quanto parece", escreveu Clarissa mais tarde, "já que não era um andar recomendável para ficar durante os constantes ataques aéreos".[6] Elas pagavam 6 libras por semana. Clarissa gostava de Pamela, mas percebeu que ela "não tinha nenhum senso de humor". O que ela tinha era talento para aproveitar ao máximo uma situação. "Combinava um olho sagaz para oportunidades com um coração genuinamente bom", Clarissa escreveu.[7]

Logo depois de se mudar, Pamela se viu num almoço no nº 10 da Downing Street, sentada ao lado do ministro do Abastecimento, Sir Andrew Rae Duncan, a quem mencionou que estava procurando um emprego na cidade. Em 24 horas ela estava empregada numa divisão do ministério dele dedicada a encontrar albergues para trabalhadores de munições designados para trabalhar em fábricas longe de suas casas.

No início, Pamela teve dificuldade para garantir suas refeições. A diária no Dorchester incluía apenas café da manhã. Ela almoçava no Ministério do Abastecimento. Para o jantar, tentava sempre que possível estar no nº 10 da

Downing Street ou com amigos abastados. Ela se viu forçada a "cavar" esses convites para jantar, o que se revelou uma arte que ela dominava. Ajudava, é claro, o fato de ela ser nora do homem mais importante do Reino Unido. Em pouco tempo, ela e Clarissa tinham "amigos e conhecidos em todos os andares", lembrou Clarissa.

As duas frequentemente se abrigavam dos ataques aéreos no quarto de outro residente, o primeiro-ministro australiano, Menzies, que Pamela conhecia bem em função de sua ligação com os Churchill. Menzies ocupava uma grande suíte no cobiçado primeiro andar do Dorchester. As mulheres passavam a noite em colchões colocados no vestíbulo sem janelas do quarto.

A parte "complicada" era não deixar que seus sogros soubessem sobre o fiasco das apostas de Randolph: "Eu não podia dizer de verdade para Clemmie e Winston porque, de repente, deixei a vida feliz em Hitchin com meu bebê, me separei dele e quis um emprego em Londres."[8]

Para ajudar a cobrir as despesas e pagar as dívidas, Pamela vendeu seus presentes de casamento, "incluindo", disse ela depois, "brincos de diamante e uns braceletes lindos". Em meio a tudo isso, ela sofreu um aborto espontâneo e atribuiu a perda ao estresse e à turbulência em sua vida. Àquela altura, ela sabia que o casamento tinha acabado.

Uma nova sensação de liberdade tomou conta dela, acrescida ao fato de que logo, em 20 de março de 1941, ela iria celebrar seu aniversário de 21 anos. Ela não tinha a menor ideia, claro, de que em breve se apaixonaria por um belo homem mais velho que morava alguns andares abaixo, num dos andares mais protegidos do hotel mais seguro de Londres.

Capítulo 82
Um agrado para Clementine

Em Nova York, na manhã de segunda-feira, 10 de março, Averell Harriman embarcou no *Atlantic Clipper* no Marine Air Terminal do LaGuardia, acompanhado por seu secretário pessoal, Robert P. Meiklejohn. O céu estava limpo, as águas da baía Flushing, de um azul cristalino e intenso, e uma temperatura agradável de 29 graus às oito da manhã. O avião no qual ele entrou era um Boeing 314, um "barco voador" — essencialmente uma carcaça gigantesca com asas e motores —, e, de fato, o embarque tinha mais em comum com a entrada de um navio do que de um avião, pois incluía uma caminhada sobre a água numa rampa parecida com um píer.

Como se estivesse viajando de primeira classe em um transatlântico, Harriman recebeu um documento que identificava seus companheiros de viagem. A lista parecia saída de um romance da nova sensação literária internacional, Agatha Christie, cujo best-seller *E não sobrou nenhum* havia sido publicado nos Estados Unidos no ano anterior. (A versão britânica tinha o horroroso título de *O caso dos dez* ---------, a última palavra sendo um termo grosseiro para negros de uso comum na época na Grã-Bretanha e nos Estados Unidos.) A lista incluía Antenor Patiño, identificado como diplomata boliviano, porém mais conhecido mundialmente como "O Rei do Estanho", e Anthony J. Drexel Biddle Jr., ex-embaixador da Polônia durante a invasão nazista, que passara a servir como enviado a vários governos exilados em Londres, viajando com sua esposa e secretário. Havia outros diplomatas britânicos e americanos na lista, assim como dois mensageiros e vários funcionários do governo. Um passageiro chamado Antonio Gazda, descrito como engenheiro suíço, era, na verdade, um comerciante internacional de armas, envolvido com venda de armas para ambos os lados.[1]

Cada passageiro podia levar uma bagagem de trinta quilos sem custo adicional. Harriman e seu secretário levavam duas malas cada um; o embaixador Biddle levou 34 malas e despachou outras onze em um segundo voo.

O *Clipper* se afastou do ancoradouro, entrou no estuário de Long Island, perto do Queens, e começou a taxiar para decolagem, passando por um trecho de um quilômetro e meio de mar aberto antes de finalmente decolar, espalhando água como uma baleia na superfície. Com velocidade de cruzeiro de 233 quilômetros por hora, o avião levaria seis horas para chegar na primeira parada, Bermudas. A altitude normal de voo de 2.500 metros praticamente garantia que o avião passasse por todas as nuvens e tempestades do caminho. Haveria turbulência, mas também haveria luxo. Mordomos de jaqueta branca serviam refeições completas em porcelana numa área com mesas, cadeiras e toalhas. No jantar, os homens vestiam ternos e as mulheres, vestidos; à noite, os mordomos preparavam camas em beliches com cortinas. Casais em lua de mel podiam reservar uma suíte privativa nos fundos do avião e dormir sob a luz da lua, com o mar abaixo.

Enquanto o avião se aproximava das Bermudas, os mordomos fechavam todas as cortinas, uma medida de segurança que impedia os passageiros de ver a base naval britânica abaixo. Quem espiasse estava sujeito a uma multa de 500 dólares, cerca de 8 mil dólares em valores atuais.[2] Ao pousar, Harriman descobriu que o próximo trecho de seu voo seria adiado para o dia seguinte, terça-feira, 11 de março, devido ao mau tempo nos Açores, onde o *Clipper* tinha de pousar num trecho de mar aberto no Atlântico.

Enquanto Harriman esperava o clima melhorar, Roosevelt assinou a Lei de Empréstimo e Arrendamento.

Em Lisboa, Harriman enfrentou outro atraso. O voo da KLM para Bristol, na Inglaterra, estava lotado, e os passageiros com posto oficial mais alto, como o embaixador Biddle, tinham prioridade. O atraso durou três dias. Mas Harriman não sofreu com isso. Ele ficou no Hotel Palácio, no Estoril, na Riviera Portuguesa, conhecido tanto por seu luxo quanto por ser um berço de espionagem. Ali ele encontrou-se brevemente com o coronel Donovan, que, depois do domingo em Chequers, estava a caminho de Washington, onde logo se tornaria chefe da principal agência de espionagem da guerra, o Escritório de Serviços Estratégicos.

Sempre em busca de eficiência, Harriman decidiu aproveitar o atraso e mandar para a lavanderia do hotel suas roupas de viagem, contra a recomendação de seu secretário pessoal, Meiklejohn, que mais tarde lamentaria: "O Sr. Harriman, em um momento de precipitação, enviou suas roupas para lavar enquanto estava no hotel, que prometeu solenemente entregá-las de volta antes de seu embarque para a Inglaterra."[3]

Em algum momento, Harriman foi às compras. Dada a natureza de sua missão, ele tinha mais consciência do que a maioria das pessoas das dificuldades causadas pela escassez de alimentos e pelas regras de racionamento da Grã-Bretanha, e comprou uma sacola de tangerinas para dar de presente à esposa de Churchill.

Chequers e sua substituta dos dias de lua cheia, Ditchley, eram agora um ritual regular de fim de semana para Churchill. Essas breves estadas o afastavam das paisagens londrinas cada vez mais sombrias e danificadas por bombas, e satisfaziam a necessidade que sua alma inglesa tinha de árvores, vales, lagos e do som dos pássaros. Ele planejava voltar a Chequers na sexta-feira, 14 de março, apenas três dias depois de sua última estada, para receber o novo enviado de Roosevelt, se é que o sujeito conseguiria chegar.

Enquanto isso, não faltavam motivos de preocupação. A Bulgária havia se unido ao Eixo, e logo depois as forças alemãs entraram no país, tornando uma temida invasão da Grécia, por sua fronteira sul, muito provável. Depois de um período de debate angustiado, Churchill decidiu honrar um pacto de defesa assinado com a Grécia e, em 9 de março, enviou tropas britânicas para ajudar a repelir o ataque esperado — uma medida arriscada, que enfraquecia as forças britânicas na Líbia e no Egito. Para muitos, a expedição parecia uma causa perdida, mas honrosa, e — aos olhos de Churchill — uma reafirmação importante da lealdade britânica e de sua disposição para a luta. Como disse o secretário das Relações Exteriores, Anthony Eden, num telegrama do Cairo: "Estamos dispostos a correr o risco do fracasso, acreditando ser melhor sofrer com os gregos do que não fazer nada para ajudar."[4]

Enquanto isso, um novo general alemão apareceu nos desertos da Líbia, com centenas de tanques e ordens para reforçar o exército italiano e reconquistar o território perdido para os britânicos. O general Erwin Rommel, logo apelidado de "Raposa do Deserto", já havia se mostrado eficiente na Europa, e agora comandava um novo grupo do exército, o Afrika Korps.

Harriman finalmente garantiu lugar no voo de Lisboa para Bristol no sábado, 15 de março. Suas roupas ainda não tinham voltado da lavanderia. Ele deixou instruções no hotel para que fossem enviadas a Londres.

Enquanto caminhava até o avião, um KLM DC-3, ele teve o que chamou de uma "experiência estranha". Harriman viu uma aeronave alemã no terminal, sua primeira visão da guerra. Pintado de preto do bico à cauda, exceto pela suástica branca, o avião era uma presença chocante na paisagem ensolarada, como um dente preto em um sorriso brilhante.

Na Alemanha, Hermann Göring tirou vantagem de um período de tempo bom para aplicar seu novo plano contra as Ilhas Britânicas, com grandes ataques que iam do sul da Inglaterra a Glasgow. Na quarta-feira, 12 de março, uma força de 340 aviões alemães com bombas altamente explosivas e bombas incendiárias atacaram Liverpool e os distritos vizinhos, matando mais de quinhentas pessoas. Nas duas noites seguintes, a Luftwaffe atacou Clydeside, a região que engloba Glasgow, matando 1.085 pessoas. Esses ataques demonstravam novamente a natureza arbitrária da morte que vinha dos ares. Uma única mina de paraquedas, planando sem direção e levada pelo vento, destruiu um prédio residencial e matou 83 civis; outra bomba matou mais oitenta pessoas ao cair num abrigo antiaéreo em um estaleiro.

Joseph Goebbels, escrevendo em seu diário no sábado, 15 de março, exultou. "Nossos aviadores falam em duas novas Coventries. Vamos ver por quanto tempo a Inglaterra consegue suportar isso."[5] Para ele, e também para Göring, a queda da Inglaterra parecia mais provável do que nunca, apesar da nova demonstração de apoio dos Estados Unidos. "Estamos sufocando a Inglaterra lentamente até a morte", escreveu Goebbels. "Um dia ela estará caída ofegante no chão."

Nada disso distraía o chefe da Luftwaffe, Göring, de sua caça por obras de arte. No sábado, 15 de março, ele supervisionou a entrega de um grande carregamento de trabalhos apreendidos em Paris e armazenados num trem que continha 25 vagões de bagagem, transportando quatro mil peças individuais que iam de pinturas a tapeçarias e móveis.

Harriman chegou à Inglaterra na tarde de sábado, cinco dias depois de partir do LaGuardia. O avião da KLM pousou no campo de voo nos limites de Bristol às 15h30, com céu limpo e ensolarado, enquanto balões de barragem flutuavam sobre a cidade vizinha. Ele descobriu que Churchill havia preparado uma surpresa. Harriman supostamente deveria se transferir para um avião de passageiros britânico e completar o voo até Londres, mas, em vez disso, Churchill providenciara que ele fosse recebido por seu assessor de campo naval, comandante Charles Ralfe "Tommy" Thompson, que instalou Harriman na aeronave favorita de Churchill, seu Flamingo. Escoltados por dois caças Hurricane, eles voaram durante o entardecer sobre os campos ingleses embelezados pelos primeiros brotos e flores da primavera, direto para o campo de pouso perto de Chequers, onde chegaram bem na hora do jantar.

Churchill e Clementine receberam Harriman calorosamente, como se o conhecessem há muito tempo. Ele entregou para Clementine as tangerinas que comprara em Lisboa. "Fiquei surpreso em ver quão grata a sra. Churchill ficou", escreveu ele depois. "A alegria genuína dela demonstrou as restrições da triste dieta britânica em tempos de guerra."[6]

DEPOIS DO JANTAR, CHURCHILL E HARRIMAN se sentaram para sua primeira conversa detalhada sobre como o Reino Unido estava se mantendo firme na guerra contra Hitler. Harriman disse ao primeiro-ministro que só poderia ser útil em promover os interesses de Churchill na medida em que pudesse compreender a real condição do Reino Unido, o tipo de ajuda que Churchill mais desejava e o que planejava fazer com ela.

"Vamos mantê-lo informado", disse Churchill a ele. "Aceitamos você como um amigo. Não haverá segredos."[7]

Em seguida, Churchill avaliou a ameaça de invasão, observando como os alemães haviam reunido frotas de barcaças em portos na França, na Bélgica e na Dinamarca. Contudo, a maior preocupação dele no momento era a campanha submarina alemã contra os navios britânicos, que ele chamava de "Batalha do Atlântico". Só em fevereiro, submarinos, aeronaves e minas haviam destruído quatrocentas mil toneladas de carregamentos, reportou ele a Harriman, e o ritmo estava aumentando. Em média, os comboios perdiam 10% de sua carga; os navios estavam afundando duas ou três vezes mais rápido do que a velocidade da Grã-Bretanha para construir novos.

Era uma situação terrível, mas Churchill parecia indiferente. Harriman ficou impressionado com a determinação do primeiro-ministro em continuar a guerra sozinho, caso fosse necessário, e com sua franca afirmação de que, sem a eventual participação dos Estados Unidos, a Inglaterra não tinha esperanças de vencer.

Uma sensação de grande e fatídica mudança impregnou o fim de semana e deixou Mary Churchill sentindo uma espécie de reverência por poder testemunhar uma conversa tão séria. "O fim de semana foi emocionante", escreveu em seu diário. "Ali estava o centro do universo. Talvez muitos bilhões de destinos possam depender desse novo eixo — dessa amizade anglo-americana — americano-inglesa."[8]

QUANDO FINALMENTE CHEGOU A LONDRES, Harriman encontrou um cenário de contrastes. Numa quadra, ele via casas intactas e calçadas limpas; na outra, montes de detritos com garras verticais de madeira e ferro e casas destruídas, com bens pessoais espalhados pelas fachadas como estandartes de batalha de um regimento perdido. Tudo estava coberto por uma leve poeira cinza e o cheiro de óleo e madeira queimados tomava o ar. Mas o céu estava azul, e as árvores começavam a ficar verdes, e a névoa subia da grama do Hyde Park e das águas do Serpentine. Passageiros saíam das estações do metrô e dos ônibus de dois andares carregando pastas, jornais e marmitas, mas também máscaras contra gases e capacetes.

A sensação de ameaça se insinuava nas escolhas e decisões diárias, tais como a importância de sair do trabalho antes de anoitecer, identificar o abrigo mais próximo e a escolha de Harriman pelo Hotel Dorchester. Primeiro, o hotel o colocou numa grande suíte no sexto andar, quartos 607 a 609, mas ele achou muito perto da cobertura (havia apenas dois andares sobre ele), além de muito grande e caro, e pediu para ser transferido para uma suíte menor no terceiro andar. Ele orientou seu secretário pessoal, Meiklejohn, a negociar uma diária mais barata. Enquanto isso, Meiklejohn rapidamente descobriu que mesmo no "quarto mais barato", o Claridge's estava fora de suas possibilidades. "Vou ter que me mudar daqui... ou vou morrer de fome", escreveu ele em seu diário, depois da primeira noite no hotel.[9]

Ele passou do Claridge's para um apartamento que parecia capaz de resistir a um ataque. Numa carta a um colega nos Estados Unidos, ele descreveu sua satisfação com o lugar. Era um flat de quatro quartos no oitavo andar de um prédio moderno de aço e alvenaria, com um escudo protetor que se estendia por dois andares acima. "Tenho até uma vista", escreveu ele. "Há opiniões diferentes sobre se é mais seguro ir para o porão e esperar o prédio cair em cima de você num ataque ou se é melhor viver nos andares superiores e cair com o prédio. Pelo menos, se estiver no alto, você vai ver o que te atingiu — se é que isso serve de consolo."

Ele esperava que os blecautes noturnos fossem particularmente assustadores e deprimentes, mas descobriu que não era o caso. O blecaute realmente facilitava a vida dos batedores de carteira que frequentavam as estações de trem e dos saqueadores que tiravam objetos de valor de casas e lojas danificadas, mas fora isso, as ruas eram bastante seguras. Meiklejohn gostava de andar na escuridão. "O mais impressionante é o silêncio", escreveu ele. "Quase todo mundo anda como um fantasma."[10]

HARRIMAN AGIU RAPIDAMENTE PARA MONTAR seu escritório. Embora a imprensa o retratasse como um paladino solitário andando em meio ao caos, na realidade, a "Missão Harriman", como ficou conhecida, logo se tornou um pequeno império. Harriman, Meiklejohn, sete outros homens da alta hierarquia e um batalhão de funcionários que incluía catorze estenógrafas, dez mensageiros, seis escriturários, duas telefonistas, quatro "faxineiras" e um chofer. Um benfeitor emprestou a Harriman um Bentley, que custaria 2 mil libras, ou 128 mil dólares em dinheiro atual. Harriman especificou que alguns dos estenógrafos e escriturários tinham de ser americanos, por lidarem com "assuntos confidenciais".

De início, a missão ficou na embaixada dos Estados Unidos, no nº 1 da Grosvenor Square, mas depois se mudou para um edifício vizinho, onde uma passagem foi construída para ligar os dois prédios. Descrevendo o escritório de Harriman para um amigo, Meiklejohn relatou: "O sr. Harriman conseguiu um efeito à la Mussolini — o que não o deixa exatamente feliz —, por seu escritório ficar em uma grande sala que costumava ser a sala de estar de um apartamento bastante elegante."[11] Meiklejohn estava especialmente feliz por seu escritório ocupar o que havia sido a sala de jantar do apartamento, ao lado de uma cozinha com geladeira, cuja proximidade facilitava a tarefa de manter suprimentos para ajudar seu chefe a gerenciar surtos periódicos de uma úlcera no estômago que muito o atormentava.

O escritório em si parecia uma geladeira. Em uma carta para o administrador do prédio, Harriman reclamou que a temperatura ambiente do escritório era de dezoito graus, comparado aos 22 da embaixada ao lado.

Ainda não havia nem sinal das roupas dele.

O ENTUSIASMO DA RECEPÇÃO INICIAL DE CHURCHILL repetiu-se por toda a cidade de Londres, com convites chegando no escritório de Harriman para almoços, jantares e fins de semana em casas de campo. Seu calendário de mesa ficou repleto de compromissos, primeiro e principalmente com Churchill, mas também com o Professor, Beaverbrook e Ismay. Seu cronograma rapidamente se tornou complexo, e logo seu calendário marcava um ritmo geográfico que se repetia infinitamente — Claridge's, Savoy, Dorchester, Downing —, sem qualquer indicativo de cuidados contra a possibilidade de ser aniquilado pela Luftwaffe, exceto pela ida mensal, governada pela lua, para Ditchley.

Um dos primeiros convites a chegar, que Harriman recebeu assim que chegou a Londres, veio de David Niven, que aos 31 anos já era um ator bem-sucedido, com papeis em filmes que iam de um escravo sem crédito em *Cleopatra*, de 1934, a astro de *Raffles*, em 1939. Com o início da guerra, Niven decidiu interromper a carreira e se alistar novamente no Exército britânico, no qual já havia servido de 1929 a 1932. Ele foi designado para uma unidade de comando. A decisão de Niven rendeu um elogio de Churchill quando os dois se encontraram em um jantar, na época em que Churchill ainda era primeiro Lorde do Almirantado. "Meu jovem", disse Churchill, apertando a mão de Niven, "você fez muito bem em abrir mão de uma carreira promissora para lutar pelo país". Fez uma pausa e, com um brilho nos olhos que Niven descreveu como brincalhão, disse: "Ouça bem, se não tivesse feito isso — seria desprezível!"[12]

Niven conhecera Harriman no Sun Valley e estava escrevendo agora porque em breve iria a Londres, de licença, e queria saber se Harriman queria "comer e dar umas risadas".[13] Niven também ofereceu a Harriman uma sociedade temporária no Boodle's, seu clube, embora por enquanto todos os membros estivessem usando o Conservative Club, já que o Boodle havia recebido recentemente um "cartão de visitas" da Luftwaffe.

O Boodle's, escreveu Niven, "é muito antigo e muito tranquilo, e o Pimpinela Escarlate já foi sócio, mas apesar de tudo você ainda encontra lá o melhor jantar, servido pela melhor equipe de Londres".

Harriman deu sua primeira entrevista coletiva na terça-feira, 18 de março, seu segundo dia em Londres, e falou para 54 repórteres e fotógrafos. A multidão incluía 27 repórteres britânicos e europeus, dezessete americanos — entre eles Edward R. Murrow, da CBS — e dez fotógrafos, armados com câmeras e flashes e os bolsos cheios de lâmpadas de uso único. Assim como Churchill, Harriman prestava muita atenção à opinião pública e sabia quanto ela seria importante durante sua permanência em Londres, tanto que, depois da coletiva, ele pediu a editores de dois dos jornais de Beaverbrook que perguntassem a seus repórteres suas impressões sinceras de como ele havia se saído — sem deixá-los saber quem estava perguntando. O editor do *Daily Express*, Arthur Christiansen, respondeu no dia seguinte, com "o relatório 'frio'" que Harriman pediu:

"O sr. Harriman estava cauteloso demais", escreveu Christiansen, citando o correspondente do *Express* que havia participado da coletiva. "Embora seu sorriso fácil e sua grande cortesia tenham passado aos repórteres a impressão de que ele era agradável e simpático, ficou evidente que ele não diria nada que pudesse lhe causar constrangimentos nos Estados Unidos. Um pouco lento em suas respostas, o que reforçou a atmosfera de cuidado."[14]

Harriman pediu um relatório semelhante para Frank Owen, editor do *Evening Standard*, de Beaverbrook, que repassou comentários que seu editor havia colhido de seis repórteres naquela manhã. "É claro", escreveu Owen, "que eles não sabiam o objetivo do comentário. Eles estavam fofocando de um jeito bastante franco".

Entre as observações:

"Muito técnico e seco."

"Parecia mais um advogado inglês bem-sucedido do que um americano."

"Meticuloso demais: procura muito a frase exata que vai traduzir o que ele quer dizer. Isso é bastante entediante."[15]

Estava claro para todos que a presença dele era atraente. Depois de outra coletiva, uma repórter disse à filha de Harriman, Kathy: "Pelo amor de Deus, diga para seu pai usar uma máscara contra gases na próxima vez que eu tiver que cobrir uma coletiva dele, para eu poder me concentrar no que ele está dizendo."[16]

Naquela noite, quarta-feira, 19 de março, às 20h30, Harriman se juntou a Churchill para jantar no nº 10 da Downing Street, em sua sala de jantar blindada, e quase imediatamente teve a chance de ver duas coisas que, até então, só tinha ouvido falar: um grande ataque aéreo e a coragem absoluta do primeiro-ministro.

Capítulo 83
Homens

Quando se tratava da hora do jantar, Churchill não fazia concessões para bombardeiros. Ele sempre jantava tarde, como aconteceu naquela quarta-feira, quando ele e Clementine receberam Harriman na sala de jantar no porão do nº 10, junto com dois outros convidados, o embaixador Anthony Biddle e sua esposa, Margaret, que também estivera no voo de Harriman de Nova York a Lisboa, no *Atlantic Clipper*.

A noite estava bonita e quente, iluminada por uma meia-lua. Todos estavam jantando quando as sirenes de ataque aéreo começaram seu gemido agudo, no momento em que os primeiros de quinhentos bombardeiros apareciam nos céus do distrito portuário de Londres, no East End, carregando bombas altamente explosivas, minas de paraquedas e mais de cem mil bombas incendiárias. Uma bomba destruiu um abrigo, matando 44 londrinos instantaneamente. As grandes minas de paraquedas flutuaram até o solo em Stepney, Poplar e West Ham, onde destruíram quadras inteiras de casas. Duzentos incêndios foram registrados.

O jantar seguiu como se não houvesse ataque. Depois da refeição, Biddle disse a Churchill que queria ver "as medidas que Londres adotara para se precaver contra ataques aéreos". Churchill convidou o embaixador e Harriman para subir ao telhado. O ataque estava em andamento. Eles colocaram capacetes de aço e pediram que John Colville e Eric Seal fossem também para, como Colville descreveu, "verem a diversão".[1]

Chegar ao telhado exigia esforço. "Era uma escalada impressionante", disse Seal numa carta à esposa, "escada acima, uma longa escadaria circular & um pequeno buraco no topo da torre".[2]

Ali perto, a artilharia antiaérea atirava sem folga. O céu noturno se encheu de raios de luz enquanto as equipes de holofotes caçavam bombardeiros. De vez em quando, aeronaves apareciam recortadas contra a Lua e o céu cheio de estrelas. Motores rugiam alto nos céus num martelar contínuo.

Churchill e sua comitiva com seus capacetes ficaram no telhado por duas horas. "O tempo todo", escreveu Biddle, numa carta ao presidente Roosevelt, "ele recebeu relatórios de diferentes áreas da cidade atingidas por bombas. Foi intenso e interessante".

Biddle estava impressionado com a evidente coragem e energia de Churchill. Em meio a tudo aquilo, enquanto as armas disparavam e as bombas explodiam a distância, Churchill citava Tennyson — um trecho de um monólogo de 1842 chamado *Locksley Hall*, em que o poeta escreveu, proficamente:

Ouvi se encher o céu de gritos,
E choveu um orvalho horripilante
De frotas aéreas das nações
Lutando em pleno azul rasgante.

No telhado, todos sobreviveram, mas no decorrer do ataque de seis horas, quinhentos londrinos perderam a vida. Só no distrito de West Ham, as bombas mataram 204 pessoas, todas levadas ao Necrotério Municipal de Bath, na Romford Road, onde, de acordo com o relatório de um inspetor da Scotland Yard, "os funcionários, sem se importar com o tempo, com comida ou com o cheiro de carne e sangue, classificando e fazendo descrições dos restos humanos mutilados e dos fragmentos de corpos e membros", conseguiram identificar todas as vítimas, exceto três.[3]

Mais tarde, o embaixador Biddle enviaria a Churchill um bilhete agradecendo a experiência e elogiando sua liderança e coragem. "Foi ótimo estar com você", escreveu ele.

Um indicador da coragem que tomava conta de Londres em 1941 foi o fato de Harriman decidir convidar sua filha, Kathy, uma repórter de 23 anos recém-graduada na Bennington College, para morar com ele na Inglaterra.

Havia coragem, mas havia também desespero. Na sexta-feira, 28 de março, a escritora Virginia Woolf, com sua depressão agravada pela guerra e pela destruição tanto de sua casa em Bloomsbury quanto da casa em que passou a morar depois, escreveu um bilhete para o marido, Leonard, e deixou em sua casa de campo no East Sussex.

"Querido", escreveu ela, "Tenho certeza de que estou enlouquecendo novamente. Sinto que não posso passar mais uma vez por esse momento terrível. E desta vez não vou me recuperar. Comecei a ouvir vozes e não consigo me concentrar. Então, estou fazendo o que parece ser o melhor."[4]

O chapéu e a bengala dela foram encontrados num barranco perto do rio Ouse.

EM CHEQUERS, A GRAMA PLANTADA no inverno realmente escondeu os caminhos de entrada para que a propriedade não fosse vista do alto. Mas agora, em março, um novo problema surgira.

Ao voar sobre Chequers, dois pilotos da Unidade de Reconhecimento Fotográfico da RAF fizeram uma descoberta surpreendente. Alguém tinha arado a área em U que se formava quando as pistas se separavam, levando para as entradas da frente e de trás da casa, deixando uma grande meia-lua de terra. O trabalho, além disso, fora feito de maneira "bastante peculiar", como se o responsável estivesse deliberadamente tentando desenhar a cabeça de um tridente apontando para a casa. O solo pálido e terroso anulava o efeito de camuflagem da grama, "o que nos levou de volta à estaca zero", escreveu um oficial do Escritório de Camuflagem da defesa civil do Ministério da Segurança Doméstica.[5]

De início, isso pareceu tão deliberado que o inspetor Thompson, o homem da segurança de Churchill, suspeitou de sabotagem. Ele fez "inquéritos" na manhã de 23 de março e localizou o culpado, um agricultor chamado David Rogers, arrendatário de terras, que explicou ter arado a área esperando apenas garantir o melhor uso do solo disponível. Ele estava simplesmente tentando plantar o máximo possível para o esforço de guerra, obedecendo à campanha "Plante mais comida". Thompson decidiu que o homem não era um traidor e que fez o desenho por acidente, segundo um relatório sobre o assunto.

Na segunda-feira, 24 de março, trabalhadores usando maquinário pesado resolveram o problema arando o terreno vizinho para que, do ar, a terra arada parecesse um campo retangular comum. "O solo, naturalmente, ficará muito branco por uns dias", o dizia relatório, "mas a indicação de direção será completamente anulada e o solo receberá sementes de crescimento rápido".

Outro problema permanecia: a inevitável presença de muitos carros estacionados quando Churchill estava na casa. O fenômeno frequentemente atrapalhava os esforços de camuflagem, escreveu Philip James, do Escritório de Camuflagem. "A grande quantidade de carros do lado de fora de Chequers não só indicava claramente a provável presença do primeiro-ministro, como poderia igualmente atrair a atenção de um aviador inimigo que, não fosse por isso, passaria sem dar atenção à casa."

Ele pediu que os carros fossem cobertos ou estacionados sob árvores.

Chequers seguia sendo um alvo claro e óbvio, bem ao alcance dos bombardeiros e caças alemães. Dada a destreza da Luftwaffe em fazer bombardeios de baixa altitude, parecia um milagre que Chequers ainda estivesse de pé.

Parecia óbvio para Churchill que a guerra aérea continuaria durante todo aquele ano e adentraria o próximo, assim como também parecia evidente que os bombardeios eram um risco político. Os londrinos provaram que podiam "aguentar", mas por quanto tempo? Considerando essencial a reforma dos abrigos antiaéreos, ele exigiu que seu ministro da Saúde, Malcolm MacDonald, fizesse uma série de melhorias antes do inverno seguinte. Ele queria uma atenção especial ao piso e à drenagem, e insistiu que os abrigos fossem equipados com rádios e gramofones.

Em um segundo memorando naquele fim de semana, enviado tanto para MacDonald quanto para o ministro da Segurança Doméstica, Morrison, Churchill enfatizou a necessidade de inspecionar os abrigos antiaéreos pessoais Anderson que os londrinos haviam instalado em seus jardins e disse aos ministros "que aqueles que estiverem alagados devem ser removidos ou seus proprietários devem receber ajuda para fazer uma boa fundação".

Fruto do interesse de Churchill foi um panfleto aconselhando os cidadãos sobre como usar de maneira mais eficaz seus Abrigos Anderson. "Um saco de dormir com uma garrafa ou um tijolo quentes irá mantê-lo aquecido", dizia o texto, recomendando levar uma lata de biscoitos durante ataques aéreos, "para o caso de as crianças acordarem com fome à noite". Lâmpadas a óleo eram perigosas, o panfleto alertava, "pois podem ser derramadas pelo choque de uma bomba ou por acidente". O panfleto também tinha recomendações para donos de cachorros: "Se levar seu cachorro para o abrigo com você, amordace-o. Cães podem ficar descontrolados caso bombas explodam nas proximidades."[6]

Como Churchill disse mais tarde: "Se não podemos estar seguros, que pelo menos estejamos confortáveis."⁷

Naquele fim de semana, Mary Churchill e um amigo, Charles Ritchie, saíram de trem para uma visita a Stansted Park, a casa de lorde Bessborough, onde John Colville e a filha de Bessborough, Moyra, haviam observado um bombardeiro abatido no verão anterior. Mary, Charles e outros jovens de seu círculo de amigos se reuniram na casa para ir ao grande baile na base da RAF em Tangmere, um dos campos de pouso na Inglaterra mais importantes e mais duramente bombardeados, a cerca de meia hora de carro. A RAF talvez estivesse apostando na lua nova, quando o céu fica totalmente escuro, para reduzir a probabilidade de um ataque alemão durante o baile.

Mary e Charles pegaram o trem na estação Waterloo em Londres, embarcaram na primeira classe, acomodados sob os cobertores. "Praticamente monopolizamos" o vagão, escreveu ela em seu diário, "ao colocar os pés para cima & nos cobrirmos com mantas". Numa estação, uma mulher olhou para dentro da cabine deles e lançou um olhar de cumplicidade. "Ah, não vou perturbá-los", disse ela, e saiu rapidamente.

"Meu Deus", escreveu Mary.

Eles chegaram a Stansted Park na hora do chá da tarde. Mary conheceu Moyra naquele dia e teve uma surpresa agradável. "Fiquei bastante alarmada com o que me haviam dito antes — mas ela acabou sendo a melhor companhia. Reservada, mas alegre."

Ela também conheceu o irmão de Moyra, lorde Duncannon — Eric. Oficial da Artilharia Real, ele era nove anos mais velho do que ela e tinha sobrevivido à evacuação de Dunquerque. Ela olhou para ele e, em seu diário, declarou que ele "é bonito de uma maneira lírica — olhos lindos, grandes e acinzentados, voz melodiosa. Charmoso & tranquilo".⁸ John Colville o conhecia e tinha uma opinião diferente. Eric, escreveu ele, "não consegue evitar dizer coisas de um egoísmo fútil que fazem até Moyra ficar constrangida. É uma criatura peculiar".

Depois do chá, Mary, Moyra, Eric e outros convidados jovens — "*La jeunesse*", escreveu Mary — se prepararam para o baile e se encontraram no térreo. Eles estavam prestes a sair quando uma bateria de artilharia antiaérea começou a atirar. Quando o barulho diminuiu, eles saíram para a base aérea. Sem lua, a noite estava especialmente escura, quase opaca aos faróis cobertos dos carros.

Na festa, ela conheceu um dos ases mais famosos da RAF, o líder de esquadrão Douglas Bader, de 31 anos. Ele perdera as duas pernas numa queda de avião uma década antes, mas com o advento da guerra e a falta de pilotos, foi aprovado para combate e, rapidamente, acumulou vitórias. Ele andava com duas próteses e nunca usava muletas ou bengala. "Ele é maravilhoso", escreveu Mary. "Dancei com ele & e ele é extraordinariamente bom. É um exemplo do triunfo da vida & mente & personalidade sobre a matéria."[9]

Mas o homem que mais chamou sua atenção foi Eric. Ela dançou com ele a noite toda, e depois de anotar isso em seu diário, citou o poema curto de Hilaire Belloc de 1910, "O Coração mentiroso":

Eu disse ao Coração,
"Como vão as coisas?"
O Coração respondeu:
"Tudo ótimo, como uma maçã madura!"
Mas ele mentiu.

Mary acrescentou: "Sem comentários".

Mais tarde na festa, as luzes se apagaram e a pista de dança ficou escura — "um evento não totalmente indesejável para muitos, acredito". Tudo muito divertido, escreveu ela, "mas foi claramente uma orgia, e um pouco bizarro".

Eles voltaram a Stansted sob um céu negro pontilhado de planetas e estrelas.

A NOITE DE SÁBADO EM LONDRES FOI EXCEPCIONALMENTE ESCURA — tanto que quando o secretário pessoal de Harriman, Meiklejohn, foi à estação Paddington para encontrar um novo membro da equipe da missão, a ausência do luar somada às plataformas sem luz tornou impossível ver quem estava saindo dos trens. O secretário levara uma lanterna e vestia um casaco com gola de pele, que o recém-chegado fora orientado a procurar. Depois de procurar em vão por um tempo, Meiklejohn teve a ideia de ficar num lugar destacado e usar a lanterna para iluminar a gola. O homem o encontrou.[10]

Harriman deixou a cidade naquela noite para outra estada em Chequers, dessa vez acompanhado pelo novo embaixador americano, John G. Winant, indicado por Roosevelt para substituir Joseph Kennedy, que, cada vez mais isolado, havia se demitido no fim do ano. Tanto Winant quanto Harriman foram para jantar e dormir. Durante o jantar, Harriman se sentou de frente para a nora de Churchill, Pamela. Ao descrever o momento depois, ela escreveu: "Nunca tinha visto um homem tão bonito."[11]

Ele era muito mais velho que ela, ela admitiu. Mas desde o início ela sabia sentir uma afinidade com homens mais velhos. "Não me divertia com pessoas da minha idade nem me interessava por elas", disse Pamela. "O que me atraía eram homens muito mais velhos e eu me sentia muito à vontade com eles." Ela nunca tinha se sentido totalmente confortável com pessoas de sua geração. "Minha sorte é que a guerra começou e isso não importava mais, e imediatamente comecei a conviver com pessoas mais velhas do que eu e me divertia com quem quer que fosse."

O fato de Harriman ser casado pareceu irrelevante. Ele pensava da mesma forma. Quando chegou a Londres, o casamento dele já estava numa fase estagnada de respeito mútuo e desinteresse sexual. Sua esposa, Marie Norton Whitney, era uma década mais jovem e administrava uma galeria de arte em Nova York. Eles se conheceram em 1928, quando ela era casada com um playboy rico de Nova York, Cornelius Vanderbilt Whitney. Ela e Harriman se casaram em fevereiro de 1930, depois que Harriman se divorciou da primeira esposa. Agora, no entanto, ambos tinham começado a ter casos amorosos. Muita gente achava que a sra. Harriman estava dormindo com Eddy Duchin, um bonito e elegante líder de banda em Nova York. Duchin também era casado.

O próprio casamento de Pamela estava em rápido declínio, e assim seu sentimento de liberdade crescia. Uma vida mais excitante parecia certamente estar por vir. Ela era jovem e bonita, e estava no centro do círculo íntimo de Churchill. "Era uma guerra terrível, mas se você estivesse na idade certa, [no] tempo certo e no lugar certo, era espetacular", escreveu ela.

Dada a ubiquidade de Harriman no círculo de Churchill, estava claro que Pamela e ele iriam se encontrar novamente, e muitas vezes — para alegria de Max Beaverbrook, ministro da Produção de Aeronaves e colecionador de segredos, conhecido por alguns como "Ministro da Meia-Noite".[12]

O CLIMA EM CHEQUERS NAQUELE FIM DE SEMANA estava bom também por outras razões. Nos dias anteriores, as forças britânicas haviam conquistado um importante terreno na Eritreia e na Etiópia, e um golpe antinazista na Iugoslávia instalara um novo governo, que imediatamente anulou o pacto do país com Hitler. Na sexta-feira, 28 de março, Churchill enviou um telegrama animado para Harry Hopkins em Washington, no qual declarava que "ontem foi um grande dia" e observava também que estava em "contato próximo com Harriman".[13] John Colville escreveu em seu diário que Churchill "passou a maior parte do fim de semana marchando — ou melhor, tropeçando — para cima e para baixo no Grande Salão, ao som do gramofone (tocando músicas marciais, valsas e o tipo mais vulgar de fanfarras), mergulhado em pensamentos por um tempo".[14]

O domingo trouxe mais uma boa notícia: em uma batalha no cabo Matapan, na Grécia, a Marinha Real, auxiliada por informações de Bletchley Park, abordou e derrotou a marinha italiana, já abalada por uma derrota no outono anterior.

Mary Churchill, ainda em Stansted Park, saboreando os deleites do baile na noite anterior, ficou em êxtase com a notícia. "Ficamos felizes o dia inteiro", escreveu ela em seu diário. Naquela tarde, ela e Eric Duncannon fizeram uma longa caminhada em meio à paisagem perfumada da primavera dos parques da propriedade. "Acho-o encantador", escreveu ela.[15]

Quando partiu naquele dia de volta à sua unidade, Eric disse as palavras fatais: "Posso ligar para você?"

DUAS REUNIÕES, DUAS CASAS DE CAMPO, um lindo fim de semana de março, com a vitória subitamente parecendo um pouco mais próxima: são esses momentos que geram um terreno fértil para grandes transtornos familiares.

Parte seis

Amor em meio às chamas

Abril-Maio

Capítulo 84
Graves notícias

Na terça-feira, 1º de abril, o quarto de Mary em Chequers, o Quarto da Prisão, estava excepcionalmente frio. A promessa de primavera dera lugar a uma reprise do inverno, como ela anotou em seu diário: "Neve — granizo — frio — nada divertido." Ela foi para seu trabalho no escritório do Serviço Voluntário para Mulheres, depois almoçou com sua irmã Sarah, que contou uma fofoca sobre Eric e outra mulher. "<u>Muito</u> interessante", escreveu Mary.[1]

Dois dias depois, quinta-feira, 3 de abril, ela recebeu uma carta de Eric. "Uma carta muito amável", escreveu ela. Ela deu um conselho para si mesma: "Agora — Mary — controle-se — minha ameixinha."

E pouco tempo depois, recebeu uma segunda carta dele, dessa vez com um convite para jantar na semana seguinte.

"Ai, meu Deus", escreveu ela.

No dia seguinte, domingo, outro dia terrivelmente frio, Eric ligou, gerando um terremoto de intrigas na casa que, como sempre, estava cheia de convidados, incluindo Harriman, Pamela, Pug Ismay, o marechal do ar Sholto Douglas, entre outros. Eric e Mary falaram por vinte minutos. "Ele é m. charmoso eu acho & tem uma voz muito bonita", escreveu Mary em seu diário. "Ah, não — eu me apaixonei, não foi?"

Para Mary, essas comunicações eram uma faísca de alívio na atmosfera de desânimo que impregnava a casa, resultado de uma repentina mudança no conflito no Oriente Médio e de más notícias vindas dos Bálcãs. Uma semana antes, o ânimo em Chequers era de confiança e felicidade, mas agora havia tristeza. Um súbito avanço alemão forçou os britânicos a abandonar Bengazi, uma nova retirada. E no amanhecer daquele domingo, 6 de abril, antes de

Eric ligar, forças alemãs tinham invadido a Iugoslávia com força total, numa operação de codinome Retribuição, como punição pelo país ter se voltado contra Hitler, e também atacaram a Grécia.

Incomodada com esses acontecimentos e o provável efeito que teriam sobre seu pai, Mary decidiu enfrentar o clima gelado e comparecer a um culto matinal ali perto, em Ellensborough. "Fui à igreja & encontrei grande conforto & encorajamento lá", escreveu ela em seu diário. "Orei com m. força por Papai." Na manhã seguinte, antes de sair para o trabalho, ela parou no escritório de Churchill para se despedir e o pegou lendo documentos. "Ele parecia cansado, eu achei — sério — triste." Ele disse que esperava uma semana de notícias muito ruins, e estimulou Mary a manter seu moral alto. "Puxa," ela escreveu em seu diário, "vou tentar, talvez eu possa ajudar assim".

Mas ela achou que essa era uma contribuição muito pequena. "É frustrante ser tão apaixonada pela nossa Causa & ao mesmo tempo ser tão inútil. E fraca — porque eu — que na verdade estou muito feliz & confortável — tenho amigos felizes & um jeito meio de borboleta — quase sem preocupações — e me permito me sentir abatida — triste."

Mas não completamente. Ela passou um bom tempo pensando em Eric Duncannon, que passara a ocupar uma parte desproporcional de sua imaginação, embora ela o tivesse conhecido apenas nove dias antes. "Queria saber se estou apaixonada por Eric — ou se é só uma simples atração."

A SEMANA DE FATO TROUXE MÁS NOTÍCIAS, conforme Churchill previu. Na Líbia, os tanques de Erwin Rommel seguiam ganhando terreno contra as forças britânicas, o que levou o general britânico que estava no comando, Archibald Wavell, a enviar um telegrama em 7 de abril afirmando que as condições haviam "piorado bastante". Churchill incitou Wavell a defender a cidade portuária de Tobruk a todo custo, dizendo que aquele era "um lugar a ser defendido até a morte, sem cogitar recuo".[2]

Churchill estava tão decidido quanto a isso, e queria tanto compreender pessoalmente o campo de batalha, que mandou Pug Ismay entregar a ele os planos e um modelo de Tobruk, dizendo: "Enquanto isso, quero ver as melhores fotos disponíveis feitas tanto do ar quanto de terra."[3] Também chegaram notícias das perdas de pessoal causadas pela Operação Retribuição, ordenada por Hitler na Iugoslávia. Planejada como alerta a qualquer Estado submisso que tentasse resistir — e talvez também para mostrar aos londrinos o que estava à espera deles —, o ataque aéreo, que começou no Domingo de Ramos, arrasou a capital, Belgrado, e matou dezessete mil pessoas. A notícia calou fundo, porque naquela mesma semana, numa coincidência infeliz, oficiais britânicos anunciaram que o número total de civis mortos na Grã-Bretanha por ataques aéreos alemães chegara a 29.856, e esse era apenas o número de vidas perdidas. A quantidade de ferimentos, muitos deles catastróficos e desfiguradores, era bem mais alta.

Para completar, havia novamente o receio de que Hitler ainda pudesse invadir a Inglaterra. O aparente novo foco de Hitler na Rússia, revelado por interceptações da Inteligência, não garantia que o perigo havia passado. Em um bilhete para Edward Bridges, secretário do Gabinete de Guerra, na terça-feira, 9 de abril, Churchill mandou que os ministros coordenassem seus dias de folga no feriado de Páscoa que se aproximava, para garantir que os postos-chave estivessem ocupados e que os próprios ministros pudessem ser encontrados imediatamente por telefone. "Ouvi dizer", escreveu Churchill, "que a Páscoa é uma época muito boa para a invasão". No fim de semana de Páscoa, a lua estaria cheia.[4]

Num discurso no dia seguinte sobre a "situação da guerra", que ele havia programado originalmente para parabenizar as forças britânicas por suas vitórias, Churchill falou sobre os novos reveses e o fato de a guerra estar se espalhando para a Grécia e os Bálcãs. Ele enfatizou a importância da ajuda americana, especialmente de um aumento "gigantesco" na construção de navios mercantes pelos Estados Unidos. Também falou sobre o fantasma da invasão. "Esse é um tormento que não nos abaterá", disse ele à Câmara, porém acrescentou que a Alemanha claramente tinha planos para a Rússia, em particular para a Ucrânia e os campos de petróleo no Cáucaso. Churchill terminou com um tom otimista, proclamando que, depois que a Grã-Bretanha superasse a ameaça dos submarinos e os suprimentos americanos começassem a chegar, Hitler podia estar certo de que "armados com a espada da justiça recíproca, iremos atrás dele".[5]

Contudo, as más notícias eram grandes demais para serem enfrentadas com um mero vislumbre de otimismo. "A Câmara está triste e abatida", escreveu Harold Nicolson em seu diário. A impressão de Nicolson era de que Churchill, mais do que nunca, depositava suas esperanças e o futuro do Reino

Unido em Roosevelt. Nicolson tomou nota das muitas referências feitas pelo primeiro-ministro aos Estados Unidos, vendo nelas um grave significado: "A peroração dele insinua que, sem a ajuda dos americanos, estamos perdidos."[6]

HARRIMAN OBSERVOU O DISCURSO da Galeria dos Estrangeiros Notáveis da Câmara. Depois, escreveu uma longa carta para Roosevelt, em que se dizia espantado com "o grau em que as pessoas aqui associam sua fé e suas esperanças no futuro aos Estados Unidos e a você pessoalmente".[7]

Ele observou que o fim de semana seguinte seria seu quinto na Inglaterra e o quarto que passaria com Churchill. "Ele parece ficar mais confiante ao nos ter por perto", disse Harriman, "achando, talvez, que representamos você e a ajuda que os Estados Unidos vão dar". Churchill confiava bastante nas garantias de Roosevelt, observou Harriman: "Você é o único amigo forte em que ele pode confiar."

Harriman encerrou sua carta com um breve parágrafo que parece ter acrescentado mais tarde: "A força da Inglaterra está minguando. Creio que em nome de nossos interesses, nossa Marinha possa ser diretamente empregada antes que nosso parceiro esteja fraco demais."

PARA MARY, AS NOTÍCIAS DOS BÁLCÃS eram particularmente perturbadoras. O grau de miséria que Hitler impusera à Iugoslávia parecia quase incompreensível. "Se fosse possível para alguém imaginar completamente o horror da batalha em sua dimensão total — imagino que a vida seria insuportável", escreveu ela. "Do jeito que as coisas estão, os momentos de percepção já são bem difíceis."[8]

A notícia a deixou "desanimada", escreveu ela na quinta-feira, 10 de abril, embora ainda estivesse empolgada para se encontrar com Eric naquela noite. Ele levou para ela um exemplar das obras de John Donne.

Ainda mais empolgante era a perspectiva de partir naquela noite com os pais para uma das viagens de Churchill de inspeção de danos, indo primeiro à cidade galesa de Swansea, terrivelmente bombardeada, e depois a Bristol, onde seu pai, em seu papel de reitor emérito da universidade que levava o nome da cidade, também iria entregar alguns diplomas honorários.

Mais cedo naquele dia, porém, Mary e os pais receberam notícias dolorosas para a família: o marido de Diana, sua irmã, Duncan Sandys, fora gravemente ferido em um acidente de carro. "Pobre Diana", escreveu ela. "No entanto — graças a Deus — parece que não é tão sério quanto imaginamos." Churchill escreveu sobre o acidente em uma carta para o filho, Randolph, no Cairo. "Você sabe que Duncan sofreu um acidente terrível. Ele estava indo de carro de Londres para Aberporth, e estava deitado no banco sem sapatos, dormindo. Ele tinha dois motoristas, mas os dois dormiram ao mesmo tempo. O carro bateu em uma ponte de pedra que estreitava a estrada de repente, e os dois pés dele foram esmagados, além de ter lhe causado um dano na coluna."[9] Ainda não se sabia se Sandys conseguiria voltar a seu posto como coronel no Comando Antiaéreo, escreveu Churchill, "mas é possível que ele consiga voltar ao serviço mancando". Caso contrário, acrescentou Churchill, com uma piadinha irônica, "sempre há a Câmara dos Comuns".

À noite, Mary e os pais — "Papai" e "Mamãe" — embarcaram no trem especial de Churchill, onde encontraram outros passageiros convidados: Harriman, o embaixador Winant, o primeiro-ministro australiano, Menzies, Pug Ismay, John Colville e vários oficiais militares graduados. O Professor deveria ir também, mas ficou de cama devido a um resfriado. Eles chegaram a Swansea às oito da manhã do dia seguinte, Sexta-Feira Santa, e partiram para uma visita à cidade numa caravana de carros, com Churchill sentado em um Ford conversível com um charuto entre os dentes. Passaram por uma paisagem de profunda destruição. "A devastação em algumas partes da cidade é medonha", escreveu Mary. Contudo, agora, ela estava testemunhando em primeira mão até que ponto a população da cidade precisava da visita de seu pai e como eles pareciam reverenciá-lo. "Jamais presenciei mais coragem — amor — alegria & confiança do que vi o povo expressar hoje. Aonde quer que Papai fosse, eles se aglomeravam em volta — agarrando a mão dele — dando-lhe tapinhas nas costas — gritando seu nome."[10]

Ela achou aquilo muito comovente, e também desconcertante. "É assustador ver como eles confiam nele cegamente", escreveu ela.

O trem os levou até perto de uma estação de testes de armas experimentais na costa de Gales, onde Churchill e sua comitiva deveriam ver testes de várias minas aéreas e lançadores de foguetes. A ideia, de início, pareceu encantar Churchill, mexendo com o garotinho que havia dentro da alma dele, mas os testes não foram bem-sucedidos. "O disparo dos foguetes foi ruim", escreveu John Colville, "e na primeira exibição, o foguete errou repetidas vezes um alvo ridiculamente fácil; porém, os projetores múltiplos pareceram promissores; e também as minas aéreas caindo de paraquedas".[11]

Foi quando o trem chegou a Bristol no dia seguinte, sábado, 12 de abril, que a viagem se tornou surreal.

O TREM PAROU NUM DESVIO perto da cidade para passar a noite — uma medida prudente, tendo em vista a recente intensificação dos ataques aéreos alemães e o fato de que a noite estava clara, com a lua completamente cheia. E de fato, às 22 horas, 150 bombardeiros alemães, guiados tanto por raios de navegação quanto por reconhecimento feito à luz da lua, começaram a atacar a cidade, primeiro com bombas incendiárias, depois com bombas de alta carga explosiva, num dos mais severos ataques que Bristol havia sofrido até então. O ataque — posteriormente apelidado de "Ataque da Sexta-Feira Santa" — durou seis horas, durante as quais os bombardeiros jogaram cerca de duzentas toneladas de bombas com alta carga de explosivos e 37 mil bombas incendiárias, matando 180 civis e ferindo outros 382. Uma única bomba matou dez trabalhadores do resgate; três das vítimas foram arremessadas na estrada de asfalto ao lado, onde foram parcialmente absorvidas pela superfície que derreteu repentinamente. Mais tarde, foram descobertos por um motorista de ambulância azarado, que teve a tarefa nada agradável de soltar os corpos das estruturas.

A bordo do trem, Churchill e sua comitiva ouviram tiros e detonações distantes. Pug Ismay escreveu: "Era nítido que Bristol estava sob um ataque violento." Na manhã seguinte, sábado, o trem foi até a estação de Bristol enquanto ainda havia incêndios e fumaça saindo de prédios demolidos. Pelo menos cem bombas não tinham explodido por defeito ou deliberadamente, dificultando o trabalho das equipes de resgate e dos bombeiros e tornando a escolha do trajeto de Churchill pela cidade uma questão arriscada e problemática.

A manhã estava cinzenta e fria, segundo lembraria Mary, e havia destroços espalhados por toda parte. Ela viu homens e mulheres saindo para trabalhar, como em outro dia qualquer, mas claramente desgastados pelo ataque noturno. "Rostos tensos — cansados — calados", escreveu ela.[12]

Primeiro, Churchill e a comitiva foram para o Grand Hotel da cidade. O edifício sobrevivera incólume ao ataque noturno, mas ataques anteriores tinham causado danos consideráveis. "Ele dava a impressão de estar tombando, como se precisasse de reparos e calços para continuar aberto", escreveu o inspetor Thompson.

Churchill pediu que preparassem seu banho.

"Sim, senhor!", disse, radiante, o gerente da recepção como se isso não fosse um problema — quando, na verdade, ataques anteriores tinham deixado o hotel sem água quente. "De algum modo, porém, de algum lugar, em poucos minutos", disse Thompson, "uma curiosa procissão de hóspedes, funcionários, cozinheiros, camareiras, soldados e pessoas feridas se materializou misteriosamente na parte de trás do prédio e subiu pelas escadarias com água quente em todo tipo de recipiente, incluindo um *sprinkler* do jardim, e encheram a banheira do quarto do primeiro-ministro".[13]

CHURCHILL E OS OUTROS SE REUNIRAM para o café da manhã. Harriman percebeu que os funcionários do hotel pareciam ter ficado acordados a noite toda. "O garçom que serviu o café da manhã trabalhou na cobertura do hotel e ajudou a apagar várias bombas incendiárias", escreveu ele numa carta a Roosevelt. Depois do café da manhã, o grupo partiu para visitar a cidade, com Churchill sentado sobre a capota de lona dobrada de um carro conversível. "Nunca imaginei que tamanha devastação fosse possível", escreveu John Colville.

A visita de Churchill não havia sido anunciada. Enquanto ele passava pelas ruas, as pessoas se viravam para ver. Primeiro vinha o reconhecimento, Mary viu, depois a surpresa e o prazer. Mary foi no mesmo carro que Harriman. Ela gostava dele. "Ele entende o que está em jogo", escreveu ela. "Ele tem muita compaixão & trabalha muito por nós."[14]

A caravana passou por moradores que estavam em frente a suas casas recém-destruídas, examinando os resquícios e recuperando pertences. Ao ver Churchill, eles corriam até o carro dele. "Era muito comovente", escreveu Mary.

Churchill visitou as áreas mais atingidas a pé. Ele andava rápido. Não era o passo oscilante e lento que se podia esperar de um homem de 66 anos acima do peso, que passava a maior parte do tempo que estava acordado bebendo e fumando. Uma filmagem mostra Churchill andando à frente de sua comitiva, sorrindo, carrancudo, de vez em quando tirando o chapéu-coco, até mesmo dando uma pirueta para mostrar que tinha ouvido um comentário de algum passante. Em seu longo sobretudo, com seu corpo roliço, ele parecia a metade de cima de uma bomba imensa. Clementine e Mary andavam alguns passos atrás, ambas parecendo alegres e animadas; Pug Ismay e Harriman também iam atrás; o inspetor Thompson permanecia perto, com uma das mãos no bolso em que ficava a pistola. Quando foi rodeado por uma multidão de homens e mulheres, Churchill tirou o chapéu e colocou-o no topo da bengala, depois o segurou no alto para que aqueles que estavam fora da aglomeração pudessem ver e saber que ele estava ali. "Para trás, meus caros", Harriman ouviu-o dizendo, "deixem os outros verem".

Harriman observou que, enquanto se movia em meio às multidões, Churchill usava "seu truque" de fazer contato visual com as pessoas. A certa altura, acreditando que Churchill não ouviria, Harriman disse a Pug Ismay: "O primeiro-ministro parece popular com as mulheres de meia-idade."

Churchill ouviu o comentário. Ele se virou para ficar de frente para Harriman. "O que foi que você disse? Não só com as mulheres de meia-idade; com as jovens também."[15]

A PROCISSÃO PASSOU PARA A UNIVERSIDADE DE BRISTOL, para a cerimônia de entrega de diplomas. "Nada poderia ser mais dramático", escreveu Harriman.

O edifício ao lado ainda estava em chamas. Churchill, com traje acadêmico completo, sentou no tablado ao lado de autoridades universitárias vestidas do mesmo modo, muitos tendo passado a noite ajudando a combater incêndios. Apesar do ataque e dos destroços do lado de fora, o auditório lotou. "Foi extraordinário", escreveu Mary. "As pessoas continuaram chegando atrasadas, com fuligem no rosto, as becas cerimoniais por cima das roupas de combate a incêndios ainda molhadas."[16]

Churchill concedeu diplomas ao embaixador Winant e ao primeiro-ministro Menzies e, *in absentia*, ao presidente de Harvard, James Conant, que tinha voltado para os Estados Unidos. Antes da cerimônia, ele fez uma brincadeira com Harriman: "Eu bem queria lhe dar um diploma, mas você não está interessado nesse tipo de coisa."

Mais adiante na cerimônia, Churchill levantou e fez um discurso de improviso. "Muitos dos que estão aqui hoje passaram a noite a postos, e todos estiveram debaixo do fogo pesado do inimigo em um longo bombardeio. O fato de vocês se reunirem assim é uma mostra de fortaleza e fleuma, de uma coragem e de um desprendimento dos assuntos materiais digna de tudo aquilo que aprendemos a acreditar sobre a Roma Antiga ou sobre a Grécia moderna". Ele disse à plateia que tentou ficar longe de "quartéis-generais" o máximo possível para visitar áreas bombardeadas, "e vejo os danos causados pelos ataques inimigos; porém, também vejo lado a lado com a devastação e em meio às ruínas olhos silenciosos, confiantes, brilhantes e sorridentes, radiantes com uma consciência de estarem ligados a uma causa bem mais elevada do que qualquer questão humana ou pessoal. Eu vejo o espírito de um povo invencível."[17]

Depois, enquanto Churchill, Clementine e os outros surgiam nos degraus da universidade, uma grande multidão avançou, aplaudindo. E naquele instante, num momento singular de sincronia meteorológica, o sol surgiu de trás das nuvens.

ENQUANTO OS CARROS FAZIAM O CAMINHO DE VOLTA para a estação ferroviária, a multidão foi atrás. O riso e a alegria poderiam indicar que se tratava de um festival da cidade em tempos mais pacíficos. Homens, mulheres e crianças andavam ao lado do carro de Churchill, com seus rostos radiantes de prazer. "Esses não são amigos só para as horas boas", escreveu Mary no seu diário. "Papai serviu-os com todo o coração e a mente durante tempos de paz e de guerra — & eles deram a ele, em seus momentos de maior glória e nos mais difíceis, seu amor & confiança." Ela ficou perplexa com esse estranho poder de seu pai de estimular coragem e força nas circunstâncias mais difíceis. "Ah, por favor, querido Deus", escreveu ela, "preserva-o entre nós — & guia-nos rumo à vitória & à paz".

Enquanto o trem partia, Churchill acenava das janelas para a multidão, e continuou acenando até o trem sair do campo de visão. Depois, pegou um jornal, recostou-se no banco e ergueu-o para esconder as lágrimas. "Eles têm tanta confiança", disse ele. "É uma tremenda responsabilidade."[18]

ELES CHEGARAM A CHEQUERS A TEMPO DO JANTAR e tiveram a companhia de vários novos convidados, incluindo o secretário de Relações Exteriores, Anthony Eden, com sua esposa e o general Dill, chefe do Estado-Maior Imperial.

A atmosfera estava sombria — de início —, enquanto Churchill, Dill e Eden lidavam com as mais recentes notícias do Oriente Médio e do Mediterrâneo. Forças alemãs na Grécia avançavam rapidamente em direção a Atenas e ameaçavam destruir os gregos e britânicos que faziam a defesa, levando à perspectiva de uma nova evacuação. Os tanques de Rommel na Líbia continuavam a agredir as forças britânicas, forçando-as a recuar em direção ao Egito e a se concentrar em Tobruk. Naquela noite, Churchill enviou um telegrama para o general Wavell, comandante das forças britânicas no Oriente Médio, dizendo que ele, Dill e Eden tinham "plena confiança" nele, e enfatizando quanto era importante que Wavell resistisse ao avanço alemão. "Essa", escreveu Churchill, "é uma das lutas cruciais da história do exército britânico".

Ele também pedia que Wavell "por favor, grafasse" Tobruk com *k*, ao contrário de outras grafias, como "Tubruq" e "Tobruch".

Um telegrama de Roosevelt dissipou o clima de tristeza. O presidente avisava a Churchill que havia decidido ampliar a zona de segurança naval americana no Atlântico Norte para incluir todas as águas entre a costa americana e o meridiano 25º de longitude oeste — cerca de dois terços do oceano Atlântico — e adotar outras medidas, que "afetarão positivamente seu problema de navegação". Ele planejava fazê-lo imediatamente. "É importante por razões políticas domésticas — que você facilmente compreenderá — que essa ação seja tomada por nós de maneira unilateral e não depois de conversas diplomáticas entre você e nós."[19]

Navios e aeronaves americanos agora passariam a patrulhar essas águas. "Precisaremos ser notificados em grande sigilo sobre o movimento de comboios, para que nossas unidades de patrulha possam buscar quaisquer navios ou aviões de nações agressoras que estejam operando a oeste dessa nova linha da zona de segurança", afirmou Roosevelt. Os Estados Unidos transmitiriam, então, para a Marinha Real as localizações de embarcações inimigas que fossem encontradas.

Churchill ficou em êxtase. No domingo de Páscoa, 13 de abril, de Chequers, ele enviou seu agradecimento para o presidente. "Profundamente grato por seu importante telegrama", escreveu ele; chamou o movimento de "um grande passo rumo à salvação".[20]

Colville perguntou a Harriman se isso significava que os Estados Unidos entrariam em guerra contra a Alemanha.

Harriman disse: "É o que eu espero".[21]

HARRIMAN ESTAVA TÃO COMOVIDO com sua experiência em Bristol que superou sua natureza avarenta e fez uma doação anônima para a cidade de 100 libras esterlinas, mais ou menos US$ 6.400 em dólares do século XXI. Para manter seu papel confidencial, pediu a Clementine que repassasse o dinheiro ao prefeito da cidade.

Numa carta de agradecimento escrita de próprio punho, na terça-feira, 15 de abril, ela disse "independente do que vier a acontecer, já não nos sentimos sozinhos".[22]

NAQUELE DIA, TAMBÉM, HARRIMAN ficou sabendo que sua filha Kathy, graças à intercessão de Harry Hopkins, finalmente havia obtido autorização do Departamento de Estado para viajar a Londres.

"Emocionado", telegrafou ele imediatamente. "Quando você vier — traga todas as meias de nylon que puder para suas amigas aqui, e também dezenas de Stimudent para uma outra amiga."[23]

A referência aqui era a Stim-U-Dent, um produto parecido com um palito usado para limpar entre os dentes e estimular o fluxo sanguíneo nas gengivas, e que chegou a ser tão popular a ponto de o Smithsonian comprar um exemplar para sua coleção permanente. Em outro telegrama, Harriman pedia, "Não esqueça os Stimudents." Ele disse a Kathy para levar qualquer batom de que gostasse, mas que também incluísse alguns batons "de tampa verde" da Guerlain.

Os pedidos insistentes de Stim-U-Dents chamaram a atenção da esposa dele, Marie, que ficou intrigada. "Estamos todas mortas de curiosidade para saber quem é a nobre cheia de cáries que está com água na boca esperando os palitos de dentes", escreveu ela.[24]

E acrescentou: "Depois do seu terceiro telegrama sobre eles, presumimos que a situação deva ser grave."

AS REUNIÕES DO GABINETE DE GUERRA aconteciam sob um clima sombrio. A perda de Bengasi e a queda de Tobruk, que parecia iminente, eram especialmente desanimadoras. Uma melancolia impregnava a Inglaterra, ainda mais evidenciada pelo contraste entre as esperanças despertadas pelas vitórias do inverno e o recuo que acompanhou os novos reveses; além dos ataques aéreos alemães mais intensos, alguns ainda mais fatais e com mais consequências danosas do que os do outono. Bombardeiros alemães voltaram a atacar Coventry e, na noite seguinte, Birmingham. A escuridão continuava a cegar a RAF.[25]

Na Câmara dos Comuns, o descontentamento se aprofundava. Pelo menos um membro de destaque, Lloyd George, estava cada vez mais preocupado se Churchill era, de fato, o homem certo para fazer com que essa guerra acabasse em vitória.

Capítulo 85
Escárnio

EM SUA REUNIÃO MATINAL NA TERÇA-FEIRA, 15 de abril, Joseph Goebbels instruiu sua equipe de propaganda a se concentrar em ridicularizar o Reino Unido em função da iminente retirada da Grécia. "Churchill devia ser escarnecido como um jogador, como alguém que se sente mais à vontade às mesas de Monte Carlo do que na cadeira de primeiro-ministro do Reino Unido. Uma típica natureza de jogador — cínico, implacável, brutal, apostando o sangue de outras nações para salvar o sangue britânico, cavalgando cruelmente sobre os destinos de pequenas nações."[1]

A imprensa deveria repetir à exaustão, "com brutal escárnio", o slogan: "Em vez de manteiga... Bengasi; em vez de Bengasi... a Grécia; em vez da Grécia... nada".

Ele acrescentou: "Isso então é o fim."

HERMANN GÖRING CERTAMENTE ESPERAVA que o Reino Unido finalmente estivesse perto de se render, e começou a garantir que ele e sua amada Força Aérea recebessem o crédito por isso. Mas a RAF o afligia.

Uma semana antes, bombardeiros britânicos tinham atingido o coração de Berlim, estraçalhando a mais bela avenida da cidade, a Unter den Linden, e destruindo a Casa de Ópera do Estado, pouco antes de uma apresentação muito esperada de uma companhia italiana de ópera. "Hitler ficou indignado", escreveu Nicolais von Below, seu intermediário com a Luftwaffe, "e, como resultado disso, teve uma discussão com Göring".[2]

A fúria de Hitler e o ressentimento de Göring provavelmente desempenharam um papel na ferocidade com que o chefe da Luftwaffe então se propôs executar uma série de novos ataques a Londres, o primeiro planejado para acontecer na quarta-feira, 16 de abril.

CHURCHILL ESTAVA IRRITADO

Aproximadamente duas semanas antes, ele tinha enviado um alerta críptico para Stalin insinuando os planos de invasão de Hitler — críptico porque ele não queria revelar que Bletchley Park era a fonte do conhecimento detalhado que ele tinha sobre a Operação Barbarossa. Ele enviou a mensagem para seu embaixador na Rússia, Sir Stafford Cripps, com instruções para que fosse entregue em mãos.

Então, naquela semana depois da Páscoa, Churchill ficou sabendo que Cripps jamais entregara o recado. Furioso com esse aparente ato de insubordinação, Churchill escreveu para o chefe do embaixador, o secretário de Relações Exteriores, Anthony Eden. "Atribuo especial importância à entrega dessa minha mensagem pessoal para Stalin", escreveu ele. "Não consigo compreender por que deveria haver resistência. O embaixador não está atento à importância militar dos fatos. Por favor, atenda a esse meu pedido."[3]

Àquela altura estava claro para qualquer um que trabalhasse com Churchill que qualquer solicitação iniciada com "por favor" era uma ordem direta e não negociável.

Cripps, enfim, entregou o alerta de Churchill. Stalin não respondeu.

Capítulo 86
Aquela noite no Dorchester

AVERELL HARRIMAN SAIU CEDO de seu escritório naquela quarta-feira, 16 de abril, para cortar o cabelo. As barbearias fechavam às seis e meia da noite. Ele iria a um jantar formal naquela noite no Hotel Dorchester, em homenagem à irmã de Fred Astaire, Adele. Aquele tinha sido um dia importante para a Missão Harriman: em Washington, Roosevelt assinou a primeira remessa de alimentos sob a égide da Lei do Empréstimo-Arrendamento: onze mil toneladas de queijo, onze mil toneladas de ovos e mil toneladas de caixas de leite evaporado.[1]

Como Harriman saiu cedo, seu secretário pessoal, Robert Meiklejohn, por fim teve a oportunidade de jantar cedo. A noite estava agradável e sem nuvens.

ÀS NOVE DA NOITE, uma hora depois do pôr do sol, as sirenes de ataque aéreo soaram em toda Londres. De início, elas chamaram pouca atenção. O som das sirenes já era algo comum. A única coisa que diferenciou esse alerta dos que haviam soado nos dias anteriores foi o momento, uma hora mais cedo do que o comum.

Em Bloomsbury, labaredas começaram a cair, inundando as ruas de luz brilhante. O escritor Graham Greene, cujo romance *O poder e a glória* havia sido publicado no ano anterior, estava terminando de jantar com sua amante, a escritora Dorothy Glover. Os dois estavam prestes a começar seus trabalhos: ele, como guardião contra ataques aéreos; ela, como vigia de incêndios. Greene foi com Dorothy até o lugar onde ela assumiria seu posto. "De pé sobre o teto de uma garagem, nós vimos as labaredas descerem lentamente, gotejando seu fogo", anotou Greene em seu diário. "Elas flutuam como grandes peônias amarelas."[2]

O céu corado pelo luar se encheu com as silhuetas de centenas de aeronaves. Agora bombas caíam, de todos os tamanhos, incluindo minas gigantes presas a paraquedas, paródias enormes das minas aéreas do Professor. Houve confusão — poeira, fogo, vidro quebrado. Uma mina aterrissou no Victoria Club, na Malet Street, onde 350 soldados canadenses dormiam. Greene chegou e encontrou o caos: "Soldados saíam com pijamas cinzentos manchados de sangue; as calçadas estavam cobertas de vidro, e alguns estavam descalços." No lugar onde ficava o prédio, agora só havia uma escarpa recortada de seis metros de altura, que parecia se estender por vários metros abaixo nas fundações. Os bombardeiros no céu zumbiam sem interrupção. "Você realmente tinha a impressão de que o fim havia chegado", escreveu Greene, "mas não era exatamente assustador — as pessoas já tinham deixado de acreditar na possibilidade de sobreviver àquela noite".

Incidentes se acumulavam. Uma bomba destruiu um clube de garotas judias, matando trinta pessoas. Uma mina presa a um paraquedas destruiu um posto avançado de bateria antiaérea no Hyde Park. Nas ruínas de um pub, um padre rastejava sob uma mesa de bilhar para ouvir as confissões do proprietário e de sua família, presos sob os escombros.

Apesar do ataque em andamento, John Colville partiu para o nº 10 da Downing Street e entrou no carro blindado de Churchill, que o levou passando por ruas recém-destruídas e em chamas até a embaixada americana, em Grosvenor Square. Ele se encontrou com o embaixador americano Winant para discutir um telegrama que Churchill pretendia enviar a Roosevelt. À uma e meia da manhã, ele saiu da embaixada para voltar a Downing Street, dessa vez a pé. Bombas caíam em volta dele "como uma chuva de granizo", escreveu ele.

Ele acrescentou, minimizando um pouco a situação: "Minha caminhada foi bastante desagradável."[3]

O SECRETÁRIO PESSOAL DE HARRIMAN, Robert Meiklejohn, depois de acabar de jantar, foi para o teto da embaixada americana, junto com membros da equipe da embaixada. Ele subiu até o ponto mais alto, que lhe dava uma visão de 360 graus da cidade. Naquele momento, pela primeira vez desde que chegara em Londres, ele ouviu o assobiar das bombas caindo.

Ele não gostou.

"Era mais assustador do que a própria explosão", escreveu ele em seu diário. E acrescentou: "Dei alguns saltos acrobáticos, no que fui acompanhado por várias pessoas, para desviar de bombas que caíam a quadras de distância."[4]

Dali eles podiam ver explosões imensas, provavelmente causadas por minas, que faziam *o chão* tremer. "Parecia que casas inteiras estavam sendo lançadas pelos ares", escreveu ele. A certa altura, o embaixador Winant e sua esposa foram até a cobertura, mas logo saíram de lá. Eles pegaram colchões de seu apartamento no quinto andar da embaixada e levaram para o térreo.

Meiklejohn viu uma bomba explodir na Estação de Energia de Battersea, a distância. A bomba incendiou um depósito gigantesco de gás, que "explodiu em uma coluna de fogo que parecia subir por quilômetros no ar".

Ele voltou para seu apartamento e tentou dormir, mas depois de uma hora desistiu. Ali perto, detonações faziam o prédio tremer, e estilhaços voavam e batiam nas janelas. Ele subiu até a cobertura e ali se deparou com "a visão mais impressionante da minha vida. Uma região inteira da cidade ao norte do distrito financeiro tinha se transformado em uma massa sólida de chamas, que se lançavam dezenas de metros no ar. Era uma noite sem nuvens, mas a fumaça cobria metade do céu, que estava todo vermelho por causa dos incêndios embaixo". De vez em quando, as bombas caíam sobre estruturas que já estavam pegando fogo, e criavam "gêiseres uniformes de chamas".

Entre as pessoas que estavam à volta, ele viu apenas uma calma interessada, o que o espantou. "Eles agiam", escreveu ele, "como se o bombardeio fosse uma espécie de tempestade".

Ali perto, no hotel Claridge's, o general Lee, adido militar americano, agora de volta a Londres, desceu para um quarto no primeiro andar, onde estava um membro da equipe diplomática dos Estados Unidos, Herschel Johnson. Enquanto as bombas caíam e os incêndios prosseguiam, eles discutiam literatura, principalmente as obras de Thomas Wolfe e o romance *Les misérables*, de Victor Hugo. A conversa passou para arte chinesa; Herschel falou sobre uma coleção de belos objetos de porcelana.

"Durante esse tempo todo", escreveu Lee, "eu tinha a sensação repulsiva de que centenas de pessoas estavam sendo assassinadas do jeito mais violento possível a poucos metros de mim, e não havia nada que se pudesse fazer".[5]

A NOVE QUADRAS DE DISTÂNCIA, no Dorchester, Harriman e outros hóspedes do jantar de Fred Astaire assistiam ao ataque do oitavo andar do hotel. Entre eles estava Pamela Churchill, que tinha completado 21 anos 1 mês antes.[6]

Enquanto andava pelo corredor em direção ao jantar, ela pensou sobre sua nova sensação de liberdade e sobre sua nova confiança. Mais tarde ela se lembraria de ter pensado: "Sabe, eu realmente estou no comando da minha vida, e agora tudo vai mudar completamente."

Ela tinha encontrado Harriman antes, em Chequers, e naquele momento se viu sentada ao lado dele. Eles conversaram longamente, principalmente sobre Max Beaverbrook. Harriman via Beaverbrook como o homem, depois de Churchill, de quem ele mais precisava ficar amigo. Pamela tentou passar uma noção da personalidade de Beaverbrook. A certa altura, Harriman disse a ela: "Bom, você gostaria, sabe... Por que você não vem comigo para o meu apartamento e a gente fala mais tranquilamente e você me conta mais sobre essas pessoas."[7]

Eles foram para o apartamento dele. Ela estava fornecendo vários insights sobre Beaverbrook quando o ataque começou.

Labaredas iluminavam a cidade de maneira tão brilhante que Harriman, em carta enviada mais tarde para a esposa, Marie, disse que a cena lembrava "a esquina da Broadway com a rua 42".

Bombas caíam; roupas foram tiradas. Como um amigo disse mais tarde à biógrafa de Pamela, Sally Bedell Smith: "Um grande bombardeio é um ótimo jeito de ir para a cama com alguém."[8]

O ATAQUE CUSTOU MUITAS VIDAS e causou imensos danos à paisagem. As bombas mataram 1.180 pessoas e feriram muitas mais, fazendo desse o pior ataque até então. As bombas atingiram Piccadilly, Chelsea, Pall Mall, Oxford Street, Lambeth e Whitehall. Uma explosão causou uma fenda imensa no prédio do Almirantado. O fogo destruiu a casa de leilões Christie's. Na Igreja de São Pedro, na Eaton Square, uma bomba matou o vigário, Austin Thompson, enquanto ele estava nos degraus da igreja acenando para que as pessoas entrassem e ficassem em segurança.

Na manhã seguinte, 17 de abril, depois de tomar café da manhã no n°10 da Downing Street, John Colville e Eric Seal caminharam em direção à Horse Guards Parade para examinar o estrago. "Londres parece estar com os olhos turvos e desfigurada", escreveu Colville em seu diário naquele dia.[9]

Ele também anotou que encontrou "Pamela Churchill e Averell Harriman igualmente examinando a devastação". Ele não fez mais nenhum comentário.

HARRIMAN ESCREVEU PARA A ESPOSA SOBRE O ATAQUE. "Nem preciso dizer, meu sono foi intermitente. Havia tiros o tempo todo e aviões sobrevoando."¹⁰

Capítulo 87
Os penhascos brancos

Em uma reunião do ministério às onze e meia naquela manhã de quinta-feira, Churchill, que tinha trabalhado durante grande parte da noite do ataque, observou — de maneira precisa — que o estrago causado ao prédio do Almirantado melhorou a vista que ele tinha da Coluna de Nelson, na Trafalgar Square.

Ele estava incomodado, porém, pelo fato de que mais uma vez os bombardeiros chegaram praticamente sem interferência da RAF. A escuridão continuava sendo a melhor defesa da Luftwaffe.

Talvez para oferecer notícias encorajadoras, o Professor enviou a Churchill naquele dia um relatório sobre os mais recentes testes de suas minas antiaéreas, dessa vez envolvendo uma variante em que as minas — minúsculas microbombas — ficavam presas a pequenos paraquedas e depois eram despejadas por aviões. As "Poedeiras" da RAF fizeram 21 voos, e conseguiram criar seis cortinas de minas. Essas cortinas, dizia o Professor, destruíram pelo menos um bombardeiro alemão, mas esse número podia chegar a cinco.[1]

Ao fazer isso, o Professor estava adotando um comportamento pouco característico: deixando que o otimismo afetasse seu julgamento. A única prova de que esses bombardeiros tinham sido destruídos era o desaparecimento de seu eco no radar. A ação ocorreu sobre o mar. Nenhuma testemunha tinha confirmação visual. Não foram encontrados destroços. Nitidamente, "não era viável obter as provas que temos exigido quando a ação acontece sobre terra firme", reconhecia ele.

Para o Professor, no entanto, nada disso era motivo suficiente para impedir que ele alegasse ter derrubado com sucesso os cinco bombardeiros alemães.

Na quinta-feira, 24 de abril, Mary correu para a casa em Chequers depois de seu trabalho voluntário em Aylesbury e tomou chá com uma amiga, Fiona Forbes. Ela e Fiona depois saíram às pressas, com pilhas de bagagem, a fim de pegar um trem noturno para Londres.

Mary queria tomar um banho relaxante no Anexo antes de se vestir para se divertir à noite, mas telegramas e telefonemas de amigos a impediam. Ela parou para falar com o "Papai". Às 19h40, finalmente tomou seu banho, embora tenha sido mais curto do que ela havia desejado. Ela e Fiona eram esperadas numa festa que devia começar às 20h15, mas planejaram jantar antes no Dorchester com Eric Duncannon e outros amigos e com a irmã de Mary, Sarah, e seu marido, Vic.

Ela ficou bastante arrebatada com seu companheiro naquele encontro romântico. Em seu diário, ela escreveu: "Oh, tais-toi mon coeur" ("Fique quieto, meu coração")

Elas foram para a festa, em um clube, e dançaram até a banda parar de tocar, às quatro horas da manhã. Mary e Fiona voltaram para o Anexo ao amanhecer, e Mary anotou em seu diário: "Foi mesmo uma festa totalmente perfeita."

Ela passou o dia seguinte, sábado, na casa de campo de uma amiga em Dorset, se recuperando sem a menor pressa, na cama — "Repouso muito longo e delicioso" —, e lendo um longo poema de Alice Duer Miller, "The White Cliffs" ("Os penhascos brancos"), sobre uma americana que se apaixona por um inglês, o qual depois morre na França na Grande Guerra. No poema, de modo bastante adequado às circunstâncias, a mulher relata seu romance e protesta contra os Estados Unidos por não terem entrado imediatamente na guerra. O poema termina assim:

Sou da América por nascimento,
Existe aqui o que mereça ódio — e o que mereça indulto,
Porém, um mundo em que a Inglaterra é só um cadáver insepulto,
Merece apenas meu lamento.

Mary chorou.

Em Londres naquela sexta-feira, John Colville fez o exame médico na RAF. Ele enfrentou mais de duas horas de exames e foi aprovado em todos, exceto no de visão, no qual foi classificado como "limítrofe". Ele foi informado, no entanto, de que podia ser capaz de voar, caso conseguisse usar lentes de contato. Ele teria de pagar pelas lentes do próprio bolso, e mesmo assim não havia como garantir que ele seria bem-sucedido.[2]

Entretanto, continuar no nº 10 da Downing Street já não parecia adequado. Quanto mais pensava em entrar para a RAF, mais ele se sentia insatisfeito e mais precisava escapar. Agora ele estava atrás disso do mesmo modo como estava atrás de Gay Margesson, com uma mistura inútil de desejo e desespero. "Pela primeira vez desde o começo da guerra eu me sinto descontente e transtornado, entediado com a maior parte das pessoas que encontro e sem ideias", contou ele em seu diário. "Certamente preciso de uma mudança, e acredito que uma vida ativa e prática na RAF é a verdadeira solução. Não estou ansioso para me imolar no altar de Marte, mas cheguei a uma fase em que penso que nada importa."[3]

Capítulo 88
Berlim

No geral, Joseph Goebbels se sentia contente com os rumos da guerra. Pelo que ele sabia, o moral na Inglaterra estava diminuindo. Dizia-se que um grande ataque aéreo em Plymouth causara pânico completo. "O efeito é devastador", escreveu Goebbels em seu diário. "Relatórios secretos de Londres falam sobre um colapso do moral, causado principalmente por nossos ataques aéreos." Na Grécia, escreveu ele, "os ingleses estão em plena fuga".[1]

O melhor de tudo era que o próprio Churchill parecia estar cada vez mais pessimista. "Dizem que ele está muito deprimido, passa o dia todo fumando e bebendo", registrou Goebbels em seu diário. "Esse é o tipo de inimigo de que precisamos."[2]

O diário dele estava cheio de entusiasmo pela guerra e pela vida. "Que dia glorioso de primavera lá fora!", escreveu. "Como o mundo pode ser belo! E não temos oportunidade de desfrutar isso. Os seres humanos são muito burros. A vida é muito curta, e eles a tornam difícil demais para si mesmos."[3]

Capítulo 89
"Este vale carrancudo"

Nos dias 24 e 25 de abril, dezessete mil soldados britânicos fugiram da Grécia. Na noite seguinte, mais dezenove mil também escaparam. No Egito, os tanques de Rommel continuavam avançando. Na Inglaterra, crescia a preocupação de que talvez o Reino Unido fosse incapaz de assumir a ofensiva e garantir o território conquistado. Essa foi a terceira grande retirada desde que Churchill se tornara primeiro-ministro — primeiro, a Noruega, depois, Dunquerque, e agora a Grécia. "É a única coisa em que nós somos bons!", disparou Alexander Cadogan em seu diário.[1]

Sentindo que os novos reveses militares podiam estar causando insegurança na população e nos Estados Unidos, Churchill fez uma transmissão via rádio na noite de domingo, 27 de abril, a partir de Chequers. Ele disse que visitou as cidades atingidas pelos bombardeios expressamente para aferir o sentimento da nação. "Voltei não só tranquilizado, como também renovado", afirmou. Ele relatou que o moral da população estava alto. "Na verdade", comentou, "eu me vi cercado de ânimos elevados, que pareciam erguer a humanidade e seus problemas acima do nível dos fatos materiais e rumo àquela alegria serena que pensamos que pertence a um mundo melhor do que este".[2]

Nesse ponto, ele pode ter exagerado um pouquinho. "A afirmação dele de que o moral era mais alto nas áreas mais atingidas foi difícil de engolir", escreveu um dos autores de diário do Grupo de Observação de Massas, de sua cama no hospital. Ele ouviu outro paciente dizer: "Seu... mentiroso!"[3]

Churchill disse aos ouvintes que sentia uma profunda responsabilidade de retirá-los em segurança deste "longo, austero e carrancudo vale", e apresentou motivos para otimismo. "Há menos de setenta milhões de hunos maus

— alguns dos quais são curáveis e outros podem ser mortos", disse. Ao passo que, ressaltou ele, "os povos do Império Britânico e dos Estados Unidos chegam a quase duzentos milhões apenas em seus países e nos domínios britânicos. Eles têm mais riquezas, mais recursos técnicos e produzem mais aço do que todo o resto do mundo somado". Ele incitou os ouvintes a não perder o senso de proporção e a não perder a coragem ou se alarmar.

Embora tenha ficado feliz com o discurso, Churchill compreendia que não podia sofrer novos reveses, especialmente no Oriente Médio, onde o sucesso antes parecia muito resplandecente. Em uma diretriz "altamente secreta" para seu Gabinete de Guerra na segunda-feira, 28 de abril, ele exigiu que todas as patentes reconhecessem "que a vida e a honra do Reino Unido dependem do sucesso da defesa do Egito". Todos os planos preventivos que contemplavam a retirada de soldados britânicos do Egito ou a retirada do canal de Suez deveriam ser postos fora de circulação imediatamente e trancados, com acesso rigorosamente controlado. "Não se deve permitir nem sussurros sobre tais planos", escreveu ele. "Não serão toleradas rendições da parte de quaisquer oficiais, a menos que a Unidade ou força em questão tenha sofrido no mínimo 50% de baixas." Qualquer general ou oficial do estado-maior que se encontrar diante da captura iminente pelo inimigo deve atirar nele com sua pistola. "A honra de um homem ferido está salva", escreveu ele. "Qualquer um que possa matar um huno, ou mesmo um italiano, terá feito um bom serviço."[4]

Como sempre, uma das principais preocupações era o modo como Roosevelt perceberia novos tropeços. "Perder a Batalha do Egito seria um desastre de primeira ordem para o Reino Unido", escreveu Churchill na quarta-feira, 30 de abril, numa minuta dirigida a Pug Ismay, lorde Beaverbrook e a oficiais graduados do Almirantado. "Essa batalha pode muito bem determinar as decisões da Turquia, da Espanha e de Vichy. Pode levar os Estados Unidos para a direção errada, ou seja, eles podem achar que não somos competentes."[5]

Os Estados Unidos, porém, não eram o único problema dele. A transmissão via rádio pouco fez para tranquilizar os descontentes que fervilhavam entre seus adversários, sendo o principal deles Lloyd George, que logo teria uma oportunidade de expressar essa oposição. Na terça-feira, 29 de abril, Hastings Lees-Smith, líder em exercício do Partido Trabalhista no Parlamento, usou a disposição da Casa sobre a "comunicação privada" para fazer uma pergunta diretamente a Churchill, questionando "quando seria realizado um debate sobre a situação da guerra".

Churchill respondeu que ele não apenas marcaria um debate: convidaria a Câmara dos Comuns a votar uma resolução: "De que esta Câmara aprova a política do governo de Sua Majestade de enviar auxílio à Grécia, e declara sua confiança de que nossas operações no Oriente Médio e em outros teatros de guerra serão realizadas pelo governo com o maior rigor."

É evidente que isso seria um referendo sobre o próprio Churchill. O momento para alguns pareceu simbólico, quando não sinistro, uma vez que o debate foi marcado para exatamente um ano depois da votação que tirara do cargo o ex-primeiro-ministro Chamberlain e levara Churchill ao poder.

EM BERLIM, JOSEPH GOEBBELS pensava sobre os motivos por trás da transmissão de Churchill via rádio e em seus efeitos potenciais. Ele se mantinha cuidadosamente atento à evolução do relacionamento entre os Estados Unidos e o Reino Unido, ponderando como sua equipe de propaganda podia influenciar o resultado de modo melhor. "A batalha sobre a intervenção ou não intervenção continua a ser travada nos Estados Unidos", escreveu ele em seu diário na segunda-feira, 28 de abril, no dia seguinte à transmissão.[6] Era difícil prever o resultado. "Estamos ativos e fazendo o melhor que podemos, mas mal conseguimos nos fazer ouvir em meio ao coro judaico ensurdecedor. Em Londres, depositam suas últimas esperanças nos Estados Unidos. Se algo não ocorrer logo, Londres estará diante da aniquilação." Goebbels sentia uma ansiedade crescente. "O grande receio deles é de um golpe devastador nas próximas semanas e meses. Devemos fazer o melhor que pudermos para justificar esses temores."[7]

Ele instruiu seus agentes sobre como usar melhor a transmissão de Churchill para levá-lo ao descrédito. Eles deviam ridicularizá-lo por dizer que depois de visitar as áreas bombardeadas ele voltou a Londres "não só mais tranquilo, como renovado". Em particular, deviam usar o modo como Churchill descreveu as forças que havia transferido do Egito para a Grécia para confrontar a invasão alemã. Churchill dissera: "Por acaso as divisões disponíveis e mais aptas para a tarefa eram as da Nova Zelândia e da Austrália, e que apenas cerca de metade das tropas que tomaram parte nessa perigosa expedição vinham da Inglaterra." Goebbels deu um salto de alegria ao ouvir isso.

"Realmente, foi por acaso! Invariavelmente os britânicos estão na retaguarda 'por acaso'; eles por acaso estão sempre batendo em retirada. Por acaso os britânicos não sofreram as baixas. Por acaso os maiores sacrifícios durante a ofensiva no Oeste foram feitos pelos franceses, os belgas e os holandeses. Por acaso os noruegueses tiveram de dar cobertura para os britânicos que voltavam em massa da Noruega."

Ele deu ordens para que seus homens de propaganda enfatizassem que Churchill, ao escolher uma transmissão pública, evitou ser questionado pela Câmara dos Comuns. "Lá, ele poderia ter sido contestado depois de seu discurso, e poderiam surgir perguntas constrangedoras." Em seu diário, Goebbels escreveu: "Ele tem medo do Parlamento."

Apesar das pressões da guerra e da política, Churchill arranjou tempo para escrever uma carta de condolências para Hubert Pierlot, o ex-primeiro-ministro belga exilado.

Mesmo em tempos de guerra, aconteciam tragédias que não tinham nada a ver com balas e bombas, e geralmente eram esquecidas em meio ao amontoado de fatos tristes de todos os dias. Dois dias antes, mais ou menos às 15h30, o motorista de um trem expresso indo de King's Cross para Newcastle percebeu um ligeiro arrasto no motor, o que indicava um freio de emergência ter sido ativado em algum lugar do trem. Ele seguiu em frente, planejando parar ao lado de uma caixa de comunicação à margem dos trilhos para o caso de precisar usar o telefone e pedir assistência. Depois que um segundo freio de emergência foi puxado, ele fez o trem parar totalmente — o que, tendo em vista a velocidade da composição e o fato de que ele estava em uma longa descida, levou cerca de três minutos.

Os últimos três vagões do trem, que era composto de onze no total, eram ocupados por cem meninos que voltavam para Ampleforth, um internato católico situado num belo vale de Yorkshire. O trem estava a meio caminho de seu destino, a cerca de oitenta quilômetros por hora, quando alguns meninos, aparentemente entediados, começaram a agitar fósforos acesos na frente uns dos outros. Um dos fósforos caiu entre um assento e a parede. Os assentos eram de compensado, com almofadas que tinham crina de cavalo como estofo; os vagões eram estruturas de madeira presas ao chassi de aço. Um incêndio teve início entre o assento e a parede, e continuou por algum tempo sem ser detectado. O fogo se intensificou, e logo, alimentado pela brisa que passava pelas portas de ventilação, subiu pela parede. Em pouco tempo, o fogo envolveu o vagão e o encheu com fumaça densa.

O incêndio matou seis garotos e deixou sete feridos. Dois dos mortos eram filhos do primeiro-ministro belga.

"Caríssima Excelência", escreveu Churchill na quarta-feira, 30 de abril, "o fardo oficial sobre seus ombros é realmente pesado. Escrevo para dizer como sinto profunda compaixão por Sua Excelência ter de carregar esse novo fardo da perda pessoal e da tristeza".[8]

NAQUELE DIA, NO AERÓDROMO DA MESSERSCHMITT perto de Munique, Rudolf Hess estava pronto para mais uma tentativa. Ele estava em seu avião, com os motores ligados, esperando permissão para decolar, quando um de seus assistentes, Pintsch, veio correndo até a aeronave. Pintsch entregou a ele uma mensagem de Hitler, a qual determinava que Hess representasse o *Führer* em uma cerimônia no dia seguinte, 1º de Maio — Dia do Trabalhador —, nas Oficinas da Messerschmitt, onde ele iria homenagear diversas pessoas, incluindo o próprio Willy Messerschmitt, como "Pioneiros do Trabalho".

Hess, evidentemente, acatou o pedido de Hitler. O *Führer* era tudo para ele. Numa carta posterior para Hitler, Hess escreveu que "nas últimas duas décadas, você preencheu minha vida". Ele enxergava em Hitler o salvador da Alemanha. "Depois do colapso de 1918, você fez com que viver voltasse a valer a pena", escreveu ele. "Por você e também pela Alemanha, renasci e fui capaz de recomeçar. Tem sido um raro privilégio para mim, assim como para seus outros subordinados, servir a um homem como você e seguir suas ideias com tanto êxito."[9]

Ele desceu da cabine e voltou a Munique para preparar seu discurso.

Capítulo 90
Melancolia

TAMBÉM NAQUELA SEXTA-FEIRA, lorde Beaverbrook apresentou mais uma carta de renúncia a Churchill. "Tomei a decisão de sair do governo", escreveu. "A única explicação que vou dar são problemas de saúde."[1]

Ele amenizou isso reconhecendo a longa amizade entre os dois. "É com devoção e afeto que coloco um ponto-final em nossa relação oficial."

Beaverbrook acrescentou: "Permanecem as relações pessoais."

Churchill finalmente aceitou a demissão. Como ministro da Produção de Aeronaves, Beaverbrook tinha obtido um sucesso além das expectativas, embora também tivesse envenenado de maneira irrecuperável a relação entre seu ministério e o Ministério do Ar. De fato, era chegado o momento de Beaverbrook deixar o cargo, mas Churchill ainda não estava disposto a permitir que o amigo saísse completamente, e Beaverbrook, como muitas vezes antes, também não queria ir embora.

Na quinta-feira, 1º de maio, Churchill o nomeou para o cargo de "ministro de Estado", e Beaverbrook, depois de novos protestos — "Você tem que me deixar partir" —, aceitou o posto, embora reconhecesse que o título fosse tão vago quanto a função, que era supervisionar as comissões que geriam todos os ministérios britânicos ligados à produção de suprimentos. "Estou preparado para ser ministro da Igreja também", brincou ele.

Embora tenha sido malvista por muitos em Whitehall, a nomeação para o novo cargo foi bem recebida pela população, de acordo com a colunista Mollie Panter-Downes, da *New Yorker*, que escreveu: as pessoas, "ansiosas por ver a guerra vencida o mais rápido possível, esperam que o recém-ressuscitado título de ministro de Estado traga consigo a capacidade de transitar entre diferentes áreas e dar um belo chute na ineficiência e na morosidade dos departamentos sempre que ela existir. A nomeação foi saudada com alegria".[2]

Naquela noite depois do jantar, Churchill e Clementine partiram num trem noturno para mais uma expedição a uma cidade devastada, dessa vez rumo a Plymouth, um importante porto naval no sudoeste da Inglaterra, que acabara de sofrer a última de uma sequência de cinco noites de intensos ataques conduzidos ao longo de nove dias. A Inteligência Doméstica disse sem rodeios: "No momento, Plymouth, como centro empresarial e comercial de uma região próspera, deixou de existir."

A visita abalou Churchill de um modo que nenhuma outra passagem por cidades bombardeadas havia feito até então, e o afetou profundamente. A absoluta destruição causada por cinco noites de bombardeios ofuscava tudo o que ele tinha visto antes. Bairros inteiros foram aniquilados. No distrito de Portland Square, uma bomba que caiu exatamente sobre um abrigo antiaéreo matou 76 pessoas instantaneamente. Churchill visitou a base naval da cidade, onde muitos marinheiros tinham sido feridos ou mortos. Quarenta feridos estavam deitados em camas de campanha numa escola, enquanto do outro lado da sala, atrás de uma cortina baixa, homens pregavam tampas em caixões que continham seus irmãos menos afortunados. "O martelar deve ter sido horrível para os feridos", escreveu John Colville, que acompanhou Churchill, "mas os danos foram tão grandes que não restou outro lugar onde fazer aquilo".[3]

Enquanto o carro de Churchill passava diante de uma equipe do noticiário cinematográfico da British Pathé, ele olhou para a câmera com uma expressão que parecia expressar uma mescla de surpresa e tristeza.

CHURCHILL VOLTOU PARA CHEQUERS À MEIA-NOITE, exausto e entristecido pelo que tinha visto, e foi recebido por mais uma onda de más notícias: um dos preciosos contratorpedeiros da Marinha Real tinha sido afundado perto de Malta, e agora bloqueava a entrada do Grande Porto; um problema no motor havia feito emperrar um transporte que carregava tanques para o Oriente Médio; e uma ofensiva britânica no Iraque encontrava uma resistência inesperadamente potente do Exército Iraquiano. O mais desanimador de tudo foi um longo e desencorajador telegrama de Roosevelt, em que o presidente parecia desdenhar da importância de defender o Oriente Médio. "Pessoalmente, não me preocupa a conquista de novos territórios pela Alemanha", escreveu

Roosevelt. "Mesmo somados, eles oferecem pouca matéria-prima — não o bastante para manter ou compensar as imensas forças de ocupação."[4]

Roosevelt acrescentou uma resposta pueril: "Continue com o bom trabalho."

A insensibilidade da resposta de Roosevelt chocou Churchill. O subtexto parecia claro: Roosevelt estava preocupado apenas em dar assistência naquilo que ajudasse diretamente a garantir a segurança dos americanos contra um ataque alemão, e não se importava muito se o Oriente Médio seria tomado ou não. Churchill escreveu para Anthony Eden: "Minha impressão é a de que está havendo um recuo do outro lado do Atlântico, e de que quase sem nos darmos conta estamos sendo deixados à nossa própria sorte."[5]

Colville observou que o acúmulo de más notícias naquela noite deixara Churchill "na mais profunda melancolia que eu já havia visto nele".

Churchill ditou uma resposta para Roosevelt na qual procurou delinear a importância do Oriente Médio em termos de interesses de longo prazo dos próprios americanos. "Não devemos dar por certo que as consequências da perda do Egito e do Oriente Médio não seriam graves", disse a Roosevelt. "Isso aumentaria seriamente os riscos no Atlântico e no Pacífico, e dificilmente deixaria de prolongar a guerra, com todos os sofrimentos e riscos militares que isso acarreta."[6]

Churchill estava ficando cansado da relutância de Roosevelt em comprometer os Estados Unidos com a guerra. Ele havia tido esperanças de que àquela altura os Estados Unidos e o Reino Unido estariam lutando lado a lado, mas as ações de Roosevelt sempre ficavam abaixo das necessidades e das expectativas de Churchill. Era verdade que os contratorpedeiros foram um presente de importância simbólica, e que o programa de empréstimo-arrendamento e a execução eficiente por parte de Harriman das tarefas atribuídas a ele eram uma dádiva divina; mas ficou claro para Churchill que nada disso bastava — só a entrada dos Estados Unidos na guerra garantiria a vitória em um prazo razoável. Um dos resultados da longa corte feita por Churchill a Roosevelt, porém, era que agora pelo menos o primeiro-ministro se sentia capaz de expressar suas preocupações e desejos com maior franqueza, diretamente, sem receio de afastar os americanos de uma vez por todas.[7]

"Sr. presidente", escreveu Churchill, "estou certo de que o senhor não irá me compreender mal caso eu diga exatamente o que penso. O único contrapeso decisivo que posso enxergar para equilibrar o crescente pessimismo na

Turquia, no Oriente Próximo e na Espanha seria se [os] Estados Unidos se colocassem do nosso lado como Potência beligerante".[8]

Antes de ir para a cama, Churchill reuniu Harriman, Pug Ismay e Colville para uma conversa de fim de noite ao lado da lareira, uma espécie de história de fantasmas geopolítica, em que ele descreveu, segundo Colville recordaria, "um mundo em que Hitler dominava toda a Europa, a Ásia e a África e deixava os Estados Unidos e a Inglaterra sem opção, a não ser uma paz contra a vontade". Caso Suez caísse, disse Churchill a eles, "o Oriente Médio estaria perdido e a nova ordem robótica de Hitler receberia a inspiração que poderia lhe dar vida real".[9]

A guerra havia chegado a um ponto decisivo, falou Churchill — não em termos de definir a vitória final, mas para definir se a guerra seria muito breve ou muito longa. Caso Hitler conseguisse controlar o petróleo do Iraque e o trigo da Ucrânia, "nem toda a firmeza 'de nossa irmandade de Plymouth' poderá abreviar a provação".

Colville atribuiu a melancolia de Churchill sobretudo à experiência em Plymouth. De tempos em tempos, ao longo da noite, Churchill repetia: "Nunca vi nada parecido."

Capítulo 91
Eric

A MANHÃ DE SÁBADO TROUXE UM SOL DESLUMBRANTE, mas muito frio. Aquela primeira semana de maio foi mais fria do que o normal, marcada por períodos de geada. "O frio é inacreditável", anotou Harold Nicolson em seu diário. "É como se fosse fevereiro."¹ O secretário pessoal de Harriman, Meiklejohn, passou a encher a banheira de seu apartamento com água quente para que o vapor flutuasse até a sala de estar. "Dá um efeito psicológico bom", comentou, "mesmo que não sirva para mais nada".² (Também fazia frio na Alemanha. "Lá fora, o campo está coberto por uma camada grossa de neve", queixou-se Joseph Goebbels. "E já era para ser quase verão!") As muitas árvores em Chequers estavam começando a exibir as primeiras folhas, quase translúcidas, que davam à paisagem um efeito pontilhista, como se o solo tivesse sido pintado por Paul Signac. As duas colinas próximas, Coombe e Beacon, eram de um verde tênue. "Tudo está acontecendo bem mais tarde do que o normal", escreveu John Colville, "mas as árvores, enfim, começam a brotar".³

Churchill estava excepcionalmente mal-humorado. "A falta de sono deixou o primeiro-ministro irritadiço hoje de manhã", escreveu Colville. Na hora do almoço, ele estava "taciturno". A causa imediata não tinha nada a ver com a guerra nem com Roosevelt, mas com a descoberta de que Clementine usara seu amado mel, enviado para ele de Queensland, na Austrália, para o frívolo objetivo de adoçar ruibarbo.

Naquela tarde, o pretendente de Mary Churchill, Eric Duncannon, chegou, acompanhado da irmã, Moyra Ponsonby, a jovem com quem Colville examinara o bombardeiro alemão abatido em Stansted Park. A chegada de Duncannon foi uma surpresa para todos, Mary incluída, e não foi totalmente bem-vinda: ele tinha sido convidado só para o almoço do dia seguinte, domingo, mas agora fingia ter sido chamado para passar todo o fim de semana.

A presença dele aumentou a tensão do dia. Eric claramente estava cortejando Mary, e parecia provável que a pedisse em casamento naquele fim de semana. Mary estava disposta, mas infeliz com a falta de entusiasmo demonstrada pela família. A mãe objetava; a irmã Sarah ridicularizava a ideia abertamente. Mary era jovem demais.

À tarde, Churchill se instalou no jardim e trabalhou em vários bilhetes e minutas. A destruição de Plymouth permanecia viva em sua memória. Era irritante que os alemães tivessem conseguido atacar a cidade em cinco noites de um total de nove, com mínima interferência da RAF. Ele continuava depositando grande fé nas minas aéreas do Professor, embora todas as outras pessoas parecessem zombar da ideia. Nitidamente frustrado, Churchill ditou um bilhete a ser enviado para o marechal do ar Charles Portal e outro para John Moore-Brabazon, novo ministro da Produção Aérea, no qual perguntava por que o grupamento da RAF que levava minas aéreas não tinha seu conjunto completo de dezoito aeronaves.

"Como se explica que só haja sete aeronaves disponíveis, se elas quase nunca têm permissão para decolar? Por que permitimos que uma cidade como Plymouth seja exposta a cinco ataques em noites sucessivas, ou quase sucessivas, sem que esse instrumento seja utilizado?" E por que, perguntava ele, as minas aéreas não estavam sendo lançadas cruzando os raios de navegação por rádio que guiavam os bombardeiros alemães até seus alvos? "Não creio que esse instrumento esteja finalmente livre dos muitos anos de obstáculos que impediram seu aperfeiçoamento", escreveu. "As ações recentes da [Real] Força Aérea contra os ataques noturnos fracassaram miseravelmente, e vocês não têm como se dar ao luxo de negligenciar um método que, nas vezes em que foi usado, produziu uma porcentagem excepcionalmente alta de resultados."[4]

Não fica claro a que ele estava se referindo exatamente aqui. As minas ainda não tinham sido usadas rotineiramente. Pesquisadores do Ministério do Ar concentravam suas atenções, principalmente, no aprimoramento dos radares ar-ar para ajudar os caças a localizar alvos à noite e — liderados pelo dr. R. V. Jones — ao aperfeiçoamento de tecnologias para encontrar e manipular os raios de navegação alemães. Nisso eles estavam conseguindo avanços, a ponto de os pilotos alemães, segundo relatos de interrogatórios, confiarem cada vez menos nos raios. A RAF estava adotando a estratégia de desviar os raios e de usar chamarizes de fogo chamados de Estrela-do-Mar para convencer os pilotos alemães de que eles tinham chegado aos alvos certos. A sorte ainda desempenhava um papel imenso para determinar se essas medidas podiam ser utilizadas com precisão suficiente para atrapalhar ataques como aqueles que arrasaram Plymouth, mas era nítido que estava havendo progressos.

As minas aéreas, no entanto, tinham se revelado problemáticas, e ninguém além de Churchill e do Professor parecia pensar que elas valiam a pena. Somente o entusiasmo de Churchill — o "interruptor" dele — fazia com que elas continuassem a ser desenvolvidas.

O humor de Churchill melhorou naquela noite. Uma batalha feroz ocorria em Tobruk, e nada o fazia vibrar mais do que um combate aguerrido e a perspectiva da glória militar. Ele ficou acordado até 3h30 da manhã, bem-humorado, "rindo, brincando e se dividindo entre o trabalho e a conversa", escreveu Colville. Um a um, seus convidados oficiais, incluindo Anthony Eden, desistiram e foram dormir. Churchill, contudo, continuou a falar, com sua plateia reduzida a Colville e ao potencial pretendente de Mary, Eric Duncannon.

Mary, àquela altura, tinha se recolhido ao Quarto da Prisão, sabendo que o dia seguinte tinha potencial para mudar sua vida para sempre.

EM BERLIM, ENQUANTO ISSO, Hitler e o ministro da Propaganda, Joseph Goebbels, brincavam sobre uma biografia de Churchill recém-publicada em inglês que revelava muitas de suas idiossincrasias, incluídos seu pendor por roupas de baixo de seda rosa, trabalhar na banheira e beber o dia inteiro. "Ele dita mensagens na banheira ou de cuecas; uma imagem chocante que o *Führer* acha tremendamente divertida", escreveu Goebbels em seu diário no sábado. "Ele acredita que o Império Inglês está se desintegrando lentamente. Não haverá muito a ser salvo."[5]

NA MANHÃ DE DOMINGO, uma leve ansiedade coloria os arredores cromwellianos de Chequers. Aparentemente, seria o dia em que Eric Duncannon pediria a mão de Mary, e Mary era a única pessoa feliz com isso. Nem ela, no entanto, estava totalmente à vontade com a ideia. Ela tinha dezoito anos, e nunca estivera em um relacionamento romântico, muito menos tinha sido cortejada a sério. A ideia de noivar causava uma agitação emocional nela, embora acrescentasse um sabor picante ao dia.

Novos convidados chegaram: Sarah Churchill, o Professor e a sobrinha de Churchill de 20 anos de idade, Clarissa Spencer-Churchill — "que estava muito bonita", observou Colville. Ela estava acompanhada pelo capitão Alan Hillgarth, um romancista bonito e libertino, e autodeclarado aventureiro, que na ocasião servia como adido naval em Madri, onde comandava as operações de inteligência; parte dessas operações era realizada com a ajuda de um tenente de sua equipe, Ian Fleming, que mais tarde afirmaria que o capitão Hillgarth foi uma das inspirações para James Bond.

"Era evidente", escreveu Colville, "que se esperava de Eric a iniciativa em relação a Mary, e que a expectativa disso era vista por Mary com um prazer nervoso, com aprovação por Moyra, com antipatia pela sra. C. e como algo divertido por Clarissa". Churchill manifestava pouco interesse.[6]

Depois do almoço, Mary e os outros foram para o jardim de rosas, enquanto Colville mostrava a Churchill telegramas sobre a situação no Iraque. O dia estava ensolarado e quente, uma bela novidade em relação ao frio dos últimos tempos. Em pouco tempo, para perplexidade de Colville, Eric e Clarissa saíram sozinhos para uma longa caminhada pelo terreno, deixando Mary para trás. "O motivo dele", escreveu Colville, "ou foi a atração que Clarissa sentia, e não tentou esconder, ou a crença de que causar ciúmes em Mary era uma boa ideia". Depois da caminhada, e após Clarissa e o capitão Hillgarth terem partido, Eric tirou uma soneca, com a aparente intenção (na opinião de Colville) de mais tarde fazer uma "entrada dramática" na Longa Galeria, onde a família e os convidados, incluindo Eden e Harriman, iriam se reunir para o chá da tarde. Colville escreveu: "Acho que tudo isso é uma pantomima, que agrada ao gosto teatral de Eric e mexe com as emoções juvenis de Mary, mas não terá consequências sérias."

Churchill se instalou no jardim para uma tarde de trabalho, para aproveitar o calor do dia enquanto lia os documentos altamente secretos de sua caixa amarela. Colville se sentou perto dele.

De vez em quando, Churchill olhava para ele parecendo desconfiado, "achando que eu estava tentando ler o conteúdo das caixas especiais dele".

ERIC LEVOU MARY PARA UM CANTO DO SALÃO BRANCO

"Hoje à noite, Eric me pediu em casamento", escreveu Mary em seu diário. "Estou atônita — acho que eu disse 'sim' —, mas, ah, meu Deus do céu, estou confusa."

CHURCHILL TRABALHOU ATÉ TARDE DA NOITE. Colville e o Professor — pálido, quieto, ameaçador — foram com ele até o quarto, onde Churchill foi para a cama e começou a analisar os relatórios e minutas acumulados do dia. O Professor sentou perto de Churchill enquanto Colville ficou ao pé da cama para pegar os papéis enquanto Churchill os lia. Isso continuou até depois das duas horas da manhã.

Colville voltou para Londres no dia seguinte, segunda-feira, 5 de maio, "num estado de exaustão".

Capítulo 92
Le coeur dit

Mary, segunda-feira, 5 de maio:
"Hoje passei o dia lutando contra mim mesma.
"Mamãe veio de novo... Vovó veio.
"Preciso ficar calma. Longas caminhadas no jardim... finalmente sucumbi às lágrimas... mas feliz."

Capítulo 93
Sobre tanques e flores

O GRANDE DEBATE PARLAMENTAR sobre o modo como Churchill estava lidando com a guerra teve início na terça-feira, 6 de maio, com um discurso sem graça do secretário das Relações Exteriores, Anthony Eden, que começou dizendo: "Há muitas coisas que eu gostaria de dizer e que, forçosamente, devo calar por ora."[1] Ele então passou a falar pouco e mal. "Ele se sentou em meio a um completo silêncio", escreveu Chips Channon, secretário parlamentar particular de Eden. "Jamais ouvi um discurso importante proferido de modo tão ruim assim."[2] Seguiu-se uma sucessão de discursos breves, feitos por parlamentares de todas as regiões do Reino Unido. Um tema que surgiu várias vezes foi a consternação pelo fato de Churchill ter transformado em um voto de confiança algo que a Câmara pretendia que fosse meramente um debate sobre a guerra. "Por que deveria meu justo e honorável amigo, o primeiro-ministro, nos desafiar com essa moção?", disse um dos membros do Parlamento. "Será que ele acredita que toda crítica é indevida?"

UM PARLAMENTAR SOCIALISTA DE GLASGOW, John McGovern, fez o ataque mais incisivo do dia, chegando a criticar a prática de Churchill de visitar cidades bombardeadas. Ele disse: "Quando foi que entramos em um palco para que o primeiro-ministro precise desfilar por todas as áreas bombardeadas do país e se sentar no banco de trás de um carro aberto acenando com o chapéu na ponta da bengala como se fosse um tolo no circo... Bom, chega-se a uma situação muito triste quando representantes do governo não têm tanta certeza sobre as opiniões do povo do país." McGovern disse não ter grande confiança na guerra travada pelo governo, e acrescentou: "Embora eu tenha uma tremenda admiração pelas habilidades retóricas do primeiro-ministro, que quase consegue fazer você acreditar que o preto é branco, não creio que ele conseguirá trazer benefícios duradouros para a humanidade."

A maior parte dos oradores, contudo, tomou o cuidado de impregnar suas críticas com elogios ao primeiro-ministro, o que por vezes deixava tudo muito insípido. "Não me lembro de ter visto durante minha vida", disse um deles, "um ministro que inspirasse tanta confiança e entusiasmo quanto o nosso atual primeiro-ministro". Outro parlamentar, o major Maurice Petherick, admitindo que desejava apenas que o governo fosse "um pouco mais forte e poderoso", ofereceu uma das afirmações mais memoráveis do debate: "Queremos um governo de tanques e não de flores."

A principal crítica ao longo do debate de dois dias foi em relação ao aparente fracasso do governo em ser eficaz na guerra. "Ter poder de fogo é algo de utilidade meramente momentânea caso não se consiga manter aquilo que se conquista", disse Leslie Hore-Belisha, que havia comandado o Gabinete de Guerra de Chamberlain. Ele também criticou a dependência cada vez maior de Churchill em relação aos Estados Unidos. "Estamos confiando que vamos vencer esta guerra com base em nossos próprios esforços", perguntou, "ou estamos adiando tudo o que pode ser feito na crença de que os Estados Unidos irão fazer o que não podemos? Se for isso, estamos na direção errada. Devemos agradecer a Deus pelo presidente Roosevelt todos os dias, mas é injusto com ele e com seu país superestimar o que pode ser feito."

Embora Churchill tivesse pedido o voto de confiança, era irritante para ele ter de ouvir uma série de discursos criticando as supostas falhas de seu governo. Ele era empedernido, mas até certo ponto. Até mesmo Kathy, filha de Averell Harriman, reconheceu isso depois de passar um fim de semana em Chequers mais tarde. "Ele odeia críticas", escreveu. "Ele fica magoado como uma criança que apanha da mãe injustamente."[3] Em certa ocasião, ele disse a sua grande amiga Violet Bonham Carter: "Eu me sinto muito mordaz & rancoroso quando as pessoas me atacam."[4]

O discurso mais doloroso, porém, viria mais tarde.

Mary, terça-feira, 6 de maio:

"Me sinto mais calma hoje...

"Realmente não tenho como escrever tudo o que penso e sinto.

"Só sei que estou olhando seriamente & profundamente para todos os aspectos disso.

"O problema é que não tenho muito em que me basear para julgar.

"No entanto, amo o Eric... sei que amo.

"A família tem sido maravilhosa. Muito úteis & compreensivos.

"Quem me dera poder escrever sobre tudo o que aconteceu em detalhes... mas, de algum modo... tudo parece irreal & estranho demais. E importante & reprimido demais para escrever sobre isso com calma."

O ataque veio no segundo dia de debates, quarta-feira, 7 de maio, e veio justo de David Lloyd George. Um ano antes, ele tinha sido útil para ajudar Churchill a se tornar primeiro-ministro. A guerra, dizia ele então, tinha entrado "numa de suas fases mais difíceis e desanimadoras". Isso em si não era surpresa, observou ele; era de esperar que ocorressem reveses. "Contudo, tivemos nossa terceira, nossa quarta grande derrota seguida de retirada. Agora temos problemas no Iraque e na Líbia. Temos a captura das ilhas pelos alemães" — as ilhas do canal, das quais Guernsey e Jersey eram as maiores. "Nossos navios sofrem uma destruição gigantesca, não só em número de baixas, como também em algo que não tem sido levado suficientemente em conta: o estrago." Ele pedia que não ocorresse mais "o tipo de erro que tem nos desacreditado e enfraquecido".

Ele destacou aquilo que via como a falha do governo em oferecer informações adequadas sobre os acontecimentos. "Não somos uma nação infantil", disse, "e não é necessário ocultar de nós fatos desagradáveis, para não nos assustar". E ele acusou Churchill de não conseguir montar um Gabinete de Guerra eficaz. "Ninguém duvida de suas brilhantes qualidades", falou Lloyd George, "mas exatamente por isso, caso ele me permita dizer, ele quer algumas pessoas mais comuns". Lloyd George falou por uma hora, "fraco, por vezes", escreveu Chips Channon, "em outras, astuto e perspicaz, e em outros momentos, vingativo ao atacar o governo". Churchill, escreveu Channon, "estava nitidamente abalado, tremia, se agitava e suas mãos nunca ficavam paradas".

No entanto, pouco depois das dezesseis horas, chegou a vez *de ele* falar. Ele exalava energia e confiança, além de uma alegria bélica. Capturou a atenção da Câmara "desde o primeiro momento", escreveu Harold Nicolson em seu diário: "muito divertido... muito franco".⁵

Ele também foi impiedoso. Churchill dirigiu sua primeira saraivada de tiros para Lloyd George. "Se teve um discurso que não me pareceu particularmente divertido", disse, "foi o do meu justo e honorável amigo, o representante de Carnarvon Boroughs". Churchill condenou o discurso por ser pouco útil num momento que o próprio Lloyd George descreveu como sombrio e desanimador. "Não foi o tipo de discurso que se teria esperado do grande líder guerreiro de outros tempos, acostumado a deixar de lado o desânimo e o medo e a caminhar de maneira irresistível rumo à meta final", disse Churchill. "Foi o tipo de discurso com o qual, imagino, o ilustre e venerável marechal Pétain poderia muito bem ter animado os últimos dias do governo de M. Reynaud."⁶

Ele defendeu sua decisão de pedir um voto de confiança, "pois, depois de nossos reveses e decepções nos campos de batalha, o governo de Sua Majestade tem o direito de saber qual é sua relação com a Câmara dos Comuns e qual é a relação entre a Câmara dos Comuns e o país". Numa clara alusão aos Estados Unidos, ele disse: "Esse conhecimento é ainda mais importante para nações estrangeiras, especialmente nações que estudam sua política neste momento, e que não devem ter dúvidas quanto à estabilidade ou falta de estabilidade deste resoluto e obstinado governo voltado para a guerra."

À medida que se aproximava do final, ele repetiu o discurso que havia feito um ano antes em seu primeiro pronunciamento à Câmara como primeiro-ministro. "Peço a você que testemunhe, sr. presidente, que jamais prometi nada nem ofereci nada além de sangue, lágrimas, trabalho e suor, ao que devo acrescentar agora a nossa parcela de erros, falhas e decepções, e acrescentar também que isso pode prosseguir por muito tempo, ao fim do qual eu firmemente creio — embora isso não seja uma promessa nem uma garantia, mas apenas uma profissão de fé — que haverá a vitória, completa, absoluta e final."

Reconhecendo que havia se passado um ano "quase exatamente" desde que fora nomeado primeiro-ministro, ele convidou sua plateia a ponderar sobre tudo o que havia ocorrido durante aquele tempo. "Quando penso nos perigos que foram superados, nas ondas gigantescas que o valente navio enfrentou, quando me lembro de tudo o que deu errado, e me lembro também de tudo o que deu certo, tenho certeza de que não temos razão para temer a tempestade. Que ela venha, que venha furiosa. Nós sobreviveremos a ela."

Enquanto Churchill saía, a Câmara irrompeu em aplausos, que continuaram do lado de fora do plenário, no Saguão dos Parlamentares.

E então veio a votação.

NAQUELE DIA, HARRIMAN ESCREVEU UMA CARTA PARA ROOSEVELT, a fim de transmitir algumas de suas impressões sobre Churchill e sobre a capacidade dos britânicos de enfrentar a guerra. Harriman não tinha ilusões quanto aos motivos de Churchill para mantê-lo tão perto e levá-lo a tantas inspeções de cidades bombardeadas. "Ele acha importante ter um americano por perto para manter o moral do povo", disse Harriman a Roosevelt.[7] Harriman, porém, compreendia que essa era apenas uma consideração secundária. "Ele também quer que eu passe informações para você de tempos em tempos."

Àquela altura, aquilo que era claro para Churchill havia muito também estava claro para Harriman: que o Reino Unido não tinha esperanças de vencer a guerra sem a intervenção direta dos Estados Unidos. Harriman compreendia que era papel dele servir como uma lente por meio da qual Roosevelt pudesse enxergar além da censura e da propaganda para ver o coração da arquitetura de guerra britânica. Ele sabia o número total de aeronaves, as taxas de produção, as reservas de alimentos e a disposição dos navios de guerra; e, graças a muitas visitas a cidades bombardeadas, ele sentira o cheiro da pólvora e dos corpos em decomposição. Igualmente importante: ele conhecia a interação das personalidades em torno de Churchill.

Ele sabia, por exemplo, que Max Beaverbrook, recém-indicado por Churchill para o cargo de ministro do Estado, estava agora encarregado de fazer pelos tanques o que havia feito pelos caças quando era ministro da Produção de Aeronaves. O Reino Unido havia negligenciado a questão dos tanques, e agora estava pagando o preço no Oriente Médio. "A campanha líbia em ambos os sentidos foi um choque brusco para muitos, e haverá grande pressão para que se aumente a produção tanto na Inglaterra quanto nos Estados Unidos", escreveu Harriman. Tanques de melhor qualidade e em maior quantidade também eram necessários para a defesa da Inglaterra contra uma invasão, para que suas forças domésticas fossem capazes de resistir às unidades blindadas de Hitler. "As pessoas encarregadas dos tanques me dizem que é bastante irônico que Beaverbrook deva ajudá-los agora, quando ele foi a pessoa que mais lhes causou problemas ao roubar itens de que eles precisavam" — o que queria dizer materiais e ferramentas. "As pessoas não gostam de Beaverbrook, mas sabem que ele é o único que pode lidar com a burocracia, e é bem-vindo como aliado."

Agora, no entanto, a saúde de Beaverbrook estava se tornando um problema. "Ele não está nada bem, sofrendo de asma e de uma doença nos olhos", falou Harriman para Roosevelt. Mesmo assim, Harriman esperava que Beaverbrook ficasse e fosse bem-sucedido. "Pelas conversas que tive tanto com o primeiro-ministro quanto com Beaverbrook, ele vai acabar sendo a peça decisiva para que tudo funcione."

Era evidente para Harriman que Churchill tinha grandes esperanças de que os Estados Unidos acabassem intervindo na guerra, mas ele e outros membros do governo estavam sendo cautelosos para não forçar demais. "É natural que eles esperem que os Estados Unidos entrem na guerra", disse ele a Roosevelt, "mas fico surpreso ao ver como todos compreendem a psicologia da situação em nosso país."

MARY, QUARTA-FEIRA, 7 DE MAIO:
"Eu tinha me decidido.
"Eric ligou à noite."

AINDA DETERMINADO A FUGIR DO Nº 10 DA DOWNING STREET, John Colville tentou aumentar suas chances ao pedir mais uma vez que o faz-tudo de Churchill, Brendan Bracken, intercedesse por ele, mas novamente Bracken fracassou. Churchill simplesmente não iria deixá-lo partir.

Ninguém parecia disposto a lhe dar apoio. A oposição do Ministério das Relações Exteriores ficava mais séria, agora que Eric Seal, principal secretário particular de Churchill, estava sendo enviado para os Estados Unidos em uma missão especial, deixando uma lacuna no secretariado que precisava ser preenchida. Nem mesmo os dois irmãos mais velhos de Colville, David e Philip, ambos em postos militares, o incentivavam. David, que era da Marinha, parecia especialmente hostil à ideia. "Ele se opõe violentamente a que eu entre para a RAF", escreveu Colville em seu diário. "Muitos dos motivos dele foram ofensivos (por exemplo, minha incapacidade para coisas práticas, na qual tanto ele quanto Philip creem firmemente, embora estejam errados), mas não me importei, pois sabia que, na verdade, isso se baseava meramente no afeto e no medo de que eu pudesse ser morto."[8]

A determinação de Colville só crescia. O objetivo dele agora era se tornar piloto de caça, "caso isso fosse humanamente possível". O primeiro passo era começar o processo de se adaptar às lentes de contato, um processo doloroso. As lentes eram feitas de plástico, mas ainda eram lentes "esclerais" que cobriam a maior parte do olho e eram sabidamente desconfortáveis. O processo todo — a adaptação, a inacabável moldagem e remoldagem das lentes e o lento processo de se acostumar ao desconforto e à irritação — exigia perseverança. Colville achava que valia a pena.

E agora que estava de fato dando passos concretos para entrar na RAF, ele se viu envolvido pelo romantismo daquilo tudo, como se seu posto já fosse quase uma certeza. Ele escreveu em seu diário: "Minha cabeça está cheia de planos para uma vida nova na RAF e, é claro, de improváveis devaneios sobre o tema."[9]

Desde o primeiro teste até o momento em que ele finalmente pôde usar as lentes, passariam-se dois meses.

NA CÂMARA DOS COMUNS, os deputados faziam fila no saguão. Os escrutinadores tomaram seus lugares. Apenas três membros do Parlamento votaram não; até mesmo Lloyd George apoiou a resolução proposta por Churchill. A contagem final foi de 447 a 3.

"Até que está bom", brincou Harold Nicolson.[10]

Naquela noite, segundo Colville, Churchill foi dormir "felicíssimo".

Capítulo 94

Le coeur encore

Quinta-feira, 8 de maio:

"Corri para Londres.

"Eric no jantar... me senti m. feliz.

"Mamãe ansiosa para que o casamento seja adiado por 6 meses... ela nitidamente não aceita o Eric m. bem.

"Fui para a cama me sentindo perplexa... cheia de dúvidas... com sono."

Sexta-feira, 9 de maio:

"Me senti terrivelmente mal... insegura.

"Fiz o cabelo.

"Eric veio & caminhamos em volta do St. James' Park... dia lindo. 'Quem está enamorado ama a primavera!' Quando estava com ele... de algum modo todos os medos & dúvidas pareceram sumir. Voltei para o almoço feliz... confiante... decidida.

"Lorde e lady Bessborough no almoço...

"Famílias deliberam...

"Noivado deve ser anunciado quarta que vem. Alegria..."

Capítulo 95
A lua nasce

Em Berlim, Joseph Goebbels desdenhou do discurso de Churchill na Câmara dos Comuns, dizendo que era cheio de "desculpas" e vazio de informações. "Entretanto, nenhum sinal de fraqueza", admitiu em seu diário na sexta-feira, 9 de maio, e acrescentava: "A vontade da Inglaterra de resistir permanece intacta. Sendo assim, devemos continuar atacando e acabar com a posição de poder dela."[1]

Goebbels confessou em seu diário sentir um novo respeito por Churchill. "Esse homem é uma estranha mistura de heroísmo e esperteza", escreveu. "Se ele tivesse assumido o poder em 1933, não estaríamos onde estamos hoje. E acredito que ele ainda vai nos criar mais alguns problemas. Mas podemos e vamos superá-los. No entanto, não se deve desprezá-lo como em geral fazíamos."

Para Goebbels, tinha sido uma semana longa e difícil, e ele usou seu diário para fazer um balanço. Tinha sido necessário lidar com questões pessoais. Um de seus principais homens quis pedir demissão e entrar para o Exército. "Todo mundo quer ir para o front", escreveu Goebbels, "mas quem vai fazer o trabalho aqui?".

A guerra contra os navios britânicos ia bem, assim como a campanha de Rommel no norte da África, e a União Soviética parecia não perceber que a invasão alemã era iminente. Duas noites antes, porém, a RAF havia lançado uma série de ataques pesados contra Hamburgo, Bremen e outras cidades, matando uma centena de pessoas só em Hamburgo. "Devemos nos empenhar ao máximo nesse assunto", escreveu ele. Ele esperava que a Luftwaffe fizesse uma retaliação devastadora.

Goebbles observou também que os jornais britânicos estavam publicando críticas "duras" a Churchill, mas duvidava que isso fosse importante. Pelo que ele sabia, Churchill continuava firme no poder.

"Que bom que uma semana de dificuldades termina hoje", escreveu Goebbels. "Estou cansado e desgastado pelo combate.

"Não há como escapar do barulho disso tudo.

"Enquanto isso, o tempo ficou gloriosamente bom.

"Lua cheia!

"Ideal para ataques aéreos."[2]

EM LONDRES NA SEXTA-FEIRA, 9 de maio, John Colville escreveu em seu diário que Eric Duncannon e os pais dele, os Bessborough, foram ao Anexo para almoçar com Mary e os Churchills. Mais tarde, Mary anunciou a Colville que estava noiva.

"Fiquei aliviado por poder simplesmente desejar felicidades", escreveu ele. "Fiquei com receio de que ela pedisse minha opinião sobre ele."[3]

NAQUELA NOITE, MARY E ERIC pegaram o trem para o vilarejo de Leatherhead, cerca de 35 quilômetros a sudoeste de Londres, para visitar o quartel-general do comandante das forças canadenses na Grã-Bretanha, general A. G. L. McNaughton. Eric era um dos oficiais do estado-maior de McNaughton. A amiga de Mary, Moyra, irmã de Eric, também estava lá, e Mary ficou feliz de escrever em seu diário que Moyra pareceu feliz com o noivado.

A confiança de Mary aumentou.

COM UMA LUA CHEIA PELA FRENTE, Churchill partiu rumo a Ditchley, e para um fim de semana que iria levar seu primeiro ano como primeiro-ministro a um final incendiário e fantástico.

Parte sete

Exatamente um ano

10 de maio de 1941

Capítulo 96
Um raio chamado Anton

Tarde da noite na sexta-feira, 9 de maio, um grupo de oficiais nazistas graduados e os astros menores com que Hitler completava seu círculo mais próximo se reuniram no Berghof, o refúgio de Hitler nos Alpes Bávaros. Hitler não conseguia dormir. Ele estava, naquela altura, sofrendo de insônia. E se ele não ia dormir, ninguém ia dormir. Os garçons de Hitler — membros da SS, ou Schutzstaffel, a guarda de elite de Hitler — serviram chá e café; tabaco e álcool eram proibidos. A lareira estava acesa. A cachorra de Hitler, Blondi, uma alsaciana — raça mais conhecida como pastor-alemão — se aquecia com o fogo e a atenção de Hitler.[1]

Como sempre, Hitler falava em monólogos, sobre assuntos que iam do vegetarianismo até o melhor meio de treinar um cachorro. O tempo corria lentamente. Os hóspedes — que incluía Eva Braun — ouviam com a obediência de costume, mal acordados em meio ao calor e à luz oscilante, enquanto eram obrigados a atravessar uma torrente de palavras que fluía a seu redor. Os homens mais graduados de Hitler estavam ausentes, com destaque para Rudolf Hess, Heinrich Himmler, Göring e Goebbels. Mas Martin Bormann, seu ambicioso secretário particular, estava presente, saboreando a crescente confiança que seu *Führer* demonstrava e consciente de que aquela noite poderia oferecer mais uma oportunidade para levar adiante sua campanha para assumir o cargo de vice de Hitler no lugar de Hess. Ao longo do dia seguinte, Bormann receberia boas notícias quanto a isso, embora para Hitler e todos os demais membros de sua hierarquia parecessem ser as piores notícias possíveis.

Perto das duas da manhã, Bormann lembrou ao grupo os recentes ataques da RAF à Alemanha, se esforçando para ressaltar que a preciosa Luftwaffe de Göring pouco havia feito para se opor ao ataque, e que as incursões dos ingleses ficaram sem resposta. A Alemanha precisava responder com força, disse ele. Outro hóspede, Hans Baur, piloto pessoal de Hitler, concordou. Hitler resistia: ele queria todos os recursos concentrados na iminente invasão da Rússia. Mas Bormann e Baur conheciam seu chefe e argumentaram que um ataque de grande porte contra Londres era uma necessidade, para manter as aparências. Um ataque, além disso, ajudaria a camuflar a invasão russa ao demonstrar que a Alemanha continuava comprometida em conquistar a Inglaterra. Quando o dia raiou, Hitler estava furioso. Às 8h da manhã de sábado, ele chamou o chefe de Estado-Maior da Luftwaffe, Hans Jeschonnek, e ordenou um ataque de retaliação a Londres, com todas as aeronaves disponíveis.

CLEMENTINE DE FATO ESTAVA INFELIZ com o noivado de Mary com Eric Duncannon. No sábado, de Ditchley, ela escreveu uma carta para Max Beaverbrook em que confessava suas dúvidas. O fato de ela escrever para ele, por si só, ainda mais para tratar de um assunto tão íntimo, era um indício de quão ansiosa ela estava, tendo em vista que ela não só não gostava de Beaverbrook, como também não confiava nele.

"Tudo aconteceu com uma velocidade atordoante demais", escreveu Clementine. "O noivado vai ser anunciado na quarta que vem; mas quero que você saiba com antecedência, porque você gosta da Mary...[2]

"Convenci Winston a ser firme & dizer que eles precisam esperar seis meses...

"Ela tem só 18 anos; é jovem para a idade dela, não conheceu muita gente & acho que está simplesmente andando nas nuvens de tão empolgada... Eles não se conhecem tão bem assim."

Ela encerrou: "Por favor, mantenha minhas dúvidas e receios entre nós."

Naquele dia, por acaso, Mary encontrou Beaverbrook enquanto ele cavalgava sozinho por uma trilha no campo. A propriedade dele, Cherkley, ficava a dois quilômetros e meio do quartel-general das forças canadenses do general McNaughton. "Ele não parecia m. feliz", escreveu Mary em seu diário. Ele ligou para ela mais tarde, contudo, e foi "m. gentil", uma expressão que poucas pessoas chegaram a usar para descrever Beaverbrook.

Depois, Pamela, que estava passando o fim de semana em Cherkley com o filho pequeno, fez uma visita, levando como presentes dois broches e alguns conselhos.

"Ela parecia séria", observou Mary.

Mary não estava exatamente interessada em conselhos, mas Pamela a aconselhou mesmo assim: "Não se case com alguém porque a pessoa quer casar com você — mas porque você quer se casar com a pessoa."

Mary desdenhou do conselho. "Não prestei muita atenção na hora" — escreveu ela no seu diário, "e, no entanto, ficou na minha cabeça & continuei pensando nisso".

O general McNaughton e sua esposa deram uma pequena festa à tarde para Mary e Eric, na qual os convidados brindaram à saúde dos dois. O momento do noivado, da festa e dos brindes pareceram a Mary estar carregados de um sentido mais amplo, pois os convidados, lembrando o primeiro aniversário da nomeação de seu pai, também brindaram desejando que ele continuasse com saúde. "Faz um ano hoje que ele se tornou primeiro-ministro — que ano —, parece tempo demais", escreveu ela no seu diário. "E estando ali com todo mundo em volta, lembrei como no ano passado eu estava em Chartwell & ouvi a voz de Chamberlain dizendo ao mundo que Papai era o primeiro-ministro. E me lembrei do pomar de Chartwell... & das flores & dos narcisos cintilando no crepúsculo silencioso & como chorei & rezei em meio ao silêncio."

Ela teve uma longa conversa com Eric a sós, e, no fim do dia, sentiu que sua confiança começava a falhar.

Naquela tarde, o grupamento nº 80 da RAF, criado para rastrear o uso de raios de navegação da Alemanha e estabelecer medidas de reação, descobriu que a Alemanha havia ativado seus transmissores de raios, indicando que provavelmente um ataque aéreo ocorreria naquela noite. Os operadores mapearam os vetores; depois, notificaram a "sala do filtro" regional da RAF, que analisava e priorizava relatórios de aeronaves vindo em direção à Inglaterra e os passava para o Comando de Caças e a quaisquer outras unidades que pudessem considerar as informações importantes. A RAF declarou essa uma "noite de caças", o que significava que seriam designados caças monomotores para patrulhar os céus de Londres. Ao mesmo tempo, as baterias antiaéreas teriam sua ação reduzida para evitar a derrubada de aeronaves britânicas. Essa designação exigia uma lua cintilante e céu sem nuvens. Em um aparente paradoxo, nessas noites a RAF determinava que seus caças bimotores noturnos permanecessem a pelo menos quinze quilômetros da zona de patrulha, em função de sua semelhança com os bombardeiros alemães.[3]

Às 17h15, um oficial da sala de filtro ligou para o quartel-general dos bombeiros de Londres.

"Boa tarde, senhor", disse o oficial ao subcomandante dos bombeiros. "Os raios apontam para Londres."[4]

A estação de transmissão do raio estava localizada em Cherbourg, na costa francesa, e tinha o codinome "Anton".

Dois minutos depois, o subcomandante dos bombeiros pediu ao Ministério do Interior autorização para reunir mil caminhões de combate a incêndio em Londres.

Capítulo 97

Intruso

O tempo no sábado, 10 de maio, parecia ideal. Havia nuvens sobre o mar do Norte, a cinco mil metros, mas os céus sobre Glasgow estavam limpos. A lua naquela noite estaria quase cheia, nascendo às 20h45, e o sol se poria às 22 horas. A luz do luar ofereceria uma visão nítida dos marcos que ele tinha memorizado em seu mapa da Escócia.

Mas não era só o clima que fazia o momento parecer favorável. Em janeiro, um membro da equipe de Hess que frequentemente produzia horóscopos para ele previra uma "Grande Conjunção" dos planetas em 10 de maio, junto com uma lua cheia. Ele também fez um horóscopo que revelou que o começo de maio seria um momento ideal para qualquer empreendimento individual que Hess desejasse levar adiante. A ideia do voo ocorrera a Hess em um sonho. Agora, Hess acreditava estar nas mãos de "forças sobrenaturais", noção reafirmada quando seu mentor, Karl Haushofer, contou a ele sobre um sonho em que Hess parecia andar tranquilamente pelos salões de um palácio inglês.[1]

Hess preparou sua bagagem. Conhecido como hipocondríaco de marca maior, com tendência a acreditar em todo tipo de cura homeopática e a pendurar ímãs sobre sua cama, ele reuniu uma coleção de seus remédios prediletos, que ele chamava de "confortos medicinais". Entre esses estavam:

— uma lata com oito ampolas de remédios para aliviar espasmos intestinais e reduzir a ansiedade, com nomes como "Spasmalgin" e "Pantopon";
— uma caixa de metal com uma seringa hipodérmica e quatro agulhas;
— doze tabletes quadrados de dextrose, sob o nome comercial de "Dextro Energen";

- duas latas contendo 35 tabletes de diversos tamanhos e cores, que variavam do branco ao marrom sarapintado, contendo cafeína, magnésia, aspirina e outros ingredientes;
- um frasco de vidro com a inscrição "Bayer", contendo um pó branco composto de bicarbonato de sódio, fosfato de sódio, sulfato de sódio e ácido cítrico, para ser usado como laxante;
- um tubo contendo dez tabletes de uma concentração suave de atropina, útil para cólicas e para aliviar enjoos;
- sete frascos de um líquido aromático marrom a ser administrado em gotas;
- um pequeno frasco contendo uma solução de cloreto de sódio e álcool;
- vinte e oito tabletes de "Pervitin", uma anfetamina, para manter a vigília (de uso padrão para soldados alemães);
- dois frascos de soluções antissépticas;
- um frasco contendo sessenta minúsculas pastilhas com diversas substâncias homeopáticas;
- quatro pequenas caixas com vinte tabletes cada, com rótulos variados, como "Digitalis", "Colocynthis" e "Antimon.Crud";
- dez tabletes de ingredientes homeopáticos, sete brancos, três marrons;
- uma caixa com a inscrição "Aspirina", mas que continha opiáceos, remédios para enjoos e soníferos; e
- um pacote com a inscrição "Doces".

Ele também levou uma pequena lanterna, uma navalha e material para fazer tampões para os ouvidos.[2]

Ele se despediu da mulher e do filho e foi de carro até o aeródromo em Augsburgo, acompanhado por Pintsch, seu ajudante. Na cabine, ele guardou uma bolsa com seus remédios e elixires e uma câmera Leica. Hess disse aos funcionários do aeroporto que estava voando para a Noruega; seu verdadeiro destino era a Escócia, especificamente uma pista trinta quilômetros ao sul de Glasgow, a 1,3 mil quilômetro de Augsburgo. Mais uma vez, ele entregou ao ajudante Pintsch um envelope fechado, sempre proibindo que ele abrisse até que se passassem quatro horas. Dessa vez, como Pintsch descobriu mais tarde, o envelope continha quatro cartas, a serem entregues à esposa de Hess, Ilse; a um colega piloto cujo kit de voo ele havia pegado emprestado; a Willy Messerschmitt; e ao próprio Adolf Hitler.

Por volta de 18h, pelo horário da Alemanha, Hess decolou do aeródromo das Oficinas da Messerschmitt em Augsburgo e deu uma longa volta para assegurar que a aeronave estava funcionando adequadamente; depois, ele se dirigiu para o norte, rumo à cidade de Bonn. A seguir, encontrou uma junção rodoviária importante, que indicou que ele estava seguindo o curso correto; depois, viu Darmstadt, à direita, e, logo em seguida, um ponto perto de Wiesbaden onde os rios Reno e Meno se encontram. Ele fez uma ligeira correção no curso. Os Siebengebirge, ou Sete Picos, entraram em seu campo de visão pouco ao sul de Bonn. Do outro lado do Reno ficava Bad Godesberg, que trazia boas lembranças para Hess tanto de sua infância quanto de períodos que ele passara lá com Hitler, "a última vez, quando a queda da França era iminente".

DE ALGUM MODO, HERMANN GÖRING soube da partida de Hess, e temeu pelo pior. Ele pode ter sido alertado quando, pouco depois das 21 horas daquela noite, o ajudante de Hess, Pintsch, ligou para o quartel-general da Luftwaffe em Berlim e pediu que fosse transmitido um raio de navegação de Augsburgo até Dungavel House, ao sul de Glasgow. Pintsch foi informado de que poderia ter seu raio, mas só até as 22 horas, porque, depois, todos os raios seriam necessários para um ataque de grande porte contra Londres.

Naquela noite, o ás da aviação Adolf Galland, então encarregado de toda a sua unidade de caças, recebeu um telefonema do próprio Göring. O Reichsmarschall estava nitidamente transtornado. Ele deu ordens para que Galland decolasse imediatamente com toda a sua unidade de caças — a *Geschwader*. "Com toda a sua *Geschwader*, compreende?", repetiu Göring.[3]

Galland ficou perplexo. "Para começar, já estava escurecendo", escreveria ele mais tarde, "e, além disso, não havia relatos de nenhuma aeronave inimiga voando em nossa direção". Foi o que ele disse a Göring.

"Vindo em nossa direção?", disse Göring. "O que você quer dizer com 'vindo em nossa direção'? A sua tarefa é parar uma aeronave que está se afastando de nós! O vice do *Führer* enlouqueceu e está voando para a Inglaterra em um Me 110. Ele deve ser abatido. E, Galland, me ligue pessoalmente quando voltar."

Galland pediu detalhes: quando Hess havia decolado; qual era o provável curso de voo dele? Galland estava diante de um dilema. O céu ficaria escuro em cerca de dez minutos, o que tornava quase impossível encontrar outra aeronave que já houvesse partido e tivesse essa vantagem. Além disso, era provável que houvesse muitos Me 110 no ar naquele momento. "Como devíamos saber qual deles Rudolf Hess estava pilotando?" Galland se lembraria de perguntar a si mesmo.

Ele decidiu seguir as ordens de Göring — mas apenas parcialmente. "Dei ordens para uma decolagem simbólica. Cada líder de grupamento deveria mandar um ou dois aviões. Não contei o motivo para eles. Devem ter achado que eu tinha endoidado."

Galland consultou um mapa. A distância entre a Grã-Bretanha e Augsburgo era imensa; mesmo com combustível extra, dificilmente Hess chegaria ao destino. Mais do que isso, durante boa parte do voo ele estaria ao alcance dos caças britânicos. "Caso Hess de fato conseguisse ir de Augsburgo até as Ilhas Britânicas", disse Galland a si mesmo, "os Spitfires o pegariam mais cedo ou mais tarde".

Depois de um intervalo adequado, Galland ligou para Göring e disse que seus caças não tinham conseguido encontrar Hess. Ele garantiu a Göring que era improvável que o vice-*Führer* sobrevivesse ao voo.

Quando se aproximou da costa da Inglaterra, Rudolf Hess desfez-se de seus tanques de combustível sobressalentes, que, àquela altura, estavam vazios, e causavam um arrasto aerodinâmico desnecessário. Eles caíram no mar perto de Lindisfarne.

Às 22h10 daquele sábado, o sistema de radares de defesa britânico detectou uma aeronave voando solo perto do mar do Norte em direção à costa da Nortúmbria, a cerca de quatro mil metros de altitude e em alta velocidade. A aeronave recebeu um identificador: "Ataque Aéreo 42". Logo depois, um membro do Royal Observer Corps, Durham, ouviu a aeronave e afirmou que o som vinha de mais ou menos doze quilômetros a nordeste da cidade litorânea de Alnwick, na Inglaterra, perto da fronteira com a Escócia. O avião iniciou uma descida rápida. Momentos depois, um observador no vilarejo de Chatton, vinte quilômetros ao norte, viu de relance uma aeronave que passou rugindo meros quinze metros acima do solo. O observador viu claramente o avião recortado contra a luz da lua, identificou-o como sendo um Me 110 e relatou isso.[4]

O controlador de plantão em Durham desprezou a informação como sendo "altamente improvável". Aquele tipo de aeronave jamais era visto tão ao norte, e não teria combustível suficiente que lhe permitisse voltar para a Alemanha.

O observador, porém, insistiu que sua identificação estava correta.

O avião em seguida foi visto por observadores em dois outros postos avançados, Jedburgh e Ashkirk, os quais informaram que ele voava a cerca de 1.700 metros de altura. Eles também identificaram a aeronave como um Me 110, e informaram seus superiores. Os relatos foram enviados para o 13º Grupamento do Comando de Caças, que desdenhou da informação, considerada ridícula. Os observadores estavam enganados, presumiram os oficiais do grupamento; provavelmente eles tinham visto um bombardeiro Dornier, que também tinha dois motores e dois lemes de cauda e era capaz de percorrer aquela distância.[5]

Mas então observadores em Glasgow informaram que o avião viajava a cerca de quinhentos quilômetros por hora, muito além do máximo atingido por um bombardeiro Dornier. Mais do que isso, um caça noturno da RAF — um Defiant com dois pilotos —, enviado para interceptar o intruso, não conseguia alcançá-lo. Um oficial assistente do grupamento que acompanhava a equipe de observadores, major Graham Donald, determinou o envio de uma mensagem para o Comando de Caças dizendo que não havia possibilidade de a aeronave ser um Dornier. Devia ser um Me 110. Oficiais da RAF receberam essa mensagem com "risos de escárnio".[6]

A aeronave, enquanto isso, tinha sobrevoado a Escócia e saído da costa oeste do país, passando sobre o fiorde de Clyde. Depois fez meia-volta e voou de novo sobre a ilha, onde um observador no vilarejo litorâneo de West Kilbride viu o avião claramente enquanto ele passava como um foguete a uma altura em que era capaz de podar árvores, a oito metros do solo.

A RAF continuava rejeitando a identificação. Dois Spitfires se uniram ao Defiant na caça ao intruso. Enquanto isso, operadores nas estações de radar mais ao sul começaram a observar algo bem mais sinistro. Pelo visto, centenas de aeronaves estavam se reunindo sobre a costa da França.

Capítulo 98
O mais cruel ataque aéreo

Os PRIMEIROS BOMBARDEIROS CHEGARAM aos céus ingleses pouco antes das 23 horas. Essa incursão inicial consistia de vinte bombardeiros ligados ao grupo de elite de bombardeios incendiários, a KGr 100, embora naquela noite os incêndios usados como marcadores fossem um acessório praticamente dispensável, tendo em vista a lua brilhante e os céus sem nuvens. Centenas de bombardeiros se seguiram. Oficialmente, assim como em ataques anteriores, os alvos deveriam ser de importância militar, incluindo nesse ataque as docas de Victoria e das Índias Ocidentais e a grande Estação de Energia de Battersea; porém, como todos os pilotos compreendiam, esses alvos garantiam que as bombas caíssem sobre todas as regiões civis de Londres. Fosse ou não fruto de planejamento, durante esse ataque, conforme indica o padrão dos estragos, a Luftwaffe pareceu pretender destruir os mais importantes tesouros históricos de Londres e matar Churchill e seu governo.

Ao longo de seis horas, 505 bombardeiros transportando sete mil bombas incendiárias e 718 toneladas de bombas de alta carga de explosivos de todos os tamanhos formaram um enxame nos céus de Londres. Milhares de bombas caíram e dilaceraram todos os cantos da cidade, mas fizeram estragos especialmente sérios em Whitehall e Westminster. Bombas atingiram a Abadia de Westminster, a Torre de Londres, o Palácio Real da Justiça. Uma das bombas atravessou a torre que abrigava o Big Ben. Para alívio de todos, o imenso sino do relógio soou poucos minutos depois, às duas horas da madrugada. O fogo consumiu uma grande porção do famoso telhado de Westminster Hall, construído no século XI pelo rei Guilherme, o Ruivo (Guilherme II). Em Bloomsbury, as chamas percorreram o Museu Britânico, destruindo cerca de 250 mil livros e devorando a Sala da Britânia Romana, a Sala do Bronze Grego e a Sala Pré-Histórica. Felizmente, como precaução, as exposições dessas salas tinham sido removidas e colocadas em lugar seguro. Uma bomba atingiu a fábrica de biscoitos Peek Frean (que na época também produzia peças de tanques). Duas minas presas a paraquedas explodiram em um cemitério, espalhando ossos e fragmentos de monumentos pela paisagem e arremessando uma tampa de caixão num quarto de uma casa próxima. O enfurecido proprietário da casa, que estava na cama com a mulher, saiu com a tampa e levou-a para um grupo de trabalhadores do resgate. "Eu estava na cama com a mulher quando essa porcaria entrou pela janela", disse ele. "O que é que eu faço com isso?"[1]

Em Regent's Park,[2] no nº 43 da York Terrace, 99 membros do Grupo pelo Sacrifício e pelo Serviço, uma filial inglesa de um culto californiano, se reuniram em uma casa aparentemente abandonada para um culto destinado a adorar a lua cheia. O telhado era de vidro. Uma mesa de buffet completa tinha sido colocada no salão central da casa. À 1h45 da manhã uma bomba caiu, matando muitos dos devotos. Trabalhadores do resgate encontraram vítimas vestidas com túnicas brancas que pareciam ser as vestimentas sacerdotais. Contra o tecido branco, o sangue parecia negro. A arquiepiscopisa do grupo, Bertha Orton, ocultista, foi morta. Uma cruz de ouro incrustada de diamantes ainda pendia seu pescoço.

ERAM QUASE 23 HORAS. O ME 110 PILOTADO POR RUDOLF HESS estava quase sem combustível. Ele tinha apenas uma vaga ideia de onde se encontrava. Depois de sobrevoar a costa oeste da Escócia e dar meia-volta, ele desceu novamente até uma altitude rasteira para observar melhor a paisagem. Os pilotos chamavam isso de "voar acompanhando o relevo"[3]. Ele voou em zigue-zague, nitidamente em busca de algum marco reconhecível, enquanto seu combustível minguava. Agora estava escuro, embora a paisagem embaixo estivesse banhada pelo luar.

Hess, percebendo que jamais iria encontrar a pista de pouso em Dungavel House, decidiu saltar de paraquedas. E aumentou sua altitude. Depois de voar alto o suficiente para garantir um salto seguro, desligou os motores e abriu a cabine. A força do vento o manteve preso ao assento.

Hess se lembrou do conselho de um comandante de caças alemão: para fugir rapidamente de uma aeronave, o piloto devia rotacionar o avião e deixar que a gravidade ajudasse. Não fica claro se Hess fez isso ou não. O avião começou a subir rapidamente, e, nesse momento, Hess perdeu a consciência. Ele acordou e caiu da cabine, batendo com um dos pés em um dos lemes duplos da cauda enquanto caía em meio à noite enluarada.

MAIS UM VEZ, O SECRETÁRIO PESSOAL DE HARRIMAN, ROBERT MEIKLEJOHN, passou aquele sábado trabalhando. Harriman saiu às 13h30 para voltar ao Dorchester, "o único lugar onde realmente conseguimos fazer algo", escreveu Meiklejohn em seu diário. Ele acabou almoçando diante de sua mesa e trabalhando até *às* 17h, para seu grande aborrecimento. Depois, ele foi a um "espetáculo de mulheres" no Teatro Príncipe de Gales chamado *Nineteen Naughty One*. Ele esperava ver algo obsceno e picante, mas acabou diante de um *vaudeville* inofensivo que foi das 18h30 até as 21h, e voltou depois ao escritório para ver se havia chegado uma resposta a um telegrama que Harriman enviara para os Estados Unidos naquela manhã. Meiklejohn estava a caminho de casa por volta das 23 horas quando soaram as sirenes de ataque aéreo. Ele ouviu tiros, mas, fora isso, a noite estava silenciosa e a cidade, iluminada pela lua cheia. Ele chegou em segurança a seu apartamento.

"De repente, perto da meia-noite, ouvi uma chuva de objetos no telhado e batendo no prédio, e vi clarões de luzes azuis através da cortina"[4], escreveu em seu diário. "Dei uma olhada lá fora e vi dezenas de bombas incendiárias explodindo pela rua e no pequeno parque embaixo, gerando uma luz azulada que parecia fagulhas elétricas, meu primeiro contato de perto com as bombas incendiárias." Enquanto observava, ele escutou ruídos no saguão e descobriu que seus vizinhos estavam descendo em massa para o abrigo no porão do prédio. Um aviador que estava visitando alguém avisou que as bombas incendiárias invariavelmente eram seguidas por bombardeios.

"Fui atrás deles", esceveu Meiklejohn. Ele vestiu seu amado casaco de peles — "Não queria que ele fosse destruído pela *Blitz*" — e desceu a escada para começar sua primeira noite em um abrigo.

Pouco tempo depois, começaram a cair bombas de alta carga explosiva. À uma hora da manhã uma bomba caiu bem perto de um dos cantos do prédio, incendiando uma rede de gás que deixou a noite clara a ponto de Meiklejohn achar que podia ler o jornal usando sua luz. "Isso causou considerável agitação entre aqueles que sabiam das coisas", escreveu ele, "porque era quase certo que os bombardeiros iam se concentrar em nós, tendo os incêndios como alvos."

Mais bombas incendiárias caíram. "Então, as bombas começaram a cair rápido por um tempo, em 'grupos' de três e seis que pareciam saraivadas de tiros." Os andares superiores dos prédios vizinhos pegaram fogo. As detonações abalaram o prédio. Várias vezes durante intervalos no bombardeio, Meiklejohn e um trio de oficiais do Exército americano deixaram o prédio para examinar o estrago acumulado, tomando o cuidado de não se afastarem por mais de uma quadra.

Pouco depois das 23 horas[5], um observador em Eaglesham, na Escócia, a cerca de quarenta quilômetros do litoral, relatou que uma aeronave havia colidido e explodido. Ele também relatou que o piloto saltara de paraquedas e parecia ter pousado em segurança. Eram 23h09. Ao sul, centenas de bombardeiros alemães atravessavam a costa inglesa.

O misterioso piloto aterrissou perto de Floors Farm, em Bonnyton Moor, onde um fazendeiro o encontrou e o levou para seu chalé. O fazendeiro ofereceu chá.

O piloto recusou. Era muito tarde para chá. Em vez disso, ele pediu água.

A polícia chegou e levou o homem para a delegacia de polícia de Giffnock, a cerca de 10 quilômetros do Centro de Glasgow. Eles o trancaram em uma cela, algo que ele considerou ofensivo. Ele esperava tratamento melhor, como o que era dado na Alemanha a prisioneiros de alta patente.

Ao ser informado de que o local da explosão era muito próximo de Glasgow, o major Donald, oficial assistente do grupamento em Glasgow, partiu em seu carro, um Vauxhall, para encontrar os destroços, dizendo a seus superiores para transmitir a seguinte mensagem à RAF: "Se eles não conseguem pegar um Me 110 com um Defiant, eu vou pegar o que restou dele com um Vauxhall."[6]

Ele encontrou fragmentos do avião espalhados por um acre e meio. Havia pouquíssimas chamas, o que sugeria que a aeronave, ao cair, estava quase sem combustível. O avião era de fato um Me 110, e, mais do que isso, parecia ser novo em folha e dava a impressão de ter tido todo o excesso de peso removido. "Não havia armas, suportes para bombas e, surpreendentemente (para a época), não consegui encontrar nenhuma câmera fixa de reconhecimento",[7] relatou o major Donald. Ele encontrou uma parte da asa do caça na qual se via uma cruz negra pintada. Donald colocou esse fragmento em seu carro.

Ele foi até a delegacia de polícia de Giffnock, e lá encontrou o piloto alemão cercado por oficiais de polícia, membros das unidades de defesa local, e por um intérprete. "Até então, eles não pareciam estar fazendo grandes progressos", escreveu ele.

O piloto se identificou como *Hauptmann* Alfred Horn, sendo *Hauptmann* o equivalente alemão de capitão. "Ele simplesmente afirmou que não havia sido atingido, não estava com problemas, e aterrissara deliberadamente com uma mensagem secreta vital para o duque de Hamilton"[8], relatou o major Donald, sublinhando o trecho.

O major, que falava rudimentos de alemão, começou a fazer perguntas ao prisioneiro. O "capitão Horn" tinha 42 anos e era de Munique, cidade que o major Donald havia visitado. Ele disse que esperava ter aterrissado perto da casa do duque de Hamilton, e pegou um mapa com a localização de Dungavel House claramente assinalada. O aviador chegara notavelmente perto: Dungavel ficava apenas quinze quilômetros dali.

O major Donald ressaltou para o capitão Horn que nem mesmo com tanques extras de combustível ele teria a menor possibilidade de voltar para a Alemanha. O prisioneiro disse que não planejava voltar, e repetiu que estava em uma missão especial. O sujeito tinha uma conduta agradável, segundo escreveu o major Donald em seu relatório, e acrescentou: "e, caso seja possível usar essa expressão para se referir a um nazista, é bastante cavalheiresco".

Enquanto eles falavam, Donald estudava o prisioneiro. Algo no rosto dele parecia familiar. Pouco depois, Donald se deu conta de quem era o homem, embora sua conclusão parecesse inacreditável demais para ser verdade. "Não espero que acreditem em mim imediatamente, mas nosso prisioneiro é na verdade o nº 3 na hierarquia nazista", escreveu o major Donald. "Pode ser um dos 'dublês profissionais' deles. Pessoalmente, acredito que não. O nome pode ser Alfred Horn, mas o rosto é de Rudolf Hess."

O major Donald recomendou que a polícia "dedicasse atenção muito especial" ao prisioneiro, e voltou de carro para Glasgow, de onde telefonou para o quartel-general do setor da RAF comandado pelo duque de Hamilton e disse ao controlador de plantão que o sujeito sob custódia era Rudolf Hess. "A mensagem foi recebida com incredulidade, o que era bastante natural", de acordo com um relatório posterior da RAF, "porém, o major Donald fez o que pôde para convencer o controlador de que estava falando totalmente a sério, e que o duque devia ser informado quanto antes".

O duque encontrou o prisioneiro perto das dez horas da manhã do dia seguinte em uma sala de um hospital militar, para o qual ele tinha sido transferido.

"Não sei se você me reconhece", disse o alemão para o duque, "mas eu sou Rudolf Hess"[9].

O GRANDE ATAQUE A LONDRES continuou durante a noite toda, até que a cidade parecesse estar em chamas de horizonte a horizonte. "Perto das 5h da manhã, dei uma última olhada à minha volta"[10], escreveu o secretário pessoal de Harriman, Meiklejohn, "e vi a lua cheia brilhando vermelha através das nuvens de fumaça que refletiam o fogo das brasas embaixo... era uma visão impressionante".

Naquela manhã, ele se barbeou usando a luz da rede de gás incendiada. O apartamento dele ficava oito andares acima do nível da rua.

A última bomba caiu às 5h37.

Capítulo 99
Uma surpresa para Hitler

Enquanto estava na cama no domingo de manhã, Colville, sem qualquer motivo particular, começou a pensar em um romance fantasioso que tinha lido, cuja trama girava em torno de uma visita surpresa que o próprio Hitler fazia à Inglaterra, chegando de paraquedas. O autor era Peter Fleming, irmão mais velho de Ian Fleming. Colville anotou o momento em seu diário: "Acordei pensando sem motivo no livro *Flying Visit*, de Peter Fleming, e tendo devaneios sobre o que aconteceria caso capturássemos Göring durante um de seus supostos voos sobre Londres."[1] Havia o rumor de que Göring sobrevoara a cidade em mais de um ataque aéreo.

Às 8 horas, Colville saiu do nº 10 da Downing Street para caminhar até a Abadia de Westminster, onde planejava assistir a um culto matinal. Ele se deparou com um dia de outono deslumbrante, com sol brilhando e céu cerúleo, mas logo encontrou grandes cortinas de fumaça. "Papel queimado, de uma fábrica de papel demolida, caía como se fossem folhas num dia de vento no outono", escreveu.

Whitehall estava cheio, muita gente tinha saído só para ver os estragos, e os rostos enegrecidos de outras pessoas sugeriam que elas tinham ficado acordadas a noite toda combatendo incêndios e resgatando feridos. Um adolescente que estava vendo a destruição apontou na direção do Palácio de Westminster e perguntou: "Aquilo é o sol?" Mas o brilho era do fogo, emitido pelas chamas de prédios que ainda queimavam ao sul do Tâmisa.

Quando chegou à abadia, Colville encontrou o caminho bloqueado pela polícia e por caminhões dos bombeiros. Ele se aproximou da entrada, mas foi parado por um policial à porta. "Não haverá cultos na abadia hoje, senhor", informou o oficial. Colville ficou chocado com o tom corriqueiro do policial: "exatamente como se o lugar estivesse fechado para a limpeza de primavera".

O telhado de Westminster Hall continuava queimando com chamas visíveis, e colunas de fumaça subiam de algum lugar mais distante. Colville falou com um dos bombeiros, que apontou para o Big Ben e, com satisfação, informou a Colville sobre a bomba que passara pela torre. Apesar dos claros sinais de danos, o Big Ben de fato continuava marcando o duplo horário de verão britânico, embora, conforme se determinou mais tarde, a bomba tenha custado ao Império Britânico meio segundo.

Colville andou até a ponte de Westminster, que atravessa o Tâmisa diretamente em frente à torre. A sudeste, o hospital St. Thomas estava em chamas. Havia incêndios ao longo de todo o aterro. Era nítido que o ataque noturno causara danos profundos e duradouros de uma espécie que a cidade não tinha experimentado antes. "Nenhum ataque anterior tinha deixado Londres com um aspecto tão machucado no dia seguinte", escreveu Colville.

Ao voltar para o n⁰ 10 da Downing Street, ele tomou café da manhã e depois telefonou para Ditchley a fim de contar a Churchill sobre os estragos. "Ele ficou bastante triste", comentou Colville, "com a perda do telhado de Guilherme, o Ruivo, em Westminster Hall".

Colville andou até o Ministério das Relações Exteriores para falar com um amigo que era o segundo secretário particular de Anthony Eden, e, assim que entrou, seu amigo disse ao telefone: "Espere um instante, acho que esse é o homem que você quer."[2]

NA MANHÃ DE DOMINGO, Mary e Eric partiram para Ditchley com a intenção de passar o dia com Clementine e Winston e os demais. O bombardeio noturno tinha fechado as estações de trem, o que forçou o casal a fazer um desvio que envolvia baldeações inesperadas. Isso transformou uma viagem relativamente breve num trajeto árduo e tedioso, durante o qual as dúvidas de Mary se tornaram mais concretas. "Eu me dei conta"[3], escreveu ela, "de temores muito precisos".

O conselho de Pamela continuava ressoando na mente dela: "Não se case com alguém só porque a pessoa quer se casar com você."

Ela falou a Eric sobre suas preocupações. Ele foi compreensivo e gentil, e fez o que pôde para deixá-la menos ansiosa. Eles chegaram e encontraram

Ditchley cheia de convidados, entre os quais Averell Harriman. Imediatamente, Clementine levou Mary para seu quarto.

EM LONDRES, NO MINISTÉRIO DAS RELAÇÕES EXTERIORES, o secretário particular de Anthony Eden colocou a mão sobre o telefone e disse a Colville que a pessoa do outro lado da linha se identificara como o duque de Hamilton, e dizia ter novidades que só podiam ser informadas pessoalmente a Churchill. O duque — caso se tratasse de fato de um duque — planejava voar até a base aérea da RAF em Northolt, perto de Londres, e queria que um dos homens de Churchill o encontrasse lá, o que significava Colville, que estava de plantão no nº 10 da Downing Street naquele dia. O duque também queria que o subsecretário de Eden, Alexander Cadogan, fosse junto.

Colville pegou o telefone. O duque se recusou a dar mais detalhes, mas disse que a novidade que ele tinha para contar parecia saída de um romance, e envolvia uma aeronave alemã que caíra na Escócia.

"Naquele momento"[4], escreveu Colville, "eu me lembrei vividamente de meus devaneios sobre o livro de Peter Fleming, e tive certeza de que ou Hitler ou Göring tinham chegado".

Colville voltou a ligar para Churchill.

"Muito bem; *quem* chegou?"[5], perguntou Churchill, irritado.

"Eu não sei; ele se recusou a dizer."

"Não será Hitler, não é mesmo?"

"Imagino que não", respondeu Colville.

"Bom, pare de imaginar e faça o duque, se é que é mesmo o duque, vir direto de Northolt para cá."

Churchill instruiu Colville a se certificar, primeiro, de que o duque realmente era o duque de Hamilton.

NA MANHÃ DO DOMINGO, 11 DE MAIO, o arquiteto de Hitler, Albert Speer, foi a Berghof para mostrar alguns esboços arquitetônicos. Na antessala do gabinete de Hitler, ele encontrou dois homens nervosos, Karl-Heinz Pintsch e Alfred Leitgen, ambos ajudantes de Rudolf Hess. Eles perguntaram a Speer se ele permitiria que os dois vissem Hitler antes, e Speer aceitou.

Eles entregaram a Hitler a carta de Hess[6], que ele leu imediatamente. "Meu *Führer*"[7], começava a carta, "quando você receber esta carta, devo estar na

Inglaterra. Você pode imaginar que a decisão de dar esse passo não foi fácil para mim, uma vez que um homem de quarenta anos tem laços com a vida diferentes de um homem de vinte anos." Ele explicou o seu motivo: tentar um acordo de paz com a Inglaterra. "E, meu *Führer*, caso esse projeto — que admito ter uma chance mínima de sucesso — termine em fracasso e o destino decida contra mim, isso não poderá trazer maus resultados nem para você nem para a Alemanha: sempre será possível que você negue toda a responsabilidade. Simplesmente diga que eu enlouqueci."

Speer estava olhando seus desenhos, quando escreveu "subitamente ouvi um grito inarticulado, quase animal"[8].

Era o começo de um dos chiliques, ou *Wutausbrüche*, que os homens de Hitler tanto temiam. Um ajudante lembraria que foi "como se uma bomba tivesse atingido Berghof".

"Bormann, já!", gritou Hitler. "Onde está Bormann?"

Hitler mandou que Bormann reunisse Göring, Ribbentrop, Goebbels e Himmler. Ele perguntou ao ajudante Pintsch se ele sabia do conteúdo da carta. Quando Pintsch disse que sim, Hitler determinou que ele e seu colega, Leitgen, fossem presos e enviados a um campo de concentração. Albrecht Haushofer também foi preso e enviado para a prisão da Gestapo em Berlim, para ser interrogado. Mais tarde, foi liberado.

Os demais líderes chegaram. Göring levou seu principal oficial da área técnica, que garantiu a Hitler ser altamente improvável que Hess chegasse a seu destino. O maior problema de Hess seria a navegação; ventos fortes quase certamente o tirariam do curso. Hess provavelmente não encontraria as Ilhas Britânicas.

Essa ideia deu esperanças a Hitler. "Se pelo menos ele se afogasse no mar do Norte!", disse Hitler (segundo Albert Speer). "Nesse caso, ele desapareceria sem deixar rastros, e poderíamos bolar a explicação inofensiva que quiséssemos." O que Hitler mais temia era o que Churchill faria com a notícia do desaparecimento de Hess.

EM DITCHLEY, NO QUARTO DE CLEMENTINE, Mary percebia pela primeira vez quão profundos eram os temores da mãe em relação a seu noivado com Eric. Clementine disse a Mary que ela e Winston estavam muito preocupados, e que ela se arrependia de ter deixado o romance ir até aquele ponto sem expressar suas dúvidas e seus medos.

Isso era apenas parcialmente verdade: na realidade, Churchill, preocupado com assuntos de guerra, pouco se afligia com o noivado, e estava mais do que feliz em deixar que Clementine lidasse com a situação. Até ali, os principais interesses dele no fim de semana eram o ataque aéreo da noite anterior — que parecia ser o pior da guerra — e a Operação Tigre, uma missão para transportar uma grande quantidade de tanques para o Oriente Médio.

Clementine exigiu que Mary adiasse o noivado por seis meses.

"NOTÍCIA DEVASTADORA"[9], escreveu Mary em seu diário.

Mary chorou. Mas sabia que sua mãe tinha razão, como admitiu em seu diário: "... por meio das minhas lágrimas me dei conta mais claramente da sabedoria dela... & de todas as dúvidas... os temores & medos que senti em vários momentos nos últimos dias pareceram se cristalizar."

Clementine perguntou a Mary se ela tinha certeza de que queria se casar com Eric. "Sendo franca", escreveu Mary, "eu não tinha como dizer que estava segura".

Clementine, sem conseguir a atenção do marido, pediu que Harriman falasse com Mary, e, depois, foi diretamente falar com Eric para contar a ele sobre a decisão de adiar o noivado.

Harriman levou Mary para o jardim de formas geométricas de Ditchley, onde os dois deram voltas e voltas, Mary, "desolada & triste e chorosa", e Harriman tentando consolá-la e colocar as coisas em perspectiva.

"Ele disse tudo o que eu devia ter dito para mim mesma", escreveu ela.

"Você tem a vida pela frente.
"Você não devia aceitar a primeira pessoa que aparece.
"Você não conheceu muita gente.
"Ser tolo com a própria vida é... um crime."

Enquanto eles andavam e conversavam, ela ficou cada vez mais certa de que a mãe tinha razão, mas, junto com isso, ela se sentiu "cada vez mais consciente de que eu tinha agido de modo pouco inteligente. Minha fraqueza... minha covardia moral".

Ela também se sentiu aliviada. "O que ia ter acontecido caso Mamãe não tivesse interferido?... Agradeço a Deus pela sensatez de Mamãe... compreensiva & amorosa."

Eric foi gentil com Mary, e compreensivo, mas estava furioso com Clementine. Telegramas foram disparados, com a informação para os pais de Eric, e outras pessoas, de que o noivado tinha sido adiado.

Mary tomou um pouco de sidra, e se sentiu melhor. Ela escreveu cartas até tarde da noite. "Fui para a cama desolada... humilhada, mas relativamente calma."

Mas, antes disso, ela e outras pessoas se instalaram no cinema de Ditchley para ver um filme. Mary sentou-se ao lado de Harriman. O filme, apropriadamente, se chamava *World in Flames* (Mundo em chamas).

Capítulo 100
Sangue, suor e lágrimas

Enquanto Mary se deitava naquela noite de domingo no ambiente pacífico de Ditchley, bombeiros em Londres se esforçavam para controlar os incêndios que ainda restavam e equipes de resgate escavavam destroços em busca de sobreviventes e tentando recuperar corpos dilacerados e quebrados. Fosse por planejamento, fosse por acidente, muitas bombas não explodiram, o que mantinha os bombeiros afastados até que os técnicos pudessem desativá-las.

Em termos de tesouros perdidos, de danos causados e de mortes, o ataque foi o pior da guerra. Foram mortos 1.436 londrinos, um recorde para uma única noite, e houve mais 1.792 feridos. Cerca de doze mil pessoas ficaram sem casas, entre elas a romancista Rose Macaulay, que voltou para seu apartamento na manhã de domingo e descobriu que ele tinha sido destruído pelo incêndio, junto com tudo o que ela acumulara ao longo da vida, incluindo cartas do namorado em estado terminal, um romance em andamento e todas as roupas e todos os livros dela. Acima de tudo, ela lamentou a perda dos livros.

"Fico pensando em uma coisa que amava e em seguida penso em outra, e sinto uma nova punhalada"[1], escreveu ela para uma amiga. "Queria ir para o estrangeiro e ficar lá; assim eu não ia sentir tanto a falta das minhas coisas, mas não tenho como fazer isso. Eu adorava meus livros, e jamais vou poder substituí-los." Entre as perdas estava uma coleção de volumes publicada no século XVII: "Meu Aubrey, meu Plínio, meu Topsell, Sylvester, Drayton, todos os poetas... e vários autores adoráveis, estranhos e desconhecidos também." Ela também perdeu a rara coleção de guias de viagem Baedekers ("e, de qualquer modo, as viagens acabaram, assim como os livros e o resto da civilização"), mas a perda específica que causou a maior tristeza nela foi a de seu *Oxford English Dictionary*. Investigando as ruínas da casa, ela encontrou uma página chamuscada da letra *H*. Rose também exumou uma página de sua edição do famoso diário mantido no século XVII por Samuel Pepys. Ela fez um inventário dos livros, pelo menos dos que se lembrava. Foi, segundo disse ela em um ensaio mais tarde, "a lista mais triste; talvez não se devesse escrevê-la". De tempos em tempos, um título de que ela havia se esquecido voltava à memória, como o gesto familiar de uma pessoa amada que se foi. "A pessoa continua a se lembrar de algum livrinho estranho que tinha; não se podem listar todos, e o melhor é esquecer deles agora que viraram cinzas."

A destruição mais simbólica e exasperante do ataque de 10 de maio ocorreu quando uma bomba acertou em cheio o plenário da Câmara dos Comuns, onde Churchill quatro dias antes conseguira seu voto de confiança. "Nossa velha Câmara dos Comuns foi explodida e transformada em cacos"[2], escreveu Churchill a Randolph. "Você nunca viu nada parecido. Não sobrou nada do plenário, exceto algumas paredes externas. Os hunos foram amáveis o suficiente para escolher um momento em que nenhum de nós estava lá."

O domingo também trouxe uma calmaria estranha e bem-vinda, conforme registrou uma autora de diários de 28 anos de idade do Grupo de Observação de Massas, uma viúva rica com dois filhos que morava no Maida Vale, a oeste de Regent's Park, e não vira nenhum dos incêndios que ainda aconteciam em Westminster, 5 quilômetros a sudeste. "Abri as cortinas e vi um dia de beleza ensolarada e de perfeita paz"[3], escreveu ela. "As macieiras no jardim estavam pontilhadas de rosa em contraste com o branco delicioso e exagerado da floração das pereiras; o céu estava cálido e azulado, pássaros trinavam nas árvores e havia uma quietude tranquila de domingo de manhã pairando sobre tudo. É impossível acreditar que ontem à noite, dessa mesma janela, tudo estava violentamente tingido de um vermelho do brilho do fogo e cheio de fumaça, e em meio a um inferno ensurdecedor de barulho."

A cidade se preparou para outro ataque na noite de domingo, quando a lua estaria totalmente cheia, mas nenhum bombardeiro apareceu. E nenhum bombardeiro apareceu na noite seguinte, nem na outra. A tranquilidade era intrigante. "Pode ser que eles estejam se reunindo no front oriental como parte da intimidação aos russos"[4], escreveu Harold Nicolson em seu diário em 17 de junho. "Pode ser que a Força Aérea inteira vá ser usada para um ataque em massa em nosso front no Egito. Também pode ser que eles estejam equipando suas máquinas com algum novo instrumento, como alicates de corte" — para cortar os cabos dos balões de barragem, "Em todo caso", concluiu ele, "é um mau presságio".

A mudança ficou imediatamente evidente na contagem mensal de mortos mantida pelo Ministério da Segurança Nacional[5]. Em maio, em todo o Reino Unido, os ataques alemães mataram um total de 5.612 civis (dos quais 791 eram crianças). Em junho, o total despencou para 410, uma queda de aproximadamente 93%; em agosto, caiu para 162; em dezembro, 37.

Curiosamente, essa nova tranquilidade veio num momento em que o Comando de Caças acreditava finalmente estar aprendendo a fazer a defesa noturna. Àquela altura, o Grupamento nº 80, especializado em contramedidas de rádio, tinha se tornado perito em distorcer e desviar os raios alemães, e os esforços do Comando de Caças para aprender a combater no escuro estavam finalmente sendo recompensados. Muitos caças bimotores noturnos estavam então equipados com radares ar-ar. Pilotos de caças monomotores, voando em "noites de caças", também pareciam estar sendo mais eficientes. Naquela noite de sábado, sob uma lua brilhante, uma força combinada de oitenta Hurricanes e Defiants, auxiliada por baterias antiaéreas remotas, abateu pelo menos sete bombardeiros e danificou seriamente um batedor da KGr 100, o melhor resultado até então. Desde janeiro até maio, a taxa de interceptação de aeronaves alemãs por caças monomotores da RAF quadruplicara.

No solo também havia uma atitude diferente, em sintonia com o sentimento generalizado de que a Inglaterra havia demonstrado, sem margem de dúvida, que era capaz de suportar o ataque de Hitler; chegara a hora de pagar na mesma moeda. Um autor de diários do Grupo de Observação de Massas que trabalhava como vendedor escreveu em seu diário: "O espírito do povo parece estar passando da passividade para a atividade, e, em vez de se encolher em abrigos, as pessoas preferem estar fazendo coisas. As bombas incendiárias parecem ser enfrentadas como se fossem fogos de artifício, e lidar com incêndios em andares superiores bombeando água é simplesmente parte das tarefas noturnas. Um líder estava me dizendo que seu principal problema era como impedir que as pessoas se arriscassem. Todo mundo quer 'pegar uma bomba'."[6]

E EM MEIO A TUDO ISSO HAVIA HESS

Na terça-feira, 13 de maio, Joseph Goebbels tratou do assunto em sua reunião matinal sobre propaganda. "A história conhece muitos exemplos semelhantes, quando pessoas perderam a coragem na última hora e fizeram coisas que talvez fossem extremamente bem-intencionadas, mas que, mesmo assim, prejudicaram seus países"[7], disse. Ele garantiu a seus agentes de propaganda que o acontecimento uma hora acabaria sendo visto dentro do contexto histórico como um episódio que fazia parte da longa e gloriosa história do Terceiro Reich, "muito embora, naturalmente, não seja agradável neste momento. No entanto, não há razão para desânimo nem para pensar que não temos como fazer que isso seja esquecido".

Mas Goebbels tinha ficado nitidamente abalado com o episódio. "Justo quando o Reich está à beira de uma vitória arrebatadora isso me acontece", comentou ele em uma reunião na quarta-feira, 14 de maio. "É o último duro teste para nosso caráter e para nossa perseverança, e nos sentimos totalmente à altura dessa provação que nos foi enviada pelo destino." Ele instruiu seus subalternos a retomar uma linha de propaganda que havia sido usada antes da guerra, que se baseava no mito de Hitler como um ser místico. "Acreditamos nos poderes divinatórios do *Führer*. Sabemos que tudo o que hoje pareça ser contrário a nós mais tarde se revelará uma grande felicidade."

Goebbels sabia, é claro, que em breve surgiria algo para desviar totalmente a atenção do público. "Por agora, vamos ignorar o assunto", sugeriu ele. "Além disso, logo acontecerá algo no campo militar que nos dará a possibilidade de desviar a atenção da questão que envolve Hess para outras coisas." Ele estava se referindo à iminente invasão da Rússia por Hitler.

Em uma declaração oficial, a Alemanha retratou Hess como um homem doente sob a influência de "hipnólogos e astrólogos". Um comentário posterior chamava Hess de "esse homem eternamente idealista e doente". O astrólogo dele foi preso e mandado para um campo de concentração.

Göring convocou Willy Messerschmitt para uma reunião e repreendeu-o por ajudar Hess. O chefe da Luftwaffe perguntou a Messerschmitt como ele fora capaz de deixar um indivíduo obviamente insano como Hess se apossar de um avião. Ao que Messerschmitt deu uma resposta maliciosa:

"Como eu deveria acreditar que um lunático poderia ter um cargo tão alto no Terceiro Reich?"[8]

Rindo, Göring disse: "Você é incorrigível, Messerschmitt!"

EM LONDRES, CHURCHILL DETERMINOU que Hess deveria ser tratado com dignidade, mas também com a consciência de que "este homem, assim como outros líderes nazistas, é potencialmente um criminoso de guerra, e ele e seus associados podem muito bem ser declarados facínoras quando o conflito terminar". Churchill aprovou uma sugestão do Gabinete de Guerra de que Hess fosse abrigado temporariamente na Torre de Londres, até que uma acomodação permanente fosse encontrada.

O episódio nitidamente divertia Roosevelt. "De longe"[9], escreveu ele em um telegrama para Churchill em 14 de maio, "posso garantir a você que o voo de Hess capturou a imaginação americana, e que a história devia ser mantida viva pelo máximo de dias ou semanas possível". Numa resposta dois dias depois, Churchill contou tudo o que sabia sobre o episódio, o argumento de Hess incluído, segundo o qual Hitler estava disposto a negociar a paz, mas não com Churchill. Hess não demonstrou "nenhum dos sinais comuns da loucura", escreveu Churchill. Ele alertou Roosevelt para manter a carta em sigilo. "Por aqui, achamos melhor deixar a imprensa fazer o que quiser durante um tempo e deixar os alemães na dúvida."

E quanto a isso, o governo de Churchill teve sucesso. As perguntas abundavam. Um jornal brincou: "O seu palpite sobre Hess vale tanto quanto o meu."[10] Especulava-se que Hess não era realmente Hess, mas, na verdade, um sósia inteligente; alguns temiam que ele pudesse até mesmo ser um assassino cuja verdadeira missão era chegar perto o suficiente de Churchill para dar um soco nele com um anel envenenado. A plateia de um cinema de Londres irrompeu numa gargalhada quando o locutor de um cinejornal disse que a Inglaterra não se surpreenderia se o próprio Hermann Göring fosse o próximo a chegar.

Aquilo tudo parecia simplesmente inacreditável. "Que episódio dramático no meio desse inferno fascinante!!"[11], escreveu o observador americano general Raymond Lee em seu diário. Lee descobriu que a chegada de Hess era o assunto do White's, onde a constante repetição do nome de Hess criava um estranho efeito e enchia o bar, o salão e o restaurante do clube de "sibilantes", o som assobiado dos *esses* repetidos.

"Soava", comentou Lee, "como um cesto cheio de cobras".

E ASSIM, COM UMA TURBULÊNCIA FAMILIAR, um trauma cívico e o vice de Hitler caindo do céu, o primeiro ano da liderança de Churchill chegou ao fim. Contrariando todas as probabilidades, o Reino Unido se manteve firme, com seus cidadãos mais corajosos do que acovardados. De algum modo, tendo passado por tudo isso, Churchill havia conseguido ensinar a eles a arte de não temer.

"É possível que o povo tivesse se colocado à altura da ocasião independentemente de quem os estivesse liderando, mas isso é especulação"[12], escreveu Ian Jacob, secretário assistente militar do Gabinete de Guerra na gestão de Churchill e mais tarde tenente-general. "O que sabemos é que o primeiro-ministro ofereceu uma liderança de qualidade tão notável que o povo quase se divertia com os perigos da situação, e se regozijava por se ver sozinho." O secretário do Gabinete de Guerra Edward Bridges escreveu: "Só ele tinha o poder de fazer com que a nação acreditasse que podia vencer."[13] Uma londrina, Nellie Carver, gestora do Escritório Central dos Telégrafos, talvez tenha dito isso de forma melhor quando escreveu que "os discursos de Winston fazem todo tipo de arrepio percorrer minhas veias, e eu me sinto apta a enfrentar o maior dos hunos!"[14]

Em um dos fins de semana de lua cheia de Churchill em Ditchley, Diana Cooper, esposa do ministro da Informação, Duff Cooper, disse a Churchill que a melhor coisa que ele havia feito era dar coragem ao povo.

Ele não concordou. "Eu nunca dei coragem a eles"[15], respondeu. "Eu consegui que eles se concentrassem na própria coragem."

No final, Londres resistiu, apesar dos graves estragos. Entre 7 de setembro de 1940, quando ocorreu o primeiro ataque de grande escala sobre a área central de Londres, e a manhã de domingo, 11 de maio de 1941, quando a *Blitz* acabou, cerca de 29 mil cidadãos foram assassinados e 28.556 tiveram ferimentos graves.

Nenhuma outra cidade britânica enfrentou tantas perdas, mas, em todo o Reino Unido, o total de mortes de civis em 1940 e 1941, também incluídas as de Londres, chegou a 44.652, com outros 52.370 feridos.

Dos mortos, 5.626 eram crianças.

Capítulo 101
Um fim de semana em Chequers

ERA UMA NOITE DE DOMINGO EM DEZEMBRO DE 1941, poucas semanas antes do Natal, e, como sempre, uma série de rostos familiares tinha ido a Chequers para jantar e dormir, ou só para jantar. Entre os hóspedes estavam Harriman e Pamela, além de um rosto novo, Kathy, a filha de Harriman, que completava 24 anos naquele dia. Depois do jantar, o camareiro de Churchill, Sawyers, trouxe um rádio para que todos pudessem ouvir o noticiário da BBC.[1] O humor na casa não era dos melhores. Churchill parecia abatido, embora, na verdade, a guerra, naquele momento, estivesse indo razoavelmente bem. Clementine estava resfriada e ficara em seu quarto, no andar de cima.

O rádio era um portátil barato, presente de Harry Hopkins a Churchill. Churchill abriu a tampa para ligá-lo. A transmissão já tinha começado. O locutor disse algo sobre o Havaí e, depois, passou para Tobruk e o front russo. Hitler tinha iniciado sua invasão em junho, com um ataque gigantesco que a maior parte dos observadores presumiu que iria esmagar o Exército soviético em questão de meses, se não de semanas. Mas o Exército estava se mostrando mais eficiente e resiliente do que se esperava, e naquele momento, em dezembro, os invasores estavam enfrentando as duas eternas armas da Rússia: seu tamanho e o clima no inverno.

Contudo, ainda se imaginava que Hitler venceria, e Churchill reconhecia que, depois de completar sua conquista, ele voltaria a dedicar toda a sua atenção à Inglaterra. Como Churchill previra num discurso no verão anterior, a campanha russa "não é nada mais do que um prelúdio para uma tentativa de invasão das Ilhas Britânicas".

A voz do locutor da BBC mudou. "Acaba de chegar a notícia", disse ele, "de que aeronaves japonesas atacaram Pearl Harbor, a base naval americana no Havaí. O anúncio do ataque foi feito em uma breve declaração dada pelo presidente Roosevelt. Alvos navais e militares na principal ilha havaiana, Oahu, também foram atingidos. Por enquanto não há mais detalhes disponíveis."

De início, houve confusão.

"Eu fiquei absolutamente chocado", disse Harriman, "e repeti as palavras: 'Os japoneses atacaram Pearl Harbor'."

"Não, não", rebateu Tommy Thompson, ajudante de Churchill. "Ele disse Pearl River."

O embaixador americano, John Winant, que também estava presente, olhou para Churchill. "Nós olhamos um para o outro com incredulidade", escreveu Winant.[2]

Churchill, com sua depressão subitamente encerrada, abaixou de um golpe a tampa do rádio e se levantou.

Seu secretário particular de plantão, John Martin, entrou na sala e anunciou que o Almirantado estava ao telefone. Enquanto ia em direção à porta, Churchill disse: "Vamos declarar guerra ao Japão."

Winant seguiu atrás dele, perturbado. "Meu Deus", falou ele, "você não pode declarar guerra com base em uma notícia no rádio". (Mais tarde, Winant escreveria: "Churchill jamais é indiferente ou pouco confiante — certamente não quando está ativo.")

Churchill parou. Com voz baixa, perguntou: "O que eu devo fazer?"

Winant foi ligar para Roosevelt com o propósito de saber mais.

"E eu também devo ligar para ele", disse Churchill.

Quando Roosevelt estava na linha, Winant disse que estava com um amigo que também queria falar. "Você vai saber quem é, assim que ouvir a voz dele."

Churchill pegou o telefone. "Sr. presidente", disse, "o que é essa história sobre o Japão?".

"É verdade", respondeu Roosevelt. "Eles nos atacaram em Pearl Harbor. Estamos no mesmo barco agora."[3]

Roosevelt disse a Churchill que iria declarar guerra ao Japão no dia seguinte; Churchill prometeu fazer o mesmo logo depois dele.

Tarde da noite, à 1h35 da madrugada, Harriman e Churchill enviaram um telegrama URGENTÍSSIMO para Harry Hopkins. "Pensando muito em você neste momento histórico — Winston, Averell."[4]

O significado era claro para todos. "O inevitável finalmente tinha acontecido", disse Harriman. "Todos sabíamos que isso prenunciava um futuro sombrio, mas pelo menos agora havia um futuro."[5] Anthony Eden, que se preparava para ir a Moscou, soube do ataque naquela noite por meio de um telefonema de Churchill. "Eu não teria como esconder meu alívio, e nem precisei tentar", escreveu ele. "Minha impressão era a de que, independentemente do que acontecesse agora, era uma mera questão de tempo."[6]

Mais tarde naquela noite, Churchill enfim se recolheu ao quarto. "Saturado e saciado pelas emoções e sensações", escreveu, "fui me deitar. E dormi o sono dos que estão salvos e gratos".[7]

Churchill se preocupou por um instante que Roosevelt fosse se concentrar apenas nos japoneses, mas, em 11 de dezembro, Hitler declarou guerra aos Estados Unidos, e os americanos retribuíram o favor.

Churchill e Roosevelt de fato agora estavam no mesmo barco. "O barco podia ter sido bastante afetado pela tempestade", escreveu Pug Ismay, "mas certamente não iria soçobrar. Não havia dúvida sobre como isso ia terminar".[8]

Pouco depois, Churchill, lorde Beaverbrook e Harriman partiram para Washington, D.C., a bordo de um novo e colossal navio de guerra, o *Duke of York*, correndo grande risco e sob o mais estrito sigilo, para encontrar Roosevelt e coordenar a estratégia para a guerra. O médico de Churchill, Sir Charles Wilson, foi junto, assim como outros cinquenta homens, que iam de camareiros aos mais graduados oficiais militares britânicos, o capitão-general Dill, o primeiro lorde do mar Pound e o marechal do ar Portal. Somente lorde Beaverbrook levou três secretários, um camareiro e um carregador de bagagens. Roosevelt ficou preocupado com o risco e tentou dissuadir Churchill, pois, de fato, caso o navio fosse afundado, o governo britânico ficaria acéfalo, mas Churchill desdenhou das preocupações do presidente.

Charles Wilson ficou impressionado com a mudança ocorrida em Churchill. "Ele é um novo homem desde que os Estados Unidos entraram na guerra", escreveu o médico. "O Winston que eu conheci em Londres me assustava... Dava para ver que ele estava carregando o mundo nas costas, e eu ficava imaginando por quanto tempo ele poderia continuar daquele jeito e o que era possível fazer quanto àquilo. E agora — em uma noite, ao que parece — um homem mais jovem assumiu o lugar dele."[9] O lado divertido da coisa tinha voltado, Wilson percebia: "Agora a guerra está praticamente ganha, e a Inglaterra está a salvo; ser primeiro-ministro da Inglaterra durante uma grande guerra, ser capaz de dirigir o Gabinete, o Exército, a Marinha, a Força Aérea, a Câmara dos Comuns, a própria Inglaterra, é mais do que ele sonhou. Ele ama cada minuto disso."

Os primeiros dias da viagem foram extraordinariamente difíceis, mesmo para os padrões do Atlântico Norte, e forçaram o navio a navegar a apenas seis nós em alguns trechos, anulando o efeito desejado de obter segurança navegando em uma embarcação capaz de se mover cinco vezes mais rápido do que isso. Todos os passageiros receberam ordens para ficar longe do convés, uma vez que ondas gigantes varriam as partes mais baixas do deque. Beaverbrook brincou que "nunca tinha viajado em um submarino tão grande".[10] Churchill escreveu para Clementine: "Estar em um navio neste clima é como estar em uma prisão, com o risco adicional de se afogar."[11] Ele levou seu Mothersill para vencer o enjoo, e dava doses para seus secretários, apesar dos protestos de Wilson, que evitava prescrever qualquer remédio.

"O primeiro-ministro está em muito boa forma e alegre", escreveu Harriman. "Fala sem parar durante as refeições."[12] A certa altura, Churchill falou longamente sobre o tema do enjoo causado pelo mar: "baldes na ponte de contratorpedeiros etc. etc.", escreveu Harriman, "até que Dill, que ainda não tinha se recuperado totalmente, ficou verde e quase deixou a mesa".

O navio ancorou na baía de Chesapeake, perto de Maryland. Churchill e sua comitiva fizeram de avião o restante do caminho para Washington. "Era noite", escreveu o inspetor Thompson. "Quem estava no avião se deleitou ao olhar para baixo pelas janelas e ver o impressionante espetáculo de uma cidade iluminada. Washington representava algo imensamente precioso. Liberdade, esperança, força. Não víamos uma cidade iluminada havia dois anos. Meu coração se encheu de alegria."[13]

Churchill ficou na Casa Branca, assim como o secretário Martin e vários outros, e pôde ver bem de perto o círculo secreto de Roosevelt. Roosevelt, por sua vez, também pôde ver Churchill de perto. Na primeira noite que Churchill e membros de sua comitiva passaram na Casa Branca, o inspetor Thompson — que também era um dos hóspedes — ficou com Churchill no quarto dele, explorando vários pontos de perigo, quando alguém bateu na porta. Instruído por Churchill, Thompson abriu e encontrou o presidente do lado de fora em sua cadeira de rodas, sozinho no corredor. Thompson abriu bem a porta e, em seguida, viu uma expressão estranha tomar o rosto do presidente enquanto ele olhava para o quarto atrás do detetive. "Eu me virei", escreveu Thompson. "Winston Churchill estava completamente nu, com uma bebida em uma mão, e um charuto na outra."

O presidente se preparou para sair.

"Entre, Franklin", disse Churchill. "Estamos sozinhos."

O presidente "deu de ombros de um jeito esquisito" e depois entrou. "Está vendo, senhor presidente", disse Churchill, "eu não tenho nada a esconder".[14]

Churchill atirou uma toalha sobre o ombro e, durante a hora seguinte, conversou com Roosevelt enquanto andava pela sala nu, tomando seu drinque e de vez em quando enchendo o copo do presidente. "Ele parecia um romano nos banhos, relaxando depois de um bem-sucedido debate no Senado", escreveu o inspetor Thompson. "Acho que o sr. Churchill não teria nem piscado caso a sra. Roosevelt também tivesse entrado."

NA VÉSPERA DE NATAL, CHURCHILL, com Roosevelt a seu lado, usando aparelhos nas pernas, falaram do Pórtico Sul da Casa Branca para uma multidão de trinta mil pessoas que haviam se reunido para ver a Árvore de Natal da Comunidade Nacional, um abeto oriental que tinha sido transplantado para o Gramado Sul, ser acesa. No crepúsculo, depois de uma oração e de pequenos discursos de uma escoteira e um escoteiro, Roosevelt apertou o botão para acender as luzes. Ele falou brevemente, depois ofereceu o púlpito a Churchill, que disse à plateia que se sentia em casa em Washington. Ele falou dessa "estranha véspera de Natal" e de quanto era importante preservar o Natal como uma ilha em meio à tempestade. "Deixemos que as crianças tenham sua noite de diversão e risos", disse Churchill. "Que os presentes do Papai Noel deixem suas brincadeiras mais divertidas. E que nós, adultos, compartilhemos o máximo dos prazeres irrestritos deles", abruptamente, a voz dele ficou mais grave, transformando-se em um rosnado profundo e ameaçador, "antes que voltemos a nos ocupar das duras tarefas e do ano formidável que temos pela frente. Determinação! — que, por nosso sacrifício e ousadia, essas mesmas crianças não vejam roubada a sua herança nem negado o seu direito a viver em um mundo livre e decente".[15]

Churchill concluiu: "E assim", ele lançou as mãos em direção aos céus, "e assim, na misericórdia de Deus, um feliz Natal para todos vocês".

A multidão começou a cantar: três corais, começando com "O Come, All Ye Faithful" e encerrando com três estrofes de "Noite Feliz", cantada de modo solene pelas vozes reunidas de milhares de americanos que enfrentavam uma nova guerra.

O INSPETOR THOMPSON FICOU PROFUNDAMENTE COMOVIDO quando, no dia seguinte, pouco antes de partir para o jantar de Natal com o chefe do Serviço Secreto de Roosevelt, uma camareira entregou a ele um presente de Natal da sra. Roosevelt. Ele abriu e encontrou uma gravata e um pequeno envelope branco com um cartão de Natal. "Para o inspetor Walter Henry Thompson — Natal de 1941 — um Feliz Natal do presidente e da sra. Roosevelt."

A camareira olhou, fascinada, o queixo de Thompson cair. Ele escreveu: "Eu simplesmente não acreditava que o presidente de uma nação, com seus compatriotas se preparando para lutar na maior guerra de sua história, pudesse pensar em dar uma gravata para um policial no Natal."[16]

O QUE HAVIA PELA FRENTE, CLARO, eram quatro anos a mais de guerra, e por algum tempo a escuridão pareceu impenetrável. Cingapura, o baluarte britânico no Extremo Oriente, caiu, e ameaçou derrubar também o governo de Churchill. Os alemães expulsaram tropas britânicas de Creta e recapturaram Tobruk. "Estamos de fato andando pelo Vale da Humilhação", escreveu Clementine em uma carta a Harry Hopkins.[17] A um revés se seguia outro, mas, no fim de 1942, a maré da guerra começou a virar a favor dos Aliados. Forças britânicas derrotaram Rommel em uma série de batalhas no deserto conhecidas coletivamente como Batalha de El Alamein. A Marinha americana superou o Japão em Midway. E a campanha de Hitler na Rússia emperrou em meio à lama, ao gelo e ao sangue. Em 1944, depois das invasões aliadas da Itália e da França, o resultado parecia certo. A guerra aérea contra a Grã--Bretanha seria brevemente revivida com o advento em 1944 das bombas voadoras V-1 e do foguete V-2, as armas de "Vingança" de Hitler, que causaram um novo terror em Londres; porém, essa foi uma ofensiva final iniciada sem qualquer outro propósito que não causar morte e destruição antes da inevitável derrota alemã.

Na véspera do ano-novo de 1941, Churchill e sua comitiva — e, é claro, o inspetor Thompson — estavam a bordo de um trem que voltava para Washington, depois de uma visita ao Canadá. Churchill enviou uma mensagem a todos pedindo que fossem encontrá-lo no vagão-restaurante. Foram servidas bebidas, e, quando a meia-noite chegou, ele ofereceu um brinde: "A um ano de trabalho duro, um ano de lutas e de perigo, e de um longo passo em direção à Vitória!"[18] Então todos se deram as mãos, com Churchill de mãos dadas com um sargento da RAF e com o marechal do ar Charles Portal, e cantaram "Auld Lang Syne", enquanto o trem rompia pela escuridão em direção àquela cidade de luz.

Epílogo
O tempo passou

Mary

Mary, a ratinha do campo, se tornou uma atiradora de artilharia antiaérea responsável pela bateria de armas pesadas em Hyde Park. Isso deixou a mãe dela bastante ansiosa, especialmente depois que um integrante de dezoito anos de idade de uma bateria antiaérea em Southampton foi morto num ataque aéreo em 17 de abril de 1942, a primeira morte do gênero durante a guerra. "Meu primeiro pensamento doloroso foi — podia ter sido a Mary", contou Clementine a ela em uma carta. Mas ela também confessou sentir "um orgulho íntimo por você, minha querida, ter escolhido esse trabalho difícil, monótono, perigoso e tremendamente necessário — penso tanto em você, minha Ratinha".[1] John Colville se lembraria como uma noite, quando as sirenes de ataque aéreo começaram a soar, "o primeiro-ministro saiu às pressas em seu carro para Hyde Park a fim de ver a bateria de Mary em ação".[2]

Mary foi promovida, e, em 1944, o penúltimo ano da guerra, estava no comando de 230 voluntárias. "Nada mal aos 21!", escreveu o pai dela orgulhoso em uma carta para Randolph.[3]

Winston Junior ficou mais impressionado ainda. Ele entendia que seu avô era um homem importante, mas era a tia Mary que ele idolatrava. "Para um menino de 3 anos, ter um avô que era primeiro-ministro e administrava a guerra toda era um conceito difícil de compreender", escreveu ele em uma autobiografia "... Mas ter uma tia que tinha quatro armas enormes só para ela — era *impressionante*!"[4]

Eric Duncannon lamentou o fracasso de seu flerte, como ficou aparente no sábado, 6 de setembro de 1941, quando ele e John Colville foram caçar em Stansted Park com um grupo de amigos.

Colville escreveu: "Eric, que estava mais simples e mais encantador do que nunca, me disse que continua pensando o tempo todo em Mary Churchill."[5]

Colville

Churchill acabou cedendo. Na terça-feira, 8 de julho de 1941, em meio a uma onda de calor com temperaturas acima de trinta graus, John Colville foi ao escritório de Churchill pouco antes de sua soneca.

"Soube que você está tramando para me abandonar", disse Churchill. "Você sabe que eu posso te impedir. Eu não posso te forçar a ficar comigo contra a vontade, mas posso te colocar em algum outro lugar."[6]

Colville disse que compreendia, mas acrescentou que esperava que Churchill não fizesse isso. Ele mostrou uma de suas lentes de contato ainda não terminadas.

Churchill disse a Colville que ele podia ir.

Enfim podendo usar suas lentes, Colville se apresentou para mais um exame médico na RAF, e, dessa vez — "Oh, que êxtase!" —, passou. Pouco depois, ele fez o juramento como novo membro do Grupo Reserva de Voluntários, a parada inicial em sua jornada final até se tornar um piloto. A RAF insistiu, porém, que antes ele precisava obturar dois dentes, algo com que seu dentista havia dito que ele não precisava se preocupar. Isso levou uma hora.

Depois de um bom tempo, chegou a hora de Colville partir do nº 10 da Downing Street para poder começar seu treinamento e se tornar um piloto de caça. Ele só podia usar as lentes por duas horas, e isso, felizmente, o impedia de servir como tripulante de bombardeiro. Churchill "concordava que a breve e intensa batalha do piloto de caça era bem melhor do que a longa espera do tripulante de um bombardeiro antes de chegar a seu objetivo". Contudo, ele ficou chocado ao saber que Colville não iria fazer o treinamento como oficial, mas como o equivalente de um recruta da RAF, um aeronauta de segunda classe. "Não faça isso", disse Churchill a ele. "Você não vai poder levar ninguém junto."

Colville escreveu: "Não passou pela cabeça dele que um de seus secretários particulares menos graduados, com um salário de 350 libras esterlinas por ano, podia não ter seu próprio camareiro."[7]

Em 30 de setembro, depois de fazer as malas, Colville se despediu privadamente do primeiro-ministro, no gabinete dele. Churchill foi simpático e gracioso. "Ele disse que devia ser apenas um *au revoir*, pois esperava que eu voltasse com frequência para vê-lo." Churchill contou a Colville que na verdade não devia estar deixando que ele partisse, e que Anthony Eden ficara irritado ao ter de deixar que ele fosse embora. Mas ele admitiu que Colville estava fazendo "algo muito corajoso".

Quando a reunião estava chegando ao fim, Churchill disse a ele: "Tenho um imenso afeto por você; todos nós temos, Clemmie e eu, especialmente. Até mais, e que Deus te abençoe."

Colville partiu, sentindo uma grande tristeza. "Saí da sala com um nó na garganta que eu não sentia havia muitos anos."[8]

COLVILLE NÃO MORREU em meio aos destroços em chamas depois de ser abatido e reduzido a pó por um Me 109. Ele passou por seu treinamento de voo e foi designado para um grupamento de reconhecimento que pilotava Mustangs feitos nos Estados Unidos, com base em Funtington, ao lado de Stansted Park, onde contraiu impetigo. Lady Bessborough, mãe de Eric Duncannon, convidou-o a ficar em Stansted House para se recuperar. Semanas depois, ele recebeu uma convocação de Churchill.

"É hora de você voltar para cá", disse Churchill a ele.

"Mas eu só fiz um voo operacional."

"Bom, você pode fazer seis. Depois, de volta ao trabalho."[9]

Depois dos seis voos, ele voltou para a Downing Street e retomou o trabalho como secretário particular. Com a aproximação do Dia D, ele foi chamado de volta para seu grupamento, apesar dos protestos do Professor, que dizia que, caso ele fosse capturado e identificado, seria um ativo valioso para a Inteligência alemã. Churchill o deixou partir, embora relutante. "Parece que você acha que essa guerra está sendo travada para sua diversão pessoal", comentou ele. "Se tivesse a sua idade, eu iria sentir a mesma coisa, e, portanto, você pode sair de licença de combate por dois meses. Mas chega de folga este ano."[10]

Não era exatamente uma folga. Colville fez quarenta voos sobre a costa francesa, fazendo reconhecimento fotográfico. "Era emocionante cruzar o canal da Mancha e ver embaixo o mar fervilhando de navios de todo tipo se dirigindo às praias onde fariam o desembarque", escreveu em seu diário. "Também era emocionante fazer parte de uma imensa frota aérea, com uma quantidade tão grande de bombardeiros e caças que lembrava uma revoada de estorninhos no fim do dia, todos voando para o sul."[11] Por três vezes Colville quase foi abatido. Em uma longa carta para Churchill, ele descreveu um incidente em que um tiro disparado por uma bateria antiaérea abriu um buraco enorme em uma das asas de sua aeronave. Churchill adorou.

Mais uma vez, Colville voltou para o nº 10 da Downing Street. Antes de seu período na RAF, as pessoas em geral gostavam de Colville no nº 10 da Downing, mas ele não era profundamente amado, segundo Pamela Churchill, mas, agora que tinha voltado do serviço militar, seu prestígio tinha aumentado. "Nenhum de nós, exceto Clemmie, gostava de verdade do Jock", disse Pamela anos depois. "(...) Mas aí ele foi para a Força Aérea, e acho que foi algo muito inteligente, porque, quando ele voltou, todo mundo, sabe, ficou muito feliz de vê-lo."[12] Ele já não era "fraco", como Mary julgara no verão de 1940. "Nada estava mais longe da verdade", admitiu ela posteriormente.

Em 1947, Colville se tornou secretário particular da princesa Elizabeth, que em breve seria rainha. A proposta foi uma surpresa. "É seu dever aceitar", disse Churchill para ele. Durante o período de dois anos no cargo, Colville conheceu e se apaixonou por uma das damas de companhia da princesa, Margaret Egerton; eles se casaram em 20 de outubro de 1948, na Igreja de St. Margaret, ao lado da Abadia de Westminster.

Colville obteve uma fama maior do que a de qualquer um dos outros secretários particulares que trabalharam com Churchill quando, em 1985, publicou seu diário, editado, sob o título de *The Fringes of Power* ("As margens do poder"); a obra se tornou obrigatória para todo estudioso interessado no funcionamento do nº 10 da Downing Street sob Churchill. Ele retirou muitas coisas pessoais — "textos banais que não têm interesse geral", diz ele no prefácio —, embora qualquer um que leia o diário original manuscrito no Centro de Arquivo Churchill em Cambridge, na Inglaterra, perceba que esses textos banais eram da maior importância para o próprio Colville.

Ele dedicou o livro a Mary Churchill, "com afeto e a penitência por algumas das referências menos elogiosas a ela na primeira parte deste diário".

BEAVERBROOK

No TOTAL, BEAVERBROOK ofereceu sua renúncia catorze vezes, sendo a última em fevereiro de 1942, quando era ministro do Abastecimento.[13] Ele preferiu se demitir a aceitar um novo posto como ministro da Produção de Guerra. Dessa vez Churchill não fez objeção, não teve dúvida, para a felicidade de Clementine.

Beaverbrook saiu do governo duas semanas depois. "Devo minha reputação a você", disse ele a Churchill em uma carta em 26 de fevereiro, seu último dia. "A confiança do público na verdade vem de você. E minha coragem foi sustentada por você." Ele disse que Churchill era "o salvador de nosso povo e o símbolo da resistência no mundo livre".[14]

Churchill respondeu à altura: "Nós vivemos & lutamos lado a lado durante dias terríveis, & estou certo de que nossa camaradagem & trabalho público não serão interrompidos. Tudo o que espero de você agora é que recupere suas forças & firmeza, para que possa vir me ajudar quando eu tiver gde. necessidade de você." Ele afirmou que o triunfo de Beaverbrook no outono de 1940 teve "papel decisivo em nossa salvação". E encerrou: "Você é um dos mto. poucos Combatentes geniais".[15]

E assim Beaverbrook, enfim, partiu. "Senti profundamente a perda dele", escreveu Churchill. Mas, no final, Beaverbrook teve êxito onde seu êxito era necessário, duplicando a produção de caças durante seus primeiros três meses como ministro da Produção de Aeronaves e, talvez igualmente importante, ficando à disposição para oferecer o tipo de conselhos e humor que ajudava Churchill a enfrentar seus dias. O que Churchill mais valorizava era a companhia de Beaverbrook e a diversão que ele oferecia. "Às vezes eu ficava feliz de me apoiar nele", escreveu Churchill.[16]

Em março de 1942, Beaverbrook se sentiu compelido a explicar a Churchill por que havia feito todas aquelas ameaças prévias de renúncia. Ele admitiu que usava aquilo como ferramenta para superar atrasos e a oposição — em resumo, para que as coisas saíssem como ele queria —, e acreditava que Churchill tinha compreendido isso. "Eu sempre tive a impressão", escreveu ele, "de que, ao apoiar meus métodos, você desejava que eu continuasse no cargo, que esbravejasse, que ameaçasse renunciar e depois recuasse novamente".[17]

Os dois continuaram amigos, embora a intensidade da amizade tivesse altos e baixos. Em setembro de 1943, Churchill o pôs de novo no governo como lorde do Selo Privado, um gesto que parecia destinado principalmente a manter o amigo e conselheiro por perto. Beaverbrook renunciou a esse posto também, mas àquela altura o próprio Churchill estava deixando o cargo. Em um dos volumes de sua história pessoal da Segunda Guerra Mundial, Churchill fez grandes elogios a Beaverbrook. "Ele não falhou", escreveu ele. "Aquele foi o seu grande momento."

O Professor

O Professor saiu vitorioso.

Depois de um longo tempo, o juiz Singleton se sentiu confiante em relação às diversas estatísticas da Força Aérea de alemães e britânicos para emitir um julgamento. "A conclusão a que eu chego", escreveu ele em seu relatório final em agosto de 1941, "é a de que o tamanho da Força Aérea da Alemanha em relação à Força Aérea Real pode ser tida *grosso modo* como de 4 para 3 em relação a 30 de novembro de 1940".[18]

O que significava que, durante todo o tempo, enquanto a RAF combatia um inimigo que acreditava ser muito superior, as duas Forças Aéreas não diferiam tanto em termos de tamanho, sendo a principal variação, conforme Singleton chegara à conclusão, o número de bombardeiros de longo alcance. Essa notícia reconfortante chegou um pouco tarde demais, é claro, mas, no final, pode muito bem ter acontecido que a RAF, acreditando ser o patinho feio com uma proporção de quatro para um, lutou melhor e com mais urgência do que podia ocorrer se tivesse compartilhado a relativa complacência da Luftwaffe, que acreditava ser imensamente superior. O relatório demonstrou que os instintos do Professor no fim das contas estavam certos.

Sua defesa das minas aéreas não teve um resultado tão salutar. Durante os anos de 1940 e 1941, ele e Churchill fizeram lobby e tentaram seduzir oficiais do Ministério do Ar e Beaverbrook para que produzissem e usassem as minas e elas estivessem disponíveis no arsenal de armas defensivas do Reino Unido. Ele teve poucos êxitos e muitos fracassos. No fim, enfrentando uma resistência cada vez maior, as minas foram abandonadas.

Lindemann e Churchill continuaram amigos durante toda a guerra, e Lindemann era convidado frequentemente para refeições — refeições vegetarianas — no nº 10 da Downing Street, em Chequers e em Ditchley.

Pamela e Averell

Por um tempo, o romance entre Pamela Churchill e Averell Harriman prosperou. Kathy, filha de Harriman, soube do relacionamento logo depois de chegar a Londres, e não se importou. O fato de que ela era alguns anos mais velha do que a amante do pai pareceu não perturbá-la. Kathy não era particularmente próxima de sua madrasta, Marie, e não percebia aquilo como uma traição.

Ninguém se surpreendeu por Kathy compreender a situação tão rápido. O casal não fazia muito esforço para esconder o romance. Na verdade, a certa altura, durante mais ou menos seis meses, Harriman, Pamela e Kathy moraram num mesmo apartamento de três quartos no nº 3 da Grosvenor Square, perto da embaixada americana. Pamela acreditava que Churchill sabia do romance, mas não demonstrava qualquer preocupação. Na verdade, um vínculo tão forte entre um membro da família Churchill e o emissário pessoal de Roosevelt podia ser um ativo. Clementine não aprovava, mas também não fez nada para interferir. Randolph mais tarde reclamou para John Colville que seus pais "haviam sido coniventes com um adultério debaixo de seu próprio teto".[19] Beaverbrook sabia — ele adorava saber — e providenciava para que Harriman e Pamela passassem longos fins de semana em sua casa de campo, em Cherkley, onde Winston Junior continuou a morar aos cuidados de uma babá. Harry Hopkins sabia do romance, e, portanto, Roosevelt também sabia. O presidente achava divertido.

Em junho de 1941, Churchill mandou Harriman ao Cairo para avaliar como a ajuda americana podia ser mais útil no apoio às forças britânicas no Egito, e pediu que seu filho Randolph cuidasse dele. Àquela altura, Randolph tinha sido promovido a major, designado para cuidar das relações com a imprensa no quartel-general britânico no Cairo. Ele próprio estava tendo um caso com uma celebrada anfitriã chamada Momo Marriott, esposa de um general britânico. Certa noite, enquanto conversava com Harriman durante um jantar percorrendo o rio Nilo em um barco fretado que Randolph arranjara especificamente para o visitante americano, Randolph se gabou de seu caso extraconjugal.[20] Ele nem suspeitava que Harriman estava dormindo com sua mulher, embora isso fosse motivo de fofocas em seu círculo de amizades e no clube White's, em Londres.

O fato de que Randolph não sabia de nada fica evidente numa carta que ele escreveu para Pamela em julho de 1941, o qual ele pediu que o próprio Harriman entregasse ao voltar do Cairo. A carta elogiava Harriman. "Achei Harriman absolutamente encantador", escreveu Randolph, "& foi adorável poder ouvir tantas notícias sobre você & todos os meus amigos. Ele falou deliciosamente sobre você, & receio que tenho um sério rival!".[21]

Randolph finalmente ficou sabendo do caso no início de 1942, enquanto estava de licença. Àquela altura, o comportamento dele era cada vez mais a de um libertino. O casamento deles, já prejudicado pelas bebedeiras e pelos gastos dele e pela indiferença de Pamela, se transformara em um ambiente sufocante de brigas e insultos. Batalhas enfurecidas irrompiam no Anexo, durante as quais Randolph brigava com Churchill. Clementine, preocupada que o marido pudesse ter um ataque de apoplexia, baniu Randolph de novo da casa, dessa vez até o fim da guerra. No verão, quando Randolph voltou a Londres para se recuperar de ferimentos causados por um acidente de carro no Cairo, ficou nítido para todos que o casamento não tinha como ser consertado. Evelyn Waugh, um dos colegas de clube de Randolph no White's, escreveu sobre Pamela: "Ela o odeia tanto que não consegue nem ficar no mesmo cômodo."[22] Em novembro de 1942, Randolph a abandonou.

Harriman deu um apartamento para ela, e pagava uma pensão anual de 3 mil libras esterlinas (168 mil dólares em valores de hoje). Para disfarçar seu papel, ele usou um intermediário: Max Beaverbrook, que, sempre fiel a seu amor pelos dramas humanos, ficou feliz em fazer isso, e bolou um esquema para camuflar o fato de que era Harriman quem arranjava o dinheiro.

Mas isso também não era exatamente um segredo. "Ao contrário do que acontecia em Paris, onde havia um grande mercado negro, todo mundo sentia orgulho de se manter bastante fiel ao racionamento", disse John Colville. "Mas, se você fosse jantar com Pamela, veria uma refeição com cinco ou seis pratos, oito a dez convidados, e alimentos que você não via o tempo todo. Meu palpite é que todos nós à mesa estávamos meio que sorrindo e dizendo que Averell estava cuidando bem da namorada."[23]

Em outubro de 1943, Roosevelt escolheu Harriman para ser seu embaixador em Moscou, e o romance, inevitavelmente, começou a esfriar. A distância libertou os dois. Harriman dormia com outras mulheres e Pamela, com outros homens, incluindo, a certa altura, o radialista Edward R. Murrow. "Quero dizer, quando se é muito nova, pensa-se nas coisas de um jeito muito diferente", disse Pamela em uma entrevista tempos depois.[24]

Com a guerra se aproximando do fim, Pamela sentiu uma ansiedade crescente em relação ao que viria em seguida. Em 1º de abril de 1945, ela escreveu para Harriman em Moscou: "Supondo que a guerra acabe nas próximas quatro ou cinco semanas. A ideia meio que me assusta. É algo que todo mundo esperou por muito tempo, e que, quando acontecer, sei que vou ficar assustada. Você tem ideia do que quero dizer? Minha vida adulta foi vivida durante a guerra, e sei como lidar com isso. Mas tenho medo de não saber o que fazer da vida em tempos de paz. Isso me assusta de um jeito horrível. Tolice, não é?"[25]

Anos se passaram. Harriman se tornou secretário do Comércio dos Estados Unidos durante o governo de Harry Truman, e mais tarde foi eleito governador de Nova York; ele teve vários cargos de consultor sênior nos governos de Kennedy e Johnson. No entanto, Harriman tinha grandes aspirações — ser secretário de Estado, quem sabe até presidente —, mas isso acabou ficando fora de seu alcance. Apesar dos muitos casos, ele continuou casado com Marie, e, pelo que se sabe, o casamento ficou mais forte ao longo dos anos. A morte de Marie, em setembro de 1970, deixou Harriman devastado, de acordo com a filha de Marie, Nancy. "Ele ficava sentado na sala chorando."[26]

Em 1960, Pamela se casou com Leland Hayward, o produtor e agente de talentos que coproduziu a versão original da Broadway de *A noviça rebelde*; o casamento durou até a morte de Hayward, em março de 1971.

Pamela e Harriman mantiveram contato à distância. Em agosto de 1971, os dois foram convidados para um jantar em Washington, D.C., oferecido por uma amiga em comum, Katharine Graham, editora do *Washington Post*. Harriman estava com 79 anos; Pamela, com 51. Eles passaram a noite conversando intimamente. "Foi muito estranho", disse ela, "porque, no momento em que começamos a conversar, tinha muitas coisas para lembrar, coisas em que a gente não pensava fazia anos".[27]

Oito semanas depois, eles casaram, numa cerimônia privada em uma igreja no Upper East Side de Manhattan, com apenas três convidados. Eles queriam manter a cerimônia em segredo — mas só a cerimônia.

Mais tarde naquele dia, cerca de 150 amigos se reuniram na casa de Harriman ali perto para um suposto coquetel.

Quando entrou, Pamela gritou para uma amiga: "Nós casamos! Nós casamos!"[28] Levou só três décadas. "Ah, Pam", escreveu outra amiga, logo depois, "a vida não é estranha?!".[29] O casamento deles durou quinze anos, até a morte de Harriman, em julho de 1986.

Os alemães

Nos julgamentos de Nuremberg, Hermann Göring foi considerado culpado de uma série de violações, que incluíam crimes de guerra e crimes contra a humanidade. O tribunal o condenou à morte por enforcamento em 16 de outubro de 1946.

Em seu depoimento, ele afirmou que queria invadir a Inglaterra imediatamente depois de Dunquerque, mas que fora derrotado por Hitler. Ele contou a um interrogador americano, o general da Força Aérea dos Estados Unidos Carl Spaatz, que jamais gostara da ideia de invadir a Rússia. Ele queria manter o bombardeio à Inglaterra e levar Churchill a capitular. O momento para o início da campanha russa foi fatal, disse Göring a Spaatz. "Foi só o desvio da Luftwaffe para o front russo que salvou a Inglaterra."[30]

Göring foi até o fim sem se arrepender. Ele disse ao Tribunal de Nuremberg: "Claro que nós nos rearmamos. Só lamento não termos nos rearmado mais. É evidente que eu considerava que os tratados valiam tanto quanto papel higiênico. É evidente que eu queria fazer da Alemanha uma grande nação."[31]

Göring também tentou justificar o saque sistemático de coleções de arte pela Europa. Enquanto aguardava o julgamento, ele disse a um psiquiatra americano: "Talvez uma de minhas fraquezas tenha sido que eu amo estar cercado por luxo e ter um temperamento artístico a ponto de obras-primas me fazerem sentir vivo e brilhante por dentro."[32] Ele alegou que a intenção sempre foi doar as coleções para um museu estatal depois de sua morte. "Olhando desse ponto de vista não consigo ver o que estava eticamente errado. Eu não estava acumulando tesouros artísticos para vender ou ficar rico. Amo a arte pela arte, e, como disse, minha personalidade exigia que eu estivesse cercado com os melhores exemplares da arte mundial."

Os investigadores catalogaram as obras que ele reunira desde o começo da guerra, e contaram "1.375 pinturas, 250 esculturas, 108 tapeçarias, duzentas peças de mobília de época, sessenta tapetes persas e franceses, 75 vitrais" e 175 outros objetos de diversos tipos.[33]

Na noite anterior à execução, ele se matou com cianeto.

JOSEPH GOEBBELS E SUA ESPOSA, MAGDA, envenenaram seus seis filhos — Helga, Hildegard, Helmut, Holdine, Hedwig e Heidrun — em 1º de maio de 1945, no bunker de Hitler, enquanto o Exército soviético se aproximava, primeiro orientando um assistente médico a dar uma injeção de morfina a cada criança.[34] Em seguida, o médico pessoal de Hitler deu a cada um uma dose oral de cianeto. Depois, Goebbels e Magda se mataram, também com cianeto. Um oficial da SS, agindo sob instruções dele, atirou nos dois para ter certeza de que estavam mortos.

Hitler havia se matado um dia antes.

RUDOLF HESS FOI JULGADO EM NUREMBERG, onde admitiu sua contínua lealdade a Hitler. "Não me arrependo de nada", confessou ele.[35] Hess foi condenado à prisão perpétua por seu papel em ajudar a causar a guerra, e foi levado para a prisão de Spandau, junto com mais meia dúzia de oficiais alemães.

Um a um, os prisioneiros, incluindo Albert Speer, foram libertados, até que, em 30 de setembro de 1966, Hess se tornou o único ocupante da prisão. Ele se suicidou em 17 de agosto de 1987, aos 93 anos, ao usar um cabo de extensão elétrica para se enforcar.

MILAGROSAMENTE, ADOLF GALLAND sobreviveu à guerra, apesar de várias vezes ter quase morrido. Em apenas um dia ele foi abatido duas vezes. Ele derrubou suas últimas aeronaves em 25 de abril de 1945, quando, ao pilotar o caça mais avançado da Luftwaffe, abateu dois bombardeiros americanos, elevando sua conta para 104 aeronaves derrubadas.[36] Depois de destruir o segundo avião, ele foi interceptado por um P-47 americano. Ferido, com o avião seriamente danificado, ele conseguiu voltar para seu aeródromo no momento em que o local estava sendo atacado, com bombas e balas caindo à sua volta. Ele sobreviveu apenas com um ferimento na perna. Forças americanas o prenderam dez dias depois. Ele tinha 33 anos. Por melhor que fosse seu histórico, àquela altura ele tinha sido superado por vários colegas. Dois pilotos acumulavam, cada um, mais de trezentas aeronaves abatidas e 92 outros empatavam com o número de Galland ou o superavam.

Depois de ser interrogado pela primeira vez na Alemanha, Galland foi transferido de avião para a Inglaterra em 14 de maio de 1945, para mais questionamentos. Essa foi a primeira vez que ele pousou no país. Em julho, seus captores o levaram para a grande base aérea em Tangmere, perto de Stansted Park, onde ele encontrou o ás Douglas Bader, que perdera as pernas e com quem Mary Churchill tinha dançado. Galland havia encontrado Bader anteriormente na guerra, depois de Bader ser abatido e capturado; Galland insistiu que ele fosse bem tratado.

Chegara a vez de Bader, que lhe deu charutos.

Churchill e a guerra

O garoto jamais abandonou o homem.

Em uma manhã no verão de 1944, com a guerra a todo o vapor, Clementine, em sua cama no Anexo do nº 10, chamou a seu quarto um soldado adolescente chamado Richard Hill, filho da secretária particular de Churchill, a sra. Hill. Um ferrorama havia chegado para Winston Junior, o filho de Pamela, e Clementine queria ter certeza de que todas as peças estavam lá e tudo funcionava. Ela queria que Hill montasse o trem e o testasse.

O pacote continha os trilhos, vagões e duas locomotivas, movidas a corda.[37] Hill, de joelhos, começou a montar os trilhos, e enquanto fazia isso percebeu que surgiram diante dele dois chinelos com o monograma "W.S.C.". Ele olhou para cima e viu Churchill no alto, em seu traje azul-claro de abrigo antiaéreo, fumando um charuto e olhando atentamente o progresso que o soldado fazia. Hill fez que ia se levantar, mas o primeiro-ministro o impediu. "Continue o que você estava fazendo", disse Churchill.

Hill completou a montagem.

Churchill continuou observando. "Coloque as locomotivas nos trilhos", disse.

Hill fez isso. A locomotiva contornou o círculo enquanto a corda diminuía.

"Estou vendo que você tem duas locomotivas", disse Churchill. "Coloque a outra nos trilhos também."

Hill mais uma vez obedeceu. Agora as duas locomotivas viajavam pelos trilhos, uma atrás da outra.

Churchill, de charuto na boca, se abaixou e ficou apoiado nas mãos e nos joelhos.

Com evidente prazer, ele falou: "Agora, vamos causar um acidente!"

A GUERRA NA EUROPA TERMINOU EM 8 DE MAIO DE 1945. Ao longo do dia, enquanto as notícias se espalhavam por Londres, multidões começaram a encher as praças da cidade. Soldados americanos pretensiosos andavam em meio à multidão, agitando bandeiras dos Estados Unidos e de tempos em tempos começando a cantar a música "Over There". A rendição da Alemanha era oficial. Churchill faria um discurso público oficial às quinze horas de Downing Street, que seria transmitido pela BBC e por alto-falantes, e depois iria à Câmara dos Comuns.

Quando o Big Ben soou 15h, a multidão ficou em absoluto silêncio. A guerra com a Alemanha, disse Churchill, estava encerrada. Ele resumiu a história da guerra e explicou como, no final, "quase o mundo todo se reuniu contra os malfeitores, que agora se prostram diante de nós". Ele mesclou a essa notícia a sóbria reflexão de que o Japão ainda precisava se render. "Devemos agora dedicar toda nossa força e os nossos recursos à conclusão de nossa tarefa, tanto em casa quanto no exterior. Avante, Britânia! Vida longa à causa da liberdade! Deus salve o Rei!"

A equipe do n⁰ 10 formou um corredor para ele no jardim atrás da casa, e o aplaudiu enquanto ele entrava no carro. Churchill estava comovido. "Muito obrigado", disse, "muito obrigado".[38]

NO PALÁCIO DE BUCKINGHAM, quando o rei e a rainha apareceram na sacada real, uma vasta multidão no Mall irrompeu em um grito uníssono de felicidade, e continuou aplaudindo e gritando e agitando bandeiras até o casal real voltar para dentro. Mas a multidão permaneceu e começou a cantar. "Queremos o rei, queremos o rei." Depois de um bom tempo, o rei e a rainha ressurgiram, e depois abriram espaço para que mais alguém surgisse, e eis que Winston Churchill caminha até a sacada, com um imenso sorriso no rosto. O grito foi explosivo.

Naquela noite, embora o blecaute oficialmente continuasse em vigência, fogueiras surgiram em toda a Londres, fazendo com que o familiar brilho laranja surgisse no céu — porém, o fogo agora era um sinal de celebração. Luzes de holofotes brincavam na Torre de Nelson, na Trafalgar Square, e naquilo que talvez tenha sido o gesto mais comovente de todos, os operadores dos holofotes miraram suas luzes num espaço no ar pouco acima da cruz do domo da Catedral de São Paulo, e as mantiveram lá, para formar uma brilhante cruz iluminada.[39]

APENAS DOIS MESES DEPOIS, num episódio de sensacional ironia, os eleitores britânicos tiraram o Partido Conservador do poder, o que forçou Churchill a renunciar. Ele parecia o homem ideal para administrar uma guerra, mas não parecia o melhor nome para guiar a recuperação da Grã-Bretanha no pós-guerra. Churchill foi sucedido por Clement Attlee, líder do Partido Trabalhista, que conquistou 393 assentos; os conservadores ficaram com apenas 213.

Os resultados finais da eleição foram informados em 26 de julho, uma quinta-feira; poucos dias depois, os Churchills e alguns amigos se reuniram para um último fim de semana em Chequers. A casa se encheu como sempre. Lá estiveram Colville, o embaixador Winant, Brendan Bracken, Randolph. Mary, Sarah e Diana, com seu marido, Duncan Sandys; o Professor chegou para o almoço. O reitor da igreja de Ellesborough, a que Churchill comparecia tão pouco, foi até lá para dizer adeus.

Naquele sábado à noite, depois do jantar e depois de assistir a cinejornais e a um documentário sobre a vitória dos Aliados na Europa chamado *Verdadeira glória*, a família desceu para o térreo. De repente, Churchill pareceu desanimado. Ele disse a Mary: "Vou sentir falta das notícias... sem trabalho... nada para fazer."[40]

Ela inundou seu diário com a tristeza que sentia pelo pai. "Foi um espetáculo aflitivo ver esse gigante entre os homens — dotado de todas as faculdades mentais e ferido na alma no mais alto grau — andando infeliz em círculos sem conseguir empregar sua grande energia e seus dons infinitos... acalentando em seu coração uma dor e uma desilusão que mal consigo vislumbrar."

Foi "o pior momento até então", escreveu ela. A família tocou discos para alegrá-lo, primeiro Gilbert e Sullivan, que pela primeira vez tiveram pouco efeito, seguidos por marchas militares americanas e francesas, que ajudaram um pouco. Depois, veio "Run Rabbit Run", e, a pedido de Churchill, uma canção de *O mágico de Oz*, e essas canções pareceram finalmente funcionar. "Enfim ele pareceu tranquilo o suficiente para sentir sono e querer ir para a cama", escreveu Mary. "Todos nós o acompanhamos até o andar superior."

Ela acrescentou: "Ah, querido Papai — eu te amo tanto, tanto, e parte meu coração poder fazer tão pouco. Fui dormir me sentindo exausta e morta por dentro."

No dia seguinte, depois do almoço, Mary e John Colville fizeram uma última caminhada por Beacon Hill. Era um dia lindo, ensolarado. Todos se reuniram no gramado; Clementine jogou croqué com Duncan, àquela altura bastante recuperado do acidente de carro. Todos assinaram o livro de visitantes de Chequers — "aquele memorável livro de visitantes", observou Mary, "no qual é possível acompanhar as tramas e estratagemas da guerra a partir dos nomes que constam lá". Em um agradecimento aos donos da propriedade, os Lee, Clementine escreveu: "Nosso último fim de semana em Chequers foi triste. Mas quando estávamos escrevendo nossos nomes no Livro de Visitantes, refleti sobre o papel maravilhoso que essa antiga casa desempenhou na guerra. Que hóspedes notáveis ela abrigou, que reuniões importantes ela testemunhou, que decisões fatídicas foram tomadas sob seu teto."[41]

Churchill foi o último a assinar.

Ele acrescentou sob seu nome uma única palavra: "Finis".[42]

Fontes e agradecimentos

Apesar de minha mudança para Nova York e da epifania que sobreveio com o 11 de Setembro terem sido o ímpeto primário para embarcar neste livro, outro elemento teve uma parte importante também: o fato de ser pai. Como você vai saber se falar com minhas três filhas, eu sou o pai mais ansioso que existe, mas minhas ansiedades têm a ver com os problemas cotidianos delas, com seus empregos e namorados, e com os detectores de fumaça nos apartamentos delas, e não com bombas altamente explosivas ou incendiárias caindo do céu. Francamente, como os Churchill e seu círculo lidavam com isso?

Tendo essa pergunta como guia, comecei uma longa jornada pela vasta e complicada floresta do conhecimento sobre Churchill, um domínio repleto de volumes gigantescos, fatos distorcidos e teorias da conspiração bizarras, para tentar encontrar meu Churchill pessoal. Como descobri em livros anteriores, quando você olha para o passado com lentes novas, invariavelmente vê o mundo de modo diferente e encontra novos materiais e *insights* mesmo em caminhos bastante percorridos.

Um perigo ao escrever sobre Churchill é se deixar sobrecarregar desde o começo, impossibilitado de continuar simplesmente pelo volume de trabalho que já está em domínio público. Para evitar isso, decidi começar com uma quantidade modesta de leitura prévia — *Defender of the Realm*, de William Manchester e Paul Reid, *Churchill*, de Roy Jenkins, e *Finest Hour*, de Martin Gilbert —, para então mergulhar direto nos arquivos e experimentar o mundo de Churchill da maneira mais fresca possível. Minha lente particular significava que certos documentos seriam muito mais úteis para mim do que para os biógrafos tradicionais de Churchill — por exemplo, listas de gastos domésticos em seu refúgio de primeiro-ministro, Chequers, e correspondência sobre como alojar soldados na propriedade sem sobrecarregar o sistema de esgoto, um assunto de interesse significativo na época, mas não necessariamente importante para futuros escritores da história.

Minha busca me levou a vários depósitos de arquivos, incluídos três dos meus lugares favoritos no mundo: o National Archives of the United Kingdom, em Kew, vizinha a Londres; o Churchill Archives Center, no Churchill College, em Cambridge; e a U.S. Library of Congress, Divisão de Manuscritos, em Washington. À medida que minhas pilhas de documentos cresciam, comecei a mapear minha narrativa, usando a chamada curva de Vonnegut, um recurso gráfico concebido por Kurt Vonnegut em sua tese de mestrado na Universidade de Chicago, que seu departamento rejeitou, segundo ele, por ser simples e divertido demais. A curva fornece um esquema para analisar toda história já escrita, seja ficção, seja não ficção. Um eixo vertical representa o *continuum* da boa à má sorte, com a boa em cima e a má embaixo. O eixo horizontal representa a passagem do tempo. Um dos tipos de história que Vonnegut isolou era o "homem no buraco", no qual o herói experimenta a sorte grande, depois sofre desventuras antes de subir novamente para conquistar um sucesso ainda maior. Essa me pareceu uma representação muito boa do primeiro ano de Churchill como primeiro-ministro.

Com o arco nas mãos, saí em busca das histórias que frequentemente ficam de fora das grandes biografias de Churchill, seja porque não há tempo para contá-las, seja porque parecem frívolas. Mas é nessa frivolidade que Churchill frequentemente se revela, os pequenos momentos que encantaram sua equipe, apesar das exigências extremas que ele fazia a todos. Tentei também trazer para o primeiro plano personagens que normalmente recebem tratamento secundário nas grandes histórias. Todo estudioso de Churchill citou os diários de John Colville, mas me pareceu que Colville queria ser um personagem com vida própria; então, tentei fazer a vontade dele. Não conheço nenhum outro trabalho que mencione sua agridoce obsessão romântica por Gay Margesson, que incluí em parte por me lembrar uma fase particularmente patética do início da minha vida adulta. A história não está na versão publicada dos diários de Colville, *The Fringes of Power*, mas, ao comparar as páginas com a versão manuscrita no Churchill Archives Center, como fiz, acham-se todos os trechos românticos. Ele desprezou essa e outras omissões como "anotações triviais que não são de interesse geral". Na época em que ele as escreveu, no entanto, os acontecimentos em questão não eram triviais. O que achei interessante a respeito de seu interesse por Gay era que ele aconteceu enquanto Londres estava em chamas, com bombas caindo todos os dias, e, no entanto, de alguma forma os dois conseguiram arranjar momentos, como ele define, de "alegria suficiente".

Mary Churchill também se destaca. Ela amava muito o pai, mas também amava um bom baile da RAF, e se empolgava com a prática de "rasantes", quando pilotos deixavam Mary e seus amigos vibrando ao voar perto das árvores. Devo especial agradecimento a Emma Soames, filha de Mary, que me deu permissão para ler o diário de sua mãe.

Tenho também uma grande dívida de gratidão com Allen Pachwood, diretor do Churchill Archives Center, que leu um rascunho do manuscrito e me impediu de cometer inúmeras gafes. Seu livro recente, *How Churchill Waged War*, se mostrou um veículo inestimável de atualização sobre o que se tem pensado sobre Churchill. Devo agradecimentos também a dois ex-diretores da International Churchill Society, Lee Pollock e Michael Bishop, que também leram o manuscrito e sugeriram todo tipo de correções e ajustes, alguns bastante sutis. No início, ambos recomendaram uma variedade de recursos para consultar, em particular uma pilha de calendários de mesa do nº 10 da Downing Street guardados na sede da sociedade em Washington, D.C. Achei singularmente fascinante que o cartão de setembro de 1939, quando a guerra começou, esteja borrado com uma grande mancha preta, aparentemente causada pela queda de um tinteiro.

Como sempre, devo agradecimentos incalculáveis e um estoque de Rombauer *chardonnay* a minha mulher, Chris, por me suportar, sim, mas especialmente por sua primeira leitura atenta do meu manuscrito, que ela devolveu com as tradicionais anotações na margem — caras sorridentes, tristes, e sequências descendentes de zzzzzs. Muito obrigado da mesma forma a minha editora, Amanda Cook, cujas anotações nas margens foram muito mais eviscerantes e exigentes, mas sempre inteligentes e elucidadoras. Seu assistente, Zachary Phillips, pilotou este livro no trecho final com graça e entusiasmo, embora imagino que ele quase tenha ficado cego graças à minha letra cursiva terrível. Meu agente, David Black, sempre um sujeito gentil, mas por vezes também um leão de chácara, me incentivou durante toda a longa jornada, enquanto periodicamente me servia vinho tinto e boa comida. Julie Tate, minha brilhante checadora de informações profissional, leu o manuscrito com lupa, caçando erros de ortografia, datas incorretas, cronologias ruins e citações imprecisas, nesse processo melhorando meu sono imensuravelmente. Obrigado também a minha amiga Penny Simon, ás da publicidade da Crown, que leu um rascunho inicial; estou totalmente consciente de que nunca poderei retribuir sua generosidade, e deixo isso claro sempre que posso. Minha amiga de longa data e ex-colega Carrie Dolan, editora de primeira página no *Wall Street Journal*, também leu o rascunho, em parte realizando sua atividade absolutamente favorita: voar sobre o mar. Na realidade, ela odeia voar, mais do que eu, mas alegou gostar do livro.

Uma equipe de almas engenhosas, criativas e energéticas na Random House e na Crown deram vida a este livro e o mandaram para o mundo: Gina Centrello, presidente e editora da Random House; David Drake, editor da Crown; Gillian Blake, editor responsável; Annsley Rosner, vice-editora; Dyana Messina, diretora de publicidade; e Julie Cepler, diretora de marketing. Um agradecimento especial a Rachel Aldrich, maestrina da nova mídia e de novas maneiras de ganhar a atenção de leitores distraídos. Bonnie Thompson submeteu o livro a uma rigorosa edição final; Ingrid Sterner consertou minhas notas de fim; Luke Epplin traduziu minha escrita cursiva abismal para conjurar provas de páginas em tempo recorde; Mark Birkey supervisionou tudo e produziu o livro. Chris Brand desenhou uma capa incrível e Barbara Bachman transformou as páginas internas do livro em coisas lindas.

Devo agradecimento especial a minhas três filhas por me ajudarem a manter a perspectiva em meio aos desafios da vida cotidiana, que nem se comparam com as coisas terríveis com que Churchill e seu círculo tiveram que lidar todos os dias.

Uma fonte especial de documentos originais merece nota especial: *The Churchill War Papers*, coletados e publicados pelo falecido mestre da história de Churchill, Martin Gilbert, como um vasto apêndice à sua biografia de vários volumes do primeiro-ministro. Fiz extenso uso dos volumes 2 e 3, cujos telegramas, cartas, discursos e atas pessoais somam, juntos, 3.032 páginas. Outra fonte inestimável, por razões que extrapolam o romance, foi *Fringes*, de Colville, principalmente o primeiro volume, que fornece uma visão maravilhosa da vida no nº 10 da Downing Street durante a guerra. Encontrei muitos trabalhos secundários formidáveis. Entre meus favoritos: *The Holy Fox*, de Andrew Roberts, uma biografia de lorde Halifax; *Five Days in London May 1940*, de John Lukacs; *Troublesome Young Men*, de Lynne Olson; *The Roar of the Lion*, de Richard Toye; *The Love-Charm of Bombs*, de Lara Feigel; e *No More Champagne*, de David Lough, uma biografia financeira de Churchill e um dos trabalhos mais originais sobre o primeiro-ministro a surgir na última década.

Nas notas a seguir, cito e dou crédito, principalmente, a materiais que citei de documentos originais ou fontes secundárias; também cito coisas que parecem poder chamar a atenção dos leitores como novas ou controversas. No entanto, não cito tudo. No caso de episódios e detalhes conhecidos e totalmente documentados em outros lugares e materiais cuja fonte é óbvia, tais como certas anotações claramente datadas em diários, escolhi não citar para evitar que o livro ficasse grande demais. Dito isso, temperei as anotações com pequenas histórias que não entraram na redação final, mas que por uma razão ou outra pareciam exigir serem contadas.

Notas

Expectativas sombrias
1. Overy. *The Bombing War*, p. 20.
2. "Examples of Large German Bombs", 7 dez. 1940, HO 199/327, UKARCH. Ver também, "Types of German Bombs and Mines", 3 jan. 1941, HO 199/327, UKARCH. O peso preciso de uma bomba Satã antes do arredondamento era 1.800 quilos.
3. Fort. *Prof*, 130; Overy. *The Bombing War*, pp. 14-5.
4. Süss. *Death from the Skies*, p. 407.
5. Colville. *Fringes of Power*, vol. 1, p. 20; Harrisson. *Living Through the Blitz*, pp. 24, 39.
6. Ryan. *Bertrand Russell*, p. 146; Field, "Nights Underground in Darkest London", p. 13.
7. Harrisson. *Living Through the Blitz*, p. 24.
8. "Mortuary Services", Departamento de Saúde, Escócia, mar. 1940, HO 186/993, UKARCH.
9. Ibid.; Süss. *Death from the Skies*, pp. 409.
10. "Civilian Deaths due to War Operations", Departamento de Saúde, Escócia, 28 fev. 1939, HO 186/1225, UKARCH.
11. Stansky. *First Day of the Blitz*, pp. 101, 102.
12. "World War II Diary", p. 49, Meiklejohn Papers; Bell. "Landscapes of Fear", p. 157.
13. Basil Collier. *Defense of the United Kingdom*, p. 69; Longmate. *Air Raid*, p. 78.
14. Ziegler. *London at War*, p. 73; Ogden, *Life of the Party*, p. 77.
15. "World War II Diary", p. 15, Meiklejohn Papers.
16. Longmate. *Air Raid*, p. 74; Manchester e Reid. *Defender of the Realm*, p. 104.
17. Nicolson. *War Years*, pp. 77, 84, 91.

PARTE UM: A AMEAÇA CRESCENTE

Capítulo 1: O legista se despede
1. Thompson. *Assignment*, p. 164.
2. Wheeler-Bennett. *King George VI*, p. 444n. Para mais sobre os sentimentos do rei em relação a Churchill, ver ibid., pp. 445-6.
3. Olson. *Troublesome Young Men*, p. 294; Andrew Roberts. *"Holy Fox"*, p. 196. (Três pontos de exclamação aparecem em Olson; Roberts inclui apenas um, no final da frase. Parece, no entanto, ter sido um momento exclamatório.)

4. Olson. *Troublesome Young Men*, p. 306.
5. Andrew Roberts. *"Holy Fox"*, p. 209.
6. Andrew Roberts. *"Holy Fox"*, p. 208.
7. Wheeler-Bennett. *King George VI*, pp. 443-4. Wheeler-Bennett fez um pequeno ajuste no fraseado do rei. A entrada real é relatada assim: "unfai[r]".
8. Wheeler-Bennett. *King George VI*, p. 444.
9. Thompson. *Assignment*, pp. 164-5.
10. Winston Churchill. *Their Finest Hour*, p. 15.
11. Pawle. *War and Colonel Warden*, p. 39.
12. Thompson. *Assignment*, p. 183.
13. Hickman. *Churchill's Bodyguard*, pp. 116-7.

Capítulo 2: Uma noite no Savoy
1. Soames. *Clementine Churchill*, p. 264.
2. "World War II Diary", p. 342, Meiklejohn Papers.
3. Kathleen Harriman para Mary Harriman Fisk, 7 jul. 1941, Correspondência, W. Averell Harriman Papers.
4. Purnell. *Clementine*, p. 152.
5. *Daily Mail*, 4 set. 2019.
6. Ibid. O *Daily Mail* usa "isso é ruim", mas várias outras fontes publicadas concordam que foi "tão ruim".
7. Soames. *Daughter's Tale*, p. 143.
8. Ibid., pp. 145-6.
9. Ibid., p. 153. Décadas depois, a casa antiga do major Howard, Castle Howard, em Yorkshire, seria o cenário de uma popular adaptação para a televisão de *Brideshead Revisited*, de Evelyn Waugh.
10. Diário, 9 maio 1940, Mary Churchill Papers.
11. Ibid., 10 maio 1940.
12. Ibid.
13. Soames. *Daughter's Tale*, pp. 111-2.
14. Ibid., p.153.
15. Colville. *Fringes of Power*, vol.1, p. 140.
16. Para detalhes sobre a educação de Colville, consulte *Footprints in Time*.
17. Colville. *Fringes of Power*, vol. 1, p. 129.
18. Ibid., p. 141.
19. Diário manuscrito, 11 maio 1940, Colville Papers. A anotação original de Colville difere muito da que foi publicada em *Fringes of Power*, pp. 143-4. Essa referência é omitida.
20. Dockter e Toye. "Who Commanded History?", p. 416.
21. Wheeler-Bennett. *King George VI*, p. 446.
22. Lukacs. *Five Days in London*, p. 67.
23. Ibid.
24. Olson. *Troublesome Young Men*, p. 328.
25. Lukacs. *Five Days in London*, p. 81.
26. Gilbert. *War Papers*, vol. 2, pp. 2-3.
27. Ibid., p. 3.

Capítulo 3: Londres e Washington
1. Gilbert. *War Papers*, vol. 2, pp. 70-1.
2. Lukacs. *Five Days in London*, p. 72n.

3. Sumner Welles. Memorando, 12 mar. 1940, FDR/Safe. Welles estava obviamente exagerando quando falou em charuto de meio metro. Pelo menos, espera-se que sim.
4. Maier. *When Lions Roar*, p. 213. Chamberlain formulou de maneira diferente: "Seu julgamento nunca provou ser bom."
5. Andrew Roberts. *"Holy Fox"*, p. 268.

Capítulo 4: Galvanizado

1. Gilbert. *War Papers*, vol. 2, p. 13.
2. Wheeler-Bennett. *Action This Day*, p. 220.
3. Ibid., p. 50.
4. Nel. *Mr. Churchill's Secretary*, p. 37.
5. Ibid., p. 29.
6. Ismay. *Memoirs*, p. 169. Churchill dava atenção especial aos codinomes escolhidos para operações secretas, segundo Ismay. Os nomes não poderiam ser simples ou frívolos. "Como uma mãe se sentiria se soubesse que seu filho foi morto em uma ação chamada ABRAÇO DO COELHINHO?", escreveu Ismay. Ibid., p. 187.
7. Wheeler-Bennett. *Action This Day*, pp. 24-5.
8. Ibid., p. 22.
9. Colville. *Winston Churchill and His Inner Circle*, p. 161.
10. Ismay. *Memoirs*, p. 116.
11. Wheeler-Bennett. *Action This Day*, p. 198.
12. Overy. *The Bombing War*, p. 239.
13. Gilbert. *War Papers*, vol. 2, p. 22.
14. Colville. *Fringes of Power*, p. 150.
15. Gilbert. *War Papers*, vol. 2, pp. 30-1.
16. Shirer. *Berlin Diary*, p. 274.
17. Winston Churchill. *Their Finest Hour*, p. 42.
18. Churchill para Roosevelt, telegrama, 15 maio 1940, FDR/Subject.
19. Gilbert. *War Papers*, vol. 2, p. 69.
20. Kennedy. *American People in World War II*, p. 21.
21. Gilbert. *War Papers*, vol. 2, p. 54.
22. Winston Churchill. *Their Finest Hour*, p. 50. Ver também: Gilbert. *War Papers*, vol. 2, p. 62.
23. Colville. *Fringes of Power*, vol. 1, p. 154.
24. Wrigley. *Winston Churchill*, p. 113.
25. Carter. *Winston Churchill*, p. 171.
26. Purnell. *Clementine*, p. 48.
27. Carter. *Winston Churchill*, p. 173.
28. Soames. *Daughter's Tale*, p. 156.
29. Purnell. *Clementine*, p. 177.
30. Soames. *Daughter's Tale*, p. 156.
31. Colville. *Fringes of Power*, vol. 1, p. 157.
32. Ibid.
33. Gilbert. *War Papers*, vol. 2, pp. 83-9. Ver também: Toye. *Roar of the Lion*, pp. 45-7. O livro de Toye fornece a história muitas vezes surpreendente por trás dos maiores discursos de Churchill.
34. Toye. *Roar of the Lion*, p. 47.
35. Diário, 22 maio 1940, Mary Churchill Papers.
36. Moran. *Churchill*, p. 5.

37. Colville. *Fringes of Power*, vol. 1, p. 162.
38. Purnell. *Clementine*, p. 162.
39. Colville. *Fringes of Power*, vol. 2, p. 216.
40. Thompson. *Assignment*, p. 173.
41. Andrew Roberts. *"Holy Fox"*, p. 211.

Capítulo 5: Medo da Lua
1. "British Strategy in a Certain Eventuality", 25 maio 1940, Diários do Gabinete de Guerra, CAB/66/7, UKARCH.
2. Clapson. *Blitz Companion*, p. 27.
3. Dalton. *Fateful Years*, p. 329.
4. Memorando, 6 maio 1943, Writings File, Memoirs, W. Averell Harriman Papers.
5. Cowles. *Looking for Trouble*, p. 112.
6. Lee. *London Observer*, p. 79. Lee também, na p. 54, refere-se a Beaverbrook como "anão e espinhoso". Depois de conhecê-lo na primavera de 1941, Kathleen Harriman comparou-o a uma caricatura da revista satírica *Punch*: "Pequeno, careca, barriga grande, e daí ele se afunila em dois sapatos amarelos muito brilhantes. Sua ideia de esporte é cercar-se de homens inteligentes, depois incentivá-los a discutir e lutar entre si." Kathleen Harriman para Mary Harriman Fisk, 30 maio 1941, Correspondência, W. Averell Harriman Papers.
7. Andrew Roberts. *"Holy Fox"*, p. 265.
8. Encontrei esse apelido em várias fontes, por exemplo, em Chisholm e Davie, *Beaverbrook*, pp. 339, 356, 357, 371; e Colville. *Fringes of Power*, vol. 2, p. 83.
9. Smith. *Reflected Glory*, p. 66.
10. Moran. *Churchill*, p. 7.
11. A. J. P. Taylor. *Beaverbrook*, p. 411.
12. Purnell. *Clementine*, p. 194.
13. Maier. *When Lions Roar*, p. 211.
14. Farrer. *Sky's the Limit*, p. 11.
15. Ibid., p. 33.
16. A. J. P. Taylor. *Beaverbrook*, p. 424.
17. Farrer. *G-for God Almighty*, p. 53.
18. Minuta, Churchill para Beaverbrook [a data está praticamente ilegível, mas parece ser 8 jul. 1940], Prime Minister Files, BBK/D, Beaverbrook Papers.
19. Thompson. *Assignment*, p. 129. Talvez valha notar que Thompson, em 1943, deu um tiro na própria perna por acidente, depois que sua pistola engatilhou em um pedaço de estofamento. Ele se recuperou e Churchill o aceitou de volta. "Não tenho dúvidas sobre você, Thompson", disse Churchill, segundo o próprio Thompson. "Você é uma pessoa muito cuidadosa. Continue como antes." Ibid., pp. 214-5.
20. Manchester e Reid. *Defender of the Realm*, p. 124.
21. Nicolson. *War Years*, p. 88.
22. Ziegler. *London at War*, p. 82.
23. Hinton. *Mass Observers*, p. 191.

Capítulo 6: Göring
1. Boelcke. *Secret Conferences of Dr. Goebbels*, p. 59.
2. Kesselring. *Memoirs*, p. 60. Ver também a inacreditável anotação no diário do chefe do Alto-Comando do Exército, Franz Halder, que conclui: "Acabar com o exército inimigo cercado é dever da Força Aérea!!" Halder. *War Diary*, p. 165.
3. Trevor-Roper. *Blitzkrieg to Defeat*, p. 27-9.

4. Speer. *Inside the Third Reich*, p. 211.
5. Resumo Semanal da Inteligência do min istro do ar, Nº 51, 23 ago. 1940, AIR 22/72, UKARCH.
6. "The Göring Collection", Relatório de Interrogatório Confidencial, nº 2, 15 set. 1945, Escritório de Serviços Estratégicos e Unidade de Investigação de Pilhagem, T 209/29, UKARCH. Esse é um relato impressionante e detalhado da campanha de saques pessoais de Göring. A amplitude da operação e a profundidade da corrupção de Göring são de tirar o fôlego. O material citado nesse parágrafo pode ser encontrado nas pp. 7, 14, 15, 16, 18, 19, 25, 28, 35.
7. Speer. *Inside the Third Reich*, p. 214.
8. Ibid., p. 385.
9. Interrogatório de Dietrich von Choltitz, 25 ago. 1944, WO 208/4463, UKARCH.
10. "Hermann Göring", Relatório de Interrogatório, Serviço de Inteligência Militar, U.S. Ninth Air Force, 1º jun. 1945, Spaatz Papers.
11. Shirer. *Berlin Diary*, p. 468.
12. Baumbach. *Life and Death of the Luftwaffe*, p. 55.
13. "The Birth, Life, and Death of the German Day Fighter Arm (Related by Adolf Galland)", Relatório de Interrogatório, p. 28, Spaatz Papers.
14. Ibid.
15. Conversa entre Galland e o marechal de campo Erhard Milch, 6 jun. 1945, transcrição, Spaatz Papers.

Capítulo 7: Alegria suficiente

1. As anotações quase sempre desesperadas de John Colville sobre Gay Margesson podem ser encontradas em seu diário manuscrito original nos Colville Papers, no Churchill Archives Center, mas a saga, exceto por algumas referências, é omitida da versão publicada, *The Fringes of Power*.
2. Diário manuscrito, 22 maio 1940, Colville Papers.
3. Ibid., 26 maio 1940.
4. Lukacs. *Five Days in London*, p. 140.

Capítulo 8: As primeiras bombas

1. Diretriz aos ministros, 29 maio 1940, Prime Minister Files, BBK/D, Beaverbrook Papers.
2. Dalton. *Fateful Years*, pp. 335-6. Ver uma versão um pouco diferente e menos gráfica em: Andrew Roberts. *"Holy Fox"*, p. 225.
3. Wheeler-Bennett. *Action This Day*, pp. 154, 156.
4. "Private Life of a Prime Minister", MEPO 2/9851, UKARCH.
5. Colville. *Fringes of Power*, vol. 1, p. 171.
6. Wheeler-Bennett. *Action This Day*, p. 144.
7. Gilbert. *War Papers*, vol. 2, p. 243.
8. Halle. *Irrepressible Churchill*, p. 137; Maier, *When Lions Roar*, p. 256. A versão de Maier diz: "E se eles vierem, bateremos na cabeça deles com garrafas de cerveja, pois é tudo o que teremos para combatê-los!"
9. Soames. *Daughter's Tale*, p. 157.
10. Toye. *Roar of the Lion*, p. 70.
11. Nicolson. *War Years*, p. 94.
12. Ibid., pp. 89-90.
13. Pottle. *Champion Redoubtable*, p. 224-5.
14. Toye. *Roar of the Lion*, p. 53.
15. Ibid., pp. 54-5.
16. Ibid., p. 55.

Capítulo 9: Imagem espelhada

1. Lukacs. *Five Days in London*, pp. 192-3n.

Capítulo 10: Aparição

1. Colville. *Fringes of Power*, vol. 1, p. 177.
2. Ibid.
3. Thompson. *Assignment*, p. 217.
4. A. J. P. Taylor. *Beaverbrook*, p. 657.
5. Cadogan. *Diaries*, p. 296.
6. Cockett. *Love and War in London*, pp. 93, 95.
7. Spears, *Fall of France*, p. 150. Em carta datada de 30 maio 1940, o embaixador dos Estados Unidos na França, William Bullitt, disse ao presidente Roosevelt: "Caso eu seja explodido antes de voltar a vê-lo, quero que saiba que foi maravilhoso trabalhar para você e agradeço do fundo do meu coração por sua amizade." Goodwin. *No Ordinary Time*, p. 62.
8. Spears, *Fall of France*, p. 161.
9. Kennedy para Hull, telegrama, 12 jun. 1940, FDR/Safe.

PARTE DOIS: UMA CERTA EVENTUALIDADE

Capítulo 11: O mistério do Castelo do Cisne

1. Fort. *Prof*, p. 232.
2. Ibid., p. 329.
3. Birkenhead. *Prof. in Two Worlds*, p. 68.
4. Colville. *Winston Churchill and His Inner Circle*, p. 48.
5. Fort. *Prof*, p. 12.
6. Birkenhead. *Prof in Two Worlds*, p. 16.
7. Fort. *Prof*, p. 208.
8. Colville. *Winston Churchill and His Inner Circle*, p. 46.
9. Jones. *Most Secret War*, p. 135. Ver da p. 135 à 150 para o relato envolvente de Jones sobre seu trabalho de detetive.
10. Anne foi rainha durante seis meses, até que o casamento foi anulado por falta de consumação. "Como você sabe, eu não gostava muito dela", confidenciou Henrique a Thomas Cromwell, "mas agora gosto muito menos". Esse episódio romântico pode ser encontrado em *Thomas Cromwell*, de Robert Hutchinson (Nova York: St. Martin's Press, 2007), p. 253.
11. Harrod. *Prof*, p. 2.
12. Diário, 13 jun. 1940, Mary Churchill Papers.
13. Spears. *Fall of France*, p. 199. Ver também da p. 198 à 220, para o relato rico e detalhado de Spears daquela reunião decisiva em Tours, França.
14. Ver: Jones. *Most Secret War*, pp. 135-50.
15. Ibid., p. 137.
16. Ismay. *Memoirs*, p. 173.
17. Fort. *Prof*, p. 216.
18. Lindemann para Churchill, bilhete, 13 jun. 1940, F107/17, Lindemann Papers.
19. Jones. *Most Secret War*, p. 137.
20. Pottle, *Champion Redoubtable*, p. 224.
21. "Nº 10 Downing Street: Expenditure, 1935-1936", Relatório do Ministério do Trabalho, WORK 12/245, UKARCH.

22. Diário, 15 jun. 1940, Mary Churchill Papers.
23. Ibid., 18 jun. 1940.
24. Colville. *Fringes of Power*, vol. 1, p. 337.
25. Gilbert. *War Papers*, vol. 2, pp. 337-8.
26. Colville. *Fringes of Power*, vol. 1, p.183.

Capítulo 12: Os fantasmas dos chatos
1. Nel. *Mr. Churchill's Secretary*, pp. 60-1.
2. Thompson. *Assignment*, p. 3.
3. Elletson. *Chequers and the Prime Ministers*, pp. 49-50.
4. J. Gilbert Jenkins. *Chequers*, p. 7.
5. Ibid., p. 130.
6. Quando Lee o comprou, pensava-se que a pintura tivesse sido feita pelo próprio Rembrandt. Pesquisas posteriores determinaram que ele foi pintado por um de seus alunos, Gerbrand van den Eeckhout. Major. *Chequers*, p. 128.
7. Elletson. *Chequers and the Prime Ministers*, pp. 25-26.
8. Ibid., pp. 59, 61-2.
9. Soames. *Clementine Churchill*, p. 256. Churchill usou a abreviatura "wd" em sua carta, em vez de "would".
10. Fort. *Prof*, pp. 164-5.
11. Ibid., p. 165.
12. Colville. *Fringes of Power*, vol. 1, p. 184.
13. Andrew Roberts, *"Holy Fox"*, p. 186.
14. J. Gilbert Jenkins. *Chequers*, p. 122.
15. Colville. *Fringes of Power*, vol. 1, p. 184.
16. Ibid.
17. Ibid.
18. Não está claro quantos charutos Churchill fumava por dia e quantos realmente fumava até o fim. "Ele acende um charuto imediatamente após o café da manhã", observou o inspetor Thompson, "mas, na hora do almoço, o mesmo charuto pode estar apenas pela metade, tendo sido reacendido inúmeras vezes e muitas vezes abandonado logo depois. Ele os mastiga, não os fuma". O processo de reacender envolvia bastante fumaça e fogo. "Uma das imagens mentais permanentes que tenho do sr. Churchill é ele reacendendo seu charuto", escreveu sua secretária Elizabeth Layton (mais tarde sra. Nel). Ela descreveu a sequência: "Uma pausa no que ele estava fazendo; a chama de um fósforo muito grande pulando para cima e para baixo, enquanto nuvens de fumaça azul saíam de sua boca. Então, um chacoalhão apressado do fósforo para apagá-lo e prosseguir com o trabalho." Charutos gastos, ou aqueles que Churchill considerava abaixo do padrão, acabavam jogados na lareira mais próxima. A dormência quase constante de seus charutos levou o general Ian Jacob, secretário assistente do Gabinete de Guerra, a observar: "Na verdade, ele não fumava." Ver: Thompson. *Assignment*, p. 251; Nel. *Mr. Churchill's Secretary*, p. 45; Wheeler-Bennett. *Action This Day*, p. 182.
19. "um torrencial de eloquência": Colville, *Fringes of Power*, vol. 1, pp. 184-5.
20. "Foi ao mesmo tempo": ibid., p. 183.

Capítulo 13: Escarificação
1. Colville. *Fringes of Power*, vol. 1, p. 185.
2. Gilbert. *War Papers*, vol. 2, p. 346.
3. Jones. *Most Secret War*, p. 138.
4. Ibid.

5. Ibid., p. 139.
6. Fort. *Prof*, p. 261.
7. Ibid., p. 262.
8. Colville. *Fringes of Power*, vol. 1, p. 189.
9. Gilbert. *War Papers*, vol. 2, p. 359.
10. Addison e Crang. *Listening to Britain*, p. 123.
11. Cockett. *Love and War in London*, p. 100.
12. Wheeler-Bennett. *King George VI*, p. 460.
13. Cadogan. *Diaries*, p. 299.
14. Winston Churchill. *Their Finest Hour*, p. 194.
15. Addison e Crang. *Listening to Britain*, p. 271.
16. Ismay. *Memoirs*, p. 180.
17. Beaverbrook para Churchill, 16 jun. 1940, BBK/D, Beaverbrook Papers.

Capítulo 14: Este jogo estranho e mortal

1. Gilbert. *War Papers*, vol. 2, pp. 360-8.
2. Toye. *Roar of the Lion*, p. 59.
3. Ibid.
4. "Urgent Measures to Meet Attack", Relatório dos Chefes de Estado-Maior, 19 jun. 1940, CAB 66/8, UKARCH.
5. Jones. *Most Secret War*, p. 144.
6. Nel. *Mr. Churchill's Secretary*, p. 30.
7. Fort. *Prof*, p. 227; Ismay. *Memoirs*, p. 172; Gilbert. *War Papers*, vol. 2, p. 402.
8. Fort. *Prof*, p. 227.
9. Ibid., p. 242.
10. Ibid.
11. Jones. *Most Secret War*, p. 145.
12. Ibid.
13. Jones. *Most Secret War*, p. 153.
14. Winston Churchill. *Their Finest Hour*, p. 385.
15. Jones. *Most Secret War*, p. 153.
16. Ibid., p. 146.
17. Winston Churchill. *Their Finest Hour*, pp. 386-7.
18. Jones. *Most Secret War*, p. 148.
19. Lough. *No More Champagne*, pp. 288-9. *No More Champagne*, de David Lough, é um excelente relato de como Churchill enfrentou dificuldades financeiras durante grande parte de sua carreira.
20. Jones. *Most Secret War*, pp. 148-9.

Capítulo 15: Londres e Berlim

1. Diário, 23 jun. 1940, Mary Churchill Papers.
2. Boelcke. *Secret Conferences of Dr. Goebbels*, p. 60.
3. Ibid.

Capítulo 16: O alerta vermelho

1. Cadogan. *Diaries*, p. 306.
2. "Battle Summary No. 1: Operations Against the French Fleet at Mers-el-Kebir (Oran), July 3-6, 1940", Apêndice A, ADM 234/317, UKARCH.

3. Ibid.
4. Gilbert. *War Papers*, vol. 2, p. 415.
5. Cockett. *Love and War in London*, p. 109.
6. Addison e Crang. *Listening to Britain*, p. 154.
7. Gilbert. *War Papers*, vol. 2, p. 433n3.
8. Ibid., pp. 452-3; Lindemann para Churchill, minuta, 30 jun. 1940, F108/21, Lindemann Papers.
9. Gilbert. *War Papers*, vol. 2, pp. 444-5.
10. Nota, "Home Defense", 28 jun. 1940, War Cabinet Papers, CAB 66/9, UKARCH.
11. Clementine para Winston, 27 jun. 1940, CSCT 1/24, Clementine Churchill Papers.

Capítulo 17: *"Tofrek!"*

1. Gilbert. *War Papers*, vol. 3, pp. 555.
2. Elletson. *Chequers and the Prime Ministers*, p. 108-9.
3. Colville. *Fringes of Power*, vol. 1, p. 207.
4. Smith. *Reflected Glory*, p. 57.
5. Colville. *Fringes of Power*, vol. 1, p. 207.
6. Ogden. *Life of the Party*, p. 69.
7. Kathleen Harriman para Mary Harriman Fisk, 30 maio 1941, Correspondência, W. Averell Harriman Papers.
8. Ogden. *Life of the Party*, p. 123.
9. Ibid., p. 86.
10. Ibid., p. 85.
11. Sarah Churchill. *Keep on Dancing*, p. 18.
12. Wheeler-Bennett. *Action This Day*, p. 264.
13. Purnell. *Clementine*, p. 139.
14. Os leitores encontrarão todos os três incidentes em ibid., pp. 88, 115.
15. Ibid., p. 182.
16. Winston Churchill para Randolph Churchill, 29 dez. 1929, RDCH 1/3/3, Randolph Churchill Papers.
17. Colville. *Winston Churchill and His Inner Circle*, p. 36.
18. Soames. *Clementine Churchill*, p. 315.
19. Gilbert. *War Papers*, vol. 2, p. 231.
20. Ogden. *Life of the Party*, p. 69.
21. Winston S. Churchill. *Memories and Adventures*, p. 6.
22. Colville. *Fringes of Power*, vol. 1, pp. 208-9.
23. Ibid., p. 209-10.

Capítulo 18: Renúncia nº 1

1. Beaverbrook para Churchill, 30 jun. 1940, BBK/D, Beaverbrook Papers.
2. Colville. *Fringes of Power*, vol. 1, p. 214.
3. Gilbert. *War Papers*, vol. 2, p. 454.
4. Young. *Churchill and Beaverbrook*, p. 150.

Capítulo 19: Força H

1. Todas as referências ao episódio de Mers el-Kébir são extraídas de "Battle Summary Nº 1: Operations Against the French Fleet at Mers-el-Kebir (Oran), July 3-6, 1940", ADM 234/317, UKARCH. É um relato literário e imparcial, cheio de trechos de documentos originais e, portanto, totalmente arrepiante. Por

alguma razão – possivelmente conveniência –, a maioria das fontes secundárias usa o nome Oran quando se refere ao incidente, mas, na verdade, a ação principal foi em Mers el-Kébir.
2. Manchester e Reid. *Defender of the Realm*, p. 107; Martin. *Downing Street*, p. 14. Martin omite as palavras "e doloroso".
3. Young. *Churchill and Beaverbrook*, p. 153.
4. Koch. "Hitler's 'Programme' and the Genesis of Operation 'Barbarossa'", p. 896.
5. Halder. *War Diary*, p. 230.
6. Trevor-Roper. *Blitzkrieg to Defeat*, p. 33.
7. Ismay. *Memoirs*, p. 149.
8. Winston Churchill. *Their Finest Hour*, pp. 233-4.
9. Colville. *Fringes of Power*, vol. 1, p. 215.
10. Diário, 3 jul. 1940, Mary Churchill Papers.
11. Gilbert. *War Papers*, vol. 2, p. 474.
12. Nicolson. *War Years*, p. 100.
13. Colville. *Fringes of Power*, vol. 1, p. 216.
14. Addison e Crang. *Listening to Britain*, p. 189.
15. Manchester e Reid. *Defender of the Realm*, p. 110.
16. Ismay. *Memoirs*, p. 150.
17. "My Memory of the Lunch in the Downstairs Flat...", s./d., Churchill Family and Mary Soames File, Pamela Harriman Papers.
18. O inspetor Thompson temia esse olhar e estava familiarizado com ele. Ele sabia que sua presença constante poderia ser irritante, "muito mais insistente e importante do que protetora, pelo menos para ela", e respeitava o modo como ela mantinha esse descontentamento para si mesma. "Ela, no entanto, tinha uma maneira gelada de olhar para um homem quando as coisas chegavam a um ponto de saturação, e nessas ocasiões sempre desejei poder desaparecer até que ela pudesse se recuperar." Thompson. *Assignment*, p. 15.

Capítulo 20: Berlim
1. Stafford. *Flight from Reality*, pp. 14, 156-57.
2. Ibid., p. 14.
3. Boelcke. *Secret Conferences of Dr. Goebbels*, p. 63.
4. Ibid., p. 65.
5. "Evacuation of Civil Population from East, South-East, and South Coast Towns", 3 jul. 1940, War Cabinet Memoranda, CAB 66/8, UKARCH.
6. "Imminence of a German Invasion of Great Britain", Relatório da Subcomissão de Inteligência Conjunta, 4 jul. 1940, Apêndice A, War Cabinet Memoranda, CAB 66/9, UKARCH.
7. Colville. *Fringes of Power*, vol. 1, p. 218.
8. Ibid., p. 216.

Capítulo 21: Champanhe e Garbo
1. Diário manuscrito, 10 jul. 1940, Colville Papers. Este é um dos trechos que Colville chamou de anotações "triviais", omitido por ele na versão publicada de seu diário.

Capítulo 22: Caímos tanto assim?
1. Panter-Downes. *London War Notes*, p. 62.
2. Nicolson. *War Years*, p. 100.

3. Panter-Downes. *London War Notes*, p. 71.
4. Inúmeros telegramas podem ser encontrados nos documentos de Roosevelt, nos arquivos da Secretaria da Presidência, FDR/Diplo. Por exemplo, 13 e 14 jul. 1940.
5. Soames. *Daughter's Tale*, p. 169.
6. Diário, 5 ago. 1940, Mary Churchill Papers.
7. Cockett. *Love and War in London*, p. 124.
8. Ibid., p. 119.
9. Addison e Crang. *Listening to Britain*, p. 229.
10. Ibid., p. 231.
11. Panter-Downes. *London War Notes*, p. 79.
12. Addison e Crang. *Listening to Britain*, p. 231.
13. Gilbert. *War Papers*, vol. 2, p. 533.
14. Farrer. *Sky's the Limit*, p. 78.
15. Ibid., p. 79.
16. Beaverbrook para Churchill, minuta, 31 jan. 1941, BBK/D, Beaverbrook Papers.
17. Farrer. *Sky's the Limit*, p. 81.
18. Trevor-Roper. *Blitzkrieg to Defeat*, p. 34.

Capítulo 23: O que significa um nome?
1. Ogden. *Life of the Party*, p. 100; Smith. *Reflected Glory*, p. 71.

Capítulo 24: O apelo do tirano
1. Shirer. *Berlin Diary*, p. 363. Shirer chama o retiro de Göring de "Karin Hall"; por uma questão de coerência, mudei para Carinhall.
2. Boelcke. *Secret Conferences of Dr. Goebbels*, p. 67.
3. Shirer. *Berlin Diary*, p. 362.
4. Ver a transcrição do discurso em *Vital Speeches of the Day*, vol. 6, pp. 617-25, disponível em: www.ibiblio.org/pha/policy/1940/1940-07-19b.html.
5. Shirer. *Berlin Diary*, pp. 363-64.
6. Galland. *The First and the Last*, p. 8.
7. Detalhes da educação e carreira de Galland podem ser encontrados em sua autobiografia, *The First and the Last*, e em materiais relacionados a seus interrogatórios do pós-guerra por oficiais da Força Aérea dos Estados Unidos. Ver especialmente transcrição de um interrogatório e mais abrangente relatório de 18 maio 1945, "The Birth, Life, and Death of the German Day Fighter Arm (Related by Adolf Galland)", Spaatz Papers.
8. O caça muitas vezes é chamado de Bf 109, em função de seu fabricante original, Bayerische Flugzeugwerke. Overy. *Battle of Britain*, p. 56.
9. Manchester e Reid. *Defender of the Realm*, pp. 129-30.
10. Shirer. *Berlin Diary*, p. 362.
11. Colville. *Fringes of Power*, vol. 1, p. 234.
12. Andrew Roberts. *"Holy Fox"*, p. 250.
13. Boelcke. *Secret Conferences of Dr. Goebbels*, p. 70.
14. Ibid., p. 74.

Capítulo 25: A surpresa do Professor
1. Gilbert. *War Papers*, vol. 2, p. 580.

Capítulo 26: Luvas brancas ao amanhecer

1. Winston Churchill. *Their Finest Hour*, p. 406.
2. Gilbert. *War Papers*, vol. 2, p. 667.
3. Winston Churchill. *Their Finest Hour*, p. 398.
4. Goodwin. *No Ordinary Time*, p. 49.
5. Ibid., p. 52.
6. Churchill para Roosevelt, telegrama, 31 jul. 1940, FDR/Map.
7. Goodwin. *No Ordinary Time*, p. 142.
8. A. J. P. Taylor, *Beaverbrook*, p. 446.
9. Para um relato completo do episódio, ver transcrições de entrevistas, jul. 1991, Biographies File, Pamela Harriman Papers. Ver também: Ogden. *Life of the Party*, pp. 95-7.

Capítulo 27: Diretriz 17

1. Boelcke. *Secret Conferences of Dr. Goebbels*, pp. 37-38.
2. Otto Bechtle. "German Air Force Operations Against Great Britain, Tactics and Lessons Learnt, 1940-1941" (palestra, 2 fev. 1944), AIR 40/2444, UKARCH.
3. Na verdade, no fim de 1942, um oficial da Luftwaffe capturado diria a seus interrogadores que caso os relatórios da inteligência alemã estivessem corretos, a RAF e as forças aéreas Aliadas contavam com "menos 500 aeronaves". Ver "Intelligence from Interrogation: Intelligence from Prisoners of War", 42, AIR 40/1177, UKARCH.
4. "The Birth, Life, and Death of the German Day Fighter Arm (Related by Adolf Galland)", Relatório de Interrogatório, p. 15, Spaatz Papers.

Capítulo 28: "Oh, Lua, linda Lua"

1. Gilbert. *War Papers*, vol. 2, p. 636.
2. Colville. *Fringes of Power*, vol. 1, p. 251.
3. Ibid., p. 252.
4. Ibid., pp. 253-4.
5. Ibid., p. 254.
6. Shirer. *Berlin Diary*, p. 373.

PARTE TRÊS: MEDO

Capítulo 29: Dia da Águia

1. Baker. *Adolf Galland*, pp. 109-11; Basil Collier. *Battle of Britain*, pp. 70-1; Basil Collier. *Defense of the United Kingdom*, pp. 184-8; Bekker. *Luftwaffe Diaries*, p. 151; Overy. *Battle of Britain*, pp. 62-3.
2. Galland. *The First and the Last*, p. 18.
3. Ibid., p. 24.

Capítulo 30: Perplexidade

1. Colville. *Fringes of Power*, vol. 1, p. 261.
2. Winston Churchill. *Their Finest Hour*, pp. 409-10.
3. Ibid., p. 404.
4. Baker. *Adolf Galland*, p. 110.

Capítulo 31: Göring

1. Baker. *Adolf Galland*, p. 157.
2. "War Diary of Kampfgruppe 210", Apêndice ao Relatório do Interrogatório 273/1940, AIR 40/2398, UKARCH.

Capítulo 32: O bombardeiro no pasto

1. Ismay. *Memoirs*, p. 180.
2. Addison e Crang. *Listening to Britain*, p. 331.
3. Cadogan. *Diaries*, p. 321.
4. Gilbert. *War Papers*, vol. 2, p. 679.
5. Resumo de Inteligência Semanal do Ministério do Ar, nº 51, 23 ago. 1940, AIR 22/72, UKARCH.
6. Cowles. *Looking for Trouble*, pp. 423-4.
7. Basil Collier. *Battle of Britain*, pp. 88-9.
8. Nicolson. *War Years*, p. 111. William Shirer, em seu diário, descreveu o som de estilhaços de projéteis antiaéreos explodidos: "Era como granizo caindo em um telhado de metal. Dava para ouvir aquilo caindo em meio às árvores e batendo no telhado", p. 389.
9. Cockett. *Love and War in London*, p. 148.
10. Ibid., p. 143.
11. Colville. *Fringes of Power*, vol. 1, pp. 264-5.
12. Relatórios de Interrogatórioi do Ministério do Ar, 237/1940 e 243/1940, AIR 40/2398, UKARCH. O Relatório 237 registra as marcas do avião: "Escudo azul com o desenho de uma Estrela do Mar branca ao centro, uma faixa amarela no centro da Estrela do Mar. Asa superior verde escura, asa inferior cinza."
13. Bessborough. *Enchanted Forest*, p. 118. O filho do lorde Bessborough e seu coautor, Clive Aslet, publicaram um retrato cativante de Stansted House e da vida no campo na Inglaterra, intitulado *Enchanted Forest: The Story of Stansted in Sussex*. Nele, é possível ficar sabendo uma infinidade de coisas, entre elas o fato de que um dos vitrais na fachada leste da casa é uma representação da Arca do Testemunho, um detalhe elegante como poucos, p. 80. Também ficamos conhecendo os primórdios da tática da "Torta Ressuscitada", feita para criar a ilusão de que um anfitrião preparou mais pratos para uma refeição do que realmente o fizera – "um prato simples composto de fragmentos de todo tipo, cuja única intenção era aumentar o número de pratos servidos, mas que fora isso deveria ser ignorado", p. 73.

Capítulo 33: Berlim

1. Boelcke. *Secret Conferences of Dr. Goebbels*, pp. 78-9. Goebbels bolou um modo particularmente inteligente de deixar os ingleses inquietos, amplificando temores já disseminados de que infiltrados trabalhavam a todo o vapor para preparar a invasão. Ele determinou que seu diretor de transmissões externas atingisse esse objetivo inserindo "mensagens misteriosas porém bem pensadas" no meio da programação, que soassem de modo que as pessoas pensassem parecer uma comunicação entre espiões, "mantendo assim a suspeita de que estamos nos comunicando com membros nossos infiltrados na Grã-Bretanha". Dá para imaginar uma família britânica ouvindo uma transmissão desse tipo em uma noite de domingo. "Que estranho, por que esse locutor disse mingau pela sexta vez seguida?" Ibid., p. 79.

Capítulo 34: "Ol' Man River"

1. Colville. *Fringes of Power*, vol. 1, p. 266.
2. Upward para Churchill, 20 de agosto de 1940; Beaverbrook para John Martin, 26 ago. 1940, Correspondência, BBK/D, Beaverbrook Papers.
3. Beaverbrook para Churchill, 27 ago. 1940, BBK/D, Beaverbrook Papers.

4. Gilbert. *War Papers*, vol. 2, p. 697.
5. Colville. *Fringes of Power*, vol. 1, p. 267.
6. Miller. *Occult Theocracy*, p. 8. Miller também escreveu uma espécie de livro de receitas, publicado em 1918, chamado *Common Sense in the Kitchen*, para mostrar como reduzir o desperdício de comida em casa, dando conselhos para "uma casa com 12 empregados e três membros da família". Ver: Edith Starr Miller. *Common Sense in the Kitchen: Normal Rations in Normal Times* (Nova York: Brentano's, 1918), p. 3.
7. Colville. *Fringes of Power*, vol. 1, p. 99n.

Capítulo 35: Berlim
1. Overy. *Battle of Britain*, p. 87.
2. Basil Collier. *Battle of Britain*, p. 95.

Capítulo 36: Hora do chá
1. Fort. *Prof*, p. 233; Birkenhead. *Prof in Two Worlds*, pp. 167, 272-3; Nota, "Mrs. Beard: An old woman...", 4 jun. 1959, A113/F1, Lindemann Papers. Ver o restante da longa saga da enfermeira – e de suas crescentes demandas fiscais – em F2-F15. Para outros exemplos das ações de caridade do Professor, ver arquivos A114-18.
2. Para várias referências a chá, ver: Overy. *Battle of Britain*, pp. 45-6; Stansky. *First Day of the Blitz*, p. 138; Harrisson. *Living Through the Blitz*, p. 78; Wheeler-Bennett. *Action This Day*, pp. 182-3.
3. Fort. *Prof*, p. 217.

Capítulo 37: Os bombardeiros perdidos
1. Bekker. *Luftwaffe Diaries*, p. 172; Basil Collier. *Battle of Britain*, p. 95; Colville. *Fringes of Power*, vol. 1, p. 270.
2. Encontrei a transmissão de Murrow em www.poynter.org/reporting-editing/2014/today-in-media-history-edward-r-murrow-describes-the-bombing-of-london-in-1940/. Pontuei esses trechos para refletir o modo como ouvi, embora outras transcrições possam diferir.
3. Bekker. *Luftwaffe Diaries*, p. 172.
4. Cockett. *Love and War in London*, p. 159.

Capítulo 38: Berlim
1. Shirer. *Berlin Diary*, p. 388.
2. Ibid., p. 397.
3. Boelcke. *Secret Conferences of Dr. Goebbels*, p. 82.

Capítulo 39: "Ah, a Juventude!"
1. Colville. *Fringes of Power*, vol 1, p. 270.
2. Ibid., p. 271.
3. "Home Opinion as Shewn in the Mails to U.S.A. and Eire", 5 set. 1940, War Cabinet Papers, CAB 66, UKARCH.
4. Diário, 26 ago. 1940, Mary Churchill Papers.
5. Soames. *Daughter's Tale*, p. 167.
6. Ibid., p. 171.
7. Ibid., p. 172.
8. Diário, 28 ago. 1940, Mary Churchill Papers.
9. Andrew Roberts. *"Holy Fox"*, p. 268; Maier. *When Lions Roar*, p. 251.
10. Andrew Roberts. *"Holy Fox"*, p. 268.
11. Beaverbrook para Churchill, 2 set. 1940, Correspondência, BBK/D, Beaverbrook Papers.

Capítulo 40: Berlim e Washington
1. Stafford. *Flight from Reality*, p. 82.
2. Ibid.
3. Goodwin. *No Ordinary Time*, p. 149.
4. Goodhart. *Fifty Ships That Saved the World*, p. 194.

Capítulo 41: Ele está vindo
1. Manchester e Reid. *Defender of the Realm*, p. 152.
2. Shirer. *Berlin Diary*, p. 396.
3. Reproduzido em: Richard Townshend Bickers. *The Battle of Britain: The Greatest Battle in the History of Air Warfare* (Londres: Batsford, 2015). Ver também on-line: "Plan of Attack", doc. 43, Battle of Britain Historical Society, www.battleofbritain1940.net/document-43.html.
4. Overy. *The Bombing War*, p. 88.
5. Wakefield. *Pfadfinder*, pp. 7-12.
6. Ibid., p. 45.

Capítulo 42: Ominous Doings
1. Alanbrooke. *War Diaries*, p. 105.

Capítulo 43: Cap Blanc-N nez
1. "The Göring Collection", Relatório Confidencial de Interrogatório nº 2, 15 set. de 1945, pp. 3, 4, 9, e, nos anexos, "Objects Acquired by Goering", Escritório de Serviços Estratégicos e Unidade de Investigação de Pilhagem, T 209/29, UKARCH.
2. Bekker. *Luftwaffe Diaries*, p. 172; Feigel. *Love-Charm of Bombs*, p. 13. Comentários citados em: Garry Campion. *The Battle of Britain, 1945-1965: The Air Ministry and the Few* (Basingstoke, Reino Unido: Palgrave Macmillan, 2019). Para uma fonte facilmente disponível, ver: Battle of Britain Historical Society, www.battleofbritain1940.net/0036.html.

PARTE QUATRO: SANGUE E POEIRA

Capítulo 44: Em um dia tranquilo de céu azul
1. Diário, 7 set. de 1940, Mary Churchill Papers.
2. Cowles. *Looking for Trouble*, pp. 434-5.
3. Stansky. *First Day of the Blitz*, pp. 31-2.
4. Ziegler. *London at War*, p. 113.
5. Stansky. *First Day of the Blitz*, pp. 33-4.
6. Nicolson. *War Years*, p. 121.
7. Stansky. *First Day of the Blitz*, p. 53.
8. Feigel. *Love-Charm of Bombs*, p. 129.
9. Cowles. *Looking for Trouble*, p. 435.
10. "More About Big Bombs", Relatório de Interrogatório 592/1940, 22 set. 1940, AIR 40/2400, UKARCH.
11. Overy. *The Bombing War*, p. 87.
12. Cockett. *Love and War in London*, p. 165.
13. Cowles. *Looking for Trouble*, p. 439.
14. Feigel. *Love-Charm of Bombs*, p. 53.
15. Wyndham. *Love Lessons*, pp. 113-6.

16. Stansky. *First Day of the Blitz*, p. 72.
17. Interrogatório de Adolf Galland, 18 maio 1945, Spaatz Papers.
18. Kesselring. *Memoirs*, p. 76.
19. Farrer. *G-for God Almighty*, p. 62.

Capítulo 45: Mágica imprevisível

1. Ismay. *Memoirs*, p. 183.
2. Gilbert. *War Papers*, vol. 2, pp. 788-9.
3. Ismay. *Memoirs*, p. 184.
4. "Diary of Brigadier General Carl Spaatz on Tour of Duty in England", 8 set. 1940, Spaatz Papers.
5. Ismay. *Memoirs*, p. 184.
6. Young. *Churchill and Beaverbrook*, p. 152.
7. Farrer. *Sky's the Limit*, p. 61.
8. Stafford. *Flight from Reality*, p. 83.
9. Ibid., p. 141.
10. Diário, 8 set. 1940, Mary Churchill Papers.
11. Soames. *Daughter's Tale*, p. 173.
12. Diário, 11 set. 1940, Mary Churchill Papers.
13. Gilbert. *War Papers*, vol. 2, p. 801-3.
14. "Air Defence of Great Britain", vol. 3, "Night Air Defence, June 1940 – December1941", pp. 56, 66, AIR 41/17, UKARCH.
15. Feigel. *Love-Charm of Bombs*, p. 15.
16. Martin. *Downing Street*, p. 25.
17. Addison e Crang. *Listening to Britain*, p. 414.
18. Shirer. *Berlin Diary*, p. 401.

Capítulo 46 : Sono

1. Gilbert. *War Papers*, vol. 2, p. 834.
2. Addison e Crang. *Listening to Britain*, p. 418.
3. Harrisson. *Living Through the Blitz*, p. 102.
4. Ibid., p. 105.
5. Cowles. *Looking for Trouble*, p. 440.
6. Harrisson. *Living Through the Blitz*, p. 112. Field, em "Nights Underground in Darkest London" (p. 44n17), observa que em novembro de 1940 somente cerca de 4% dos londrinos se abrigaram em uma estação do metrô e "grandes abrigos equivalentes". Em outubro de 1940, a Inteligência Doméstica citou um estudo do Grupo de Observação de Massas que descobriu que cerca de 4% dos londrinos usava abrigos públicos. Um dos principais motivos para que as pessoas não usassem estações de metrô como abrigos era o "medo de serem enterradas". Relatório Semanal da Inteligência Doméstica de 30 set. a 9 out. 1940, INF 1/292, UKARCH.
7. Overy. *The Bombing War*, p. 147.
8. Harrisson. *Living Through the Blitz*, p. 112. A estimativa de 71%, derivada de um estudo do Grupo de Observação de Massas, aparece no Relatório Semanal de Inteligência Interna de 30 set. 9 out. 1940, INF 1/292, UKARCH.
9. Wheeler-Bennett. *King George VI*, p. 468.
10. Ibid., p. 469.
11. Ibid., p. 470.

12. Alanbrooke. *War Diaries*, p. 107.
13. Gilbert. *War Papers*, vol. 2, p. 810.

Capítulo 47 : Reclusão

1. J. Gilbert Jenkins. *Chequers*, pp. 26-30, 120-1; Soames. *Daughter's Tale*, pp. 176-7.
2. J. Gilbert Jenkins. *Chequers*, p. 28.
3. Diário, 15 set. 1940, Mary Churchill Papers.
4. Ibid., 14 set. 1940.
5. Winston Churchill, *Their Finest Hour*, p. 332.
6. Ibid., pp. 333-7.
7. Ibid., p. 336.
8. Ibid., pp. 336-7.
9. Diário, 15 set. 1940, Mary Churchill Papers.

Capítulo 48: Berlim

1. Interrogatório do general A.D. Milch, transcrição, 23 maio 1945, Spaatz Papers.
2. Resumo Semanal da Inteligência do Ministério do Ar, Nº 51, 23 ago. 1940, 7, AIR 22/72, UKARCH.
3. Boelcke. *Secret Conferences of Dr. Goebbels*, p. 91.

Capítulo 49: Medo

1. Diário, 21 set. 1940, Mary Churchill Papers.
2. Gilbert. *War Papers*, vol. 2, p. 862.
3. Transcrições de entrevistas, jul. 1991, Biographies File, Pamela Harriman Papers.
4. Colville. *Fringes of Power*, vol. 1, pp. 292-3.

Capítulo 50: Hess

1. Stafford. *Flight from Reality*, pp. 21, 88-9, 160-3. Uma cópia da carta pode ser vista em "The Capture of Rudolf Hess: Reports and Minutes", WO 199/328, UKARCH.

Capítulo 51: Refúgio

1. Gilbert. *War Papers*, vol. 2, p. 839.
2. Kathleen Harriman para Mary Harriman Fisk, jun. 1941, Correspondência, W. Averell Harriman Papers.
3. Panter-Downes. *London War Notes*, p. 26. O truque da pianista com a laranja é mencionado em: Fort. *Prof*, p. 49.
4. Cockett. *Love and War in London*, p. 188.
5. Harrisson. *Living Through the Blitz*, p. 81.
6. Cockett. *Love and War in London*, p. 195.
7. Ibid., p. 175.
8. Wyndham. *Love Lessons*, p. 121.
9. Elementos dessa saga se encontram no Churchill Archives Centre, em CHAR 1/357, Winston Churchill Papers.
10. Sobre os custos excessivos, ver: "Chequers Household Account", jun. – dez. 1940, e C.F. Penruddock para Kathleen Hill, 25 mar. 1941; Hill para Penruddock, 22 mar. 1941, CHAR 1/365, Winston Churchill Papers. O arquivo contém diversos outros, de outros períodos. Para chegar ao valor de 20.288 dólares, usei as fórmulas de equivalência e inflação apresentadas por David Lough em seu *No More Champagne*, segundo o qual 1 libra esterlina no período 1939-41 equivale a 4 dólares, o que ao ser multiplicado por

um fator de 16 se aproxima do valor de hoje. O excesso de gastos de Churchill em 1940 foi de 317 libras, o que corresponde a 1.268 dólares. Multiplique isso por 16 e o resultado será 20.288 dólares. Sobre os motoristas, ver: Elletson. *Chequers and the Prime Ministers*, p. 107.

11. Ver "Wines Installed in Cellar at Chequers, 23rd October, 1941" e correspondência relativa, CHAR 1/365, Winston Churchill Papers.
12. Andrew Roberts. *"Holy Fox"*, p. 292.
13. Süss. *Death from the Skies*, p. 314; *Swiss Cottager*, Boletins nº 1-3, coleção digital, Universidade de Warwick, disponível em: mrc-catalogue.warwick.ac.uk/records/ABT/6/2/6.
14. Cooper. *Trumpets from the Steep*, p. 44.
15. Ziegler. *London at War*, p. 135.
16. Andrew Roberts. *"Holy Fox"*, p. 248.
17. Ibid., p. 247.
18. Cooper. *Trumpets from the Steep*, p. 68.
19. Cowles. *Looking for Trouble*, p. 441.
20. Ibid., p. 442.
21. Field. "Nights Underground in Darkest London", p. 17; Overy. *The Bombing War*, p. 146; "On This Day: Occupation of the Savoy, 14th September 1940", disponível em: *Turbulent London*, turbulentlondon.com/2017/09/14/on-this-day-occupation-of-the-savoy-14th-september-1940/.
22. Ziegler. *London at War*, pp. 122-23.
23. Nicolson. *War Years*, p. 120; "Animals in the Zoo Don't Mind the Raids", *The War Illustrated 3*, nº 4 (15 nov. 1940). Ver também: "London Zoo During World War Two", Sociedade Zoológica de Londres, 1ª set. 2013, disponível em: www.zsl.org/blogs/artefact-of-the-month/zsl-london-zoo-during-world-war-two.
24. Harrisson. *Living Through the Blitz*, p. 82.
25. Cowles. *Looking for Trouble*, p. 441.
26. Kathleen Harriman para Mary Harriman Fisk, jun. 1941, Correspondência, W. Averell Harriman Papers.
27. Stansky. *First Day of the Blitz*, pp. 170-1.
28. Ogden. *Life of the Party*, p. 122.
29. Cockett. *Love and War in London*, p. 186.
30. Ziegler. *London at War*, p. 91.
31. Fort. *Prof*, pp. 161-3.
32. Ibid., p. 163.

Capítulo 52: Berlim

1. Overy. *The Bombing War*, p. 97.
2. Galland. *The First and the Last*, p. 37.
3. Shirer. *Berlin Diary*, pp. 411-13. A Inteligência Britânica fazia questão de levar prisioneiros que colaboravam para uma turnê por Londres, levando-os inclusive ao teatro, para mostrar a eles quanto da cidade havia sobrevivido ao bombardeio. "Os prisioneiros viam com os próprios olhos que Londres não estava em ruínas, como eles foram levados a acreditar", afirma um relatório da inteligência sobre o processo. Ver isso abalava a confiança deles naquilo que seus líderes vinham dizendo e os tornava mais cooperativos. "Intelligence from Interrogation: Intelligence from Prisoners of War", p. 10, AIR 40/1177, UKARCH.

    Outro relatório de inteligência apresenta um trecho de uma conversa entre dois prisioneiros gravada por interrogadores britânicos que ouviam por meio de microfones, na qual um dos prisioneiros diz: "Eu não consigo entender como Londres ainda existe!"

"Sim", diz o outro, "é inexplicável, embora eles tenham me levado aos distritos da periferia, mas... deve ter mais coisas destruídas!". Special Extract, nº 57, WO 208/3506, UKARCH. (Curiosamente, esse arquivo foi mantido sob sigilo até 1992.)
4. Shirer. *Berlin Diary*, p. 448.
5. Boelcke. *Secret Conferences of Dr. Goebbels*, p. 97.
6. Ibid., p. 98.

Capítulo 53: Alvo Churchill

1. Wheeler-Bennett. *Action This Day*, p. 118.
2. Gilbert. *War Papers*, vol. 2, pp. 818-9.
3. Pottle. *Champion Redoubtable*, p. 228.
4. Lee para Neville Chamberlain, 4 abril 1940, PREM 14/19, UKARCH.
5. Ogden. *Life of the Party*, p. 95; Winston S. Churchill. *Memories and Adventures*, p. 10; Pamela C. Harriman, "Churchill's Dream", *American Heritage*, out./nov. 1983.
6. Ismay para P. Allen, 29 ago. 1940, PREM 14/33, UKARCH.
7. Ismay para o general Sir Walter K. Venning, 8 ago. 1940, "Protection of Chequers", pt. 3, WO 199/303, UKARCH.
8. J.B. Watney para GHQ Home Forces, 22 set. 1940, e "Note for War Diary", 14 set. 1940, "Protection of Chequers", pt. 3, UKARCH.
9. "Report on Cigars Presented to the Prime Minister by the National Tobacco Commission of Cuba", 14 out. 1941, CHAR 2/434.
10. Gilbert. *War Papers*, vol. 3, p. 1238.
11. Ibid., p. 1238n.
12. Colville para Churchill, 18 jun. 1941, CHAR 2/434, Winston Churchill Papers.
13. Farrer. *Sky's the Limit*, p. 63.
14. Beaverbrook para Churchill, 26 jun. 1940, BBK/D, Beaverbrook Papers.
15. Farrer. *Sky's the Limit*, p. 65.
16. Ibid., p. 63.
17. Lindemann para Churchill, minuta, 14 ago. 1940, F113/19, Lindemann Papers.
18. Lindemann para Churchill, 20 ago. 1940, F114/12, Lindemann Papers.
19. Relatório Semanal da Inteligência Interna, 30 set. – 9 out. 1940, INF 1/292, UKARCH.
20. Diário, 26 e 27 set. 1940, Mary Churchill Papers.
21. Ibid., 27 set. 1940.
22. Gilbert. *War Papers*, vol. 2, p. 902.
23. Diário, 8 out. 1940, Mary Churchill Papers; Soames. *Daughter's Tale*, pp. 179-80.
24. Transcrição de entrevista, julho de 1991, Biographies File, Pamela Harriman Papers.
25. Diário, 10 out. 1940, Mary Churchill Papers.
26. Transcrição de entrevista, julho de 1991, Biographies File, Pamela Harriman Papers; Ogden. *Life of the Party*, p. 100; Smith. *Reflected Glory*, p. 72.
27. Colville. *Fringes of Power*, vol. 1, p. 307.
28. Ibid., p. 309.
29. Ibid.
30. Nicolson. *War Years*, pp. 128-9.
31. Roy Jenkins. *Churchill*, p. 640.
32. Chisholm e Davie. *Beaverbrook*, p. 445.

Capítulo 54: Perdulário

1. Transcrição de entrevista, julho de 1991, Biographies File, Pamela Harriman Papers.
2. Ibid.; Ogden. *Life of the Party*, p. 92.
3. Winston Churchill para Randolph Churchill, 18 out. 1931, RDCH 1/3/3, Randolph Churchill Papers.
4. Winston Churchill para Randolph Churchill, 14 fev. 1938, RDCH 1/3/3, Randolph Churchill Papers.
5. Transcrição de entrevista, jul. de 1991, Biographies File, Pamela Harriman Papers.
6. Ogden. *Life of the Party*, p. 102-3.
7. Winston S. Churchill. *Memories and Adventures*, p. 14.
8. Pamela Churchill para Randolph Churchill, 17 e 18 set. 1940, RDCH 1/3/5, Arquivo nº 1, Randolph Churchill Papers.
9. Pamela Churchill para Randolph Churchill, 9 set. 1940, RDCH 1/3/5, Arquivo nº 1, Randolph Churchill Papers.
10. Pamela Churchill para Randolph Churchill, [não datada, mas provavelmente de fins de outubro de 1940], RDCH 1/3/5, Arquivo nº 2, Randolph Churchill Papers.
11. Pottle. *Champion Redoubtable*, p. 230.
12. Nicolson. *War Years*, p. 121.
13. J. Gilbert Jenkins. *Chequers*, p. 146.
14. Colville. *Fringes of Power*, vol. 1, p. 318.
15. Ismay. *Memoirs*, p. 175; Elletson. *Chequers and the Prime Ministers*, p. 110.

Capítulo 55: Washington e Berlim

1. Sherwood. *Roosevelt e Hopkins*, p. 198.
2. Ibid., p. 191.
3. Kershaw. *Nemesis*, p. 336.
4. Overy. *Battle of Britain*, p. 98.
5. "Air Defense of Great Britain", vol. 3, "Night Air Defense, June 1940 – December1941", p. 82, AIR 41/17, UKARCH. O relatório usa a frase "pequenas proposições", certamente um substituto indesejado para "proporções".

Capítulo 56: O discurso do Sapo

1. Gilbert. *War Papers*, vol. 2, p. 979.
2. Toye. *Roar of the Lion*, p. 80.
3. Ibid., p. 81.
4. Ibid.
5. Gilbert. *War Papers*, vol. 2, pp. 980-2.
6. Diário, 21 out. 1940, Mary Churchill Papers.
7. Boelcke. *Secret Conferences of Dr. Goebbels*, p. 108.
8. "Intelligence from Interrogation: Intelligence from Prisoners of War", p. 42, AIR 40/1177, UKARCH.

Capítulo 57: O ovipositor

1. Goodwin. *No Ordinary Time*, p. 189.
2. Nicolson. *War Years*, p. 126.
3. Diário, 6 nov. 1940, Mary Churchill Papers.
4. Gilbert. *War Papers*, vol. 2, pp. 1053-4.
5. Ibid., p. 1147.
6. Lindemann para Churchill, 1º de nov. 1940, F121/1, Lindemann Papers.

7. Portal para Churchill, 5 nov. 1940, PREM 3/22/4b, UKARCH.
8. Wakefield. *Pfadfinder*, p. 67.
9. Lindemann para Churchill, 13 nov. de 1940, PREM 3/22/4b, UKARCH.
10. Churchill para Ismay, 18 nov. 1940, PREM 3/22/4b, UKARCH.
11. Ismay para Churchill, 21 nov. 1940, PREM 3/22/4b, UKARCH.
12. Para um relato detalhado da péssima noite do piloto Hans Lehmann, ver: Wakefield. *Pfadfinder*, pp. 64-7.

Capítulo 58: Nossa fonte especial

Todos os relatórios oficiais de inteligência e memorandos que usei para contar a história do ataque a Coventry neste capítulo e no próximo podem ser encontrados no arquivo "German Operations 'Moonlight Sonata' (Bombing of Coventry) and Counter-plan 'Cold Water'", AIR 2/5238, no National Archives do Reino Unido. Desde o ataque, pessoas com tendências a acreditar em conspirações tentaram provar que Churchill sabia tudo sobre isso e não fez nada, para evitar revelar o segredo de Bletchley Park. No entanto, os registros documentais, abertos ao público em 1971, deixam claro que Churchill naquela noite não tinha ideia de que Coventry seria o alvo.

1. Colville. *Winston Churchill*, p. 85.
2. Nas palavras do inspetor Thompson: "Perder um ataque aéreo para ele era tão impossível quanto assistir parado a um debate no Parlamento." Thompson. *Assignment*, p. 126.

Capítulo 59: Um adeus em Coventry

1. Longmate. *Air Raid*, p. 73.
2. Ibid., p. 79.
3. Ibid., p. 102.
4. Ibid., p. 109.
5. Ibid., p. 105.
6. Ibid., p. 106.
7. Ibid., p. 95.
8. Donnelly. *Mrs. Milburn's Diaries*, p. 66.
9. Süss. *Death from the Skies*, p. 412; Longmate. *Air Raid*, p. 156.
10. Longmate. *Air Raid*, p. 223.
11. A. J. P. Taylor. *Beaverbrook*, p. 454.
12. Longmate. *Air Raid*, p. 196.
13. "Note on German Operation 'Moonlight Sonata', and Counter-plan 'Cold Water'", p. 2, AIR 2/5238, UKARCH.
14. Longmate. *Air Raid*, p. 202.
15. Harrisson. *Living Through the Blitz*, p. 135.
16. Ibid., p. 134.
17. Longmate. *Air Raid*, p. 212.
18. Boelcke. *Secret Conferences of Dr. Goebbels*, p. 109.
19. Fred Taylor. *Goebbels Diaries*, p. 177.
20. Kesselring. *Memoirs*, p. 81.
21. Bekker. *Luftwaffe Diaries*, p. 180.

Capítulo 60: Distração

1. Diário, 17 nov. 1940, Colville Papers.
2. Pamela Churchill para Randolph Churchill, 19 nov. 1940, RDCH 1/3/5, Arquivo n° 2, Randolph Churchill Papers.

3. Colville. *Fringes of Power*, vol. 1, p. 379.
4. Gilbert. *War Papers*, vol. 2, p. 1002.
5. Elletson. *Chequers and the Prime Ministers*, p. 107.
6. Cowles. *Winston Churchill*, p. 327.
7. Beaverbrook para Winston Churchill, 2 dez. 1940, BBK/D, Beaverbrook Papers.
8. Churchill para Beaverbrook, 3 dez. 1940, BBK/D, Beaverbrook Papers.

Capítulo 61: Entrega especial

1. Gilbert. *War Papers*, vol. 2, p. 1169.
2. Churchill para Sinclair et al., 9 dez. 1940, G 26/1, Lindemann Papers.
3. Churchill para Sinclair et al., 12 jan. 1941, G 35/30, Lindemann Papers.
4. Gilbert. *War Papers*, vol. 2, p. 1204.
5. Churchill para Roosevelt, 7 dez. 1940, FDR/Diplo. Também em FDR/Map.
6. Andrew Roberts. *"Holy Fox"*, p. 272.
7. Cooper. *Trumpets from the Steep*, p. 69.
8. Diário, 12 dez. 1940, Mary Churchill Papers.
9. Gilbert. *War Papers*, vol. 2, p. 1217.
10. Sherwood. *Roosevelt and Hopkins*, p. 224.

Capítulo 62: Diretrizes

1. Cockett. *Love and War in London*, pp. 181-2.

Capítulo 63: Aquela velha e tola etiqueta de preço

1. Sherwood. *Roosevelt and Hopkins*, p. 225.
2. Ibid., p. 229.

Capítulo 64: Um sapo no portão

1. A.J.P. Taylor. *Beaverbrook*, p. 58.
2. Andrew Roberts. *"Holy Fox"*, p. 275.
3. Hylton. *Their Darkest Hour*, p. 107.
4. James R. Wilkinson para Walter H. McKinney, 27 dez. 1940, FDR/Diplo.
5. Harrisson. *Living Through the Blitz*, p. 313.
6. Cockett. *Love and War in London*, p. 149.
7. Ibid., p. 140.
8. Clementine Churchill para Winston Churchill, 3 jan. 1941; "The 3-Tier Bunk", "Sanitation in Shelter", "Shelters Visited in Bermondsey on Thursday December 19th 1940", todos em PREM 3/27, UKARCH.

Nesse sentido, eis uma bela história sobre café da manhã: no começo do outono, o jornalista Kingsley Martin visitou o gigantesco abrigo Tilbury no East End, um depósito de margarina que à noite recebia 1.400 pessoas. Depois, ele escreveu um texto vívido sobre a experiência, intitulado "The War in East London" [A guerra na zona leste de Londres]. Os habitantes dos abrigos – "brancos, judeus e gentios, chineses, indianos e negros" – davam pouca atenção à higiene, escreveu. "Eles urinam e defecam por todo o prédio. O processo é auxiliado pela conveniência das caixas de margarina que podem ser empilhadas e transformadas em montes atrás dos quais as pessoas se escondem e dormem e defecam e urinam confortavelmente." Ele não sabia se essa margarina tinha depois sido distribuída para supermercados da cidade, mas escreveu que "os perigos de milhares

de pessoas dormindo sobre a margarina de Londres é bastante óbvio". Alguém quer mais torrada? PREM 3/27, UKARCH.
9. Churchill para o secretário do Interior et al., 29 mar. 1941, PREM 3/27, UKARCH.
10. Cadogan. *Diaries*, p. 342.
11. Ibid., p. 343.
12. Wheeler-Bennett. *King George VI*, p. 520.

Capítulo 65: Weinnachten
1. Fred Taylor. *Goebbels Diaries*, pp. 179-80.
2. Ibid., p. 208.
3. Trevor-Roper. *Blitzkrieg to Defeat*, p. 49.
4. Boelcke. *Secret Conferences of Dr. Goebbels*, p. 112.
5. Ibid., p. 110.
6. Para essa sucessão de entradas de diário, ver: Fred Taylor. *Goebbels Diaries*, pp. 201, 204, 215, 217, 209.
7. Stafford. *Flight from Reality*, pp. 126, 127.

Capítulo 66: Rumores
1. Para esses rumores, e muitos outros, ver Relatórios Semanais da Inteligência Interna de 30 de set. a 9 out. 1940; 7 out. a 14 out. 1940; 15 de jan. 22 jan. 1941; 12 fev. 19 fev. 1941, todos em INF 1/292, UKARCH. Quanto ao boato de Wimbledon, ver: "Extract from Minute by Mr. Chappell to Mr. Parker, Sept. 23, 1940", HO 199/462, UKARCH.

Capítulo 67: Natal
1. Colville. *Fringes of Power*, vol. 1, p. 383.
2. Lee. *London Observer*, p. 187.
3. Martin. *Downing Street*, p. 37.
4. Colville. *Fringes of Power*, vol. 1, p. 383.
5. Diário, 24 dez. 1940, Colville Papers.
6. Colville. *Winston Churchill and His Inner Circle*, p. 110.
7. Soames. *Daughter's Tale*, p. 185.
8. Martin. *Downing Street*, p. 37.
9. Diário, 25 dez. 1940, Mary Churchill Papers.
10. Nicolson. *War Years*, p. 131.
11. Wyndham. *Love Lessons*, p. 166.

Capítulo 68: "Poedeira"
1. Basil Collier. *Defense of the United Kingdom*, p. 274.

Capítulo 69: "Auld Lang Syne"
1. Sherwood. *Roosevelt and Hopkins*, p. 228.
2. Fred Taylor. *Goebbels Diaries*, p. 222.
3. Cadogan. *Diaries*, p. 344.
4. Gilbert. *War Papers*, vol. 2, p. 1309.
5. Fred Taylor. *Goebbels Diaries*, p. 223.
6. Martin. *Downing Street*, p. 37; Colville. *Fringes of Power*, vol. 1, p. 386.

PARTE CINCO: OS AMERICANOS

Capítulo 70: Segredos
1. Lee. *London Observer*, p. 208.
2. Churchill para Beaverbrook, 2 jan.1941, BBK/D, Beaverbrook Papers.
3. Beaverbrook para Churchill, 3 jan. 1941, BBK/D, Beaverbrook Papers.
4. Churchill para Beaverbrook, 3 jan. 1941, BBK/D, Beaverbrook Papers.
5. Gilbert. *War Papers*, vol. 3, pp. 2-3.
6. Ibid., pp. 4-6.
7. Colville. *Fringes of Power*, vol. 1, p. 387.
8. Ibid.
9. Singleton para Churchill, 3 jan. 1941, F125/12, Lindemann Papers.
10. Beaverbrook para Churchill, 6 jan. 1941, BBK/D, Beaverbrook Papers.
11. Gilbert. *War Papers*, vol. 3, p. 35.
12. Churchill para Beaverbrook, 7 jan. 1941, BBK/D, Beaverbrook Papers.
13. A. J. P. Taylor. *Beaverbrook*, p. 465.
14. Sherwood. *Roosevelt and Hopkins*, p. 234.
15. Colville. *Fringes of Power*, vol. 1, p. 393.
16. Ibid., p. 392.
17. Pamela Churchill para Randolph Churchill, 1º jan. 1941, RDCH 1/3/5, Arquivo nº 3, Randolph Churchill Papers.

Capítulo 71: O especial das onze e meia
1. Ismay. *Memoirs*, pp. 213-4.
2. Gilbert. *War Papers*, vol. 3, p. 58.
3. Ibid., p. 59.
4. Diário, 10 jan. 1941, Colville Papers.
5. Donnelly. *Mrs. Milburn's Diaries*, p. 72.
6. Diário, 11 jan. 1941, Mary Churchill Papers.
7. Soames. *Clementine Churchill*, pp. 385-6.
8. Colville. *Fringes of Power*, vol. 1, p. 395.
9. Gilbert. *War Papers*, vol. 3, pp. 68-9; Colville. *Fringes of Power*, vol. 1, p. 396.
10. Gilbert. *War Papers*, vol. 3, p. 69.
11. Colville. *Fringes of Power*, vol. 1, p. 397.
12. Sherwood. *Roosevelt and Hopkins*, p. 243.

Capítulo 72: Para Scapa Flow
1. Moran. *Churchill*, p. 6.
2. Nel. *Mr. Churchill's Secretary*, p. 78.
3. Andrew Roberts. *"Holy Fox"*, p. 280.
4. Lee. *London Observer*, p. 224.
5. Ismay. *Memoirs*, p. 214.
6. Lee. *London Observer*, p. 225.
7. Gilbert. *War Papers*, vol. 3, p. 86.
8. Ibid., pp. 86-7.

Capítulo 73: "Aonde tu fores"
1. Martin. *Downing Street*, p. 42.
2. Lee. *London Observer*, p. 226.
3. Ismay. *Memoirs*, p. 214.
4. Sherwood. *Roosevelt and Hopkins*, p. 246.
5. Lee. *London Observer*, p. 227.
6. Martin. *Downing Street*, p. 40; Sherwood. *Roosevelt and Hopkins*, p. 250.
7. Ismay. *Memoirs*, p. 215.
8. Ibid., p. 216.
9. Ibid.; Moran. *Churchill*, p. 6.
10. Moran. *Churchill*, p. 6.
11. Diário, 18 jan. 1941, Colville Papers.
12. Sherwood. *Roosevelt and Hopkins*, p. 255.
13. Gilbert. *War Papers*, vol. 3, p. 165.

Capítulo 74: Diretriz nº 23
1. Trevor-Roper. *Blitzkrieg to Defeat*, pp. 56-8.
2. "Hermann Göring", Relatório de Interrogatório, Serviço da Inteligência Militar, U.S. Ninth Air Force, 1º jun. 1945, Spaatz Papers.
3. Relatório de Interrogatório, generais Attig, Schimpf et al., 20 maio 1945, Spaatz Papers.
4. Kesselring. *Memoirs*, p. 85.

Capítulo 75: A violência iminente
1. Gilbert. *War Papers*. Vol. 3, p. 191.
2. Relatório Semanal da Inteligência Interna de 5 fev. 12 fev. 1941, INF 1/292, UKARCH.
3. Gilbert. *War Papers*, vol. 3, pp. 192-200.
4. Fred Taylor. *Goebbels Diaries*, p. 229.
5. Wheeler-Bennett. *King George VI*, pp. 447, 849.
6. Gilbert. *War Papers*, vol. 3, p. 224.
7. Ibid., p. 225.
8. Telegramas, 21 e 23 jan. 1941, BBK/D, Beaverbrook Papers.
9. Wyndham. *Love Lessons*, p. 171.
10. Transcrições de entrevistas, jul. 1991, Biographies File, Pamela Harriman Papers.

Capítulo 76: Londres, Washington e Berlim
1. Conant. *My Several Lives*, pp. 253-5.
2. "Memorandum for the Chief of Staff", Departamento de Guerra, 3 mar. 1941, Spaatz Papers.
3. Trevor-Roper. *Blitzkrieg to Defeat*, pp. 58-9.

Capítulo 77: Sábado à noite
1. Wyndham. *Love Lessons*, p. 160.
2. Graves. *Champagne and Chandeliers*, p. 112.
3. Ibid., p. 115.
4. Fred Taylor. *Goebbels Diaries*, p. 260.
5. Goodwin. *No Ordinary Time*, p. 213.

Capítulo 78: O homem alto e sorridente

1. Averell Harriman, Memorando para si mesmo, 11 mar. 1941, "Harriman Mission", Chronological File, W. Averell Harriman Papers.
2. Ibid.
3. Ibid.
4. Smith. *Reflected Glory*, p. 259.
5. Gilbert. *War Papers*, vol. 3, pp. 320-4.

Capítulo 79: Snakehips

Champagne and Chandeliers, de Charles Graves, é uma biografia do Café que oferece um relato vívido e detalhado do bombardeio nas pp. 112-25. O Arquivo Nacional do Reino Unido possui um mapa feito por investigadores que mostra a planta do clube e as localizações das pessoas que foram feridas e dos mortos, e que inclui a seguinte anotação: "Seis pessoas foram encontradas mortas à mesa. Elas não apresentavam ferimentos superficiais" HO 193/68, UKARCH.

1. Diário, 8 mar. 1941, Mary Churchill Papers.
2. Graves. *Champagne and Chandeliers*, p. 116.
3. Ziegler. *London at War*, p. 148.
4. Graves. *Champagne and Chandeliers*, p. 121.
5. Diário, 8 mar. 1941, Mary Churchill Papers.
6. Graves. *Champagne and Chandeliers*, pp. 118-9.
7. Diário, 8 mar. 1941, Mary Churchill Papers.
8. Soames. *Daughter's Tale*, p. 191.

Capítulo 80: Quadrilha de baioneta

1. Gilbert. *War Papers*, vol. 3, p. 331.
2. Ibid., p. 332.
3. Diário, 9 mar. 1941, Mary Churchill Papers.
4. Alanbrooke. *War Diaries*, p. 145.
5. Colville *Fringes of Power*, vol. 1, p. 433.
6. Alanbrooke. *War Diaries*, pp. 144-5.
7. Fred Taylor. *Goebbels Diaries*, p. 262.

Capítulo 81: O jogador

1. Waugh. *Diaries*, p. 493.
2. Smith. *Reflected Glory*, p. 75.
4. Transcrições de entrevistas, jul. 1991, Biographies File, Pamela Harriman Papers.
5. Ibid.
6. Ibid.
7. Clarissa Eden. *Clarissa Eden*, p. 58.
8. Ibid., p. 59.
9. Transcrições de entrevistas, jul. 1991, Biographies File, Pamela Harriman Papers.

Capítulo 82: Um agrado para Clementine

1. "Atlantic Clipper Passenger List", Nova York-Lisboa, 10 a 12 mar. 1941, "Harriman Mission", Chronological File, W. Averell Harriman Papers; Harriman. *Special Envoy to Churchill and Stalin*, p. 19.
2. "World War II Diary", 2, Meiklejohn Papers.

3. Meiklejohn para Samuel H. Wiley, 16 abr. 1941, "Family Papers", W. Averell Harriman Papers.
4. Martin. *Downing Street*, p. 42.
5. Fred Taylor. *Goebbels Diaries*, p. 268.
6. Harriman. *Special Envoy to Churchill and Stalin*, p. 21.
7. Ibid., p. 22.
8. Diário, "Monday & Tuesday", 17 e 18 mar. 1941, Mary Churchill Papers.
9. "World War II Diary", p. 10, Meiklejohn Papers.
10. Ibid., p. 12.
11. Meiklejohn para Knight Woolley, 21 maio 1941, Public Service, Chronological File, W. Averell Harriman Papers. Harriman também estava sujeito a episódios de dispepsia, um termo arcano para azia e má digestão.
12. Niven. *Moon's a Balloon*, p. 242.
13. Niven para Harriman, 16 de março de 1941, "Harriman Mission", Chronological File, W. Averell Harriman Papers.
14. Christiansen para Harriman, 19 mar. 1941, "Harriman Mission", Chronological File, W. Averell Harriman Papers.
15. Owen para Harriman, 19 mar. 1941, "Harriman Mission", Chronological File, W. Averell Harriman Papers.
16. Kathleen Harriman para Marie Harriman, 19 mar. [sem data, mas provavelmente 1942], Correspondência, W. Averell Harriman Papers.

Capítulo 83: Homens

1. Anthony Biddle para Franklin Roosevelt, 26 abr. 1941. FDR/Diplo.
2. Gilbert. *War Papers*, vol. 3, p. 369.
3. "Air Raid Casualties", 3 abr. 1941, Metropolitan Police Report, MEPO 2/6580.
4. "'Dearest, I Feel Certain I Am Going Mad Again': The Suicide Note of Virginia Woolf", *Advances in Psychiatric Treatment* 16, nº 4, jul. 2020, www.cambridge.org/core/journals/advances-in-psychiatric-treatment/article/dearest-i-feel-certain-i-am-going-mad-again-the-suicide-note-of-virginia-woolf/8E400FB1A-B0EEA2C2A61946475CB7FA3.
5. C. R. Thompson para Hastings Ismay, 26 mar. 1941, Protection of Chequers, pt. 3, WO 199/303, UKARCH.
6. "Your Anderson Shelter This Winter", PREM 3/27, UKARCH.
7. Memorando, "Yesterday evening...", 1º maio 1941, PREM 3/27, UKARCH.
8. Diário, 28 mar. 1941, Mary Churchill Papers.
9. Ibid.
10. "World War II Diary", p. 15, Meiklejohn Papers.
11. Transcrições de entrevistas, jul. 1991, Biographies File, Pamela Harriman Papers.
12. Channon. *"Chips"*, p. 385.
13. Gilbert. *Finest Hour*, p. 1.048.
14. Colville. *Fringes of Power*, vol. 1, p. 440.
15. Diário, 30 mar. 1941, Mary Churchill Papers.

PARTE SEIS: AMOR EM MEIO ÀS CHAMAS

Capítulo 84: Graves notícias

1. Essas várias entradas podem ser encontradas nas datas indicadas no diário de Mary. Mary Churchill Papers.
2. Gilbert. *Finest Hour*, p. 1055.

3. Gilbert. *War Papers*, vol. 3, p. 460.
4. Ibid.
5. Ibid., p. 470. Para o discurso, ver: ibid., p. 461p70.
6. Nicolson. *War Years*, p. 162.
7. Harriman para Roosevelt, 10 abr. 1941, "Harriman Mission", Chronological File, W. Averell Harriman Papers.
8. Diário, 9 abr. 1941, Mary Churchill Papers.
9. Winston Churchill para Randolph Churchill, 8 jun. 1941, CHAR 1/362, Winston Churchill Papers.
10. Diário, 11 abr. 1941, Mary Churchill Papers.
11. Colville. *Fringes of Power*, vol. 1, p. 443.
12. Diário, 12 abr. 1941, Mary Churchill Papers; Soames. *Daughter's Tale*, p. 193.
13. Thompson. *Assignment*, pp. 215-6.
14. Diário, 12 abr. 1941, Mary Churchill Papers.
15. "War Reminiscences", 12 e 13 out. 1953, Memoirs, Harriman Recollections, W. Averell Harriman Papers.
16. Soames. *Daughter's Tale*, p. 193.
17. Gilbert. *War Papers*, vol. 3, p. 480.
18. "War Reminiscences", 12 e 13 out. 1953, Memoirs, Harriman Recollections, W. Averell Harriman Papers.
19. Gilbert. *War Papers*, vol. 3, p. 486n1.
20. Ibid., p. 486.
21. Colville. *Fringes of Power*, vol. 1, p. 444.
22. Clementine Churchill para Harriman, 15 abr. 1941, "Harriman Mission", Chronological File, W. Averell Harriman Papers.
23. Averell Harriman para Kathleen Harriman, 15 abr. 1941, W. Averell Harriman Papers.
24. Smith. *Reflected Glory*, p. 90.
25. Como Alexander Cadogan observou em uma série de entradas de diário, a partir de 7 abr. 1941: "M. sombrio", "Totalmente pra baixo", "Bastante sombrio", Cadogan. *Diaries*, p. 370.

Capítulo 85: Desprezo
1. Boelcke. *Secret Conferences of Dr. Goebbels*, p. 143.
2. Below. *At Hitler's Side*, p. 93; Fred Taylor. *Goebbels Diaries*, p. 311.
3. Gilbert. *War Papers*, vol. 3, p. 502.

Capítulo 86: Aquela noite no Dorchester
1. Roosevelt para Cordell Hull, 16 abr. 1941, FDR/Conf.
2. Greene. *Ways of Escape*, p. 112.
3. Colville. *Fringes of Power*, vol. 1, p. 445.
4. "World War II Diary", p. 23, Meiklejohn Papers.
5. Lee. *London Observer*, p. 244.
6. Em *Life of the Party*, Christopher Ogden se baseia nas lembranças da própria Pamela e as amplia para localizar esse jantar em Dorchester, no apartamento de lady Emerald Cunard, uma conhecida anfitriã londrina, pp. 118-20. Nesse período, porém, lady Cunard não estava na Inglaterra. Sally Bedell Smith, em *Reflected Glory*, oferece um relato mais convincente, pp. 84-85. Ver também: *Nancy Cunard*, de Anne Chisholm, que afirma que Cunard estava em uma ilha caribenha no momento em que o jantar ocorreu, pp. 159, 261. No entanto, deve-se observar que o resultado é igual.
7. Transcrições de entrevistas, jul. 1991, Biographies File, Pamela Harriman Papers.

8. Smith. *Reflected Glory*, p. 85.
9. Colville. *Fringes of Power*, vol. 1, p. 445.
10. Smith. *Reflected Glory*, p. 85.

Capítulo 87: Os penhascos brancos
1. Lindemann para Churchill, 17 abr. 1941, F132/24, Lindemann Papers.
2. Colville. *Fringes of Power*, vol. 1, p. 449.
3. Ibid., p. 472.

Capítulo 88: Berlim
1. Fred Taylor. *Goebbels Diaries*, p. 332.
2. Ibid., p. 331.
3. Ibid., p. 335.

Capítulo 89: Este vale carrancudo
1. Cadogan. *Diaries*, p. 374.
2. Gilbert. *War Papers*, vol. 3, p. 548.
3. Toye. *Roar of the Lion*, p. 95.
4. Gilbert. *War Papers*, vol. 3, p. 556.
5. Ibid., p. 577.
6. Fred Taylor. *Goebbels Diaries*, p. 337.
7. Ibid., p. 340.
8. Gilbert. *War Papers*, vol. 3, p. 577.
9. Citado em: Stafford. *Flight from Reality*, p. 142; "Studies in Broadcast Propaganda, nº 29, Rudolf Hess, BBC", INF 1/912, UKARCH.

Capítulo 90: Melancolia
1. Beaverbrook para Churchill, 30 abr. 1941, BBK/D, Beaverbrook Papers.
2. Panter-Downes. *London War Notes*, p. 147.
3. Colville. *Fringes of Power*, vol. 1, p. 452.
4. Kimball. *Churchill and Roosevelt*, p. 180.
5. Gilbert. *War Papers*, vol. 3, p. 592.
6. Ibid., p. 600.
7. No final, a trajetória dos cinquenta contratorpedeiros que Roosevelt deu à Grã-Bretanha variou bastante. Pelo menos, doze colidiram com navios aliados, cinco deles norte-americanos. A Real Marinha Canadense recebeu dois deles e, em abril de 1944, tentou devolvê-los. A Marinha norte-americana recusou.

    Mas os navios fizeram sua parte. Suas tripulações resgataram mil marinheiros. Um deles, o *Churchill*, batizado em homenagem a um ancestral do primeiro-ministro, serviu de escolta a catorze comboios, apenas em 1941. Os contratorpedeiros abateram aeronaves, afundaram pelo menos seis submarinos e ajudaram a capturar um submarino intacto, que a Marinha Real incorporou à própria frota.

    À medida que a guerra avançava, os contratorpedeiros norte-americanos deixaram de operar. Uma dúzia deles serviu de alvo no treinamento de pilotos para a guerra marítima. Nove, incluindo o *Churchill*, foram transferidos para os russos, com a finalidade de serem desmontados e fornecerem peças sobressalentes.

Em 16 de janeiro de 1945, o *Churchill*, rebatizado de *Dejatelnyj* – que em russo significa "ativo" –, foi torpedeado e afundado por um submarino enquanto escoltava um comboio na travessia do mar Branco, na Rússia. O capitão do navio e 116 membros da tripulação morreram; sete sobreviveram.

Para um melhor relato a respeito disso, ver: *Fifty Ships That Saved the World*, de Philip Goodhart. O título é hiperbólico, mas a história é boa.

8. Gilbert. *War Papers*, vol. 3, p. 600.
9. Colville. *Fringes of Power*, vol. 1, p. 453.

Capítulo 91: Eric

1. Nicolson. *War Years*, p. 165.
2. "World War II Diary", p. 56, Meiklejohn Papers.
3. Colville. *Fringes of Power*, vol. 1, p. 454.
4. Gilbert. *War Papers*, vol. 3, p. 596.
5. Fred Taylor. *Goebbels Diaries*, p. 346.
6. Colville. *Fringes of Power*, vol. 1, p. 454.

Capítulo 93: Sobre Panzers e amores-perfeitos

1. *Hansard*, House of Commons Debate, 6 e 7 maio 1941, vol. 371, cols. 704, pp. 867-950.
2. Channon. *"Chips"*, p. 303.
3. Kathleen Harriman para Mary Harriman Fisk, 10 de fevereiro de 1942, Correspondência, W. Averell Harriman Papers.
4. Pottle. *Champion Redoubtable*, p. 236.
5. Nicolson. *War Years*, p. 164.
6. *Hansard*, House of Commons Debate, 6 e 7 de maio de 1941, vol. 371, cols. 704, p. 867-950.
7. Harriman para Roosevelt, 7 maio 1941, Public Service, Chronological File, W. Averell Harriman Papers.
8. Colville. *Fringes of Power*, vol. 1, p. 483.
9. Ibid., p. 465.
10. Nicolson. *War Years*, p. 164.

Capítulo 95: A lua nasce

1. Fred Taylor. *Goebbels Diaries*, p. 355.
2. Ibid., p. 358.
3. Colville. *Fringes of Power*, vol. 1, p. 457. Em seu diário publicado, Colville omite as duas últimas palavras da frase: "sobre ele". Um detalhe não muito importante, mas nem por isso menos interessante.

PARTE SETE: EXATAMENTE UM ANO

Capítulo 96: Um raio chamado "Anton"

1. Richard Collier. *City That Would Not Die*, pp. 24-5, 26, 28.
2. Soames. *Daughter's Tale*, p. 194.
3. Basil Collier. *Defense of the United Kingdom*, p. 271.
4. Richard Collier. *City That Would Not Die*, p. 44.

Capítulo 97: Intruso

O Arquivo Nacional do Reino Unido, um dos lugares mais civilizados do planeta, tem imensas quantidades de informação sobre a saga de Hess, algumas delas disponíveis para pesquisadores apenas recentemente.

Lá estão todos os detalhes que se poderiam desejar, mas também, como no caso de Coventry, os arquivos vão decepcionar aqueles que gostam de teorias da conspiração. Não houve conspiração: Hess voou para a Inglaterra em um capricho louco, sem a intercessão da Inteligência ritânica. Extraí meu relato das seguintes fontes:

- FO 1093/10.
- "The Capture of Rudolf Hess: Reports and Minutes", WO 199/328.
- WO 199/3288B. (Disponível em 2016.)
- AIR 16/1266. (Originalmente deveria ficar disponível só em 2019, mas foi liberado antes por meio da "abertura acelerada".)
- "Duke of Hamilton: Allegations Concerning Rudolf Hess", AIR 19/564.
- "Studies in Broadcast Propaganda, nº 29, Rudolf Hess, BBC", INF 1/912.

1. Speer. *Inside the Third Reich*, p. 211; Stafford. *Flight from Reality*, p. 168.
2. "Report on the Collection of Drugs, etc., Belonging to German Airman Prisoner, Captain Horn", FO 1093/10, UKARCH. Horn era o codinome temporário designado para Hess.
3. Toliver e Constable. *Fighter General*, pp. 148-9; Galland. *The First and the Last*, p. 56; Stafford. *Flight from Reality*, p. 135.
4. Relatório, "Rudolf Hess, Flight on May 10, 1941, Raid 42.J", 18 maio 1941, AIR 16/1266, UKARCH.
5. Ibid.; Nota, "Raid 42J", comandante da área escocesa para comandante real de observação, Bentley Priory, 13 maio 1941, AIR 16/1266, UKARCH.
6. "Prologue: May 10, 1941", Extrato, AIR 16/1266, UKARCH. Esse é um relato lúcido, detalhado e imparcial feito pelo autor Derek Wood; há uma cópia nos arquivos do Ministério do Ar.

Capítulo 98: O mais cruel ataque aéreo

1. Richard Collier. *City That Would Not Die*, p. 157.
2. Ibid., pp. 159-60; Ziegler. *London at War*, p. 161.
3. Stafford. *Flight from Reality*, p. 133.
4. "World War II Diary", p. 33, Meiklejohn Papers.
5. Relatório, "Rudolf Hess, Flight on May 10, 1941, Raid 42.J", 18 maio 1941, AIR 16/1266, UKARCH. No mesmo arquivo, ver "Raid 42J-10/5/1941", nº 34. Grupo de Observadores do Centro para Observadores Reais, Bentley Priory, 13 maio 1941; e "Prologue: May 10, 1941", Extrato. Ver também: "The Capture of Rudolf Hess: Reports and Minutes", WO 199/328, UKARCH.
6. "Prologue: May 10, 1941", Extrato, AIR 16/1266.
7. Relatório do major Graham Donald para o comandante da área escocesa, Observadores Reais, 11 maio 1941, AIR 16/1266, UKARCH. Também: "Prologue: May 10, 1941", Extrato, AIR 16/1266.
8. Relatório do major Graham Donald para o comandante da área escocesa, Observadores Reais, 11 maio 1941, AIR 16/1266, UKARCH.
9. Stafford. *Flight from Reality*, p. 90.
10. "World War II Diary", p. 35, Meiklejohn Papers.

Capítulo 99: Uma surpresa para Hitler

1. Colville. *Fringes of Power*, vol. 1, p. 457; Fox. "Propaganda and the Flight of Rudolf Hess", p. 78.
2. Colville. *Fringes of Power*, vol. 1, p. 459.
3. Diário, 11 maio 1941, Mary Churchill Papers.
4. Colville. *Fringes of Power*, vol. 1, p. 459.
5. Colville. *Footprints in Time*, p. 112.
6. Speer. *Inside the Third Reich*, p. 209.

7. Douglas-Hamilton. *Motive for a Mission*, pp. 193, 194.
8. Speer. *Inside the Third Reich*, p. 209, 210.
9. Diário, 11 maio 1941, Mary Churchill Papers.

Capítulo 100: Sangue, suor e lágrimas

1. Feigel. *Love-Charm of Bombs*, pp. 151-7.
2. Winston S. Churchill. *Memories and Adventures*, p. 19. O subsecretário do Ministério das Relações Exteriores, Alexander Cadogan, tinha outra opinião: "Não me importo com isso. Seria bom se tivesse matado a maior parte dos parlamentares." Cadogan. *Diaries*, p. 377.
3. Harrisson. *Living Through the Blitz*, p. 275.
4. Nicolson. *War Years*, p. 172.
5. "Statement of Civilian Deaths in the United Kingdom", 31 jul. 1945, HO 191/11, UKARCH.
6. Harrisson. *Living Through the Blitz*, p. 274.
7. Boelcke. *Secret Conferences of Dr. Goebbels*, pp. 162, 165.
8. Stafford. *Flight from Reality*, p. 131.
9. Roosevelt para Churchill, a data provável é 14 maio 1941 FDR/Map.
10. Panter-Downes. *London War Notes*, p. 148.
11. Lee. *London Observer*, p. 276.
12. Wheeler-Bennett. *Action This Day*, pp. 174-5.
13. Ibid., p. 236.
14. Toye. *Roar of the Lion*, p. 8.
15. Cooper. *Trumpets from the Steep*, p. 73.

Capítulo 101: Um fim de semana em Chequers

1. Harriman. *Special Envoy to Churchill and Stalin*, pp. 111-2.
2. Winant. *Letter from Grosvenor Square*, p. 198.
3. Harriman. *Special Envoy to Churchill and Stalin*, p. 112. Roosevelt repetiu o sentimento em um telegrama datado de 8 dez. 1941, em que diz a Churchill: "Hoje todos nós estamos no mesmo barco com você e o povo do Império e trata-se de um navio que não pode e não irá ser afundado." Roosevelt para Churchill, 8 dez. 1941, FDR/Map.
4. Gilbert. *War Papers*, vol. 3, p. 1580.
5. Harriman. *Special Envoy to Churchill and Stalin*, p. 112.
6. Anthony Eden. *Reckoning*, p. 331.
7. Gilbert. *War Papers*, vol. 3, p. 1580.
8. Ismay. *Memoirs*, p. 242.
9. Moran. *Churchill*, pp. 9-10.
10. Martin. *Downing Street*, p. 69.
11. Winston Churchill para Clementine Churchill, dez. 1941, CSCT 1/24, Clementine Churchill Papers.
12. Harriman, Memorando para si mesmo, "Trip to U.S. with 'P.M.', December 1941", W. Averell Harriman Papers.
13. Thompson. *Assignment*, p. 246.
14. Essa história é contada por diferentes pessoas de modos diferentes, mas sempre com o mesmo desfecho. Ibid., p. 248; Sherwood. *Roosevelt and Hopkins*, p. 442; Halle. *Irrepressible Churchill*, p. 165.
15. Para detalhes, ver: Hindley. "Christmas at the White House with Winston Churchill". Eu assisti a um noticiário da British Pathé sobre o discurso, que encontrei no YouTube, disponível em: www.youtube.com/watch?v=dZTRbNThHnk.

16. Thompson. *Assignment*, p. 249.
17. Hastings. *Winston's War*, p. 205.
18. Thompson. *Assignment*, p. 257.

Epílogo: O tempo passou

1. Soames. *Daughter's Tale*, pp. 232-3.
2. Colville. *Fringes of Power*, vol. 2, p. 99.
3. Winston S. Churchill. *Memories and Adventures*, p. 32.
4. Ibid., pp. 26-7.
5. Colville. *Fringes of Power*, vol. 1, p. 523.
6. Ibid., p. 490.
7. Wheeler-Bennett. *Action This Day*, p. 60.
8. Colville. *Fringes of Power*, vol. 1, p. 533.
9. Ibid., vol. 2, p. 71.
10. Ibid., p. 84.
11. Ibid., p. 116.
12. Transcrição de entrevista, julho de 1991, Biographies File, Pamela Harriman Papers.
13. A. J. P. Taylor. *Beaverbrook*, p. 440.
14. Young. *Churchill and Beaverbrook*, p. 230.
15. Ibid., p. 231.
16. Ibid., p. 325.
17. Ibid., p. 235.
18. Singleton para Churchill [cerca de agosto de 1941], G 36/4, Lindemann Papers.
19. Smith. *Reflected Glory*, p. 106.
20. Winston S. Churchill. *Memories and Adventures*, p. 247.
21. Ibid., p. 20.
22. Waugh. *Diaries*, p. 525.
23. Smith. *Reflected Glory*, p. 111.
24. Transcrição de entrevista, jul. 1991, Biographies File, Pamela Harriman Papers.
25. Ibid.
26. Smith. *Reflected Glory*, p. 260.
27. Nota, "William Averell Harriman", Biographies and Proposed Biographies, Background Topics, Pamela Harriman Papers.
28. Smith. *Reflected Glory*, p. 265.
29. "Barbie" [sra. Herbert Agar] para Pamela Digby Harriman, 19 set. 1971, Personal and Family Papers, Marriages, Pamela Harriman Papers.
30. "Interrogation of Reich Marshal Hermann Goering", 10 maio 1945, Spaatz Papers.
31. Overy. *Goering*, p. 229.
32. Goldensohn. *Nuremberg Interviews*, p. 129.
33. "The Göring Collection", Relatório Confidencial de Interrogatório nº 2, 15 set. 1945, p. 174, Escritório de Serviços Estratégicos e Unidade de Investigação de Pilhagem, T 209/29, UKARCH.
34. Kershaw. *Nemesis*, pp. 832-3.
35. Douglas-Hamilton. *Motive for a Mission*, p. 246.
36. Baker. *Adolf Galland*, pp. 287-8, 290-2.
37. Winston S. Churchill. *Memories and Adventures*, p. 31.
38. Hastings. *Winston's War*, p. 460.

39. Nicolson. *War Years*, p. 459.
40. Soames. *Daughter's Tale*, pp. 360-1.
41. Elletson. *Chequers and the Prime Ministers*, p. 145.
42. Soames. *Daughter's Tale*, p. 361.

BIBLIOGRAFIA

Arquivos e coleções de documentos

Beaverbrook, Lorde (Max Aitken). Papers. Parliamentary Archives, Londres.
Burgis, Lawrence. Papers. Churchill Archives Center, Churchill College, Cambridge, Reino Unido.
Churchill, Clementine (Baronesa Spencer-Churchill). Papers. Churchill Archives Center, Churchill College, Cambridge, Reino Unido.
Churchill, Mary (Mary Churchill Soames). Papers. Churchill Archives Center, Churchill College, Cambridge, Reino Unido.
Churchill, Randolph. Papers. Churchill Archives Center, Churchill College, Cambridge, Reino Unido.
Churchill, Winston. Papers. Churchill Archives Center, Churchill College, Cambridge, Reino Unido.
Colville, John R. Papers. Churchill Archives Center, Churchill College, Cambridge, Reino Unido.
Eade, Charles. Papers. Churchill Archives Center, Churchill College, Cambridge, Reino Unido.
Gallup Polls. ibiblio.org. Universidade da Carolina do Norte, Chapel Hill.
Gilbert, Martin. *The Churchill War Papers.* Vol. 2, *Never Surrender, May 1940 – December 1940.* Nova York: Norton, 1995.
———. *The Churchill War Papers.* Vol. 3, *The Ever-Widening War, 1941.* Nova York: Norton, 2000.
Hansard. Proceedings in the House of Commons. Londres.
Harriman, Pamela Digby. Papers. Library of Congress, Manuscript Divison, Washington, D.C.
Harriman, W. Averell. Library of Congress, Manuscript Divison, Washington, D.C.
Ismay, General Hastings Lionel. Liddell Hart Center for Military Archives, King's College London.
Lindemann, Frederick A. (Visconde de Cherwell). Papers. Nuffield College, Oxford.
Meiklejohn, Robert P. Papers. Library of Congress, Manuscript Divison, Washington, D.C.
National Archives of the United Kingdom, Kew, England (UKARCH).
National Meteorological Library and Archive, Exeter, Reino Unido. Arquivo digital: www.metoffice.gov.uk/research/library-and-archive/archive-hidden-treasures/monthly-weather-reports.
Roosevelt, Franklin D. Papers as President: Map Room Papers, 1941-1945 (FDR/Map).
Roosevelt, Franklin D. Papers as President: The President's Secretary's File, 1933-1945. Franklin D. Roosevelt Presidential Library & Museum. Coleção digital: www.fdrlibrary.marist.edu/archives/collections/franklin/?p=collections/findingaid&id=502.
———. Confidential File (FDR/Conf).
———. Diplomatic File (FDR/Diplo).
———. Safe File (FDR/Safe).

———. Subject File (FDR/Subject).

Spaatz, Carl. Papers. Library of Congress, Manuscript Division, Washington, D.C.

Livros e periódicos

Addison, Paul. *Churchill on the Home Front, 1900-1955*. Londres: Random House UK, 1993.

Addison, Paul; Crang, Jeremy A. (eds.). *Listening to Britain: Home Intelligence Reports on Britain's Finest Hour, May to September 1940*. Londres: Vintage Digital, 2011.

Adey, Peter; Cox, David J.; Godfrey, Barry. *Crime, Regulation, and Control During the Blitz: Protecting the Population of Bombed Cities*. Londres: Bloomsbury, 2016.

Alanbrooke, Lorde. *War Diaries, 1939-1945*. Londres: Weidenfeld & Nicolson, 2002.

Allingham, Margery. *The Oaken Heart: The Story of an English Village at War*. 1941. Pleshey, Reino Unido: Golden Duck, 2011.

"The Animals in the Zoo Don't Mind the Raids". *War Illustrated*, 15 de novembro de 1940.

Awcock, Hannah. "On This Day: Occupation of the Savoy, 14th September 1940". *Turbulent London*. Disponível em: turbulentlondon.com/2017/09/14/on-this-day-occupation-of-the-savoy-14th-september-1940/.

Baker, David. *Adolf Galland: The Authorized Biography*. Londres: Windrow & Greene, 1996.

Baumbach, Werner. *The Life and Death of the Luftwaffe*. Nova York: Ballantine, 1949.

Beaton, Cecil. *History Under Fire: 52 Photographs of Air Raid Damage to London Buildings, 1940-41*. Londres: Batsford, 1941.

Bekker, Cajus. *The Luftwaffe Diaries*. Londres: Macdonald, 1964.

Bell, Amy. "Landscapes of Fear: Wartime London, 1939-1945". *Journal of British Studies* 48, nº 1 (janeiro de 2009).

Below, Nicolaus von. *At Hitler's Side: The Memoirs of Hitler's Luftwaffe Adjutant, 1937-1945*. Londres: Greenhill, 2001.

Berlin, Isaiah. *Personal Impressions*. 1949. Nova York: Viking, 1980.

Berrington, Hugh. "When Does Personality Make a Difference? Lord Cherwell and the Area Bombing of Germany". *International Political Science Review* 10, nº 1 (janeiro de 1989).

Bessborough, Lorde; Aslet, Clive. *Enchanted Forest: The Story of Stansted in Sussex*. Londres: Weidenfeld & Nicolson, 1984.

Birkenhead, Lorde. *The Prof in Two Worlds: The Official Life of Professor F. A. Lindemann, Viscount Cherwell*. Londres: Collins, 1961.

Boelcke, Willi A. (ed.). *The Secret Conferences of Dr. Goebbels: The Nazi Propaganda War, 1939-43*. Nova York: Dutton, 1970.

Booth, Nicholas. *Lucifer Rising: British Intelligence and the Occult in the Second World War*. Cheltenham, Reino Unido: History Press, 2016.

Borden, Mary. *Journey down a Blind Alley*. Nova York: Harper, 1946.

Bullock, Alan. *Hitler: A Study in Tyranny*. Nova York: Harper, 1971.

Cadogan, Alexander. *The Diaries of Alexander Cadogan, O.M., 1938-1945*. Editado por David Dilks. Nova York: Putnam, 1972.

Carter, Violet Bonham. *Winston Churchill: An Intimate Portrait*. Nova York: Harcourt, 1965.

Channon, Henry. *"Chips": The Diaries of Sir Henry Channon*. Editado por Robert Rhodes James. Londres: Phoenix, 1996.

Charmley, John. "Churchill and the American Alliance". *Transactions of the Royal Historical Society* 11 (2001).

Chisholm, Anne. *Nancy Cunard*. Londres: Sidgwick & Jackson, 1979.

Chisholm, Anne; Davie, Michael. *Beaverbrook: A Life*. Londres: Pimlico, 1993.

Churchill, Sarah; Medlicott, Paul (ed.). *Keep on Dancing: An Autobiography*. Londres: Weidenfeld & Nicolson, 1981.

Churchill, Winston. *The Grand Alliance*. Boston: Houghton Mifflin, 1951.

———. *Great Contemporaries*. Londres: Odhams Press, 1947.

———. *Their Finest Hour*. Boston: Houghton Mifflin, 1949.

———. *Memories and Adventures*. Nova York: Weidenfeld & Nicolson, 1989.

Clapson, Mark. *The Blitz Companion*. Londres: University of Westminster Press, 2019.

Cockett, Olivia; Malcolmson, Robert (ed.). *Love and War in London: The Mass Observation Wartime Diary of Olivia Cockett*. Stroud, Reino Unido: History Press, 2009.

Collier, Basil. *The Battle of Britain*. Londres: Collins, 1962.

———. *The Defense of the United Kingdom*. Londres: Imperial War Museum; Nashville: Battery Press, 1995.

Collier, Richard. *The City That Would Not Die: The Bombing of London, May 10-11, 1941*. Nova York: Dutton, 1960.

Colville, John. *Footprints in Time: Memories*. Londres: Collins, 1976.

———. *The Fringes of Power: Downing Street Diaries, 1939-1955*. Vol. 1, *September 1939-September 1941*. Londres: Hodder & Stoughton, 1985.

———. *The Fringes of Power: Downing Street Diaries, 1939-1955*. Vol. 2, *October 1941-1955*. Londres: Hodder & Stoughton, 1987.

———. *Winston Churchill and His Inner Circle*. Nova York: Wyndham, 1981. Publicado originalmente na Grã-Bretanha com o título *The Churchillians*.

Conant, James B. *My Several Lives: Memoirs of a Social Inventor*. Nova York: Harper & Row, 1970.

Cooper, Diana. *Trumpets from the Steep*. Londres: Century, 1984.

Costigliola, Frank. "Pamela Churchill, Wartime London, and the Making of the Special Relationship". *Diplomatic History* 36, n° 4 (setembro de 2012).

Cowles, Virginia. *Looking for Trouble*. 1941. Londres: Faber and Faber, 2010.

———. *Winston Churchill: The Era and the Man*. Nova York: Harper & Brothers, 1953.

Dalton, Hugh. *The Fateful Years: Memoirs, 1931-1945*. Londres: Frederick Muller, 1957.

Danchev, Alex. "'Dilly-Dally', or Having the Last Word: Field Marshal Sir John Dill and Prime Minister Winston Churchill". *Journal of Contemporary History* 22, n° 1 (janeiro de 1987).

Davis, Jeffrey. "Atfero: The Atlantic Ferry Organization". *Journal of Contemporary History* 20, n° 1 (janeiro de 1985).

Dockter, Warren; Toye, Richard. "Who Commanded History? Sir John Colville, Churchillian Networks, and the 'Castlerosse Affair'". *Journal of Contemporary History* 54, n° 2 (2019).

Donnelly, Peter (ed.). *Mrs. Milburn's Diaries: An Englishwoman's Day-to-Day Reflections, 1939-1945*. Londres: Abacus, 1995.

Douglas-Hamilton, James. *Motive for a Mission: The Story Behind Hess's Flight to Britain*. Londres: Macmillan, 1971.

Ebert, Hans J.; Kaiser, Johann B.; Peters, Klaus. *Willy Messerschmitt: Pioneer of Aviation Design*. Atglen, Pensilvânia: Schiffer, 1999.

Eden, Anthony. *The Reckoning: The Memoirs of Anthony Eden, Earl of Avon*. Boston: Houghton Mifflin, 1965.

Eden, Clarissa; Haste, Cate (ed.). *Clarissa Eden: A Memoir, from Churchill to Eden*. Londres: Weidenfeld & Nicolson, 2007.

Elletson, D.H. *Chequers and the Prime Ministers*. Londres: Robert Hale, 1970.

Farrer, David. *G–for God Almighty: A Personal Memoir of Lord Beaverbrook*. Londres: Weidenfeld & Nicolson, 1969.

———. *The Sky's the Limit: The Story of Beaverbrook at M.A.P.* Londres: Hutchinson, 1943.

Feigel, Lara. *The Love-Charm of Bombs: Restless Lives in the Second World War*. Nova York: Bloomsbury, 2013.

Field, Geoffrey. "Nights Underground in Darkest London: The Blitz, 1940-41". *International Labor and Working-Class History*, nº 62 (outono de 2002).

Fort, Adrian. *Prof: The Life of Frederick Lindemann*. Londres: Pimlico, 2003.

Fox, Jo. "Propaganda and the Flight of Rudolf Hess, 1941-45". *Journal of Modern History* 83, nº 1 (março de 2011).

Fry, Plantagenet Somerset. *Chequers: The Country Home of Britain's Prime Ministers*. Londres: Her Majesty's Stationery Office, 1977.

Galland, Adolf. *The First and the Last: The Rise and Fall of the German Fighter Forces, 1938-1945*. Nova York: Ballantine, 1954.

Gilbert, Martin. *Finest Hour: Winston S. Churchill, 1939-41*. Londres: Heinemann, 1989.

Goldensohn, Leon; Gellately, Robert (ed.). *The Nuremberg Interviews: An American Psychiatrist's Conversations with the Defendants and Witnesses*. Nova York: Knopf, 2004.

Goodhart, Philip. *Fifty Ships That Saved the World: The Foundation of the Anglo-American Alliance*. Londres: Heinemann, 1965.

Goodwin, Doris Kearns. *No Ordinary Time: Franklin and Eleanor Roosevelt: The Home Front in World War II*. Nova York: Simon & Schuster, 1994.

Graves, Charles. *Champagne and Chandeliers: The Story of the Café de Paris*. Londres: Odhams Press, 1958.

Greene, Graham. *Ways of Escape*. Nova York: Simon & Schuster, 1980.

Gullan, Harold I. "Expectations of Infamy: Roosevelt and Marshall Prepare for War, 1938-41". *Presidential Studies Quarterly* 28, nº 3 (verão de 1998).

Halder, Franz; Burdick, Charles e Jacobsen, Hans-Adolf (ed.). *The Halder War Diary, 1939-1942*. Londres: Greenhill Books, 1988.

Halle, Kay. *The Irrepressible Churchill: Stories, Sayings, and Impressions of Sir Winston Churchill*. Londres: Facts on File, 1966.

———. *Randolph Churchill: The Young Unpretender*. Londres: Heinemann, 1971.

Harriman, W. Averell. *Special Envoy to Churchill and Stalin, 1941-1946*. Nova York: Random House, 1975.

Harrisson, Tom. *Living Through the Blitz*. Nova York: Schocken Books, 1976.

Harrod, Roy. *The Prof: A Personal Memoir of Lord Cherwell*. Londres: Macmillan, 1959.

Hastings, Max. *Winston's War: Churchill, 1940-45*. Nova York: Knopf, 2010.

Hickman, Tom. *Churchill's Bodyguard*. Londres: Headline, 2005.

Hindley, Meredith. "Christmas at the White House with Winston Churchill". *Humanities* 37, nº 4 (outono de 2016).

Hinton, James. *The Mass Observers: A History, 1937-1949*. Oxford: Oxford University Press, 2013.

Hitler, Adolf. *Hitler's Table Talk, 1941-1944*. Traduzido por Norman Cameron e R.H. Stevens. Londres: Weidenfeld & Nicholson, 1953.

Hylton, Stuart. *Their Darkest Hour: The Hidden History of the Home Front, 1939-1945*. Stroud, Reino Unido: Sutton, 2001.

Ismay, Lorde. *The Memoirs of General the Lord Ismay*. Londres: Heinemann, 1960.

Jenkins, J. Gilbert. *Chequers: A History of the Prime Minister's Buckinghamshire Home*. Londres: Pergamon, 1967.

Jenkins, Roy. *Churchill*. Londres: Macmillan, 2002.

Jones, R.V. *Most Secret War: British Scientific Intelligence, 1939-1945*. Londres: Hodder & Stoughton, 1978.

Kendall, David; Post, Kenneth. "The British 3-Inch Anti-aircraft Rocket. Part One: Dive-Bombers". *Notes and Records of the Royal Society of London* 50, nº 2 (julho de 1996).

Kennedy, David M. *The American People in World War II: Freedom from Fear*. Oxford: Oxford University Press, 1999.

Kershaw, Ian. *Hitler, 1936-1945: Nemesis*. Nova York: Norton, 2000.

Kesselring, Albert. *The Memoirs of Field-Marshal Kesselring*. Novato, Califórnia: Presidio Press, 1989.

Kimball, Warren F. *Churchill and Roosevelt: The Complete Correspondence*. Vol. 1. Princeton, Nova Jersey: Princeton University Press, 2015.

Klingaman, William K. *1941: Our Lives in a World on the Edge*. Nova York: Harper & Row, 1988.

Koch, H.W. "Hitler's 'Programme' and the Genesis of Operation 'Barbarossa'". *Historical Journal* 26, n° 4 (dezembro de 1983).

———. "The Strategic Air Offensive Against Germany: The Early Phase, May-September 1940". *Historical Journal* 34, n° 1 (março de 1991).

Landemare, Georgina. *Recipes from No. 10*. Londres: Collins, 1958.

Lee, Raymond E; Leutze, James (ed.). *The London Observer: The Journal of General Raymond E. Lee, 1940-41*. Londres: Hutchinson, 1971.

Leslie, Anita. *Cousin Randolph: The Life of Randolph Churchill*. Londres: Hutchinson, 1985.

Leutze, James. "The Secret of the Churchill-Roosevelt Correspondence: September 1939-May 1940". *Journal of Contemporary History* 10, n° 3 (julho de 1975).

Lewin, Ronald. *Churchill as Warlord*. Nova York: Stein and Day, 1973.

Longmate, Norman. *Air Raid: The Bombing of Coventry, 1940*. Nova York: David McKay, 1978.

Lough, David. *No More Champagne*. Nova York: Picador, 2015.

Lukacs, John. *Five Days in London, May 1940*. New Haven, Connecticut: Yale University Press, 1999.

Mackay, Robert. *The Test of War: Inside Britain, 1939-1945*. Londres: University College of London Press, 1999.

Maier, Thomas. *When Lions Roar: The Churchills and the Kennedys*. Nova York: Crown, 2014.

Major, Norma. *Chequers: The Prime Minister's Country House and Its History*. Londres: HarperCollins, 1996.

Manchester, William; Reid, Paul. *Defender of the Realm, 1940-1965*. Vol. 3 de *The Last Lion: Winston Spencer Churchill*. Nova York: Bantam, 2013.

Martin, John. *Downing Street: The War Years*. Londres: Bloomsbury, 1991.

Matless, David. *Landscape and Englishness*. Londres: Reaktion Books, 1998.

Miller, Edith Starr. *Occult Theocracy*. Abbeville, França: F. Paillart, 1933.

Moran, Lorde. *Churchill, Taken from the Diaries of Lord Moran: The Struggle for Survival, 1940-1965*. Boston: Houghton Mifflin, 1966.

Murray, Williamson. *Strategy for Defeat: The Luftwaffe, 1933-1945*. Royston, Reino Unido: Quantum, 2000.

Nel, Elizabeth. *Mr. Churchill's Secretary*. Londres: Hodder & Stoughton, 1958.

Nicolson, Harold; Nicolson, Nigel (ed.). *The War Years, 1939-1945: Diaries and Letters*. Vol. 2. Nova York: Atheneum, 1967.

Niven, David. *The Moon's a Balloon*. Nova York: Dell, 1972.

Nixon, Barbara. *Raiders Overhead: A Diary of the London Blitz*. Londres: Scolar Press, 1980.

Ogden, Christopher. *Life of the Party: The Biography of Pamela Digby Churchill Hayward Harriman*. Londres: Little, Brown, 1994.

Olson, Lynne. *Troublesome Young Men*. Nova York: Farrar, Straus and Giroux, 2007.

Overy, Richard. *The Battle of Britain: The Myth and the Reality*. Nova York: Norton, 2001.

———. *The Bombing War: Europe, 1939-1945*. Londres: Penguin, 2014.

———. *Goering: Hitler's Iron Knight*. Londres: I.B. Tauris, 1984.

Packwood, Allen. *How Churchill Waged War: The Most Challenging Decisions of the Second World War*. Yorkshire, Reino Unido: Frontline Books, 2018.

Panter-Downes, Mollie. *London War Notes, 1939-1945*. Nova York: Farrar, Straus and Giroux, 1971.

Pawle, Gerald. *The War and Colonel Warden*. Nova York: Knopf, 1963.

Phillips, Paul C. "Decision and Dissension – Birth of the RAF". *Aerospace Historian* 18, n° 1 (primavera de 1971).

Pottle, Mark (ed.). *Champion Redoubtable: The Diaries and Letters of Violet Bonham Carter, 1914-1945*. Londres: Weidenfeld & Nicolson, 1998.

Purnell, Sonia. *Clementine: The Life of Mrs. Winston Churchill*. Nova York: Penguin, 2015.

Roberts, Andrew. *"The Holy Fox": The Life of Lord Halifax*. Londres: Orion, 1997.

———. *Masters and Commanders: How Four Titans Won the War in the West, 1941-1945*. Nova York: Harper, 2009.

Roberts, Brian. *Randolph: A Study of Churchill's Son*. Londres: Hamish Hamilton, 1984.

Ryan, Alan. *Bertrand Russell: A Political Life*. Nova York: Hill & Wang, 1988.

Sherwood, Robert E. *Roosevelt and Hopkins: An Intimate History*. Nova York: Harper, 1948.

———. *The White House Papers of Harry L. Hopkins*. Vol. 1. Londres: Eyre & Spottiswoode, 1949.

Shirer, William L. *Berlin Diary: The Journal of a Foreign Correspondent, 1934-1941*. 1941. Nova York: Tess Press, 2004.

Showell, Jak Mallman (ed.). *Führer Conferences on Naval Affairs, 1939-1945*. Stroud, Reino Unido: History Press, 2015.

Smith, Sally Bedell. *Reflected Glory: The Life of Pamela Churchill Harriman*. Nova York: Simon & Schuster, 1996.

Soames, Mary. *Clementine Churchill: The Biography of a Marriage*. Boston: Houghton Mifflin, 1979.

———. *A Daughter's Tale: The Memoir of Winston and Clementine Churchill's Youngest Child*. Londres: Transworld, 2011.

———. (ed.). *Speaking for Themselves: The Personal Letters of Winston and Clementine Churchill*. Toronto: Stoddart, 1998.

Spears, Edward. *The Fall of France, June 1940*. Vol. 2 de *Assignment to Catastrophe*. Nova York: A.A. Wyn, 1955.

Speer, Albert. *Inside the Third Reich*. Nova York: Macmillan, 1970.

Stafford, David (ed.). *Flight from Reality: Rudolf Hess and His Mission to Scotland, 1941*. Londres: Pimlico, 2002.

Stansky, Peter. *The First Day of the Blitz: September 7, 1940*. New Haven, Connecticut: Yale University Press, 2007.

Stelzer, Cita. *Dinner with Churchill: Policy-Making at the Dinner Table*. Nova York: Pegasus, 2012.

———. *Working with Churchill*. Londres: Head of Zeus, 2019.

Strobl, Gerwin. *The Germanic Isle: Nazi Perceptions of Britain*. Cambridge, Reino Unido: Cambridge University Press, 2000.

Süss, Dietmar. *Death from the Skies: How the British and Germans Survived Bombing in World War II*. Oxford: Oxford University Press, 2014.

Taylor, A.J.P. *Beaverbrook*. Nova York: Simon & Schuster, 1972.

Taylor, Fred (ed. e trad.). *The Goebbels Diaries, 1939-1941*. Nova York: Putnam, 1983.

Thomas, Martin. "After Mers-el-Kébir: The Armed Neutrality of the Vichy French Navy, 1940-43". *English Historical Review* 112, n° 447 (junho de 1997).

Thomas, Ronan. "10 Downing Street". *West End at War*. www.westendatwar.org.uk/page/10_downing_street.

Thompson, Walter. *Assignment: Churchill*. Nova York: Farrar, Straus and Young, 1955.

Toliver, Raymond F.; Constable, Trevor J. *Fighter General: The Life of Adolf Galland*. Zephyr Cove, Nevada: AmPress, 1990.

Toye, Richard. *The Roar of the Lion: The Untold Story of Churchill's World War II Speeches*. Oxford: Oxford University Press, 2013.

Treasure, Tom; Tan, Carol. "Miss, Mister, Doctor: How We Are Titled Is of Little Consequence". *Journal of the Royal Society of Medicine* 99, n° 4 (abril de 2006).

Trevor-Roper, H.R. (ed.). *Blitzkrieg to Defeat: Hitler's War Directives, 1939-1945*. Nova York: Holt, Rinehart, 1965.

Tute, Warren. *The Deadly Stroke*. Nova York: Coward, McCann & Geoghegan, 1973.

Wakefield, Ken. *Pfadfinder: Luftwaffe Pathfinder Operations over Britain, 1940-44*. Charleston, Carolina do Sul: Tempus, 1999.

Wakelam, Randall T. "The Roaring Lions of the Air: Air Substitution and the Royal Air Force's Struggle for Independence After the First World War". *Air Power History* 43, n° 3 (outono de 1996).

Waugh, Evelyn; Davie, Michael (ed.). *The Diaries of Evelyn Waugh*. Londres: Phoenix, 1976.

Wheeler-Bennett, John (ed.). *Action This Day: Working with Churchill*. Londres: Macmillan, 1968.

———. *King George VI: His Life and Reign*. Londres: Macmillan, 1958.

Wilson, Thomas. *Churchill and the Prof*. Londres: Cassell, 1995.

Winant, John G. *A Letter from Grosvenor Square: An Account of a Stewardship*. Londres: Hodder & Stoughton, 1948.

Wrigley, Chris. *Winston Churchill: A Biographical Companion*. Santa Barbara, Califórnia: ABC-CLIO, 2002.

Wyndham, Joan. *Love Lessons: A Wartime Diary*. Boston: Little, Brown, 1985.

Young, Kenneth. *Churchill and Beaverbrook: A Study in Friendship and Politics*. Londres: Eyre & Spottiswoode, 1966.

Ziegler, Philip. *London at War, 1939-1945*. Londres: Sinclair-Stevenson, 1995.

ÍNDICE

Abrigos Anderson, 252, 443
Acordo de Munique de 1938, 24, 34, 47
aeronaves alemãs
  aeronave abatida na Grã-Bretanha, 199
  autonomia, 185, 259
  aviões britânicos *versus*, 162
  Dornier Do 29, 53
  Heinkel He. 131, 236
  Junkers Ju, 105, 199
  KGr 100 "batedores", 226-227, 236, 312, 316, 319, 366, 512
  Messerschmitt Me, 129, 161, 185, 231
  Messerschmitt Me, 130, 354-355, 509, 510, 511, 513, 515
  sistemas de pouso Lorenz nas, 91, 115, 121
  Stuka, 53-54, 186
  Trombeta de Jericó, nas, 54
  vulnerabilidade das, 183
Aeronaves britânicas
  atrasos na produção, 205-206, 288-289
  aviões alemães *versus*, 163
  Bombardeiros de Blenheim, 152, 219
  bombardeiros, 59
  Churchill envia para combater na França, 46
  contribuições públicas e batismo de, 155
  de Havilland Flamingo, 45, 436
  Defiant, 511, 515, 524
  descentralização da produção e armazenagem, 245-246
  fábrica da Rolls-Royce, Derby, e, 121
  fábricas britânicas, bombardeio de, 204, 220, 290
  Hurricanes, 54, 121, 155, 164, 175, 188-186, 188, 258-259, 524
  Motores Merlin para, 121
  o Halifax, 59
  o Stirling, 59
  produção, 52-54, 55, 107, 121, 129,135, 197, 155, 220, 281, 290, 375, 376, 407, 540
  (*ver também* Ministério da Produção de Aeronaves)
  rede de reparo de aeronaves, 108
  spitfires, 45, 48, 121, 155, 163, 189-190, 259
  Ver também Beaverbrook, Lorde
Aitken, Max "Pequeno Max", 107
Alemanha
  Acordo de Munique de 1938, 24
  antissemitismo na, 235
  Armas "Vingança", 533
  ataque da RAF a Hamburgo, Bremen, outras cidades, 495
  ataque da RAF a München-Gladbach, 43
  baixas, invasão da Europa, 62
  BBC ouvida na, 307, 308-309
  bombardeio da Grã-Bretanha, Primeira Guerra Mundial, 15
  canção, "We March on England", 44
  declaração de guerra aos EUA, 530
  declaração de guerra pelos britânicos, 16
  descontentamento da opinião pública, 282
  EUA declaram guerra à, 530
  França conquistada, 44, 46
  Holanda, Bélgica e Luxemburgo invadidos, 23, 32, 38
  Ilhas do Canal tomadas por, 134, 490
  Inglaterra como foco da, 123
  invasão da Grã-Bretanha e, 222
  invasão da Iugoslávia (Operação Retribuição), 452, 454
  invasão da Polônia, 16
  invasão da União Soviética (guerra em dois *fronts, Zweifrontenkrieg*), 140, 304-305, 352-353, 401, 453, 525, 527

nacional-socialismo e, 27
nacionalismo belicoso, Churchill alerta quanto ao, 85
Natal de 1940 e, 353-354
navios britânicos como alvo, 495
piada anti-Hitler, 282
planos de Churchill para bombardeio da, 59
rendição da, 546-547
rotas britânicas de suprimentos bloqueadas por, 37
sob Hitler, 33
Tchecoslováquia e, 24
tentativa de acordo de paz com a Grã-Bretanha, 122, 140
Ver também Berlim; Goebbels, Joseph; Göring, Hermann; Hitler, Adolf; Luftwaffe
alertas de ataque aéreo, sirenes, 200, 302
chá servido durante, 207
falhas do, 151
fim de ataque, 217
Londres e, 125, 198, 213, 214, 216, 237, 252, 266, 276, 278, 321, 409, 419, 441, 464, 514, 533
para unidades fabris e fábricas, 205, 206, 220, 289-290
Alexander, A. V., 137
Almirantado, 474, 529
Alexander como primeiro lorde do, 137
bombardeio do prédio, 301, 467, 468
Churchill como primeiro lorde do, 23, 24, 25, 38, 39, 83, 273, 292, 439
Churchill testando arma antiaérea e o, 393
na evacuação de Dunquerque, 70
Lindemann e o, 83
Operação Catapulta e a Marinha francesa, 138, 142
oposição a disparar contra a frota francesa, 145
Pound no, 137
teste de minas aéreas, 364
Ver também Marinha Real
Amery, Leopold, 24, 129
Amiens, França, 183
Ana de Cleves, 86
Anderson, John, 252
artilharia antiaérea, 92, 197, 200, 212, 257, 329, 523
Churchill fazendo requisição a FDR, 45
Churchill testando armamento antiaéreo, 393, 396
em Berlim, 215
em Londres, 26, 295, 210, 212, 247, 249, 273, 283, 284, 307, 419, 441, 465, 501
estilhaços de, 197

fábricas como alvo da Luftwaffe, 175, 290
Mary (Churchill) como artilheira antiaérea, 533
Ashworth, Eveleen, 323, 325
Asquith, H. H., 30
romance com Venetia Stanley, 30, 36
Astaire, Adele, 464, 567
Astley, Hubert, 98
ataque aéreo
Batalha da Grã-Bretanha e, 279, 283-284
BBC testemunhando em Dover, 152
Galland e o, 162, 184
liderança ineficaz de Göring no, 184, 185
o destino da Grã-Bretanha e o, 164
paraquedistas sobrevivendo ao, 197, 199
sobre a Grã-Bretanha, 152-153
sobre Stansted, Colville testemunhando o, 200
vantagens britânicas no, 183
visão pública do, 197
voos feitos em 15 de agosto de 1940, 194
vulnerabilidade dos aviões alemães no, 194
Atlantic Clipper (avião), 417, 430, 431
Atlântico, Batalha do, 435
Attlee, Clement, 5468
Auschwitz, 63
autores de diários do Grupo de Observação de Massas, 35, 61, 73, 77, 105, 111, 124, 152, 197, 210, 214, 251, 269, 278, 279, 473, 523, 524
"Diretriz de dezembro", 340
em Coventry, 327
registrando os aspectos que os cidadãos consideravam mais deprimentes, 345-347
Aylesbury, Inglaterra, 248, 261, 264, 291, 470

Bad Godesberg, Alemanha, 246
Bader, Douglas, 445, 546
Balcãs, 451, 453, 454
balões de barragem, 61, 196, 198, 200, 213, 227, 235, 285, 289, 524
Baldwin, Lady Betty, 421, 422, 423
Baldwin, Stanley, 286, 350, 421
previsão de bombardeios alemães, 15
Batalha da Grã-Bretanha (agosto de 1940 a outubro de 1940)
11 de setembro, bombardeio em Londres, 250
13 de agosto, ataque da Luftwaffe começa, 1983, 188
14 de agosto, ataque ao oeste da Inglaterra, 189
14 de outubro, bombardeio em Whitehall, 300
15 de agosto, "Quinta-Feira Negra", 191-193
15 de setembro, Comando de Guerra monitorando a guerra aérea, 259-261

15 de setembro, dia da Batalha da Grã-
    Bretanha, 261
16 de agosto, aeronaves britânicas destruídas no
    solo, 193
16 de agosto, bombardeio próximo a Londres,
    195
18 de setembro, bombardeio em Londres, 276
19 de outubro, bombardeio em Whitehall, 301
21 de outubro, bombardeio em Londres, 306
24 de agosto, bombardeio em Londres, 208,
    212, 235
25 de setembro, bombardeio em Aylesbury, 291
6 de setembro, encontro de Churchill na, 228
7-8 de setembro, bombardeio em Londres, 236-
    241, 245
8 de outubro, bombardeio em Chequers, 292
9 de setembro, bombardeio em Londres, 248
alemães perdem a paciência, 261
baixas, 241, 252, 261, 269
defesas da RAF e, 259
Galland e, 186-188, 191, 259
perda de aviões alemães *versus* britânicos, 189,
    191, 193, 194, 261
RAF como alvo, 192, 203
Battersby, Samuel, 244
Baudouin, Paul, 89
Baur, Hans, 502
BBC, 345
    alemães ouvindo, 307, 308-309
    anuncia a queda da França, 105
    anuncia o bombardeio de Pearl Harbor,
        528-529
    anunciando nomes dos contribuintes do "Fundo
        Spitfire", 155
    batalha aérea em Dover e, 152-153
    Churchill anuncia o fim da Guerra contra a
        Alemanha, 5546
    discurso de Churchill, alemães rompem as linhas
        francesas e alerta de invasão, 19 de maio de
        1940, 49
    discurso de Churchill ("Este vale carrancudo"),
        27 de abril de 1941, 472, 475
    discurso de Churchill aos franceses, 21 de
        outubro de 1940, 306-307
    discurso de Churchill sobre invasão iminente,
        248-249
    discurso de Churchill sobre o empréstimo-
        arrendamento, 8 de fevereiro de 1941,
        403-404
    estúdio no subterrâneo das Salas do Gabinete de
        Guerra, 248, 306
    hora de notícias, 32, 297, 528
    noticiário local, 329

resposta do comentarista Delmer ao discurso
    de Hitler sobre o futuro iminente da Grã-
    Bretanha em 19 de julho, 165
resposta oficial dada por Halifax ao discurso de
    Hitler em 19 de julho, "não vamos parar de
    lutar" 165
transmissão de Harrisson descrevendo o
    bombardeio de Coventry, 329
Beaton, Cecil, 276
Beaverbrook, Lorde (Max Aitken), 54-59, 75-76,
    89, 167, 391, 475, 539
    alertas aéreos, atrasos na produção e, 189
    ameaças de renúncia, 135-136, 137, 333, 378-
        379, 381, 539
    aprovação pública de, 155, 478-479
    atrasos na produção e, 205-206
    Bombardeio de Coventry e, 305
    Bombardeio de Londres, 7-8 de setembro de
        1940, e, 242
    cartas não mandadas por, 108
    Churchill e, 54, 55, 56, 136, 137, 139, 220,
        289-290, 296, 333, 345-346, 374-375, 377,
        429, 478, 492, 539-540
    como chefe do Ministério de Produção
        Aeronáutica, 54, 57, 82, 107, 135, 155, 172,
        216, 374, 379, 404, 540
    como membro do Gabinete de Guerra, 172
    como ministro de Estado, 478-4798
    descentralização da produção e armazenamento
        de aeronaves, 245
    em Chequers, 129, 165
    em Cherkley Court (casa de campo), 235, 500,
        541
    embaixada nos EUA e, 345-346, 349, 350
    equipes de salvamento de, "Esquadrões de
        Ação", 108
    estilo de escrita, 378
    filho "Pequeno Max", como piloto de caças,
        107
    "Fundo Spitfire", 155
    ganhos na produção de aeronaves e, 107-108
    Harriman e, 466-467, 541
    império de jornais de, 54, 132, 293, 439
    inimigos de, 56
    Mansão de Londres, Stornoway House, 56,
        58, 92
    Mary (Churchill)-Duncannon romance e, 500
    Natal 1940 e, 361
    Pamela (Churchill) e, 429, 446, 540
    pergunta de Churchill sobre ataque à frota
        francesa, 138-139
    pergunta de Churchill sobre o domínio do ar, 59
    pressão sobre as fábricas, 407

produção de tanques e, 491
rede de reparos de aeronaves criada por, 108
relações públicas de, 155-156, 379
renúncia aceita, 478
reunião de Gabinete, 21 de junho de 1940, e, 112-113
viagem aos EUA, dezembro de 1941, 531
Bélgica
    Forças Aliadas sob ataque na, 44
    invasão alemã, 23, 31, 38
    invasão alemã na Grã-Bretanha e, 148
Belloc, Hilaire, 445
Below, Nicolaus von, 463
Berlim, 201, 208, 262, 280-282, 303
    arquibancadas na Pariser Platz, 179
    bombardeio pela RAF, 174, 214, 215, 225, 250, 352, 462
    crianças evacuadas de, 283
    judeus em, 236
Bessborough, Lorde (Vere Ponsonby)
    bombas e aeronave caindo em Stansted House, 197-198
    e Lady Bessborough, 198, 495, 497, 537
    propriedade de Stansted House, 197-198, 444
    Ver também Duncannon, Sir Eric
Bevin, Ernest, 57, 205
Biddle, Anthony J. Drexel, Jr., 431, 432, 440-441
Biddle, Margaret, 450
Birkenhead, Lorde, 84, 85
Birmingham, Inglaterra, 339, 345, 373
Bismarck (navio de batalha alemão), 170
Blandy, L. F., 86
Blenheim, Palácio de, 279
    bombardeio do, 248, 253, 263, 422
Bletchley Park, 425, 447
    ameaça de invasão alemã e, 149
    decodificadores em, 83, 86, 124
    Enigma e, 410
    Inteligência sobre a Operação Leão-Marinho, 315
    interceptação de pedido alemão por mapas da Inglaterra, 125
Blitz britânica (1940-1941), 175, 180, 184-195, 209, 213, 228, 231, 341
    apoio de edifícios governamentais, 27, 205, 286, 304, 406,
    ataques alemães começam, 73, 114, 151, 176
    ataques aéreos alemães e, 252-253, 268-270, 274-278, 282, 293, 300, 315, 338, 386, 468
    (*ver também* datas e lugares)
    baixas, 241, 368, 435, 441-442, 453, 468, 479, 522, 524, 527
    balões de barragem e, 60, 197, 200, 212, 226, 234, 241, 286, 290, 435, 523

bombardeio aéreo esperado, junho de 1940, 10
Bombardeio de Conventry (Moonlight Sonata), 305, 315, 317, 318-319, 321-322, 345
Bombardeio de Conventry (segundo ataque), 462
Bombardeio de Glasgow, 436
Bombardeio de Ilha de Portland, 149
Bombardeio de Liverpool, 226, 436
Bombardeio de Ramsgate, 156, 218
Bombardeio de Southampton e Birmingham, 356
Bombardeiro de Plymouth, 472, 479, 483, 484
Bristol, "the Good Friday Raid", 455-456
bombas alemãs, 15
bombardeiros carregando, 53, 226, 227, 238
bombas incendiárias (*Flammenbomben*), 238, 244, 321
bombas que "guincham", 315
chuva de destroços e estilhaços, 197, 249
covas coletivas preparadas, 16
Estações "Chain Home", sistema de radares, 80, 188, 510
fases da lua e "lua de bombardeiro", 17, 70, 180, 409, 496, 502, 512
inverno de 1940–41 e, 356
lançamento de "Starfish" usado, 312, 483
lojas fechando mais cedo, 290
máscaras de gás e, 16, 204, 269, 275, 379, 388, 437, 440
minas de paraquedas, 270-272, 291, 312, 321, 4303, 441, 465, 513
passagens para cidadãos sem-teto, 263
pessoas sem casa, abrigos antiaéreos e, 346-348, 522
previsões durante os anos 1930, 15-16
Primeira Guerra Mundial, dirigíveis alemães e, 15
retaliações de Hitler e 216, 218
Satã, 15, 240, 252, 321
suprimentos alemães chegando a, 78, 81, 87-93, 104, 111, 113-114, 115, 186, 204, 212, 226, 312-314, 483, 501
Swansea bombardeada, 455
telegramas a FDR sobre, 151-152, 153
tipos usados em Londres, 311
viagem de Churchill a Plymouth, bombardeio, 481
voos alemães contra estações de radar, 184
Ver também Grã-Bretanha, Batalha da; Londres durante a Blitz
Bond, James, 33
Bonham Carter, Violet, 47, 93, 285, 4893, 48
Boodle's (clube masculino), Londres, 438

Bormann, Martin, 501-502, 519
Bracken, Brendan, 119, 379, 382, 383, 404, 429, 493, 548
Branksome Tower, Hotel, Poole, Inglaterra, 404, 405
Braun, Eva, 501
Briare, França, 77, 89
Bridges, Edward, 335, 406, 453, 527
Bristol, Inglaterra, 339, 418
   Churchill visita, 456-459
   doação de Harriman a, 460-461
   Grand Hotel, 456
   "o Ataque da Sexta-Feira Santa", 456
   Universidade de, Churchill, entrega diplomas honorários, 454, 455
Brooke, Alan "Brookie", 42, 129, 228-229, 245, 254, 294358, 426
Buck, Miss, 299-300
Buckingham, Palácio de, 23, 106, 151, 547
Bufton, H. E., 119 Comando Antiaéreo, 455
Bulgária, 433

Cadogan, Alexander, 84, 88, 123, 194, 350, 368, 473, 518
Café de Paris, Londres, 150, 412-413, 420
   baixas, 422, 423
   bombardeio do, 422-424
Caixa, a (Caixa preta), 42, 97, 125, 127, 128, 176, 177, 361
   Coldstream Guards no, 31
Calais, França, 163
Câmara dos Comuns
   bombardeio da, 523
   acordo navios por bases com os EUA e, 189, 203-204, 205
   debate sobre a campanha norueguesa, 24
   debate sobre a condução da Guerra sobre Churchill, 474-475, 488-489
   Discurso de Churchill, 1934, 53
   Discurso de Churchill "Jamais nos Renderemos" (4 de junho de 1949), 72
   Discurso de Churchill "Melhor Momento" (18 de junho de 1940), 109
   Discurso de Churchill "Nunca Tantos" (20 de Agosto de 1940), 206-207
   Discurso de Churchill "Sangue, Trabalho, Lágrimas e Suor" (13 de maio de 1940), 43
   Discurso de Churchill "Situação da Guerra" (9 de abril de 1941), 453
   Partido Trabalhista, 474, 547
   Randolph Churchill na, 292-293
   relatório de Churchill sobre a Batalha de Mers-el-Kébir, 146

   renúncia de Chamberlain e, 25
   renúncia de Churchill como primeiro-ministro, 547
   votação sobre a resolução de Churchill, 493
Cap Blanc-Nez, França, 230, 242
Carver, Nellie, 527
Casa do Almirantado, 26, 36
   Churchill e a família deixam a, 93, 94
   como casa e centro de comando de, 26, 37, 38, 40, 42, 43, 50, 52, 52, 93, 94
Cecil, Sir William, 256
Chamberlain, Neville, 475
   Acordo de Munique de 1938 e, 24, 33
   apelidos, 24
   campanha da Noruega e, 24
   Churchill e a, 23, 24, 25, 33, 40
   como primeiro-ministro, 33, 40, 41
   deixa o nº 10 da Downing Street, 93
   eulogia, 7
   forças parlamentares contra, 24-25
   morte de, 318
   no governo de Churchill, 40
   política de conciliação, 101
   renúncia, 25, 32, 34
Channon, Chips, 337, 488, 490
Chaplin, Charlie, 331, 387
Chartwell (propriedade da família Churchill), 32, 48, 71, 257, 503
Chequers (propriedade oficial do primeiro-ministro), 96, 97-98
   ameaça de invasão, medidas preparatórias, 285
   aviões alemães perto de, 133
   Beacon e Coombe, colinas, 128, 257, 548
   bombardeio de, 293, 294, 295
   Caminho da Vitória, 98, 287, 442
   Campo de croqué, 98
   Churchill, reunião em 7 de dezembro de 1941, 335-336
   Churchill e o Natal de 1940 em, 360, 361
   Churchill em, 97-103, 122, 129-134, 165-167, 178-180, 196, 228-229, 234, 257, 300, 301, 306, 332-333, 339, 400, 403, 423-425, 432, 459, 479, 529-531
   cinema instalado em, 296
   Clementine (Churchill) em, 122, 130, 178-180, 257, 265, 339, 400, 424,482-486, 528, 547-548
   Colville em, 100-101, 102, 133, 178-190, 295, 339, 424, 425, 484-485, 547-548
   como "cheias de fantasmas", 98
   como posto de comando de Churchill no campo, 128
   compra de bebidas, exemplo, 273

filho de Randolph nascido em, 294
Floresta Long Walk, 98
Grande Galeria, 99
grande salão e pinturas, 98
Hopkins em, 400, 403
hóspedes de Churchill em, 128-130, 165, 178,
    228, 271-272, 294, 424, 451, 459, 482, 483,
    528, 547-548
jantar com o Professor em, 98-99
Livro de Visitantes, 548
maio de 1941 e, 482
Mary (Churchill) em, 178-180, 248, 256-257,
    263, 291, 293, 294, 310, 339, 361-363, 390,
    424, 451-452, 467
Quarto da Prisão, 256, 263, 362, 451
rações de comida e, 270, 271
rações de gasolina e, 274
reforços em, 178, 285
relógio solar e inscrição, 98
Sala Hawtrey, 178, 256, 286, 301
renhas e, 128, 133
último fim de semana de Churchill em, 547-548
vulnerabilidade de, 285, 286-287, 295, 442-443
Cherbourg, França, 78, 183, 356, 504
Chicago Daily News, 375
    Churchill, entrevista, 153
Christiansen, Arthur, 439
Christie, Agatha, 431
Churchill, Clementine, 27, 36, 46-47, 49, 73, 84-
    85, 89 258, 286, 417, 546
aparência, 391, 392
apartamento acima das Salas do Gabinete de
    Guerra, 383
Beaverbrook e, 56, 500, 53943, 462, 49
bombardeio a Plymouth, viagem, 479
bombardeio de Londres e, 219
casamento de, 47, 96,122
como aliada de Churchill, 46, 127
De Gaulle e, 146
em Breccles Hall, 218
em Chequers, 122, 130, 178-180, 257, 264,
    286, 339, 400, 424, 482-486, 528,547-548
em Ditchley, 385
filha Mary e, 30, 248, 483, 485, 494, 500, 518,
    520-52, 535
filho Randolph e, 131, 132, 173-174, 298, 300,
    542
franqueza de, 47
Harriman e, 541
Hopkins e, 533
inspeção de abrigos públicos, 348-350
jogando croquê, 98, 548
morte da filha Marigold e, 29

Natal de 1940 e, 360
no nº 10 da Downing Street, 92-93, 100,
    40576–77, 83, 37
saúde de Churchill e, 390
sobre a bebida de Winston, 100
Swansea-Bristol, viagem a, 454, 457, 458
turbante e, 46, 405
viagem a Scapa Flow, 392, 394
Churchill, Diana, 29, 100, 164, 299, 331, 388,
    425, 454, 548
Churchill, Marigold, 29
Churchill, Mary, 29-32, 47, 49, 72, 89, 93, 99-
    100, 122, 143, 333
aniversário de 18 anos, 257, 259
Colville e, 130, 133, 179, 444, 485, 533, 534,
    536
como artilheira antiaérea, 533
críticas ao pai e, 291-292
Duncannon e o pedido de casamento, 444, 445,
    447, 451, 452, 454, 471, 482-486, 487, 489-
    480, 492, 494, 500-501, 518, 520-521
em Breccles Hall, 152, 165, 205, 235-236, 248,
    263
em Chequers, 78-180, 248, 256-257, 286, 294,
    310, 339, 390,424, 451-452, 469, 482-486
em Chequers, durante o bombardeio, 293, 295
em Chequers, último fim de semana, 547-548
em Petworth House, 383-384
em Stansted Park, 444-446, 447
Harriman e, 410, 436, 456, 520
lista de livros, letras de música, 367-368
Natal de 1940 e, 361-362
no nº 10 da Downing Street, 93
Serviço Voluntário de Mulheres e, 246, 247,
    260, 263-264, 286, 291, 451
sobre Londres, 384
sobre o "Discurso do Sapo", de Churchill, 308
sobre o irmão, Randolph, 132
Swansea-Bristol, viagem a, 454-456
temporada social de Londres (1941) e
    bombardeios, 408, 418-419, 422-423
voos da RAF e, 152, 219, 248
Churchill, Pamela Digby, 29, 129, 130-131, 132,
    146, 173, 219, 258, 379, 381, 500, 528
Beaverbrook e, 429-430, 433
casamento com Averell Harriman, 543-544
casamento com Leland Hayward, 543
casamento com Randolph (Churchill), 297-300,
    333, 426, 429, 446, 542
convites para jantar e, 430
em Chequers, 257, 265, 286, 287, 424, 451
em Dorchester, 428, 466-467
emprego no Ministério do Abastecimento, 428

filho, Winston, 294, 299, 300, 379, 381
gravidezes de, 133, 292-293, 426
Harriman e, 410, 413, 429, 447-448, 466-467, 541-543
Hitchin, casa, 299-300, 428, 429
nome do bebê, 158
problemas financeiros, 297-298, 300, 330-331, 404, 429
romances de, 543
sobre Colville, 539
Churchill, Randolph, 29, 37-38, 129, 130, 362, 523, 533, 547
  casamento com Pamela Digby, 29, 130, 132, 297-300, 379, 541, 542
  como criança combativa, 132
  como jogador e bêbado, 27, 132, 173, 295, 296, 332, 404, 428, 429
  desagradável e pouco querido, 131, 299, 542
  filho, Winston, nasce, 294
  finanças pessoais, 27, 297-300, 332, 404
  Harriman e, 541-542
  mulheres, sexo e, 132-133, 294, 542
  na Câmara dos Comuns, 292-293
  no 4º Regimento de Hussardos da Rainha, 37, 293, 298-299
  no Comando nº 8, Egito, 404, 423, 431-432
  no Exército britânico, 173
  relacionamento com os pais, 131-132, 173, 298, 542
  renda, 297
  violação dos protocolos de segurança por, 174
Churchill, Sarah, 29, 261, 360, 362, 451, 470, 483, 485, 548
Churchill, Winston
  ação ofensiva planejada por, 72, 214, 215, 292
  admiração pela espoca, "Clemmie", 48
  adoração de heróis de, 89
  álcool e, 38, 39, 100
  aliados de, 36
  ambição política de, 27
  ameaça de invasão, 19 de maio de 1940, e, 48
  ameaça de invasão, abril 1941 e, 453
  ameaça de invasão, base fortificada para o governo em caso de retirada (o Paddock), 253-254
  ameaça de invasão, instruções a Harriman, 436
  ameaça de invasão, medidas preparatórias, 126, 406-407
  ameaça de invasão, relatório secreto dos chefes de Estado Maior, 110-111
  ameaças de assassinato pelos alemães, 59
  amor do público por, 34, 36, 43, 455-458, 547
  aniversário, 66 anos, 332, 333
  aparência, 129, 217, 332-333, 384, 391, 457
  ataques, observando, 249, 252, 284, 319, 441
  autoconfiança de, 27, 302
  avião para, Flamingo, 45, 435
  Batalha da Grã-Bretanha, frase famosa, 194
  Batalha do Atlântico e, 434
  Beaverbrook e (Ver Beaverbrook, Lorde)
  Bletchley Park e unidade de decodificação, 125
  "bomba pegajosa" e, 112-113
  Bombardeio de Berlim e, 216
  bombardeios a Londres e, 216-217, 242, 243-245, 249, 252
  bombardeios no nº 10 da Downing Street e, 252, 441-442
  caixa amarela ultrassecreta, 125, 128, 318, 361, 485
  caixa preta (a Caixa) e, 42, 97, 125, 126, 128, 177, 178, 361
  Câmara dos Comuns, debate e moção de confiança (6 de maio de 1941), 474-475, 488-491
  Campanha da Noruega e, 24
  capacidade de vencer a Guerra e, 27, 37-38, 530-531
  censura à imprensa por, 106
  Chamberlain, eulogia, 7
  Chamberlain, funeral e, 318
  Chamberlain e, 23, 24, 25, 34, 40
  charutos cubanos e, 287-288
  "Círculo Secreto" de, 42
  colônias francesas e, 105
  como alvo de bombas, 512
  como ministro da Defesa, 40
  como primeiro lorde do Almirantado, 24, 25, 26, 38, 39, 83, 273, 292, 439
  confiança e destemor ensinados por, 72-73, 146, 526, 539
  conselheiros e confidentes, 55, 56, 59, 72, 75-76, 83, 86, 89, 91-92, 93, 99-101, 110, 119, 126, 136-139, 165-167, 172, 220, 228, 294, 295, 300-301, 344, 345, 377-378, 391, 424, 474, 480, 540, 541
  conversa derrotista, reação a, 46
  coragem de, 45-46, 49, 59, 250, 253, 282, 440, 441-442
  críticas, reação a, 489
  críticas de, 25, 33, 34, 35-36, 38, 39 40, 73, 291, 292, 488-489, 490, 495-496
  datilógrafa, Layton, e, 41, 97, 111-112
  discurso e linguagem de, 41
  ditando diretrizes e memorandos, 41, 95, 103, 111, 126
  em Chartwell, 47, 71

em Chequers, 62, 63-69, 122, 128-133, 178-180, 196, 228-229, 235, 257, 258, 300, 301, 306, 332-333, 339, 360-362, 423, 424-425, 432, 479, 528-530, 547-548
em Ditchley, 295-296, 318, 332, 383, 385-387, 432, 496, 518, 526
em Harrow, 34
episódios de mau humor, 75, 122, 126-127, 339, 405-406
escrita, livros, colunas em jornal, 120
"Escritório Privado" de, 33
espírito indômito de, 48, 70-71, 105, 244
estação subterrânea em Down Street como abrigo para, 319
estilo de escrita, 378
EUA, escolha do embaixador, Halifax, 341-342, 350-351
EUA, viagem, dezembro de 1941, 530-531
EUA como parceiros estratégicos, 27, 37-38, 79, 101, 310, 453, 492
excentricidades e hábitos pessoais, 27-28, 41, 42, 48, 51-52, 76, 97, 100, 101-102, 102, 103-102, 103, 111, 126, 128, 129, 133, 173, 217, 259, 287, 302, 378, 425, 482, 484, 531-532
falhas de segurança, preocupações com, 375-376
FDR e, 27, 37, 79, 168-169, 293, 474
FDR e, bombardeio de Pearl Harbor e, 528-530
FDR e, carta para, 6 de dezembro de 1940, 335, 337, 339
FDR e, empréstimo-arrendamento, 343, 365, 379, 403, 408-409, 423, 424
FDR e, Guerra no Oriente Médio, 479-480
FDR e, pedido de navios e aeronaves dos EUA, 45, 94, 170-172
FDR e, telegrama, 15 de junho de 1940, 94-96
FDR e, telegrama sobre a eleição de 1940, 310-311, 384
FDR e, troca de navios-por-bases, 189-190, 203-204, 205, 222
FDR, Conversa ao Pé da Lareira e, 367
finanças pessoais, 27, 120
forças de, 28, 244
fracassos militares, 291-292
frota francesa e, 103-104, 105, 122, 124, 138-139, 143, 144, 168
Gabinete de, 25-26, 34
Gabinete de Guerra, 40, 48, 70, 124, 327, 335-336, 406, 462
gato de, Nelson, 93, 126, 242, 300, 361
George VI e, 24, 25-26, 35, 360
guarda pessoal (*ver* Thompson, Walter Henry)

guerra aérea e produção de aeronaves, 54-55, 58-59, 104, 107, 153
"Importação Executiva" criada, 374, 379
Halifax como secretário de Relações Exteriores, 36, 41
Harriman e, 411, 431, 440, 480, 541-542
Hess, defecção e, 518,-519, 525-526
Hill como secretário pessoal, 50, 59, 95, 103, 126
Hitler (este homem mau) e, 34, 43, 70-71, 140, 144, 160, 161, 175, 249, 293, 308
Hopkins e, 391, 373, 381-382, 384-388, 392-398, 399-400, 403
Ismay e (*ver* Ismay, Hastings "Pug")
lealdade aos amigos, 113
liderança de, 73, 177, 442, 526
líderes franceses, encontros com, 1940, 45-46, 76, 77, 89-90
Lindemann e (*ver* Lindemann, Frederick "Professor")
Londres como alvo de Hitler e, 53
médico pessoal para, 49-50, 57, 390, 392
minas alemãs de paraquedas e, 269
Natal de 1940 e, 359-360, 361-362
Natal de 1941 e, 532
neto, Winston, e, 294, 333
noite de Ano-Novo de 1941, 533
nomeações, 40
nomeado primeiro-ministro, 25-26, 33, 40-41
operação alemã Sonata ao Luar e, 317, 317-320
Operação Dínamo (evacuação de Dunquerque), 68, 69
Operação Tigre (tanques para o Oriente Médio), 520
paraquedistas alemães, preocupação com, 126
Plymouth, visita após bombardeio, 479, 481
poder dos símbolos e, 155, 243
política de guerra de (lutar sem se render), 43, 48, 70-71, 72, 103-104, 146, 164, 308, 352
primeira transmissão de rádio, 47-48
propaganda nazista contra, 148
racionamento e ajuda dos amigos, 270-271
rações de gasolina e, 271
relatório para, "Estratégia Britânica em uma Certa Eventualidade", 51, 52-53
rendição da Alemanha e, 546-547
rendição da França e, 44, 477, 48, 51, 52, 53-54, 76, 100-102, 105, 122
renúncia como primeiro-ministro, 547
Scapa Flow, viagem, 390-393, 394-397
secretários designados para (*ver* Colville, John "Jock"; Martin, John; Seal, Eric)
sobre a entrada da Itália na guerra, 75

sobre a redação de relatórios, 177-178
sobre o casamento, 131
sobre o chá, 211
sobre o tamanho da família, 131
Swansea-Bristol, viagem, 455
tecnologias secretas, armas, aparelhos e, 112-116, 311-312, 364, 393, 396, 455, 484
telegrama a Pétain e Weygand, 105
temores pela segurança de, 283-287, 294, 300
traje para ataques aéreos, 51, 307, 339, 425
trem de brinquedo e, 546
trem para, 391, 455
Ver também Gabinete de Guerra
Churchill, Winston, discursos
Discurso à Câmara dos Comuns, 1934, 40
Discurso à Câmara dos Comuns ("Jamais nos renderemos"), 4 de julho de 1940, 72
Discurso à Câmara dos Comuns ("Melhor Hora"), 18 de junho de 1940, 107
Discurso à Câmara dos Comuns ("Nunca tantos"), 20 de agosto de 1940, 202-203
Discurso à Câmara dos Comuns ("Os EUA como esperança"), 9 de abril de 1941, 419
Discurso à Câmara dos Comuns ("Sangue, Trabalho, Lágrimas e Suor"), 13 de maio de 1940, 54
Discurso ao povo americano (esta estranha véspera de Natal), 24 de dezembro de 1941, 319
Discurso aos franceses ("Discurso do Sapo"), 21 de outubro de 1940, 304-305
falando na rádio BBC ("Este Vale Carrancudo"), 27 de abril de 1941, 473-474
falando na rádio BBC sobre a incapacidade dos franceses de parar os alemães alerta de invasão, 19 de maio de 1940, 48
falando na rádio BBC sobre a rendição da França, 18 de junho de 1940, 110
falando na rádio BBC sobre invasão iminente, 11 de setembro de 1940, 248-249
falando na rádio BBC sobre o Empréstimo-Arrendamento, 8 de fevereiro de 1941, 403
falando na rádio BBC sobre o fim da Guerra na Europa, 8 de maio de 1945, 547
padrão de, 49
redação de discursos por, 205
Churchill, Winston, Jr., 294, 299, 379, 381, 424, 534, 541, 546
batizado, 332-333
Cingapura, 535
"Círculo Secreto", 43
City of Benares, naufrágio do, 265, 274
Claridge's, hotel, 373, 383, 400, 418, 436, 438

abrigo antiaéreo no, 274, 276
papel timbrado, 388
Clydeside, Escócia, 344
Cockett, Olivia, 77, 105-106, 124, 153, 197, 214, 269, 279, 340, 347
Coldstream Guards, 31, 97, 130, 287, 293
Collier, Basil, 208, 364
Coluna de Nelson, Trafalgar Square, Londres, 31, 203, 213, 469, 547
Colville, David, 33, 493
Colville, George Charles, 33
Colville, John "Jock" (secretário de Churchill), 33-34, 42-43, 95, 134, 179, 235, 359, 368, 391, 441, 445, 482
abrigos públicos inspecionados por, 347-348
acidente no blecaute, 369
bombardeio de Londres e, 216-217, 266, 301, 441, 465, 467, 517-518, 516
casamento com Margaret Egerton, 539
Chamberlain e, 34, 43, 51
charutos de Churchill e, 288-289
como secretário particular da princesa Elizabeth, 539
conta de aeronaves abatidas e, 196
desejo de entrar para as Forças Armadas, 79, 406, 469-470, 493, 537
despedida de Churchill, 30 de setembro de 1941, 535-536
diário mantido por, 34, 35, 376, 539
em Chequers, 100-101, 102, 130, 133-135, 178-180, 295, 339, 424, 425, 484-485, 547-548
em Ditchley, 384
em Madeley Manor, casa de campo do avô, 405
funeral de Chamberlain e, 318
Harriman e, 460, 541
Mary (Churchill) e, 130, 133, 179, 534, 538
Missão de Hess e, 419
namorando com Audrey Paget, 207-208, 330
paixão por Gay Margesson, 67-68, 150, 207, 330, 360-361, 383, 398-399, 469-470
Pamela (Churchill) e, 542
Plymouth, viagem após o bombardeio, 479
sobe Hopkins, 384, 388
sobre a Batalha da Grã-Bretanha, 189
sobre a iminente invasão alemã, 149
sobre a redação dos discursos de Churchill, 205
sobre a renúncia de Beaverbrook, 135
sobre Churchill, 41, 48, 49, 50-51, 75, 105, 126, 125, 282, 294, 379, 480, 481
sobre Lindemann, 84, 85
sobre o discurso "Nunca Tantos" de Churchill, 206
sobre o romance Mary-Duncannon, 445, 485, 496, 535

sobre os ataques concentrados da Grã-Bretanha, 340
sobre Randolph (Churchill), 130, 132, 134
Swansea-Bristol, viagem, 455, 456
testemunhando a guerra aérea, Stansted Park, 198-199
Colville, Philip, 33, 72-73, 78, 493
Comitê de Inteligência Conjunta, 228
Conant, James, 409-410, 418, 458
Cooper, Diana, 130, 274, 275, 338, 527
Cooper, Duff, 130, 274, 275, 295, 318, 527
"Coração Mentiroso, O" (Belloc), 445
Cottage to Let (peça), 207
Coventry, Inglaterra
   baixas, 329
   Bombardeio de, 319, 324, 462
   bombas incendiárias usadas em, 322
   catedral medieval de, 322, 324-325, 327, 328
   culpa e, 324-325
   efeitos sobre ataques aéreos, 328
   enterros coletivos em, 329
   George VI visita, 327
   Lady Godiva e "Tom Bisbilhoteiro", 321
Cowles, Virginia, 57, 196, 237, 240, 252, 276, 278, 332
Crankshaw, Sir Eric, 273
Creta, 533
Crewe-Milnes, Lady Cynthia, 33
Cripps, Sir Stafford, 463
Cromwell, Oliver, 24
Crosby, Bing, 369
Cumberbatch, Benedict, 33
Curie, Eve, 375

Dacar, África Ocidental Francesa, 137
   Batalha de, 260
   fracasso da Operação Ameaça, 291-292, 301-302, 308
Daily Express, 439
Daily Mirror, 119, 292
Dalton, Hugh, 71
Danton, Georges, 378
Dascombe, Leonard, 322
De Gaulle, Charles, 145-146, 260, 291, 425
De Souza, Yorke, 422-423
Delmer, Sefton, 162
Departamento Estatístico do primeiro-ministro, 83
Dieppe, França, 183
Dill, Sir John "CIGS", 164-165, 166, 228, 459-460, 530, 531
Ditchley, Oxfordshire, 295-296

Churchill e convidados em, 295-296, 318-319, 331, 375, 383-387, 433, 497, 517, 527
cinema em, 296, 387
Donald, Graham, 509, 513-514
Donovan, William, 425, 432
Dorchester, Hotel, 274-275, 418, 419
   Harriman no, 418, 430, 436, 464, 467, 512
   jantar para Adele Astaire no, 464, 467
   Menzies no, 430
   Pamela (Churchill no), 427
Douglas, William Sholto, 315, 443
Dowding, Sir Hugh, 104, 113
   queda da França e, 106
Duchin, Eddy, 444
Duncan, Sir Andrew Rae, 429
Duncannon, Sir Eric, 442, 445, 450, 468, 483-487, 488, 492
   Colville, opinião sobre, 442, 496
   noivado com Mary (Churchill), 494, 496, 500-501, 518, 520-521, 535
Dunquerque, França, 164, 291, 473
   avanço de blindados alemães contra, 68-69
   Força Expedicionária Britânica recuando em direção a, 48-49, 68-69
   medo de Ironside sobre um Dunquerque reverso, 75, 95
   Operação Dínamo, 68-69, 80, 82
   propaganda alemã sobre, 163
   suprimentos e equipamentos britânicos abandonados em, 165

Eade, Charles, 409
Eckersley, Thomas L., 90
Economist, revista, 119
Eden, Anthony, 61, 391, 485, 518, 538
   como secretário de Guerra de Churchill, 61, 328
   como secretário das Relações Exteriores de Churchill, 350, 368, 375, 433, 459, 460, 463, 480
   debate parlamentar sobre a condução da guerra por Churchill e, 488
   em Chequers com Churchill, 177, 484
   sobre o ataque japonês a Pearl Harbor, 517-518
Edward VIII da Inglaterra, 24
Egerton, Margaret, 538
Egito, 427, 473, 474, 480
Einstein, Albert, 84
El Alamein, Batalha de, 533
Elizabeth, rainha consorte de George VI, 23, 544
   Bombardeio de Londres e, 248
   lições de tiro de, 150
Elizabeth I, rainha da Inglaterra, 256

Elizabeth II, rainha da Inglaterra, 538
Ellesborough, igreja, Inglaterra, 332, 452, 548
Elwes, Cary, 33
E não sobrou nenhum (Agatha Christie), 431
Evening Standard, 57, 292, 297, 428, 439
Escola de Criptografia e Código Governamental, 83
Enigma e, 83
Espanha, 187, 476, 483
    Guerra Civil, 163
    Luftwaffe e, 163-164
Estados Unidos
    Churchill e, acordo de navios por bases, 172, 167-168, 203-204, 224-225
    Comitê América em Primeiro Lugar, 213
    como essenciais para a sobrevivência do Reino Unido, 492
    críticas a Churchill nos, 38, 39
    declaração de guerra à Alemanha, 530
    declaração de guerra ao Japão, 529
    demora militar, 170
    Departamento de Guerra avalia perspectivas britânicas, 310
    Discurso "Jamais nos Renderemos" de Churchill e, 73
    Escritório de Serviços Estratégicos (OSS), 431
    Esforço de Guerra britânico e, 27
    esforços de Churchill para envolver os EUA na guerra, 37-38, 44-45, 79
    FDR, vitória fácil em 1940, 310
    início do alistamento nacional, 303
    isolacionismo e, 38, 95, 170, 224, 303
    Japão bombardeia Pearl Harbor, 528-528
    Lei de Empréstimo-Arrendamento e, 342-343, 365, 379, 399, 401, 406, 408, 410, 411, 423, 431, 453, 464, 480
    Leis de Neutralidade, 38, 95, 172, 203
    Programa de Munições de 1940, 170-171
    reação ao bombardeio de Coventry, 327
    relações EUA-Reino Unido, 169-172, 400, 436, 479-480, 489, 529, 530
    Ver também Roosevelt, Franklin Delano
Estreito de Dover, 192
Exército Britânico
    4º Regimento de Hussardos da Rainha, 37, 293, 299
    53º (Gales) e o 2º de Londres, 167
    Comando nº 8, Egito, 404, 428, 5421-542
    Grécia e, 473
    III Corpo, 167
    Niven no, 438-439
    Randolph (Churchill) no, 173, 404, 426, 541
    reequipamento do, 167
    soldados como "Tommies", 69
    velho regimento de Churchill, 37
    Ver também Força Expedicionária Britânica; Coldstream Guards
Exército alemão. *Ver* Wehrmacht

Farrer, David, 58, 154, 242, 246, 288, 290
Felkin, Samuel Denys, 90
Filho dos Deuses, O (filme), 387
Fitzwilliam, Peter, 427
    Wentworth Woodhouse, mansão, 427
Flanagan e Allen, canção, 101
Fleming, Ian, 485, 516
Fleming, Peter, 516, 518
Flying Visit (Fleming), 516
Forbes, Fiona, 470
Força Expedicionária Britânica (BEF)
    Cherbourg, evacuação de, 79
    avanço dos blindados alemães contra, 68-69
    Dunquerque e, 49, 67, 68-69, 71
    Hitler para de avançar contra a, 62, 73
    Luftwaffe ataca, em Dunquerque, 62, 67
    queda da França e, 44, 48, 52
    soldados deixados na França, 73-74, 79
    nobres britânicos servindo na, 30, 34
Forças Domésticas, 129, 130, 228, 238, 245, 253, 287, 406, 407
Fowler, *Dictionary of Modern English Usage*, 359
França
    armistício com Hitler, 120
    como base da Luftwaffe, 54, 106, 112
    conferências de Churchill com líderes da, 76, 77, 89-90
    derrotismo da, 76, 89, 90
    discurso de Churchill à, 21 de outubro de 1940, 306-308
    estratégia de defesa britânica e, 17
    Linha Maginot, 17, 44
    Pacto anglo-francês, 100
    queda da, 44, 48, 51-52, 100-101, 102-103
    Questão da Guerra contra a Inglaterra, 148
    Reino Unido confisca e/ou destrói frota da, 142, 144, 169
    rendição da, Pétain substitui Reynaud, 104-105
    soldados evacuados em Dunquerque, 73
    Vichy, governo de, 124, 259, 306, 308, 375
França Livre, 260, 291
Friburgo, Alemanha, 201
Fringes of Power, The (Colville), 538
Fuller, J. F. C., 16
Fundo Chequers, 272
Fundo de Hospitalidade do Governo, 272

Gabinete de Guerra, 40, 48, 70, 124, 327, 335-336, 406
   ameaça de invasão, relatório secreto dos chefes de Estado Maior, 112-113
   "ataque concentrado" contra cidades alemãs como retaliação, codinome "Abigail", 339-340
   Beaverbrook tornado membro pleno, 172-173
   Beaverbrook, relatório sobre produção de aeronaves, 107
   Churchill, diretriz "Mais Sigilosa", 28 de abril de 1941, 474
   Churchill, lição sobre redação de relatórios, 177-178
   encontro sobre a frota francesa, 124, 125, 127-129
   encontro sobre o Sistema de orientação alemão por raios, 113-117
   más notícias da Líbia e, 462
   mensagem para o público, capacidade de voo, 169-170
   queda da França e, 48
Galípoli, derrota britânica em, 291
Galland, Adolf, 65, 162-163, 165, 176, 187, 279-280, 329
   Batalha da Grã-Bretanha e, 175-177, 181, 259
   Bombardeio de Londres e, 231, 241
   destino de, 545
   enviado em perseguição a Hess, 519-520
   medalhas de, 279
Gardner, Charles, 152
Gazda, Antonio, 431
Gensoul, Marcel-Bruno, 139, 141
George V da Inglaterra, 33
George VI da Inglaterra, 23, 547
   Bombardeio de Coventry e, 327
   Bombardeio de Londres e, 254
   carne de caça enviada a Chequers, 270
   Churchill e, 24, 25-26, 35, 360
   escassez de produtos e, 274
   Halifax e, 23, 344, 350-532
   "Mensagem Real de Natal", 362
   queda da França e, 105-106
   renúncia de Chamberlain e, 25
Gibbon, Edward, 133
Giffnock, Escócia, 513
Glasgow, Escócia, 397, 488
   baixas, 434
   Bombardeio de, 151, 434
   Hess e, 505, 506, 507, 509, 513, 514
Glover, Dorothy, 464
Goebbels, Joseph, 43, 122-123, 159, 160-101, 231, 482, 497, 499, 520

   ataques da propaganda a Churchill, 501, 518-519
Bogensee, casa de campo, 368, 409
Bombardeio de Berlim e, 215
bombardeio de Coventry e, 362-363
Bombardeio de Londres e, 236-237, 425
Bombardeio de seu jardim, 250
expectativa da queda da Grã-Bretanha, 468
expectativa de fim rápido para a guerra, 200
família de, 387-388, 446
guerra de propaganda contra a Grã-Bretanha, 147, 165, 201
otimismo quanto à vitória, 514
preocupação com a decadência moral, Natal, e, 387-388
problema do bombardeio do Palácio de Buckingham, 262
punições por ouvir a BBC e, 341-342
relações anglo-americanas e, 475
resiliência britânica e descontentamento alemão, 281-282
sobre a Conversa ao Pé da Lareira de FDR, 401
sobre Churchill, 352, 405, 484, 493
suicídio de, 500
transmissores secretos de, 142-43, 177
Göring, Hermann, 35, 62-66, 144, 15, 156, 172, 466, 506
   Adlertag, ou Dia da Águia, 172, 177, 181-184
   Ataque à União Soviética e, 366-67
   ataque da Luftwaffe à RAF e, 175-176, 180, 191, 192-193, 209
   ataques de fim de dia, perdas da Luftwaffe e, 261, 281
   bombardeio de Londres determinado para 16 de abril, 1941, 462
   bombardeio de Londres determinado para 7 de setembro, 1940, 221, 225, 230-231
   Carinhall, casa de campo, 50, 152
   casa de campo de, 281
   conflito com pilotos alemães sobre estratégia, 186, 187
   conta vantagem dizendo que a RAF não poderia bombardear Berlim, 190
   contratação de Schmid por, 65
   Coventry (Sonata ao Luar), ataque aéreo e, 305, 315-317, 329
   culpa pilotos por não conseguirem esmagar a Grã-Bretanha, 251
   deserção de Hess e, 525
   em Cap Blanc-Nez, testemunhando bombardeio, 205, 215
   Galland e, 186, 281-282
   gozação de, 65

ÍNDICE • 611

Hitler e, 462
Hitler, Diretriz nº 13 e, 62-63, 66
infância e histórico, 63
invasão da Grã-Bretanha e, 544
julgamento de Nuremberg, sentença, 544
campanha pessoal de saques, 61, 230, 435, 544
comportamento estranho, bizarro, 62-63
expectativa de um fim rápido para a guerra, 225
patente de *Reichsmarschall*, 159
RAF como alvo em novo ataque, 305
respostas da opinião pública a, 65
suicídio de, 544
títulos oficiais de, 61
nova campanha contra a Grã-Bretanha, março de 1941, 435
perdas aéreas de 15 de setembro e, 260
sobre o bombardeio de Londres por engano, 213-214
tentativa da Luftwaffe de destruir a Força Expedicionária Britânica e, 82, 69
voo de Hess para a Escócia e, 509
Grã-Bretanha
acordos de paz de Hitler com a, 141, 147, 148
alemães capturam Guernsey, 134
Alemanha impedindo que suplementos cheguem a, 37, 305, 306, 374
Alemanha solicita mapas da, 125
alerta oficial de invasão, "Cromwell", 16, 227, 239, 245
ameaça de invasão, 52, 53, 59-60, 74, 76, 95, 106, 117, 125-128, 149, 178, 203, 222, 228-229, 253-254, 287, 446, 474, 451
ameaça de invasão, chefes de Churchill na, 111
ameaça de invasão, tropas paquedistas, 16, 109, 149, 166, 238, 245, 287, 288, 356, 405
ataque marítimo alemão (Leão-Marinho) planejado, 156-157, 209, 228, 304, 315
autores de diários voluntários, 36 (*veja também* diários de Observação da Massa)
avião alemão abatido em, 199
cavando trincheiras em, 106, 151
censura impressa, 106
chá e moral, 209-210
Churchill como inspiração, 427
crise financeira, 310, 335, 338
declaração de guerra contra a Alemanha, 16
declaração de guerra contra o Japão, 529
defensores da paz, 46, 47, 122
Departamento de Guerra dos EUA avaliando soldados, 407
empréstimo-arrendamento com os EUA, 342, 365, 379, 403, 406, 408, 409, 410, 411, 423, 433, 453, 464, 480

escassez de bens na, 54, 252, 274, 374, 434
esforço de guerra da França e, 17, 44
guerra aérea contra a, 1944, 533
Guerra da Europa termina e a, 547
horário de verão e, 384
intenção de Churchill de combater e, 43, 48-49
janeiro de 1941, clima incomum, 373
minas antitanques, baixas civis, 178
Natal de 1940 e, 359-360
nunca perder posição, 57, 73, 74, 75, 143, 151, 169, 473
o moral na, 49, 53, 70, 109, 171, 211, 217, 244, 250, 293, 302, 327, 345-346, 347, 359, 452, 472, 473, 491, 526
pacto anglo-francês, 100
preparações para invasão, 17, 46, 151, 178, 203, 385
propaganda alemã e transmissores secretos, 122, 148, 159, 154-155, 201, 240, 262, 356
queda da França e, 44-45, 49, 105
racionando e se abastecendo, 27, 211, 270-271, 432, 542
rações de gasolina e, 271
regras e problemas do blecaute, 98, 210, 343, 383, 437, 447
relações anglo-americanas, 169-170, 400, 436, 438-439, 479, 489, 529, 530
rumores circulando na, 356-357
transmissões radiofônicas de FDR e, 365
trem em chamas, matando os filhos do primeiro-ministro belga, 476
troféu civil, a Cruz de George, 253
Graham, Katharine, 543
Grande Ditador, O (filme), 331, 387
Grandes Contemporâneos (Churchill), 361
Grécia, 433, 452, 473
invasão alemã da, 425
Marinha Real vence em Cabo Matapan, 447
retirada britânica da, 473
tropas britânicas enviadas para, 433
Greene, Graham, 239, 464-465
Grey, lady Jane, 256
Grey, lady Mary, 256
Grosvenor House, Hotel, 412, 419
Bombardeio de Londres, 8 de março de 1941, e, 421, 423
Grupo pelo Sacrifício e pelo Serviço (culto), 511
Guarda Nacional, 196, 501
tamanho da, 247
Guilherme II (Guilherme, o Ruivo), rei da Inglaterra, 513

Halder, Franz, 139
Halifax, Lady Dorothy Wood, 390
    fúria com Churchill, 350
    marido como embaixador nos EUA e, 389, 390
    ódio de Joseph Kennedy, 39
    sobre refeições com Churchill, 100-101
Halifax, Lorde Edward, 25, 88, 106, 338, 390
    apelido para Churchill, 35
    como secretário de Relações Exteriores, 35, 40
    em Dorchester, 275, 276
    embaixador nos EUA, 343-344, 350-351, 393
    recusa da oferta de paz de Hitler, 163
    recusando cargo de primeiro-ministro, 25
    sobre Beaverbrook, 59
    sobre Churchill, 25, 35
    sobre Joe Kennedy, 220
    viagem a Scapa Flow, 389, 391, 393-394
Hall, Nanny, 299
Hamilton, Duque de, 222, 247, 267, 354, 514, 518
Hardinge, Alexander, 131, 253
Harmsworth, Esmond, 237
Harmsworth, Harold, 361
Harriman, Kathy, 29, 131, 439, 441, 461, 489, 528, 541
Harriman, Marie Norton Whitney, 418, 446, 461, 467, 541, 543
Harriman, William Averell, 411
    "Missão Harriman," 437-438, 463
    Beaverbrook e, 467
    Boodle's, membro de, 439
    carreira política, pós-guerra, 493
    cartas para FDR, 453-454, 491-492
    chegada à Inglaterra de, 435-436
    Churchill e, 413, 435, 480, 491-492, 541-542
    como "expedidor de defesa" de FDR na Grã-Bretanha, 411, 413
    como embaixador americano a Moscou, 435
    convites e, 438, 439
    em Chequers, 435, 446, 451, 485, 528
    em Ditchley, 518, 521
    em Dorchester, 413, 429, 513-514
    entrevista coletiva, primeira, 439-440
    frugal, 416
    jantar no nº 10 da Downing Street, e o bombardeio de Londres, 440, 441-442
    Mary (Churchill) e, 410, 436, 456, 520
    notícias sobre o bombardeio japonês a Pearl Harbor e, 529
    Pamela (Churchill) e, 429, 446-447, 541-544
    Stim-U-Dent e, 461
    Swansea-Bristol, viagem com Churchill, 455, 456, 457-458, 459-460
    tangerinas para Clementine, 434, 436
    viagem aos EUA, dezembro de 1941, 530-531
    voo para Londres, Mar. 23-27, 219, 416, 430-433
Harris, Frank, 278
Harrisson, Tom, 61, 328
Harrod, Roy, 88
Harrow, escola, 33
    cargos de Harrovians, notáveis em, 33
    Churchill em, 33
Harvey, R.J.P., 272
Haushofer, Albrecht, 222, 246, 505, 519
Haushofer, Karl, 221-222
Hawtrey, William, 256
Hayward, Leland, 543
Hemingway, Ernest, 337
Henderson, Nicholas "Nicko", 359, 383
Herald Tribune, 299
Hermon Hodge, Harry B., 328
Hess, Ilse, 506
Hess, Myra, 269
Hess, Rudolf, 63, 147-148, 161, 222-223, 499
    censores britânicos interceptam carta de, 267
    crença na orientação divina, 247, 502
    em custódia, na Grã-Bretanha, 515-516, 525-526
    Hitler e, 476-477, 519-520, 525
    julgamento de Nuremberg, sentença, 545
    proposta de paz e, 222, 246-247, 354, 399
    remédios favoritos levados na viagem, 503
    saltando de paraquedas sobre a Escócia, 513, 514-515
    suicídio de, 545
    voo para a Escócia e, 354-355, 399, 476-477, 502-504, 512
Hill, Kathleen, 51, 60, 95, 103, 546
Hill, Richard, 546
Hillgarth, Alan, 485
Himmler, Heinrich, 158, 501, 519
    Sicherheitsdienst (SD) de, 230
Hinkel, Hans, 236
História do declínio e queda do Império Romano, A (Gibbon), 133
Hitler, Adolf, 27, 34, 386, 400
    ataque aéreo à RAF (Diretriz nº 17), 175-176
    ataque marítimo à Grã-Bretanha (Leão-Marinho, Diretriz nº 16), 156-157, 209, 228, 304, 315
    ataques à Grã-Bretanha por ar e mar (Diretriz nº 23), 401, 402
    ataques à Grã-Bretanha, com parceiros do pacto tripartite, ordenados (Diretriz nº 24), 407
    ataques aéreos à Grã-Bretanha intensificados e, 305

Berghof de, 499, 519
Bombardeio de Berlim, retaliações e, 221
Bombardeio de Berlim, ultraje com, 462
Bombardeio de Londres e, 202
cão, Blondi, 499
chiliques, ou *Wutausbrüche*, 520
Churchill e, 35, 43, 160, 161, 484
círculo mais próximo, 499
como orador, 161
conquista da Grã-Bretanha desejada por, 65-66
discurso de 4 de setembro de 1940, invectiva contra a Grã-Bretanha, 222
Discurso de Churchill "Jamais nos Renderemos" e, 73
Discurso na Ópera Kroll, 19 de julho de 1940, "apelo à razão", 159-160
Göring e, 62-63, 209
Hess e, 147, 503, 528-519, 525
incerteza sobre a invasão britânica, 140, 14
Invasão da Grã-Bretanha questionada, 2 de julho de 1940, 139
Invasão da União Soviética (Operação Barbarossa, Diretriz nº 21), 140, 304-305, 352-353, 401, 453, 525
Lebensraum (espaço vital) de, 304-305
Luftwaffe recebe ordens para atacar a Inglaterra (Diretriz nº 13), 62
Luftwaffe, fracasso na Grã-Bretanha e, 261
Mein Kampf, 147, 402
mito de, como divino, 425
oferta de paz ou aniquilação à Grã-Bretanha, 140, 147, 148, 162, 175, 146, 401
Operação Retribuição contra a Iugoslávia, 452
ordem para que as divisões blindadas parassem, 24 de maio de 1940, 82, 71
ordena ataque de represália a Londres, Maio de 1941, 499
povo alemão e, 65
preocupação com a entrada dos EUA na guerra, 304
preparação para derrota britânica, 180
rendição francesa e, 122
resposta britânica à oferta de paz, "apelo à razão", 165
suicídio de, 545
tentativa de remoção de Churchill, 147-148, 221
HMS *Ark Royal*, 138, 141
HMS *Duke of York*, 530
HMS *Glenroy*, 407, 427
HMS *Hood*, 137
HMS *King George V*, 395-396
HMS *Napier*, 394, 395, 396

HMS *Nelson*, 396
HMS *Royal Oak*, 395
Hoess, Rudolf, 63
Holanda
    Bombardeio de Roterdã, 54
    invasão pelos alemães, 23, 31, 38
    rendição holandesa, 54
Hopkins, Harry, 340, 365, 380-381, 461, 541
    bilhete de despedida a Churchill, 403
    citação do Livro de Rute, 397-398
    como emissário de FDR a Churchill, 343, 379, 380-381, 384-387, 399-400
    como pessoa bem quista, 399-400
    dá radio a Churchill, 428
    em Chequers, 400, 403
    em Ditchley, 384-387
    recomendação a FDR sobre Churchill, 397-398
    sobre Churchill, 387-388
    telefonema para Churchill, Empréstimo-Arrendamento assinado, 423, 424
    telegrama para, bombardeio de Pearl Harbor, 529
    viagem a Scapa Flow, 388, 392-393, 394-398
Hore-Belisha, Leslie, 489
Hotel Palácio, Estoril, Portugal, 432
Howard, Mark, 31
Howard, R.T., 324, 327
Hull, Cordell, 78, 223, 324

Ickes, Harold L., 38
Igreja Anglicana, Dia Nacional de Oração, 204
Ilha Guernsey, 136, 490
Ilha Thorney, pista de pouso, 200, 201, 202
Ilhas do Canal, 183, 490
Iraque, 479, 481, 490
Ironside, Edmund, 75, 95
Ismay, Hastings "Pug," 43, 55, 72, 89, 92, 109, 111, 126, 142, 144-145, 178, 217, 319, 391, 473, 530
    ameaça de invasão e, 255, 406
    bilhete de Churchill, 19 de setembro, 268-269
    bombardeio de Londres pelos alemães, 7–8 de setembro de 1940, e, 239, 243-245
    célebre comentário de Churchill sobre a Batalha da Grã-Bretanha e, 194, 206
    diretriz de Churchill sobre sigilo e, 376
    em Chequers, 165, 228, 294-295, 301, 306, 424, 451, 479
    na França com Churchill, 16 de maio, 1940, 46
    protocolos sobre aeronaves abatidas e, 312-313
    Scapa Flow, viagem com Churchill, 392, 394, 395, 397

segurança de Churchill e, 287-288
sobre Beaverbrook, 107
sobre Hopkins, 388, 398
Swansea-Bristol, viagem com Churchill, 455-456
Itália
Controle do Mediterrâneo e, 139
declaração de guerra pela, 76
derrota da Líbia, 335, 352, 368
derrota em Cabo Matapan, 4457
Iugoslávia, 454, 456
destruição alemã de Belgrado, 454-455

Jacob, Ian, 527
Jamaica, 153
James, Philip, 443
Janzé, Phyllis de, 276
Japão, 529
   bombardeio de Pearl Harbor e, 533
   Pacto Tripartite e, 282, 411
   preocupação dos EUA com agressão no Pacífico e, 416
Jeschonnek, Hans, 502
Johnson, Herschel, 467
Johnson, Kenrick "Snakehips", 413, 420, 421, 423
Johnston, Tom, 397
Jones, Len, 242
Jones, Reginald V., 79, 83, 86-92, 104, 111, 113, 347
   Bletchley Park e, 124
   radar ar-ar e, 483
   relatório sobre os Flakkorps alemães, 125
   reunião do Gabinete sobre sistema alemão de orientação por raios, 111, 112, 113-117
   tecnologia alemã de orientação por raios, 79, 85-92, 113-117, 118
   "sistema X" e, 313
Joubert, Philip, 104
judeus
   antissemitismo na Grã-Bretanha e, 207
   arte roubada de, 63-64
   extermínio de, Alemanha e Áustria, 235236
   Goebbels sobre o assassinato de, 410
   Hess, ódio aos, 147, 222
   Lindemann e os, 84
   perseguição pelos alemães, 222, 354

Kaye, Danny (David Kaminsky), 275
Keitel, Wilhelm, 411
Kemsley, Lorde, 207
Kennedy, Joseph, 382, 392, 446

bombardeio de Londres, partindo para o campo e, 219-220
pessimismo quanto à sobrevivência britânica e, 39, 79
críticas a, 29, 219
críticas de Churchill, 39
telefonema para Churchill, 102
Kennedy, Ludovic, 73
Kesselring, Albert, 62, 159, 242, 329, 402
   chama a ordem de Hitler de parada de "erro fatal," 62
Keyes, Thomas, 256
King, Cecil, 111
Kirkpatrick, Helen, 375-376
Knickerbocker, H. R., 172
Knox, Frank, 171

Lamberty, Rudolf, 196
Lamont, Grace "Monty", 98, 265, 271, 272, 273, 285
Lancastria (navio da Cunard, transporte de tropas), naufrágio do, 106
Last, Nella, 35
Layton, Elizabeth, 41, 97, 112-113
Leatherhead, Inglaterra, 497
Leconfield, lorde e lady, 384, 386
   Petworth House, 384-386
Lee, Raymond, 57, 360, 374, 391, 392, 394, 395, 396, 466, 526
Lee, Sir Arthur, 97, 98, 99, 285
Lees-Smith, Hastings, 474
Lehmann, Hans, 314
Leitgen, Alfred, 518, 519
Líbia, 335, 339, 379, 433, 452, 459, 490, 492
   Ver também Tobruk, Líbia
Lindbergh, Charles, 223
Lindemann, Frederick "Professor", 79, 83-84, 92, 116, 168, 210, 541
   abrigos antiaéreos e, 253
   "bomba pegajosa" e, 112-113
   bondade de, 210
   charutos de Churchill e, 287, 288
   Churchill e o interruptor, 83-86, 91-92, 112-113, 115, 120, 312-313, 364, 483, 484, 541
   criação de galinhas de, 270
   em Chequers, 99-101, 424, 484, 485-486, 541, 4547
   "Estado de Prontidão" gráficos, 167
   família Churchill e, 85, 132, 165
   "minas aéreas" de, 115-116, 311-312, 364, 468, 483, 484, 541
   no Carlton, 93

nova granada de, 167
novas armas e, 290-291
oposição a racionamento de chá, 211
"ovipositor", 311
rações de carne dadas a Churchill, 270
reunião com Churchill, 7 de dezembro de 1941, e, 335-336
reunião de Gabinete, 21 de junho de 1940, 112-117
romance e, 279
sobre aeronave destruída em solo, 195-196
sobre as capacidades dos radares alemães, 87
tecnologia alemã de orientação por raios e, 88-89, 90-92, 104, 114-120, 312, 313
Lindsay, Lady Elizabeth, 279
Lisboa
    como centro de espionagem, 404, 432
    como cidade neutra, 247, 267
    como parada entre os EUA e Londres, 403, 404, 417, 432, 433
Liverpool, Inglaterra, 226, 255, 347, 373, 407
Lloyd George, David, 73, 99, 343, 461, 474, 490, 494
    propriedade, Bron-y-de, 361
Lloyds, banco, 119
Locksley Hall (Tennyson), 441
Londres durante a *Blitz*, 17, 198, 512
    400 Clube, 31, 32, 408
    Abadia de Westminster bombardeada, 316, 512
    abrigo antiaéreo, autoridades estatais, o "Paddock", 320
    abrigos antiaéreos, privados, abrigos Anderson, 252, 443
    abrigos antiaéreos, públicos, 239, 249, 251-252, 273-274, 319, 247-348, 357
    abrigos antiaéreos, públicos, danos e baixas, 243, 252, 386
    abrigos antiaéreos, públicos, diários e boletins para, 274
    abrigos antiaéreos, públicos, melhorias, 444
    abrigos antiaéreos, públicos, subterrâneos usados, 53, 274-275, 319, 386
    alarmes de ataques aéreos, sirenes, 124, 198, 213, 216, 217, 219, 237, 252, 264, 274, 276, 320, 409, 419, 441, 464, 514, 524
    alerta vermelho, 125, 419
    "alta sociedade" de, 30
    artilharia antiaérea, 26, 216, 237, 247, 249, 274, 285, 286, 307, 419, 442, 465, 501
    ataques noturnos, 251-252, 268-269, 274, 282, 292, 300, 315, 337, 386, 467
    atos simbólicos, 243
    balões de barragem sobre, 60, 235, 285

Bermondsey, depósito bombardeado, perda de produtos, 386
Big Ben e, 111, 112, 121, 151, 217, 512, 518, 546
blecaute de, 17, 27, 30, 31, 212, 437, 446
bombardeio, 10 de maio de 1941 (pior da guerra), 499, 512-513, 514, 516, 522-523
bombardeio, 11 de setembro de 1940, 250
bombardeio, 14 e 19 de outubro de 1940 (no Whitehall), 300, 301
bombardeio, 16 de abril de 1941, 464-467
bombardeio, 18 de setembro de 1940, 276-277
bombardeio, 19 de março de 1941, 441
bombardeio, 21 de outubro de 1940 (no Whitehall), 307
bombardeio, 24 de agosto de 1940, 209, 212-214, 234
bombardeio, 29 de dezembro de 1940, 365-366
bombardeio, 7-8 de setembro de 1940 (bombardeio gigantesco determinado por Göring), 225, 230-231, 236-242, 243-245
bombardeio, 8 de março de 1941 (bombardeio do Café de Paris), 408, 420-423
bombardeio, 9 de setembro de 1940, 248-249
Boodle's, clube bombardeado, 439
British Museum, incêndio, 512
Café de Paris e o bombardeio de, 150, 408-409, 419-420
canções populares, 363, 424-425
caráter aleatório e estranhezas dos bombardeios, 277-278, 513
Carlton, Hotel, 47, 94
Carlton Club, 300, 383
City, distrito financeiro, bombardeado, 365-366, 421
clima em janeiro de 1941, 373
como alvo primário de Hitler, 53
County Hall, 301
crianças perdidas no *City of Benares*, 255, 265
danos causados pelas bombas, 251, 281, 282, 300, 301, 337, 382, 436-437, 467, 468, 513, 516-517
embaixada dos EUA em, 418, 438, 465
Embassy, Clube, 408, 419
fim da *Blitz*, 523-534, 527
"Fim de semana da invasão", 253-254
Grosvenor House Hotel, 408, 418, 420
hotéis oferecendo abrigos antiaéreos para hóspedes, 275-277
Hyde Park, 151, 269, 275, 437, 465
medo da invasão em, 56
medos e fobias, 270
minas de paraquedas usadas contra civis, 268-269

Mirabelle, restaurante, 207-208
moral e, 217, 243-344, 249, 282, 237
mortes, 241, 252, 368, 386, 441-443, 468, 513, 522, 526
Museu de História Natural bombardeado, 277-278
Natal de 1940, e, 360, 363
National Gallery, 269
National Gallery, concertos, 269
normalidade e resiliência, 269-270, 282, 304
Palácio de Westminster, capela de St. Stephen bombardeado, 338
Parliament Square, 151
Peak Frean, fábrica de biscoitos, bombardeada, 513
peças e filmes no West End, setembro de 1940, 234
pessoas ficando em casa durante os ataques aéreos, 252
Players' Theatre, 32
poeira dos bombardeios, 239-340, 437
prédio do Almirantado bombardeado, 301, 467, 468
prédio do Ministério das Relações Exteriores bombardeado, 301
prédio do Tesouro bombardeado, 301
preparativos para a invasão, 151
previsão dos bombardeios alemães, 16
Prince of Wales Theatre, "show de garotas", 513
privação do sono em, 241-242
Prunier, restaurante, 363
Regent Park, 60
relatos de testemunhas, 236-238, 239-240, 241-242, 266-267, 465-466
Savoy, Hotel, 32
"Segundo Grande Incêndio de Londres", 366, 367
sexo e romance durante os ataques aéreos, 241-242, 278-279, 467
St. Giles, igreja, 213
St. James, Palácio, 216
St. James's Park, 23, 26, 56, 111, 285, 494
St. Martin-in-the-Fields, igreja, 47, 213
St. Paul, catedral, 253-254, 547
St. Peter, igreja, 467
St. Stephen, Taverna, 121
St. Thomas, Hospital, 518
Stepney, distrito, 277
temporada social e o Baile Anual do Aniversário da Rainha Charlotte, 408, 418-419, 420-421
Torre de Londres bombardeada, 512, 525
Trafalgar Square, 47, 213, 277, 547

treinamentos para ataques com gás, 275
Victoria Club bombardeado, 465
Westminster Hall bombardeado, 512, 517-518
Whitehall como alvo, 255, 262, 285, 287, 300, 301, 307, 332, 406, 467, 512, 516
Wyndham's Theatre, 208
zoológico bombardeado, 278
Ver também nº 10 da Downing Street; Whitehall; *locais específicos*
Lothian, Lorde, 168, 169, 223, 311, 338, 343, 350
Lufthansa, linhas aéreas, 160
Luftwaffe, 15, 35, 273
 abandonando um avião e, 259
 afundamento do *Lancastria*, 106
 ataque à Força Expedicionária Britânica em fuga, 62, 67
 ataque à ilha de Portland, 149
 ataque à União Soviética e, 402
 ataques durante o dia e, 261, 281
 bases francesas para, 67, 126, 132, 188, 252
 Batalha da Grã-Bretanha, 175-176, 180, 184-187, 188-189, 203, 248-249
 Batalha da Grã-Bretanha, graves perdas de 15 de setembro e, 260, 261-262
 Batalha da Grã-Bretanha, "Quinta-feira Negra", 193-194
 "bombardeio estratégico" ou "bombardeio de terror" pela, 54
 bombardeio noturno, acidentes e, 279
 Bombardeiro a Londres, ataque de retaliação, 10 de maio de 1941 (o pior da guerra), 499, 512-513, 514, 515-517, 522-523
 Bombardeiro a Londres, perdas, 241,261, 281, 282
 Bombardeiros a Londres, 209, 212-214, 225, 230-231, 234, 236-237, 235, 237-243, 248-,250, 276-277, 293, 300, 301, 307, 365-266, 408, 420-423, 441-442, 464-467, 499, 501, 512-515, 517-518, 522-523 (*ver também* Londres durante a Blitz)
 britânicos desviam ou embarlham raios, 212, 313-314, 364, 483-484, 524
 centros urbanos britânicos como alvos, 315, 338, 346
 cidade de Londres como alvo, 29 de dezembro, 365-367, 421
 Coventry, bombardeio (Sonata ao Luar), 225, 329
 expectativa de "banquete" aéreo contra a Grã-Bretanha, 53
 Flakkorps, 125
 força da, 1940, 27, 37, 53, 114-115
 força da, 1941, 376-377

Galland como ás na, 162-163, 545
Göring e a, 62-63, 65, 164, 209, 262, 281, 304
Hitler, Diretriz nº 13 (ordens para atacar a Grã-Bretanha) e, 62-64, 55
Hitler, Diretriz nº 23 (ordens para intensificar ataques à Grã-Bretanha) e, 401, 402
idade dos pilotos, 162
interceptação de comunicação pelos britânicos, 83, 86
invasão britânica e, 149
Kesselring e, 62
KGr 100, acidente com bombardeiro, 312, 313-314
KGr 100, bombardeiros, 226-227, 236, 316, 319, 366, 512
não conseguindo derrotar o Reino Unido, 304
pilotos feitos prisioneiros pelos britânicos, 197, 339
primeiros ataques ao território britânico (5 de junho de 1940), 73
RAF, resistência à, 176
RAF, tecnologia e, 364
RAF comparada à, 27, 37, 53, 114-115, 154, 540-541
Roterdã, bombardeio, 44, 54
Schmid como chefe de inteligência, 65
Serviço de Resgate Aéreo e Marítimo, 259
sistema secreto de navegação sem fio e, 87-90
sistemas de pouso Lorenz e, 91, 115, 121, 226
"Sistema X", 226, 236, 313
tática de bombardeio a fábricas de aeronaves britânicas, 205
tecnologia de orientação por raios e, 88-92, 121, 186, 203, 212, 226, 312-314, 483,501
Whitehall como alvo, 254, 331, 337, 339, 300, 301, 307, 333, 406, 467, 512, 516
Ver também Göring, Hermann
Lumley-Kelly, Vera, 421, 422
Lusitania (navio), naufrágio do, 106
Luxemburgo, invasão pela Alemanha, 23, 38
Lyttelton, Oliver, 386, 387

Macaulay, Rose, 270, 522
MacDonald, Malcolm, 443
MacDougall, Donald, 92
MacElhone, Harry, 421
Macmillan, Harold, 300
Malta, 479
Margesson, David, 47, 48
pacificismo de, 47, 48
Margesson, Gay, 67, 149, 206, 330, 359, 383, 398, 471

Margesson, Mary, 47, 48
Marinha alemã (Kriegsmarine), 37
capacidade britânica de ler informações, 406
navios britânicos como alvos, 171, 374, 435
novos navios de batalha, 171
preparativos para a invasão da Grã-Bretanha, 149
submarinos, 73, 171, 302, 374, 394, 435
Marinha britânica. Ver Marinha Real
Marinha francesa
alemães de posse dos códigos navais para a, 138
Alemanha e, 124
bases no Egito e na Argélia, 137-138, 141
bases nos portos ingleses, 137
Batalha de Mers-el-Kébir, 143
Bretagne afundado, 143
britânicos capturam e afundam navios na Argélia, 143
britânicos capturam navios ancorados em portos britânicos, 142
Churchill e o destino da frota francesa, 103-104, 122, 123-124, 138-139, 144, 168
equilíbrio de poder e, 138
força H enviada para o ataque, 139, 141, 142
navio, Dunkerque, 141
reunião do Gabinete de Guerra sobre a, 137-139
Surcouf, submarino, 142
ultimato britânico, 139
Marinha Real, 83
afundamentos, submarinos e, 304, 376, 396-397, 437
"Barreiras Churchill", 397
Batalha do Atlântico e, 437
destroieres americanos para a, 45, 230
escassez de destroieres, 95
EUA e, 171-172
evacuação da Força Expedicionária Britânica em Dunquerque e, 72
Força H, 141, 142, 144-146, 146
frota francesa em, 140
Operação Catapulta e a Marinha francesa, 139
patrulhamento do Atlântico Norte pelos EUA e a, 462
perdas, verão de 1940, 205
Marlborough, Duque de, 85
Marlborough, Duquesa de, 156
Marriott, Momo, 541
Marshall-Cornwall, Sir James, 1624, 166
Martin, John (secretário de Churchill), 73, 74, 270, 318, 368, 529
bombardeio de Londres e, 2541, 250, 260
em Chequers, 257, 259
na Casa Branca, dezembro de 1941, 531

Natal de 1940, e, 361-363
presente de Churchill para, 362
sobre Churchill, 73, 319
sobre jacintos, 363
sobre o bebê Winston, Jr., 334
sobre o racionamento, 271
viagem para Scapa Flow, 392, 394
Mary, Rainha Mãe, 33,106
máscaras de gás, 17, 203, 269, 274
Matemático, O (atribuído a Rembrandt), 99
Maugham, Somerset, 275
McGovern, John, 488
McNaughton, A.G.L., 497, 502
Mediterrâneo, controle do, 138, 139
Meiklejohn, Robert P., 431, 433, 435-437, 445, 464, 465, 466, 482, 512-513, 515
Mein Kampf (Hitler), 146, 402
Menzies, Robert, 425, 430, 455, 458
Mereworth, Inglaterra, 237
Mers el-Kébir, Argélia, 136, 137, 138
  Batalha de, 142 143, 146-147, 148, 168
Messerschmitt, Willy, 477, 506, 525
Metcalfe, Lady Alexandria, 276
MI5, 288, 376
Midway, Batalha de, 533
Milburn, Clara, 324, 384
Milch, Erhard, 262
Miller, Alice Duer, 470
Miller, Edith Starr, 178
Mills, bomba (granada), 166
minas aéreas, 117, 311, 364, 455, 465, 483, 484
minas alemãs de paraquedas. *Ver* Bombas alemãs
minas antiaéreas, 469
Ministério da Informação, 176, 278
  Derrotando o Invasor panfleto, 16
  Gabinete de Combate aos Rumores, 356
  Nicolson como secretário do, 17, 59-58
Ministério da Informação, Divisão de Inteligência Doméstica, 71, 194, 292, 406
  afundamento do *Lancastria* não informado, efeito sobre o público, 106
  Batalha aérea sobre Dover e, 153
  em resposta ao disparo contra a frota francesa pelos britânicos, 144
  FDR, vitória com ampla vantagem, 1940, e, 310
  monitoramento do moral britânico, 51
  moral em Londres, 249
  povo e privação de sono, 241
  queda da França e, 105
  reação da opinião pública ao discurso de Churchill sobre o "Melhor Momento", 109
  sobre o discurso do empréstimo-arrendamento de Churchill, 409
  sobre os alertas de ataque aéreo, 125
Ministério da Segurança Nacional, 443
  contagem mensal de vítimas, 524
  ramo de Camuflagem, 287, 442
Ministério de Assuntos Econômicos da Guerra (MEW), 336
Ministério da Produção de Aeronaves, 55-56
  Beaverbrook e o, 55-56, 58, 107, 135, 154, 172, 242, 539
  contribuições do público para o, 155
  descentralização da produção e armazenamento, 245-246
  em Stornoway House, 58, 93
  empregados do, 58
  horas perdidas por causa de alertas de alertas de ataque, problema das, 289-290
  minas aéreas de Lindemann e o, 117
  na margem do Tâmisa, 428
  taxa de produção, 107, 135, 154
Ministério das Relações Exteriores, 77
  como fornecedor de secretários para o primeiro-ministro, 34
  nobres britânicos servindo no, 30
  telegramas diários para FDR, 151-152, 153
Ministério do Abastecimento, 386, 431
Ministério do Ar, 83, 137, 189, 315
  abrigos antiaéreos. *Ver* Londres durante a Blitz
  as minas aéreas de Lindemann e, 117, 310
  Batalha da Grã-Bretanha e, 189
  confrontos com Beaverbrook, 107-108, 135, 137, 138, 290
  falta de registros adequados, 336, 377
  Grupo de Precauções a Ataques Aéreos (ARP), 29, 321, 322, 397
  inteligência de pilotos capturados, 315
  Lindemann e o embaralhamento da tecnologia alemã de raios, 312
  "Minuta", 316
  Operação Água Fria, 317, 318-319, 327
  Operação alemã Sonata ao Luar e, 315-316, 317, 318-319
  tecnologia alemã de orientação por raios e, 92
Mölders, Werner, 280-281
Montagu, Edwin Stanley, 30
Montagu, Elizabeth "Betts", 383
Montagu, Judith Venetia "Judy", 30, 31, 151, 264, 419
  casa de campo, Breccles Hall, 151, 164, 218, 264
Montaigne, Jean Pierre, 385
Moore-Brabazon, John, 483
Morrison, Herbert, 290, 324, 326, 443
Mortimer, Raymond, 362

Moseley, John "Jack", 322, 326-327
Moseley, Lucy, 322, 326-327
Mundo em Chamas (filme), 523
Murrow, Edward R., 438, 542
    transmissões ao vivo, 213
Mussolini, Benito, 387
My Life and Loves (Harris), 278

Nº 10 da Downing Street
    abrigo antiaéreo no, 216, 219
    bombardeio a Londres e, 299
    bombardeio do, 299
    bombardeio perto do, 284
    Churchill, escritório no, 42
    Churchill, estúdio privado, 93
    Churchill durante os bombardeios no, 252
    Churchill e a família se mudam para, 93-94, 100
    cômodos da família (antes da mudança para o Anexo), 93
    gatos morando no, 93, 94
    Harriman, jantar no, bombardeio em Londres e, 440, 441-442
    Hopkins no, 384
    inventário de bens no, 93
    "longa mesa" da Sala do Gabinete, 113
    Mary (Churchill) no, 93
    Pamela (Churchill) no, 430
    reforços no, 27, 285, 301, 305, 408, 440
    reunião do Gabinete, 21 de junho de 1940, 113-120
    Sala do Gabinete, 94, 113, 137
Nelson, Horatio, 93
New York Times, afundamento do *Lancastria* relatado, 106
New Yorker magazine. *Ver* Panter-Downes, Mollie
Newall, Cyril, 195, 216, 295
News of the World, 119
Nicolson, Harold, 17, 60, 143-144, 197, 239, 270, 300-301, 453-454, 482, 491, 494, 523
    casa de campo, Sissinghurst, 61
    Discurso "Jamais nos Renderemos" de Churchill e, 73
    em Ditchley, com Churchill, 296
    Natal de 1940 e, 362
    pacto de suicídio com a esposa 73
    planejamento para a invasão alemã, 60-61
    Ver também Sackville-West, Vita
Niven, David, 438
Nockels, Albert, 59
Noruega, 473
    ataque britânico às ilhas Lofoten, 403, 413-414
    bases alemãs na, 191
    campanha britânica, 30, 291
    captura da máquina de decodificação Enigma pelos britânicos, 410
    debate parlamentar sobre a campanha britânica, 24
    "Quislings", 410
    requisição de barcos de pesca pelos alemães, 148
    retaliações alemãs, 414

Ogden, Christopher, 134
Oliver, Vic, 29, 362, 364, 472
Operação Água Fria, 318-319, 321, 328
Operação Ameaça, 293, 294
Operação Barbarossa, 354, 403, 404, 465
Operação Batalha da Grã-Bretanha o Abigail, 341, 354
Operação Catapulta, 139-140
Operação Claymore, 412
Operação Dínamo, 68
Operação Leão-Marinho (*Seelöwe*), 158, 159, 306, 317
Operação Retribuição, 454
Operação Tigre, 522
Oran, Argélia, 139, 143-144
Oriente Médio, Guerra no, 290, 404, 451, 459, 460, 474-475, 479-480, 492
    Operação Tigre, 520
    Ver também Egito; Líbia
Orton, Bertha, 513
Ostend, Bélgica, 230
Owen, Frank, 441

Paget, Audrey, 208, 332
    propriedade da família, Hatfield Park, 330
Paget, Bernard, 129, 130, 134
Paley, William S., 279
Panter-Downes, Mollie, 151, 153, 269, 478
paraquedistas alemãs, 23, 110. 125, 148, 131, 234, 245, 287, 356
Paris, 39, 50, 52, 136, 199, 363, 420, 542
    chegada dos alemães a, 46
    Göring, arte roubada e, 64, 544
    queda de, 77
Park, Keith, 235
Parnall Aircraft Ltd., 289
Pas-de-Calais, França, 184
Patiño, Antenor, 431
Peake, Charles, 395
Peck, John, 308-309, 321
"Penhascos Brancos, Os" (Miller), 472
Pepper, Claude, 174
Perkins, Frances, 38

Perry, Colin, 240, 245
Pétain, Philippe, 105
   telegrama de Churchill para, 105
Petherick, Maurice, 491
Pierlot, Hubert, 478
Pintsch, Karl-Heinz, 401, 479, 508, 509, 520, 521
Piratin, Phil, 279
Pirbright, escola, 30
Plymouth, Inglaterra, 474, 481, 483, 485, 486
Poder e a glória, O (Greene), 466
Ponsonby, Eric, 199
Ponsonby, Moyra, 199-201, 446, 484, 487, 499
Ponsonby, Roberte, 199-200
Portal, Charles, 297, 314, 338, 485, 532
Portland, Ilha de, 151
Portsmouth, Inglaterra, 199-200, 201, 402
Poulsen, Martin, 414-415, 422, 423
Pound, Dudley, 139, 140, 141, 180-189, 532
Primeira Guerra Mundial (a Grande Guerra),
   bombardeio da Grã-Bretanha pela Alemanha, 15
Prosser, Ian, 250

Queen's College, Harley St., Londres, 32
Queenborough, Lorde, 208

Ramsgate, Inglaterra, 158, 220
Rankin, Dama Marguerite Olivia (Madame
   Vacani), 421
Real Força Aérea (RAF), 49, 203, 248
   ataque aéreo alemão planejado, 175
   ataque aéreo alemão, resposta dos caças, 187
   base em Watton, 152
   Batalha da Grã-Bretanha e, 184-196, 203
   Bombardeio a Coventry e, 326-327, 329
   "bombardeio concentrado", Operação Abigail,
      339, 352
   Bombardeio de Berlim pela, 214, 215, 217, 224,
      249, 352, 354, 462
   bombardeio de estações alemãs transmissoras
      de raios, 317
   "Brometos" para redirecionar raios alemães,
      313-314
   cidades alemãs atacadas pela, 214, 268-269,
      366, 495 (ver também bombardeio de Berlim)
   Colville e, 470-471, 494, 535-537
   Comando de Bombardeiros, 152, 196
   Comando de Caças, 258
   Comissão de Interceptação Noturna, 101
   comparada à Luftwaffe, 27, 37, 53, 117, 541-542
   defesa de Londres, 236-237, 238, 249, 281
   defesas aéreas contra bombardeiros alemães, 213

   destroier afundado em Malta, 479
   esquadrões do norte, 194
   expectativa de vida de tripulantes de
      bombardeiros, 406
   força da, 1941, 3796-377
   Grupamento nº 80 (grupo de contramedidas),
      313, 316, 321, 326, 501, 513
   Hendon, base aérea, 45
   idade dos pilotos, 162
   incapacidade de interceptor a Luftwaffe depois
      de escurecer, 212, 402, 462, 468, 483, 524
   interrogatório de pilotos alemães capturados,
      90-91, 94, 309, 313-314
   Luftwaffe atacada pela, 62
   Mannheim, bombardeio pela, 352
   Mary (Churchill) e, 152, 444-445
   München-Gladbach atacada, 43
   nobres britânicos servindo na, 30
   orientação por radar da, 187, 188, 189, 190
   perdas, bombardeio de Londres, 241
   pilotos como heróis, 152
   radar ar-ar e, 212, 326, 364, 483, 524
   Ramo de Inteligência Aérea, 87, 111, 121, 125,
      336
   recuperação de bombardeiro KGr 100
      estragada, 312-313
   relações públicas da, 156
   sala de operações, Uxbridge, 194
   Tangmere, baile na base da RAF, 445-446, 545
   tecnologia alemã de orientação por raios e, 80,
      83, 85-86, 104, 112, 121, 183, 203, 208,
      226, 312-313,483, 501
   tecnologia alemã de orientação por raios e,
      embaralhamento ou redirecionamento de,
      212, 313-314, 364, 483-484, 524
   vantagens sobre as aeronaves alemãs, 187-188
   vitória em Cabo Matapan, 446
Reynaud, Paul, 44-45, 77, 89-90, 105
Ribbentrop, Joachim von, 288, 521
Richthofen, Barão von, 163
Ritchie, Charles, 446
Ritz, Hotel, 276, 278, 364
Rivett, Carnac, 267, 294
Roberts, Andrew, 275, 346
Rommel, Erwin, 435, 454, 461, 475, 498, 535
Roosevelt, Franklin Delano (FDR)
   alimentação pouco saudável de, 411-412
   amor por navios, 395
   Biblioteca Presidencial em Hyde Park, Nova
      York, 395
   Churchill, apelo a, 15 de junho de 1940, 93-94
   Churchill, carta para, 6 de dezembro de 1940,
      335, 337, 339

Churchill, pedido por navios e aeronaves, 45, 170-171
Churchill, promessa de lutar e, 146
Churchill, telefonema sobre bombardeio a Pearl Harbor, 529
Churchill e, 27, 38, 79, 169-170, 274
Churchill e, acordo de navios-por-bases, 172, 189-190, 203-204, 205, 214
Churchill e, Guerra no Oriente Médio, 479-480
Churchill e, patrulha do Atlântico do Norte pelos EUA, 461
Churchill na Casa Branca, Dez. 1941, 529-531
Conversa ao Pé da Lareira, ajuda à Grã-Bretanha e, 365
deserção de Hess e, 525-526
Discurso do Estado da União, 378-379
eleição de 1940 e, 171, 190, 222, 303-304, 310
empréstimo-arrendamento, assinatura da primeira carga enviada à Inglaterra, 464
empréstimo-arrendamento e, 342-343, 365, 379, 399, 403, 406, 408-409, 410, 411, 423, 431, 453, 480
evacuação de Dunquerque e, 70
Gabinete de, 38
Harriman e, 411-412, 541
Hopkins e, 384, 385, 387-388
"Missão Harriman", 437-438, 463
"Missão Welles" e, 39
Natal de 1941 e, 532-533
Pearl Harbor, bombardeio e, 529, 530
Promessa de não entrar em "guerras estrangeiras", 304
queda da França e, 90
telegramas diários da Grã-Bretanha, 151-152, 153, 293
viagem pelo Caribe de, 338
Rosling, Theodora (FitzGibbon), 280
Rothschild, Lorde, 290
Royal Observer Corps, 510
Ruxton, Buck, 338

Sackville-West, Vita, 17, 60
instruções do marido para, em caso de invasão alemã, 60, 73
queda de estilhaço, destroços de avião e, 199
Saint-Denis, Michel, 309, 310
Salas do Gabinete de Guerra (*bunker* subterrâneo, mais tarde Salas de Guerra Churchill), 205, 248, 285, 286, 306, 308, 319
Anexo (apartamento da família Churchill), 285, 384-385, 390, 469, 496, 542, 546
Ano-Novo na, 368

reforçando as, 376, 406
Sandhurst, 30
Sandys, Duncan, 100, 167, 427, 550
acidente de carro de, 456-457
Sansom, William, 252
Saunders, Evelyn, 73
Savoy, Hotel, 276, 279
abrigo antiaéreo no, trabalhadores de Stepney e, 279
Churchill e seu "Outro Clube" no, 279
Sala Pinafore, 279
Sawyers, Frank, 51, 103, 393, 530
Scapa Flow, base naval, Escócia, 391, 393, 395-397
Schmid, Beppo, 66, 178
Schutzstaffel (SS), 503
Schwanenburg (Castelo do Cisne), Alemanha, 87
Scoop (Waugh), 58
Scotland Yard, 77, 105, 279, 4413
Setor Especial, 23
Scott-Farnie, Rowley, 112, 115
Seal, Eric (secretário de Churchill), 288, 297, 360, 402, 442, 469
enviado aos EUA, 495
Sedan, Batalha de, 45
Segunda Guerra Mundial
Acordo de Munique de 1938, 24, 34, 46
Alemanha captura Guernsey, 134
Alemanha declara guerra aos EUA, 530
Alemanha invade a Grécia, 432, 452, 460
Alemanha invade a Iugoslávia, 452, 454
Alemanha invade a Polônia, 16
Alemanha invade Holanda, Bélgica e Luxemburgo, 23, 31, 38, 44
Aliados invadem Itália e França, 533
Batalha de Mers-el-Kébir, 143, 144
Batalha de Sedan, 44
Bulgária se une ao Eixo, 432
entrada dos EUA na, oposição, 38
EUA declaram Guerra à Alemanha, 530
EUA e Reino Unido declaram Guerra ao Japão, 529
fim da guerra na Europa, 546-542
Itália declara guerra, 78
Japão assina Pacto Tripartite, 281
Japão bombardeia Pearl Harbor, 528-529
mudança em favor dos aliados, 533
noticiários cinematográficos, 386
Oriente Distante e, 410
Pacto Tripartite, 282, 407
queda da França e, 44, 48
rendição alemã, 546
rendição francesa, 104, 122
rendição holandesa, 54

Ver também Alemanha; Grã-Bretanha, Batalha da; Londres durante a *Blitz*
Serviço Voluntário de Mulheres, 30, 250, 263, 266, 288, 399, 453
   danos causados pelas bombas em Aylesbury, 293
Shaughnessy, Tom, 426
Sherwood, Robert E., 343-344, 368
Shirer, William, 44, 65
   Luftwaffe e, 284
   relatando o discurso de Hitler, 19 de julho de 1940, 160-161
   sobre a investida de Hitler contra a Grã-Bretanha, 226-227
   sobre a resposta da BBC ao apelo à "razão" de Hitler, 165
   sobre o bombardeio da RAF a Berlim, 217, 252
   sobre o planejamento de Hitler de comemorar a vitória, 282
Silverman, Dore, 276
Simpson, Wallis, 24, 130
Sinclair, Archibald "Archie", 92*5*, 113, 115, 286-287, 291, 338
Singleton, Sir John, 337-339, 378-379, 542
Smith, Sally Bedell, 469
Solent, 200, 201
Somerville, James F., 140, 141, 146-147
   afundamento da frota francesa e, 143, 144, 145
Sonnemann, Emmy, 64
Southampton, Inglaterra, 347, 402
Spaatz, Carl, 65, 247, 546
Spalding, Inglaterra, 119
Spears, Edward Louis, 88
Speer, Albert, 63, 520, 521, 547
Spencer-Churchill, Clarissa, 431, 487
Stalin, Josef, 306, 307
Stanley, Venetia, 30, 36, 220, 250
Stevenson, Frances, 363
Strachey, John, 243
Strakosch, Sir Henry, 119
Sunday Times, 209

Taylor, A.J.P., 346, 380
Tchecoslováquia, 24
tecnologia alemã de orientação por raios, 80, 83, 121, 187, 203, 212, 226, 312-314, 483, 501
   codinome "Dor de Cabeça", 121
   contramedidas, codinome "Aspirina", 121
   descoberta britânica da, 86-88
   descrição de Jones, reunião de Gabinete, 117-120
   indícios encontrados por Jones, 90-91
   Lindemann informa Churchill, 94-95
   "Rádio-farol *Knickebein*", 87

Tennyson, Alfred Lord, 443
Teocracia Oculta (Miller), 209
Terboven, Josef, 416
Thompson, Austin, 469
Thompson, Ralfe "Tommy", 437, 531
Thompson, submetralhadoras, 289
Thompson, Walter Henry, 23-24, 26, 173, 443
   anedota do morcego em Chartwell, 73
   Chequers e, 97, 100, 102, 103, 128
   Churchill e, 77, 243, 244
   na Casa Branca, dezembro de 1941, 531-532
   presente de Natal de FDR, 532-533
   sobre o ódio de Churchill a assobios, 27-28
   sobre o revólver de Churchill, 57
   Swansea-Bristol, viagem, 455, 456, 457
Thomson, George Malcolm, 59
Thorne, Augustus Francis Andrew Nicol, 130
Time, revista, sobre a demora militar dos EUA, 173
Times de Londres, relato do armistício francês, 125
Tirpitz (navio de guerra alemão), 173
Titanic (navio), vidas perdidas, 108
Tizard, Henry, 113, 115, 118
Tobruk, Líbia, 454, 461, 462-463, 486, 530, 535
Tours, France, 88-89
Townsend, Lady Juliet, 84
Tratado de Versalhes, 161, 163
Tree, Nancy, 297, 298, 388, 389
   empresa de design para casas, 298
Tree, Ronald, 297-298, 388
Trinity College, Cambridge, 33

Ucrânia, 483
União Soviética
   aliança com Reino Unido e EUA, 306
   Churchill envia alerta sobre a invasão alemã, 464
   Hitler subestima, 307
   invasão alemã, 142, 306, 354-355, 403, 455, 498, 530
   pacto de não agressão com a Alemanha, 276
Upward, Herbert, 207
USS *Tuscaloosa*, 339, 341, 343
Ustinov, Peter, 31
Uxbridge, centro de operações do Comando de Caças, 260

Vickers, metralhadoras, 109

W.H. Smith, livrarias, 50, 153, 358
Wagner, Richard, 87
Warner, Phyllis, 242, 272

Waugh, Evelyn, 58, 278, 410, 429, 544
Wavell, Archibald, 454, 462
Wehrmacht (forças armadas unificadas da
 Alemanha), 142
 Afrika Korps, 435
Welles, Sumner, 39
 sobre Churchill, 39
West, Rebecca, 60
Westminster Hall, 512, 518-519
 famoso telhado de Guilherme, o Ruivo, 512, 519
Westminster, Abadia de, 290, 518, 540
 Bombardeio da, 320, 512, 518-519
 Chamberlain, funeral, 320
 memória de Lorde Lothian no, 352
Westminster, Palácio de, 153, 518
 bombardeio da Capela de St. Stephen, 339
Weygand, Maxime
 telegrama de Churchill para, 105
White's, clube masculino, Londres, 176, 299, 302,
 528, 543
Whitehall (em referência ao governo britânico,
 prédios do governo), 23, 24, 27, 34, 35, 77,
 84,125, 165, 166, 248, 310, 384, 478
 ataques aéreos e, 255, 263, 273, 275, 278, 279,
  300, 301, 307, 331, 406, 467, 516
 defensores da paz no, 46, 47
 efeito de Churchill sobre o, 40-41
 fortalecimento do, 27, 205
 pub popular perto do, 121
Whitney, Cornelius Vanderbilt, 448
Whyte, Maryott "Moppet" ou "Nana", 32-33,
 359, 386
Wilhelmina, rainha da Holanda, 279
Wilkie, Wendell, 173, 225, 416
Williams, David, 424-425
Wilson, Sir Charles, 452, 392, 394, 532
Winant, John G., 447, 457, 459, 467-468, 531, 550
Windsor, Castelo de, 250, 255, 323, 352
Windsor, Eduardo, Duque de, 133
Winter, Harry, 325
Wodarg, Rudolf, 265
Wood, Kingsley, 370
Woolf, Leonard, 444
Woolf, Virginia, 250
 suicídio de, 443-444
Wright, Jack Graham, 240
Wyndham, Elizabeth. 386, 388
Wyndham, Joan, 243, 280, 409

Yuill, Winnifreda, 411

1ª edição	NOVEMBRO DE 2020
impressão	SANTA MARTA
papel de miolo	PÓLEN SOFT 70G/M²
papel de capa	CARTÃO SUPREMO ALTA ALVURA 250G/M²
tipografia	SABON